SV

Nikolai Epplée

DIE UNBEQUEME VERGANGENHEIT

Vom Umgang mit Staatsverbrechen in Russland und anderswo

Aus dem Russischen
von Anselm Bühling

Suhrkamp

Die Originalausgabe erschien 2020 unter dem Titel
Neudobnoe prošloe. Pamjat' o gosudarstvennych prestuplenijach v Rossii i drugich stranach bei NLO, Moskau.

Meiner Mutter

Klimaneutral
Druckprodukt
ClimatePartner.com/14438-2110-1001

Erste Auflage 2023
Deutsche Erstausgabe

Umschlaggestaltung: Rothfos & Gabler, Hamburg
Umschlagfoto: bpk
Bildredaktion: Andrey Ditzel
Satz: Greiner & Reichel, Köln
Druck: GGP Media GmbH, Pößneck
Printed in Germany
ISBN 978-3-518-43105-4

www.suhrkamp.de

INHALT

Vorwort zur deutschen Ausgabe

Es ehrt mich sehr, dass dieses Buch in der Sprache erscheint, in der die maßgeblichen Kategorien für den weltweiten Diskurs über die Vergangenheitsbearbeitung formuliert worden sind. Dass Deutschland es vermocht hat, aus der eigenen kriminellen Vergangenheit Konsequenzen zu ziehen und sich dadurch neu zu konstituieren, ist für mich als Bürger Russlands und Angehörigen der russischen Kultur die Quelle einer fast schon überirdischen Hoffnung.

Die erste russische Auflage des Buchs ist im August 2020 erschienen; die deutsche Übersetzung kommt im Frühjahr 2023 heraus. Für ein Buch, das sich mit aktuellen gesellschaftlichen und politischen Fragestellungen befasst, sind zweieinhalb Jahre ein langer Zeitraum. Es läuft Gefahr, zu veralten und an Relevanz zu verlieren – und das umso mehr, wenn sich in dieser Zeit eine solche gesellschaftliche und politische Katastrophe ereignet wie der großangelegte bewaffnete Überfall Russlands auf einen Nachbarstaat. Trotzdem scheint mir – auch wenn es für den Autor immer schwer ist, das eigene Werk ganz objektiv zu beurteilen –, dass dieses Buch heute nicht obsolet ist, sondern im Gegenteil noch an Aktualität gewonnen hat.

Im Frühjahr 2022, nach der großflächigen Ausweitung des Kriegs gegen die Ukraine, wurde *Die unbequeme Vergangenheit* in Russland zum Bestseller, neben Büchern von George Orwell und Hannah Arendt. Ein Videointerview dazu wurde auf YouTube innerhalb eines Monats über 1,5 Millionen Mal aufgerufen.[1] Das liegt weniger an dem Buch selbst, das sich mit den Werken der genannten Autoren schwerlich messen kann, als daran, dass es im Jahr 2022 in Russland nicht viele Bücher gab, die dem neu entfachten Bedürfnis, über die Verantwortung von Bürgern und Gesellschaft für die Verbrechen des eigenen Staates zu sprechen, halbwegs gerecht werden konnten. Die

1 »Nikolaj Ėpple: ›V ėtoj ierarchii sila važnee cennostej‹«. *Skaži Gordeevoj*, 17.05.2022. https://youtu.be/T7UEcXDZiWU (Abrufdatum 19.12.2022).

Auseinandersetzung mit der Verantwortung für die Staatsverbrechen in den Jahren des sowjetischen Terrors gab den geeigneten Rahmen vor, um zu verstehen, was heute mit unserem Land und mit uns selbst vor sich geht.

Ich habe mich in den vergangenen Monaten immer wieder gefragt, ob ich in Anbetracht des Krieges und der seither eingetretenen Ereignisse etwas an dem Buch ändern würde – es liegt ja recht nahe, anzunehmen, dass dadurch eine ziemlich gründliche Überarbeitung erforderlich wird. Und das umso mehr, als meine durchaus optimistischen Betrachtungen über den Zustand der russischen Zivilgesellschaft und die These, Russland stehe kurz vor einem Erinnerungsdurchbruch, heute auf den ersten Blick zumindest korrekturbedürftig sind. Zudem scheint die Beschäftigung mit den Opfern, die der Stalinismus vor fast einem Jahrhundert forderte, angesichts der Hunderttausende neuer Opfer, die gerade jetzt Schreckliches durchmachen müssen, allenfalls von antiquarischem Interesse zu sein. Doch je eindringlicher ich mir diese Frage stellte, desto deutlicher wurde mir, dass das Buch keiner grundlegenden Veränderung bedarf – und die Nachfrage des russischen Publikums hat mich darin zusätzlich bestärkt. Denn für jemanden, der die Erinnerungskultur und -politik Russlands erforscht, ist die Eskalation, die der Angriff Russlands auf die ganze Ukraine am 24. Februar 2022 bedeutete, nur die Fortsetzung von Tendenzen, die sich bereits in der Spätphase der 2010er Jahre abzeichneten. Und gerade die Analyse der Erinnerungspolitik, die in Russland in Bezug auf den sowjetischen Staatsterror betrieben wird, gibt wesentliche Aufschlüsse, um das Desaster zu verstehen, das sich gegenwärtig vollzieht.

Hier ist eine Einschränkung nötig. Für einen Autor aus Russland ist es derzeit sehr schwierig, sich über die Gründe für das aktuelle Geschehen zu äußern. Während diese Zeilen geschrieben werden, treffen russische Raketen und Drohnen ukrainische Städte, zerstören die Wärme- und Stromversorgung und fordern das Leben von Zivilisten. Wer das Bild erweitern und die Ereignisse kontextualisieren will, muss sie letztlich auf irgendeine Weise geschichtlich einordnen, und dies könnte als Versuch aufgefasst werden, sich von der Verantwortung loszusprechen und die gegenwärtigen Verbrechen zu relativieren. Deutschen Lesern ist dieses Problem im Zusammenhang mit dem Historikerstreit der 1980er Jahre bekannt. Die Verantwortung lässt sich nicht abstreifen. Die Katastrophe des Ukrainekriegs ändert – von allem anderen abgesehen – auch die Fundamente des historischen Gedächtnisses in Russland. In den vergangenen Jahrzehnten ist die Erinnerung an den Befreiungskrieg des Sowjetvolkes gegen den Nationalsozialismus ein wichtiger gemeinsamer Nenner der russischen Identität gewesen. Das macht sich auch die staatliche Propaganda zunutze, wenn sie der Bevölkerung erklärt, beim Angriff auf die Ukraine gehe es darum, diese vom »Nazismus« zu befreien. Durch den gegenwärtigen Krieg ist dieser Identität die Basis entzogen worden. Der gemeinsame Nenner wird nun unweigerlich auf lange Zeit – wenn nicht für immer, dann bis zum nächsten paradigmatischen Bruch – mit der Verantwortung für das jetzige Geschehen verbunden sein. Die Russen sind nicht länger eine Nation, die die Welt vom Nazismus befreit hat. Wir sind jetzt die Nation, die die Befreiung der Welt vom Nazismus zum Ausgangspunkt einer Entwicklung gemacht hat, an deren Ende ein Regime steht, das einen neuen Krieg in Europa entfesselt hat. Um zu verstehen, wie dies möglich wurde, müssen wir jedoch, wie es in diesem Buch nahegelegt wird, einen Schritt zurückgehen.

Was heute in der Ukraine passiert, ist eine verzögerte Folge des Zusammenbruchs der Sowjetunion. Dieser Kontext hilft, die aktuellen Geschehnisse besser zu verstehen. Der Zusammenbruch von Imperien ist immer ein äußerst schmerzhafter Prozess (im gesamten postsowjetischen Raum sind mindestens 200 000 Menschen bei Konflikten umgekommen, die in den 1990er und frühen 2000er Jahren infolge des Zerfalls der UdSSR ausbrachen). Und dies gilt umso mehr, je weniger das einstige Imperium bereit ist, sein bisheriges Selbstverständnis aufzugeben.

Die Annexion der Krim und der Beginn des Kriegs in der Donbassregion wurden eben dadurch ausgelöst, dass die Ukraine nach dem Maidan Ende 2013 / Anfang 2014 aus der imperialen oder quasiimperialen Einflusssphäre Russlands ausschied. Die Propagandaphrasen der russischen Staatsführung, die Russland und die Ukraine als »Brudervölker« bezeichnet (wobei die Ukraine natürlich der kleinere Bruder ist) und behauptet, die Ukraine sei »kein echtes Land«, bringen das sehr anschaulich zum Ausdruck. Den jetzigen Krieg unterscheidet von früheren Konflikten im postsowjetischen Raum, dass er aus Sicht seiner ideologischen Urheber im Kreml existenziell wichtig ist, damit Russland in der Form weiterbestehen kann, in der sie es gern »einfrieren« möchten.

Mein gewisser Optimismus von 2020 hängt paradoxerweise eng mit der Wahrnehmung der Krise zusammen, die der russische Staat durchlebte. Im Buch ist viel davon die Rede, dass sich in Russland Erinnerungsdurchbrüche vorbereiten. Das beschreibt eine Situation, in der die alte Infrastruktur der Bearbeitung und des Beschweigens der Vergangenheit nicht mehr funktionierte und der Diskurs die errichteten Dämme durchbrach, weil sich die gesellschaftlichen und politischen Bedingungen verändert hatten. Für die russische Regierung, die sich klar für das sowjetische Modell als Fundament ihres Selbstverständnisses entschieden hatte, stellte sich damit die Überlebensfrage. Eine umfassende und schnörkellose Verurteilung des sowjetischen Terrors hätte es zwangsläufig erfordert, das Grundprinzip aufzugeben, das diesen Terror erst ermöglicht hat, nämlich die Annahme, dass die Würde und das Interesse des Staates dem Wert des menschlichen Lebens übergeordnet sind. (Unter den vielen Dingen, die in der Konfrontation zwischen den beiden Ordnungsmodellen und Weltanschauungen beim Krieg in der Ukraine deutlich zutage treten, ist die unterschiedliche Einstellung der Staatsführung gegenüber dem Leben der eigenen Bürger vielleicht am eindrücklichsten.) Ende der 2010er Jahre wurde dieses Dilemma in Russland ganz offensichtlich: Entweder würde sich auf natürlichem Weg – durch den Wechsel der Generation und des Weltbilds – ein neuer Diskurs über die Vergangenheit durchsetzen und die gesellschaftspolitische Realität von Grund auf verändern, oder die Repräsentanten des Althergebrachten würden unter Einsatz modernster Mittel versuchen, den Lauf der Zeit künstlich abzubremsen.[2]

Die Krise des alten Modells und die Gefahren, die es barg, lagen bereits 2014-2015 offen zutage. Dies war einer der Gründe, das vorliegende Buch in Angriff zu nehmen. Einer der ersten Texte, die im Rahmen dieser Arbeit publiziert wurden, befasst sich mit den von Ressentiments getriebenen Beschwörungen Stalins und der »festen Hand«. Darin findet sich die folgende Passage, die mein Lektor und ich 2019 für zu emotional hielten, um sie in das Buch aufzunehmen:

> [Das] Phänomen mit seiner Intensität und seinem verkrampften Bemühen [erinnert] stark an eine Agonie. Agonie im medizinischen Sinn bedeutet ja immer eine Aktivierung der Lebenskräfte – Atmung, Herzrhythmus und Durchblutung des Sterbenden funktionieren plötzlich wieder. Verantwortlich dafür sind jedoch nicht das Gehirn und der obere Bereich des Nervensystems, sondern Hirnstamm und Rückenmark. Es handelt sich um eine von Krämpfen begleitete Verbrennung der letzten Ressourcen im Vorgriff auf das unvermeidliche Ende. Das, was heute zu beobachten ist, erinnert bei aller scheinbaren Lebendigkeit und Frische genau daran.
>
> Der schlafende Koloss erwacht nicht, sondern liegt im Todeskampf. Das heißt jedoch keineswegs, dass das Geschehen harmlos ist. Diese Agonie von historischem Maßstab kann Jahre andauern, und der Drache kann in den letzten Zuckungen viele mit ins Verderben reißen – sowohl die tapferen Ritter als auch die Anhänger, die sich an ihn geklammert

2 Diesen Gedanken hat die Politologin Ekaterina Schulmann sehr gut dargelegt. Sie bezeichnet die Entfesselung des Krieges durch den Kreml als Mittel, um die Zeit anzuhalten und den Eintritt der unausweichlichen Zukunft gewaltsam hinauszuzögern.
Siehe hierzu die Interviews mit Schulmann in der Zeitung *Der Freitag* 18/2022 (https://www.freitag.de/autoren/der-freitag/was-haben-wir-uebersehen-russische-politologin-ekaterina-schulmann-im-interview) und auf der Website *Redaktionsnetzwerk Deutschland* (https://www.rnd.de/politik/doppelinterview-zur-russischen-opposition-ich-glaube-nicht-dass-es-eine-palastrevolution-gegen-putin-VAV66R3HTRDQJLPA5SSBEOYERE.html, Abrufdatum für beide Links 19.12.2022).

> haben, sei es aus Angst, aus Dummheit oder weil sie den Todeskampf mit der Rückkehr zum Thron verwechselten.[3]

Für einen Erinnerungsforscher in Russland drängt sich der Eindruck auf, dass es sich bei der gegenwärtigen Tragödie um einen Krieg der untoten Sowjetunion gegen die Ukraine und gegen das nichtsowjetische Russland handelt. Ein solcher Ansatz erklärt viel von dem, was sich zurzeit abspielt. Nicht umsonst bedienen sich die russische Armee und Staatspropaganda in der Ukraine nachdrücklich der sowjetischen Symbolik. Im April wurde das Bild einer alten Frau, die die »Befreier« mit einer roten Flagge begrüßte, rasch zu einer der wichtigsten Allegorien für die »Heimkehr der Ukraine«, und die Militärparade am 9. Mai auf dem Roten Platz in Moskau und in den besetzten ukrainischen Städten wurde nicht unter den Bannern der Militärverbände, sondern unter roten Fahnen abgehalten. In der Ukraine wird nach dem Februar 2022 der Abbau sowjetischer Denkmäler wieder intensiver betrieben – waren 2014 fast ausschließlich Lenin-Denkmäler betroffen, so sind es jetzt auch Denkmäler für sowjetische Soldaten und Kulturschaffende. Die russische Führung ihrerseits stellt in den besetzten Städten zuallererst die Lenin-Denkmäler wieder auf. Was das »nichtsowjetische Russland« betrifft, so wird es nicht mit Artillerie und Raketen bombardiert. Doch in den letzten Monaten hat die Verfolgung Andersdenkender ein Ausmaß angenommen, das in der postsowjetischen Geschichte ohne Beispiel ist. Die Repressionen gegen Menschen, die sich öffentlich gegen die »Parteilinie« äußern, erinnern an die Zeiten Breschnews oder Andropows; die blutrünstige Rhetorik der Staatsmacht, die Propaganda gegen Dissidenten (für die mittlerweile nicht selten die Todesstrafe gefordert wird) und die Atmosphäre der Angst, die Russland

3 Ėpple, Nikolaj, »Vospalenie pamjati«. *InLiberty*, 24.10.2016. https://old.inliberty.ru/blog/2413-Vospalenie-pamyati. Deutsche Fassung: Epplée, Nikolay, »Erinnerungs-Entzündung«. *Dekoder*, 03.11.2016. https://www.dekoder.org/de/article/erinnerungs-entzuendung-geschichte-stalin (Abrufdatum für beide Links 19.12.2022).

jäh überzogen hat, lassen sogar den Vergleich mit den 1930er Jahren unter Stalin zu.

Die Aufarbeitung der Erinnerung an den sowjetischen Staatsterror wird durch die akute Notwendigkeit, die Tragödie der heutigen Opfer zu verarbeiten, also nicht beiseitegeschoben, sondern beides hängt im Gegenteil direkt miteinander zusammen. Wenn der Angriff auf die Ukraine im Tiefsten dadurch motiviert ist, dass die russische Staatsführung die sowjetischen Regierungs- und Existenzpraktiken, das imperiale und koloniale Erbe des Stalinismus, weder aufgeben will noch kann (vgl. das Kapitel »Das alte Fundament«), dann ist die Frage, wie sich diese Vergangenheit aufarbeiten lässt, praktisch das Schlüsselproblem, das gelöst werden muss, um die Ursachen für diesen Krieg mit der Wurzel auszureißen. Davon zeugt auch die Haltung der Menschenrechtsorganisation Memorial, einer zentralen unabhängigen Stimme im Diskurs über Erinnerungskultur und -politik in Russland, die in Anerkennung ihrer Verdienste auf diesem Gebiet 2021 von der Staatsführung der Russischen Föderation liquidiert worden ist und 2022 gemeinsam mit ukrainischen und weißrussischen Menschenrechtsaktivisten den Friedensnobelpreis erhielt. Memorial hat beschlossen, die Aktion »Rückgabe der Namen«, die dem Gedenken der Opfer des Stalinismus gewidmet ist, im Jahr 2022 angesichts der neuerlichen Katastrophe nicht abzusagen. Die Organisatoren erklärten dazu: »Wir sind überzeugt, dass die ›Rückgabe der Namen‹ gerade auch jetzt relevant ist. Denn sie ruft einen äußerst wichtigen, unbedingten Grundsatz ins Gedächtnis: Es gibt nichts Wertvolleres als das menschliche Leben, und deshalb hat der Staat nicht das Recht, Menschen zu töten. Weder 1937 noch 2022. Je mehr Menschen sich darin einig sind, desto besser sind die Aussichten dafür, dass es gelingt, die Katastrophe zu stoppen und eine künftige Wiederholung nicht zuzulassen.«[4]

2019 habe ich im Schlusswort zu diesem Buch geschrieben, Russland brauche dringend Gründe, um nicht falschen, sondern berech-

4 »Ob akcii ›Vozvraščenie imen‹ v 2022 godu«. Website der Aktion »Rückgabe der Namen«, Gesellschaft »Memorial«. https://october29.ru/about/.

tigten Stolz empfinden zu können – ein Gefühl, das nicht darauf beruht, dass die kriminellen und beschämenden Seiten der eigenen Geschichte beschwiegen werden, sondern aus der Fähigkeit erwächst, Fehler einzugestehen und daran zu arbeiten. Von einem irgendwie gearteten Stolz kann nach 2022 nicht mehr die Rede sein. Zugleich ist offenkundiger denn je, dass die Gesellschaft in Russland und die Nation insgesamt sich zur Verantwortung für Verbrechen des eigenen Staates bekennen müssen – nicht, um die eigene Reputation zu retten, sondern damit sie überhaupt neu erstehen können.

Vorwort. NIE/WIEDER

Die beiden Wörter im Titel dieses Vorworts haben eine wechselvolle Geschichte. Sie zeigt, dass Erinnerungsarbeit nicht linear, sondern dynamisch verläuft. Am Anfang stand ein Satz aus Theodor W. Adornos Radiovortrag »Erziehung nach Auschwitz«, der ursprünglich an Pädagogen und Intellektuelle gerichtet war und dann weithin bekannt wurde: »Die Forderung, daß Auschwitz nicht noch einmal sei, ist die allererste an Erziehung.«[5] Einige Jahre später fand dieser Gedanke seinen Ausdruck in der Formel »Nie wieder«, die in fünf Sprachen auf einem 1968 in der KZ-Gedenkstätte Dachau errichteten Mahnmal geschrieben steht.

Sie war ein Aufruf, sich zu erinnern, ein ethischer Imperativ. Bald darauf machte der Gründer der Jewish Defense League, der Brooklyner Rabbi Meir Kahane, diese Formel zu seiner Devise. Er begriff sie als Aufruf zum Handeln. Die Aktivitäten der Jewish Defense League, die viele als radikal und extremistisch empfanden, reichten vom Schutz der jüdischen Bevölkerung Brooklyns vor antisemitisch gesinnten Bewohnern aus Schwarzen- und Latino-Vierteln bis zur weltweiten Bekämpfung des Antisemitismus.

1984 stand die Formel auf dem Titelblatt des Abschlussberichts der argentinischen Wahrheits- und Versöhnungskommission, und 1985 erschien in Brasilien ein Buch dieses Titels, das die Verbrechen der Diktatur von 1964 bis 1979 beschreibt. 1992 folgte eine Sammlung von Zeugenaussagen über die Verbrechen der Militärdiktatur in Uruguay von 1972 bis 1985 und 1998 ein Bericht über die Verbrechen während des Bürgerkriegs in Guatemala.

So wurde die Formel *Nie wieder* zunehmend mit der Übergangsjustiz in Verbindung gebracht.

5 Adorno, Theodor W., »Erziehung nach Auschwitz (1966)«. In: ders., *Erziehung zur Mündigkeit, Vorträge und Gespräche mit Hellmut Becker 1959-1969*. Frankfurt/Main 1970. S. 92ff.

Spätestens seit Anfang der 2000er Jahre haben diese beiden Wörter globale Bedeutung erlangt. Sie stehen heute nicht mehr nur auf den Umschlagseiten politikwissenschaftlicher, juristischer und historischer Publikationen, sondern kommen zunehmend auch in zeitgenössischen Musiktiteln, künstlerischen Arbeiten oder als Graffiti an den Wänden historisch belasteter Gebäude vor.

Das Dynamische und Nichtlineare der Erinnerungsarbeit zeigt sich nicht nur darin, dass die analysierten Kategorien unablässig in Bewegung und gleichsam fließend sind. Im Unterschied zur historischen Forschung erfordert sie ein ständiges Balancieren zwischen individueller und kollektiver, psychologischer und sozialer, philosophischer (oder kultureller) und juristischer Sphäre. Was aus der einen Perspektive klar und deutlich erscheint, ist es aus der anderen bei Weitem nicht immer.

Ich habe dieses Buch auch deshalb geschrieben, weil ich eine Ratlosigkeit überwinden wollte, die auf ein ganz persönliches Erlebnis zurückgeht. Vor zwei Jahrzehnten, nach der Beerdigung meines Vaters, saßen die Mitglieder beider Linien meiner Familie zum ersten und letzten Mal an einem Tisch zusammen. Mein Großvater mütterlicherseits war Veteran des Sowjetisch-finnischen Kriegs und des Zweiten Weltkriegs, Stalinist und in seinen späteren Jahren noch dazu orthodoxer Christ. Meine Großtante zweiten Grades väterlicherseits hatte in der chemischen Forschung gearbeitet und war mit einem bekannten Kernphysiker verheiratet gewesen, den während des Großen Terrors unter Stalin ab 1937 nur ein Wunder vor dem Gulag bewahrt hatte. Als das Gespräch auf diese Zeit kam, stellte sich heraus, dass diese beiden Menschen ihr Leben offenbar in Ländern mit einer völlig unterschiedlichen Vergangenheit verbracht hatten. Während die Repressionen für meinen Großvater ein Märchen und »pure Verleumdung« waren, hatte meine Großtante sie tagtäglich erfahren. Was abstrakt gesehen unvorstellbar scheint, wurde hier zur greifbaren Tatsache: Die Vergangenheit hat keine objektive Realität. Sie wird von der Erinnerung geformt, die nicht objektiv ist und sich leicht über sich selbst täuschen kann. Selbst innerhalb einer Familie kann die Erinnerung gespalten sein – als Folge des Schweigens und des Mangels an Bereitschaft und/oder auch Gelegenheit, eine gemeinsame Basis für die Auseinandersetzung mit ihr zu suchen.

Diese Unbestimmtheit der Vergangenheit prägt wiederum die Gegenwart. Die eingefrorene und »unvorhersehbare« Geschichte eines Landes mit zwiespältiger Erinnerung wird in der Gegenwart zu einer zwiespältigen Realität. Sie steht im günstigsten Fall dem Vorankommen im Weg und führt schlimmstenfalls in den offenen Konflikt.[6]

In Russland gibt es nicht wenige Menschen wie meinen Großvater. Das Erstaunlichste an den Umfragen über die Einstellung zu Stalin und den Repressionen ist nicht einmal, wie groß die Sympathien für den Diktator bis heute sind, sondern wie viele Menschen glauben, es habe keine Massenrepressionen gegeben. Im Jahr 2014 waren dies nach Angaben des Meinungsforschungsinstituts FOM 16 Prozent der Befragten. Weitere 18 Prozent waren nicht sicher, was sie antworten sollten (»vielleicht gab es Repressionen, vielleicht auch nicht, wer kann das schon wissen«).[7]

Es scheint abenteuerlich: Die Befragten haben nicht etwa unterschiedliche Einstellungen zu Ereignissen der Vergangenheit. Ihre Meinungen gehen auf der faktischen Ebene auseinander, bei der Frage, ob die Ereignisse überhaupt stattgefunden haben. Die Differenz betrifft weniger die Beurteilung der Vergangenheit als die Wahrnehmung der Realität selbst. Letztlich leben diejenigen, die diese Frage unterschiedlich beantworten, tatsächlich in Ländern mit unterschiedlicher Geschichte oder sogar in verschiedenen Ländern, deren Konturen auf der Landkarte nur zufällig übereinstimmen.

Es mag verlockend erscheinen, die divergierenden Vorstellungen von der Vergangenheit mit »Schizophrenie« zu erklären. Als emotio-

6 Dieser Gedanke zieht sich beispielsweise durch den historischen Teil des Berichts »Welche Vergangenheit braucht das Russland der Zukunft«, der Anfang 2017 von der Freien Historischen Gesellschaft im Auftrag des Komitees für Bürgerinitiativen veröffentlicht wurde.

7 *Massovye repressii v SSSR*. Website des Meinungsforschungsinstituts FOM, 29.10.2014. https://fom.ru/Proshloe/11786 (Abrufdatum 18.07.2022).

nale Wertung hilft das nicht weiter. Anders sieht die Sache aus, wenn man es als Versuch einer nüchternen Diagnose versteht: Die Erinnerung an den sowjetischen Staatsterror ist in der Tat von einer frappierenden Zwiespältigkeit gekennzeichnet. Mit Blick auf die Vergangenheit ist das in vieler Hinsicht auch nicht überraschend.

Der Ausdruck »Politische Repressionen« ist eine euphemistische Bezeichnung für Staatsterror und geht auf die Zeit des »Kampfs gegen den Personenkult« in den 1950er Jahren zurück. Offiziell wurden die Repressionen bereits 1956 verurteilt, und die meisten Staatsführer, angefangen bei Chruschtschow, haben das bekräftigt. Ab Mitte der 1950er Jahre kam auch die Rehabilitierung von Opfern in Gang. Erst vor wenigen Jahren ist in Russland die Konzeption einer staatlichen Politik zur Verewigung des Gedenkens an die Opfer politischer Repressionen verabschiedet worden. In zweieinhalb Kilometern Entfernung vom Kreml wurde ein Mahnmal für sie errichtet.

Andererseits bleibt Forschern und selbst Angehörigen von Opfern der Zugang zu vielen Archiven verwehrt. Um die Wahrung des Andenkens an die Opfer kümmern sich vor allem Nichtregierungsorganisationen und zivilgesellschaftliche Aktivisten, die der Staat teils offen verfolgt. Die staatsnahen Organisationen, die mit der Wahrung des kulturellen Erbes von Russland betraut sind, befassen sich nicht mit der Suche nach Massengräbern der Opfer des sowjetischen Terrors. Stattdessen stellen sie an bereits bekannten Massengrabstätten Informationstafeln auf, die darauf hinweisen, dass die Erschossenen selbst nicht frei von Sünden gewesen seien – so an der Gedenkstätte Mednoje bei Twer, wo mehrere tausend polnische Kriegsgefangene hingerichtet wurden. Oder sie versuchen, wie im karelischen Sandarmoch, die Exekutionsplätze des NKWD als Friedhöfe für sowjetische Soldaten auszugeben, die von Truppen des Feindes erschossen wurden.[8]

8 Siehe dazu etwa: Klimenko, Ekaterina, »The Politics of Oblivion and the Practices of Remembrance. Repression, Collective Memory and Nation-Building in Post-Soviet Russia«. In: Mrozik, Agnieszka / Holubec, Stanislav (Hgg.), *Historical Memory of Central and East European Communism.* New York 2018, S. 141-162.

Die Verantwortung für die Vernichtung von Millionen Menschen lässt sich nicht »partiell« oder »zur Hälfte« anerkennen. Das würde streng genommen auf das genaue Gegenteil hinauslaufen. Und doch verharrt die erdrückende Mehrheit der Bevölkerung Russlands in genau dieser unmöglichen, widersinnigen Situation, einem ähnlichen Zwiespalt wie dem, der sich nach der Beerdigung meines Vaters an unserem Familientisch auftat. Er ist in gewissem Sinn etwas Vertrautes – für mich und Millionen anderer, die solche Erfahrungen gemacht haben.

* * *

Aber es geht nicht allein darum. Es ist kein Zufall, dass sich für Verbrechen, an denen der eigene Staat schuld ist, der Ausdruck »Schwierige Vergangenheit« eingebürgert hat. Die eigene Verantwortung anzuerkennen, anstatt sie auf äußere oder innere Feinde, die Zeit und die Umstände abzuwälzen, ist in der Tat äußerst schwierig – in psychologischer, politischer und rechtlicher Hinsicht. Auf den ersten Blick könnte man meinen, dass die Beispiele für eine freiwillige Vergangenheitsbewältigung recht zahlreich sein müssten und allein Russland mit seiner Vergangenheit einfach nicht fertig wird. Bei genauerem Hinsehen zeigt sich jedoch, dass das nicht so ist. Das vielleicht einzige Beispiel für eine wirklich freiwillige Aufarbeitung der Vergangenheit ist die Anerkenntnis der Unterdrückung der Kolonien durch die ehemaligen Kolonialmächte. Wenn unmittelbare Nachfahren der Täter und die aktuelle politische Situation betroffen sind, wie etwa bei der Frage der türkischen Verantwortung für den Völkermord an den Armeniern, gestaltet sich die Anerkennung äußerst schwierig.

Es sind nie oder fast nie moralische Erwägungen, die den Ausschlag dafür geben, dass zurückliegende Großverbrechen verurteilt werden. Zu den seltenen Ausnahmen kommt es dann, wenn unter Rückgriff auf solche Erwägungen Prozesse in Gang gesetzt werden, die durch die wirtschaftliche oder außenpolitische Konjunktur motiviert sind – wenn die Verurteilung der Vergangenheit notwendig ist, um bestimmte politische Kräfte im Land zu legitimieren.

Ein Beispiel dafür sind die Entschädigungsleistungen der deutschen Regierung an Israel von 1951 bis 1965, mit denen auf bis dahin beispiellose Weise die Verantwortung für die NS-Verbrechen anerkannt wurde: Erstens konnte Deutschland mit diesem Schritt seine Glaubwürdigkeit als zuverlässiger und kreditwürdiger Partner auf der internationalen Bühne wiederherstellen und sich in die Weltwirtschaft integrieren, zweitens fand er zeitgleich mit dem gegenläufigen innenpolitischen Kurs der Integration ehemaliger Nazis statt, und drittens bot er die Möglichkeit, sich im ideologischen und politischen Wettbewerb mit der DDR in denkbar günstigem Licht zu präsentieren.

Japans Entschuldigungen bei seinen asiatischen Nachbarn und die damit verbundenen Entschädigungszahlungen erfolgten im Interesse des Aufbaus einer Wirtschaftspartnerschaft, und die Entschuldigungen des polnischen Staatspräsidenten für antijüdische Pogrome wurden im Zuge der EU-Integration vorgebracht. Die Anerkennung der Verantwortung für die schwierige Vergangenheit wird durch solche Umstände nicht entwertet oder beschädigt. Wesentlich ist, dass sie immer mit der politischen und wirtschaftlichen Pragmatik verflochten ist.

Es ist generell schwieriger, sich an Opfer und Leiden zu erinnern als an Helden und Siege. Selbst das Holocaust-Gedenken, das heute als vorbildlich gilt, stieß in seinen Anfängen – heute kaum vorstellbar – bei der Öffentlichkeit und der Regierung des Staates Israel auf Ablehnung und Widerstand. Als der bekannte Nazijäger Simon Wiesenthal sich kurz nach dem Krieg an die israelische Regierung wandte, um die feierliche Beisetzung der sterblichen Überreste von 200 000 im Holocaust ermordeten Juden zu arrangieren, wurde er von israelischen Beamten monatelang abgewimmelt. Die israelischen Juden hatten ein sehr kompliziertes Verhältnis zu jenen Juden, die in Europa geblieben waren, und die Regierung setzte lieber auf eine heroische Symbolik als auf das Gedenken an Vernichtung und Erniedrigung. Erst als die sterblichen Überreste von Theodor Herzl, dem Begründer des Zionismus, aus Wien überführt worden waren, konnte auch die Asche der 200 000 NS-Opfer beigesetzt werden. Sogar die Entscheidung, Adolf Eichmann zu entführen – ein Wendepunkt für das internationale Holocaust-Gedenken –, fiel erst mit siebenjähriger Verzögerung zu einem Zeitpunkt, als das politische Interesse daran erwacht war.[9] Nochmals: Damit soll nicht festgestellt werden, dass diese Vorgänge von irgendeiner Norm abweichen würden. Vielmehr geht es darum, dass in Bezug auf die *belastete Erinnerung* der Begriff der Norm als solcher sehr problematisch ist.

Das gilt auch für den Begriff »Erfolg« im Zusammenhang mit der Bewältigung und »Überwindung« einer schweren Vergangenheit. Das Beispiel Russland zeigt, dass es einem Land unter Umständen über lange Jahre hinweg nicht gelingt, mit seiner Vergangenheit abzuschließen. Aber ist das bei einem Land wie Polen, das den Weg von der kommunistischen Diktatur zum Vollmitglied in der EU zurückgelegt hat, wirklich so anders? Lässt sich Südafrikas Übergang von der Diktatur der Weißen zur Demokratie als Erfolgsgeschichte bezeichnen? Zahlreiche weiße Einwohner haben das Land verlassen, die Ungleichheit ist größer als zuvor und die Kriminalitätsrate zwar deutlich niedriger als Mitte der 1990er Jahre, aber immer noch hoch. Andererseits konnte ein unmittelbar drohender Bürgerkrieg abgewendet werden und es sind trotz allem im Vergleich deutlich mehr Weiße im Land geblieben als etwa in Zimbabwe.

Selbst das Musterbeispiel Deutschland kann nicht als uneingeschränkter Erfolg gewertet werden. Für die junge Generation sind die Reden von der Verantwortung für eine aus ihrer Sicht weit zurückliegende Vergangenheit oft schwer nachvollziehbar, und die neo-

9 Zu der von Wiesenthal initiierten Beisetzung der Asche europäischer Juden in Israel siehe: Segev, Tom, *Simon Wiesenthal: Die Biografie*. München 2010, S. 11f. Zur Festnahme von Adolf Eichmann siehe: Cesarani, David, *Adolf Eichmann. Bürokrat und Massenmörder*. Berlin 2004; Bascomb, Neal, *Hunting Eichmann: How a Band of Survivors and a Young Spy Agency Chased Down the World's Most Notorious Nazi*. Boston / New York 2009.

nazistische Ideologie erfreut sich bis heute einer gewissen Beliebtheit. Von Erfolgen lässt sich bei der Vergangenheitsbewältigung in einem ähnlichen Sinn sprechen wie bei einer Krebstherapie: Die Krankheit als solche ist nicht heilbar, aber jeder kleine Sieg im Kampf um das Leben setzt sich über die Unmöglichkeit hinweg und ist in diesem Sinn ganz fraglos ein Erfolg.

Das ethische und juristische »Nie« balanciert in der Realität ständig auf dem Grat zum »Wieder« oder gar »Auf ein Neues!«. Deshalb ist es längst Zeit, die klassische Formel mit einem Schrägstrich zu schreiben. Wer sich mit Vergangenheitsaufarbeitung beschäftigen will, ohne zu verzweifeln oder sich unnötig etwas vorzumachen, muss sich offen Rechenschaft darüber ablegen, wie mühselig und kompliziert sie ist.

* * *

Bei der Beschäftigung mit dem Thema der schwierigen Vergangenheit stößt man auf eine Fülle von Beispielen dafür, wie andere Länder sich mit ihrer belasteten Geschichte auseinandergesetzt haben und es bis heute tun. Sie sind in den methodischen Ansatz dieses Buchs eingeflossen. Die vergleichende Herangehensweise ist in der Literatur zur Bewältigung der Staatsverbrechen in der sowjetischen Geschichte erstaunlich schwach vertreten. In der russischen Geschichtsschreibung und Soziologie wird die Geschichte der Repressionen und der Erinnerung an sie fast ausschließlich anhand von sowjetischen, postsowjetischen und russischen Materialien erforscht. Die praktisch einzige Ausnahme ist der von Aleksei Miller und Marija Lipman herausgegebene Sammelband *Istoričeskaja politika v XXI veke*, der aus diesem Grund in Fachkreisen auf große Resonanz gestoßen ist.[10]

Auch die öffentliche Debatte wird so geführt, als sei es nur in Russland der Fall, dass Staat und Gesellschaft zwar darauf angewiesen sind,

10 Miller, Aleksej / Lipman, Marija (Hgg.), *Istoričeskaja politika v XXI veke*. Moskau 2012.

die Vergangenheit zu bewerten, zu verurteilen und zu überwinden, aber die Hindernisse, die diesem Prozess objektiv im Weg stehen, nicht beseitigen können. Ein Vergleich bzw. eine Gegenüberstellung findet einzig mit der deutschen Erfahrung bei der Aufarbeitung der NS-Vergangenheit statt. Doch die Situation in Deutschland lässt sich auf die Sowjetunion und Russland nicht übertragen. Mehr noch, sie ist im internationalen Vergleich grundsätzlich ein Sonderfall.

Deshalb ist es sehr wichtig, die Erfahrung in Russland mit den Erfahrungen anderer Länder zu vergleichen, um so nach Möglichkeit allgemeine Grundsätze für die Vergangenheitsaufarbeitung zu gewinnen, die auf den russischen Fall anwendbar sind. Ein vergleichender Ansatz, der auch nur einigermaßen kohärent und systematisch verfährt, trägt dazu bei, dass bekannte Fakten und Umstände in neuem Licht gesehen werden können. So wird zum Beispiel deutlich, dass die deutsche Erfahrung in Russland eher die Funktion eines Mythos hat als die eines echten praktischen Vorbilds.[11]

Der vergleichende Ansatz ermöglicht es auch, die Frage der Kompromisse bei der Vergangenheitsaufarbeitung neu zu betrachten. Er zeigt, dass die Geschichte des Übergangs von der Diktatur zur Postdiktatur so gut wie immer von Kompromissen begleitet wird. Wenn Vereinbarungen über die Vergangenheit getroffen werden, hat das meist etwas von einem Deal, bei dem etwas aufgegeben werden muss. Ein bedingungsloses Triumphieren der Wahrheit lassen die politischen Gegebenheiten nur äußerst selten zu. Die »Wahrheit«, die Wahrheits- und Versöhnungskommissionen ans Licht bringen, ist fast immer von Kompromissen geprägt. Und je kompromissbereiter die Verhandlungspartner, desto erfolgreicher das Modell.

Jenseits einer vergleichenden Perspektive mag es unerträglich zynisch wirken, wenn die *Pragmatik* der Vergangenheitsbewältigung thematisiert wird – die Vorteile, die dieser Prozess für alle Seiten eines

11 Gabowitsch, Mischa, »Foils and Mirrors: The Soviet Intelligentsia and German Atonement«. In: ders. (Hg.), *Replicating Atonement: Foreign Models in the Commemoration of Atrocities*. Cham 2017, S. 267ff.

habituell gespaltenen Gesellschafts- und Staatswesens hat. Schließlich geht es in allen Fällen um Menschenleben. Die vergleichende Sicht zeigt jedoch, dass es unumgänglich ist, sich mit der pragmatischen Ebene zu befassen, und dass dies nicht zu mehr, sondern zu weniger Zynismus führt. Im Jahr 2000 veröffentlichte der amerikanische Politikwissenschaftler Elazar Barkan das Buch *The Guilt of Nations.*[12] Ihm zufolge ist das *Verhandeln* über Entschädigungen für die Opfer von Staatsverbrechen ein äußerst wichtiges Instrument zur Bewältigung der Vergangenheit. Im Zuge der Verhandlungen konstituieren sich die Opfer als soziales und politisches Subjekt; sie begreifen sich als Gemeinschaft und als gesellschaftlich-politische Kraft. Diese Form der Auseinandersetzung ermöglicht es, das moralische Problem politisch und pragmatisch – mit anderen Worten, instrumenteller – anzugehen. Letztendlich erweist sich der pragmatische Ansatz als erstaunlich effektiv. Denn solche Prozesse werden nicht durch das abstrakte Wissen befördert, dass die Gerechtigkeit siegen muss, sondern durch die Interessen der beteiligten Parteien. Der Wechsel vom ideologischen zum pragmatischen Schema ermöglicht es ihnen, von offenem Konflikt und gegenseitigem Hass zur Verhandlungsbereitschaft überzugehen und nach Annäherungspunkten zu suchen.

***

Der Aufbau dieses Buchs folgt seinem methodischen Ansatz: Es geht vergleichend vor und macht es sich zur Aufgabe, grundlegende Strategien der Vergangenheitsbewältigung für Russland zu formulieren.

Im ersten Teil wird beschrieben, woran es liegt, dass die Erinnerung an die sowjetische Vergangenheit Russland so fest im Griff hat. Einleitend wird analysiert, wie die Wiederbelebung des »stalinistischen Komplexes« Mitte der 2010er Jahre den »Erinnerungsboom« auslöste,

12 Deutsche Ausgabe: Barkan, Elazar, *Völker klagen an. Eine neue internationale Moral.* Düsseldorf 2002.

der in den letzten Jahren in Russland zu beobachten war (Kapitel 1). Um den Stand dieser Auseinandersetzung und die damit zusammenhängenden Prozesse nachzuvollziehen, braucht es einen kurzen Exkurs zur Geschichte der traumatischen Ereignisse selbst (Kapitel 2), eine Darstellung der – sowjetischen und postsowjetischen – Entstalinisierung (Kapitel 3), einen Überblick über die Strategien zur Aufarbeitung der sowjetischen Vergangenheit im heutigen Russland (Kapitel 4-5) und eine Einschätzung dazu, wie sich diese Vergangenheit auf die Gegenwart auswirkt (Kapitel 6).

Im zweiten Teil folgen Darstellungen der Geschichte der Vergangenheitsaufarbeitung in sechs Ländern. Sie wurden nicht beliebig gewählt. Argentinien (Kapitel 1) ist das Beispiel eines Landes, in dem das Erbe einer Diktatur mit einer sehr geringen Beteiligung äußerer Kräfte bewältigt wurde. Der Fall Argentinien ist auch deshalb wichtig, weil er für ähnliche Erfahrungen in einer Reihe anderer lateinamerikanischer Staaten (Brasilien, Chile, Mexiko, El Salvador usw.) steht. Spanien (Kapitel 2) erinnert mit seinem jahrzehntelangen Pakt des Schweigens über die Gewalt der Franquisten und dem anschließenden Bruch dieses Schweigens mehr als alle anderen Fälle an die Verhältnisse im heutigen Russland. Südafrika (Kapitel 3) ist ein Land, das buchstäblich zweigeteilt war, dem es aber, wenn auch mit vielen Vorbehalten, gelungen ist, diese Teilung zu überwinden, indem es eine einzigartige Ideologie der Vergebung und Versöhnung entwickelt hat. Polen (Kapitel 4) ist ein Beispiel für einen postkommunistischen Staat, der aufgrund seiner politischen und psychologischen Nähe zur Situation in Russland wichtig ist und an dem sich die Funktionsweise und die Schwächen der Opfermentalität als Paradigma der Vergangenheitsbewältigung sehr anschaulich aufzeigen lassen. Eine Analyse der Vergangenheitsbewältigung wäre unvollständig, wenn sie sich nicht auch mit Deutschland befasst (Kapitel 5). Für Russland sind die Schwierigkeiten und Misserfolge des deutschen Modells aufschlussreicher als die Erfolge, die bei solchen Prozessen ohnehin immer relativer Art sind. Japan (Kapitel 6) ist einerseits kulturell und psychologisch sehr weit von Russland entfernt; andererseits erinnert das Schwanken zwischen Abwehr und Akzeptanz der Schuld dort sehr stark an die russische Situation. Das zeigt einmal mehr, dass die »Gefährten der Vergangenheitsaufarbeitung« einander etwas zu sagen haben.

Im dritten Teil geht es darum, wie die Erfahrungen aus den untersuchten Ländern und generell aus dem Ausland dazu beitragen können, Wege für die Vergangenheitsbewältigung in Russland zu finden. In Kapitel 1 wird die Vergangenheitsarbeit im Kontext der Mechanismen des Übergangs von der Diktatur zur Demokratie betrachtet, der wichtig ist, um sie angemessen analysieren zu können. Die folgenden Kapitel befassen sich mit den Elementen eines möglichen Szenarios der Vergangenheitsaufarbeitung in Russland: das Abschließen mit der Vergangenheit (Kapitel 2), die Arbeit mit dem Familiengedächtnis als Modell für die Gedächtnisarbeit auf nationaler Ebene (Kapitel 3), die Übernahme von Verantwortung für die Vergangenheit, die sowohl das Verurteilen ihrer dunklen Seiten als auch Dankbarkeit für ihre positiven Aspekte umfasst (Kapitel 4), das Schaffen der Voraussetzungen für ein russisches Äquivalent einer Wahrheits- und Versöhnungskommission (Kapitel 5) und das Erarbeiten der Infrastruktur, die nötig ist, um diese Aufgabe in Angriff zu nehmen (Kapitel 6).

* * *

Die grundlegende praktische Aufgabe dieses Buchs ist es, denen, die eine Aufarbeitung der sowjetischen Vergangenheit als wichtiges Anliegen anerkennen, Erfahrungen aus Ländern an die Hand zu geben, die einen solchen Weg bereits früher gegangen sind und oft ähnliche Hindernisse überwunden haben. Den Aktivisten in den Organisationen, die sich mit dem historischen Gedenken befassen, ist oft nicht bewusst, dass es im Ausland sehr wichtige Erfahrungen gibt, die für ihre Arbeit relevant sind. Wer sich in Russland mit der Suche und Identifizierung von Grabstätten der Opfer sowjetischen Terrors befasst, weiß nichts von den umfassenden Maßnahmen, die seit dem Jahr 2000 in Spanien angestrengt werden, um die sterblichen Überreste von Opfern des Bürgerkriegs zu finden. Soziologen, die das Dialogpotenzial zwischen Vertretern unterschiedlicher Narrative zum sowjetischen Terror erforschen, lassen dabei die Ergebnisse der Arbeit der zahlreichen Wahrheits- und Versöhnungskommissionen in verschiedenen Ländern unberücksichtigt. Menschenrechtsaktivisten haben in der Regel noch nichts von der argentinischen Praxis der »Wahrheitsgerichte« und der karnevalistischen Verspottung nicht verurteilter Straftäter gehört, obwohl sie für ihre Arbeit davon profitieren könnten. Und Politikwissenschaftler und Experten für Übergangsjustiz sind sich oft nicht bewusst, dass viele der Werke, die sie kennen und als theoretische Hilfsmittel nutzen (wie das oben genannte Buch von Elazar Barkan), auch auf die Situation in Russland Anwendung finden könnten.

ERSTER TEIL – ANAMNESE

Einführung

Alexander Solschenizyns Buch *Archipel GULAG*, das einen immensen Beitrag zur Aufdeckung der Wahrheit über den sowjetischen Staatsterror geleistet hat, beginnt mit einer eindrücklichen Szene. Eine wissenschaftliche Zeitschrift habe Ende der 1940er Jahre berichtet, dass bei Ausgrabungen am Fluss Kolyma eine unterirdische Eislinse freigelegt wurde, die Exemplare einer urzeitlichen Fauna barg. Laut der Meldung waren die Tritonen so gut konserviert, dass »die Anwesenden, sobald das Eis entfernt war, die Tiere MIT GENUSS verspeisten«. Solschenizyn fährt fort:

> Die keineswegs zahlreichen Leser der Zeitschrift waren wohl nicht wenig verwundert zu erfahren, wie lange Fischfleisch im Eis seine Frische zu bewahren imstande ist. Doch nur einzelne vermochten den wahren, den monumentalen Sinn der unbesonnenen Notiz zu erfassen.
>
> *Wir* begriffen ihn sofort. Wir sahen das Bild klar und in allen Details vor uns: Wie die Anwesenden mit verbissener Eile auf das Eis einhackten; wie sie, alle hehren Interessen der Ichthyologie mit Füßen tretend, einander stoßend und vorwärtsdrängend, das tausend Jahre alte Fleisch in Stücke schlugen, diese zum Feuer schleppten, auftauen ließen und sich daran sättigten.
>
> Wir begriffen es, weil wir selbst zu jenen *Anwesenden* gehörten, zu jenem auf Erden einzigartigen mächtigen Stamm der *Seki*, der Strafgefangenen, der Lagerhäftlinge, die allein es zustande brachten, einen Triton MIT GENUSS zu verspeisen.[1]

Ein Land, in dem eine große, durch gemeinsame Erfahrungen eng verbundene Gemeinschaft existiert, die von außen kaum wahrnehmbar ist und die aus einem Text untrüglich etwas herausliest, das die anderen nicht verstehen: Das ist in der Tat ein »monumentales« Sinn-

1 Solschenizyn, Alexander, *Der Archipel GULAG: Vom Verfasser autorisierte überarbeitete und gekürzte Ausgabe in einem Band*. Frankfurt/Main 2012, S. 7f.

bild. Es führt sehr genau vor Augen, was Wissenschaftler Jahrzehnte später als das kollektive Gedächtnis bezeichnen sollten, das eine gemeinsame Identität definiert.

Die Erinnerung an den Gulag und den sowjetischen Terror in Russland gleicht in vieler Hinsicht bis heute einem gefrorenen Eisklumpen, der eine lebendige Erfahrung bewahrt, die jedoch vielen fremd und unzugänglich bleibt. Um über die Aufarbeitung dieser Vergangenheit sprechen zu können, müssen zunächst die Zusammensetzung und die Existenzform dieses Eisklumpens beschrieben werden.

Im ersten Teil des Buchs wird versucht, die Situation von Gesellschaft und Staat im heutigen Russland im Hinblick auf die kollektive Erinnerung an den sowjetischen Terror zu charakterisieren. Er ist eine Art Anamnese – eine Krankengeschichte, die in der Medizin dazu dient, die Natur der Probleme zu verstehen und über die Behandlung der Krankheit zu entscheiden. Die Darstellung der Geschichte des sowjetischen Staatsterrors ist notwendig, um die Art des Traumas zu begreifen, mit dem es die russische Gesellschaft zu tun hat. Sie ist eher ein erweitertes Register der Themen und Fragen rund um die Geschichte des Terrors als eine historische Abhandlung. Für Leserinnen und Leser, die nicht vom Fach sind und ihre Kenntnisse weiter vertiefen wollen, findet sich im Anhang eine Literaturliste zur Geschichte des Staatsterrors in der UdSSR. Die Geschichte des Umgangs mit dem Erbe des Stalinismus von Stalins Tod an bis heute ist ein eigenes Forschungsgebiet. Der Exkurs zu diesem Thema im vorliegenden Buch hat gleichfalls vor allem Referenzcharakter. Das gilt auch für die Ausführungen zur Erinnerung an den sowjetischen Terror im heutigen Russland: Der Autor hat versucht, nichts auszulassen, was für das Verständnis der Situation wesentlich ist, erhebt aber keinen Anspruch auf Vollständigkeit. Dieser Teil soll vor allem als Exposition für die weitere Darstellung dienen.

1. Die entzündete Erinnerung

Im April 2019 veröffentlichte der Journalist und Videoblogger Juri Dud den Dokumentarfilm *Kolyma – die Heimat unserer Angst* auf YouTube. Schon bald darauf wurde der Film als »eines der bedeutendsten kulturellen und historischen Ereignisse des Jahres« bezeichnet.[2] Das Filmteam legte bei eisigen Temperaturen 2000 Kilometer auf der Kolyma-Trasse zurück und sprach mit Einheimischen und den Kindern der Menschen, die in der Stalinzeit in den Lagern im Magadaner Gebiet inhaftiert gewesen waren. Am Beispiel der Kolyma erzählt es die Geschichte des Gulag in einer für ein junges Publikum nachvollziehbaren Sprache und erklärt, warum dieses Thema uns auch heute noch alle betrifft. In der Einleitung sagt Dud:

> Ich weiß nicht, wie das bei euch ist, aber ich habe von meinen Eltern das ganze Leben lang zu hören gekriegt: »Sei vorsichtig! Mach nicht unnötig auf dich aufmerksam und lehn dich nicht aus dem Fenster, das ist sehr gefährlich. Und überhaupt, wir sind einfache Leute und haben nichts zu sagen.« Woher kommt diese Angst der älteren Generation, dieses Bestreben, nur nicht aufzufallen? Warum haben sie solche Angst, dass selbst das kleinste bisschen Mut unweigerlich bestraft wird? Meine Theorie ist: Diese Angst wurde im letzten Jahrhundert geboren und ist über Generationen hinweg bis auf uns gekommen. Einer der Orte, an denen sie entstand, ist die Kolyma.

Der Film wurde in der ersten Woche auf YouTube 9,5 Millionen Mal aufgerufen, und bis zum März 2020 stieg die Zahl der Aufrufe auf über 20 Millionen. Diese Werte können sich mit Duds erfolgreichsten Interviews mit bekannten jungen Rappern, Journalisten, Politikern und Filmemachern messen.

2 »Aleksej Makarkin o fil'me Jurija Dudja ›Kolyma – rodina našego stracha‹«. *The New Times*, 29. 04. 2019. https://newtimes.ru/articles/detail/180044 (Abrufdatum 22. 09. 2022).

Für das Thema der politischen Repressionen, das in der Regel nicht auf breite Resonanz stößt, sind solche Zahlen bisher ohne Beispiel. »Dud ist natürlich längst nicht der Erste, der in die Kolyma-Region kommt, einen Film darüber dreht oder mit den Menschen spricht«, schreibt die Gulag-Gedächtnisforscherin Darja Chlewnjuk. »Er kann auf dem aufbauen, was durch andere Journalisten, Projekte wie den Journalismus-Hackathon von Memorial oder das Gulag-Museum bereits geleistet wurde. Aber sein Film ist ein wichtiger Durchbruch zu einem neuen Publikum und belegt, dass die neue Generation, die Urenkel der Repressionsopfer, bereit ist, sich in ihrer eigenen Sprache mit dieser Vergangenheit auseinanderzusetzen.«[3]

Der Erfolg des Films *Kolyma* ist der deutlichste Beleg dafür, dass sich ein breites gesellschaftliches Interesse an Russlands schwieriger Vergangenheit und dem Gedenken an sie entwickelt. Was noch vor einigen Jahren nur Autoren und Forscher mit besonders feinem Gespür beschrieben hatten,[4] ist seit Ende der 2010er Jahre offensichtlich: Russland ist besessen von seiner Vergangenheit. Der Begriff »Erinnerungskriege«, der zu Beginn des Jahrzehnts nur in Fachkreisen bekannt war, die sich mit dem kollektiven Gedächtnis befassten, ist heute in aller Munde. Die Nachrichten sind voll von Meldungen über die Einweihung, Schändung oder Demontage von Denkmälern für Stalin, Iwan den Schrecklichen oder Fürst Wladimir, über Museen oder Gedenktafeln für diese oder jene historische Figur und die nächste Initiative zur Umbenennung Wolgograds, und in Umfragen erreichen die Sympathiewerte für Stalin immer neue Höhen.[5]

3 Facebook-Eintrag vom 24. April 2019.

4 Siehe: Koposov, Nikolaj, *Pamjat' strogogo režima. Istorija i politika v Rossii*. Moskau 2011; s. a. Koposov, Nikolay, *Memory Laws, Memory War. The Politics of the Past in Europe and Russia*. Cambridge 2017.

5 Laut einer Umfrage des Lewada-Zentrums vom März 2019 liegt der Anteil der Russen, die Stalin positiv sehen, bei 51 Prozent und der Anteil derer, die seine Rolle in der Geschichte des Landes positiv sehen, bei 70 Prozent. Dies sind die höchsten Zahlen seit 2001 (*Dinamika otnošenija k Stalinu*. Levada-centr, 16. 04. 2019, https://www.levada.ru/2019/04/16/dinamika-otnosheniya-k-stalinu/). Die Methoden dieser

Im Bereich der Massenkultur entfalten sich fieberhafte Aktivitäten – Serien über Stalin und den Gulag finden ein großes Publikum (und ein Telegram-Kanal namens »Stalingulag« ist der beliebteste in Russland); Werbebranche und Veranstalter popkultureller Events versuchen, mit dem Thema der Repressionen zu spielen;[6] der Aktionskünstler Petr Pavlensky, der die Tür der Lubjanka anzündete, galt (für kurze Zeit) als der wichtigste zeitgenössische Künstler Russlands.

Die Historiker schauen in ohnmächtiger Verzweiflung zu, wie sich ihr Forschungsgebiet als mächtige Ressource für die Konstruktion von »Geschichtspolitik« erweist. Ihr Urteil gewinnt dadurch nicht an Gewicht, ganz im Gegenteil – es interessiert gar nicht mehr. Die Erinnerung an die Vergangenheit führt ein Eigenleben. Sie nährt sich von Traumata, Wahnvorstellungen, Phobien und dem jeweiligen Tagesgespräch. An Fakten zeigt sie kaum Interesse.

In der heutigen russischen Realität hat die Geschichte die Stelle der Politik eingenommen – auf diese Besonderheit ist immer wieder hingewiesen worden. Im Fernsehen, in den sozialen Medien, auf der Straße und in den Küchen diskutiert man nicht über die Gegenwart, sondern über die Vergangenheit. Die Dichterin und Essayistin Maria Stepanova schreibt:

> Solche Diskussionen (über den Ersten und Zweiten Weltkrieg, Afghanistan, Tschetschenien, die Repressionen der Stalinzeit und den Zusammenbruch der UdSSR) ergeben sich ganz von selbst – in Taxis, Zügen, Wartezimmern von Ärzten, überall, wo sich die Gelegenheit zum Gespräch auftut. Das alles erinnert an einen Familienskandal, nur dass es sich nicht in der Küche, sondern im ganzen, riesigen Land abspielt und nicht nur

Umfragen sind in der Fachwelt allerdings auf Kritik gestoßen; siehe z. B.: Judin, Grigorij, »Desjat' tezisov o ljubvi k Stalinu«, 19. 04. 2019. https://www.lrt.lt/ru/novosti/17/1051137/desiat-tezisov-o-liubvi-k-stalinu (Abrufdatum 24. 11. 2022).

6 Siehe etwa: Leonova, Ksenija / Apanasenko, Michail / Pavlenko, Ekaterina et al., »Stalin prodaëtsja«. *Sekret firmy*, 21. 11. 2018. https://stalin.secretmag.ru/ (Abrufdatum 06. 10. 2022).

> die Lebenden beteiligt sind, sondern auch die Toten. Sie sind, wie sich herausstellt, lebendiger als alle Lebenden.[7]

Wer das Geschehen mit distanziertem Blick betrachten kann, muss einen äußerst seltsamen Eindruck gewinnen: Russland hat sich mit all seinen Nachbarn überworfen, es befindet sich seit langem in einer Wirtschaftskrise ohne Aussicht auf ein baldiges Ende, die Regierung kürzt den Haushalt – und die Öffentlichkeit diskutiert mit paranoider Erregung über die Vergangenheit.

Dass die Vergangenheit die Menschen so in ihren Bann schlägt, liegt an ihrer Unabgeschlossenheit, daran, dass es nicht möglich ist, die Toten gebührend zu begraben und zu betrauern, das Erbe anzutreten, Folgerungen aus der Geschichte zu ziehen und nach Abschluss des alten Zyklus in einen neuen einzutreten.[8] Um sich zum grundsätzlichen Problem vorzutasten, lohnt es sich, genauer hinzuschauen, wie die »Entzündung« der Erinnerung in diesem Land zustande kommt.

Die Denkmäler für Stalin und seinesgleichen sind nicht plötzlich aus dem Erdboden hervorgekrochen. Seit dem Zusammenbruch der UdSSR tauchten sie zunächst vereinzelt auf. Waren sie jedoch in den 2000er und frühen 2010er Jahren noch in Schulen, auf Gartengrundstücken oder hinter Firmenzäunen[9] versteckt, so erobern sie seit Anfang 2014 die Straßen und Plätze. Im Februar 2015 wurde in Anwesen-

7 Stepanova, Marija, »Predpolagaja žit'«. *Colta*, 31.03.2015. https://www.colta.ru/articles/specials/6815-predpolagaya-zhit (Abrufdatum 21.09.2022).

8 »Wer die russische Geschichte als hegelianisch fortschreitend beschreibt, schreibt an ihr vorbei. Keine Epoche wird hier je überwunden, kein Problem gelöst. Die Frage, ob die Modernisierung und die Blüte, die die Reformen Peters des Großen einleiteten, die Heerscharen bei Großprojekten verheizter Leibeigener wert waren, ist aktuell geblieben und wird immer noch diskutiert. In Deutschland erscheint die Lebenswelt metrisch und quadratisch. Die Zeit verläuft linear. Man lernt aus der Vergangenheit, erledigt sie damit aber auch.« Kerstin Holm, »Mein deutscher Herbst«. In: *Frankfurter Allgemeine Zeitung*, 28.09.2013, Nr. 226, S. B1.

9 Železnova, Marija, »Tambovskij bjust tebe, tovarišč«. In: *Newsweek* (russische Ausgabe) 21/2010, S. 56ff.

heit des damaligen Vorsitzenden der Staatsduma, Sergei Naryschkin, das Denkmal für die »Großen Drei« in Jalta enthüllt. Damit wurde erstmals seit der Entstalinisierung unter Chruschtschow auch Stalin von staatlicher Seite ein Denkmal gesetzt.

Die durch die Olympischen Spiele in Sotschi ausgelöste Hochstimmung belebte den post-imperialen Stolz in den Herzen der Russen neu. Unmittelbar danach machte die Entwicklung um den Euromaidan in der Ukraine deutlich, dass sich das postimperiale Projekt in der Krise befand. Dies gab den Anstoß für die Mobilisierung. Im Angesicht der Gefahr sollte das imperiale Projekt restauriert werden.[10] Die Annexion der Krim und der anschließende Krieg in der Südostukraine führten in Russland zu einer beispiellosen gesellschaftlichen Erschütterung und spülten alle ungelösten Probleme der Vergangenheit mit einem Mal wieder an die Oberfläche.

Die russische Staatsmacht suchte nun nach einer Sprache, die möglichst allgemein und verbindend sein sollte, um die innerlich tief entzweite (oder besser gesagt, bewusst und systematisch gespaltene) Nation zusammenzuführen. Als am geeignetsten erwies sich dabei ein Narrativ, das sich nicht um die Gegenwart, sondern um die Vergangenheit dreht. Die universalistische Symbolik der Eröffnungs- und Abschlusszeremonie der Olympischen Spiele in Sotschi taugte kaum zur Mobilisierung. Hierfür brauchte es patriotische und isolationistische Töne, die an die Erfahrung des Sieges über äußere und innere Feinde appellierten.

In Russland ist das auch heute noch gleichbedeutend mit der Berufung auf den Sieg im Großen Vaterländischen Krieg. Das Problem ist, dass dieser Topos offiziell zu stark vereinnahmt wird und dadurch an individueller Mobilisierungskraft verliert. Er eignet sich gut für die Erörterung einer »positiven Agenda« und teils auch für den Kampf gegen einen äußeren Feind. Für die negative Mobilisierung,

10 Zur Bedeutung der Olympischen Spiele von Sotschi und der Olympia-Berichterstattung in den russischen Medien für die patriotische Mobilisierung siehe: Ostrovsky, Arkady, *The Invention of Russia: The Journey from Gorbachev's Freedom to Putin's War*. London 2018, S. 299ff.

bei der nicht Größe, sondern Gefahr beschworen werden soll, ist er aber wenig hilfreich. Anders ist es mit der Berufung auf Stalin und die Repressionen. Sie bietet ein Ventil für aufgestaute Negativität und suggeriert zugleich einen kritischen Diskurs, sogar einen Protest. Deshalb ist sie gut geeignet, um mit inneren Feinden fertigzuwerden.

Die staatliche Propaganda brauchte nicht einmal direkt auf die Rhetorik der Stalinzeit zurückzugreifen. Sie begann einfach, von äußeren und inneren Bedrohungen zu sprechen – Strafbrigaden und Milizen, Bandera-Leute und Landesverräter. Sie versah ihre Äußerungen mit einem metallischen Unterton und drohte demonstrativ mit der eisernen Faust. Das genügte, um den Komplex zu aktivieren, der im Bewusstsein der Russen schlummerte. Der Historiker Iwan Kurilla sagte 2016 in einem Interview:

> Der dramatische Wandel in der Politik des Landes hat bei vielen die Einstellung zur Geschichte geändert. Die Sprache der Stalin-Ära scheint ihnen die naheliegendste, um das gegenwärtige Geschehen zu beschreiben. Zu dieser Zeit dehnte die Sowjetunion ihr Territorium aus, und das war nach damaligem Verständnis ein positiver Prozess. Seit Stalins Zeiten hat es das nicht mehr gegeben. Die Expansion Russlands und die Annexion der Krim war für einen großen Teil unserer Mitbürger der Anstoß, zu einem Bezugsrahmen, einer Weltsicht zurückzukehren, wie wir sie aus der Sowjetunion um die Mitte des 20. Jahrhunderts kennen.[11]

Die Staatsführung hatte dieses Vorbild nicht bewusst ins Spiel gebracht, aber es entwickelte eine Eigendynamik. Bereits im Frühjahr 2014 bekannten in Russland deutlich mehr Menschen als bisher ihre

11 Šimov, Jaroslav, »Esli net buduščego, ostaetsja tol'ko prošloe«. *Radio Svoboda*, 06. 06. 2016. https://www.svoboda.org/a/27782275.html (Abrufdatum 22. 09. 2022). Die Frage, warum sich gerade dieser »weltanschauliche Rahmen« im russischen Kontext der 2. Hälfte der 2010er Jahre als besonders geeignet erwies, wird unter anderem hier erörtert: Dobrenko, Evgenij, *Pozdnij stalinizm. Ėstetika politiki.* Moskau 2020, Bd. 1, S. 7ff.

Sympathien für Stalin.[12] Wie in der alten Geschichte vom Zauberlehrling sind die ursprünglich um der Zweckdienlichkeit willen entfesselten Kräfte von denen, die sie freigesetzt haben, nicht mehr beherrschbar. Beim Tasten nach einer verbindenden Sprache hatte die Staatsführung an eine gemeinsame Wunde gerührt. Sie hatte auf die sensiblen Bereiche des »Körpers der Nation« gezielt und die Stellen getroffen, wo das Trauma saß.

Das Trauma ist das wichtigste Organisationsprinzip des reanimierten Komplexes. Was auf den ersten Blick wie die Wiederbelebung des Kolosses, die Rückkehr zum Staatsmodell der UdSSR unter Stalin aussieht, erweist sich bei näherem Hinsehen als Anhäufung disparater Elemente ohne innere Einheit.

Besonders klar ersichtlich wird das in der Außenpolitik, wo ein ganzes Geflecht an Sichtweisen und Reaktionen aus der Zeit des Kalten Krieges wiedererweckt wird. Das heutige Russland hat der Welt, anders als die Sowjetunion, keine alternative politische Ordnung, keine Werte und Ideale zu bieten. Da der Staat nicht in der Lage ist, seinen Status als Supermacht wiederzuerlangen, bedient er sich einer Art sympathetischer Magie: Er legt die Gewänder der Vergangenheit an, um in die Zeiten zurückzukehren, in denen das Gras noch grüner und er selbst stärker und unerbittlicher war. Die Bevölkerung spielt dabei willig mit. Die Erinnerung an das Leben im Kalten Krieg ist schließlich noch recht frisch und leicht wiederzubeleben.

Ähnlich verläuft die Entwicklung bei der Innenpolitik. Ein Staat, dessen Repressionsorgane keine ideologische Motivation haben und nicht vom Glauben an die Richtigkeit ihrer Sache, sondern bloß von Gier und Angst angetrieben sind, *spielt* das Regime der festen Hand nur. Und die Bürgerinnen und Bürger *spielen* bereitwillig das Leben unter einem solchen Regime. In diesem Kontext gewinnen der starke Anstieg der Verfahren wegen »Extremismus« und »Hochverrat« und die Kampagnen gegen »ausländische Agenten« und »fünfte Kolon-

12 »Stalin v obščestvennom mnenii«. Lewada-Zentrum, 10. 04. 2018. https://www.levada.ru/2018/04/10/17896/.

nen« an Plausibilität – sie funktionieren und kommen bei der Mehrheit an. Selbst rein technische Maßnahmen wie die Einführung gebührenpflichtiger Parkplätze, der Abriss von Verkaufsständen und die Instandsetzung zentraler Straßen in Moskau werden nach dem Muster stalinistischer Kampagnen[13] durchgeführt.

Für die Sterilität und mangelnde Lebensfähigkeit der Konstrukte, mit denen wir es heute zu tun haben, spricht auch ihr hoffnungslos eklektischer Charakter. Sie verbinden Elemente der sowjetischen Ideologie mit Versatzstücken des Monarchismus, Orthodoxie mit Faschismus, Kommunismus mit Kapitalismus, Moderne mit Postmoderne. In dem allgemeinen »weltanschaulichen Rahmen« werden Phänomene sehr unterschiedlicher Herkunft untergebracht und zusammen mit Angst und Traumata nach Bedarf zusammengesetzt.

In dieser krampfhaften Aktivierung des »Stalinkomplexes« kann man paradoxerweise auch ein wichtiges Zeichen der Hoffnung sehen. Die Auseinandersetzung mit der traumatischen Vergangenheit, die durch eine Vielzahl politischer, sozialer und psychologischer Faktoren behindert wird, dringt auf diese Weise endlich in alle Ecken Russlands vor, so dass das Land faktisch genötigt wird, diese Vergangenheit ernsthaft aufzuarbeiten. Die Erinnerung an den sowjetischen Terror ist bis heute in vielerlei Hinsicht privat und in den Tiefen des Inneren verborgen geblieben. Sie hat die Haltung zur Gegenwart von dort aus unmerklich beeinflusst[14] oder »von außen« gewirkt, beschleunigt und an der Oberfläche. Jetzt kann sie ihre volle Kraft entfalten.

Die gemeinsame Aufarbeitung des gemeinsamen Schmerzes ist eine unabdingbare Voraussetzung für die Heilung. Mit staatlichen

13 Der Historiker Oleg Chlewnjuk skizziert in seiner Stalin-Biografie die Methodik der für Stalins Herrschaft charakteristischen Kampagnen. Sie kompensierten das Fehlen einer effizienten Bürokratie, die gesetzlich fundierte, langfristige Aufbauarbeit hätte leisten können. Chlewnjuk, Oleg, *Stalin. Eine Biographie*. München 2015, S. 78f.

14 Siehe dazu z. B.: Etkind, Alexander, *Warped Mourning: Stories of the Undead in the Land of the Unburied*. Stanford 2013.

Maßnahmen allein ist es in solchen Fällen nicht getan. Auch die Bemühungen des aktiven Teils der Zivilgesellschaft sind für sich genommen nicht hinreichend. Die Bedeutung der Arbeit von Organisationen wie Memorial ist gar nicht hoch genug einzuschätzen. Aber die Mitglieder von Memorial sehen ihre Aufgabe ausdrücklich darin, der Gesellschaft Material, Fakten für eine Neubewertung der Vergangenheit zu liefern. Sie können diese Neubewertung nicht *stellvertretend für die Gesellschaft* und gegen den Widerstand des Staates vornehmen.

Die Diskussion über die Repressionen und das Erbe des Stalinismus hat in den letzten Jahren die gesamte Gesellschaft erfasst. Sie ist oft beängstigend und schmerzhaft, aber anders ist das kaum vorstellbar, wenn eine Eiterbeule aufbricht.

Man kann noch ein Stück weiter gehen. Russland braucht die Auseinandersetzung über das Gedächtnis nicht um ihrer selbst willen. Sie ist die Voraussetzung für eine weit schwierigere Aufgabe: den Versuch, auf nationaler Ebene zu einer gemeinsamen Sprache zu finden. Der Schmerz, der vor allem mit der Stalinzeit assoziiert wird, ist vielleicht die einzige wirklich gemeinsame Erfahrung, die nicht nur die Russen, sondern alle Bewohner des postsowjetischen Raums eint oder einen könnte. Diese Art der Vereinigung hat nichts mit der forcierten »Heimholung« zu tun, auf die die Initiatoren der Mobilisierung nach der Krim-Annexion hinauswollten. Sie könnte zu einer Diskussion über die Bedeutung und Notwendigkeit des Zusammenlebens in diesem Raum führen – über gemeinsame Ziele und generell darüber, wofür es sich lohnt, Kompromisse einzugehen.

2. Terror im Staatsdienst: 1917-1953

Was sich von 1917 bis 1991 in der Sowjetunion abspielte, war ein grausames Experiment an einem ganzen Volk, das eine der blutigsten Diktaturen der Menschheitsgeschichte hervorbrachte. Der Sowjetstaat trug während der gesamten Dauer seiner Existenz Merkmale einer Diktatur. Die traumatischste Periode, die vom totalen Terror des Staates gegen seine eigenen Bürger geprägt war, endete jedoch mit dem Tod Stalins und dem Zusammenbruch des Gulag-Systems. Deshalb beschränken wir uns bei der Betrachtung der Geschichte der »schwierigen Vergangenheit« Russlands vor allem auf diesen Zeitraum.

Revolution und Bürgerkrieg

In den 1910er Jahren war die russische Gesellschaft tief gespalten. Es hatten sich Konflikte angestaut, die die Führung des Russischen Kaiserreichs nicht effektiv lösen konnte. Die zunehmende Industrialisierung brachte einen starken Anstieg des Proletariats mit sich, der Krieg lief schlecht für Russland und war in der Bevölkerung (vor allem der Armee) nicht populär. In einer Situation, in der praktisch Anarchie im Land herrschte, ergriffen die Bolschewiki, gestützt auf das Proletariat, die Macht in den Industriestädten.[15] Sie manipulierten die gespaltene Gesellschaft, um die Macht an sich zu reißen und zu behal-

15 Die Auffassung, dass der Oktober 1917 keine sozialistische Revolution, sondern eine bewaffnete Machtergreifung vor dem Hintergrund der Anarchie im Land war, geht auf Karl Kautskys Pamphlet *Terrorismus und Kommunismus* von 1919 zurück. Die bekannteste Darstellung dieser Sicht findet sich in: Pipes, Richard, *Die Russische Revolution, Bd. 1: Der Zerfall des Zarenreiches*. Berlin 1992. Vgl. dazu auch: Petrov, Jurij (Hg.), *Rossija v gody Pervoj mirovoj vojny: èkonomičeskoe položenie, social'nye processy, političeskij krizis*. Moskau 2014; Budlakov, Vladimir / Leont'eva, Tat'jana, *Vojna, porodivšaja revoljuciju: Rossija 1914-1917 gg*. Moskau 2015.

ten. Um die – bis heute nicht vollständig überwundene – Spaltung aufrechtzuerhalten, bedienten sie sich des Terrors.

Eine unmittelbare Folge der bolschewistischen Machtergreifung war der Bürgerkrieg, der zwischen 1917 und 1922 auf dem gesamten Gebiet des ehemaligen russischen Imperiums ausbrach. Die Todesfälle durch Verhungern und Epidemien eingerechnet, fielen ihm schätzungsweise 10,5 Millionen Menschen zum Opfer. Die Gewalt, die die neue Staatsmacht gegen ihre eigenen Bürger ausübte, ging jedoch über die reinen Kriegshandlungen hinaus. Laut der Historikerin Galina Iwanowa »war der Bürgerkrieg im Wesentlichen ein langwieriger, nicht erklärter Krieg der Partei und des Staates gegen die Zivilbevölkerung ihres Landes«.[16]

Die Bolschewiki stützten ihre Macht von Anfang an auf militärische Mobilisierung, Festungsmentalität (vgl. das Dekret »Das sozialistische Vaterland ist in Gefahr« vom 18. Februar 1918) und die Suche nach äußeren und inneren Feinden.

Der innere Antrieb der neuen Ordnung war der Kampf gegen den »Klassenfeind«, einen Verbrecher neuen Typs, den die Funktionslogik des Sowjetstaats selbst hervorgebracht hatte. Die »traditionelle« Kriminalität war aus bolschewistischer Sicht ein Produkt des bürgerlichen Systems und würde mit dem endgültigen Sieg der Revolution verschwinden.[17] Deshalb betrachteten die Bolschewiki die Kriminellen eher als ihre Bundesgenossen. Die Gegner waren für sie die »Klassenfeinde«, deren einziges Vergehen in ihrer Zugehörigkeit zur »Ausbeuterklasse« bestand. Gegen sie galt es die entschiedensten Maßnahmen zu ergreifen. Mit der Zeit wurde die Kategorie der Kriminellen, mit denen am härtesten zu verfahren war, um Personen erweitert, die wegen konterrevolutionärer Aktivitäten angeklagt waren. Dabei handelte es sich teils um Menschen, die das Sowjetsystem

16 Ivanova, Galina, *Istorija GULAGa*. Moskau 2006, S. 147.

17 Siehe: Lenin, Wladimir Iljitsch, *Staat und Revolution*. Marxists Internet Archive, https://www.marxists.org/deutsch/archiv/lenin/1917/staatrev/index.htm (Abrufdatum 23.09.2022).

tatsächlich bekämpften, teils um deren Sympathisanten. Auf diese Weise legalisierte die Sowjetmacht die Verfolgung Andersdenkender. Für die Bekämpfung solcher Verbrechen war nicht die traditionelle Justiz, sondern die politische Polizei – Tscheka und NKWD – zuständig. Anfangs gab es viele Doppelungen zwischen diesen Strukturen. Im Jahr 1922 wurden sie zusammengelegt: Die Tscheka als eigenständige Organisation wurde abgeschafft und ihre Strukturen unter dem Namen GPU in das NKWD integriert.

Als Mittel im Kampf gegen den Klassenfeind und die Konterrevolution wurde von Anfang an politischer Terror eingesetzt. Es ist das »Verdienst« der Bolschewiki, ihn als politisches Instrument im Dienste des Staates legitimiert zu haben. Sie gingen in dieser Hinsicht viel weiter als Marx und Engels. Leo Trotzki schreibt in *Terrorismus und Kommunismus*:

> Wer prinzipiell den Terrorismus, d. h. die Unterdrückungs- und Abschreckungsmaßnahmen in Bezug auf die erbitterte und bewaffnete Gegenrevolution ablehnt, der muss auf die politische Herrschaft der Arbeiterklasse, auf ihre revolutionäre Diktatur verzichten. Wer auf die Diktatur des Proletariats verzichtet, der verzichtet auf die soziale Revolution und trägt den Sozialismus zu Grabe. […]
>
> Die Frage, wer im Lande zu herrschen hat, d. h. ob die Bourgeoisie leben oder untergehen soll, wird von beiden Seiten nicht durch Hinweise auf die Verfassungsparagraphen, sondern durch Anwendung aller Arten der Gewalt entschieden werden.
>
> […] Je erbitterter und gefährlicher der Widerstand des niedergeworfenen Klassenfeindes ist, desto unvermeidlicher verdichtet sich das System der Repressalien zu einem System des Terrors.[18]

Die Praxis entsprach der Theorie. Am 5. September 1918 erließ der Rat der Volkskommissare der RSFSR das Dekret »Über den Roten Ter-

18 Trotzki, Leo, *Terrorismus und Kommunismus*. Marxists Internet Archive, https://www.marxists.org/deutsch/archiv/trotzki/1920/terror/02-dikprol.html und https://www.marxists.org/deutsch/archiv/trotzki/1920/terror/04-terror.html (Abrufdatum 23.09.2022).

ror«. Darin wurde erklärt, »daß es notwendig ist, die Sowjetrepublik von den Klassenfeinden zu befreien, weshalb diese in Konzentrationslagern zu isolieren sind. [...] Alle Personen, die zu weißgardistischen Organisationen, Verschwörungen und Aufständen in Beziehung stehen, sind zu erschießen.« Die Zahl der Opfer dieser Terrorwelle lässt sich nicht genau bestimmen. Offiziellen Schätzungen zufolge richtete allein die Tscheka in der zweiten Jahreshälfte 1918 4500 Menschen hin[19] (nach inoffiziellen Schätzungen waren es schon im Herbst 1918 mindestens 10 000 bis 15 000[20]).

Bereits im Sommer 1918 begann die Sowjetführung, die »Konzentrationslager«, in denen zuvor Kriegsgefangene des Ersten Weltkriegs festgehalten worden waren, zur Isolierung ihrer ideologischen Gegner zu nutzen.[21] Im Frühjahr 1919 erließ das Allrussische Zentrale Exekutivkomitee der Sowjets einen Beschluss über Zwangsarbeitslager und wies die regionalen Tscheka-Abteilungen an, in jeder Provinzstadt Lager einzurichten und sie der Aufsicht des NKWD zu überstellen. Ende 1919 gab es auf dem Gebiet der Russischen Föderativen Sowjetrepublik (RSFSR) 21 Lager; Ende 1921 waren es bereits 122 Lager mit über 60 000 Insassen.

Obwohl der Terror offiziell mit dem Kampf gegen den Klassenfeind gerechtfertigt wurde, richtete er sich schon bald nach der Revolution auch gegen das Proletariat und die Bauernschaft. Bereits ab 1918 gab es im Zusammenhang mit der Beschlagnahmung von Lebensmitteln im Zuge der Ablieferungspflicht im ganzen Land anti-

19 »Es genügt zu wissen, daß für die 90 Jahre von 1825 bis 1917 die Zahl der von den zaristischen Gerichten (einschließlich Standgerichte) in Angelegenheiten ›mit einem Bezug zur politischen Ordnung‹ verkündeten Todesurteile mit 6321 angegeben wird, wobei das Jahr 1906 mit seinen Verfahren gegen die Revolutionäre von 1905 mit 1310 Todesurteilen an der Spitze liegt.« Die unter dem Zaren zum Tode Verurteilten wurden dabei »zum Teil nach dem Prozeßverfahren nicht einmal hingerichtet [...], denn bei vielen von ihnen wurde anschließend die Todesstrafe in Zwangsarbeit umgewandelt«. Courtois, Stéphane / Werth, Nicolas / Panné, Jean-Louis et al., *Das Schwarzbuch des Kommunismus: Unterdrückung, Verbrechen und Terror*. München 1998, S. 92f.

20 Ebd. S. 92.

21 Ivanova, *Istorija GULAGa*, a. a. O. S. 122f.

bolschewistische Bauernaufstände. Zu den größten gehörten der sogenannte Tschapan-Aufstand in der Provinz Samara im März/April 1919 (etwa 100 000 bis 150 000 Teilnehmer), der Aufstand von Tambow 1920-1921 (etwa 55 000 Teilnehmer) und der westsibirische Aufstand 1920-1921. Sie wurden von der Roten Armee besonders grausam unterdrückt. Der Aufstand von Tambow, bei dem erstmals in der Geschichte chemische Waffen gegen die Bürger des eigenen Landes eingesetzt wurden, forderte 11 000 Opfer.

Industrialisierung, Kollektivierung und die Geburt des Gulag

Anfangs rechtfertigte die Sowjetführung den Terror mit der Übergangssituation und der Notwendigkeit der revolutionären und militärischen Mobilisierung. Als der Bürgerkrieg endete und die Bolschewiki ihre Macht konsolidiert hatten, wurde der Terror jedoch nicht abgestellt, sondern im Gegenteil zunehmend institutionalisiert. Die entscheidende Rolle dabei spielte Lenins Nachfolger an der Partei- und Staatsspitze: Josef Stalin.

Er nutzte Ende der 1920er Jahre die heraufziehende Wirtschaftskrise, um seine persönliche Macht zu festigen und sich gegen seine Gegner in den Reihen der KPdSU(b) durchzusetzen: erst gegen die »linke Opposition« mit Trotzkis Vertreibung als Höhepunkt und dann gegen die »Rechtsabweichler« (die »Zerschlagung der Bucharin-Gruppe«). Um seine Politik nicht mit anderen Kräften abstimmen zu müssen, übertrug Stalin 1928-1929 (dieser Zeitraum wurde später als die »Große Wende« bezeichnet) die Methoden des »Klassenkampfes« und des revolutionären Angriffs auf die Wirtschaft.[22] Der forcierte Übergang von der Agrar- zur Industriewirtschaft führte zu einer neuen Dimension des Staatsterrors. Das Regime ging gewaltsam gegen die Bauernschaft vor und baute das Strafvollzugssystem so um, dass es

22 Chlewnjuk, *Stalin*, a. a. O. S. 184.

Zwangsarbeitsressourcen im industriellen Maßstab lieferte, um die wirtschaftlichen Ziele des Staates zu erreichen.

Der industrielle Durchbruch stützte sich auf die Beschlagnahme des Eigentums der Bauern und die zwangsweise Überführung ihrer Betriebe in Kolchosen. Die »Kollektivierung des ländlichen Raums« während des ersten Fünfjahresplans von 1929 bis 1933 war in Wirklichkeit eine innere Kolonisierung des Landes – ein Krieg des Staates gegen die damals größte und tatkräftigste Bevölkerungsklasse in Russland. Im Zuge der »Entkulakisierung« wurden die wohlhabendsten Bauern, aber auch einfach Gegner der Kollektivierung hingerichtet, in Lager geschickt (300 000 Menschen), in Zwangsansiedlungen verbannt (2,2 Millionen Menschen) oder in die landwirtschaftlich schlechtesten Gebiete der Region umgesiedelt (über 2 Millionen Menschen).[23]

Im Zuge der Kollektivierung verarmten die Dörfer, landwirtschaftliche Produktion und Viehbestand gingen zurück. Dazu kam die furchtbare Hungersnot von 1932-1933, die je nach Schätzung bis zu 7 Millionen Menschen das Leben kostete.[24] Die Bauern reagierten mit Aufständen im ganzen Land. Hatte es in den Jahren 1926 und 1927 insgesamt 63 Massendemonstrationen gegen die Regierung gegeben, so waren es 1929 über 1300 und 1930 fast 14 000.[25] Alles in allem beteiligten sich etwa 3,4 Millionen Bauern an den Massenaufständen im Jahr 1930;[26] die gesamte Landbevölkerung der UdSSR umfasste nach einer Erhebung von 1926 76,3 Millionen Menschen. Je mehr sich der Hunger ausbreitete, desto schwerer wurde es für die

23 Werth, Nicolas / Berelowitch, Alexis, *L'État soviétique contre les paysans. Rapports secrets de la police politique (Tcheka, GPU, NKVD), 1918-1939*. Paris 2011, S. 247.

24 Die überzeugendste Schätzung der Opferzahlen findet sich in: Wheatcroft, Steven, »Pokazateli demografičeskogo krizisa v period goloda«. In: Kondrašin, Viktor (Hg.), *Golod v SSSR. 1929-1934*. In 3 Bänden. Moskau 2013. Bd. 3, Sommer 1933-1934. S. 719f. Siehe auch: Kondrašin, Viktor (Hg.), *Sovremennaja rossijsko-ukrainskaja istoriografija goloda 1932-1933 gg. v SSSR*. Moskau 2011.

25 Danilov, Viktor et al. (Hgg.), *Tragedija sovetskoj derevni. Kollektivizacija i raskulačivanie. 1927-1939*. Moskau 2000, S. 703, 789, 804.

26 Chlevnjuk, Oleg, *Chozjajn. Stalin und i* zaveršenie *staliniskoj diktatury*. Moskau 2010. S. 42.

Bauern, die überzogenen Ablieferungsquoten zu erfüllen. Bezeichnend für das »Krisenmanagement« der Bolschewiki in dieser Situation war das sogenannte Fünf-Ährchen-Gesetz vom 7. August 1932, das für den Diebstahl von Staatseigentum die Todesstrafe oder zehn Jahre Haft vorsah.

Eine weitere Folge der Kollektivierung war die Einrichtung des Gulag-Systems in seiner klassischen Form. Die plötzliche Ausweitung des Terrors erforderte eine Umstrukturierung des Repressionsapparats. Zu diesem Zweck wurden die Haftanstalten der OGPU übertragen. Sie wurde auch mit dem Aufbau eines Lagersystems nach dem »Solowezki-Modell« beauftragt – einem globalen System des Einsatzes von Zwangsarbeitskräften für wirtschaftliche Ziele. Die erste Bewährungsprobe für die Funktionsfähigkeit des neuen Systems war der Bau des Weißmeer-Ostsee-Kanals durch Häftlinge des eigens dafür eingerichteten Arbeitslagers BelBaltLag.

In den 1930er Jahren erhielt das Gulag-System die Zuständigkeit für ganze Segmente des sowjetischen Industrieapparats. Das BamLag wurde mit dem Bau der Baikal-Amur-Magistrale und dem Ausbau der Transsibirischen Eisenbahn betraut, das DmitLag mit dem Bau des Moskau-Wolga-Kanals, das VorkutLag mit dem Kohleabbau und das NorilLag mit dem Bau eines Nickelwerks in Norilsk. Komplette Industriegebiete im Ural (Magnitogorsk, Tscheljabinsk), in Westsibirien (Kusbass, Nowosibirsk) und im Fernen Osten (Komsomolsk am Amur, Kolyma) wurden mithilfe von Gefangenenarbeit exploitiert.

Das größte derartige Industrieprojekt war der Lager-Industrie-Komplex Dalstroi in der Kolyma-Region. Zu seinen Aufgaben gehörten die forcierte Auffindung und Gewinnung von Gold und anderen strategisch wichtigen Mineralien sowie die Erschließung und Ausbeutung der unbewohnten Gebiete im Nordosten. Von 1932 bis 1954 waren insgesamt 860 000 Häftlinge in Dalstroi interniert, von denen mindestens 121 000 umkamen und etwa 13 000 erschossen wurden.[27]

27 Širokov, Anatolij, *Dal'stroj v social'no-èkonomičeskom razvitii SeveroVostoka SSSR (1930-1950-e gg.)*. Moskau 2014, S. 638.

Die Jahre des Großen Terrors

In den Jahren 1937/38 wuchs die Gefahr eines Krieges in Europa. Dazu kam die Niederlage der republikanischen Seite im Spanischen Bürgerkrieg. In dieser Situation führte die habituelle Angst Stalins und seiner Umgebung vor einem Verrat durch die »fünfte Kolonne« zu einer neuen Welle von Repressionen gegen potenzielle innere Feinde, Spione und Unzufriedene. Sie wurde unter dem Namen »Großer Terror« bekannt.

Stalin nahm die Ermordung Sergei Kirows, des Leiters der Leningrader Parteiorganisation, am 1. Dezember 1934 zum Anlass, jegliche Opposition endgültig auszuschalten. Von 1936 bis 1938 wurden die sogenannten Moskauer Prozesse gegen Lew Kamenew und Grigori Sinowjew, Nikolai Bucharin und Alexei Rykow durchgeführt. Es gab Massensäuberungsaktionen in Partei und Politbüro, aber auch in der Armee und dem zu mächtig gewordenen NKWD. So wurde etwa Marschall Michail Tuchatschewski, der stellvertretende Volkskommissar für Verteidigung, vor Gericht gestellt und exekutiert, ebenso der ehemalige Volkskommissar des Inneren und NKWD-Chef Genrich Jagoda sowie später dessen Nachfolger Nikolai Jeschow und seine Vertrauten.

Entgegen der vorherrschenden Meinung waren es jedoch nicht die Maßnahmen zur Unterdrückung der Nomenklatura, die die Basis des Großen Terrors bildeten, sondern massenhafte Strafaktionen gegen gewöhnliche Bürger. Die umfassendste dieser Aktionen war die Operation gegen »antisowjetische Elemente« auf der Grundlage des berüchtigten NKWD-Befehls Nr. 00 447. Sie richtete sich unter anderem gegen »Kulaken«, die bereits Gefängnisse und Lager durchlaufen hatten, ehemalige Weißgardisten und überlebende zaristische Beamte. Ein weiterer Bestandteil des Großen Terrors waren die »nationalen Operationen« gegen in der Sowjetunion ansässige Polen, Deutsche, Rumänen, Letten, Esten, Finnen, Griechen, Afghanen, Iraner, Chinesen, Bulgaren und Mazedonier sowie »Harbiner« – ethnische Russen, die bei der Ostchinesischen Eisenbahn angestellt gewesen waren.[28] Innerhalb von 16 Monaten wurden rund 1,6 Millionen Menschen verhaftet, von denen 682 000 erschossen wurden. Mit dem Großen Terror war Stalins Ein-Mann-Diktatur endgültig etabliert und der Repressionsapparat gestärkt. Ende 1938 gab es bereits 50 Lagerkomplexe im Land.

Das Gefängnissystems im Zweiten Weltkrieg[29]

Für die meisten Sowjetbürger begann der Zweite Weltkrieg erst am 22. Juni 1941 mit Hitlers Überfall auf die UdSSR. Für den sowjetischen Unterdrückungsapparat fing er hingegen wie für den Rest der Welt im September 1939 an, mit dem Einmarsch der Roten Armee in Polen, gut zwei Wochen nachdem die deutsche Wehrmacht von Westen nach Polen eingefallen war. Von 1939 bis 1941 organisierte das NKWD massive Repressionen gegen die lokale Bevölkerung in den neu annektierten Gebieten in Ostpolen, Bessarabien (Westukraine, West-Belarus, Moldawien) und den baltischen Staaten, um Aufstände und Verschwörungen zu verhindern.

1940 wurden über 100 000 polnische Soldaten in NKWD-Lagern auf russischem Gebiet interniert; über 20 000 von ihnen wurden erschossen. Im Juni 1941 fanden Massendeportationen statt, um Estland, Lettland, Litauen, Belarus und Moldawien von »antisowjetischen, kriminellen und sozial gefährlichen Elementen« zu »säubern«. Mehr als 55 000 Menschen kamen nach Mittel- und Ostrussland und

28 Zum Hintergrund siehe etwa: Binner, Rolf / Junge, Marc, »Wie der Terror ›groß‹ wurde: Massenmord und Lagerhaft nach Befehl 00447«. In: *Cahiers du Monde russe*, Bd. 42, Nr. 2/4, S. 557ff. (online zugänglich unter https://journals.openedition.org/monderusse/8470, Abrufdatum 24.09.2022); Binner, Rolf / Bonwetsch, Bernd / Junge, Marc (Hgg.), *Stalinismus in der sowjetischen Provinz 1937-1938. Die Massenaktion aufgrund des operativen Befehls № 00447*. Berlin 2010; Gur'janov, Aleksandr (Hg.), *Repressii protiv poljakov i pol'skich graždan*. Moskau 1997.

29 Auf die totalitären Manifestationen des Sowjetregimes im Kontext des eigentlichen Kriegsgeschehens geht der dritte Teil dieses Buchs ein.

in Lager. Auch Zehntausende überwiegend jüdischer Flüchtlinge, die aus den von NS-Deutschland besetzten Gebieten geflohen waren, wurden in Lager und Umsiedlungszentren gebracht.[30]

Die Mobilmachung für den Krieg verschärfte die Repression gegen alle, die dem Verdacht ausgesetzt waren, für den Feind zu arbeiten. Nach dem deutschen Angriff auf die Sowjetunion im Juni 1941 erschoss man die Gefangenen in den neu annektierten Gebieten entweder oder evakuierte sie eilig ins Landesinnere. 1941 ließ die Sowjetführung mehr als 950 000 Russlanddeutsche, die auf dem europäischen Gebiet der RSFSR, in Transkaukasien und im Wolgagebiet lebten, nach Osten deportieren.[31] Deutsche und Angehörige anderer Nationalitäten, deren Länder sich im Krieg mit der UdSSR befanden, wurden in die sogenannte Arbeitsarmee eingezogen.[32]

Alle Personen, die in den besetzten Gebieten lebten oder arbeiteten, auch ehemalige Partisanen und Kriegsgefangene, kamen in spezielle Überprüfungs- und Filtrationslager des NKWD. Von 1941 bis 1944 durchliefen über 400 000 Personen diese Lager. Ende 1943 und in der ersten Jahreshälfte 1944 wurden unter dem Vorwand des Kampfes gegen »Kollaborateure« ganze Völker aus ihren angestammten Wohnorten vertrieben, insgesamt über eine Million Menschen – Kalmücken, Tschetschenen, Inguschen, Karatschaier, Balkaren sowie die auf der Krim lebenden Bulgaren, Griechen und Tataren.[33]

30 Snyder, Timothy, *Bloodlands. Europa zwischen Hitler und Stalin*. München 2011; Šneer, Aron / Poljan, Pavel (Hgg.), *Obrečennye pogibnut'. Sud'ba sovetskich voennoplennych-evreev vo Vtoroj mirovoj vojne. Vospominanija i dokumenty*. Moskau 2006; Poljan, Pavel, *Žertvy dvuch diktatur: Žizn', trud, uniženie i smert' sovetskich voennoplennych i ostarbajterov na čužbine i na rodine*. Moskau 2002.

31 Poljan, Pavel, *Ne po svoej vole: istorija i geografija prinuditel'nych migracij*. Moskau 2001.

32 Gončarov, Georgij, »Ispol'zovanie ›trudovoj armii‹ na Urale v 1941-1945 gg«. In: Borodkin, Leonid / Krasil'nikov, Sergei / Chlevnjuk, Oleg (Hgg.), *Istorija stalinizma: Prinuditel'nyj trud v SSSR. Ėkonomika, politika, pamjat'. Materialy meždunarodnoj naučnoj konferencii. M., 28-29 oktjabrja 2011 g.* Moskau 2013, S. 132ff.

33 Pobol', Nikolaj / Poljan, Pavel (Hgg.), *Stalinskie Deportacii. 1928-1953*. Moskau 2005.

Das heißt jedoch nicht, dass die sowjetische Führung über dem Kampf gegen potenziell unzuverlässige Personen die Repressionen gegen das Proletariat und die Bauernschaft vernachlässigt hätte. Während des Krieges erreichten die Repressionen anlässlich von Alltagsdelikten ein nie dagewesenes Ausmaß. Hintergrund war die Verschärfung des Arbeitsrechts in den Jahren 1939-1940. Es kam zu strafrechtlichen Verurteilungen wegen Unpünktlichkeit, Nichterscheinen zur Arbeit, der Herstellung minderwertiger Produkte und unerlaubtem Verlassen des Arbeitsplatzes. Zwischen der zweiten Hälfte des Jahres 1940 und 1945 wurden über 9,5 Millionen Urteile wegen arbeitsrechtlicher Vergehen verhängt. 2,25 Millionen Personen wurden zu Lager- und Haftstrafen und 7,3 Millionen zu Besserungsarbeit verurteilt, bei der ein Teil des Lohns an den Staat abgeführt werden musste.[34]

Der »kalte Frieden« 1946-1953

Der Sieg über Hitlerdeutschland, die Einrichtung einer Pufferzone aus acht osteuropäischen Satellitenstaaten als zusätzliches Bollwerk gegen den Westen und der erste erfolgreiche Atomtest 1949 verliehen der sowjetischen Führung ein bis dahin nicht gekanntes Selbstvertrauen. Die Nachkriegsjahre waren geprägt von der brutalen Sowjetisierung der 1940 annektierten westlichen Gebiete. In der Ukraine wurden 500 000 Menschen verfolgt und 153 000 von ihnen getötet. In Litauen lag die Zahl der Repressionsopfer bei 270 000 oder 10 Prozent der Bevölkerung.[35] Verfolgt wurden Leute, die mit dem Feind in Kontakt standen oder sich in den besetzten Gebieten aufhielten. Faktisch »exportierte« die Sowjetunion die repressive Politik in die osteuropäischen Länder innerhalb ihres Machtbereichs.

34 *Istorija stalinskogo GULAGa*, Bd. 1. Moskau 2004, S. 446; Zemskov, Viktor, »Organizacija rabočej sily i užestočenie trudovogo zakonodatel'stva v gody Velikoj Otečestvennoj vojny«. In: *Meždunarodnye otnošenija* 2014, Nr. 1, S. 111.

35 Naumov, V. / Sigačov, J. (Hgg.), *Lavrentij Berija, 1953. Stenogramma ijul'skogo plenuma CK KPSS i drugie dokumenty*. Moskau 1999, S. 47, 51.

In der UdSSR selbst ging die Anzahl der Gulag-Insassen nach den politischen Repressionen der Vorkriegszeit nicht – wie oft angenommen – zurück, sondern erreichte vielmehr einen Höchststand. Die (teilweise staatlich verursachte) Hungersnot von 1946-1947 führte zu einer drastischen Verschärfung der Strafen für »Diebstahl von staatlichem und öffentlichem Eigentum« (Dekrete vom 4. Juni 1947). Zwar gab es im Vergleich zur Vorkriegszeit weniger Verurteilungen wegen politischer Vergehen, dafür jedoch umso mehr aufgrund der neuen Gesetze. So »wurde das gesamte sowjetische Strafrecht zu einem System, in dem immer weniger Raum für Recht blieb«.[36] Von 1947 bis 1953 gab es mehr als 1,6 Millionen Verurteilungen aufgrund dieser Artikel. Insgesamt wurden zwischen 1946 und 1952 insgesamt mindestens 15 Millionen Menschen verurteilt und aufgrund administrativer Anordnungen zwangsumgesiedelt. Etwa 7 Millionen von ihnen wurden in Lagern inhaftiert.[37]

Angesichts der wachsenden Spannungen zwischen der UdSSR und dem Westen zeigte die sowjetische Führung weniger Hemmungen, Kampagnen zur »Disziplinierung« der Intelligenz und der wissenschaftlichen Gemeinschaft durchzuführen. Die ersten Nachkriegsjahre waren gekennzeichnet durch einen Erlass des Zentralkomitees der Kommunistischen Partei »Über die Zeitschriften *Swesda* und *Leningrad*« (1946), den Prozess gegen die Biologen Nina Kljujewa und Grigori Roskin (1947), die zweite Hetzkampagne gegen die Genetik (1948), die Kampagne des »Kampfs gegen den Kosmopolitismus« (1949) und den Prozess gegen das Jüdische Antifaschistische Komitee (1948-1952). Die Nomenklatura wurde durch die »Leningrader Affäre« 1949-1952 diszipliniert, die mit einer Welle von Repressionen gegen die Führer osteuropäischer Länder einherging. Die Opfer waren Leiter der Leningrader Parteiorganisationen und aus Leningrad stammende Entwicklungskader in anderen Städten der UdSSR.

In der Wirtschaft wurde die Mobilisierungsstrategie mit dem

36 Solomon, Piter, *Sovetskaja justicija pri Staline*. Moskau 2008, S. 422.

37 Chlevnjuk, Oleg / Gorlickij, Joram, *Cholodnyj mir*. Moskau 2011, S. 152ff.

Kriegsende nicht aufgegeben, sondern noch intensiviert. 1952 führte der Ausbruch des Koreakrieges, einer indirekten Konfrontation mit den Vereinigten Staaten, zu einer massiven wirtschaftlichen Mobilisierung, um den militärischen Herausforderungen zu begegnen. Die Investitionsausgaben des Kriegs- und Marineministeriums waren 1952 mehr als doppelt so hoch wie 1951. Für die folgenden Jahre war eine noch drastischere Erhöhung der Militärausgaben geplant.[38] Ungeheure Mittel wurden für »Stalins Baustellen des Kommunismus« bereitgestellt, darunter die Wasserkraftwerke Kujbyschew, Stalingrad und Kachowka, der Turkmenische Hauptkanal, der Südukrainische Kanal, der Nord-Krim-Kanal und der Wolga-Don-Kanal, die Eisenbahnstrecken Salechard-Igarka und Komsomolsk-Pobedino und der 13,6 Kilometer lange Tunnel unter dem Tatarensund zur Insel Sachalin.[39] Unmittelbar nach Stalins Tod ließ die sowjetische Führung die Pläne zur Erhöhung der Militärausgaben fallen und strich viele kostspielige Bauprojekte, da sie »nicht durch dringende volkswirtschaftliche Bedürfnisse bedingt« seien.

Als der »Führer der Völker« starb, war der Gulag ein wucherndes, unrentables und ineffizientes Lagersystem, in dem eine große Zahl zu Unrecht Verurteilter interniert war. Anfang 1953 befanden sich 5,5 Millionen Menschen – etwa 3 Prozent der Gesamtbevölkerung – in den verschiedenen Gulag-Einrichtungen, davon etwa 2,5 Millionen in Lagern, über 150 000 in Gefängnissen und über 2,8 Millionen in Umsiedlungsorten und in der Verbannung.[40]

Lenins und Stalins Politik des Terrors hat nicht nur Millionen von Toten verursacht und Dutzende Millionen von Leben zerstört. Sie hat

38 Ebd. S. 167.

39 Gestwa, Klaus, *Die Stalinschen Großbauten des Kommunismus. Sowjetische Technik- und Umweltgeschichte, 1948-1967*. München 2010.

40 Chlevnjuk, Oleg / Gorlickij, Joram, *Cholodnyj mir*, S. 151. Noch in den ersten drei Monaten nach Stalins Tod wurden 1,2 Millionen Häftlinge im Rahmen einer Amnestie entlassen (siehe McDermott, Kevin / Stibbe, Matthew, »De-Stalinising Eastern Europe: The Dilemmas of Rehabilitation«. In: dies., *De-Stalinising Eastern Europe: the Rehabilitation of Stalin's Victims after 1953*. London 2015, S. 3).

auch die russische Landschaft verwüstet, die sozialen Bindungen zusammenbrechen lassen und zum Niedergang des Verwaltungs-, Justiz- und politischen Systems, der Herausbildung einer ineffizienten und veralteten Ökonomie und zur Errichtung totalitärer Regime in benachbarten Staaten geführt. Obwohl die Grundlagen des Gulag-Systems in den späten 1950er und frühen 1960er Jahren weitgehend aufgelöst wurden, sind die Folgen der sowjetischen Terrorpolitik bis heute zu spüren.

3. Das Gulag-Gedächtnis in der Sowjetunion und im postsowjetischen Russland

Die Erblast der Ereignisse von 1917 bis 1953 und namentlich der stalinistischen Repressionen als äußerster Ausprägung der totalitären Natur des Sowjetstaats war allein schon aufgrund ihres Ausmaßes und ihrer Unausweichlichkeit ein Thema, mit dem sich Staatsführung und Gesellschaft in der sowjetischen und postsowjetischen Zeit immer wieder auseinandersetzen mussten. Die Geschichte der Sowjetunion und Russlands nach Stalins Tod lässt sich in weiten Teilen anhand dieses Prozesses beschreiben. Dazu gehören auch die wiederholten Versuche, sich des Themas zu bemächtigen und es zu instrumentalisieren, um politische Gegner zu bekämpfen und Freund-Feind-Einteilungen zu etablieren. Dies kehrte sich allerdings oft gegen die Initiatoren selbst: Irgendwann gehorchte das Werkzeug ihnen nicht mehr.

Das Gedächtnis als Instrument der Machtsicherung: Entstalinisierung unter Chruschtschow und Tauwetter (1956-1968)

Die Geschichte der Überwindung und Verurteilung des Stalinismus beginnt bald nach Stalins Tod.[41] Ihr zentrales Ereignis ist Chruschtschows »Geheimrede« *Über den Personenkult und seine Folgen* auf dem XX. Parteitag der KPdSU im Februar 1956. Sie basierte auf Daten, die eine von dem ZK-Sekretär Pjotr Pospelow geleitete

41 In diesem Zusammenhang sind auch die »Vorzeichen des Tauwetters« im Kontext des Krieges wichtig, auf die hier leider nicht näher eingegangen werden kann. Die hoffnungsvolle Atmosphäre der unmittelbaren Nachkriegszeit wird im Epilog von Boris Pasternaks Roman *Doktor Schiwago* geschildert: »Aufklärung und Befreiung, die sie nach dem Krieg so erhofft hatten, waren nach dem Sieg ausgeblieben, und doch schwebte in den Nachkriegsjahren eine Vorahnung der Freiheit in der Luft und bildete ihren einzigen historischen Gehalt.« (Pasternak, Boris, *Doktor Schiwago*. Aus dem Russischen von Thomas Reschke. Frankfurt/Main 1992, S. 710.) Siehe dazu unten, S. 457 ff.

Kommission zusammengetragen hatte. Chruschtschow verurteilte den »Personenkult« und die Verletzung des Prinzips der »kollektiven Führung« und machte Stalin verantwortlich für die Massenunterdrückung und die Deportationen der späten 1930er und frühen 1950er Jahre.

Für die Einordnung der Chruschtschow'schen »Entstalinisierung« ist es wichtig zu sehen, dass ihren Initiatoren allenfalls teilweise an einer Wiederherstellung der Gerechtigkeit gelegen war. Die Verurteilung des »Personenkults« ist dementsprechend etwas ganz anderes als eine Übergangsjustiz, die eine rechtsstaatliche Ordnung herstellen und den Rückfall in die Diktatur unmöglich machen soll.[42] Der Stalinismus war ein so totales System und so eng mit dem Kult um Stalins Person verbunden, dass der abrupte Ausstieg und der Bruch mit ihm unumgänglich war, um überhaupt handlungsfähig zu bleiben. Der Kampf gegen den Personenkult hätte für jeden der potenziellen Nachfolger Stalins auf der politischen Agenda gestanden. Er richtete sich weniger gegen die Methoden und die Gewalt als solche, die weitgehend beibehalten wurden, als gegen die Totalität des Systems. Anne Applebaum schreibt in ihrem Buch *Der Gulag*:

> Insgesamt war die Rede recht tendenziös. Bei der Aufzählung von Stalins Verbrechen konzentrierte sich Chruschtschow fast ausschließlich auf die Opfer von 1937/38 und hob insbesondere die 98 Mitglieder des Zentralkomitees der Partei sowie die Hand voll alter Bolschewiken hervor, die erschossen wurden. »Die Welle der Massenverhaftungen ging im Jahre 1939 zurück«, behauptete er, was eine glatte Lüge ist, denn in Wirklichkeit stieg die Zahl der Häftlinge in den vierziger Jahren weiter an. Chruschtschow erwähnte weder die Kollektivierung noch den Hunger in der Ukraine oder die Massenrepressalien in der Westukraine und in den baltischen Staaten – vielleicht, weil er selbst darin verwickelt war.[43]

42 Elie Marc, »Rehabilitation in the Soviet Union, 1953-1964: A Policy Unachieved«. In: McDermott, Kevin / Stibbe, Matthew (Hgg.), *De-Stalinising Eastern Europe: the Rehabilitation of Stalin's Victims after 1953*. London 2015, S. 25ff.

43 Applebaum, Anne, *Der Gulag*. Berlin 2003, S. 535.

Der politische und manipulative Charakter der Verurteilungen des Stalinismus auf dem XX. Parteitag wird auch daran deutlich, dass keine der für eine Übergangsjustiz üblichen Maßnahmen ergriffen wurde. Es gab keine Prozesse gegen die Täter (nur die Ausschaltung politischer Gegner) und keine konsequente Rehabilitierung der Opfer; die Ideologie, die den Repressionen zugrunde lag, wurde nicht konsequent und öffentlich verurteilt, und es gab auch keine Anstrengungen, ein öffentliches Gedenken an dieses Geschehen zu etablieren. Chruschtschows Erklärung auf dem XXII. Parteitag, es müsse »in Moskau ein Denkmal zum Gedenken an die Genossen errichtet werden, die Opfer der Willkürherrschaft geworden sind«,[44] blieb folgenlos.

Das Hauptanliegen der Initiatoren des »Kampfes gegen den Personenkult« war nicht, Gerechtigkeit wiederherzustellen und Recht durchzusetzen, sondern die eigene Macht zu stärken und die Gegner zu schwächen. Von 1954 bis 1961 wurden verschiedenen Schätzungen zufolge bis zu 800 000 Menschen rehabilitiert.[45] Nach der Einschätzung Anatoli Kononows, Verfassungsrichter von 1991 bis 2004 und einer der Hauptautoren des Rehabilitierungsgesetzes von 1991, hatte diese »massenhafte Entlassung von Gefangenen vor allem politischen Charakter; in rechtlicher Hinsicht war sie ebenso fragwürdig wie die Repressionen selbst«.[46]

Hinter der ersten Welle von Rehabilitierungen und Amnestien stand Lawrenti Beria, einer der wichtigsten Handlanger Stalins, den

44 *Materialy XXII s"ezda KPSS*. Moskau 1962.

45 Zu den Zahlen der Rehabilitierungen unter Chruschtschow siehe: Hilger, Andreas, »Limited Rehabilitation? Historical Observations on the Legal Rehabilitation of Foreign Citizens in Today's Russia.« In: Berg, Manfred / Schäfer, Bernd (Hgg.), *Historical Justice in International Perspective: How Societies Are Trying to Right the Wrongs of the Past*. Cambridge 2009, S. 173; Cohen, Stephen F., *The Victims Return: Survivors of the Gulag After Stalin*. London / New York 2011, S. 79; Gellately, Robert, *Stalin's Curse: Battling for Communism in War and Cold War*. New York 2013, S. 386.

46 Kononov, Anatolij, »K istorii prinjatija rossijskogo Zakona ›O reabilitacii žertv političeskich repressij‹«. In: Roginskij, Arsenij et al. (Hgg.), *Reabilitacija i pamjat'. Otnošenie k žertvam sovetskich političeskich repressij v stranach byvšego SSSR*. Moskau 2016, S. 7.

Chruschtschow kurze Zeit später als englischen Spion erschießen ließ. Und der Erste, der von einem »Persönlichkeitskult um Stalin« sprach, war Georgi Malenkow, der in den letzten Jahren von Stalins Herrschaft der zweite Mann hinter ihm gewesen war. Der Volksmund kommentierte dieses Hin und Her mit der Tschastuschka:[47] »Beria, der Chefspion / hockt nicht mehr auf seinem Thron, / denn Genosse Malenkow / setzte vor die Tür ihn schroff«.

Die Rehabilitierungen wurden nach politischen Erwägungen und selektiv vorgenommen. Dass Chruschtschow etwa führende Militärs und Opfer der »Leningrader Affäre« rehabilitierte, hat einigen Forschern zufolge den Hintergrund, dass er sich für ihre Mitwirkung bei Berias Verhaftung erkenntlich zeigen und zugleich Malenkow kompromittieren wollte. Als gegen Mitte der 1950er Jahre umfassendere Rehabilitierungen durchgeführt wurden, blieben ideologische Gegner der Sowjetmacht (Trotzkisten, »Opportunisten«, Sozialrevolutionäre, Menschewiki usw.) sowie ukrainische und baltische Nationalisten unberücksichtigt. Die Angehörigen der in den Lagern Erschossenen erhielten Bescheinigungen mit falschen Angaben zu den Umständen und dem Datum des Todes, und Deportierte oder Verbannte erhielten ihr konfisziertes Eigentum nicht zurück.[48]

Der Streit um die Interpretationen der »Ära des Personenkults« beeinflusste praktisch die gesamte weitere Geschichte der Sowjetunion. Nachdem der Staat zu erkennen gegeben hatte, dass die Verbrechen

47 Genre der russischen Volksdichtung, ein oft gesungener, vierzeiliger Stegreifvers, mit dem aktuelle Ereignisse scherzhaft oder satirisch kommentiert werden. (A. d. Ü.)

48 Eine Auswahl von Dokumenten zu den Rehabilitierungen in den 1950er und 1980er Jahren ist hier publiziert worden: Artizov, Andrej et al., *Reabilitacija: kak ėto bylo. Dokumenty Prezidiuma CK KPSS i drugie materialy* (3 Bd.). Moskau 2000-2004. Wichtige Werke zu den Rehabilitierungen unter Chruschtschow sind unter anderem: Adler, Nanci, *Keeping Faith with the Party: Communist Believers Return from the Gulag*. Bloomington (IN) 2012; Cohen, Stephen F., *The Victims Return: Survivors of the Gulag After Stalin*. London 2011; Dobson, Miriam, *Khrushchev's Cold Summer: Gulag Returnees, Crime, and the Fate of Reform After Stalin*. Ithaca (NY) 2009; Goudeoever, Albert P. van, *The Limits of Destalinization in the Soviet Union: Political Rehabilitations in the Soviet Union Since Stalin*. London 1986.

der Vergangenheit offiziell nicht mehr verschwiegen wurden, kam es zu lebhaften Reaktionen aus der Gesellschaft. Die Bücher *The Readers of Novyi Mir*[49] des Historikers Denis Kozlov von der Dalhousie University (Kanada) und *Myth, Memory, Trauma*[50] der Oxforder Literaturwissenschaftlerin Polly Jones beleuchten die damaligen Versuche, eine Sprache zu finden, die es zuließ, über die Repressionen zu sprechen und das damit verbundene Trauma zu überwinden. In der Sowjetunion der 1950er und 1960er Jahre gab es keine Soziologie und keine Meinungsumfragen. Eine der wenigen Möglichkeiten, die Stimmung und das Selbstverständnis der Gesellschaft der Tauwetterzeit nachzuvollziehen, sind deshalb Leserbriefe an Zeitungen und Zeitschriften. Das wichtigste und fortschrittlichste Medium war damals die Zeitschrift *Nowy Mir* unter der Leitung von Alexander Twardowski und Konstantin Simonow.

Da institutionelle Reformen und eine Revision der leitenden Ideologie nicht zur Debatte standen, fiel die Aufgabe, eine angemessene Sprache für den Diskurs über die Vergangenheit, ihre Einordnung und Aufarbeitung zu finden, vorrangig der Literatur zu. Dies geschah vor allem in der Zeitschrift *Nowy Mir*, wo die bedeutendsten Publikationen der Chruschtschow-Zeit erschienen. Neben Ilja Ehrenburgs Roman *Tauwetter* (1954), der der ganzen Periode seinen Namen gab, sind dies vor allem der Roman *Der Mensch lebt nicht vom Brot allein* von Wladimir Dudinzew (1956), Alexander Solschenizyns Werke *Ein Tag im Leben des Iwan Denissowitsch* (1962) und *Zwischenfall auf dem Bahnhof Kretschetowka* (1963) und *Der Hüter der Altertümer* von Juri Dombrowski (1964). Nicht weniger wichtig war die Memoirenliteratur, etwa Ehrenburgs Lebenserinnerungen *Menschen – Jahre – Leben* (1960-1963) oder das Tagebuch von Nina Kosterina (1962), einer jungen Frau aus Moskau, die die Verhaftung des Vaters 1937 überlebte

49 Kozlov, Denis, *The Readers of Novy Mir: Coming to Terms with the Stalinist Past.* Cambridge (MA) 2013.

50 Jones, Polly, *Myth, Memory, Trauma. Rethinking the Stalinist Past in the Soviet Union, 1953-70*. New Haven (CT) 2013.

und im Alter von 20 Jahren im Krieg starb. 1965 publizierte *Nowy Mir* als Sondernummer die Memoiren des sowjetischen Armeegenerals Alexander Gorbatow, der zwei Jahre im Straflager Kolyma verbrachte, aber zu Beginn des Krieges wieder eingesetzt wurde.

In einer Gesellschaft, in der nicht frei und öffentlich über die Repressionen debattiert werden konnte und das Thema nur in streng kontrollierter Form publik gemacht wurde, boten die Leserbriefe – teils von Opfern des Terrors und ehemaligen Tätern – Gelegenheit, eigene Erfahrungen und Meinungen zu den Repressionen mitzuteilen. Charakteristisch ist dabei die Selbstzensur in der Ausdrucksweise: Während von Morden, Hinrichtungen und Verbrechen die Rede ist, wird die Zeit des Terrors mit dem offiziell sanktionierten Begriff »Personenkult« oder einfach »Kult« bezeichnet. So schrieb der Leser Iwan Koroljow aus Tadschikistan an die Redaktion von *Nowy Mir*:

> Die von Ihnen veröffentlichte Geschichte von Solschenizyn ist wahr und hat dem sowjetischen Volk die Augen geöffnet, denn so ist die Kultperson u. die Opfer seiner Willkür sind ohne Zahl. Ich habe mehr als 4000 solcher Tage verbracht u. 1000e ehrliche Sowjetbürger sterben sehen[.][51]

Einmal freigesetzt, ließ sich die Energie der Erinnerung an den Gulag nicht mehr auf einen streng definierten Rahmen eingrenzen. 1968 antwortete Lew Kopelew auf die Frage der Wiener Zeitschrift *Tagebuch* nach seiner Einschätzung des 1967 in der sowjetischen Presse eingeschlagenen Kurses zur Rehabilitierung des Stalinismus: »Nach allem, was in den vergangenen Jahren [...] bekannt wurde, nach der Veröffentlichung bisher geheimgehaltener [...] Dokumente, nach der Publikation von Zeugenaussagen Hunderter alter Kommunisten, ist die Mythologie des Stalinkults ein für allemal zerstört.«[52]

51 Kozlov, Denis, »Otzyvy sovetskich čitatelej 1960-ch gg. na povest' A. I. Solženicyna ›Odin den' Ivana Denisoviča‹: svidetel'stva iz archiva ›Novogo mira‹«. *Novejšaja istorija Rossii* 2011, Nr. 1, S. 184; ders., *The Readers of Novy Mir*, a. a. O. S. 217.

52 Jones, *Myth, Memory, Trauma*, a. a. O. S. 247.

Das Gedächtnis geht in den Untergrund: Wachsende Repressionen und der Beginn der Dissidentenbewegung (1968-1985)

Nach Chruschtschows Sturz 1964 änderte sich schrittweise der offizielle Umgang mit dem Terror der Stalinzeit. Zu den ersten wichtigen Anzeichen hierfür gehörte, dass die Werke *Hundert Tage Krieg* von Konstantin Simonow und *Die Ernennung* von Alexander Bek nicht in *Nowy Mir* erscheinen durften. In den Jahren 1967 bis 1968 wurden dann zunehmend alle Veröffentlichungen zu diesem Thema von der Zensur gestoppt, unter anderem die Romane *Krebsstation* von Alexander Solschenizyn und *Kinder des Arbat* von Anatoli Rybakow sowie Alexander Twardowskis Poem *Mit dem Recht der Erinnerung*.

Mit dem Einmarsch sowjetischer Truppen in die Tschechoslowakei im Jahr 1968 war das Ende der Tauwetterzeit besiegelt. 1970 wurde die von Twardowski geleitete Redaktion von *Nowy Mir* praktisch zerschlagen. Allerdings stellte sich die Staatsführung auch nicht offen gegen die Entstalinisierung der frühen 1960er Jahre. Sie wollte eine »ausgewogene« Bewertung Stalins erreichen und den in ihren Augen übermäßig kritischen Umgang mit der Vergangenheit eindämmen, der in den Tauwetterjahren fast zum Mainstream geworden war. Kritik am »Personenkult« wurde zunehmend als Versuch gedeutet, die »Errungenschaften des Sozialismus« und die erfolgreiche Befreiung Europas vom Faschismus in zweifelhaftem Licht erscheinen zu lassen.[53]

53 Exemplarisch ist hier die Geschichte des Buches *Genickschuß. Die Rote Armee am 22. Juni 1941* von Alexander Nekritsch, in dem die damalige Führung für die Tragödie von 1941-1942 verantwortlich gemacht wird. Es erschien 1965 im Verlag der Akademie der Wissenschaften der UdSSR, erhielt wohlwollende Rezensionen in der sowjetischen Presse und in mehreren Ländern des sozialistischen Lagers wurden Übersetzungen veröffentlicht. 1967 folgten jedoch vernichtende Rezensionen in Parteipublikationen. Das Buch wurde aus den Bibliotheken entfernt und der Autor aus der Partei ausgeschlossen – »wegen absichtlicher Verdrehung […] der Politik der Kommunistischen Partei und des Sowjetstaates am Vorabend und in der Anfangszeit des Großen Vaterländischen Krieges, was von der reaktionären Propaganda Aus-

Infolge dieses Kurswechsels entwickelten sich Ende der 1960er Jahre die Samisdat-Kultur und die Dissidentenbewegung, die es sich zur moralischen Aufgabe machte, die vom Staat in den Untergrund abgedrängte Auseinandersetzung aufzugreifen.[54]

Der Eiserne Vorhang war zu dieser Zeit bereits durchlässig geworden. In der UdSSR verfasste, aber nicht zur Publikation zugelassene Werke kamen in selbst angefertigten Abschriften in Umlauf (»Samisdat«) oder wurden im Westen veröffentlicht (»Tamisdat«) und fanden auf Umwegen ihren Weg zum sowjetischen Lesepublikum. Boris Pasternaks Roman *Doktor Schiwago*, der die Oktoberrevolution als Grundlage der Staatsmythologie in Frage stellte, erschien ebenso im Ausland wie Solschenizyns *Der Archipel GULAG*, Warlam Schalamows *Erzählungen aus Kolyma*, Lidija Tschukowskajas *Ein leeres Haus*, Jewgenija Ginsburgs *Marschroute eines Lebens* und weitere zentrale Zeugnisse der Auseinandersetzung mit der stalinistischen und sowjetischen Vergangenheit.

In den 1960er Jahren ließen sich der öffentliche Raum und das Privatleben der Bürger nicht mehr so durchgängig kontrollieren wie in den Jahrzehnten von Stalins Herrschaft. Der Prozess gegen die Dissidenten Andrei Sinjawski und Juli Daniel und der Einmarsch sowjetischer Truppen in die Tschechoslowakei führten zu – wenn auch kleinen – öffentlichen Protestkundgebungen, die zu jener Zeit undenkbar gewesen wären. Die politisch brisanten Werke von Solschenizyn, Wladimir Wojnowitsch und Alexander Sinowjew, die Lyrik des Silbernen Zeitalters und religionsphilosophische Werke wurden in Samisdat-Ausgaben intensiv gelesen. Menschen jeder politischen Orientierung hörten inoffiziell zirkulierende Aufnahmen der Lieder von Wladimir Wyssozki und Alexander Galitsch, die oft als Ausdruck der Erfahrungen ehemaliger Gulag-Häftlinge verstanden wurden.

lands für antisowjetische Zwecke benutzt wurde« (siehe: Petrovskij, Leonid, »Delo Nekriča«. *Vestnik RAN*, 1995, Bd. 65, Ausgabe 6, S. 528 ff.). Nekritsch konnte nichts mehr veröffentlichen und emigrierte 1976 in die Vereinigten Staaten.

54 Jones, *Myth, Memory, Trauma*, a. a. O. S. 260.

Die inoffizielle Kultur in der späten Sowjetunion entwickelte sich zu einer ausgewachsenen »zweiten Kultur«, und der Gulag war für sie ein zentrales Thema.[55]

Von Versuchen einer tatsächlichen »Restalinisierung« kann erst in den Jahren nach Breschnews Tod die Rede sein. Unter dem Ex-KGB-Chef Juri Andropow, der ihm als Generalsekretär der Partei nachfolgte, verschwanden die Hinweise auf die Repressionen aus den Lehrbüchern und Enzyklopädien, und es wurden Kampagnen zur Bekämpfung von »Raffern und Faulenzern« und »Verstößen gegen die Arbeitsdisziplin« gestartet, die in Geist und Sprache ganz und gar stalinistisch waren. Andropows Nachfolger Konstantin Tschernenko versuchte noch weiter zu gehen. Er bereitete einen Beschluss des Zentralkomitees der KPdSU vor, dessen Titel lautete: »Über die Korrektur des subjektiven Ansatzes und der in der zweiten Hälfte der 1950er und zu Beginn der 1960er Jahre aufgetretenen Verzerrungen der Leistungen Stalins und seiner engsten Mitarbeiter.« Zum 40. Jahrestag des Sieges im Zweiten Weltkrieg sollte Wolgograd wieder in Stalingrad umbenannt werden.

Solche Anwandlungen zeugen jedoch nur davon, dass die Staatsführung nicht in der Lage war, einen Ausweg aus der wirtschaftlichen und ideologischen Sackgasse zu finden. Die Beschwörung der »festen Hand« war ein verzweifelter Versuch, die eigene Schwäche zu kompensieren. Erneut instrumentalisierte die Staatsmacht die Erinnerung an den Gulag inmitten einer Krise, um ihre Probleme in den Griff zu bekommen.

Die Aufarbeitung der Stalin-Ära und der Erfahrungen mit der Entstalinisierung ging währenddessen unvermindert weiter. Sie wurde innerhalb der Gesellschaft nichtöffentlich und »im Untergrund« geleistet, und zuweilen drang etwas davon nach außen, in die öffentliche Sphäre. Sehr aufschlussreich ist das Schicksal von Tengis Abuladses Films *Die Reue*, der als eines der wichtigsten symbolischen Statements der frühen Perestroika-Zeit bekannt wurde. Die Filmidee

55 Zu den Formen, in denen das Thema Gulag in der Intelligenzia in den 1960er Jahren präsent war, siehe: Etkind, *Warped Mourning*, a. a. O. S. 143 ff.

stammt aus den 1970er Jahren. Die Dreharbeiten begannen 1982, und 1984 wurde der Film auf Eis gelegt. Der Kampf um seine Produktion zeigt deutlich, wie umfassend die systemischen Widersprüche waren, die sich damals zwischen den beteiligten Seiten angehäuft hatten: den regionalen/nationalen und gewerkschaftlichen Eliten, dem Kulturministerium und dem KGB, der kreativen Intelligenz und den Bürokraten. 1986 wurde *Die Reue* uraufgeführt und im folgenden Jahr kam der Film in die Kinos. Er gewann den Großen Preis von Cannes und ein Jahr später den Lenin-Preis.

Wie komplex und ambivalent das gesellschaftliche Klima damals war, wird an einer Filmkritik von Robert Roschdestwenski deutlich, die 1987 erschien, zu einer Zeit, als bereits relative Freiheit herrschte. Roschdestwenski, ein Liberaler der 60er-Generation, der sich aktiv an den Lyriklesungen auf dem Majakowski-Platz[56] beteiligt hatte, verteidigte *Die Reue* mit Argumenten, die auch Ende der 1960er Jahre so hätten vorgebracht werden können:

> In den letzten Jahren haben wir dieses tragische und sehr ernste Thema nur selten angesprochen. Aber wo wir die Vergangenheit nicht selbst »aufwühlen«, erledigen unsere Feinde das umso lieber für uns! Und wie – schadenfroh, schneidig und triumphierend! Alles wird dazu herangezogen, auch Erfindungen und schlimmste Verleumdungen! […] Aber zum Teufel mit ihnen, den Feinden! Ihre ständigen Lügen und ihren Hass kennen wir zur Genüge! Und wir leben ja nicht ihnen zu Gefallen.[57]

56 Auf dem Majakowski-Platz (heute Triumfalnaja-Platz) im Zentrum Moskaus fanden in der Tauwetterzeit, zwischen 1958 und 1961, öffentliche Lyriklesungen statt. Dabei waren auch junge und nicht etablierte Stimmen zu hören und es wurde gelegentlich Kritik an Staat und System laut. Nachdem sich eine Gruppe »politischer«, dissidentisch eingestellter Autoren zusammengefunden hatte, wurden die Lesungen unterbunden. Einige der Organisatoren erhielten langjährige Haftstrafen oder wurden zwangsweise in die Psychiatrie eingewiesen.
Seit 2009 gibt es wieder Lyriklesungen auf dem Triumfalnaja-Platz. Im September 2022 wurden Autorinnen und Autoren wegen des Vortrags »gegen die Mobilisierung gerichteter« Gedichte festgenommen und Verfahren gegen sie eingeleitet. (A. d. Ü.)

57 Roždestvenskij, Robert, »Sovsem ne recenzija«. In: *Literaturnaja gazeta. 1987*, Nr. 4.

Das Gedächtnis kommt wieder zum Vorschein: Die Perestroika und das »zweite Tauwetter« (1985-1991)

Mit Beginn der Perestroika unter Gorbatschow tauchte das Thema des Stalin-Terrors wieder aus dem Untergrund auf. Das hieß zunächst vor allem, dass all das, was in den zwanzig Jahren zuvor im Samisdat und Tamisdat gesagt und gedacht worden war, dem breiten Publikum zugänglich gemacht wurde.

Wie Denis Kozlov in *The Readers of Novyi Mir* anmerkt, war die Debatte der Perestroika-Jahre über den Terror durch die Sprache der Tauwetterzeit geprägt. Die Perestroika wurde von vielen als Vollendung dessen empfunden, was damals begonnen worden war. Nicht von ungefähr waren die späten 1980er und frühen 1990er Jahre eine kurze Blütezeit für die literarischen Journale – die »dicken Zeitschriften«, wie sie genannt wurden.[58] Die Atmosphäre in der Gesellschaft war stark beeinflusst von der aufgestauten Energie der in den 1960er Jahren verfassten literarischen Texte über den sowjetischen Terror, die in der Sowjetunion nicht offiziell publiziert werden durften. Allein in den Jahren 1987-1989 erschienen in diesen Zeitschriften Anna Achmatowas Elegie *Requiem*, Osip Mandelstams *Woronescher Hefte*, Boris Pasternaks Roman *Doktor Schiwago*, Alexander Solschenizyns *Der Archipel GULAG*, Warlam Schalamows *Erzählungen aus Kolyma*, Wassili Grossmans *Leben und Schicksal*, Lidia Tschukowskajas *Ein leeres Haus*, Jewgenija Ginsburgs *Marschroute eines Lebens* und Juri Dombrowskis *Die Fakultät unnützer Dinge*.

Die Zeitschriften waren der Ort, wo die Debatte über die Errich-

58 Interessant ist Kozlovs Vergleich der Auflagenhöhen der »dicken Zeitschriften« in den Jahren 1990 und 1967: So erschien *Nowy Mir* 1990 mit 2,7 Millionen Exemplaren, während es 1967 128 000 Exemplare gewesen waren. Bei den anderen »dicken Zeitschriften« sind die Zahlen in der Tendenz ähnlich: *Snamja* 1 Million vs. 170 000 Exemplare; *Druschba Narodow* 1,1 Millionen vs. 50 000; *Newa* 600 000 vs. 250 000; *Oktjabr* 380 000 vs. 130 000 und *Swesda* 344 000 vs. 95 000. Die gesellschaftlich-politische Illustrierte *Ogonjok*, die 1967 in 2 Millionen Exemplaren erschien, erreichte 1989 die Rekordauflage von 4,45 Millionen Exemplaren.

tung eines Mahnmals für die Repressionsopfer angestoßen wurde und Fahrt aufnahm. *Ogonjok* und andere Magazine veröffentlichten Leserbriefe, in denen ein solches Denkmal für notwendig erklärt wurde, und bald darauf folgte die Ausschreibung eines Wettbewerbs. 1988 verabschiedete das Politbüro des ZK der KPdSU aufgrund zahlreicher Appelle den Beschluss »Über die Errichtung eines Mahnmals für die Opfer von Gesetzlosigkeit und Repression«. Im November 1988 veranstaltete das Kulturhaus des Moskauer Elektrolampenwerks eine »Woche des Gewissens« – eine Ausstellung mit Mahnmalentwürfen, die in Moskau zu einem wichtigen gesellschaftlichen Ereignis wurde. Aus den Wettbewerben ging kein Sieger hervor. So war das erste Denkmal von nationaler Bedeutung der Findling von den Solowezki-Inseln, den Sergei Kriwenko und Lew Ponomarjow im Juni 1989 nach Moskau brachten. Er wurde vor der KGB-Zentrale auf dem damaligen Dserschinski-Platz aufgestellt.

Die »Woche des Gewissens« war das erste öffentliche Forum überhaupt, auf dem über die Repressionen gesprochen wurde. Die Auseinandersetzung, die in den 1960er Jahren über »Leserbriefe« geführt worden war, in den 1970ern in die Küchen abwanderte und in den 1980er Jahren auf die Seiten der Zeitschriften gelangte, fand nun erstmals live in der Öffentlichkeit statt. Bei der »Woche des Gewissens« fanden ehemalige Häftlinge zueinander, es wurden spontane Erinnerungsabende organisiert und gemeinsame Appelle verfasst und unterzeichnet. Es zeigte sich, dass es mit einem Mahnmal allein nicht getan war – es brauchte vor allem eine Gemeinschaft von Menschen, die Daten zu den Verfolgungsopfern ermitteln und verbreiten und das Andenken an sie wahren. Aus einer Initiativgruppe, die 1987 zusammenkam, um ein Mahnmal für die Repressionsopfer zu errichten, entstand die Gesellschaft »Memorial«.[59]

Eine aufschlussreiche Episode in der Geschichte des beginnenden

59 Zur Entstehung von Memorial im breiteren Kontext der spätsowjetischen Geschichte siehe: Adler, Nanci, *Victims of Soviet Terror: The Story of the Memorial Movement*. New York 1993.

Opfergedenkens und der Suche nach einer geeigneten Form dafür war ein Streit innerhalb der Russisch-Orthodoxen Kirche. Auf dem Landeskonzil 1988 sprach der Metropolit Anthony von Sourozh (Andrei Blum), ein Vertreter der lebendigen Tradition der russischen Emigration und einer der berühmtesten orthodoxen Prediger des späten 20. Jahrhunderts, erstmals öffentlich die Frage an, ob Kirchenmitglieder, die durch die Sowjetmacht umgekommen waren, heiliggesprochen werden sollten. Die Russisch-Orthodoxe Auslandskirche, die in der Emigration entstanden und bis 2007 unabhängig von Moskau war, hatte die Neumärtyrer bereits 1981 kanonisiert:[60]

> Die Einzigen, die darüber schweigen, dass allein die heldenhafte Treue und Tapferkeit Tausender Unbekannter die Kirche vor der völligen Zerstörung bewahrt hat, sind wir. Und wir könnten wenigstens in einem Satz unseres Sendschreibens – ohne von Neumärtyrern zu sprechen, ohne Worte zu gebrauchen, die womöglich jemandes Ohren beleidigen könnten – erwähnen, dass wir Gott dafür danken, dass es in der Russisch-Orthodoxen Kirche das gesamte zwanzigste Jahrhundert hindurch Zeugen des Glaubens gab, die Christus, der sie erlöst und gerettet hat, auch um den Preis des Blutes, des Richtblocks, des Lebens und des Martyriums treu geblieben sind und dadurch zum Glanz und zur Heiligkeit der Russischen Kirche beigetragen haben.[61]

Die Gegenposition vertrat Metropolit Juwenali (Pojarkow) von Krutizy und Kolomna, der der Meinung war, dass bei der Kanonisierung äußerst vorsichtig verfahren werden müsse. Er sagte, die Kirche sei 1917 in einen scharfen politischen Konflikt mit dem Staat geraten.

60 Die Heiligsprechung der Neumärtyrer durch die Russisch-Orthodoxe Auslandskirche war in erster Linie ein symbolischer und politischer Akt. Ernsthafte Archiv- und Quellenprüfungen konnten aus offenkundigen Gründen nicht vorgenommen werden. Die Russisch-Orthodoxe Auslandskirche stützte sich bei der Heiligsprechung der Neumärtyrer auf das zweibändige Werk *Die neuen Märtyrer Russlands* des Geistlichen und Theologen Michail Polski: Pol'skij, Michail, *Novye mučeniki rossijskie*, Bd. 1 und 2. Jordanville 1949-1957.

61 *Pomestnyj Sobor Russkoj Pravoslavnoj Cerkvi 1988 goda*. Moskau 1990, S. 388.

Dieser stehe jedoch nicht für das Wesen der damaligen Beziehungen zwischen Kirche und Staat, da sich »viele Gläubige aktiv an der Revolution beteiligt« hätten. Die Heiligsprechung sei notwendig, aber als spiritueller Akt. Sie dürfe der Kirche nicht von antipatriotischen Kräften aufgezwungen werden und den politischen Konflikt nicht fortführen:

> Als wir uns auf die Tausendjahrfeier der Taufe der Rus vorbereiteten, wollten wir auch die Kanonisierung von Heiligen einbeziehen. Auch im Ausland war von Heiligsprechung die Rede, aber nicht in dem spirituellen Sinn, den sie seit Tausenden von Jahren hat. Es wurde vor allem gefragt, ob die Neumärtyrer Russlands, also die Opfer des Personenkults um Stalin und der gesamten Sowjetära, heiliggesprochen werden, wie es die russische Auslandskirche getan hat. Und wenn wir diesen Schritt gegangen wären, hätten wir praktisch den rein religiösen Akt der Heiligsprechung in eine politische Aktion verwandelt, die nicht nur von Atheisten, sondern auch von den Gläubigen nicht geteilt worden wäre, denn die Gläubigen sind aufrichtige Patrioten ihrer Heimat und der Sowjetmacht.[62]

Mit der Zeit setzte sich die Position von Metropolit Anthony durch. Dazu trug auch die persönliche Einstellung des damaligen Patriarchen Alexius II. bei, der vor dem Zweiten Weltkrieg in der Emigration in Estland aufgewachsen war. Aber die Umsetzung oblag niemand anderem als Metropolit Juwenali. Er leitete die 1989 eingesetzte Synodenkommission zur Kanonisierung von Heiligen, die die Glorifizierung der Neumärtyrer durch die Kirche im Jahr 2000 vorbereitete.

Die Thesen, die er in dem bereits zitierten Interview von 1989 vorgebracht hatte – das Gedenken an die Repressionsopfer in der Russisch-Orthodoxen Kirche dürfe nicht »politisiert« werden und müsse von »antipatriotischen« und »antisowjetischen« Tendenzen gereinigt werden –, prägten grundlegend die Form des kirchlichen Gedenkens an die Neumärtyrer.

62 Furman, Dmitrij Efimovič / Otec Mark (Smirnov) (Hgg.), *Na puti k svobode sovesti*. Moskau 1989, S. 115f.

Ende der 1980er Jahre machte die Gesellschaft eine intensive Politisierung durch, während die Staatsführung völlig desorientiert war. In dieser Situation folgte die staatliche Politik zur Rehabilitierung der Repressionsopfer den Initiativen aus der Gesellschaft. Im November 1989 verabschiedete der Oberste Sowjet der UdSSR eine Erklärung »Über die Anerkennung der ungesetzlichen und kriminellen Repressionen gegen die zwangsumgesiedelten Völker und die Gewährleistung ihrer Rechte«, und im August 1990 erließ der Präsident der UdSSR, Michail Gorbatschow, ein Dekret »Über die Wiederherstellung der Rechte aller Opfer der politischen Repressionen der 20-50er Jahre«. So konnten innerhalb eines Jahres 838 500 Menschen rehabilitiert werden. Weitere 80 000 wurden wieder in die Partei aufgenommen.[63]

Im April und Oktober 1991, nach dem raschen Zusammenbruch der UdSSR, wurden die Gesetze »Über die Rehabilitierung der unterdrückten Völker« und »Über die Rehabilitierung der Opfer politischer Repressionen« verabschiedet. Sie bildeten die Grundlage für die Rehabilitierung von weiteren 650 000 Menschen. Das letztgenannte Gesetz ist bis heute das einzige der Russischen Föderation, das die Verbrechen des Sowjetregimes direkt verurteilt (und auch den Beginn und das Ende der Sowjetherrschaft markiert[64]). Seine Präambel ist auf ihre Weise einzigartig:

> In den Jahren der Sowjetherrschaft sind Millionen von Menschen Opfer der Willkür des totalitären Staates geworden und haben wegen ihrer politischen und religiösen Überzeugung, aus sozialen, nationalen oder anderen Gründen Unterdrückung erfahren.
>
> Der Oberste Sowjet der Russischen Föderation *verurteilt den jahrelangen Terror und die Massenverfolgung des Volkes als unvereinbar mit der Idee des Rechts und der Gerechtigkeit.* Er drückt den Opfern der ungerechtfertigten Repressionen, ihren Familien und Freunden sein tiefes Mitgefühl aus und *erklärt, dass er sich unablässig für die Aufgabe einsetzt, echte Garantien für Rechtsstaatlichkeit und Menschenrechte sicherzustellen.*

63 Adler, *Keeping Faith with the Party*, a. a. O. S. 184.

64 Kononov, *K istorii prinjatija …*, a. a. O. S. 16.

> Ziel dieses Gesetzes ist es, alle Personen, die seit dem 25. Oktober (7. November) 1917 auf dem Territorium der Russischen Föderation Opfer politischer Repressionen geworden sind, zu rehabilitieren, ihre bürgerlichen Rechte wiederherzustellen, weitere Folgen der Willkür zu beseitigen und den materiellen und moralischen Schaden so weit wie möglich zu kompensieren [Hervorhebungen durch den Autor].[65]

In den 1990er Jahren gab es eine Welle von Recherchen und Forschungsarbeiten. Zu dieser Zeit wurden die größten Grabstätten von Opfern des sowjetischen Staatsterrors entdeckt, darunter Mednoje und Kommunarka (1991), Butowo (1992), Sandarmoch und Krasny bor bei Petrosawodsk (1997). Neben dem Solowezki-Stein in Moskau wurden auch in Rostow am Don (1994), St. Petersburg (Kresty, 1995; Lewaschowo, 1996), Magadan (1996), Perm (1996) sowie in Grosny (1994) und Nasran (1997) Gedenkstätten für Deportationsopfer errichtet. Parallel zur Suche nach Gräbern in Russland und anderen Ländern der ehemaligen Sowjetunion begannen Aktivisten und Historiker, ein Gedenkbuch für die Opfer der Repression zusammenzustellen. Ein großer Teil dieser Arbeit wurde im Rahmen der Vorbereitung von Materialien für die Heiligsprechung der Neumärtyrer durchgeführt.[66]

Der Zusammenbruch der UdSSR setzte auch in den früheren Sowjetrepubliken, die jetzt unabhängige Staaten waren, Prozesse des Gedenkens an die Repressionsopfer in Gang. Dort wuchs in den 1990er

65 Die Erwähnung einer Kompensation des moralischen Schadens wurde mit der Novelle von 2005 aus dem Gesetz gestrichen.

66 Die hagiographische und historische Grundlage für die Heiligsprechung der Märtyrer und Bekenner des 20. Jahrhunderts im Jahr 2000 ist die siebenbändige Sammlung »Märtyrer, Bekenner und Asketen der Frömmigkeit der Russischen Orthodoxen Kirche im 20. Jahrhundert« (*Mučeniki, ispovedniki i podvižniki blagočestija Pusskoj Pravoslavnoj Cerkvi XX stoletija*), die in den Jahren 1992-2002 unter der Leitung von Hegumen Damaskin (Orlowski) erstellt wurde. Eine ausführlichere Darstellung der Geschichte der Heiligsprechung der Neumärtyrer und der zugrundeliegenden Prinzipien findet sich in: Archimandrit Damaskin (Orlovskij), *Slava i tragedija russkoj agiografii. Pričislenie k liku svjatych v Russkoj Pravoslavnoj Cerkvi: istorija i sovremennost'*. Moskau 2018.

Jahren das Interesse an der Geschichte des sowjetischen Staatsterrors als Grundlage für eine neue kollektive Identität. In einigen postsowjetischen Staaten – etwa im Baltikum – legte das Gedenken an die Unterdrückung den Grundstein zu einer Geschichtspolitik, die die sowjetische Besatzung in den Mittelpunkt rückt.[67] In anderen, wie in Kasachstan, steht das Narrativ der multiethnischen Nation, des »Schmelztiegels« im Vordergrund,[68] und wieder in anderen, wie der Ukraine, die Erinnerung an die Opfer des Holodomor.[69] In diesen Jahren wurden in zahlreichen ehemaligen Sowjetrepubliken Gedenkstätten für die Opfer des sowjetischen Staatsterrors errichtet, so in der Ukraine (u. a. die Gedenkstätte im Wald Bykiwnja bei Kiew), in Weißrussland (u. a. das Kurapaty-Gelände bei Minsk, die Gedenkstätten für die auf dem »Minsker Todesmarsch« erschossenen Menschen im Rajon Tscherwen), in Kasachstan (in Astana und an vielen anderen Orten wurden in den 2000er Jahren Museen zur Geschichte der Lager Karlag und Aqmola für Ehefrauen von Vaterlandsverrätern errichtet), in Lettland (Gedenkstätten in Riga, Jelgava, Jurmala und anderen Städten), in Estland (Tallinn, Tartu und Narva), in Litauen (Gedenkstätten für Verbannte und politische Gefangene in Vilnius und Kaunas), in Georgien, Armenien, Aserbaidschan, Kirgisistan, Moldau und Usbekistan.

67 Siehe etwa: Mälksoo, Maria, »The Memory Politics of Becoming European: The East European Subalterns and the Collective Memory of Europe«. In: *European Journal of International Relations*, Bd. 15, Ausgabe 4, 2009, S. 653ff.

68 Siehe etwa: Kundakbayeva, Zhanat / Kassymova, Didar, »Remembering and Forgetting: the State Policy of Memorializing Stalin's repression in post-Soviet Kazakhstan«. In: *Nationalities Papers*, Bd. 44, Ausgabe 4, 2016, S. 611ff.

69 Siehe etwa: Kasianov, Heorhiy, »Holodomor and the Politics of Memory in Ukraine after Independence«. In: Nock, Christian / Janssen, Lindsay / Comerford, Vincent (Hgg.), *Holodomor and Gorta Mór: Histories, Memories and Representations of Famine in Ukraine and Ireland*, London / New York 2014. S. 167ff.; Kas'janov, Georgij, »Golodomor i stroitel'stvo nacii«. In: *Pro et contra*, Nr. 3-4 (46), 2009, S. 24ff.

Kampf um das Gedächtnis: Der Zusammenbruch der UdSSR

Nach dem Putschversuch von 1991, dem darauffolgenden Zusammenbruch der UdSSR und dem Sieg der demokratischen Kräfte bei den Wahlen verschoben sich die Akzente in der Debatte über die sowjetische Vergangenheit. Die Revolution von 1917 und der Kommunismus standen erstmals im Zentrum des öffentlichen Diskurses und erfuhren öffentliche Verurteilung. Der Staatsterror wurde zunehmend als direkte Folge dieses historischen Umbruchs betrachtet. Boris Jelzin, der erste Präsident Russlands, legte schon in seiner Antrittsrede vor der Föderalversammlung die Sichtweise nahe, mit der neuen Führung werde die »natürliche historische und kulturelle Kontinuität« mit dem vorrevolutionären Russland wieder aufgenommen, die 1917 abgerissen war. Im Wahlkampf von 1996, in dem Jelzin sich durch den Kandidaten der Kommunistischen Partei, Gennadi Sjuganow, ernsthaft bedroht sah, intensivierte er die Kritik an der Oktoberrevolution. In der Botschaft an die Föderalversammlung 1996 sagte er:

> Es ist wichtig, sich voll und ganz bewusst zu machen, dass die tragischen Folgen des kommunistischen Experiments gesetzmäßig waren [...] Die massenhaften Repressionen, der rigide politische Monopolismus, die Klassensäuberungen, das totale ideologische »Durchforsten« der Kultur, die Abschottung von der Außenwelt und die Pflege einer Atmosphäre von Feindseligkeit und Angst – all das sind die Merkmale eines totalitären Regimes. Und all das bedeutet, dass der Weg zurück in die historische Sackgasse führt, in den unausweichlichen Untergang Russlands.[70]

Aus Sicht der Politikwissenschaftlerin Olga Malinowa, die sich mit der Symbolpolitik der russischen Führung von 1991 bis 2014 befasst hat, verbauten sich Jelzin und seine Parteigänger mit dem Versuch,

70 *Poslanie Prezidenta Rossijskoj Federacii ot 23. 02. 1996 g. b/n.* Offizielle Website des Präsidenten der Russischen Föderation. http://www.kremlin.ru/acts/bank/36349 (Abrufdatum 25. 11. 2022).

die Kommunistische Partei und Sjuganow um jeden Preis zu diskreditieren, die Möglichkeit, eine gemäßigtere Interpretation zu liefern, die Raum dafür gelassen hätte, in der Oktoberrevolution ein tragisches, aber »großes« Ereignis der nationalen und der Weltgeschichte zu sehen.[71] Mit dem Verzicht darauf, eine an die neuen Umstände adaptierte Deutung der Revolution – des Gründungsmythos des »alten Regimes« – anzubieten, um so die demokratischen Reformen in den Augen des breiten Publikums zu legitimieren, habe das Jelzin-Lager ein wichtiges, im kollektiven Gedächtnis fest verankertes historisches Symbol komplett den politischen Gegnern überlassen:

> Die Umdeutung des Oktobers zur »Tragödie« und »Katastrophe« war ein abrupter Bedeutungswandel: Was zuvor durch den Frame des »nationalen Triumphs« gesehen worden war, wurde nun nach der Logik des »kollektiven Traumas« betrachtet. Das zog unweigerlich eine radikale Umgestaltung der etablierten Gedenkpraktiken und der Erinnerungsinfrastruktur nach sich: Nicht nur musste der Schwerpunkt von den »Helden« (die nun keine mehr waren) auf die »Opfer« verlagert werden, sondern auch die »Täter« mussten nach Verdienst gewürdigt werden. Diese Arbeit erforderte Ressourcen und war mit erheblichen politischen Risiken behaftet. Die Schwierigkeit war nicht allein, dass die Klärung der »wahren« Rollen von Helden, Tätern und Opfern in einer Gesellschaft, die einen Bürgerkrieg durchgestanden hat, zwangsläufig ein schmerzhafter Prozess ist. Bei einem historischen Ereignis, das als Gründungsmythos fungierte, musste sich ein so jäher Bedeutungswandel auf die gesamte Konstruktion der kollektiven Identität auswirken. Es ist nicht so einfach, den »nationalen Triumph« durch das »kollektive Trauma« zu ersetzen …[72]

Nach den Wahlen, bei denen Sjuganow im ersten Wahlgang 32 Prozent der Stimmen (und damit nur 3 Prozent weniger als Boris Jelzin)

71 Malinova, Ol'ga, *Aktual'noe prošloe: Simvoličeskaja politika vlastvujuščej ėlity i dilemmy rossijskoj identičnosti*. Moskau 2015.

72 Ebd. S. 47f.

erhielt,[73] suchte die Führung nach Wegen, um die Konfrontation zu entschärfen. 1996 erklärte Jelzin per Dekret den 7. November – den Tag der Großen Sozialistischen Oktoberrevolution – zum »Tag der Eintracht und Versöhnung« und das kommende Jahr, in dem die Oktoberereignisse sich zum 80. Mal jährten, zum »Jahr der Eintracht und Versöhnung«.[74] Im selben Dekret war auch ein Wettbewerb zur Errichtung eines Denkmals für die Opfer von »Revolutionen, Bürgerkriegen und politischer Unterdrückung« vorgesehen. Dieses Projekt wurde nie verwirklicht. Obgleich sich die Vertreter der Eliten für eine »Verfolgung der faschistisch-bolschewistischen Ideologie und ihrer Repräsentanten« aussprachen, herrschte unter ihnen keine Einmütigkeit, sondern eher Verwirrung.[75] Im Unterschied zum Gedenktag zur Feier des Sieges 1945 gab es keinerlei Versuche, Abläufe und Rituale für den Tag der Versöhnung zu entwickeln, so dass seine Bedeutung verblasste.

73 In Bezug auf dieses Wahlergebnis gibt es zahlreiche offene Fragen. Oft wird davon ausgegangen, dass Jelzins Sieg auf Wahlfälschungen zurückgehe.

74 Laut Jelzins damaliger Redenschreiberin Ljubow Pichowa kam die Idee, den Feiertag umzubenennen, im Oktober 1996 bei einer Besprechung mit Anatoli Tschubais, dem Leiter der Präsidialverwaltung, auf: »Seit der Großen Oktoberrevolution sind über 70 Jahre vergangen und es ist möglich, die Symbolik zu ändern. Warum nicht den Feiertag der Großen Oktoberrevolution in einen Feiertag umbenennen, der alle vereint, den Tag der Eintracht und Versöhnung? Das heißt, die Oktoberrevolution hat alle auseinanderdividiert, aber wir schaffen diesen Feiertag nicht ab, sondern benennen ihn um« (Sokolova, Marija / Jakovleva, Elena, »Pribavlenie smuti. Čto my budem prazdnovat' 4 nojabrja«. In: *Rossijskaja gazeta*, Nr. 3621 / 04. 11. 2004.

75 »Am Vorabend des 79. Jahrestages der Revolution veröffentlichte Gorbatschows früherer Berater Alexander Jakowlew in der ›Rossijskaja Gaseta‹ einen Artikel mit dem Titel ›Wenn der Bolschewismus nicht aufgibt‹. Er legte dar, dass ›der Weg zum Triumph der Freiheit in Russland jeden Tag abgeschnitten werden kann, wenn die bolschewistische Ideologie des Menschenhasses nicht geächtet wird‹. Jakowlew appellierte an den russischen Präsidenten, das Verfassungsgericht, die Regierung, die Generalstaatsanwaltschaft und die Föderalversammlung, die Verfolgung der faschistisch-bolschewistischen Ideologie und ihrer Träger in Angriff zu nehmen. Doch das Jelzin-Lager wollte die Lage nicht zuspitzen.« (Malinova, *Aktual'noe prošloe*, a. a. O. S. 55f.

Das Gedächtnis formiert sich: Klärung der Positionen (1999-2010er Jahre)

Mit Jelzins Rücktritt und dem Amtsantritt seines Nachfolgers Wladimir Putin begann auch in der Politik der Erinnerung an die sowjetische Vergangenheit ein neuer Zeitabschnitt. Der Kurs, den Putin fast sofort einschlug, wird von einigen Forschern treffend als »Doktrin der totalen Kontinuität« bezeichnet. Er kam vor allem in der Kombination der Staatssymbole zum Ausdruck: die Trikolore, die seit August 1991 mit dem liberal-demokratischen Lager assoziiert wurde, das Wappen mit Doppeladler, das auf die Symbole des Russischen Kaiserreiches verweist,[76] und die »neue alte« sowjetische Hymne. Das Bestreben, von Jelzins konfrontativer Erinnerungspolitik fortzukommen und eine Politik zu betreiben, die die Vertreter der verschiedenen Lager einbindet, war durchaus naheliegend – wie wir im zweiten Teil sehen werden, verfolgten Konrad Adenauer in der Bundesrepublik Deutschland und Adolfo Suárez in Spanien einen ganz ähnlichen Ansatz. Diese Erinnerungspolitik erwies sich als effektiv, um die Wählerschaft hinter sich zu vereinen. Da sie es jedoch vermied, eine klare Haltung zu den schwierigen Perioden der Vergangenheit zu formulieren, lief sie zwangsläufig auf einen eklektischen Umgang mit Werten hinaus. Anstelle einer neuen kohärenten Erzählung der Vergangenheit entstand ein Vakuum, das irgendwann gefüllt werden musste. Malinowa konstatiert:

> Die »Doktrin der totalen Kontinuität« markierte zweifellos einen neuen Ansatz zur politischen Nutzbarmachung der Vergangenheit. Statt die Schwierigkeiten zu lösen, die mit der Konstruktion einer kohärenten Erzählung zwangsläufig verbunden sind, verlegte man sich darauf, historische Ereignisse, Phänomene und Gestalten in einem bestimmten Kontext selektiv »auszuschlachten«. Mit diesem Ansatz konnten taktische Ziele erreicht werden, was angesichts der harten ideologischen Konfrontation

76 Der Doppeladler wurde bereits im November 1993 vorläufig als Wappen zugelassen, das entsprechende Gesetz wurde jedoch erst im Jahr 2000 verabschiedet.

> nicht unwichtig war. Das strategische Problem, das »sowjetische Metanarrativ« durch ein neues Bedeutungsschema zu ersetzen, das die Beziehung zwischen Vergangenheit, Gegenwart und Zukunft erklärte, wurde so jedoch nicht gelöst.[77]

Der größte Nachteil dieser Konstruktion, die versuchte, gegensätzliche Wertvorstellungen eklektisch miteinander in Einklang zu bringen, war, dass sie sich auf »das Schweigen über Probleme und Verantwortung« stützte.[78] Sie sollte vor allem die negative Erinnerung an die sowjetische Vergangenheit verdrängen und die positive Erinnerung an sie mit der Erinnerung an die Siege des Russischen Kaiserreichs verbinden. So entstand ein durchgehendes Narrativ der Geschichte einer Großmacht, das die Ereignisse der vorrevolutionären und der sowjetischen Geschichte zu einer durchweg heroischen Vergangenheit zusammenfasste. Der Feiertag am 7. November, dem Datum der Oktoberrevolution, wurde im Jahr 2004 schließlich abgeschafft, nachdem verschiedene Versuche, ihn zu gestalten, erfolglos geblieben waren. Seine Stelle nahm der Tag der nationalen Einheit am 4. November ein, der offiziell mit der Befreiung des zentralen Moskauer Stadtteils Kitajgorod durch die Teilnehmer des von Kusma Minin und Dmitri Poscharski angeführten Volksaufstands gegen die polnischen Besatzer im Jahr 1612 zusammenfällt. Obwohl der formale historische Anlass ausgetauscht wurde, ist auch die Bedeutung dieses Feiertags verblasst.[79]

77 Malinova, *Aktual'noe prošloe*, a. a. O. S. 70f.

78 Miller, Aleksej, »Istoričeskaja politika v Rossii: novy povorot?« In: Miller / Lipman (Hgg.), *Istoričeskaja politika v XXI veke*, a. a. O. S. 331.

79 Laut Umfragen wissen zwei Drittel der Russen nicht, worum es bei diesem Feiertag geht und wie er heißt. Siehe etwa: »Tol'ko 17% rossijan znajut, s kakim sobytiem svjazano 4 nojabrja«. *FOM*, 02. 11. 2018. https://fom.ru/posts/10683 (Abrufdatum 26. 09. 2022).

DIE GEDENKPOLITIK DER RUSSISCH-ORTHODOXEN KIRCHE

Das Landeskonzil der Russisch-Orthodoxen Kirche im Jahr 2000, bei dem über tausend Neumärtyrer heiliggesprochen wurden, hat starken Einfluss auf die Gedenkpolitik im postsowjetischen Russland ausgeübt. Die Kirche wurde dadurch zu einem wichtigen Teilnehmer am Prozess der Auseinandersetzung mit der Vergangenheit. Im Zuge der Kanonisierung schuf sie eine ganze Kultur der Verehrung der Neumärtyrer. Sie entwickelte eine Strategie für die Archivarbeit und erstellte hagiografische und ikonografische Kanons. Gottesdienste für die Neumärtyrer wurden zusammengestellt und gehalten, es gab Prozessionen und Wallfahrten zu den Stätten des Terrors und es wurden Gedenkkreuze, Kapellen und Tempel errichtet.

Das Solowezki-Kloster, die Kirche der Neumärtyrer an der Hinrichtungsstätte Butowo bei Moskau und Jekaterinburg als Zentrum des Kults der Leidensdulder der Zarenfamilie wurden zu zentralen Stätten der Verehrung und traten dabei in Konkurrenz zu säkularen, musealen Gedenkstrategien. In Analogie zur Aufstellung des Solowezki-Steins auf dem Lubjanka-Platz errichtete die Kirche im Sommer 2007 an der ehemaligen Erschießungsstätte Butowo ein im Solowezki-Kloster gefertigtes Gedenkkreuz.[80] Ihre Maßnahmen auf diesem Feld wurden durch einen Beschluss des Bischofsrates der Russisch-Orthodoxen Kirche im Jahr 2011 geregelt.

Was die Zahl der Mitwirkenden und den Umfang des bearbeiteten Archivmaterials angeht, können sich die Gedenkaktivitäten der Russisch-Orthodoxen Kirche mit denen von Memorial messen und übertreffen sie womöglich sogar. Allein an den »Zarentagen«, die an die Ermordung der Zarenfamilie erinnern, nehmen jedes Jahr bis zu 100 000 Menschen teil. Aber die Verehrung der Neumärtyrer ist so angelegt, dass die Frage nach einer Neubewertung der Verbrechen

80 Siehe: Dorman, Veronika, »Ot Solovkov do Butovo: Russkaja Pravoslavnaja Cerkov' i pamjat' o sovetskich repressijach v postsovetskoj Rossii«. *Laboratorium*, Nr. 2/2010, S. 327ff.

der Vergangenheit kaum berührt wird. Das erklärt sich aus der Stellung der Russisch-Orthodoxen Kirche im postsowjetischen Russland.

Da sie politisch nicht unabhängig ist, musste sie eine Form der Verehrung der Neumärtyrer entwickeln, die in dieser Hinsicht unverfänglich war. Die Kirche beschreibt den sowjetischen Staatsterror so, dass die Frage nach einer Verurteilung der Schuldigen und der Verantwortung für das Geschehen gar nicht erst berührt wird. In der Konsequenz fließt die Lobpreisung des Heldenmuts der Kirchenmitglieder in eins mit dem heroischen Diskurs des Staates zum Gedenken an den Sieg im Großen Vaterländischen Krieg. In der Predigt von Patriarch Kirill an der Hinrichtungsstätte Butowo im Mai 2015 kommt dies exemplarisch zum Ausdruck:

> Die Ruhmestaten derer, die im Krieg bei der Verteidigung des Vaterlandes fielen, und die Ruhmestaten derer, die in Friedenszeiten für eben diesen geistigen Kern des Lebens unserer Nation starben, sind eines. Es ist eine Art gemeinsame Großtat, und vielleicht hätte es ohne das eine auch das andere nicht gegeben. Hätten die Neumärtyrer und Bekenner den Glauben, Christus und die Kirche verlassen, hätten sie sich den Reihen der Gotteslästerer angeschlossen, dann hätte das Volk vielleicht nicht die geistige Kraft gehabt, dem Feind zu widerstehen. Das Leben, das für das Vaterland, für diesen geistigen Kern, hingegeben wurde, und die heilige Tat der Neumärtyrer vereinen sich deshalb aus religiöser Sicht zu einem großen Opfer für Gott zur Rettung unseres Vaterlandes.[81]

Das Gedenken an die Neumärtyrer fügt sich in der von der Russisch-Orthodoxen Kirche geschaffenen Gestalt bestens in die staatliche Strategie der »totalen Kontinuität« ein.[82] Es stellt die Kontinuität mit

81 Offizielle Website des Moskauer Patriarchats, 16.05.2015. www.patriarchia.ru/db/text/4081981.html (Abrufdatum 27.09.2022).

82 In seiner Rede vor der Staatsduma am 22. Januar 2015 erklärte Patriarch Kirill, die nationale Identität der Russen beruhe auf fünf Grundwerten: »[1] Das alte Russland, das heilige Russland – das Vorherrschen der Heiligkeit und Größe des menschlichen Geistes. Und wir haben diesen Wert mit dem Wort ›Glaube‹ bezeichnet. [2] Das Russische Imperium, das aus einem kleinen Land ein kolossales Weltreich gemacht hat,

dem vorrevolutionären, durch eine »gottesfeindliche Macht« zerstörten Russland wieder her, restauriert den Kult der Zarenfamilie, deutet die Taten der Neumärtyrer in heroischem Geist, erhöht die Russisch-Orthodoxe Kirche und appelliert zugleich an die Werte der Staatlichkeit (da die Taten der Neumärtyrer ihrer Darstellung zufolge nichts mit der »Opposition gegen den Staat als solchen« zu tun haben[83]).

DIE GEDENKPOLITIK DER ANDEREN RELIGIONSGEMEINSCHAFTEN IN RUSSLAND

Um die Jahrtausendwende herum entwickelten auch andere christliche Konfessionen und Religionen in Russland eine Gedenkpolitik.

In der katholischen Kirche nahm sie in Form des Programms »Katholische Neumärtyrer Russlands« Gestalt an, das im Januar 2002 verabschiedet wurde.[84] Es verbindet die in der Russisch-Orthodoxen Kirche als vorherrschender christlicher Konfession in Russland ent-

das sich von Ozean zu Ozean erstreckt. Und wir haben ein Wort gefunden, das auf diese Realität passt – »Großmacht«. [3] Dann kam die Revolution. […] Es stellt sich die Frage: War etwas Gutes daran? Oder war es nur Blutvergießen? Nur der Einfluss ausländischer Zentren? Nur das Aufzwingen einer anderen, Russland damals nicht eigenen Lebensweise? […] Wir haben geantwortet: Ja, es gab etwas Gutes. Das Streben der Menschen nach Gerechtigkeit. […] [4] Und zu Sowjetzeiten […], gab es da etwas, das wir getrost annehmen und in die eigene Lebensphilosophie integrieren können? Ja. Die Solidarität. Und wir dürfen die Großtat unseres Volkes niemals vergessen. Nicht nur das Heldentum im Krieg. Was ist mit den Komsomolzen, die ins Neuland fuhren und die Baikal-Amur-Magistrale bauten, ohne dafür Belohnungen oder Privilegien zu erhalten? Das ist Zusammenhalt, das Gefühl, gemeinsam Gutes für das eigene Land tun zu wollen. Also, Solidarität. [5] Und schließlich das neue Russland. […] Wir haben den Schwerpunkt auf die Menschenrechte, die Rechte der Leute, die menschliche Würde, Freiheiten, gelegt. […] Wir haben diese Ära mit dem Wort ›Würde‹ bezeichnet« (Offizielle Website des Moskauer Patriarchats, 22.01.2015. http://www.patriarchia.ru/db/text/3960558.html, Abrufdatum 27.09.2022).

83 Predigt von Patriarch Kirill an der Hinrichtungsstätte Butowo. Der vollständigste Überblick zum Gedenken an die Neumärtyrer in der Russisch-Orthodoxen Kirche findet sich in: Christensen, Karin, *The Making of the New Martyrs of Russia: Soviet Repression in Orthodox Memory*. London / New York 2017.

84 Požarskij, o. Christofor et al.: *So Christom do konca: Mučeničestvo Slug Bož'ich v Sovetskom Sojuze*. Sankt Petersburg 2018.

standene Verehrung der Neumärtyrer mit der unter Papst Johannes Paul II. entstandenen katholischen Verehrung der Märtyrer des 20. Jahrhunderts. Auf den Gedenkfriedhöfen Sandarmoch (1997) und Lewaschowo (2010) sowie in der St.-Stanislaus-Kirche in St. Petersburg (2018) wurden Denkmäler für katholische Geistliche und Laien errichtet, die zwischen 1918 und 1958 in der Sowjetunion in Gefängnissen, Lagern und in der Verbannung starben.

Der Gedenkpolitik der russischen Protestanten fehlt die Geschlossenheit, die das orthodoxe und katholische Gedenken an die Neumärtyrer auszeichnet.[85] Die Evangelisch-Lutherische Kirche in Russland, der überwiegend Gläubige deutscher Herkunft angehören, begeht den Tag des Gedenkens an die Opfer politischer Repressionen am 28. August, dem Tag, an dem 1941 der Erlass zur Deportation der Wolgadeutschen in Kraft trat. Die Arbeit zur Bewahrung des Gedenkens an die Repressionsopfer unter den Christen der Pfingstbewegung wird in erster Linie im Rahmen des Projekts »Das spirituelle Erbe der Gläubigen der russischen Erde« durchgeführt. In einer Biografie des Gründers der Pfingstbewegung in Russland, Iwan Woronajew, die als Teil des Projekts erschien, finden sich auch Artikel, in denen offizielle Vertreter des »Vereinigten Russländischen Verbands von Christen evangelischen Glaubens« (ROSCHVE) Stellung zur Frage des Gedenkens an die Repressionsopfer unter den eigenen Glaubensgenossen nehmen.[86] Auf den Gedenkfriedhöfen Lewaschowo in Sankt Petersburg und Solotaja Gora in Tscheljabinsk wurden Denkmäler für die Repressionsopfer unter den evangelisch-christlichen Baptisten errichtet. Die Siebenten-Tags-Adventisten, die bereits von den Behörden des Russischen Kaiserreichs verfolgt wurden, haben die Erinnerung an die Repressionen unter Stalin in das Gedenken an die

85 Zur Geschichte der Verfolgung von Protestanten unter Stalin siehe: Savin, Andrej / Soskovec, Ljubov', »Religioznye Menščinstva«. In: Krasil'nikov, Sergei / Šadt, Aleksandr (Hgg.), *Marginaly v sovetskom sociume. 1930-e – seredina 1950-ch gg*, 2. Auflage. Moskau 2017, S. 76 ff.

86 Simkin, Lev, *Beguščij v nebo. Kniga o podvižnike very evangel'skoj Ivane Voronaeve.* Moskau 2019.

religiöse Unterdrückung in der gesamten Geschichte ihrer Religionsgemeinschaft aufgenommen.[87]

Die jüdische Gemeinde in Russland[88] beteiligt sich aktiv an den Gedenktagen für die Opfer politischer Verfolgung. Ihre führenden Vertreter erklären seit Anfang der 2000er Jahre immer wieder öffentlich, wie wichtig es sei, die Erinnerung an die Repressionen wachzuhalten und nicht zuzulassen, dass sie sich wiederholen. Die Erinnerung an die Unterdrückung der sowjetischen Juden wird in den Ausstellungen der jüdischen Museen thematisiert, vor allem in den dem 20. Jahrhundert gewidmeten Bereichen der ständigen Ausstellungen im Jüdischen Museum und Zentrum für Toleranz in Moskau, dem Museum der Jüdischen Gemeinde in der Großen Choral-Synagoge in St. Petersburg und dem Museum der Jüdischen Gemeinde in Kostroma. Zudem gibt es eine Reihe von Gedenkprojekten für jüdische Repressionsopfer, unter anderem ein Denkmal für die jüdischen Opfer politischer Repressionen auf dem Gedenkfriedhof Lewaschowo (errichtet 1997 auf Initiative des St. Petersburger Russisch-Jüdischen Kongresses), ein Denkmal für die jüdischen Opfer des NorilLag in Norilsk (errichtet 2005 mit Mitteln des damaligen Präsidenten der Internationalen Bank für Wiederaufbau und Entwicklung, James Wolfensohn), eine Gedenkstätte für die erschossenen und verscharrten Juden im Waldgebiet Sandarmoch (errichtet 2005

87 Chajnc (d. i. Heinz), Daniėl' et al., *Duši pod žertvennikom: kniga pamjati Cerkvi Christian Adventistov Sed'mogo dnja, posvjaščennaja žertvam religioznych repressij vo vremena carskoj Rossii i Sovetskogo Sojuza, 1886-1986 gody*. Charkiw 2010.

88 Zu antisemitisch motivierten Repressionen in der Sowjetunion siehe: Kostyrčenko, Gennadij, *Tajnaja politika Stalina. Vlast' i antisemitizm*. Moskau 2003, Markiš, Ėster, *Stol' dolgoe vozvraščenie*. Moskau 2018, Veršubskij, Noson, *Ostorožno, dveri otkryvajutsja*. Moskau 2018. Die Erinnerung an Verfolgungen in jüdischen Kreisen wird auch in den Publikationen der Zeitschrift *Lechaim* und auf der Website der jüdischen Gemeinde von St. Petersburg thematisiert (die Materialien dort beschränken sich auf die jüdische Bevölkerung von St. Petersburg / Leningrad). Der Autor dankt Boruch Gorin, dem Leiter der Abteilung für Öffentlichkeitsarbeit der Föderation der Jüdischen Gemeinden Russlands, für die in diesem Abschnitt wiedergegebenen Informationen.

auf Initiative der jüdischen Gemeinde von Petrosawodsk), eine Initiative zum Gedenken an die Rabbinerfamilie Medalia (Ausstellung und Buchpräsentation im Moskauer Jüdischen Museum und Zentrum für Toleranz im Februar 2015, Enthüllung einer Gedenktafel mit dem Namen des Moskauer Oberrabbiners Shmarya Yehuda Leib Medalia im Rahmen des Projekts »Die letzte Adresse« im Februar 2017) sowie eine jährliche Gedenkveranstaltung für die hingerichteten Mitglieder des Jüdischen Antifaschistischen Komitees (auf Initiative der Präsidentin der Holocaust-Stiftung, Alla Gerber, zum Jahrestag der Erschießung am 12. August).

Die Muslime in Russland haben kein allgemeines, zentralisiertes Programm zum Gedenken an muslimische Repressionsopfer, da die Art dieses Gedenkens regional sehr unterschiedlich ausgeprägt ist. Es gab weit weniger gezielte Unterdrückungsmaßnahmen gegen Gläubige – ein Beispiel dafür ist die Verfolgung tatarischer und baschkirischer Muslime bei den Prozessen gegen Mitglieder der Zentralen Geistlichen Verwaltung der Muslime Russlands von 1936 bis 1938 – als Repressionen aus ethnischen Gründen, die vor allem die Form von Deportationen annahmen. Deshalb kann man hier eher von nationalen Gedenkpraktiken sprechen, die in den einzelnen Republiken sehr verschieden und in unterschiedliche politische Kontexte eingebettet sind.[89] Denkmäler für die unterdrückten Muslime wurden auf dem Gedenkfriedhof Lewaschowo und an der Gedenkstätte Sandarmoch errichtet.

Ähnlich verhält es sich mit dem Gedenken in der buddhistischen Gemeinschaft in Russland. Die russischen Buddhisten haben keine zentralisierte Struktur. Die Gemeinschaften in den traditionell buddhistischen Regionen Russlands – Burjatien, Tuwa, Kalmykien, Altai und Transbaikalien – unterhalten keine administrativen und in den meisten Fällen auch keine religiösen Verbindungen untereinander.

89 Khlevnyuk, Daria, »Stalin's continuing, disputed legacy: Surveying Russia's geography of difficult pasts«. *Eurozine*, 17.08.2018. https://www.eurozine.com/stalins continuing-disputed-legacy/ (Abrufdatum 28.09.2022).

Deshalb ist auch so etwas wie ein zentrales und einheitliches Programm für das Opfergedenken bei den Buddhisten nicht denkbar. Wie bei den Muslimen gedenkt jede nationale Gruppe ihrer Opfer auf eigene Weise. Denkmäler für buddhistische Repressionsopfer gibt es in Lewaschowo und in Ulan-Ude (auf dem Gebiet der örtlichen buddhistischen Gemeinde). Das von Ernst Neiswestny gestaltete Mahnmal für die Deportation des kalmykischen Volkes (»Auszug und Rückkehr«) in Elista enthält Darstellungen buddhistischer Gottheiten. An diesen Denkmälern werden Gedenkgebete für die Opfer abgehalten. 2014 zeigte das Moskauer Gulag-Museum eine Ausstellung mit dem Titel »Der unterdrückte Buddhismus«, an der der St. Petersburger Buddhist Andrei Terentjew beteiligt war.[90]

GEGENSÄTZLICHE POSITIONEN

In der zweiten Hälfte der 2000er Jahre gewann Geschichtspolitik in einigen Ländern Osteuropas an Bedeutung. Dabei wurde die sowjetische Besatzung faktisch auf eine Stufe mit der nationalsozialistischen gestellt.[91] In Russland entwickelte sich als Reaktion darauf eine »defensive« Geschichtspolitik, die hauptsächlich externe und interne Kritiker abschmettert und sich auf den Spätstalinismus als nachahmenswertes Vorbild beruft. Die Versuche, diesem Diskurs einen »offiziellen« Anstrich zu verleihen, waren eher dem Anlass geschuldet als ideologisch bedingt und haben überwiegend nicht gefruchtet.

Zu diesen Versuchen sind etwa die umstrittenen Geschichtslehrwerke von Alexander Danilow und Alexander Filippow (2007-2008)

90 Andrei Terentjews Fotoband, der bei der Ausstellung »Repressirovannyj Buddizm« (Unterdrückter Buddhismus) 2014 im Moskauer Gulag-Museum vorgestellt wurde, ist bis heute die einzige Publikation, die die Geschichte der Unterdrückung der buddhistischen Geistlichkeit erzählt: Terentj'ev, Andrej, *Buddizm v Rossii – carskoj i sovetskoj*. Sankt Petersburg 2014. Stellvertretend für die Veröffentlichungen über die Unterdrückung der nationalen buddhistischen Gemeinden sei hier genannt: Dorjdžieva, Galina, *Repressirovannoe buddijskoe duchovenstvo Kalmykii*. Elista 2014.

91 Siehe dazu: Blacker, Uilleam / Etkind, Alexander / Fedor, Julie (Hgg.), *Memory and Theory in Eastern Europe*, New York 2013; Miller / Lipman (Hgg.), *Istoričeskaja politika v XXI veke*, a. a. O. 2012.

zu zählen,[92] die es sich zur Aufgabe machen, den sowjetischen Terror und die Diktatur Stalins zu normalisieren und die »Exzesse« mit »Erfolgen« aufzuwiegen, sowie die vom Präsidenten eingesetzte »Kommission zur Bekämpfung von Versuchen der Geschichtsfälschung zum Nachteil Russlands« (2009-2012).

Sowohl die Lehrbücher, in denen das »effiziente Management« unter Stalin gepriesen wurde, als auch die Kommission, die vor allem in die wissenschaftliche Forschung eingreifen sollte, stießen in der akademischen Gemeinschaft und in der Öffentlichkeit jedoch auf so heftige und einhellige Kritik, dass diese Vorhaben eilig wieder aufgegeben wurden. Danilow scheiterte 2010 bei der Wahl zum Direktor des Instituts für russische Geschichte der Russischen Akademie der Wissenschaften und wurde später von der Moskauer Staatlichen Pädagogischen Universität entlassen, weil in von ihm betreuten Dissertationen Plagiate entdeckt worden waren. Die »Kommission zur Bekämpfung von Versuchen der Geschichtsfälschung zum Nachteil Russlands« wurde 2012 wieder aufgelöst. Faktisch starben beide Initiativen eines natürlichen Todes, weil die Unterstützung von oben ausblieb, auf die sie gerechnet hatten.

Im Jahr 2011 erarbeitete eine Arbeitsgruppe des Menschenrechtsrats beim russischen Präsidenten unter der Leitung von Sergei Karaganow und Michail Fedotow in Zusammenarbeit mit Memorial den Entwurf eines Programms »Zur Wahrung des Gedenkens an die Opfer des totalitären Regimes und zur nationalen Versöhnung«. Es unterbreitete Vorschläge dazu, wie das Gedenken an die Repressionsopfer bewahrt werden kann – etwa durch Errichtung von Denkmälern und Einrichtung von Museen, Forschungszentren und staatliche Gedenkstätten –, und sah darüber hinaus einen Wettbewerb zur Entwicklung eines neuen Geschichtslehrbuchs, staatliche Unterstützungsmittel für die akademische Forschung zu diesem Thema und

92 Filippov, Aleksandr, *Novejšaja istorija Rossii 1945-2006 gg. Kniga dlja učitelej*. Moskau 2007; ders., *Istorija Rossii 1945-2007*. Moskau 2007; Danilov, Aleksandr, *Istorija Rossii. 1900-1945. Metodičeskoe posobie*. Moskau 2008.

wichtige politische und rechtliche Schritte vor: die rechtliche Einstufung der Verbrechen des kommunistischen Regimes, ihre politische Verurteilung und die Einführung eines Verbots für Staatsbeamte, die Verbrechen zu leugnen oder zu rechtfertigen.

Um dieses Projekt entwickelte sich eine Debatte, in der sich zwei gegensätzliche Positionen herauskristallisierten. Die eine kommt im Entwurf des Programms zum Ausdruck. Die Initiatoren schreiben dort: »Die russische Gesellschaft kann nicht zu einer echten Modernisierung übergehen, wenn das gesellschaftliche Bewusstsein sich die Erkenntnisse aus den tragischen Erfahrungen Russlands im 20. Jahrhundert nicht zu eigen macht.« Mit der Verurteilung der Verbrechen könne die Gesellschaft geeint, der 1917 entfesselte Bürgerkrieg beendet und das internationale Ansehen Russlands gestärkt werden.[93]

Die Gegenposition wurde besonders pointiert von dem Politiker und Publizisten Alexei Puschkow vertreten. Er meinte, das Programm werde den »ideologischen Bürgerkrieg« in der russischen Gesellschaft verschärfen, Russlands Position in der Welt (und vor allem in Osteuropa) schwächen und es von einer Siegermacht des Zweiten Weltkriegs zu einem »Prügelknaben« machen.[94] Die Anerkennung der Verbrechen des Stalinismus (soweit diese bewiesen seien) dürfe kein Grund sein, die eigene Geschichte reumütig zu revidieren, und der Kampf gegen das totalitäre Bewusstsein dürfe »nicht als Vorwand dienen, um aus Russland eine Unteroffizierswitwe zu machen, die sich wieder einmal hingebungsvoll selbst geißelt«. Nach mehrjährigen Diskussionen und bürokratischen Verzögerungen wurde das föderale Zielprogramm »Zur Wahrung des Gedenkens an die

93 »Predloženija ob učreždenii obščenacional'noj gosudarstvenno-obščestvennoj programmy ›Ob uvekovečenii pamjati žertv totalitarnogo režima i o nacional'nom primirenii‹«. *Rossijskaja gazeta*, 07.04.2011. https://rg.ru/2011/04/07/totalitarizm-site.html (Abrufdatum 28.09.2022).

94 Die Erklärung von Alexei Puschkow findet sich auf der alten Website des Menschenrechtsrats beim russischen Präsidenten: http://old.president-sovet.ru/structure/group_5/response/statement_propagation_a.html.

Opfer politischer Unterdrückung« von der Regierung nicht genehmigt.[95] Stattdessen billigte Premierminister Dmitri Medwedew im August 2015 eine »Konzeption einer staatlichen Politik zur Wahrung des Gedenkens an die Opfer politischer Unterdrückung für die Jahre 2015-2019«. Anders als das ursprünglich geplante föderale Programm hatte sie lediglich deklaratorischen Wert und sah keine gezielte öffentliche Finanzierung vor.[96] Aufschlussreich ist, dass die Begriffe »totalitäres Regime« und »nationale Versöhnung« aus der Bezeichnung verschwanden. Dieser Beschluss war in vieler Hinsicht kosmetisch; er hatte keine Auswirkungen auf das Kräfteverhältnis zwischen den dargelegten Positionen und gab keiner von ihnen einen klaren Vorzug.

Die Rivalität zwischen diesen Positionen ist das zentrale Thema der »Erinnerungskriege« in Russland in den letzten Jahren. Die im ersten Kapitel beschriebene Verschärfung des »Stalin-Komplexes« nach der Krim-Annexion hat keine grundlegend neuen Züge und Akzente hervorgebracht, abgesehen davon, dass die Emotionen ein zuvor nicht gekanntes Ausmaß erreichten. Daten aus Meinungsumfragen, die auf eine Zunahme der Sympathien für Stalin hindeuten, sind nicht als Indikator für die Einstellung zu ihm als historischer Gestalt bedeutsam (darüber sagen die Umfragen wenig aus[97]), sondern als Beleg da-

95 In der Stellungnahme des stellvertretenden Kulturministers Wladimir Aristarchow heißt es: »Die im Projekt vorgeschlagene Thematik ist von den zuständigen Abteilungen und Strukturen der Zivilgesellschaft bereits ausreichend berücksichtigt worden und diese Maßnahmen erfordern keine zusätzlichen Mittel. Die Realisierung des vorgelegten Projekts könnte zu unnötigem Formalismus und ungerechtfertigten Haushaltsausgaben führen.« Aristarchow schlug vor, statt eines eigenen Programms einige Aktivitäten aus diesem Programm in andere Programme zu integrieren, etwa in das staatliche Programm zur Entwicklung von Kultur und Tourismus. Siehe: »O pozicii Ministerstva kul'tury Rossii v otnošenii FCP ›Ob uvekovečivanii pamjati žertv političeskich repressij‹«, http://president-sovet.ru/presscenter/news/read/1756/ (Abrufdatum 28.09.2022).

96 Der Text der Konzeption findet sich unter: http://president-sovet.ru/documents/read/393/#doc-1 (Abrufdatum 28.09.2022). Im März 2019 wurde die Frist zur Umsetzung der Konzeption bis 2024 verlängert.

97 Judin, Grigorij, »Desjat' tezisov o ljubvi k Stalinu«. *LRT*, 19.04.2019. https://www.lrt.lt/ru/novosti/17/1051137/desiat-tezisov-o-liubvi-k-stalinu.

für, dass ein breites Publikum die mobilisierende Sprache, für die Stalin steht, und die entsprechende Regierungsform verinnerlicht hat. Wie die ersten Jahre von Putins vierter Amtszeit gezeigt haben, lassen sich die Mobilisierungsbemühungen nur aufrechterhalten, wenn eine konfrontative Sprache und kleine siegreiche Kriege die Bevölkerung von den sich verschärfenden sozialen Problemen ablenken. Deshalb wird die Suche nach einer »neuen Ausgewogenheit« zunehmend wichtiger werden, und die der Bewertung der sowjetischen Vergangenheit und des Staatsterrors wird dabei zwangsläufig eine Schlüsselrolle spielen.

4. Versöhnung von oben: Ausgleich jenseits von Schuld und Verantwortung

2007 jährte sich die Oktoberrevolution zum 90. und der Beginn des Großen Terrors zum 70. Mal. In offiziellen Verlautbarungen war davon kaum die Rede. Die Staatsführung war sich ganz offensichtlich nicht im Klaren darüber, was sie der Gesellschaft in Bezug auf diese Daten signalisieren sollte. Ihr fehlte ein schlüssiges Narrativ zu den Jahren 1917 und 1937. Sie verband die Oktoberrevolution dumpf und unbestimmt mit eher tragischen Ereignissen, dem Bruch der Tradition des imperialen Russland. Die Erinnerung an eine Zeit, die von der Schwäche der Zarenherrschaft, dem Zerfall des Staates und internen Streitigkeiten und Unruhen geprägt war, kam ihr ungelegen. Auch der Große Terror wurde von führenden Politikern zwar als tragisches Ereignis erwähnt, doch die Staatsmacht vermied geflissentlich jede weitere Stellungnahme dazu.

Am 30. Oktober 2007, dem Tag des Gedenkens an die Opfer politischer Repressionen, besuchten Putin und Patriarch Alexius II. die Gedenkstätte am Erschießungsort Butowo, die unter Beteiligung der Russisch-Orthodoxen Kirche errichtet worden war. Statt einer offiziellen Rede gab es eine Art Stegreif-Pressekonferenz, die Inszenierung von Spontanität mit einer aktiven »Message«. Vor dem Hintergrund dessen, was im vorigen Kapitel zum Gedenken an die Neumärtyrer gesagt wurde, erscheint es keineswegs zufällig, dass als Ort für dieses Statement gerade Butowo ausgewählt wurde. Da der Staat selbst keine überzeugenden Formen der Thematisierung des Großen Terrors entwickelt hatte, klinkte er sich in die von der Kirche geschaffene Gedenkinfrastruktur ein. Das »Extempore«, das Putin damals vortrug, ist die deutlichste Verurteilung des Staatsterrors, die je aus seinem Mund zu hören war:

> Ja, wir sind zusammengekommen, um der Opfer der politischen Repressionen in den 1930er und 1950er Jahren zu gedenken. Aber wir alle wissen

> gut, dass das Jahr 1937 zwar als Höhepunkt der Repressionen gilt, aber durch die vorangegangenen Jahre der Brutalität gut vorbereitet war. Man braucht sich nur die Geiselerschießungen im Bürgerkrieg, die Vernichtung ganzer Klassen und des Klerus, die Enteignung der Bauernschaft und die Ausrottung der Kosaken in Erinnerung zu rufen. Solche Tragödien hat es in der Geschichte der Menschheit immer wieder gegeben. Und das war immer dann der Fall, wenn Ideale, die zunächst verlockend erscheinen, aber bei näherem Hinsehen hohl sind, über den Grundwert des menschlichen Lebens, über die Rechte und Freiheiten des Menschen gestellt wurden. Für unser Land ist das eine besondere Tragödie, weil die Ausmaße so ungeheuer groß sind. Es sind ja Hunderttausende, Millionen von Menschen vernichtet, in Lager verbannt, erschossen und gefoltert worden. In der Regel Leute, die eine eigene Meinung hatten und sich nicht scheuten, sie auch zum Ausdruck zu bringen. Das sind die effektivsten Menschen. Die Blüte der Nation. Und natürlich haben wir die Folgen dieser Tragödie viele Jahre lang am eigenen Leib gespürt und tun das bis heute. Es muss viel unternommen werden, damit sie nie in Vergessenheit gerät. Damit wir uns immer an sie erinnern. Diese Erinnerung ist aber kein Selbstzweck. Sie soll uns zeigen: Es braucht politische Auseinandersetzungen und Meinungskämpfe, um das Land weiterzuentwickeln, um die wirksamsten Lösungen für die Probleme zu finden, mit denen das Land heute konfrontiert ist und in Zukunft konfrontiert sein wird. Aber damit dieser Prozess nicht destruktiv, sondern konstruktiv ist, müssen sie sich innerhalb der Grenzen von Kultur und Bildung bewegen. Wir müssen die Erinnerung an die Tragödien der Vergangenheit bewahren und uns auf das Beste stützen, was unser Volk hat. Und wir müssen das Land mit vereinten Kräften entwickeln. Wir haben alle Voraussetzungen dafür.[98]

Zehn Jahre später, 2017, war das fehlende Narrativ gefunden. Schon lang vor dem 100. Jahrestag der Revolution und der 80-jährigen Wiederkehr des Terrorjahrs 1937 sprachen diejenigen, die die Staatsideologie mitgestalteten oder dies anstrebten, von einer wichtigen

98 Pressegespräch nach dem Besuch der Gedenkstätte Butowo. Offizielle Website des russischen Präsidenten, 30.10.2007. http://kremlin.ru/events/president/transcripts/24627 (Abrufdatum 30.09.2022).

historischen Wegmarke, die symbolisch für Versöhnung und das Abschließen mit der Vergangenheit stehen solle.

Das Modell Wladimir Medinski

Der prominenteste Verfechter dieses Versöhnungsmodells war der PR-Profi, Ideologe und Propagandist Wladimir Medinski, von 2012 bis 2020 russischer Kulturminister. Im November 2015 hielt er am Moskauer Institut für Internationale Beziehungen den programmatischen Vortrag »Mythen über die Revolution und den Bürgerkrieg«, in dem er den anstehenden 100. Jahrestag der Revolution von 1917 mit dem Thema Versöhnung verband.[99] Dabei blieb allerdings unklar, wen er als Subjekte dieser Versöhnung im Blick hatte, da es in seinem Vortrag ja um die Konfliktparteien des Bürgerkriegs ging. Einen Bezug auf Aktuelles gibt es nur in einem einzigen Satz, in dem von einem Hirngespinst die Rede ist, das mit echter Versöhnung nichts gemein habe:

> Wenn wir von Versöhnung zwischen den Parteien sprechen, geht es in erster Linie um Versöhnung in unseren Köpfen. Die Schwierigkeit des Themas wird heute durch die Interpretationen bestimmt, die durch die *zeitgenössische ideologische Konfrontation* diktiert werden [Hervorhebung durch den Autor]. Mit der tatsächlichen Geschichte des Landes haben solche Spekulationen wenig zu tun.[100]

99 Medinskij, Vladimir, »Mify o revoljucii i graždanskoj vojne«. In: *Istorija.rf.* https://histrf.ru/biblioteka/b/mify-o-rievoliutsii-i-grazhdanskoi-voinie (Abrufdatum 30.09.2022).

100 Wo Medinski auf Denkmäler zu sprechen kommt, die in verschiedenen Ländern zur Versöhnung nach Bürgerkriegen errichtet wurden, erwähnt er explizit nur das spanische Mahnmal *Valle de los Caidos* (Tal der Gefallenen). Im Kapitel über Spanien im zweiten Teil wird deutlich, warum dieses Beispiel sehr aufschlussreich ist (vgl. S. 175f.).

Die Abwesenheit von Subjekten ist kein Zufall. Medinski kommt in seinem Vortrag zu dem Ergebnis, die echte Versöhnung sei bereits erfolgt, und zwar im Augenblick des Triumphs 1945:

> Der einheitliche russische Staat nannte sich nun UdSSR, und die Grenzen waren fast dieselben wie zuvor. 30 Jahre nach dem Untergang des Russischen Reiches fand Russland sich 1945 völlig unerwartet auf dem Gipfel seines militärischen Triumphes wieder. So wurde der Bürgerkrieg schließlich von einer dritten Kraft gewonnen, die sich daran gar nicht beteiligt hatte: dem siegreichen historischen Russland, das aus der Asche wiedergeboren wurde!

Medinskis Modell der Versöhnung ist auf bemerkenswerte Weise von jedem Gegenwartsbezug abgeschnitten; es ist eine historisch-politische Konstruktion. Indem er das Konzept des Sieges im Großen Vaterländischen Krieg als Gipfelpunkt des »sowjetischen Projekts« mechanisch mit dem Konzept des »historischen Russland« als einer Art kleinstem gemeinsamem Nenner aller Epochen russischer Staatlichkeit verbindet, gelangt er zu der konsensfähigen Schlussfolgerung, im Bürgerkrieg habe eine »dritte Kraft« gesiegt.

Der Gedanke, dass der Sieg im Großen Vaterländischen Krieg als neuer Gründungsmythos des russischen Staates dienen könne, wurde bereits 2007 vorgetragen. Damals bezeichnete die Historikerin Natalia Narotschnizkaja die Revolution in einem Interview als »gezieltes, monströses Pogrom, um die russische Staatlichkeit bis auf die Fundamente niederzureißen«. Jedoch habe »der Geist des Mai 1945 [...] das zerstörerische und antirussische Pathos des Umsturzes weitgehend unschädlich gemacht. Der Große Vaterländische Krieg forderte das vom ›proletarischen Internationalismus‹ zersetzte Nationalgefühl ein und stellte den vermeintlich für immer abgerissenen Faden der russischen und sowjetischen Geschichte wieder her«.[101]

101 »Revoljucija: do osnovanija, a začem? Interv'ju B. Krotkova s N. Naročnikovoj«. In: *Rossjskaja gazeta* (Nedelja), 01. 11. 2007. https://rg.ru/2007/11/01/revolucia.html. (Abrufdatum 30. 09. 2022). Ausführlicher hierzu siehe: Malinova, *Aktual'noe prošloe*, a. a. O. S. 81ff.

Wenn die Spaltung auf das Jahr 1917 zurückgeführt und mit 1945 als überwunden angesehen wird, dann nimmt sich das Problem der Versöhnung, insbesondere in der heutigen Gesellschaft, als rein symbolische Angelegenheit aus, die sich leicht durch Errichtung eines passenden Denkmals lösen lässt, etwa des Monuments zur Versöhnung zwischen der weißen und roten Bürgerkriegspartei, das im April 2021 in Sewastopol auf der Krim eingeweiht wurde.

Ein solches Verständnis von Versöhnung kommt Russlands Führung aus mehreren Gründen sehr gelegen.

Erstens werden Ursache und Wirkung auf eine Weise vertauscht, die dem Staat zugutekommt: Die Spaltung der Gesellschaft wurde dieser Auffassung nach nicht etwa durch die Regierung des Russischen Reichs herbeigeführt und dann von den Bolschewiki beim Kampf um die Macht erfolgreich und zynisch ausgenutzt, sondern sie wurde durch die Revolution selbst verursacht.

Zweitens erlaubt es diese Sicht, die Thematisierung des Staatsterrors zu vermeiden, der bereits nach dem Bürgerkrieg mit ganzer Macht entfesselt wurde.

Drittens: Selbst in Bezug auf die Versöhnung zwischen Roten und Weißen wird Wunschdenken als Realität ausgegeben. Das anschaulichste Beispiel für den Unterschied zwischen imaginärer und realer Versöhnung ist das gerade erwähnte Denkmal auf der Krim, das nach der Annexion der Halbinsel durch Russland von der Russischen Militärhistorischen Gesellschaft konzipiert wurde und dem Gedenken an den Abzug der russischen Weißen Armee unter Führung von General Pjotr Wrangel im November 1920 gewidmet ist. Das Projekt stieß bei den Kommunisten wie bei den Anhängern der weißen Bewegung einhellig auf Ablehnung. Erstere sahen darin eine Beleidigung der Veteranen und einen »Schlag ins Gesicht der Helden von Sewastopol«. Mitglieder der Bewegung »Sut Wremeni« (»Essenz der Zeit«) demonstrierten mit Slogans wie »Nein zur Reue! Für die historische Entscheidung des russischen Volkes« und »Der Große Sieg eint, die ›Versöhnung‹ trennt«. Die Letzteren wiederum nannten es kränkend, von Versöhnung sprechen zu wollen, ohne dass die Verbrechen der bolschewistischen Kommandeure verurteilt wurden, nach denen bis heute die Straßen von Sewastopol benannt sind.[102]

Das Modell Tichon Schewkunow

Kompetenter und polittechnologisch geglückter erscheint das Modell der Versöhnung, das ein anderer erfahrener PR-Experte vorgeschlagen hat: Bischof Tichon (Schewkunow) von der Russisch-Orthodoxen Kirche. Am 4. November 2015, der zwischen dem weltlichen Tag der nationalen Einheit und dem kirchlichen Feiertag der Ikone der Gottesmutter von Kasan liegt, wurde die Ausstellung »Meine Geschichte. Das 20. Jahrhundert. 1914-1945. Von den großen Turbulenzen zum großen Sieg« eröffnet. Der damalige Bischof und heutige Metropolit Tichon war ihr ideologischer Vater.

Es lohnt sich, auf seine Person näher einzugehen. Von 1996 bis 2018 war er Abt des Moskauer Sretenski-Klosters, das in dieser Zeit erheblich an kirchenpolitischer Bedeutung gewann. Das Kloster betreibt einen der größten orthodoxen Verlage Russlands und die Website »pravoslavie.ru«, eine der meistbesuchten religiösen Seiten im russischen Internet. Im Jahr 2008 brachte Schewkunow den »publizistischen Film« *Untergang eines Weltreichs. Byzantinische Lektion* heraus. Gestützt auf Parallelen zwischen der byzantinischen und der russischen Geschichte wird darin die Botschaft verkündet, dass ein starker Staat für das moderne Russland überlebensnotwendig sei. 2011 erschien sein Buch *Heilige des Alltags* mit Erzählungen, die der Journalist und Religionswissenschaftler Sergei Tschapnin als »ideologisch ausgerichtete Märchen mit der richtigen Moral« bezeichnete.[103] Die-

102 »Belye i krasnye ob"edinilis' protiv ›Primirenija‹ v Sevastopole«. *Primečanija*, Anmerkungen, 10. 08. 2017. https://primechaniya.ru/sevastopol/stati/belye_i_krasnye_obedinilis_protiv_primireniya_v_sevastopole (Abrufdatum 30. 09. 2022).

103 Čapnin, Sergei, »Carskie ostanki: obratnyj otsčet«. *Colta*, 18. 07. 2017. https://www.colta.ru/articles/media/15442-tsarskie-ostanki-obratnyy-otschet (Abrufdatum 30. 09. 2022).

ser Band hat sich in den letzten Jahren zum meistverkauften religiösen Buch in Russland entwickelt. Die Gesamtauflage lag Anfang 2019 bei 3 Millionen Exemplaren.

Die Ausstellung in der Moskauer Manege war das dritte Projekt der Reihe »Meine Geschichte«, die auf Initiative des Kulturrats beim Patriarchat und mit Unterstützung der Moskauer Stadtverwaltung und der Stiftung für humanitäre Projekte organisiert wurde.[104] Vorausgegangen waren die Ausstellungen *Die Romanows* (2013) und *Die Rurikiden* (2014). Die dem 20. Jahrhundert gewidmete Schau präsentierte eine Art »Konsensformel«, ein Modell zum versöhnenden Gedenken an die Jahrzehnte von 1917 bis 1945. Ihrer Darstellung nach gab es in der Geschichte Russlands und der Sowjetunion in dieser Zeit sowohl »Tragödien« – den Bürgerkrieg, die Revolutionen, die stalinistische Unterdrückung – als auch »Erfolge« – die Industrialisierung, den wirtschaftlichen Aufschwung, den Sieg im Großen Vaterländischen Krieg. Die Ausstellungsmacher beleuchteten diese Ereignisse, enthielten sich jedoch einer Wertung. Ihr Ansatz bestand darin, bewusst neutral von den Tragödien wie von den Erfolgen zu erzählen. Und diese Neutralität ist das entscheidend Neue an der Ausstellung. Die klaffende Wunde der sowjetischen Geschichte, das Gulag-System, das nie konsequent verurteilt worden ist, kommt dort nur als eine »Prüfung« unter anderen vor und wird in eine Abfolge »widersprüchlicher« Erscheinungen – etwa Roter vs. Weißer Terror – einsortiert.

Die Folgen dieser sturen Neutralität sind erstens die Normalisierung des sowjetischen Terrors und zweitens eine Konzeption, die bemüht ist, »Prüfungen« und »Erfolge« überall in der Ausstellung ins Gleichgewicht zu bringen. In seiner Eröffnungsansprache kam Patriarch Kirill genau darauf zu sprechen. Die ganze Konstruiertheit dieser »Neutralität« und »Ausgewogenheit« tritt umso deutlicher hervor, als

104 Bischof Tichon Schewkunow ist Verantwortlicher Sekretär des Kulturrats beim Patriarchat und seit 2016 auch dessen Vorsitzender. Er leitet auch den Expertenrat der Stiftung für humanitäre Projekte, zu deren wichtigsten Partnern Gazprom gehört.

diese Äußerung vom Oberhaupt einer Kirche stammt, die unter der bolschewistischen Gewalt furchtbar gelitten hat:

> Die Ausstellung ist den schwierigen Seiten unserer Geschichte gewidmet. Wir alle wissen, wie chaotisch die Zeit nach der Revolution war. Es gab Zusammenstöße von sozialen, politischen, wirtschaftlichen und Klasseninteressen und Versuche, das Land zu zerstören. Viel Blut ist geflossen und Millionen Menschen wurden aus unserem Vaterland vertrieben. Wir wissen, dass auch die 1930er Jahre nicht einfach waren, reich an Blutvergießen und Ungerechtigkeit, und all das darf nie aus unserem Gedächtnis verschwinden, wie auch die Leiden nicht verharmlost werden dürfen. Aber es gäbe das heutige Russland ja nicht ohne die Großtaten früherer Generationen, die in den 1920er und 1930er Jahren nicht nur das Land pflügten – obwohl das sehr wichtig ist –, sondern auch die Industrie, die Wissenschaft und die Verteidigungsmacht des Landes schufen. *Die Erfolge eines Staatsführers, der am Anfang der Wiederbelebung und Modernisierung des Landes stand, können nicht in Frage gestellt werden, selbst wenn dieser Führer sich durch Schandtaten ausgezeichnet hat* [Hervorhebung durch den Autor]. Da, wo Wille, Kraft, Intelligenz und politische Entschlossenheit gezeigt wurden, etwa beim Sieg im Großen Vaterländischen Krieg, sagen wir »Ja, das sind fraglos Erfolge«. Und da, wo Blut floss, wo es Ungerechtigkeit und Leid gab, sagen wir, dass dies für uns, die Menschen des einundzwanzigsten Jahrhunderts, nicht hinnehmbar ist. Wir übergeben die Personen der Geschichte dem Urteil Gottes. Aber niemals sollten die negativen Seiten uns das Recht geben, all das Positive, das getan wurde, außen vor zu lassen. Genauso wie umgekehrt die positiven Taten dieser oder jener Leute eine kritische Haltung zu den von ihnen begangenen Verbrechen nicht ausschließen sollten.[105]

Das Konzept, Verbrechen und Erfolge gegeneinander abzuwägen, kommt der gegenwärtigen russischen Staatsführung sehr entgegen. In einer Situation, in der es weder möglich ist, zum sowjetischen Terror zu schweigen, noch, ihn aktiv und aufrichtig zu verurteilen, erlaubt es

105 *Glava gosudarstva i Predstojatel' Russkoj Pravoslavnoj Cerkvi otkryli vystavku ›Pravoslavnaja Rus'‹ v Moskve.* Offizielle Website des Moskauer Patriarchats, 04. 11. 2015. www.patriarchia.ru/db/text/4263139.html (Abrufdatum 30. 09. 2022).

dieser Ansatz, einen potenziell explosiven Konflikt einzudämmen. Er lässt die Frage nach der Verantwortung für die Verbrechen, nach der Verurteilung der Taten und Täter und der Aufarbeitung aller entsprechenden Praktiken einfach außen vor, oder besser gesagt, er weicht ihr aus.

Der »abwägende Ansatz«, den die Organisatoren der Ausstellung präsentierten, wurde umgehend ins staatliche Arsenal übernommen. Im Dezember 2015 wurde in einem Pavillon des WDNCh-Ausstellungszentrums in Moskau die Dauerausstellung »Russland – Meine Geschichte« eröffnet, in der die drei in der Manege gezeigten Ausstellungen zusammengeführt sind. Zugleich entstand die Idee, diese Erfahrung auf das übrige Russland auszudehnen und 25 ähnliche Ausstellungen in den Regionen zu eröffnen, nach Möglichkeit rechtzeitig zum 100. Jahrestag der Oktoberrevolution. 2017 wurden Dauerausstellungen mit dem Titel »Russland – Meine Geschichte« in Ufa, Jekaterinburg, Stawropol, Wolgograd, Perm, Jakutsk, Machatschkala, Kasan, Tjumen, Nischni Nowgorod, Juschno-Sachalinsk, Samara, Nowosibirsk, Omsk und Sankt Petersburg eröffnet. 2018 folgten Saratow und Rostow am Don, 2019 Tscheljabinsk und Surgut.

Die Modelle von Medinski und Schewkunow – die Reduktion der Auseinandersetzung mit der tragischen Vergangenheit des 20. Jahrhunderts auf den längst überwundenen Konflikt zwischen »Roten« und »Weißen« und der Wunsch, die brisante Diskussion zu »konservieren«, indem den Verbrechen des Staates seine Erfolge entgegengesetzt werden – haben eines gemeinsam: Sie weichen der Frage nach der Verantwortung aus. In vollem Ausmaß zeigte sich das, als 2017, in dem Jahr, in dem sich die Revolution zum 100. Mal und der Große Terror zum 80. Mal jährte, in den offiziellen Verlautbarungen ein anderes Thema in den Vordergrund gerückt wurde: Versöhnung.

Das Gespenst der Versöhnung

Ein weiteres Projekt von Tichon Schewkunow ist der Bau der monumentalen »Kathedrale der Heiligen Neumärtyrer und Bekenner Russlands an der Lubjanka« auf dem Gelände des Sretenski-Klosters. Dort, wo sie steht, befand sich zu Sowjetzeiten ein Wohnheim von NKWD-Mitarbeitern. Die Kirche wurde am 25. Mai 2017 von Patriarch Kirill im Beisein Wladimir Putins eingeweiht. Der Präsident sprach von einem Ereignis, das für die gesamte russische Gesellschaft von Bedeutung sei. Das Gotteshaus, das dem Gedenken an die Repressionsopfer gewidmet ist, »verkörpere« die Versöhnung:

> Es ist zutiefst symbolisch, dass die neue Kirche am 100. Jahrestag der Februar- und Oktoberrevolution eingeweiht wird, auf die so viele der schrecklichen Prüfungen zurückgehen, die unser Land im zwanzigsten Jahrhundert durchmachen musste.
>
> Wir müssen uns sowohl an die hellen als auch an die tragischen Seiten der Geschichte erinnern und lernen, sie als Ganzes und objektiv wahrzunehmen und nichts mit Stillschweigen zu übergehen. Nur so können wir die Lehren der Vergangenheit vollständig verstehen und nachvollziehen.[106]

Wie in solchen Fällen üblich wird nicht konkret gesagt, wer sich mit wem und aus welchem Grund versöhnen soll. Der Kontext macht deutlich, dass es um die Versöhnung der Befürworter und Gegner der Oktoberrevolution geht – also einmal mehr um »Weiße« und »Rote«. Der Journalist Maxim Trudoljubow hebt in seiner Analyse des Ereignisses hervor, wie sehr dieses Konzept von Versöhnung der derzeitigen russischen Staatsführung zupasskommt:

106 *Poseščenie Sretenskogo monastyrja.* Offizielle Website des Präsidenten der Russischen Föderation, 25.05.2017. kremlin.ru/events/president/news/54573 (Abrufdatum 30.09.2022).

> Von allen – offenen und verdeckten – Spaltungen in der russischen Gesellschaft ist dies wahrscheinlich die bequemste für die Elite, besonders für die, die insgeheim dazu neigen, sich selbst als Aristokratie zu sehen [gemeint sind die Sicherheitskräfte, A. d. Ü.]. Seit diesen Ereignissen ist schön viel Zeit vergangen und es gibt keine Zeugen mehr – nur die lang zurückliegende, fast abstrakte Geschichte. Die verkündete »Versöhnung« sieht eher nach einer zusätzlichen Legitimierung der derzeitigen Führung aus. Das heutige Staatswesen, das mit Geburtstraumata und moralischen Problemen in Bezug auf seine Herkunft, mit der Plünderung des russischen Erbes durch den Sowjetstaat und der Plünderung des sowjetischen Erbes durch den postsowjetischen Staat zu kämpfen hat, erhält dadurch äußerst rare immaterielle Unterstützung (mit der materiellen steht ja ohnehin alles zum Besten).
>
> Die Schwierigkeit ist natürlich, dass der Konflikt zwischen Roten und Weißen weder der einzige noch der wichtigste Konflikt der russischen Gesellschaft ist. Über den Konflikt, der im Gegensatz zur Spaltung zwischen Roten und Weißen bis heute weiterbesteht, muss wenigstens geredet werden. Er besteht weiter, weil die Menschen jeden Tag Opfer eines Systems werden, das es vorzieht, sich seine Gesetze selbst zu schreiben und auch ausschließlich sich selbst Rechenschaft über deren Umsetzung oder Nichtumsetzung abzulegen. Dieses System hat seine Wurzeln sowohl im Erbe des zaristischen Imperialstaates als auch in den Institutionen des stalinistischen Staates, der seine Bürger zur Zeit der Sowjetunion ermordete. Der Konflikt zwischen einer Elite, die sich selbst über das Gesetz stellt, und der Gesellschaft, der sie das Gesetz diktiert, ist nicht überwunden. Die Erben des stalinistischen Staates, einschließlich des Klerus der heutigen Russisch-Orthodoxen Kirche, die einen Kirchenbau zu Ehren einer imaginären Versöhnung errichten, machen uns allen etwas vor.[107]

Ein solcher Umgang mit Versöhnung ist die logische Fortsetzung der »Doktrin der totalen Kontinuität« der 2000er Jahre, die es machtnahen Ideologen vom Schlage Nikita Michalkows und den »neuen Adligen« aus den Sicherheitsdiensten, die stolz die Kontinuität zu

107 Trudoljubov, Maksim, »Ložnoe primirenie«. *Vedomosti*, 25.05.2015. https://www.vedomosti.ru/opinion/columns/2017/05/26/691580-lozhnoe-primirenie (Abrufdatum 30.09.2022).

Tscheka, NKWD und KGB hochhalten, ermöglicht, als Patrioten oder gar Aristokraten aufzutreten.[108]

Am 30. Oktober 2017 weihte Wladimir Putin auf dem Sacharow-Prospekt in Moskau das Mahnmal für die Opfer politischer Repressionen ein. Die Einweihung erfolgte im Rahmen der Umsetzung der »Konzeption einer staatlichen Politik zur Wahrung des Gedenkens an die Opfer politischer Unterdrückung« in Anwesenheit von Menschenrechtsaktivisten, der Leitung des Staatlichen Gulag-Museums und der Witwe Alexander Solschenizyns. All das könnte Anlass zu der Vermutung geben, dass der Staat der Position der »liberal-demokratischen Öffentlichkeit« nahestehe.

Wenn man sich jedoch die Reden anhört, die anlässlich der Enthüllung des Mahnmals gehalten wurden, und den Gesamtzusammenhang der staatlichen Gedenkpolitik berücksichtigt, muss man genau den gegenteiligen Schluss ziehen.

In einer Rede vor dem Menschenrechtsrat am Vorabend des Gedenktages für die Opfer politischer Repressionen plädierte Putin dafür, die Enthüllung der Mauer der Trauer am Jahrestag der Revolution (vom Jahrestag des Großen Terrors war keine Rede) als »Schlussstrich unter die dramatischen Ereignisse« zu verstehen, »die das Land und das Volk gespalten haben«, als »Symbol für die Überwindung dieser Spaltung und gegenseitiges Verzeihen« und »das Annehmen der vaterländischen Geschichte, wie sie ist«.[109] Die Idee des Abschließens mit der schwierigen Vergangenheit, Vergebung und Akzeptanz – das sind in der Tat drei wichtige Elemente einer Politik der Vergangenheitsbewältigung (wir kommen im dritten Teil noch ausführlicher darauf zurück). Dies gilt jedoch nur unter der Voraussetzung, dass Verantwortung für die verbrecherische Vergangenheit übernommen wird.

108 Aptekar', Pavel, »Krasno-belaja revolucija«. *Vedomosti*, 21.12.2016. https://www.vedomosti.ru/opinion/articles/2016/12/22/670688-krasno-belaya-revolyutsiya (Abrufdatum 1.10.2022).

109 Sitzung des Rates für die Entwicklung der Zivilgesellschaft und der Menschenrechte. Offizielle Website des Präsidenten der Russischen Föderation, 30.10.2017. kremlin.ru/events/president/news/55947 (Abrufdatum 01.10.2022).

Andernfalls sind es nichts weiter als Methoden, um sich von ihr abzuschotten und die Lösung des Problems so hinauszuschieben. Genau das ist hier der Fall: Die Auseinandersetzung mit der Verantwortung wird konsequent verdrängt.

Ein deutliches Beispiel dafür, wie ein »versöhnlicher und integrativer Ansatz« in beharrliches Schweigen über Probleme und Verantwortung umschlägt, ist die Rede, die Patriarch Kirill anlässlich der Enthüllung des Mahnmals hielt. Er spricht darin wiederholt von »tragischen Ereignissen« und sogar von »Terror«, präzisiert aber wie üblich nicht, was damit gemeint ist. Im weiteren Verlauf der Rede wird klar, dass es weder um die Vernichtung der eigenen Bürger durch den Staat noch um die systematische Verletzung von Recht und Menschenwürde geht, sondern um eine Situation, in der »Menschen aus dem gleichen Land, Nachbarn und Kollegen, einander verfolgten und töteten«.[110]

Als Ursache von »Blutvergießen und Gesetzlosigkeit« nennt das Oberhaupt der Russisch-Orthodoxen Kirche »die monumentale Idee, eine freie und gerechte Welt aufzubauen«. »Was war der Fehler?«, fragt der Patriarch. »War es nicht so, dass die Menschen *eine humane und gerechte Gesellschaft aufbauen wollten* [Hervorhebung des Autors], dass sie die geistigen Grundlagen des menschlichen Lebens ablehnten und die Moral der Ideologie unterordneten, was zur Rechtfertigung von Ungerechtigkeit und Grausamkeit auf dem Weg zum Aufbau der ›lichten Zukunft‹ führte?«

Die Lehre, die laut dem Primas der Russisch-Orthodoxen Kirche aus den Geschehnissen zu ziehen ist, lautet: »Es wird keine lichte Zukunft geben, wenn bei der Suche danach unter dem Einfluss neuer Ideologien erneut die moralischen und geistigen Grundlagen der menschlichen Existenz zerstört werden.« Die Rede schließt traditionsgemäß mit einer abstrakten, versöhnlichen Note: »Die tragi-

110 Grußwort Seiner Heiligkeit des Patriarchen Kirill bei der Einweihungsfeier für das den Opfern politischer Repressionen gewidmete Mahnmal »Mauer der Trauer«. Offizielle Website des Moskauer Patriarchats, 30. 10. 2017. www.patriarchia.ru/db/text/5050963.html (Abrufdatum 1. 10. 2022).

schen Seiten unserer Vergangenheit sollten nicht als Vorwand dienen, um Hass zu schüren und Spannungen zu verstärken, und die Verurteilung des Terrors sollte nicht von einem moralischen Akt in ein politisches Ritual verwandelt werden.« Bemerkenswert ist, dass der oberste Führer einer Kirche, deren ethische Lehre auf dem Aufruf zur Umkehr und zur Verdammung der Sünde beruht, in dieser für seine Gläubigen sehr wichtigen Ansprache weder das eine noch das andere erwähnt.

Noch aussagekräftiger ist jedoch der gesellschaftspolitische Kontext, in dem die Enthüllung des Mahnmals stattfand. Im Jahr 2017 erreichte der Anteil der Russen mit positiver Einstellung zu Stalin den höchsten Stand seit Beginn der Umfragen: 46 Prozent. Diese Wertungen stehen, wie schon gesagt, in direktem Zusammenhang damit, wie die Bürger die Entwicklung der öffentlichen Politik auffassen. Als die Mauer der Trauer eingeweiht wurde, war die Gesellschaft Memorial, die bekannteste und angesehenste Institution zur Erforschung und Bewahrung der Geschichte des sowjetischen Staatsterrors in Russland und darüber hinaus, zum »ausländischen Agenten« erklärt worden. In Karelien saß der Historiker Juri Dmitrijew, der eine der größten Grabstätten des sowjetischen Terrors entdeckt hat, schon seit einem Jahr wegen politisch motivierter Anschuldigungen in Untersuchungshaft. Die Zahl der Straf- und Verwaltungsverfahren gegen Dissidenten nahm stetig zu, und die Gesetze zur Einschränkung der Meinungs- und Religionsfreiheit sowie des politischen Protests wurden immer weiter verschärft.

Ende der 2010er Jahre stand die staatliche Politik des Gedenkens an den sowjetischen Terror in Russland – deren wichtigste symbolische Ereignisse die Franchise-Ausstellung »Russland – Meine Geschichte« und die Eröffnung der Mauer der Trauer in Moskau waren – für das Bestreben, die hochgradig toxische und für den Staat bedrohliche Frage einer symbolischen und institutionellen Verurteilung dieses Terrors einzufrieren – mithilfe der Logik des Aufrechnens von Verbrechen und Erfolgen und schönen Worten über »Versöhnung«, die das Thema Verantwortung nicht berühren.

5. Versöhnung von unten: Rückgabe der Namen

Wenn ab Anfang der 2010er Jahre der Rededuktus staatsnaher Kreise immer öfter an Stalin erinnerte, so entstanden im gleichen Zeitraum auch immer mehr gesellschaftliche Initiativen, die das Andenken an die Opfer des sowjetischen Staatsterrors wachhielten und an die Verantwortung der Täter erinnerten. Diese Gegenerinnerung trat vor allem ab 2014 spürbar hervor, als der Stalinkomplex im Zuge der Mobilisierung nach der Krim-Annexion auf den Wellenkamm der gesellschaftlich-politischen Stimmungen befördert wurde.

Zwar zeigte sich der Staat jetzt kaum noch daran interessiert, die Erinnerung an die Repressionen zu wahren (in den 1990ern hatten Mitarbeiter des Innenministeriums und des FSB häufig mit Memorial kooperiert, vor allem bei der Suche nach Massengräbern). Die Zahl der gesellschaftlichen Initiativen in diesem Bereich ging jedoch nicht zurück, sondern stieg noch deutlich an. Hatten um die Mitte der 2000er Jahre am 29./30. Oktober (dem Jahrestag der Oktoberrevolution) in Moskau und St. Petersburg vielleicht zwei oder drei solche Veranstaltungen zu den Repressionen stattgefunden, so waren es in der zweiten Hälfte der 2010er Jahre mehr als zwanzig.

2007 führte Memorial auf einem Platz in der Nähe des Solowezki-Steins erstmals die Aktion »Rückgabe der Namen« durch. In den ersten Jahren nahmen daran jeweils einige hundert Leute teil. Im Jahr 2016 zog sie viertausend Menschen an und ein Jahr darauf waren es mehr als fünftausend, obwohl die Zahl derer, die ans Mikrofon treten und Namen verlesen können, auf etwas über tausend Personen begrenzt ist. Die Initiative wird seit 2016 nicht mehr aus Mitteln von Memorial, sondern aus Spenden von Bürgerinnen und Bürgern finanziert. Das wäre früher undenkbar gewesen, heute ist es ganz selbstverständlich. Auch geografisch breitete sich die Aktion rasch weiter aus. 2016 fand sie neben Moskau in 16 weiteren russischen Städten statt, 2018 waren es 32 Städte. Zudem finden in immer mehr internationalen Hauptstädten Namensverlesungen statt, darunter London,

Warschau, Washington, Minsk, Prag, Riga, Vilnius und Berlin. Seit 2010 organisieren orthodoxe Gläubige die Aktion »Gedenkgebet«,[III] die von der Initiative »Rückgabe der Namen« inspiriert ist. An ihr haben sich in den letzten Jahren fast 30 Städte in Russland und im Ausland beteiligt.

2014 wurde in Moskau das gesellschaftliche Projekt »Die letzte Adresse« ins Leben gerufen. Es soll das Gedenken an die politisch Verfolgten nicht nur wachhalten, sondern in der Alltagskultur russischer Städte sichtbar machen. An den ehemaligen Wohnhäusern der Opfer werden Gedenktäfelchen in einem einheitlichen Format angebracht. An dieser Initiative, die auf tagespolitische Bezüge verzichtet und eine klare ethische Botschaft hat, beteiligen sich immer mehr Menschen. Bis Februar 2020 wurden in ganz Russland 1000 Gedenktafeln an Hauswänden befestigt. Sie sind bereits in zehn russischen Städten zu sehen, und in ebenso vielen Städten ist die Anbringung weiterer Tafeln geplant. Partnerprojekte oder ähnliche Initiativen gibt es auch in der Ukraine, Georgien, Moldawien und der Tschechischen Republik; Anträge aus Polen, Deutschland, Lettland, Belarus und Rumänien werden geprüft. Die Einweihung einer neuen Gedenktafel ist ein Anlass, der auch das Entstehen lokaler Initiativen in diesem Bereich fördert.

Das Thema der Erinnerung an den sowjetischen Terror wird zunehmend über den relativ engen Kreis der einschlägig Interessierten hinaus wahrgenommen. Die Aktionen »Rückgabe der Namen« und »Die letzte Adresse« sind immer öfter Gegenstand der Berichterstattung in den staatlichen und unabhängigen Medien, und Publikationen über den Gulag stoßen auf wachsendes Interesse. Ein Artikel des Historikers Oleg Chlewnjuk über den Großen Terror der Stalinzeit zählte im Sommer 2017 zu den meistgelesenen Beiträgen in der Wirt-

III Chlevnjuk, Oleg, »Fenomen ›bol'šogo terrora‹«. *Vedomosti*, 29.06.2017. https://www.vedomosti.ru/opinion/articles/2017/06/29/701835-fenomen-terrora. Ders., »Pričiny ›bol'šogo terrora‹«. *Vedomosti*, 06.07.2017. https://www.vedomosti.ru/opinion/articles/2017/07/06/712528-bolshogo-terrora (Abrufdatum für beide 1.10.2022).

schaftszeitung *Wedomosti*.[112] Im selben Jahr wurden gleich drei Publikationen, die sich mit der Geschichte der Repressionen befassten, mit dem Redkollegija-Preis für die beste journalistische Arbeit des Jahres ausgezeichnet: ein Artikel von Schura Burtin über den Historiker Juri Dmitrijew, eine Geschichte von Daniil Turowski über die gewaltsame Niederschlagung des Aufstands in Nowotscherkassk 1962 und ein Bericht von Anna Jarowaja über den Versuch, die Geschichte des Massengrabs in Sandarmoch zu verfälschen[113]. Ebenfalls 2017 führten Memorial und mehrere Medien erstmals ein gemeinsames Brainstorming durch. In der Folge entstanden etwa zwanzig sachkundige Publikationen über die stalinistischen Repressionen und das Gedenken an sie, die die »offizielle« Informationspolitik in schlechtem Licht erscheinen ließen.[114]

Das Aufflammen des Interesses am historischen Gedenken wird von manchen als Reaktion auf die Aktivierung des »Stalinkomplexes« im öffentlichen Bewusstsein infolge der Krim-Annexion interpretiert. Andere erblicken hier eine der wenigen Formen zivilgesellschaftlichen Protests, die den Menschen nach der Verschärfung des

112 Chlevnjuk, Oleg, »Fenomen ›bol'šogo terrora‹«. *Vedomosti*, 29.06.2017. https://www.vedomosti.ru/opinion/articles/2017/06/29/701835-fenomen-terrora; ders.: »Pričiny ›bol'šogo terrora‹«. *Vedomosti*, 6.07.2017. https://www.vedomosti.ru/opinion/articles/2017/07/06/712528-bolshogo-terrora (Abrufdatum für beide Artikel 26.11.2022).

113 Burtin, Šura, »Delo Chottabyča. Kakova plata za popytku vorošit' prošloe«. *Les*, 30.05.2017. https://les.media/articles/406627-delo-khottabycha, gekürzte deutsche Fassung: Burtin, Schura, »Die Geister der Vergangenheit«. *Dekoder*, 6.07.2017. https://www.dekoder.org/de/article/dimitrijew-terror-solowezki-gulag; Turovskij, Daniil, »Vtoraja Katyn. Kak sovetskie vlasti rasstreljali mirnuju demonstraciju v Novočerkasske – i kto sochranil pamjat' ob ėtich sobytijach«. *Meduza*, 26.10.2017. https://meduza.io/feature/2017/10/26/vtoraya-katyn; Jarovaja, Anna, »Perepisat' Sandarmoch. Kto i začem pytaetsja izmenit' istoriju rasstrelov i zachoronenij v Karelii«. *7x7. Neprivyčnaja Rossija*, 13.12.2017. https://7x7-journal.ru/articles/2017/12/13/perepisat-sandarmoh-kto-i-zachem-pytaetsya-izmenit-istoriyu-rasstrelov-i-zahoronenij-v-karelii (Abrufdatum für alle Artikel 1.10.2022).

114 Eine Auswahl der Veröffentlichungen ist auf der Website von Memorial aufgeführt: https://www.memo.ru/ru-ru/projects/memomedia (Abrufdatum 26.11.2022).

Demonstrationsgesetzes noch geblieben sind. So oder so ist die Dynamik, die diese Aktionen entfalten, beeindruckend. »Es tut sich etwas, die Leute suchen Rückhalt«, sagte mir Arseni Roginski, der Mitbegründer und damalige Leiter von Memorial, 2016 am Solowezki-Stein.

Aktionen wie »Rückgabe der Namen« sind im Unterschied zur staatlichen Versöhnungsrhetorik nicht nur auf ein Bedürfnis nach Überwindung lang zurückliegender Spaltungen ausgerichtet, das für viele abstrakt bleibt. Sie sprechen auch das konkrete und dringliche Bedürfnis an, die eigene Identität zu klären. Ihr Bezugspunkt ist nicht die Vergangenheit, sondern die Gegenwart.

Gemeinsames Erinnern

Eine nationale oder kollektive Identität wird nicht von oben her aufgebaut. Sie erwächst aus einem gesellschaftlichen Konsens über die grundlegendsten Fragen. Einen solchen Konsens setzt das Erarbeiten einer gemeinsamen Sprache voraus, und das ist die vordringlichste Aufgabe der Gegenwart. »Ein einendes Geschichtsverständnis oder ein gemeinsames Pantheon von Nationalhelden sind heute vielleicht schlicht nicht mehr möglich, einfach weil die Gesellschaft nicht mehr monolithisch ist«, meint der Journalist und Kulturwissenschaftler Juri Saprykin. »[…] Es geht nicht darum, eine falsche Version der Geschichte durch eine richtige zu ersetzen, sondern darum, dass verschiedene Auffassungen nebeneinander existieren können, ohne dass man einander den Vernichtungskrieg erklärt.«[115] Das Wecken der gemeinsamen Erinnerung ist der einzige Weg, auf dem sich wirklich zu einer gemeinsamen Sprache gelangen lässt.

Das Totengedenken ist während der gesamten Menschheitsgeschichte die wichtigste Grundlage für die Herausbildung gemein-

115 Saprykin, Juri, »Strana nerasskazannych istorii«. *InLiberty*, 27.10.2016. http://old.inliberty.ru/blog/2416-Strana-nerasskazannyh-istoriy (Abrufdatum 01.10.2022).

schaftlicher Identitäten gewesen. Es ist »in paradigmatischer Weise ein Gedächtnis, ›das Gemeinschaft stiftet‹«, so Jan Assmann. »In der erinnernden Rückbindung an die Toten vergewissert sich eine Gemeinschaft ihrer Identität. In der Verpflichtung auf bestimmte Namen steckt immer auch das Bekenntnis zu einer soziopolitischen Identität.«[116] Nicht zufällig ist der einzige wirklich nationale Feiertag in Russland bis heute der Tag des Sieges am 9. Mai. Allerdings hat seine Instrumentalisierung durch den Staat, vor allem in den letzten Jahren, dazu geführt, dass sich dieser Feiertag immer mehr aus der Sphäre des privaten und familiären Gedenkens in den offiziellen und institutionellen Raum verlagert[117] und die Trauer um die Toten dem Stolz der Sieger weicht.

Das wirkt sich vor allem dort aus, wo es darum geht, die Nation nicht formal und offiziell, sondern tatsächlich zu vereinen. Wenn das inoffizielle, private Totengedenken von etwas beunruhigend Unbestimmtem verdrängt wird, suchen immer mehr Menschen nach Rückhalt in einem Bereich, der unabhängig vom Staat ist. Gerade die Erinnerung an gemeinsame Leiden eint stärker als alles andere, wie der französische Historiker Ernest Renan bereits 1886 hervorhob:

> In der Vergangenheit ein gemeinsames Erbe von Ruhm und Reue, für die Zukunft ein gemeinsames Programm; gemeinsam gelitten, gejubelt, gehofft haben – das ist mehr wert als gemeinsame Zölle und Grenzen, die strategischen Vorstellungen entsprechen. Das ist es, was man ungeachtet der Unterschiede von Rasse und Sprache versteht. Ich habe soeben gesagt: »gemeinsam gelitten haben.« Jawohl, das gemeinsame Leiden verbindet mehr als die Freude. In den gemeinsamen Erinnerungen zählt die Trauer

116 Assmann, Jan, *Das kulturelle Gedächtnis: Schrift, Erinnerung und politische Identität in frühen Hochkulturen*. München 1992, S. 63.

117 Muchametšina, Ekaterina, »Gosudarstvennaja traktovka istorii Vtoroj mirovoj vojny pol'zuetsja vse bol'šim doveriem naselenija«. *Vedomosti*, 28.04.2015. https://www.vedomosti.ru/politics/articles/2015/04/28/gosudarstvennaya-traktovka-istorii-vtoroi-mirovoi-voini-polzuetsya-vse-bolshim-doveriem-naseleniya (Abrufdatum 1.10.2022).

> mehr als die Triumphe, denn sie erlegt Pflichten auf, sie gebietet gemeinschaftliche Anstrengungen.[118]

Seit sich nicht mehr nur die üblichen Kreise mit dem sowjetischen Terror beschäftigen, gibt es interessante Begleiterscheinungen. Im Chor der Stimmen, die über Aktionen wie »Rückgabe der Namen« sprechen, ist deutlich Ratlosigkeit zu vernehmen, die damit zusammenhängt, dass es keine Erfahrung gibt, mit der man das Geschehen vergleichen könnte. Es überrascht daher nicht, dass die unterschiedlichen Leute, die an der Aktion »Rückgabe der Namen« teilnehmen, ihr jeweils einen eigenen Sinn beilegen. Für säkulare Menschen ist sie so etwas wie eine Kundgebung, die Möglichkeit, mit Gleichgesinnten zusammenzukommen. Die wachsende Zahl der Teilnehmenden führen sie auf die Verschärfung der Demonstrationsverbote zurück. Personen mit religiösem Hintergrund empfinden die Aktion als eine Art Gebet und Symbol des Sieges über den Tod oder als Entsprechung zu magischen Praktiken, ähnlich wie das Schlangestehen bei der Präsentation des Gürtels der Allheiligen Gottesgebärerin in Moskau 2011. Ein Teilnehmer schreibt, die Namensverlesung erinnere an eine Geisterbeschwörung: »Die Namen kehren ja gar nicht wirklich zurück, niemand kennt diese Leute tatsächlich – ihre Namen sagen uns nicht mehr als die, die auf Grabsteinen stehen«.

Formal besteht der Akt der »Rückgabe« darin, den Namen der hingerichteten Person und einige kurze Angaben zu verlesen: Beruf oder Beschäftigung, Alter und Datum der Hinrichtung. Doch schon bei den ersten Aktionen wurde diese karge und neutrale Struktur kreativ erweitert. Die Menschen fügten beim Verlesen die Namen ihrer verfolgten Verwandten hinzu, wobei sie diese Aufgabe häufig ihren Kindern anvertrauten. Vor einigen Jahren kam dies noch eher selten vor, heute gedenkt fast jeder zweite Teilnehmer eines Angehörigen. Oft folgt auch eine abschließende Formel als persönlicher Zusatz. Man-

118 Renan, Ernest, *Was ist eine Nation? Rede am 11. März 1882 an der Sorbonne.* Wien / Bozen 1995, S. 57f.

che sagen »Ewiges Andenken« oder »Das darf nie wieder geschehen«, andere verleihen ihrer Wertung Ausdruck (»ewiges Gedenken den Opfern – ewige Schande den Tätern«). Einzelne stellen ein brennendes Licht auf den Stein, bekreuzigen sich, legen Blumen ab, verneigen sich, knien nieder, es sind Elemente unterschiedlicher religiöser Bräuche zu beobachten.

Oft heißt es, dass solche Aktionen nur dazu dienten, die Spaltung des kollektiven Gedächtnisses weiter aufrechtzuerhalten: Die Nachkommen der Opfer würden sich so ihre eigene Vergangenheit schaffen, die Nachfahren der Täter verdammen und der Konfrontation mit der gegenwärtigen Realität in Russland ausweichen, in der es wieder politische Gefangene und brutale Menschenrechtsverletzungen gibt. Die Gefahr, dass Gedenkveranstaltungen zu einem weiteren Instrument der gesellschaftlichen Spaltung werden, ist durchaus real, aber ihr vereinendes Potenzial ist weit größer.

Das zeigt unter anderem der folgende Vorfall: Eine Teilnehmerin an der Aktion »Rückgabe der Namen«, die am 29. Oktober 2016 in der Schlange am Solowezki-Stein stand, hörte, wie eine ihr unbekannte junge Frau einen Namen von der Liste verlas und dann von sich aus einen weiteren hinzufügte – einen Namen, den auch sie selbst hatte verlesen wollen, da der Betreffende auch mit ihr verwandt war und die Familie lange über die Umstände seines Todes gerätselt hatte. »Ich war wie vom Donner gerührt. Es fiel mir nicht gleich ein, diese Frau anzusprechen, und als ich es dann tun wollte, war es zu spät – sie war fort«, schrieb sie auf Facebook, wo sie um Hilfe bei der Suche nach der Fremden bat.

Der Eintrag[119] wurde auf dem Account von Memorial veröffentlicht und im Laufe des Tages mehr als 700-mal geteilt. Am Abend hatten sich die beiden Menschen, die durch die Erinnerung an ein Repressionsopfer verbunden waren, gefunden. Ihr gemeinsamer Vorfahre war ein überzeugter Kommunist gewesen, der 1937 erschos-

119 https://www.facebook.com/nadya.bibikova/posts/1319965514680233 (Abrufdatum 1. 10. 2022).

sen wurde.[120] Seine Tochter verliebte sich später in einen Engländer, den sie Ende der 1950er Jahre nach großen Schwierigkeiten heiraten konnte. Der Sohn des Paares, Owen Matthews, hat über die Liebesgeschichte seiner Eltern das Buch *Winterkinder* geschrieben, das ein weltweiter Bestseller wurde.[121] In diesem Fall diente die Organisation Memorial ganz buchstäblich als Instrument, um die gemeinsame Erinnerung wiederherzustellen, und die Rückgabe der Namen war nicht nur ein symbolisches, sondern auch ein reales Ritual, bei dem die zerteilte Vergangenheit zusammengesetzt und in das Bild der Familien- und Landesgeschichte eingefügt wurde.

Auch wenn der spaltende Diskurs (»ewiges Gedenken den Opfern – ewige Schande den Tätern«) immer noch deutlich vernehmbar ist, wird mit der zunehmenden Ausbreitung solcher Aktionen immer klarer, dass eine säuberliche und endgültige Einteilung in »Opfer« und »Täter« nicht funktioniert. Das liegt nicht nur daran, dass die Täter oft selbst von der Terrormaschine zerfleischt wurden: Auf Gedenkveranstaltungen und in Online-Communitys äußern sich im Rahmen der Aufarbeitung der traumatischen Vergangenheit, im Diskurs des Gedenkens an die Opfer, zunehmend auch Nachkommen von an den Verfolgungsmaßnahmen beteiligten NKWD-Mitarbeitern über ihr Verhältnis zu ihren Vorfahren.

Das ist nicht unbedingt eine Reuebekundung (obwohl es auch dafür immer mehr Beispiele gibt[122]). Es ist eine Form, die es den Spre-

120 »Ich werde hier gefragt, was er selbst getan hat«, schreibt die Autorin des Facebook-Beitrags in einem Kommentar. »Als Sekretär des Gebietskomitees müsse er ja wohl an vielem beteiligt gewesen sein. Das ist mir leider nur zu bewusst. Aber ich halte mich nicht für berechtigt, heute über die Opfer dieser schrecklichen Zeit zu urteilen. Und ich kann nicht vergessen, dass seine beiden Töchter verwaist zurückblieben und im Kinderheim aufwuchsen.

121 Matthews, Owen, *Winterkinder: Drei Generationen Liebe und Krieg*. München 2014.

122 Hier ist der Anfang eines Facebook-Posts (https://www.facebook.com/groups/remembering.the.gulag/permalink/1163528927015771/) vom 8. November 2016: »Ich konnte am 29. bei der Aktion auf der Lubjanka-Straße dabei sein. Eine Frau, die sich an der Verlesung der Namen beteiligte, äußerte Reue anstelle ihres Vaters, der

chenden ermöglicht, eine Verbindung zur gemeinsamen Vergangenheit herzustellen, nicht mehr von ihr ausgeschlossen zu sein. Hier findet das statt, was in der Gedächtnisgeschichte als Entstehung eines inklusiven Modells bezeichnet wird – eines Modells, bei dem unterschiedliche Erinnerungen so integriert werden, dass sie einander nicht ausschließen, sondern voraussetzen.[123] Und je deutlicher ein solches Verständnis einer gemeinsamen Vergangenheit erkennbar wird, desto zwingender wird sich die Frage der *Versöhnung* stellen.[124] Anzeichen dafür sind bereits zu erkennen. Immer häufiger kommt es vor, dass jemand an das Mikrofon am Solowezki-Stein tritt, den Namen eines Opfers von der Liste verliest und dann hinzufügt: »Herr, rette die Seelen der Opfer und der Täter.«

Die Grenzen solcher Aktionen sind nicht nur zur Vergangenheit, sondern auch zur Gegenwart hin offen. Deshalb trifft der Vorwurf nicht zu, dass diejenigen, die sich an der »Rückgabe der Namen« beteiligen, der heutigen politischen Realität ausweichen würden. Die Menschen, die den Solowezki-Stein, die Gedenkstätte Butowo und andere Orte des Gedenkens an die Repressionen aufsuchen, verbindet mehr als nur die gemeinsame Erinnerung an die Vergangenheit. Sie sind sich grundlegend einig darin, dass sie den sowjetischen Staatsterror als Verbrechen bewerten. Aus den Aktionen am Solowezki-Stein folgt der Vorrang des Wertes des menschlichen Lebens vor dem Wert

auf irgendeine Weise (entweder beim KGB oder in der Justiz) an der Verfolgung unschuldiger Litauer beteiligt war. Er bereute dies später, brachte es aber nie über sich, sich den verbrecherischen Charakter des gesamten Regimes und seines eigenen Stalinismus einzugestehen … Diese Frau bat uns alle und Gott um Vergebung – für ihren Vater, sich selbst und all die Menschen, die ›nie verstanden haben, sich nie bekehrt haben‹, usw. Auch ich möchte alle, besonders die Bürger Russlands, anstelle meines Ururgroßvaters um Vergebung bitten …«

123 Siehe etwa: Assmann, Aleida, »The Holocaust – A global memory? Extensions and Limits of a New Memory Community«. In: Assmann, Aleida / Conrad, Sebastian, *Memory in a Global Age. Discourses, Practices and Trajectories*. Basingstoke / New York 2010, S. 97 ff.

124 Ross, Marc Howard, »The Politics of Memory and Peacebuilding«. In: *Routledge Handbook of Peacebuilding*. London / New York 2013, S. 91 ff.

des Staates ebenso zwangsläufig, wie sich das menschenrechtliche Engagement von Memorial aus seinen historischen Aktivitäten herleitet.

Wenn man die »Rückgabe der Namen« als Ritual einer Zivilreligion betrachtet (die es in Russland eigentlich nicht gibt, weshalb dieses Feld komplett von Religion und Politik bespielt wird), dann sind die Grundwerte der Teilnehmenden eine Art »Ziviltheologie«. Ihr zentraler Glaubenssatz ist die Überzeugung vom unbedingten Wert des menschlichen Lebens. Das Verlesen der Namen der Ermordeten unter den Fenstern der heutigen Lubjanka ist eine Aktion, die weit über das Gedenken hinausreicht. Die Aussage von Russlands Menschenrechtsbeauftragter Tatjana Moskalkowa bei der Eröffnung der Aktion 2016, »staatliche Reue« für die Verbrechen des Großen Terrors sei unumgänglich und die Aktion »Rückgabe der Namen« solle »junge Mitarbeiter der Strafverfolgungsorgane daran gemahnen, dass Unwahrheit und die Abweichung von Recht und Gewissen niemals folgenlos bleiben«,[125] ist deshalb bei aller Skepsis, die ihr entgegenschlug, wichtig, weil sie diese Aktionen auf die Gegenwart ausrichtet und in ihr verankert.

Bei der 2007 am Solowezki-Stein begründeten Tradition, die Namen der Opfer des sowjetischen Terrors zu verlesen, geht es nicht um ein lokales und privates historisches Gedenken. Beim Versuch, die Vorgänge auf dem Lubjanka-Platz genauer zu analysieren, lassen sich mehrere Themen unterscheiden: der Zusammenhang von Gedenken und Identität, die Wechselbeziehung zwischen exklusiven und inklusiven Modellen des historischen Gedächtnisses sowie die Anerkennung des sowjetischen Terrors als ein Schlüsselereignis der jüngeren Geschichte Russlands, das ethisch und rechtlich benannt werden muss. Diese Themen entsprechen erstaunlich genau den Fragen, mit denen Europa im Zuge des »Erinnerungsbooms« konfrontiert war. Er begann in den 1990er Jahren in den westlichen Ländern auf dem Gebiet der Sozialwissenschaften und weitete sich in den 2000er Jah-

125 »Moskal'kova, Fedotov i Lukin prinjali učastie v akcii ›Vozvraščenie imen‹«. *TASS*, 29.10.2016. https://tass.ru/obschestvo/3744605 (Abrufdatum 14.10.2022).

ren zu einem gesellschaftlichen Phänomen aus, das den Paradigmenwechsel von der heroischen zur tragischen Erinnerung markiert.[126] Damals wurde deutlich, dass sich die Fragen, die Tragödien wie der Holocaust aufwerfen, nicht im Rahmen der Geschichtswissenschaften beantworten lassen. Dies fällt in den Bereich der Psychologie und der Ethik, und Opferperspektive und Traumaproblematik sind dabei ebenso einzubeziehen wie die Frage der Verantwortung und die private und familiäre Erinnerung.

Bei diesem Paradigmenwechsel geht es darum, die nationale Politik in der schon von Renan skizzierten Weise neu zu denken, so dass sie nicht mehr in der Erinnerung an gemeinsame Siege und gemeinsamen Stolz gründet, sondern in der Besinnung auf gemeinsame Niederlagen und gemeinsam erlittenen Schmerz. Diese neue Ordnung der Dinge hält sich an das menschliche Leben als wichtigsten Grundwert, nicht an die Glorie des Staates. Ihre universelle Sprache sind die Menschenrechte, und das zentrale Ereignis, das den ethischen und rechtlichen Horizont definiert, ist die Tragödie des europäischen Judentums.[127] Es ist evident, dass ein solcher Paradigmenwechsel in Russland nur vollzogen werden kann, wenn die Repressionen vonseiten des Staates unmissverständlich beim Namen genannt werden.

Das Trauma des sowjetischen Terrors und die Art und Weise seiner Aufarbeitung unterscheiden sich in vieler Hinsicht von dem Trauma des Holocaust und dem Umgang damit in Europa. Aber die Entsprechung der Kontexte (trotz der unterschiedlichen politischen und historischen Situationen in Russland und Europa) zeigt, dass es ein gemeinsames Koordinatensystem gibt. Und daraus folgt, dass die Erfahrungen anderer Länder mit der Vergangenheitsaufarbeitung auch auf Russland anwendbar sind, wenngleich mit wichtigen Anpassun-

126 Siehe etwa Nora, Pierre, »Reasons for the Current Upsurge in Memory«. *Transit* 22/2002, S. 1ff., Rousso, Henry, »Das Dilemma eines europäischen Gedächtnisses«. *Zeithistorische Forschungen* 3/2004, S. 363ff.; Olick, Jeffrey K., *The Politics of Regret: On Collective Memory and Historical Responsibility*. New York 2007.

127 Ausführlicher hierzu siehe: Levy, Daniel / Sznaider, Natan, *The Holocaust and Memory in the Global Age*. Philadelphia 2006.

gen. Wenn man dies begriffen hat, lässt sich leichter bestimmen, in welche Richtung man jetzt schon agieren muss, ohne erst auf einen Epochenwechsel oder eine neue historische Konstellation zu warten.

Volkserziehung

Die Rückgabe der Namen ist kein abgeschlossener Vorgang, sondern ein Programm, das auf die Zukunft zielt und beständige Arbeit erfordert. Besonders spürbar wird dies am sogenannten Dachsberg (Barsutschja Gora), der Stätte eines Massengrabs, in dem Zwangsarbeiter beerdigt wurden, die beim Bau des Weißmeerkanals ums Leben kamen. Es wurde, wie das weit bekanntere Sandarmoch, von dem karelischen Heimatforscher und Historiker Juri Dmitrijew entdeckt. Sandarmoch ist eines der größten Massengräber von Erschießungsopfern aus der Zeit des Großen Terrors, und der Dachsberg einer der größten inoffiziellen Friedhöfe, die in Russland entdeckt wurden. Der Ort hat äußerlich nichts mit einem Friedhof gemein und übt daher einen unmittelbaren und starken Eindruck aus. Es ist ein Wald mit Gruben und Höhlen, die auf den ersten Blick nicht weiter auffallen. Erst bei genauem Hinsehen, erkennt man, dass diese Vertiefungen eine regelmäßige Form haben.

Es waren nicht Menschen, die diesen Ort entdeckten, sondern Dachse. Deshalb nannte Dmitrijew ihn »Dachsberg«; in Dokumenten ist er als »Friedhof des Sanitätskomplexes BelBaltLag« verzeichnet. Dachse zerren beim Bau ihrer Labyrinthe alles an die Oberfläche, was ihnen in den Weg kommt. Anfang der 2000er Jahre fand ein Jäger aus der Region in der Nähe einer solchen Dachshöhle erst Knochen und dann einen menschlichen Schädel. Er wusste, dass Dmitrijew in dieser Gegend, in der Häftlinge einen der arbeitsintensivsten Abschnitte des Weißmeerkanals errichtet hatten, seit langem nach einem großen Grab suchte, und verständigte ihn, damit er sich vor Ort umsehen konnte.

Eine Untersuchung des Gebiets ergab, dass dort mindestens 800 Menschen begraben sind. Dmitrijew und seine Helfer errichteten im

Wald mehrere Kreuze und zwei Tafeln zum Gedenken an die Toten. Sie beantragten bei den örtlichen Behörden, das Gelände als Gedenkfriedhof anzuerkennen. Der Antrag blieb unbeantwortet und der Ort unberührt. Menschen setzen selten einen Fuß in die Gegend. Die Dachse graben weiter ihre Höhlen, und in der Nähe der Bauten ist frische Erde zu sehen. Der Eindruck der Verlassenheit wird noch verstärkt durch das Wissen darum, dass es in diesen Wäldern nicht nur ein oder zwei solcher Grabstätten gibt.

Am Beispiel des Dachsbergs wird sehr anschaulich, warum für alle, die sich ernsthaft mit dem Thema Erinnerung befassen, Namen so eine große Rolle spielen, warum das Zusammenstellen von Listen ein wichtiger Teil der Archivarbeit ist und warum das Verlesen dieser Listen das kraftvollste und einleuchtendste Ritual ist, um die Erinnerung an die Verfolgten wieder erstehen zu lassen. Im Alltag sind wir unter Menschen, die Namen und Biografien haben. Die Unveräußerlichkeit dieses scheinbar selbstverständlichen menschlichen Erbes wird erst in vollem Umfang spürbar, wenn man die Sprach- und Gedächtnislosigkeit dieser namenlosen Gräber und Erschießungsgruben mit eigenen Augen erblickt. In einer solchen Situation ist das Zusammenstellen, Veröffentlichen und Verlesen von Namenslisten eine Handlung, die zugleich einen symbolischen und einen ganz unmittelbaren Sinn hat. Sie ist zugleich ein symbolischer Akt wiederherstellender Gerechtigkeit, eine sakrale Handlung und die selbstverständliche Rückgabe dessen, was den Menschen genommen wurde.

Wenn man sich dies vergegenwärtigt, wirken die folgenden Worte Dmitrijews, die in einer Reportage über den Dachsberg zitiert werden, gar nicht so verstiegen: »Dort sind so viele Menschen. Viele Jahre lang hat niemand mit einem guten Wort ihrer gedacht. Und sobald du damit anfängst, antworten sie. Alle rufen: Denk auch an mich, auch an mich! Es zerreißt einem das Herz.«[128] Jahr um Jahr kom-

128 Ukkone, Aleksej, »Každyj kričit: ›I menja vspomni!‹ Obnaruženo krupnejšee zachoronenie zaključennych GULAGa, pogibšich na stroitel'stve Belomorsko-Baltijskogo kanala«. *Izvestija*, 19. 9. 2003. https://iz.ru/news/281474 (Abrufdatum 2. 10. 2022).

men mehr Menschen zu den Gedenktagen des 5. August nach Sandarmoch, unter ihnen viele Einheimische. Diese lokale Erinnerung wollte Dmitrijew wecken, indem er die Namen in seinen Büchern nicht alphabetisch, sondern geografisch ordnete. In der Einleitung zu einem 1999 erschienenen Buch über die Erschießungsstätte Sandarmoch schrieb er:

> Die Listen sind bewusst nach dem Wohnort zum Zeitpunkt der Verhaftung gruppiert. Wenn Sie nach den Namen von Menschen suchen, die Ihnen teuer sind, werden Sie nicht umhinkönnen, nach oft nicht mehr bestehenden Gemeinden und für immer verlorenen Dörfern zu suchen. Sich an die eigenen Wurzeln erinnern, die Geschichte der eigenen Familie und Sippe kennen – damit beginnt für jeden von uns die Geschichte der Heimat.[129]

Hiermit hängt auch der für Dmitrijew sehr wichtige Gedanke zusammen, dass gerade die Erinnerung an die Vorfahren eine diffuse Menschenmasse zu einem Volk macht. Zu ihr gehört auch das Wissen um die Orte, an denen diese Vorfahren begraben sind. Auf diese Weise wird die abstrakte Vergangenheit zur persönlichen Geschichte, und wer eine persönliche Beziehung zur Geschichte hat, lässt sich nicht so leicht manipulieren. In Dmitrijews Buch mit den Listen stehen Briefe von Angehörigen, die nach den Namen ihrer Verwandten suchen, neben Dankesschreiben derer, die sie bereits gefunden haben. Es ist nicht nur eine Würdigung der Erinnerung, auch ein Aufruf, sie zu wecken.

Die zahllosen Mahnmale für hingerichtete Deutsche, Georgier, Ukrainer, Polen, Juden, Tataren und Wainachen, die in Sandarmoch von Vertretern der jeweiligen nationalen Gemeinschaften errichtet wurden, gehen auf bewusste und zielgerichtete Bemühungen Dmi-

129 Dmitriev, Jurij (Hg.), *Mesto rasstrela Sandarmoch*. Petrozavodsk 1999. Neue Ausgabe: Razumov, Anatolij (Hg.) / Dmitriev, Jurij, *Mesto pamjati Sandarmoch*. Petrozavodsk 2019.

trijews zurück. Schura Burtin zitiert ihn in seiner Reportage mit den Worten: »Was mache ich in Sandarmoch? Ich betreibe Volkserziehung. Ich wende mich an ein Volk und erkläre ihnen: Hier sind eure Landsleute umgebracht und begraben worden. Ihr gehört doch zum selben Volk, nur dass ihr lebt und sie tot sind. Warum setzt ihr ihnen kein Denkmal, ihr Bastarde?«[130]

Die Volkserziehung erreichte ihren Zweck. Die ersten Mahnmale lösten einen Wettbewerb des Nationalstolzes aus – keine Volksgruppe wollte hinter den anderen zurückstehen, wenn es darum ging, den Opfern aus ihren Reihen ein Denkmal zu setzen. Von da an machten sich Landsleute der Getöteten immer häufiger auf den Weg nach Sandarmoch. Auch offizielle Delegationen reisten nun dorthin. Die Gedenkaktivitäten bei den Völkern und Nationen gewannen ein Eigenleben und entfalteten sich unabhängig von Dmitrijews Bemühungen.

Hier liegt auch der Grund für das Missfallen, das Dmitrijews Aktivitäten bei der Staatsführung erregten. Er hatte es sich zur Aufgabe gemacht, die nationale Identität der Bevölkerung Russlands durch die Wiederbelebung des Familiengedächtnisses »umzuprogrammieren«. Dieses Projekt ist alles andere als trivial, weil die nationale Identität in Russland traditionell von oben programmiert wird. Der eigentliche Grund für die Fabrikation des »Falls Dmitrijew« liegt darin, dass die Existenzform, auf die seine Arbeit zielt, von Grund auf unvereinbar mit dem Existenzmodell ist, welches das gegenwärtige politische System den Bürgern Russlands aufoktroyiert. Dmitrijew weckt die Erinnerung – in einem Staat, der nicht bereit ist, sich ehrlich mit seiner Vergangenheit auseinanderzusetzen und die Verbrechen gegen das eigene Volk zu verurteilen.

130 Burtin, *Delo Chottabyča*, a. a. O.

Die Erweiterung des Kontexts

In diesem Kapitel geht es darum, die Prinzipien zu beschreiben, die der Arbeit des Gedenkens an die Opfer des sowjetischen Staatsterrors zugrunde liegen. Es beansprucht nicht, alle Projekte in Russland aufzulisten, die sich gegenwärtig mit dieser Aufgabe befassen. Eines der hier nicht berücksichtigten Projekte muss jedoch zumindest erwähnt werden: der Schulaufsatzwettbewerb »Der Mensch in der Geschichte«, der von Memorial organisiert wird.

Mit dem 1999 erstmals durchgeführten Wettbewerb sollen die Schülerinnen und Schüler dazu angeregt werden, sich mit dem Alltag und dem Schicksal der »ganz normalen Menschen« und ihrer eigenen Familien zu beschäftigen und so Interesse an der Geschichte ihres Landes zu entwickeln. Teilnahmeberechtigt sind alle im Alter von 14 bis 18 Jahren, die an einer Schule oder Hochschule lernen. Die Arbeiten können eigenständig oder unter pädagogischer Anleitung angefertigt werden. Der Wettbewerb stieß bei Lernenden und Lehrenden sofort auf großes Interesse: Auf die erste Ausschreibung hin gingen bei Memorial 1800 Aufsätze ein.[131] Und dieses Interesse hat in den letzten 20 Jahren nicht nachgelassen: Jährlich werden im Durchschnitt 1500 Aufsätze eingereicht.

Den Vorsitz der Wettbewerbs-Jury hatten unter anderem Swetlana Alexijewitsch und Ljudmila Ulitzkaja inne. Themen des Wettbewerbs waren unter anderem »Der Preis des Sieges im Zweiten Weltkrieg«, »Familiengeschichte«, »Mensch und Macht«, »Mensch und Heimat« und »Die Eigenen und die Fremden«. Nominiert werden können Fotoarbeiten, Filme und kleine Forschungsarbeiten. Bis jetzt haben sich 50 000 Schülerinnen und Schüler an dem Wettbewerb beteiligt und 40 000 Arbeiten erstellt. Die interessantesten wurden in

131 Eine ausführlichere Darstellung der Geschichte des Wettbewerbs findet sich in diesem Interview mit Irina Schtscherbakowa, der Initiatorin und Leiterin der Bildungsprogramme von Memorial: https://www.memo.ru/ru-ru/biblioteka/dokumentalnyj-proekt-istoriya-memoriala/intervyu-iriny-sherbakovoj (Abrufdatum 2. 10. 2022).

Sammelbände aufgenommen, von denen bisher 25 erschienen sind.[132] In den letzten Jahren hat der Wettbewerb wiederholt den Unmut »patriotischer« Aktivisten und des Staates auf sich gezogen. Den Organisatoren wurde vorgeworfen, sie wollten die Geschichte umschreiben. Sie wurden als »Nationalverräter« bezeichnet, mit Brillantgrün-Lösung bespritzt und Beamte hinderten Schüler aus den Regionen daran, zur Preisverleihung nach Moskau zu fahren. 2019 wurde bekannt, dass Lernende, die sich an dem Wettbewerb beteiligt hatten, und die Lehrkräfte, die sie betreuten, vom FSB vorgeladen worden waren.[133] Bemerkenswert daran ist, dass trotz solcher Aktionen kaum jemand an der Reputation des Wettbewerbs zweifelt. So berichten etwa Regionalmedien stolz, dass aus ihrer Region die meisten Arbeiten eingereicht wurden.[134]

* * *

Die Erfahrung mit der tragischen Vergangenheit in Russland ist ihrer Art nach einzigartig, aber bei der Vergangenheitsaufarbeitung gibt es

132 Website des Wettbewerbs: https://urokiistorii.ru/school_competition. Alle Sammelbände sind in elektronischer Form zugänglich. A. d. Ü.: 2022 fand der Wettbewerb nicht statt. Die Organisatoren erklären auf der Website: »Nach dem Entscheid des Obersten Gerichtshofs der Russischen Föderation vom Dezember 2021 droht der Internationalen Gesellschaft Memorial die Auflösung. Deshalb sind wir zu unserem großen Bedauern gezwungen, zu erklären, dass der Wettbewerb ›Der Mensch in der Geschichte. Russland – 20. Jahrhundert‹ für die Jahre 2021 und 2022 nicht stattfinden wird.« »Ob"javlenie organizatorov konkursa v svjazi s likvidaciej ›Memoriala‹«. https://www.urokiistorii.ru/school_competition/news/objavlenie-organizatorov-konkursa-v-svjazi-s-presledovaniem-memoriala (Abrufdatum 20.12. 2022).

133 »›Memorial‹: pobeditelej konkursa issledovanij ›Čelovek v istorii‹ i ich učitelej vyzyvajut na besedy s FSB«. *Novaja gazeta*, 4.06.2019. https://novayagazeta.ru/articles/2019/06/04/152259-memorial-pobediteley-konkursa-issledovaniy-chelovek-v-istorii-i-ih-uchiteley-vyzyvayut-na-besedy-s-fsb (Abrufdatum 3.10.2022).

134 »Permskie staršeklassniki otpravili 94 sočinenija na vserossijskij konkurs ›Čelovek v istorii!. Rossija – XX vek‹. Ėto odin iz samych vysokich pokazatelej po strane«. In: Onlinemagazin »Zvezda« (Perm), 6.03.2020. zvzda.ru/news/039144168a1b.

viele Parallelen zu anderen Ländern. Alle Praktiken, die in diesem Kapitel beschrieben wurden und sich im russischen Kontext ganz selbstverständlich ausnehmen, haben entweder direkte Vorgänger oder Entsprechungen anderswo.

Vorbild für den Wettbewerb »Der Mensch in der Geschichte« ist ein Schülerwettbewerb, den die Körber-Stiftung in Deutschland bereits seit über 40 Jahren unter der Schirmherrschaft des deutschen Bundespräsidenten organisiert.[135] Er wurde 1973 von dem Industriellen und Mäzen Kurt Körber und Bundespräsident Gustav Heinemann ins Leben gerufen, um bei Schülern und Studierenden das Interesse an der eigenen Geschichte zu wecken. Dies ist bis heute die größte derartige Initiative in Deutschland: Insgesamt wurden 30 000 Projekte erarbeitet, an denen sich mehr als 140 000 Personen beteiligt haben.[136]

Die Idee zu der Aktion »Rückgabe der Namen« kam Elena Zhemkova von Memorial, wie sie berichtet, nach einem Gottesdienst in einer Berliner Kirche zum Gedenken an acht Personen, die getötet worden waren, als sie versuchten, über die Berliner Mauer zu gelangen. Menschen, die die Toten zu Lebzeiten gekannt hatten, erzählten aus ihrem Leben, erinnerten sich an sie und gaben diese Erinnerung an die anderen weiter, die ihnen nie begegnet waren.[137] Eine Entsprechung zur »Rückgabe der Namen« ist die Verlesung der Namen von Holocaust-Opfern, die jedes Jahr an den Gedenktagen am 20. und 21. April im Holocaust-Museum in Washington DC stattfindet. Diese

135 Seite des Wettbewerbs auf der Website der Körber-Stiftung: https://www.koerber-stiftung.de/projekte/geschichtswettbewerb (Abrufdatum 2. 10. 2022).

136 Eine eingehendere Untersuchung dieses Wettbewerbs: Zerwas, Marco, »The German Federal President History Competition. A Public History Occasion«. In: Demantowsky, Marko (Hg.), *Public History and School: International Perspectives*. Berlin / Boston 2018, S. 109 ff.

137 »›History Must Be Measured in Human Beings‹. Interview with Elena Zhemkova, Executive Director of Memorial«. *The Russia File. A blog of the Kennan Institute*, 6. 12. 2018. https://www.wilsoncenter.org/blog-post/history-must-be-measured-human-beings (Abrufdatum 26. 11. 2022).

Tradition besteht seit der Eröffnung des Museums im Jahr 1993. Sie geht auf den jüdischen Brauch zurück, beim Lesen des Jiskor-Gebetes an Jom Kippur und anderen religiösen Festen der Namen verstorbener Verwandter, Freunde und Gemeindemitglieder zu gedenken. Die Lesung beginnt mit der Eröffnung des Museums und wird fortgesetzt, bis es wieder schließt. Alle, die sich gerade vor Ort befinden, können sich daran beteiligen.[138]

Das Projekt »Die letzte Adresse« ist eine Weiterentwicklung der Idee des deutschen Gedenkprojekts »Stolpersteine«. Die Stolpersteine werden in Deutschland seit 1992 – und inzwischen auch in anderen Ländern – an ehemaligen Wohnhäusern von NS-Opfern verlegt.[139]

Und die Tätigkeit von Forschern wie Juri Dmitrijew, die sich mit der Suche nach Grabstätten der Opfer sowjetischen Terrors befassen, hat eine Entsprechung in Spanien, wo die Vereinigung zur Wiedererlangung des historischen Andenkens seit 2000 nach den Überresten von Bürgerkriegsopfern sucht und Identifizierungen vornimmt.

Die ernsthafte Auseinandersetzung mit der Aufarbeitung der sowjetischen Vergangenheit und ihren Perspektiven ist nur möglich, wenn der Kontext erweitert wird, um die Erfahrungen anderer Länder einzubeziehen, die eine Diktatur überwunden haben.

138 Der Autor dankt Vadim Altskan vom Holocaust Memorial Museum in Washington für diesen Hinweis.

139 Website des Projekts: https://www.stolpersteine.eu.

6. Das alte Fundament

In den vorigen Kapiteln haben wir gesehen, dass die Geschichte der späten Sowjetunion und des postsowjetischen Russlands weitgehend als eine Geschichte des Umgangs mit dem stalinistischen Erbe beschrieben werden kann. Zu ihr gehören Versuche, sich von dieser Erblast zu befreien, aber auch immer neue Reinkarnationen. Warum kommt Russland so schwer von Stalins Vermächtnis los? Warum werden seine Methoden immer wieder lebendig – in der Staatsführung, aber auch in der Vorstellung, die ganz normale Menschen in Russland von ihrem Land und seinem Platz in der Welt haben?

In dem Interview »Stalin ist erst gestern gestorben«, einem der Texte aus der Perestroikazeit, die bis heute nachhallen, sagt der Historiker und Philosoph Michail Gefter, Stalin und der Stalinismus seien weiter gegenwärtig, weil »das Maß seiner Anwesenheit in uns und unserer Befreiung von ihm« nicht verarbeitet und nicht mit Sicherheit zu bestimmen sei.[140] Insofern ist Stalin für ein Land und eine Gesellschaft, die ihren eigenen Weg endlich frei wählen können, »erst gestern gestorben«: Die Frage nach dem Verhältnis zu ihm ist kein historisches Problem, sondern eine drängende Frage der Gegenwart – wie soll mit dem Nachlass eines gerade erst verstorbenen Vorfahren umgegangen werden. Die Forschungen Juri Lewadas und seiner Schule zeigen, dass der *Homo sovieticus* mit seinen in der Sowjetzeit ausgebildeten Charakterzügen (und dem Stalinismus als prägendstem Element) nicht mit dem Ende der sowjetischen Geschichte verschwunden ist.[141]

»Leere im Rücken ist die schlimmste Gefahr«, sagt Michail Gefter in dem Gespräch. »Ohne die *lebenden Toten* kommen wir heute

140 Gefter, Michail, »Stalin umer včera …«. In: Afanas'ev, Jurij (Hg.), *Inogo ne dano*. Moskau 1988, S. 297ff. Übersetzung A. B. (eine ältere deutsche Übersetzung des gesamten Interviews siehe Afanassjew, Juri (Hg.), *Es gibt keine Alternative zu Perestroika: Glasnost, Demokratie, Sozialismus*. Nördlingen 1988, S. 379ff.).

141 Siehe: Levada, Jurij, »Čelovek sovetskij. Publičnaja Lekcija«. *Polit.ru*, 15.4.2015. https://polit.ru/article/2004/04/15/levada/ (Abrufdatum 26.11.2022).

keinen Schritt weiter«.[142] Der abstrakte Gedanke, dass Russland ohne angemessene Aufarbeitung des Erbes der Sowjetdiktatur nicht in der Lage sein wird, sich weiterzuentwickeln, lässt sich an einem konkreten Bild veranschaulichen: der Geschichte von Kolpaschewski Jar, einem Steilufer des Flusses Ob 270 Kilometer nordwestlich von Tomsk. Während des Großen Terrors wurden im NKWD-Gefängnis von Kolpaschewo rund 4000 Menschen erschossen und in der Nähe des Ufers verscharrt. Die Anwohner wussten davon nichts oder wollten nichts wissen, bis in der Nacht zum 1. Mai 1979, dem Vorabend der Maikundgebung, die Fluten des Ob, auf dem das Eis gebrochen war, das Ufergelände mitrissen und das Massengrab freispülten. Die Teilnehmer der Maikundgebung sahen Leichen im Fluss treiben und die Kinder spielten mit menschlichen Knochen, die sie gefunden hatten. Die Behörden beorderten starke Schleppschiffe zum Ufer, die die Grabstätte vernichten sollten, indem sie mit ihren Schiffsschrauben eine Wasserströmung erzeugten, die das Ufer unterspülte. Die Leichen fielen zusammen mit den Erdbrocken ins Wasser. Sie wurden von den Schiffsschrauben zerstückelt und die Überreste wurden zum größten Teil flussabwärts geschwemmt. Eigens zusammengestellte Brigaden fischten sie aus dem Ob, zerkleinerten sie, beschwerten sie mit Ziegeln und Altmetall und versenkten sie wieder. Die an Land gespülten Leichen wurden heimlich vergraben.

Dieser Vorfall verdeutlicht schlaglichtartig zwei sehr wichtige Erkenntnisse. Erstens: Es ist eine Illusion, dass die Erinnerung an Verbrechen sich verbergen und unsichtbar machen ließe. Früher oder später spült ein Strom das Ufer frei und befördert die unbegrabenen Leichen ans Tageslicht. Und zweitens: Wenn wir vom Ufer aus stillschweigend zusehen und uns weigern, eine eigene Haltung zu den Verbrechen der Vergangenheit zu formulieren, riskieren wir, dass man uns früher oder später auffordert, die Leichen wieder verschwinden zu lassen und so diesmal direkt zu Mittätern zu werden.

142 Gefter, »Stalin umer včera«, a. a. O.

Die Geister der Ermordeten

Die Geister der Vergangenheit lassen den Lebenden keine Ruhe, nicht im allegorischen Sinn, sondern ganz buchstäblich. Das eindrucksvollste Beispiel ist die Geschichte des Dorfes Topolinoje in Jakutien. Die Anthropologin Olga Ulturgasheva, die selbst von dort stammt und heute in Großbritannien lebt, hat sie beschrieben.[143] Das ewenische[144] Rentierzüchterdorf wurde in den 1970er Jahren auf dem Gelände eines der vielen Lager des Dalstroi-Komplexes gegründet, in denen Häftlinge interniert waren, die beim Bau von Abzweigungen der berühmten Kolyma-Trasse eingesetzt wurden. Die Toten wurden nicht ordnungsgemäß bestattet. Viele von ihnen dienten als »Füllmaterial« für den Straßenbau – die oft gebrauchte Bezeichnung »Straße der Knochen« für die Kolyma-Trasse ist nicht etwa bildlich gemeint. Seit den 1990er Jahren berichten die Einheimischen von zahlreichen Geistersichtungen. Sie verwenden die Bezeichnung »Arinka« (Plural: Arinkael), die für die bösen Geistern derer gebraucht wird, die eines gewaltsamen Todes gestorben sind. Der Kontakt mit ihnen ist nach dem Glauben der Einheimischen für die Lebenden gefährlich. Ulturgasheva gibt wieder, was ihr einer der Dorfbewohner, der Rentierzüchter Kolja, erzählt hat:

> Hier gibt es viele Arinkael, es wimmelt nur so von ihnen. Im Klub [*dem Kulturhaus*] werden ständig zwei alte russische Lagerinsassinnen gesichtet. Einmal haben sie meinen Bruder Mischa erschreckt. Er spielte Verstecken und beschloss, sich auf dem Dachboden des Kulturhauses zu verstecken. […] Als er ruhig in einer Ecke des Dachbodens hockte, haben ihn diese beiden Frauen zu Tode erschreckt. […] In der Schule leben auch einige

143 Ulturgasheva, Olga, »Ghosts of the Gulag in the Eveny World of the Dead«. In: *The Polar Journal*, 2017, 7 (1), S. 26 ff. Online zugänglich unter https://www.researchgate.net/publication/317119195 (Abrufdatum 20.12.2022).

144 Das Volk der Ewenen (nicht zu verwechseln mit den verwandten und zahlreicheren Ewenken) lebt im Nordosten Jakutiens und im nördlichen Küstenbereich des Ochotskischen Meeres.

> Gespenster von Sträflingen; sie laufen immer nachts im Dunkeln herum, wenn keiner da ist. [...] Neben meinem Haus steht eine Scheune, und in dieser Scheune lebt der Geist eines Jungen mit Wattejacke, das ist so gruselig! [...] Dann ist da noch eine alte Frau im ehemaligen Heizungsgebäude, sie erschreckt die Leute und heftet sich an ihre Fersen. [...] In Tante Isas Wohnung lebt auch ein Häftlingsgespenst; es heißt, sie ist in letzter Zeit irgendwie verrückt geworden, die Leute hören, wie sie mit ihm redet. Meine ältere Schwester erzählte mir, dass Tante Isa selbst eine Art Arinka geworden ist, sie trinkt in letzter Zeit viel. Im Gasthaus wurde auch ein alter russischer Häftling mit weißem Bart gesehen. Er hat der Frau des Dorfverwalters einmal einen Riesenschreck eingejagt, als sie gerade hierhergezogen waren. Nachdem sie ihn zum zweiten Mal gesehen hat, verließ sie den Ort und ist nie wiedergekommen. Und dieser Mann [der Dorfverwalter] ist auch nicht lang geblieben.[145]

Den Dorfbewohnern gelingt es nicht, Kontakt zu den Geistern herzustellen. Einmal holten sie einen orthodoxen Priester, der eine Totenmesse für die Ermordeten abhielt, aber selbst dadurch konnte das Dorf die unangenehme Nachbarschaft nicht loswerden. In den letzten Jahren sind immer mehr Bewohner in die Städte abgewandert – um dem beschwerlichen Alltag zu entkommen, aber auch aus Angst vor den Arinkael.

Die Geschichte der Siedlung Topolinoje ist mehr als nur ein exotisches Beispiel für die Realität der Metapher von den »Geistern der schweren Vergangenheit«, die die Lebenden heimsuchen und sie an ihre Pflicht gemahnen, die Ermordeten symbolisch und buchstäblich zu begraben, die Verbrechen als Verbrechen und die Verbrecher als Verbrecher zu bezeichnen. Sie verdeutlicht auch ein viel handfesteres Problem. Eine nicht aufgearbeitete Vergangenheit erzeugt einen Riss im sozialen Gefüge, der sich nicht ohne weiteres heilen lässt. So wie die Geister der toten Lagerinsassen sich nicht in die traditionellen Beziehungen der Ewenen mit den Geistern ihrer Toten fügen wollen

145 Ulturgasheva, »Ghosts of the Gulag in the Eveny World of the Dead«, a. a. O. S. 2f.

und die Lebenden zum Rückzug zwingen, lässt sich auch auf nationaler Ebene die Erinnerung an den sowjetischen Massenterror nicht in vorhandene Gedächtniskonstrukte einbauen. Sie verwandelt sich nicht wie sonst in kulturellen Humus, sondern liegt unverarbeitet da und bricht hin und wieder in die heutige Realität ein, so wie die Überreste der Ermordeten von Kolpaschewo.

Kontinuitäten

Bevor wir zu der Frage kommen, wie diese Brüche geheilt werden können und wie sich eine solche Vergangenheit »integrieren« lässt, sollten die Formen, in denen das sowjetische Erbe in der Gegenwart präsent ist, genauer beschrieben werden. Das ist umso wichtiger, als die Realität, die uns heute umgibt, weitgehend darauf aufbaut. »Das sowjetische Erbe ist nicht nur Material für Historiker. Es ist das Fundament, auf dem Russland steht«, schrieb der politische Beobachter und Publizist Maxim Trudoljubow 2008. In einer Artikelserie, die in den Jahren 2008-2012 in der Zeitung *Wedomosti* erschien, haben er und andere diese These weiter ausgeführt.[146] Die sowjetische und vor allem die stalinistische Vergangenheit wirkt durch dreierlei Faktoren auf die russische Gegenwart ein: die materielle Kultur, das System der staatlichen und gesellschaftlichen Institutionen und die sozialen Mechanismen.

146 Trudoljubov, Maksim, »Naše nasledie: Fundament Rossii« (*Vedomosti*, 25.12. 2009); »Respublika: Pochoronit' gebistskoe prošloe« (*Vedomosti*, 9.12.2011); »Respublika: Akcionernoe obščestvo ›Stalinizm‹« (*Vedomosti*, 26.10.2012); »Smena programmnogo obespečenija« (*Vedomosti*, 12.10.2012). Siehe auch: ders., »Nasledstvo dobrych robotov. Maksim Trudoljubov – o tom, kak stroili žil'e v SSSR (i kak ego strojat sejčas)«. *Meduza*, 8.12.2016. https://meduza.io/feature/2016/12/08/nasledstvo-dobryh-robotov (Abrufdatum 3.10.2022).

DIE MATERIELLE KULTUR

Unsere Identität wird in einem enormen Ausmaß, das uns in der Regel nicht vollständig bewusst ist, durch die materielle Kultur bestimmt, in der wir aufgewachsen sind. Die Anordnung der Räume und die Höhe der Decken in der Wohnung, in der wir geboren werden und aufwachsen, prägen uns weit mehr als das politische System, die sozialen Praktiken und sogar die Ideen und Ideologien der Gesellschaft und des Staates. Die materielle Kultur, in der die Bürgerinnen und Bürger der meisten postsowjetischen Länder leben, ist ein Erbe der UdSSR und weist nach wie vor deren Herkunftsmerkmale auf. Trudoljubow schreibt dazu:

> Wir leben in einem Land, in dem fast alle aktiven Institutionen auf irgendeine Weise mit der Sowjetunion zu tun haben. Sie sind dort erdacht, entworfen, organisiert und erprobt worden. Das gilt sowohl für die »Hardware« als auch für die »Software«.
>
> Die Hardware sind die Gebäude, Straßen, Städte, sogar die Geschosshöhen und Korridorbreiten. Praktisch alles, was in unserem Land seit den 1920er Jahren bis heute physisch gebaut wurde, ist nicht in der Logik lebendiger, sich selbst entwickelnder Prozesse entstanden, sondern in der Logik der Prozesssteuerung von oben. Welche Art von Haus gebaut werden sollte, entschied nicht ein Bauträger, der die Wohnungen dann verkaufen musste, sondern ein Betriebsleiter, der eine Zahl in den Plan eintragen und Bericht erstatten musste. So entstanden Mehrfamilienhäuser, in denen man sich nicht problemlos mit einem Kinderwagen bewegen oder einen Verstorbenen abtransportieren konnte. Man könnte sagen, dass das sowjetische System für den Menschen geschaffen wurde, aber nicht damit rechnete, dass er geboren wird und stirbt.
>
> […] An öffentlichen Orten in Russland wird man ständig in erniedrigende Situationen gebracht: Man ist gezwungen, in engen, stickigen Räumen zu warten, Unmengen von Papierkram auszufüllen, seine Unschuld zu beweisen, obwohl man sich nicht vor Gericht befindet, sondern in einer Registrierungsbehörde.[147]

147 Trudoljubov, Maksim, »Smena programmnogo obespečenija«. *Vedomosti*, a. a. O.

Der Umbau vom Agrarland zum Industrieland vollzog sich in Russland in der Stalinzeit. Städte wurden neu errichtet oder wuchsen rasant, die Produktionsmethoden änderten sich ebenso wie die Lebensweise in allen Schichten der Gesellschaft. Die materielle Realität, die die Bürgerinnen und Bürger Russlands heute umgibt, ist ganz weitgehend das Vermächtnis dieser Epoche. Das gilt vom Allgemeinsten (die Grenzen zwischen Russland und den Ländern der ehemaligen Sowjetunion, die Grenzen der Regionen, ihre innere Gliederung) bis zum Konkretesten: Die traditionellen Wohnungsgrundrisse im postsowjetischen Raum gehen noch auf die Zeit des Aufbaus unter Stalin zurück.

Auch die sowjetischen Städte selbst, die Anordnung ihrer Straßen und zentralen Plätze wurden in der Stalin-Ära geplant. Die Monostädte, die in den meisten Ländern der ehemaligen Sowjetunion ein Quell ständiger sozialer Spannungen sind, entstanden durch eine Kombination von Faktoren, die die Wirtschaft der Stalinzeit kennzeichnen:[148] die mit übermenschlichen Anstrengungen vorangetriebene Industrialisierung, die Planwirtschaft und den überdimensionierten militärisch-industriellen Komplex. Die Monostädte sind bis heute ein erhebliches sozioökonomisches Problem, das die stalinistische Industrialisierung dem heutigen Russland hinterlassen hat.[149] Welche Probleme solche Gebiete mit sich bringen, zeigt sich unter anderem im Donbass.

Die Umstände, die sich in der Zeit des massenhaften Wohnungsbaus in der zweiten Hälfte der 1950er Jahre herausbildeten, führten zu

148 Eine interessante Gesamtdarstellung der Geschichte eines stalinistischen Industrieprojekts von den Anfängen bis in die postsowjetische Zeit am Beispiel Workutas ist: Barenberg, Alan, *Gulag Town, Company Town: Forced Labor and its Legacy in Vorkuta*. New Haven (CT) / London 2014.

149 2011 waren 46 Prozent aller Städte in Russland Monostädte und ihr Beitrag zum Bruttosozialprodukt des Landes lag schätzungsweise bei 20-40 Prozent. 2016 lebten 13 Millionen Menschen bzw. 9 Prozent der Bevölkerung in Monostädten (2008 waren es 24 Millionen bzw. 17 Prozent). Für Subventionen zur Entwicklung von Monostädten werden beträchtliche Haushaltsmittel aufgewandt: 2009 waren es 24 Milliarden Rubel, 2016 noch 12,9 Milliarden.

einer spezifischen Form des »bedingten Eigentums« an Wohnungen, die erhebliche Auswirkungen auf die heutige russische Politik und Massenpsychologie hat.[150]

Eng verbunden mit den materiellen sind die sozialen Gegebenheiten. Wie Fiona Hill und Clifford Gaddy in ihrem Buch *The Siberian Curse* darlegen, erschwert die von der totalitären Logik der Industrialisierung geprägte Siedlungsstruktur bis heute die Demokratisierungsbestrebungen in Russland:

> Die Zerstreuung der Einwohner über den geografischen und thermischen Raum und die spärlichen physischen und wirtschaftlichen Verbindungen zwischen den Zentren erweisen sich als schwerwiegende Hindernisse für die künftige Entwicklung des Landes. Die räumliche Verteilung der Bevölkerung Russlands, aus der zudem mangelnde Verbundenheit untereinander resultiert, ist nicht nur wirtschaftlich, sondern auch politisch von Nachteil. Physische und persönliche Verbindungen innerhalb der Bevölkerung sind eine natürliche Grundlage für individuelle und gruppenbezogene Bindungen und fördern den wirtschaftlichen, politischen und sozialen Zusammenhalt. Kurz: Distanz ist ein Hemmnis für die Demokratie.[151]

DAS SYSTEM DER INSTITUTIONEN

Fast alle staatlichen Institutionen im heutigen Russland sind aus dem »stalinistischen Projekt« hervorgegangen. Das gilt an erster Stelle für das vertikale Regierungssystem selbst, in dem die Regierung nicht als politisches Subjekt agiert, sondern eher eine Ansammlung von Funktionären ist, die Weisungen von oben ausführen. Es war kein anderer als Stalin, der das System der persönlichen Macht perfektionierte und sicherstellte, dass alle Institutionen in seiner Umgebung zweitrangig und bedeutungslos waren (bezeichnenderweise gehörte der offizielle

150 Siehe dazu Trudoljubov, Maksim, *Ljudi za zaborom. Častnoe prostranstvo, vlast' i sobstvennost' Rossii.* Moskau 2015.

151 Hill, Fiona / Gaddy, Clifford G., *The Siberian Curse: How Communist Planners Left Russia Out in the Cold.* Washington, D. C. 2003, S. 101 f.

Staatschef Michail Kalinin nicht zu den vier – und ab 1945 fünf – Mitgliedern der inoffiziellen Führungsgruppe um Stalin). Das System des Parteiaufbaus, bei dem die Partei nicht die Interessen ihrer Mitglieder und Wähler vertritt, sondern dies nach ideologischen Vorgaben simuliert, wurde während der jahrzehntelangen Vorherrschaft der KPdSU verfeinert.

Auf sie geht auch die Institution von Wahlen zurück, die lediglich den Anschein von Demokratie erwecken bzw. die Existenz von Parteien legitimieren sollen, während echte Wahlalternativen als Gefahrenquelle betrachtet werden. (Die Wahlen zum Obersten Sowjet der UdSSR auf der Grundlage der neuen Sowjetverfassung 1937 – die ersten allgemeinen Wahlen in der sowjetischen Geschichte, bei denen ursprünglich mehrere Kandidaten gegeneinander antreten sollten – waren »eine der grandiosesten politischen Betrügereien Stalins«; sie dienten dazu, die parteistaatliche Diktatur auf breiter Front zu legitimieren,[152] und der »Wahlkampf« bot eine weitere Gelegenheit, die Gesellschaft von unzuverlässigen Elementen zu »säubern«.[153])

Die Unterordnung des Gerichtswesens unter die Exekutive, die Herrschaft einer »sozialistischen Gesetzlichkeit« (in der die »Zweckdienlichkeit für den Staat« Vorrang vor den Rechten der Bürger hat) und das chronisch unreformierbare straforientierte Justizsystem – all das sind Hinterlassenschaften des stalinistischen Modells.[154] Das Gleiche gilt für die russischen Sicherheitsbehörden mit ihrer überzentralisierten und aufgeblähten Struktur bei minimaler Effizienz. Ein weiteres Vermächtnis der Stalinzeit sind die weitreichenden Befugnisse der Staatsanwaltschaft, die den Staat nicht nur in Strafverfahren

152 Papkov, Sergei, »Vybory v Verchovnyj Sovet SSSR 1937 goda. Vnedrenie sovetskich izbiratel'nych manipuljacij«. *Voprosy istorii* 11/2016, S. 3ff.

153 Pavlova, Irina, »1937: vybory kak mistifikacija, terror kak real'nost'«. *Voprosy istorii* 10/2003, S. 19ff.

154 Pallot, Judith, »The Topography of Incarceration: The Spatial Continuity of Penality and the Legacy of the Gulag in Twentieth- and Twenty-First-Century Russia«. *Laboratorium: Russian Review of Social Research* 7 (1) 2015, S. 26ff. (Die gesamte Ausgabe der Zeitschrift ist ein Themenheft zum Erbe des Gulag im heutigen Alltag.)

vertritt, sondern auch eine »allgemeine Aufsicht« ausübt, ohne sich dabei um den Schutz der Bürgerrechte zu kümmern. Dies erleichtert es ihr, Einfluss auf Gerichtsverhandlungen zu nehmen, auch in politischen und wirtschaftlichen Verfahren.

Die Zunahme der politisch motivierten Verfolgung nach 2014 geht nicht darauf zurück, dass die Staatsmacht gezielt auf Repressionsmaßnahmen zurückgreift, sondern wird auch durch die Logik des Strafverfolgungssystems selbst befördert: Eine Behörde, die ihre Stellung im Staatsgefüge festigen will, tut dies am besten, indem sie demonstrative Aktivitäten entfaltet. Die zahlreichen Zeugnisse für Folter und Misshandlungen in russischen Strafkolonien, die im Sommer 2018 bekannt wurden, erinnern einmal mehr daran, dass das Strafvollzugssystem auch heute noch die »Geburtsmale« des Gulag trägt.[155] Es »ist ein Staat im Staate geblieben – es ist in sich geschlossen, verleitet das Personal zur Brutalität und behandelt die Gefangenen nicht als Personen, sondern als Arbeitsressource«.[156]

Schließlich weist auch der FSB zahlreiche Abstammungsmerkmale der sowjetischen politischen Polizei auf. Die Mitarbeiter und Leiter dieser Behörde betrachten sie ganz offen als Nachfolgerin des KGB, des NKWD und der Tscheka. Sie ist vollkommen abgeschottet und wird weder von der Öffentlichkeit noch von den Zivilbehörden kontrolliert. Den Anzeichen nach zu urteilen, die gelegentlich aus dieser »Black Box« nach außen dringen, geht es vielen Vertretern dieser

155 Siehe etwa: »The Evolution of Prisons and Penality in the Former Soviet Union«. *The Journal of Power Institutions of Post-Soviet Societies*. 2018, Ausgabe 19.

156 Leonova, Ksenija, »Archipelag FSIN. Kak ustroena ėkonomika tjuremnoj sistemy Rossii«. *Sekret firmy*, 30. 01. 2017. https://secretmag.ru/arhipelagfsin.htm (Abrufdatum 3. 10. 2022). In diesem Fall kann man in einem ganz elementaren Sinn von Kontinuität sprechen: »Menschenrechtsaktivisten schätzen, dass mehr als 10 Prozent der FSIN-Mitarbeiter Kinder und Enkelkinder von Mitarbeitern des Gulag und seiner sowjetischen Nachfolger sind«. Das ist in erster Linie nicht einmal ein moralisches, sondern ein soziales Problem. Dass sich das System dynastisch reproduziert, liegt zu einem Großteil daran, dass sich an den Standorten der Gefängnislager nur schwer Arbeit außerhalb des Strafvollzugs finden lässt und Leute, die nicht aus dem System kommen, sich nicht gerade um diese Tätigkeit reißen.

Organisation – wie schon in der Stalin-Ära – nicht um die Wahrung der Sicherheit und Rechtsstaatlichkeit im Land, sondern vor allem um die Ausweitung ihres Einflusses.

Das institutionelle Erbe beschränkt sich nicht auf die Staatsverwaltung und die Funktion der Sicherheitsorgane. Ein großer Teil der heutigen Institutionen in Russland geht auf die Sowjetzeit zurück. Hier sei nur ein Beispiel angeführt. Das heutige Gesundheitssystem Russlands mit seiner administrativen Befehlshierarchie, Fragmentierung, Mehrklassenstruktur und Nähe zu Staatsunternehmen ist der unmittelbare Nachfolger des sowjetischen »Semaschko-Modells«, das »des äußeren Anscheins wegen mit dem Feigenblatt eines Versicherungsmodells bedeckt wurde«.[157] Versuche, ein neues Versicherungssystem zu etablieren, treten seit Jahren auf der Stelle, weil die dazu notwendige Demontage des sowjetischen Erbes bis heute noch nicht abgeschlossen ist.[158]

DIE SOZIALEN MECHANISMEN

Der dritte Bereich, in dem der Stalinismus auf die Gegenwart einwirkt, ist sein gesellschaftliches Erbe. Ein zentraler Aspekt des sowjetischen Modells, der bis heute fortbesteht, ist das staatliche Monopol auf Kollektivität. Es erklärt die geradezu panische Angst der Staatsführung vor dem Entstehen horizontaler Beziehungen, die eine Zusammenarbeit innerhalb der Zivilgesellschaft ermöglichen. Die neuralgische Reaktion der Regierung auf die nichtsystemische Opposition und generell jede Art von Betätigung außerhalb des Systems, der Kampf gegen Nichtregierungsorganisationen und Parteibildungen »von unten« sowie die Versuche, Nationalisten und Fußballfans unter ihre Kontrolle zu bringen, sind vor diesem Hintergrund zu begreifen. Die Sorge um die Wahrung des Monopols auf Kollektivität ist auch Ursache

157 Nazarov, Vladimir / Sisigina, Natal'ja, »Sistema zdravoochranenija: voskrešenie dinozavra«. *Vedomosti*, 13. 07. 2015. https://www.vedomosti.ru/opinion/articles/2015/07/14/600422-voskreshenie-dinozavra (Abrufdatum 3. 10. 2022).

158 »Rocky road from the Semashko to a new health model. Interview by Fiona Fleck«. *Bulletin of the World Health Organisation*, 2013, Ausgabe 91 (5), S. 320f.

für die Gegenveranstaltungen, die der Staat unweigerlich als Reaktion auf Proteste aus der Gesellschaft organisiert – etwa die Kundgebung auf dem Poklonnaja-Hügel 2012 nach den Demonstrationen am Bolotnaja-Platz oder das Konzert zur Feier der Krim-Annexion 2014 nach Protesten gegen den Krieg in der Ukraine.

In einem solchen Umfeld braucht der Staat die Infrastruktur des Totalitarismus gar nicht neu zu errichten – er muss nur die gewohnte soziale Desintegration aufrechterhalten, indem er alle Impulse, die etwas Neues hervorbringen könnten, im Keim erstickt und in Gefahrensituationen verschiedene Teile der Gesellschaft gegeneinander ausspielt, um soziale Spaltungen zu provozieren. Gerade unter diesen Bedingungen erweist sich die Methode als besonders erfolgreich, auf die sich die Ideologie des Großen Terrors stützte: die manipulative Einung der Gesellschaft gegen äußere und innere Feinde. Die Gesellschaft mag unfähig sein, sich um Werte herum zu solidarisieren, aber sie kann sich gut gegen einen gemeinsamen Feind zusammenschließen. Auch die Liste dieser Feinde geht unmittelbar auf die stalinistische Vergangenheit zurück. Sie umfasst neben dem Westen alle innerhalb der Gesellschaft, die irgendwie *anders* sind – von den »Inorodzy« (den »fremdstämmigen«, d. h. nichtslawischen Volksgruppen in Russland bzw. der Sowjetunion, gegen die vor allem während der »nationalen« Sondereinsätze 1937-1938 und der Deportationen während des Zweiten Weltkriegs gezielt Hass geschürt und ausgenutzt wurde) bis zur »fünften Kolonne« der Dissidenten.

Dass ein großer Teil der Gesellschaft nicht in der Lage ist, sich im sozialen Leben an Werten zu orientieren, ist das Ergebnis von Generationen bewusster Desintegrationsarbeit. Allzu oft sind Werte diskreditiert und diejenigen, die für sie einstanden, umgebracht oder gezwungen worden, sich von ihnen loszusagen. Deshalb fehlt in der Gesellschaft die Vorstellung, dass Werte etwas Beständiges sind, woran man sich im eigenen Leben halten kann. Dabei sind sie nicht etwa ganz in Vergessenheit geraten, sondern nur aus der gesellschaftspolitischen Realität in den Bereich der persönlichen Beziehungen verbannt worden. Wo es keine Überzeugungen und Werte gibt, bleibt vielen nur eines übrig – die Macht zu unterstützen, ganz gleich, ob sie nun die helle oder die dunkle Seite repräsentiert.

Eine unmittelbare Folge dieser Situation ist, dass die Idee des »starken Staates« im Bewusstsein der Massen den Vorzug vor der Idee vom Wert des Individuums erhält. Die Wahl zwischen diesen beiden Optionen bestimmt entscheidend mit, welche Prioritäten bei der Entwicklung von Staat und Gesellschaft gesetzt werden. Was den Bürgerinnen und Bürgern Russlands hier im Weg steht, ist nicht die Frage der Zugehörigkeit zu einem »liberalen« oder »etatistischen« Überzeugungssystem. Es sind psychologische Mechanismen, die sich einer bewussten Auseinandersetzung als weit schwieriger zugänglich erweisen.

ZWEITER TEIL – ANALYSE

Einführung

Im 20. und beginnenden 21. Jahrhundert haben zahlreiche Länder mehr oder weniger erfolgreich den Weg von der Diktatur zur Demokratie zurückgelegt. Im Folgenden soll es um die Erfahrungen mit der Vergangenheitsaufarbeitung in einigen dieser Länder gehen. Der Anspruch, die weltweiten Erfahrungen mit der Vergangenheitsaufarbeitung umfassend darzustellen, wäre aber nicht nur vermessen, sondern auch schlicht nicht möglich: Mit dieser Aufgabe befassen sich ganze Forschungszweige. Allein im Rahmen der Palgrave Macmillan Memory Studies, der maßgeblichen Publikationsreihe auf diesem Gebiet, sind in den letzten zehn Jahren mehr als siebzig Bücher erschienen.

Die Auswahl der sechs hier vorgestellten Länder dient mehreren Zielen.

Erstens sollten besonders prägnante und zugleich möglichst unterschiedliche »Modellbeispiele« der Vergangenheitsaufarbeitung dargelegt werden, um das ganze Spektrum möglicher Herangehensweisen aufzuzeigen. Dabei ist zu berücksichtigen, dass die Revision der Vergangenheit sowohl »von außen« (wie in Deutschland) als auch »von innen« (wie in Argentinien) angestoßen werden kann.

Zweitens sollten die Erfahrungen von Ländern betrachtet werden, die Entsprechungen zur Situation in Russland aufweisen – sei es die Tendenz, die Auseinandersetzung mit den historischen Verbrechen der Vergangenheit um der Zukunft willen zu blockieren, wie im Fall Spaniens, oder die hochmütige Vorstellung eines nationalen »Sonderwegs« und das Festhalten an destruktiven Ambitionen, wie im Fall Japans.

Drittens war es wichtig, eine Situation zu analysieren, in der die Aufarbeitung der Vergangenheit mit der Suche nach einem Weg zur Versöhnung einer gespaltenen Gesellschaft einherging. Hier kommt dem Beispiel Südafrikas mit dem dort entwickelten Modell der Wahrheits- und Versöhnungskommission besondere Bedeutung zu.

Viertens galt es, sich die Erfahrung in den osteuropäischen Ländern anzusehen, wo es bei der Auseinandersetzung mit der kommunistischen Vergangenheit viele Parallelen zu Russland gibt. Dies wird am Fall Polens durchgeführt. Und schließlich wäre die Liste der Beispiele unvollständig ohne die asiatischen Länder, gerade weil die Erfahrung bei der Vergangenheitsbearbeitung dort oft nicht vergleichbar mit der in Europa ist. Hier kommt wiederum Japan ins Spiel, das sowohl Ähnlichkeiten als auch sehr große Unterschiede zu Russland aufweist. Einige der in diesem Teil vorgestellten Fälle können als paradigmatisch für ganze Weltregionen begriffen werden. So verdichtet sich am Beispiel Argentiniens die Erfahrung der lateinamerikanischen Länder (hier sind auch Chile und Brasilien sehr wichtig), am Beispiel Polens die Situation in Osteuropa und am Beispiel Japans die Aufarbeitung in den asiatischen Ländern.

Trotzdem bleiben selbst bei einer solchen Auswahl eine Reihe wichtiger Fälle und Entwicklungen außen vor – etwa Frankreich, das sich mit seiner Kolonialvergangenheit und NS-Kollaboration zur Zeit des Vichy-Regimes auseinandersetzen muss.[1] Dort gibt es interessante Erfahrungen in der Vergangenheitsarbeit. So existiert etwa ein französisch-deutsches Geschichtslehrwerk, das von Autoren aus beiden Ländern verfasst wurde und so die unterschiedlichen Perspektiven auf die problematischen Aspekte der gemeinsamen Geschichte einbezieht.[2] Auch Italien hätte Beachtung verdient. Dort gestaltet sich das Verhältnis zum Faschismus historisch bedingt sehr viel komplexer und differenzierter als die Einstellung zur NS-Vergangenheit in

1 Einige Publikationen zu diesem Thema sind heute Klassiker der interdisziplinären Gedächtnisforschung, etwa Henry Roussos Buch über das »Vichy-Syndrom« (Rousso, Henry, *Le Syndrome de Vichy de 1944 a nos jours*. Paris 1987). Aus diesem Werk stammt die bekannte Wendung »Vergangenheit, die nicht vergeht« (*passé qui ne passe pas*).

2 Im Rahmen des Projekts »Histoire/Geschichte« sind drei zweisprachige Schulbücher erschienen: »Europa und die Welt seit 1945« (2006); »Europa und die Welt vom Wiener Kongress bis 1945« (2008) und »Europa und die Welt von der Antike bis 1815« (2012).

Deutschland.[3] Hinzu kommt die Diskussion über den Umgang der Gesellschaft mit dem linken Terror der 1970er Jahre, die ein Thema für sich ist.[4] In Österreich erwies sich der Mythos, das Land sei selbst ein Opfer Hitlerdeutschlands gewesen, als dienlich, um die Auseinandersetzung mit der eigenen Mitverantwortung für die NS-Verbrechen herunterzuspielen.[5]

Für den postsowjetischen Raum ist auch die Debatte in den baltischen Ländern über die Verantwortung für die Mitwirkung am Holocaust äußerst wichtig. Bezeichnend sind hier die Reaktionen auf Rūta Vanagaitės Buch *Mūsiškiai* (»Die Unsrigen«)[6] innerhalb und außerhalb Litauens. Auch die britische Erfahrung mit der Aufarbeitung der tragischen Erinnerung an den Zweiten Weltkrieg und den Holocaust verdient Beachtung. Sie setzt sich einerseits von der europäischen ab und stützt sich andererseits auf gemeinsame Prinzipien.[7] Ein äußerst vielschichtiger Themenkomplex ist schließlich die Erinnerung an die problematischen Kapitel der US-amerikanischen Geschichte. An erster Stelle steht hier die Aufarbeitung der Sklavenhalter-Vergangenheit. Auf diesem Gebiet hat die Erinnerungskultur einen ähnlich weit entwickelten Stand erreicht wie das Gedenken an den Holocaust. Für

3 Bosworth, R. J. B. / Dogliani, Patrizia (Hgg.), *Italian Fascism. History, Memory and Representation*. London 1999.

4 Siehe etwa Betta, Emmanuel, »Memorie in conflitto. Autobiografie della lotta armata«. In: *Contemporanea* XII (2009) 4, S. 673-702.

5 Siehe dazu: Uhl, Heidemarie, »Vom Opfermythos zur Mitverantwortungsthese: NS-Herrschaft, Krieg und Holocaust im ›Österreichischen Gedächtnis‹«. In: Gerbel et al., *Transformationen gesellschaftlicher Erinnerung. Studien zur Gedächtnisgeschichte der Zweiten Republik*. Wien 2005, S. 50-85.

6 Vanagaitė, Rūta, *Mūsiškiai*. Vilnius 2016. Englische Fassung: Vanagaitė, Rūta / Zuroff Efraim, *Our People. Discovering Lithuania's Hidden Holocaust*. Lanham (ML) 2016. – Das Buch, das die Beteiligung der litauischen Bevölkerung am Holocaust thematisiert, wurde in Litauen viel gekauft und gelesen, stieß aber auch auf breite öffentliche Empörung. Vgl. dazu etwa das Interview mit der Autorin in der *taz* vom 22. 04. 2018: https://taz.de/Autorin-ueber-Antisemitismus-in-Litauen/!5497083/ (Abrufdatum 10. 12. 2022).

7 Sharples, Caroline / Jensen, Olaf (Hgg.), *Britain and the Holocaust. Remembering and Representing War and Genocide*. Basingstoke 2013.

den Umgang mit dem kolonialen Erbe – das Verhältnis zu den indigenen Völkern Nordamerikas und Hawaiis – gilt das in sehr viel geringerem Maß. Hinzu kommt die Frage der Verantwortung für die militärischen Aggressionen der USA im 20. und 21. Jahrhundert, die Atombombenabwürfe auf Japan und die Kriege in Vietnam, im Irak und in Afghanistan.[8]

Besonders schwierig ist die Bewältigung vergangenen Unrechts dort, wo die Verbrechen ein exzeptionelles Ausmaß erreichten und regionale Besonderheiten hinzukamen. Dies gilt etwa für die Völkermorde in Kambodscha 1975-1979,[9] in Ruanda 1994[10] und in den jugoslawischen Zerfallskriegen der 1990er Jahre.[11]

Äußerst interessant im Hinblick auf die russische Situation wäre eine Untersuchung der Gedenkpolitik und der Mechanismen der Übergangsjustiz in China.[12] Wie die Sowjetunion hat China nicht nur eine kommunistische Diktatur durchlebt, sondern auch eine –

8 Eyerman, Ron, *Cultural Trauma. Slavery and the Formation of African American Identity*. Cambridge 2001; Martin, Michael T. / Yaquinto, Marilyn (Hgg.), *Redress for Historical Injustices in the United States. On Reparations for Slavery, Jim Crow, and Their Legacies*. Durham 2007; Ross, Marc Howard, *Slavery in the North. Forgetting History and Recovering Memory*. Philadelphia 2018; Wiest, Andrew / Barbier, Mary Kathryn / Robins, Glenn (Hgg.), *America and the Vietnam War. Re-examining the Culture and History of a Generation*. New York 2009.

9 Beispiele für eine hybride Rechtsprechung während der Übergangszeit in Kambodscha finden sich in: Gidley, Rebecca, *Illiberal Transitional Justice and the Extraordinary Chambers in the Courts of Cambodia*. Cham 2019.

10 Siehe etwa Jessee, Erin, *Negotiating Genocide in Rwanda. The Politics of History*. Cham 2017. Ibreck, Rachel, »A Time of Mourning: The Politics of Commemorating the Tutsi Genocide in Rwanda«. In: Lee, Philip / Thomas, Pradip Ninan (Hgg.), *Public Memory, Public Media and the Politics of Justice*. London 2012, S. 98-120.

11 Siehe etwa Palmberger, Monika, *How Generations Remember Conflicting Histories and Shared Memories in Post-War Bosnia and Herzegovina*. London 2016.

12 Die Auseinandersetzung mit dem Erbe des Maoismus in China und die »Übergangsjustiz ohne Demokratisierung« sind Gegenstand eines interessanten Projekts von Wissenschaftlern des Sinologischen Instituts der Universität Freiburg: The Maoist Legacy: Party Dictatorship, Transitional Justice and the Politics of Truth. Projekt-Website: https://www.maoistlegacy.de/ (Abrufdatum 5. 02. 2022).

größtenteils durch soziopolitische Faktoren verursachte – Hungersnot (1959-1961, mit schätzungsweise 15 bis 30 Millionen Opfern) und eine Entsprechung zum »Großen Terror« – die »Kulturrevolution« von 1966-1976 mit Millionen von Todesopfern und schätzungsweise 100 Millionen Betroffenen. Später fand China Anschluss an die Weltwirtschaft, behielt aber seine Regierungsform bei. Damit liegt es per definitionem außerhalb des hier gesteckten Betrachtungsrahmens, der sich auf Beispiele für den Übergang von einer alten zu einer neuen politischen Ordnung beschränkt.

Schon ein kurzer Abriss der hier genannten Fälle böte genug Material für eine eigene Studie. Ihre wichtigsten Merkmale werden jedoch nach Möglichkeit im dritten Teil berücksichtigt.

Dieses Buch soll unter anderem dazu beitragen, die Debatte über Erfahrungen anderer Länder bei der Vergangenheitsaufarbeitung anzuregen, die für die Situation in Russland von Nutzen sein können. Deshalb wird zu den Kapiteln über die einzelnen Länder jeweils eine Liste mit der wichtigsten wissenschaftlichen Literatur bereitgestellt. Diese Listen finden sich im Anhang und können allen zur Orientierung dienen, die keine Fachleute sind, sich aber näher über das Thema informieren möchten.

1. Argentinien. Mütter gegen die Diktatur

Im Dezember 2017 fand in der Zentrale der argentinischen Menschenrechtsorganisation »Großmütter von der Plaza de Mayo« eine Pressekonferenz statt. Es ging um ein bewegendes Ereignis: Die 86-jährige Blanca Díaz de Garnier war nach 40-jähriger Suche mit ihrer Enkelin Adriana vereint, die im Gefängnis geboren und in einer Pflegefamilie aufgewachsen war. Adrianas Eltern hatten einer linken Studentenorganisation angehört und waren – wie Zehntausende anderer Menschen – von der Militärjunta, die von 1976 bis 1983 in Argentinien herrschte, verschleppt und umgebracht worden. Schon einige Monate früher hatte Adriana einen DNA-Test gemacht, doch erst im Dezember fand sich in der Datenbank der CONADI (*Comisión Nacional por el Derecho a la Identidad* / Nationale Kommission für das Recht auf Identität) eine Übereinstimmung. Ihr Fall war der 126., in dem die Identifizierung gelang. Insgesamt hatte die Junta ihren Opfern über 500 Kinder weggenommen und sie zur Adoption an Familien aus dem Militär und der Nomenklatura gegeben. Solche familiären Verbindungen zwischen den Vertretern der Diktatur und ihren Opfern sind ein Spezifikum der schwierigen Vergangenheit Argentiniens. Die Vergangenheitsbewältigung in diesem Land ist ein – wenn auch keineswegs perfektes – Beispiel für eine relativ erfolgreiche Demokratisierung, die sich dem Druck aus der Gesellschaft verdankte.

Die Vorgeschichte: Perón und der Peronismus

In der 200-jährigen Geschichte Argentiniens war die Regierungsform der Militärjunta eher Regel als Ausnahme. Von der Unabhängigkeit Anfang des 19. Jahrhunderts an bis zur Mitte des 20. Jahrhunderts stand das Land die meiste Zeit unter militärischer Herrschaft. Die Regierung Juan Domingo Peróns, des bekanntesten argentinischen

Abb. 1. Estela de Carlotto, die Präsidentin der Großmütter von der Plaza de Mayo (Mitte), mit Angehörigen einer Enkelin, deren Eltern während der Herrschaft der Junta umgebracht wurden und die die Organisation ausfindig machen konnte

Präsidenten, verband Elemente von Militärdiktatur und Populismus. Perón, Teilnehmer des Militärputschs von 1943, hatte sich nach dem Umsturz als Leiter des von ihm geschaffenen Ministeriums für Arbeit und soziale Sicherheit Popularität unter den argentinischen Arbeitern erworben. 1946 wurde er mit 54 Prozent der Stimmen zum Präsidenten gewählt. Er schränkte die Meinungsfreiheit ein und brachte Gerichte und Gewerkschaften unter seine Kontrolle. Zugleich förderte er die politische Einbindung der Arbeiterklasse. Als autoritärer Populist, der sich auf die Unterstützung der Mehrheit verließ, wurde Perón zum Proponenten des gesellschaftlichen Wandels. Seine Frau Eva, bekannt als Evita, sicherte dem Regime die Unterstützung der Frauen und des einfachen Volks. Auch sie war letztlich eine autoritäre Populistin, die etwa unabhängigen Wohltätigkeitsstiftungen den Kampf ansagte, sobald diese ihrem eigenen Einfluss gefährlich wurden. Bei den nächsten Wahlen (1951) erhielt Perón 64 Prozent der Stimmen,

Abb. 2. Juan und Eva Perón auf dem Balkon der Casa Rosada, der Residenz des Präsidenten in Buenos Aires, im Jahr 1950

vor allem dank der Unterstützung von Frauen, die 1947 das Wahlrecht erhalten hatten.

Das Militär verhielt sich ruhig, solange alles in seinem Sinne lief. 1952 schwand jedoch angesichts wirtschaftlicher Probleme der Rückhalt für Perón. Im selben Jahr starb Evita. Perón wurde von den Militärs abgesetzt und begab sich ins Exil zu Franco nach Spanien. Von 1955 bis 1973 regierte eine Militärjunta.

1973 kehrte Perón nach Argentinien zurück und übernahm wieder die Macht, konnte jedoch die gespaltene Gesellschaft nicht einen. Bei seiner Ankunft auf dem Flughafen Ezeiza wurde er von bis zu 3,5 Millionen Menschen begrüßt. Dabei kam es – provoziert durch Rechtsradikale – zu Zusammenstößen zwischen rechten und linken Peronisten. 13 Menschen kamen durch Schüsse ums Leben, über 300 wurden verletzt.

Der »schmutzige Krieg« 1976-1983: Die Verschwundenen

Nach Peróns Tod im Jahr 1974 übernahm offiziell seine dritte Frau Isabel die Regierungsgeschäfte. Tatsächlich kämpften die rechte und die linke Fraktion der Peronistischen Partei um die Macht. Die Militärs trauten Isabel Perón nicht zu, die Situation unter Kontrolle zu behalten. Am 24. März 1976 stürzten sie die Regierung, angeblich um das Land vor einem drohenden Bürgerkrieg zu bewahren. Isabel Perón wurde in Patagonien unter Arrest gestellt.

Der Putsch lief unter dem Namen »Operation Unabhängigkeit« (*Operativo Independencia*), und die anschließende Diktatur nannte sich »Prozess der nationalen Reorganisation« (kurz *El Proceso*). Unter dem Vorwand des Kampfes gegen den Terrorismus (hauptsächlich die linksradikale Stadtguerilla *Montoneros*) und die linke Opposition – zusammengefasst als *subversivos* – entfesselte die Junta einen selbst für das leidgeprüfte Lateinamerika beispiellosen Terror.

Das Besondere an den Repressionen in Argentinien war, dass sie im Geheimen stattfanden. Statt offen gegen missliebige Kräfte vorzugehen, setzte die Junta auf verdeckte Operationen. Im argentinischen »schmutzigen Krieg« blieb nicht einmal der Anschein eines Rechtswegs mit Gerichtsverfahren und Urteilen gewahrt. Die Menschen verschwanden einfach, sie wurden zu Hause, am Arbeitsplatz oder auf der Straße festgenommen. Der Ausdruck »*los desaparecidos*« (»die Verschwundenen«) galt bald als Bezeichnung für die Opfer der Junta – Menschen, die offiziell als vermisst galten, aber tatsächlich verschleppt worden waren. Sie wurden in insgesamt über 500 Geheimgefängnissen in allen Teilen des Landes verhört, gefoltert und »umerzogen«. Das größte dieser Gefängnisse befand sich in der Technikschule der Marine (ESMA = Escuela de Mecánica de la Armada). Allein hier kam ein Sechstel aller Menschen zu Tode, die in den Jahren der Militärdiktatur entführt wurden. Nur wenige *Desaparecidos* überlebten. Die Opfer wurden erschossen, mit Beton übergossen, unter Drogen gesetzt und aus Flugzeugen ins Meer geworfen. Diese »Todesflüge« stehen heute sinnbildlich für den »schmutzigen Krieg«,

Abb. 3. Mitglieder der argentinischen Junta, 1976

so wie die Gaskammern für den Holocaust. In den Geheimgefängnissen geborene Kinder trennte man von ihren Müttern und gab sie in Familien aus dem Militär und der Nomenklatura.

Das Regime wollte durch das Aus-dem-Verkehr-Ziehen von Menschen vor allem das Widerstandspotenzial der Gesellschaft schwächen. Das brachte der Juntachef Jorge Videla zum Ausdruck, als er auf Entführungsvorwürfe öffentlich erwiderte: »Die Leute sind weder lebendig noch tot, sie sind verschwunden.« Doch eben das machte es auch unmöglich, die Verschwundenen zu vergessen. Der Schmerz der Angehörigen und die Angst der ganzen Gesellschaft wurden gleichsam konserviert. Der französische Historiker Bruno Groppo, Koautor des Buchs *La imposibilidad del olvido* (»Die Unmöglichkeit des Vergessens«),[13] das sich mit der Erinnerung an staatliche Gewaltverbrechen in Lateinamerika befasst, schreibt:

13 Groppo, Bruno / Flier, Patrizia, *La imposibilidad del olvido. Recorridos de la memoria en Argentina, Chile y Uruguay*. La Plata 2001.

> Es ist die Art des Verbrechens selbst, der Charakter des Staatsterrors, der das Vergessen unmöglich macht. Die Entführung verhinderte, dass im Familienkreis oder in der Öffentlichkeit um die Menschen getrauert werden konnte, und versetzte sie in eine Art ewige Gegenwart. Diese repressive Methode erwies sich als kurzfristig sehr effektiv: Sie versetzte die Gesellschaft in Schrecken und lähmte ihre Aktivität. Eine langfristige Folge, die das Militär womöglich selbst nicht vorhergesehen hatte, war jedoch, dass sich dieses Kapitel im Buch der Vergangenheit nicht endgültig zuschlagen ließ. Die Entführten blieben ja in gewissem Sinn bei den Lebenden und führten […] ihre gesonderte Existenz im sozialen Raum fort.[14]

Endgültige Schätzungen über die Zahl der *Desaparecidos* liegen nicht vor. Die Zahl der offiziell bestätigten Fälle umfasst etwa 12 000 Personen, aber es besteht Einigkeit darüber, dass sie nicht vollständig ist. Internationale Menschenrechtsorganisationen schätzen, dass während der Herrschaft der Junta ca. 20 000-30 000 Menschen zu Tode gekommen sind.

Die Mütter und Großmütter von der Plaza de Mayo

Die unerträgliche Ungewissheit über das Schicksal der vermissten Angehörigen setzte eine einzigartige gesellschaftliche Bewegung in Gang, die schließlich zum Zusammenbruch der argentinischen Diktatur beitrug. Am 30. April 1977 demonstrierten 13 Frauen vor dem Präsidentenpalast auf der (nach der Mairevolution von 1812 benannten) Plaza de Mayo in Buenos Aires gegen die Entführung ihrer Kinder. Sie nannten sich *Madres de Plaza de Mayo* – die Mütter von der Plaza de Mayo. Wenig später kamen die *Abuelas de Plaza de Mayo* (Großmütter von der Plaza de Mayo) hinzu, die es sich zur Aufgabe machten, nach den Kindern von Entführten zu suchen und sie zu identifi-

14 Vortrag am 17. Februar 2005 im Café Bilingua in Moskau im Rahmen des Projekts »Polit.ru Public Lectures«. https://www.polit.ru/article/2005/02/25/groppo/ (Abrufdatum 6. 02. 2022).

Abb. 4. Die zwölf an der Gründung der Mütter der Plaza de Mayo beteiligten Personen, die im Dezember 1977 entführt und ermordet wurden

zieren. Schon bald fanden die Kundgebungen wöchentlich statt und das Bild der Frauen mit weißem Kopftuch, die Fotos ihrer entführten Kinder in den Händen hielten, wurde zu einem Symbol des Widerstands. Anfangs waren es nur wenige. Sie liefen paarweise um den Platz, weil Protestkundgebungen von mehr als drei Personen verboten waren. Um auf ihr Anliegen aufmerksam zu machen, veröffentlichten sie in überregionalen Zeitungen Anzeigen mit den Namen ihrer verschwundenen Kinder.

Abb. 5. Umzug der Mütter auf der Plaza de Mayo in Buenos Aires, 1980er Jahre

Als die erste dieser Anzeigen erschien, wurden zwölf Personen aus dem Umfeld der Bewegung entführt. Auch die Gründerin Azucena Villaflor und ihre engsten Mitarbeiterinnen – darunter zwei französische Nonnen – verschwanden. Organisiert hatte die Verschleppungsaktion, wie sich später herausstellte, der junge Kapitänleutnant Alfredo Astiz. Er wurde unter dem Namen »El Ángel Rubio de la Muerte« (»Blonder Todesengel«) zu einem der Gesichter der Militärdiktatur. Einige Zeit nach der Entführung fand man im Meer mehrere nicht identifizierte Leichen. Die Autopsie ergab, dass sie beim Aufprall auf die Wasseroberfläche gestorben waren. Damit hatten sich die Gerüchte über die Todesflüge erstmals bestätigt. Die Leichen wurden in einem Massengrab beigesetzt und erst 2005 identifiziert.

Trotz dieser Ereignisse nahmen ein Jahr darauf schon mehrere hundert Menschen an den Umzügen auf der Plaza de Mayo teil. Im Dezember 1981 organisierten die Mütter erstmals eine *Marcha de la Resistencia* (Widerstandsmarsch). Sie liefen in weißen Kopftüchern und mit Bildern ihrer entführten Kinder und Angehörigen über die

Hauptstraße von Buenos Aires. Dieser Marsch findet seither jährlich statt und war bis Mitte der 2000er Jahre die größte öffentliche Kundgebung in Argentinien. Heute sind die Mütter von der Plaza de Mayo eine der einflussreichsten Menschenrechtsorganisationen weltweit. Immer noch sind auf dem Platz jeden Donnerstag um 15.30 Uhr ältere Frauen, die meisten jenseits der Achtzig, mit den auffälligen weißen Kopftüchern und den Bildern der *Desaparecidos* zu sehen.

Die standhaften Mütter und Großmütter erhielten zunehmend Unterstützung von Menschenrechtsorganisationen in Argentinien und im Ausland, wo sie immer bekannter wurden. Ende der 1970er Jahre bildeten sich ähnliche Bewegungen auch in Chile und El Salvador, deren Regime ebenfalls Menschen verschleppten. 1980 erhielt der argentinische Bildhauer, Künstler und Menschenrechtsaktivist Adolfo Pérez Esquivel den Friedensnobelpreis. Er hatte eine Organisation zur Unterstützung Angehöriger von *Desaparecidos* gegründet und war dafür selbst inhaftiert worden. Im selben Jahr erschien in der auflagenstärksten Zeitung Argentiniens, *Clarín*, ein offener Brief, in dem die Führung der Junta aufgefordert wurde, die Umstände der Verfolgungen und Entführungen zu untersuchen und öffentlich zu machen. Zu den Unterzeichnern gehörten die prominenten Schriftsteller Jorge Luis Borges und Ernesto Sabato sowie der spätere argentinische Präsident Raúl Alfonsín. Die Junta konnte die Repressionen nicht länger verheimlichen. Ihre Führung geriet im In- und Ausland immer mehr unter Druck.

Sturz der Junta und Beginn der Demokratisierung

Als sich die wirtschaftliche Situation verschlechterte und die Unzufriedenheit unter den Bürgern zunahm, beschlossen die Generäle 1982, ihren Popularitätsverlust mit einem »kleinen siegreichen Krieg« wettzumachen. Sie überfielen die Falklandinseln, die unter britischem Protektorat standen. Großbritannien kam seiner ehemaligen Kolonie zu Hilfe. Die Junta verlor den Krieg und damit fast jeglichen Rückhalt in der Bevölkerung. Ihr blieb nur noch der Versuch, sich an die Spitze des Demokratisierungsprozesses zu setzen, indem sie einen kontrollierten Machtwechsel einleitete, bei dem ihre Immunität gesichert war.

Zu diesem Zweck verabschiedete die Juntaführung am 22. September 1983 das »Gesetz der nationalen Befriedung«, das den Militärs für alle zwischen dem 25. Mai 1973 und dem 17. Juni 1982 begangenen Verbrechen Schutz vor Strafverfolgung garantierte. Gleichzeitig erteilte sie den geheimen Befehl, alle Unterlagen zu den Repressionen zu vernichten.

Im Oktober 1983 wurde Raúl Alfonsín zum Präsidenten gewählt. In den Jahren des »schmutzigen Krieges« hatte er in offener Opposition zur Junta gestanden. Eine seiner ersten Entscheidungen bestand darin, das »Gesetz der nationalen Befriedung« aufzuheben und eine nationale Kommission zum Verschwinden von Personen einzurichten – die *Comisión Nacional sobre la Desaparición de Personas*, abgekürzt CONADEP. Zu ihren Mitgliedern gehörten unter anderem der Schriftsteller Ernesto Sabato, Kardinal Jaime de Nevares, Rabbi Marshall Meyer und der Präsident der Universität von Buenos Aires, Ricardo Colombres. Die CONADEP war weltweit eine der ersten Kommissionen ihrer Art[15] und zugleich eine der erfolgreichsten. Sie war das Vorbild, an dem sich spätere Komitees bei den Grundlagen ihrer Arbeit orientierten.[16] Laut Alfonsín hatte die Kommission »nicht so sehr die Aufgabe zu bestrafen. Sie sollte vorbeugen; sie sollte sicherstellen, dass das, was in Argentinien geschah, sich künftig nicht mehr wiederholen würde, dass nie wieder Mitarbeiter des Staatsapparats argentinische Bürger nachts aus ihren Häusern holen, foltern oder töten würden.«

Die Meinungen über die Ergebnisse der Kommissionstätigkeit gehen auseinander. Die Mitglieder mussten unter sehr schwierigen Bedingungen arbeiten. Sie erhielten nur 180 Tage Zeit, und viele Leute

15 Die CONADEP war offiziell die dritte solche Kommission; vor ihr gab es bereits Kommissionen in Uganda (1974) und Bolivien (1982). Die erste diente jedoch letztlich dazu, die Herrschaft Idi Amins zu legitimieren, und die zweite hatte keine wirklichen Befugnisse.

16 Mehr dazu in Teil 3 dieses Buches (3. Kapitel).

fürchteten sich, über die Verbrechen der Junta auszusagen, weil sie noch immer verängstigt waren. Die Kommission konnte Beweismaterial zu 340 Geheimgefängnissen, 1300 in der Haft verschollenen Personen und 8960 Verschwundenen sammeln. Diese Zahlen waren alles andere als vollständig, aber sie wurden zur Grundlage für die weitere Arbeit von Menschenrechtsverteidigern und Aktivisten. Als 1985 der Abschlussbericht der Kommission unter dem Titel »Nie wieder« (*Nunca más*) veröffentlicht wurde, erregte er trotz all dieser Probleme ungeheures Aufsehen. Er wurde zum Bestseller und riss letztlich die Mauer des Schweigens ein, die den Terror der Junta umgeben hatte. Die Soziologen Alejandro Baer und Natan Sznaider resümieren in ihrem Buch *Memory and Forgetting in the Post-Holocaust Era*, das sich mit den globalen Änderungen der Erinnerungskultur in der zweiten Hälfte des 20. Jahrhunderts befasst:

> Nachdem die CONADEP Beweise von Menschenrechtsorganisationen gesammelt hatte, legte sie einen Bericht mit dem klassischen Titel »Nie wieder« vor, der unmittelbar auf die Geschichte des Holocaust und des Nationalsozialismus verwies (er griff die Inschrift der Gedenkstätte auf dem Gelände des Konzentrationslagers Dachau auf). Dies war in Lateinamerika und auch weltweit einer der ersten Abschlussberichte einer Wahrheitskommission. Er war das Modell für die Rechenschaftslegung über staatliche Gewalt, wie sie später auch in anderen Ländern praktiziert wurde. Argentinien wurde zum Vorbild für den globalen Prozess, den Kathryn Sikkink als »Kettenreaktion der Gerechtigkeit« bezeichnet hat – eine weltweite Revolution der Verantwortlichkeit. Die mit ihr verbundenen Elemente der Übergangsjustiz und Erinnerungsinitiativen haben auch andere Länder beeinflusst, in denen die Folgen von Staatsterror und Militärdiktaturen überwunden werden mussten.[17]

Dieser Abschlussbericht war Anstoß und Vorbild für die Initiativen, die sich mit dem Sammeln von Fakten zu Staatsverbrechen und zur

17 Baer, Alejandro / Sznaider, Natan, *Memory and Forgetting in the Post-Holocaust Era. The Ethics of Never Again*. London / New York 2016, S. 30.

Abb. 6. Ernesto Sabato übergibt Raúl Alfonsín den Bericht *Nunca más*

Bewahrung der Erinnerung an sie befassen und die seither überall auf der Welt in immer größerer Zahl entstehen. In dieser Hinsicht ist seine Bedeutung kaum zu überschätzen.

Zur gleichen Zeit, als der Bericht *Nunca más* veröffentlicht wurde, befasste sich auch die Kultur mit der kollektiven Erinnerung. 1985 erschien Luis Puenzos Film *Die offizielle Geschichte*, der die nationale Tragödie am Beispiel einer Familie erzählt. Die Premiere war auf den Anfang dieses Jahres verschoben worden, weil 1984 so viele politische Filme in die Kinos gekommen waren – unter anderem Lautaro Murúas *Cuarteles de invierno* (Wintergeschichten). *Die offizielle Geschichte* gewann einen Oscar und trug die Diskussion um den argentinischen Staatsterror auf die internationale Ebene.

1986 drehte Héctor Olivera den Film *Die Nacht der tausend Schreie.* Er basiert auf der wahren Geschichte einer Gruppe von Studenten, die in Geheimgefängnissen eingesperrt und gefoltert werden. Bei der Ausstrahlung im landesweiten Fernsehen sahen ihn etwa drei Millio-

Abb. 7. DVD-Cover des Films *La Noche de los Lápices* (*Die Nacht der tausend Schreie*) von Héctor Olivera (Handout)

nen Menschen. Da die Vorgänge in den Geheimgefängnissen praktisch nicht dokumentiert wurden und das Militär die erhaltenen Dokumente größtenteils vernichtet hatte, kam diesem Film selbst die Funktion eines Dokuments zu, das die kollektive Erinnerung formt. Er lieferte dem Publikum die fehlenden Bilder für einen ganzen Zeitabschnitt der Vergangenheit.

1985-1986 folgten Prozesse gegen die Juntaführung. Gegen 481 (anderen Quellen zufolge 600) Angehörige des Militär- und Polizeiapparats lagen Beschuldigungen vor. Ein Verfahren wurde jedoch nur gegen neun Personen eröffnet. Fünf von ihnen erhielten Haftstrafen zwischen vier Jahren und lebenslänglich, vier wurden auf freien Fuß gesetzt.

Der Verlauf des Prozesses bekräftigte noch einmal die Bedeutung des Berichts *Nunca más* für das kollektive Gedächtnis Argentiniens. Am 18. September 1985 hielt der Staatsanwalt eine Rede, die mit folgenden Worten endete: »Zum Schluss dieses Plädoyers möchte ich auf jede Originalität verzichten und Worte vorbringen, die bereits dem gesamten argentinischen Volk gehören. Euer Ehren: Nie wieder! Nunca más!«[18]

Um diese Zeit wurden die Mütter von der Plaza de Mayo und ähnliche Bewegungen in anderen lateinamerikanischen Ländern zu Führungsfiguren des bürgerlichen Widerstands und gewannen weltweit an Popularität. 1986 widmete Bono, Bürgerrechtsaktivist und Leadsänger der irischen Rockband U2, den Müttern das Lied »Mothers of the Disappeared« auf dem erfolgreichsten Album der Gruppe, *The Joshua Tree*. Ein Jahr darauf folgte der britische Sänger Sting mit dem Song »They Dance Alone«. 1989 betraten die Vertreterinnen der Bewegung in Santiago de Chile die Bühne, um dieses Lied zusammen mit Bono zu singen – in eben dem Stadion, in dem der chilenische Diktator Augusto Pinochet einst Regimegegner interniert hatte, so wie die argentinische Junta in der ESMA.

Das Pendel schwingt zurück

Die Prozesse gegen die Juntamitglieder sollten der Gesellschaft und den Militärs vor Augen führen, dass der Staat unumkehrbar den Weg der Rechtsstaatlichkeit beschritten hatte. Die Militärs ihrerseits waren jedoch allenfalls zu demonstrativen Gesten in dieser Richtung bereit. Sie dachten nicht daran, tatsächlich Verantwortung zu übernehmen und Einfluss aufzugeben. Als klar wurde, dass es nicht bei Sonntagsreden bleiben würde, sondern echte Demokratisierungsprozesse in Gang kamen, erregte das zunehmend ihr Missfallen. Auf ihren Druck hin verabschiedete der argentinische Nationalkongress im Dezember 1986 das »Schlussstrichgesetz« (*Lei de Punto Final*), in dem die Eröffnung neuer Verfahren gegen Militär- und Polizeiangehörige auf eine Frist von 60 Tagen begrenzt wurde.

Das konnte die Militärs nicht besänftigen. In den drei folgenden

18 Es existiert eine Videoaufzeichnung des Plädoyers der Anklage: https://www.youtube.com/watch?v=eHm5yYGjcMs.

Abb. 8. Die Staatsanwälte Luis Moreno Ocampo und Julio Strassera 1985 im Prozess gegen die Juntaführer

Jahren organisierten sie eine Reihe von Protestaktionen. Die Teilnehmer, die wegen ihrer Aufmachung auch *Carapintadas* (bemalte Gesichter) genannt wurden, forderten ein Ende der Verfolgung von Militärangehörigen und eine Erhöhung des Militärbudgets. Hunderte von Soldaten beteiligten sich an diesen Revolten. Nur sehr wenige von ihnen wurden festgenommen, und einige der Organisatoren machten später sogar Karriere in der Politik – so etwa Aldo Rico, der 1995 für das Präsidentenamt kandidierte. In dieser Lage verabschiedete der Nationalkongress 1987 das »Gesetz über die Gehorsamspflicht« (*Lei de Obediencia Debida*), das einfache Angehörige der Armee und der Polizei von der Verantwortung lossprach, da sie lediglich Befehle befolgt hätten.

Raúl Alfonsín, dem es nicht gelungen war, die Wirtschaftskrise zu bewältigen und den Nationalisten die Stirn zu bieten, trat im Juli 1989 zurück. Der neue Präsident Carlos Menem (1989-1999), ein Peronist, der die Jahre der Juntaherrschaft im Gefängnis verbracht hatte, verfolgte eine Politik der »nationalen Versöhnung«. Sein Konzept sah

Abb. 9. Die Mütter von der Plaza de Mayo protestieren gegen die zu milde Bestrafung der Juntaführer. Buenos Aires 1985

Abb. 10. Umzug am Wohnhaus von Jorge Videla 2006

zum einen symbolische Schritte vor, um über das Gedenken an die Bürgerkriege des 19. Jahrhunderts einen gesellschaftlichen Ausgleich herbeizuführen. So veranlasste er 1989, dass die sterblichen Überreste des legendären »argentinischen Bismarck« Juan Manuel de Rosas von Frankreich nach Argentinien überstellt wurden. Solche Maßnahmen sollten das Land einen, ohne direkt die Erinnerung an die Verbrechen der Junta zu berühren. Zum anderen zielte Menems Politik auf die Beschwichtigung der Militärs: Kurz nach seiner Wahl gab er Anweisung, die verurteilten Junta-Mitglieder und die *Carapintadas* zu begnadigen.

Dieser Ansatz erwies sich nur vorübergehend als effektiv. Die Militärrevolten hörten zwar auf, aber die Politik des Vergessens stieß in der argentinischen Öffentlichkeit zunehmend auf Ablehnung.

Wahrheitsprozesse, Escraches *und Protestmärsche*

Anfang der 1990er Jahre war die Situation in Argentinien von Widersprüchen bestimmt. Einerseits wurde der Staatsterror jetzt öffentlich thematisiert. Lange verschwiegene Tatsachen kamen ans Licht, die Täter wurden vor Gericht gestellt und die Menschenrechtsorganisationen gewannen an Einfluss. Andererseits beschloss die Regierung mit stillschweigender Billigung eines großen Teils der Gesellschaft, auf halbem Weg stehen zu bleiben und »keinen Staub aufzuwirbeln«.

In dieser Lage suchte der aktive Teil der Öffentlichkeit nach Wegen, um beim Staat Gerechtigkeit zu erwirken. Eine Methode der Aktivisten waren die sogenannten Wahrheitsprozesse (*juicios por la verdad*). Da die strafrechtliche Verfolgung der Täter durch die Gesetze von 1986 und 1987 erschwert worden war, beriefen sich die Verwandten der Repressionsopfer auf das »Recht auf Wahrheit« und forderten, das Schicksal ihrer Angehörigen zu erfahren. In einigen Fällen führten solche Gesuche zur Einleitung von Gerichtsverfahren, in deren Verlauf weitere Informationen über die Verbrechen der Junta bekannt wurden. Die Richter luden Zeugen zur Vernehmung vor und ord-

Abb. 11. Die mit Porträts der Juntaopfer verkleidete Pirámide de Mayo vor dem Präsidentenpalast in Buenos Aires

neten die Herausgabe von Informationen an, die die Militärs unter Verschluss hielten. Auch Militärangehörige selbst zeigten sich bereit, über Dinge zu sprechen, über die sie bis dahin geschwiegen hatten – als Zeugen hatten sie keine strafrechtlichen Folgen zu befürchten. Die Wahrheitsprozesse waren zumindest ein Teilerfolg für die Öffentlichkeit und die Menschenrechtsaktivisten. Auch wenn sie nicht zur Verurteilung der Täter führten, trugen sie doch dazu bei, wieder Aufmerksamkeit für das Thema zu schaffen und Fakten für spätere Verfahren zu ermitteln.

1992 wurde die Nationale Kommission für das Recht auf Identität (CONADI) gegründet, die 25 Jahre später die DNA von Adriana de Garnier identifizieren sollte. Die Einberufung dieser Kommission verdankte sich einer bemerkenswerten Zusammenarbeit zwischen einer Menschenrechts-NGO und dem Staat. Sie war das Ergebnis einer Vereinbarung zwischen Präsident Menem und den Großmüttern von der Plaza de Mayo: Die NGO sollte Leute vorschlagen, die ihr helfen konnten, über die nationale genetische Datenbank nach entführten Kindern zu suchen und sie zu identifizieren, und der Staat verpflichtete sich, diese Personen auszubilden. Geleitet wurde die Kommission von Claudia Carlotto, der Tochter der Präsidentin der Großmütter von der Plaza de Mayo.[19]

Einen anderen Weg, die Täter »über den Kopf des Staates hinweg« zur Verantwortung zu ziehen, fand die 1995 gegründete Organisation HIJOS (*Hijos e Hijas por la Identidad y la Justicia contra el Olvido y el Silencio* / Söhne und Töchter für Identifizierung und Gerechtigkeit gegen das Vergessen und Schweigen). Ihre Mitglieder veranstalteten *Escraches* – szenisch gestaltete Massenprozessionen zu den Wohnorten oder Arbeitsstätten straflos davongekommener Verbrecher. Um sie möglichst wirkungsvoll bloßzustellen, setzten die Aktivisten Musik und Pantomime, Graffiti, Licht- und Videoinstallationen ein, projizierten Gerichtsprotokolle auf improvisierte Leinwände und Hauswände, lasen Gedichte und sangen Lieder.[20] Die *Escraches* bereicherten das zivilgesellschaftliche Engagement um Elemente der traditionellen Kultur der Karnevalsumzüge und öffentlichen Schauspiele und verliehen ihm damit Kraft und Nachdruck.

Weiteren Auftrieb erhielt die Debatte über die Aufarbeitung der Verbrechen durch Unterstützung von ganz unerwarteter Seite. 1995 berichtete der argentinische Marineoffizier Adolfo Scilingo, der im ESMA-Gefängnis gedient hatte, öffentlich über die Folterung von Gefangenen und die Todesflüge. Er brach damit den Schweigepakt der Militärs und löste eine Kettenreaktion weiterer Aussagen aus, die als »Scilingo-Effekt« bezeichnet wurde.

Scilingo wurde nicht etwa von Gewissensbissen geplagt. Er wollte nicht Reue für seine Verbrechen bekunden, sondern die Ehre der

19 Bonner, Michelle D., *Sustaining Human Rights. Women and Argentine Human Rights Organizations*. University Park, Pa. 2007, S. 124.

20 Auf YouTube findet sich etwa das Video einer Aktion, die HIJOS am 18. März 2006 vor dem Haus des Juntachefs Jorge Videla organisierte: https://www.youtube.com/watch?v=26Nx7SVKTbo (Abrufdatum 9.02.2022).

Soldaten retten und die Militärführung zwingen, für den während der Diktatur verübten Terror die Verantwortung zu übernehmen. Als überzeugter Antikommunist hatte er sich in die ESMA abstellen lassen, um »subversive Kräfte« zu bekämpfen, und eigenhändig 30 Menschen aus dem Flugzeug geworfen. Irgendwann verlor er jedoch den Glauben daran, der richtigen Sache zu dienen – obwohl selbst Gefängnispriester den Soldaten ihre Sünden vergaben und die Todesflüge als »christliche Todesart« bezeichneten. Er schied aus der Armee aus, konnte im Zivilleben jedoch nicht Fuß fassen. Als der Senat des demokratischen Argentiniens Marineoffiziere im aktiven Dienst für Menschenrechtsverletzungen verantwortlich machte, brachte dies für ihn das Fass zum Überlaufen.

Scilingo sah darin einen Versuch der für die »Ausschaltung subversiver Kräfte« verantwortlichen Militärführung, die Schuld den Offizieren zuzuschieben, die »nur ihre Pflicht getan« hätten. Als seine Versuche, zu dem ehemaligen Diktator Jorge Videla und zu Präsident Menem vorzudringen, erfolglos blieben, beschloss er, dem prominenten Journalisten Horacio Verbitsky die Wahrheit zu sagen. Die Fernsehübertragung des Zeitzeugengesprächs mit Scilingo, das Verbitsky kurz darauf unter dem Titel *Der Flug* auch in Buchform veröffentlichte (1995, deutsche Ausgabe 2016), schlug ein wie eine Bombe.[21] Von nun an traten immer wieder neue Offiziere mit ähnlichen Aussagen an die Öffentlichkeit. Der Chef des argentinischen Generalstabs, Marin Blaza, sah sich gezwungen, die Verantwortung der Streitkräfte für die Verbrechen offiziell anzuerkennen und die Bürger Argentiniens um Vergebung zu bitten.

Dank der Zeugenberichte Scilingos und weiterer Militärangehöriger erhielten die Todesflüge einen festen Platz in der kollektiven Erinnerung Argentiniens. 1999 stellte der Regisseur Marco Bechis, der 1977 selbst im Lager gesessen hatte, sie in seinem Film *Garage Olimpo* dar. Es geht darin um eine junge Frau, die vom Militär entführt und

21 Verbitsky, Horacio, *Der Flug. Wie die argentinische Militärdiktatur ihre Gegner im Meer verschwinden ließ*. Wien 2016.

in einem Geheimgefängnis im Zentrum von Buenos Aires gefoltert wird. Zwei Jahre später griff Bechis das Thema ein weiteres Mal auf. Sein Film *Figli/Hijos* erzählt die Geschichte zweier Geschwister, die im Kindesalter zur Zeit der Juntaherrschaft getrennt wurden und sich gegenseitig suchen.

Néstor Kirchner und die Institutionalisierung der Verantwortung

Ab Ende der 1990er Jahre wurde die Regierung aus der Gesellschaft und vonseiten einheimischer wie internationaler Menschenrechtsorganisationen zunehmend unter Druck gesetzt, die Verbrecher zur Verantwortung zu ziehen. Der Oberste Gerichtshof unterstützte die Familien von *Desaparecidos* immer bereitwilliger bei der Suche nach Informationen zu ihren Angehörigen, und die gemeinnützige Organisation EAAF (*Equipo Argentino de Antropología Forense* / Argentinisches Team für Forensische Anthropologie) half bei der Identifizierung sterblicher Überreste.

1997 stellte der spanische Richter Baltasar Garzón, der sich auf Klagen wegen Verbrechen gegen die Menschlichkeit nach den Prinzipien der universalen Gerichtsbarkeit spezialisiert hatte, den Antrag, 45 argentinische Militärs und eine Zivilperson wegen Kriegsverbrechen, Völkermord, Staatsterrorismus und Folter nach Spanien auszuliefern. Zu den Beschuldigten gehörte Adolfo Scilingo, der sich bereit erklärte, nach Spanien zu reisen und auszusagen. Er sollte nicht mehr nach Argentinien zurückkehren. Italien forderte ebenfalls die Auslieferung von Personen, die für den Tod italienischer Staatsbürger verantwortlich waren.

Im Zuge der »Kosmopolitisierung der Menschenrechte«, wie es der amerikanische Soziologe Daniel Levy genannt hat,[22] wurde der Druck

22 Levy, Daniel / Sznaider, Natan, *Human Rights and Memory*. University Park, Pa. 2010. Zur Ausweitung der Praxis der Anwendung der Weltgerichtsbarkeit siehe: Sriram, Chandra Lekha, *Globalizing Justice for Mass Atrocities. A Revolution in Accountability*. London 2005.

auf die argentinische Regierung weiter erhöht. So stellten sich die Interamerikanische Kommission für Menschenrechte und weitere internationale Organisationen hinter die Forderungen der Mütter und Großmütter von der Plaza de Mayo, und 2002 nahm der Internationale Strafgerichtshof in Den Haag seine Tätigkeit auf. In Argentinien selbst büßten die Militärs ihre dominierende Stellung ein. Alejandro Baer und Natan Sznaider sprechen in diesem Zusammenhang von der Entstehung eines kollektiven Gedächtnisses, das sich auf die Vorstellung von der universellen Geltung der Menschenrechte stützt und als politischer Faktor zunehmend an Bedeutung gewinnt:

> Wenn der Staat sein Privileg zur Produktion kollektiver Werte einbüßt, gewinnt die Besinnung auf die Menschenrechte politisch und kulturell an Wirkmacht. Genau das geschah in Argentinien.[23]

2003 wurde Néstor Kirchner, der als Student der linksrevolutionären Stadtguerilla *Montoneros* nahegestanden hatte, zum Präsidenten gewählt. Kurze Zeit darauf annullierte der Kongress auf seine Initiative hin die Amnestiegesetze. Es wurden wieder Verfahren gegen die Militärs eröffnet und diesmal mit ganzem Einsatz durchgeführt.

Am 24. März 2004 ging das 17 Hektar große Grundstück der ESMA im Zentrum von Buenos Aires auf Anordnung Kirchners und des Bürgermeisters Maurizio Macri aus der Zuständigkeit der Marine in die des Bundes über, der dort die Errichtung eines Museums plante.

Auf dem Gelände entstand ein »Raum des Gedenkens, der Förderung und des Schutzes der Menschenrechte«, zudem sind dort Museen und Vertretungen von Menschenrechtsorganisationen angesiedelt. Nur das »Offizierskasino«, in dem die Folterungen stattfanden, ist unverändert erhalten: Es dient noch immer als Beweismittel in laufenden Verfahren.

23 Baer / Sznaider, *Memory and Forgetting in the Post-Holocaust Era. The Ethics of Never Again*, a. a. O. S. 34.

Abb. 12. Hector Pantuso (links) mit Adriana de Garnier, der Tochter eines eng befreundeten Aktivistenpaares, das 1976 ermordet wurde. Adriana de Garnier wurde in der Kindheit von den Eltern getrennt und in einer fremden Familie aufgezogen. Sie war das 126. Kind, das dank der Bemühungen der Großmütter von der Plaza de Mayo identifiziert werden konnte. Buenos Aires 2017

2005 verurteilte Spaniens Oberster Gerichtshof Adolfo Scilingo wegen Mordes an 30 Menschen und wegen Folter zu 640 Jahren Gefängnis. 2007 wurde das Strafmaß auf 1084 Jahre erhöht. Im Juli 2012 wurden der 87-jährige Jorge Videla und der 84-jährige Reynaldo Bignone in Argentinien zu 50 bzw. 15 Jahren Freiheitsentzug verurteilt.

In den Jahren 2007 und 2009 fanden in Argentinien Gerichtsverfahren statt, in denen es um die in der ESMA begangenen Taten ging. 2012 begann in Buenos Aires die dritte Verhandlung gegen Personen, die sich während des »schmutzigen Krieges« schuldig gemacht hatten. Es war der größte Prozess, den das Land je erlebt hatte. Auf der Anklagebank saßen Dutzende von Militärs und Zivilisten. Sie wurden beschuldigt, im ESMA-Gefängnis Verbrechen an 789 Opfern verübt zu haben. Unter den Angeklagten waren der »blonde Todesengel«

Alfredo Astiz und Jorge Acosta, genannt »El Tigre« (Der Tiger), der Kommandant der ESMA.

Wie bei einem solch epochalen Prozess nicht anders zu erwarten, zog das Gerichtsverfahren sich über viele Jahre hin. Die Urteilsverkündung fand erst im November 2017 statt. Von den insgesamt 54 Angeklagten erhielten 29 lebenslänglich, 19 Haftstrafen zwischen 8 und 25 Jahren und sechs wurden freigesprochen.

Insgesamt hat die argentinische Staatsanwaltschaft nach eigenen Angaben bis November 2017 2971 Personen wegen Verbrechen während der Juntaherrschaft angeklagt. 818 von ihnen wurden verurteilt und 99 freigesprochen. 533 Personen stehen unter Hausarrest, der nach argentinischem Recht in bestimmten Fällen für Angeklagte oder Verurteilte verhängt werden kann, die älter als 70 Jahre sind.[24]

Das Schicksal der Juntamitglieder

Die komplexe Geschichte der Vergangenheitsbewältigung in Argentinien, die durch eine Abfolge von Fortschritten und Rückschlägen gekennzeichnet ist, lässt sich gut am weiteren Schicksal der wichtigsten Führungsfiguren der Juntaherrschaft von 1976-1982 veranschaulichen.

Jorge Rafael Videla war von 1976 bis 1981 Diktator Argentiniens. Er wurde 1985 wegen Menschenrechtsverletzungen während seiner Regierungszeit zu lebenslanger Haft verurteilt und 1990 vom damaligen argentinischen Präsidenten Carlos Menem begnadigt. 1998 kam es zu einer weiteren Festnahme und zur Anklage wegen der Entführung von Kindern politischer Gegner und ihrer widerrechtlichen Freigabe zur Adoption an Militärs. Videla erhielt eine Gefängnisstrafe, die jedoch nach einem Monat aufgrund seiner nachlassenden Gesundheit in Hausarrest umgewandelt wurde. Nach Einleitung eines neuen Verfahrens überstellte man ihn am 10. Oktober 2008 für die Dauer der

24 *World Report 2018: Argentina*. Human Rights Watch. https://www.hrw.org/world-report/2018/country-chapters/argentina (Abrufdatum 9.02.2022).

Ermittlungen und der Verhandlung in ein Militärgefängnis. 2010 erhielt er wegen Organisation des Mordes an 31 politischen Gefangenen eine zweite lebenslängliche Haftstrafe. 2012 wurde Videla bei einem Prozess, in dem es um die Entführung von Kindern weiblicher Gefangener ging, zu weiteren 50 Jahren Gefängnis verurteilt. Er starb im Alter von 88 Jahren in der Haft.

Emilio Eduardo Massera gehörte der Juntaführung an und war unmittelbar für das Foltergefängnis in der ESMA verantwortlich. Er wurde 1985 wegen Menschenrechtsverletzungen, Mordes, Folter und rechtswidriger Inhaftierung zu lebenslanger Haft verurteilt und 1990 von Präsident Menem begnadigt. 1998 folgte eine weitere Anklage wegen Entführung und Versteckens Minderjähriger und er kam wieder ins Gefängnis. Massera starb am 8. November 2010 in einem Militärkrankenhaus in Buenos Aires.

Roberto Eduardo Viola war 1981 Diktator von Argentinien. Er wurde 1985 zu 17 Jahren Gefängnis verurteilt und kam 1990 unter Präsident Menem frei. Viola starb 1994.

Armando Lambruschini war Admiral der argentinischen Marine und gehörte der Junta von 1978 bis 1981 an. Er wurde 1985 zu acht Jahren Haft verurteilt, 1990 entlassen und wieder in seinen Admiralsrang eingesetzt. 1994 verurteilte ein Gericht ihn zur Zahlung von einer Million Dollar an die Angehörigen der Entführten und Getöteten. 1997 wurde er von einem italienischen Gericht in Abwesenheit verurteilt. 2003 folgte eine weitere Verurteilung in Argentinien. Lambruschini wurde unter Hausarrest gestellt und starb 2004.

Orlando Ramón Agosti gehörte der Junta von 1978 bis 1981 an. Er wurde 1985 zu einer Freiheitsstrafe von viereinhalb Jahren verurteilt, die im Berufungsverfahren auf drei Jahre und neun Monate reduziert wurde. Agosti kam am 9. Mai 1989 aus der Haft frei und wurde 1990 von Präsident Menem begnadigt. Er starb 1997 in Buenos Aires.

Omar Graffigna und Basilio Lami Dozo waren Oberbefehlshaber der Luftwaffe von 1976 bis 1981 bzw. 1981 bis 1982. 1985 wurden sie wegen Folter, Entführung und Dokumentenfälschung angeklagt. Das Gericht beschloss, für jeden der drei Teile der argentinischen Streitkräfte – Heer, Marine und Luftwaffe – in jedem Einzelfall gesondert zu prüfen, inwieweit eine Schuld vorlag. Die beiden wurden in allen Punkten freigesprochen. Lami Dozo erhielt 1989 wegen Verbrechen während des Falklandkrieges eine Haftstrafe von acht Jahren. 1990 wurde er von Präsident Carlos Menem begnadigt und wieder in seinen militärischen Rang eingesetzt. 2003 forderte Spanien (vertreten durch Richter Baltasar Garzón) die Auslieferung von Graffigna und Lami Dozo aufgrund von Anklagen wegen Verbrechen gegen die Menschlichkeit. Der spanische Ministerpräsident José María Aznar erklärte sie für rechtswidrig. 2005 hob der Oberste Gerichtshof Spaniens diese Entscheidung jedoch auf und leitete das Auslieferungsverfahren ein. Im September 2016 wurde Graffigna in Argentinien wegen Entführung und Folterung eines Ehepaars zu 25 Jahren Freiheitsentzug verurteilt. Lami Dozo starb Anfang 2017, Graffigna im Dezember 2019.

Leopoldo Galtieri war von 1981 bis 1982 Diktator Argentiniens. Ende 1983 wurde er festgenommen und vor einem Militärgericht wegen Menschenrechtsverletzungen sowie wegen Missmanagements bei der Führung der argentinischen Truppen im Falklandkrieg angeklagt. Im ersten Punkt sprach man ihn frei. Im zweiten Punkt folgte auf die Verurteilung zu einer Gefängnisstrafe im Jahr 1986 die Begnadigung drei Jahre später. Im Jahr 2002 wurde Galtieri wegen Entführungen und Mord an Oppositionellen und ausländischen Staatsbürgern erneut vor Gericht gestellt und zu Hausarrest verurteilt. Er starb im selben Jahr an einem Herzinfarkt.

Jorge Isaac Anaya war von 1981 bis 1982 Oberbefehlshaber der Marine. 1985 wurde er wegen Folter, Entführung und Fälschung von Dokumenten angeklagt, aber freigesprochen. 1997 verlangte Spanien seine Auslieferung; die offizielle Einleitung des Auslieferungsverfahrens folgte 2005. Im Jahr 2006 erlitt Anaya vor einer Vernehmung einen Herzinfarkt, wurde in ein Militärkrankenhaus gebracht und anschließend unter Hausarrest gestellt. Er starb 2008 im Hausarrest.

Reynaldo Bignone war von 1982 bis 1983 selbsternannter Präsident Argentiniens und der letzte Diktator des Landes. 1985 wurde er wegen Folter, Entführung und Dokumentenfälschung angeklagt und ein Jahr darauf freigesprochen. Im Januar 1999 befand man ihn aufgrund neuer Anklagepunkte für schuldig, stellte ihn jedoch wegen seines schlechten Gesundheitszustands unter Hausarrest. In einem dritten Verfahren, das 2007 begann, erhielt er 2010 eine Haftstrafe von 25 Jahren. Im Juli 2012 wurde Bignone zusammen mit Videla der Entführung von Kindern für schuldig befunden und zu 30 Jahren Gefängnis verurteilt. Im Mai 2016 kam eine weitere Haftstrafe in Höhe von 20 Jahren hinzu. Bignone starb im März 2018.

Heute[25] ist von der Juntaführung nur noch der 96-jährige Santiago Omar Riveros am Leben. Er führte die Militäreinheiten an, die die Plaza de Mayo bewachten. Mehrere große Geheimgefängnisse waren ihm direkt unterstellt. Er wurde 1985 verurteilt und 1989 begnadigt. 2009 erhielt er wegen mehr als 40 Verbrechen gegen die Menschlichkeit eine lebenslange Haftstrafe. In den 2010er Jahren folgten acht weitere Verfahren, die mit Verurteilungen zu jahrzehntelangen oder lebenslänglichen Haftstrafen endeten. Der letzte dieser Prozesse fand 2017 statt. Im Juli 2022 wurde er erneut wegen Verbrechen gegen die Menschlichkeit angeklagt.

* * *

Dass die Erinnerung an die schwierige Vergangenheit in Argentinien wachgehalten wird und der Grundsatz »Nie wieder« wirksam ist, zeigt die öffentliche Reaktion auf das Verschwinden des Bürgerrechtlers Santiago Maldonado im August 2017. Der junge Mann wurde nach einer Demonstration von der Polizei festgenommen und war anschließend nicht mehr auffindbar. (Einige Monate später wurde seine Leiche entdeckt. Er war nicht entführt worden; sein Tod ist höchstwahrscheinlich auf einen Unfall zurückzuführen.) In Buenos Aires und anderen argentinischen Städten gingen Tausende Menschen auf die Straße und forderten die Polizei auf, seinen Aufenthaltsort be-

25 Stand Anfang 2020.

kanntzugeben. Ein Slogan lautete: »30 000 Verschwundene – am Anfang stand einer«. Der traditionelle Marsch der Mütter von der Plaza de Mayo wurde Maldonado gewidmet. Zahlreiche argentinische und internationale Menschenrechtsorganisationen appellierten an die Behörden, den Aktivisten zu finden.[26]

In den letzten Jahren gab es in Argentinien mehr Menschenrechtsverfahren als in irgendeinem anderen Staat der Welt, und die Demokratie hat dort länger Bestand als je zuvor in der Geschichte des Landes. Das ist ein sehr gutes Argument dafür, dass selbst das eifrigste »Herumwühlen in der Vergangenheit« nicht zu einer Destabilisierung führt – es stärkt im Gegenteil das Vertrauen der Bürger in staatliche Institutionen.

26 Novaro, Marcos, *El Caso Maldonado*. Buenos Aires 2017.

2. Spanien. Die Überwindung des Schweigens

Am 2. Juli 2017 fand auf dem Madrider Friedhof Cementerio de la Almudena ein familiengeschichtliches Ereignis statt, das auch für ganz Spanien bedeutsam war. Die 91-jährige Ascensión Mendieta Ibarra hatte bei der spanischen Regierung nach langen Jahren des Kampfes erreicht, dass die sterblichen Überreste ihres Vaters umgebettet wurden. Timoteo Mendieta Alcalá war 1939 von Franquisten erschossen und in einem Massengrab in Guadalajara bestattet worden. Zum Zeitpunkt der Umbettung war es über 40 Jahre her, dass der Diktator Francisco Franco gestorben war und die Demokratisierung in Spanien begonnen hatte. Und doch mussten die Angehörigen der Bürgerkriegsopfer erst eine richterliche Anordnung erwirken, damit die regionalen Behörden einer Exhumierung und Identifizierung der sterblichen Überreste zustimmten.

Ascensión Mendietas Geschichte steht sinnbildlich für den Weg, den die spanische Gesellschaft in den letzten vier Jahrzehnten zurückgelegt hat. Zugleich weist sie Berührungspunkte mit wichtigen Aspekten der Vergangenheitsbearbeitung in anderen posttotalitären Gesellschaften auf. Die Klage gegen Spanien war in Argentinien eingereicht worden. Zu den Initiatoren gehörten die Mütter von der Plaza de Mayo.

Die Besonderheit des »spanischen Modells« der Vergangenheitsbewältigung besteht nach Ansicht vieler darin, dass die Gesellschaft einvernehmlich beschloss, vergangene Spaltungen zu vergessen, um die Einheit der Nation zu wahren, inneren Frieden zu erreichen und gemeinsam in die Zukunft zu gehen. In dieser Hinsicht hat das Modell weit mehr mit der Situation in Russland gemein als das so häufig als Vorbild genannte deutsche. Anders als in Deutschland brach in Spanien das Staatswesen nicht zusammen, das Land wurde nicht von fremden Mächten erobert und die Diktatur erstreckte sich nicht über 12, sondern über 40 Jahre. Dabei erreichte das Land – im Unterschied zur Sowjetunion – gerade in den Jahren der Diktatur die

Abb. 13. Ascensión Mendieta bei der Zeremonie zur Beisetzung der sterblichen Überreste ihres Vaters. Madrid, Cementerio de la Almudena 2017

lang ersehnte soziale und politische Stabilität und wirtschaftlichen Wohlstand.

1936-1939: Der Bürgerkrieg – die offene Wunde

Mit dem Bürgerkrieg von 1936-1939 endete eine Reihe gesellschaftspolitischer Umwälzungen, die Spanien über mehr als hundert Jahre hinweg erschüttert hatten. Dies erklärt in vieler Hinsicht, warum Teile der spanischen Gesellschaft die Franco-Diktatur als Zeit der lang ersehnten Stabilität empfanden. Von den Kriegen und Zwistigkeiten der ersten Hälfte des 19. Jahrhunderts über die Septemberrevolution von 1868 und die Erste Republik (1873-1874) bis zur Epoche der restaurierten Bourbonenherrschaft (1874-1931) hatten Staatsstreiche und Aufstände einander in fast ununterbrochener Folge abgelöst. Auch die kurze Geschichte der Zweiten Republik, die dem Bürgerkrieg vorausging, war reich an Unruhen und bewaffneten Zusammenstößen.

Eine dieser Revolten, der Militärputsch am 17./18. Juli 1936, führte schließlich zum Bürgerkrieg. Auf der einen Seite standen die Anhänger der Republik mit der *Frente Popular*, einem Wahlbündnis linksliberaler und linker Parteien als wichtigster politischer Kraft, auf der anderen das Militär nebst einiger ultrarechter Gruppierungen, darunter die *Falange Española*. Ihr Oberbefehlshaber war General Francisco Franco (1892-1975), der seine militärische Laufbahn in Marokko absolviert hatte. Die republikanische Seite wurde von der Sowjetunion militärisch unterstützt. Die meisten europäischen Staaten und die USA erklärten sich für neutral, und Freiwillige aus verschiedenen Ländern, die mit den Ideen der Republik sympathisierten, schlossen sich den »Internationalen Brigaden« an. Die Geschichte eines solchen Spanienkämpfers wird in Ernest Hemingways Roman *Wem die Stunde schlägt* erzählt. NS-Deutschland, Italien und Portugal, die befürchteten, dass die spanischen Republikaner zur Ausbreitung des Kommunismus in Europa beitragen würden, unterstützten Franco.

Besonders hartnäckig war der Widerstand gegen die spanischen Nationalisten in Katalonien, da diese von Anfang an auf der Abschaffung der katalanischen Autonomie und dem Verbot der katalanischen Sprache bestanden. Zudem war Katalonien eine Industrieregion, in der linke Einstellungen vorherrschten und die Gewerkschaftsbewegung weit entwickelt war. Auch der britische Anarchist Eric Arthur Blair ging dorthin, um den Faschismus zu bekämpfen. Seine Erlebnisse hat er unter dem Pseudonym George Orwell in dem 1938 erschienenen Buch *Mein Katalonien* beschrieben.[27]

27 Selbst unter denen, die im Bürgerkrieg auf der gleichen Seite kämpften, gab es zahlreiche Gegensätze, die in Katalonien besonders akut hervortraten (und bis heute die Aufarbeitung dieser Vergangenheit erschweren). Diese komplexe Situation wird in dem Film *Land and Freedom* (1995) des britischen Regisseurs Ken Loach dargestellt. Ausgehend von Orwells Buch erzählt er von einem bewaffneten Zusammenstoß im Mai 1937 zwischen stalinistischen Republikanern und der Marxistischen Partei der Arbeiterklasse (POUM) sowie den gemeinsam mit ihr agierenden Anarchisten. Dieser Konflikt schwächte die republikanische Seite und trug zum Sieg der Nationalisten bei. Als der Film in Spanien herauskam, führte das zu Auseinandersetzungen, die zeigten, dass die alten Spaltungen auch ein halbes Jahrhundert später immer noch

Die genaue Zahl der Opfer, die der Bürgerkrieg und die anschließende Diktatur gefordert haben, ist bisher nicht ermittelt worden. Die Schätzungen fallen unterschiedlich hoch aus. Den ausgewogensten Daten zufolge starben bei den Kämpfen etwa 200 000 Menschen (110 000 auf Seiten der Republikaner und 90 000 auf Seiten der Nationalisten). Die deutsche und die italienische Luftwaffe bombardierten republikanisch kontrollierte Gebiete, wobei etwa 10 000 Zivilisten ums Leben kamen. 25 000 weitere starben in Gebieten, die von den Nationalisten einer Wirtschaftsblockade ausgesetzt wurden, an Auszehrung. Dem »Roten Terror« fielen nach groben Schätzungen 50 000 Menschen zum Opfer, darunter fast 7000 Geistliche (Bischöfe, Priester, Mönche und Nonnen). Der »Weiße Terror« forderte in den Jahren des Bürgerkriegs 130 000 bis 200 000 Opfer und danach noch einmal etwa 40 000 weitere (das letzte Urteil wurde wenige Monate vor Francos Tod vollstreckt). Zudem verließen nach dem Fall der Republik 1939 etwa 600 000 Menschen das Land.

Zu den Opfern des »Weißen Terrors« zählte auch Timoteo Mendieta, der Vater von Ascensión und ihren sechs Geschwistern. Er war Metzger und leitete eine Gewerkschaftszelle in seiner Heimatstadt Sacedón bei Guadalajara. Die Nationalisten unterdrückten die Gewerkschaftsbewegung brutal und kannten kein Erbarmen mit ihm.

nachwirkten. Siehe: Aguilar Fernández, Paloma, »Romanticisme i maniqueisme en la guerra civil: de Tierra y Libertad a Libertarias«. In: *L'Avenç: Revista de historia i cultura.* 1996, Nr. 204, S. 66-70; Feenstra, Pietsie, »Spanish Cinematographic Memories: Ken Loach's ›Land and Freedom‹: Conflicts and Questions Concerning Spanish Cinematographic Memories«. In: *Journal of Interdisciplinary Studies on Film in Spanish.* 2009, Bd. 2, Nr. 1, S. 66-87.

1939-1975: Das Franco-Regime – Kriegsgedenken und Versöhnungsversuche

Der Sieg der Nationalisten führte zur Errichtung der Franco-Diktatur, die bis zu Francos Tod 1975 fortdauern sollte. Alle politischen Parteien außer der Falange sowie alle unabhängigen Gewerkschaftsbewegungen und Zeitungen wurden verboten, Regimegegner inhaftiert oder des Landes verwiesen. Franco verfolgte ursprünglich einen faschistischen und isolationistischen Kurs. Doch bereits während des Zweiten Weltkriegs (in dem Spanien versuchte, eine neutrale Position zu beziehen) unternahm er Schritte zu einer Entschärfung der Konfrontation. Ab Anfang der 1950er Jahre nahm sein Regime, das sich zunächst auf die in ihrer Ideologie und Mobilisierungsrhetorik durch und durch faschistische Falange gestützt hatte, eine eher national-katholische Färbung an und mäßigte seine Rhetorik. In den späten 1950ern strebte es die Überwindung der wirtschaftlichen Isolation an und leitete einen ökonomischen Liberalisierungsprozess ein. 1959 wurden Schlüsselpositionen in der Regierung mit Technokraten aus dem Umfeld der katholischen Organisation Opus Dei besetzt. Die Reformen hatten Erfolg: In den 1960er Jahren wuchs die Wirtschaft in Spanien schneller als in allen anderen Ländern der Welt mit Ausnahme Japans.

Während der gesamten Zeit von Francos Herrschaft gab es immer wieder Dekrete zur Begnadigung von Anhängern der Republik. Am weitesten ging der Erlass von 1969, der Verbrechen von Republikanern während der Kriegsjahre straffrei stellte und Flüchtlingen die Rückkehr erleichterte. »Damit haben wir die Relikte der letzten Spaltungen endgültig begraben und unseren letzten Bürgerkrieg beendet«, kommentierte ein Regierungsmitglied.

So verhielt es sich keineswegs. Die Sieger ließen sich lediglich zu sporadischen Gnadenerweisen gegenüber den Besiegten herab, wie eine Passage im Dekret von 1945 verdeutlicht: »Im Bewusstsein ihrer Stärke und der Unterstützung des Volkes ist die Regierung bereit, einen weiteren Schritt zur Normalisierung des Lebens der Spanier zu tun.« Ehemalige republikanische Bürgerkriegskämpfer hatten weiterhin Mühe, eine Anstellung zu finden, und Kriegsinvaliden, Witwen und Kinder gefallener Republikaner konnten weder mit Entschädigungen noch mit einer Rente rechnen. Nationalistische Veteranen erhielten hingegen Sonderleistungen beim Antritt einer neuen Stelle, höhere Gehälter und Renten sowie Vorzugsbedingungen bei der medizinischen Versorgung. Zudem hatten Angehörige gefallener franquistischer Kämpfer, die in Massengräbern beigesetzt worden waren, das Recht, sie umbetten zu lassen. Für republikanische Bürgerkriegsopfer galt dies nicht. Timoteo Mendietas Familie scheute sich, auch nur nach seinem Grab zu suchen, geschweige denn ein Umbettungsgesuch an die Regierung zu stellen.

1959, am 20. Jahrestag des Kriegsendes, wurde 58 Kilometer vor Madrid das *Valle de los Caídos* (Tal der Gefallenen) eingeweiht, ein gigantisches Mahnmal für die Opfer des Bürgerkriegs. Zu den Bauarbeiten wurden auch politische Häftlinge aus dem Lager der Republikaner herangezogen. Das Zentrum des Denkmals bildet eine in den Felsen gehauene Basilika, die größer ist als der Petersdom in Rom. Im Altarbereich befindet sich das Grab des faschistischen Ideologen und Falange-Mitgründers José Antonio Primo de Rivera, dessen Vater Miguel Primo de Rivera von 1923 bis 1930 als Diktator über Spanien geherrscht hatte. 1975 wurde auch Franco selbst an seiner Seite beigesetzt. Links und rechts des Altars sind die sterblichen Überreste von Gefallenen beider Konfliktparteien begraben (zum Zeitpunkt der Einweihung waren es etwa 20 000 Menschen, später stieg die Zahl der Bestatteten auf 70 000).

Die verbreitete Vorstellung, Franco habe die Basilika im Tal der Gefallenen von Anfang an als Mahnmal der Versöhnung geplant, trifft nicht zu. Der Diktator wollte ein Denkmal für den Sieg im Kreuzzug gegen Kommunismus und Gottlosigkeit errichten (in der politischen Rhetorik des Franquismus wird der Bürgerkrieg gern als *La Cruzada* – der Kreuzzug – bezeichnet). Die Entscheidung, das Mahnmal zum Symbol der Versöhnung umzudeuten und auch sterbliche Überreste von Republikanern dorthin umzubetten, fiel erst kurz

Abb. 14. Die Gedenkstätte Valle de los Caídos

vor Abschluss der Bauarbeiten unter dem Einfluss der Kirche – und nach dem Zeugnis von Francos Biografen gegen dessen Willen.[28]

1975-1982: Die Demokratisierung – der Pakt des Vergessens

Am 20. November 1975 starb Franco. Als seinen Nachfolger an der Staatsspitze hatte er Prinz Juan Carlos aus der Dynastie der Bourbonen bestimmt, der zwei Tage nach dem Tod des Diktators als König von Spanien inthronisiert wurde. Unter ihm setzte die Demokratisierung ein. Die Phase des Übergangs – spanisch *transición* – dauerte bis zu den Parlamentswahlen 1982, bei denen die Sozialisten die Mehrheit erlangten. Die Verhandlungen über den politischen Systemwechsel

28 Aguilar, Paloma, *Memory and Amnesia. The Role of the Spanish Civil War in the Transition to Democracy*. Oxford 2002, S. 77-85.

wurden von franquistischen Politikern eingeleitet – hauptsächlich von Adolfo Suárez, der 1977 als Vorsitzender eines Mitte-Rechts-Wahlbündnisses der erste demokratisch gewählte Premierminister wurde. Sie führten 1978 zur Verabschiedung einer demokratischen Verfassung.

Die Demokratisierung ging in Spanien schnell und schmerzlos vonstatten. Sie wurde jedoch in vielen Bereichen widerwillig durchgeführt. Die Demokratie, die dabei herauskam, verdankte sich einer Art Kuhhandel. Die *transición* war das Resultat einer Absprache der politischen Eliten, die damit neue Unruhen vermeiden und durch stillschweigende Garantien die politische Hegemonie der Konservativen und Zentristen erhalten wollten. Das war durchaus im Sinne der spanischen Gesellschaft. Das Ergebnis war eine parlamentarische Monarchie auf der Höhe der westeuropäischen Standards, die außerdem per Referendum von der spanischen Bevölkerung mit überwältigender Mehrheit angenommen wurde.

Der öffentliche Konsens, der den für beide Seiten akzeptablen Weg in die Demokratie bahnte, wurde in einem Amnestiegesetz festgeschrieben, das das spanische Parlament am 15. Oktober 1977 verabschiedete. Mit diesem Gesetz wurde Straffreiheit für politische Delikte gewährt, die vor Dezember 1976 begangen worden waren. Es war die rechtliche Ausgestaltung des umfassenderen gesellschaftspolitischen Prozesses, der als »Pakt des Vergessens« (*pacto del olvido*) bekannt ist: Alle politischen Kräfte Spaniens kamen überein, die Erinnerung an Bürgerkrieg und Diktatur um der gesellschaftlichen und politischen Einheit willen ruhen zu lassen. Nach Auffassung einiger Wissenschaftler ging es beim »Pakt des Vergessens« nicht darum, die Erinnerung an die Vergangenheit auszulöschen, sondern darum, zu verhindern, dass sie der Zukunft im Weg steht. So gesehen wäre er eine Entsprechung zur Phase des »kommunikativen Beschweigens« in Deutschland, die von 1945 bis zum Auftreten der 68er-Generation dauerte.

Der Pakt sollte den reibungslosen Übergang von der Diktatur zur Demokratie gewährleisten. Er schloss aus, dass bestimmte gesellschaftliche oder politische Kräfte für die während des Bürgerkriegs und der Diktatur verübten Verbrechen verantwortlich gemacht wurden. In der Praxis hieß das, dass schmerzhafte Erinnerungen an die gesellschaftliche Spaltung in Sieger und Verlierer unterdrückt werden mussten. Einerseits wurden die Verantwortlichen für die Massenrepressionen nicht strafrechtlich verfolgt. Andererseits wurden die Gedenkstätten aus der Franco-Ära – insbesondere das Tal der Gefallenen – nicht mehr für offizielle Zeremonien genutzt. Die forensische Archäologin Layla Renshaw von der Kingston University in London, die die Massenbegräbnisse der Bürgerkriegsopfer seit langem erforscht, schreibt:

> Ausländische Beobachter haben den Weg der Demokratisierung auf Grundlage des Vergessenspakts früher als vorbildlich für die Kompromissfindung und Zusammenarbeit zwischen einst erbitterten Feinden gepriesen. Heute argumentieren linksgerichtete Kritiker zunehmend, das ehemalige Regime sei in Wirklichkeit schon aus Gründen des Selbstschutzes zum Machtverzicht genötigt gewesen, um massive Volksaufstände wie in Griechenland oder Portugal zu verhindern. Die in der Übergangszeit gängigen Ausdrücke sprechen für sich. Das Gesetz über die politische Amnestie hieß im Volksmund *punto final* – das Schlussstrichgesetz, das es erlaubt, bei null anzufangen. Der inoffizielle Name für den Konsens, der in dieser Zeit etabliert wurde, war »Schweigepakt« oder noch ausdrucksstärker »Amnesiepakt«. In den Augen heutiger Kritiker war es ein Fehler, dass die linken Parteien dem Regime im Austausch gegen ihre Legalisierung und Beteiligung an der Demokratisierung entgegenkamen. Die Kompromisse und Zugeständnisse hätten sie letztlich nur gelähmt und entkräftet und darüber hinaus moralisch kompromittiert. Durch die Mitwirkung beim Verschweigen der Repressionen und der Morde an Zivilisten während des Bürgerkriegs und der Diktatur hätten die Linken ihre Reputation und ihre Rolle als Parteien des Volkswiderstands eingebüßt. Letztlich, so die Kritiker, sei die Absprache mit den Gegnern nichts anderes gewesen als ein Verrat an den Opfern des Franquismus.[29]

29 Renshaw, Layla, »Pravda vskryvaetsja: kak pomenjalis' mestami razoblačenija i utaivanie v ›politike pamjati‹ v Ispanii«. In: *Novoe literaturnoe obozrenie* 2009, Nr. 100, S. 475-493.

Offiziell dauerte der Übergang zur Demokratie von 1975 bis 1982. Faktisch blieb der »Pakt des Vergessens« jedoch bis Ende der 1990er Jahre in Kraft. Paloma Aguilar Fernández, die führende Erinnerungsforscherin Spaniens, beschreibt diese Periode als »Amnestie und Reparationen ohne Anerkennung der Verantwortung und Offenlegung der Wahrheit über die Verbrechen der Vergangenheit«,[30] und der spanische Politikwissenschaftler Omar Encarnación bezeichnet sie als »Demokratie ohne Gerechtigkeit«.[31]

Die spanische Regierung ließ den republikanischen Bürgerkriegsopfern Entschädigungen und Renten zukommen. Anfang der 1990er Jahre wurde ein Viertel des Landeshaushalts dafür aufgewendet. Zugleich ergriff Spanien zwischen 1975 und 2000 keine der Maßnahmen, die in der Theorie der Übergangsjustiz als notwendig erachtet werden:

1. Aufgrund des Amnestiegesetzes gab es keinen einzigen Prozess gegen Verbrecher des Franco-Regimes.
2. Es wurden keine Schritte eingeleitet, die auch nur entfernt an politische Säuberung erinnerten: Die Profiteure des einstigen Regimes konnten ungehindert am politischen und öffentlichen Leben teilnehmen. Die größte Volkspartei im heutigen Spanien, die *Partido Popular*, ist die Nachfolgerin der *Alianza Popular* (Volksallianz), einer Mitte-Rechts-Partei franquistischer Funktionäre, die sich zu den demokratischen Freiheiten bekannt hatten.
3. In den Jahren des Bürgerkriegs oder der Diktatur konfisziertes Eigentum wurde nicht zurückerstattet, ausgenommen an Gewerkschaften und Parteien. Zugleich erbten Francos Nachkommen nicht nur sein Vermögen, sondern zählen bis heute ehemaliges Staatseigentum zu ihrem Besitz.
4. Es wurde keine staatliche Wahrheits- und Versöhnungskommission eingerichtet. Dies ist einer der Gründe dafür, dass es keine

30 Aguilar, Paloma / Ramírez-Barat, Clara, »Amnesty and Reparations Without Truth or Justice in Spain«. In: Wouters, Nico (Hg.), *Transitional Justice and Memory in Europe (1945-2013)*. Cambridge / Antwerpen / Portland 2014.

31 Encarnación, Omar G., *Democracy Without Justice in Spain. The Politics of Forgetting*. Philadelphia 2014.

offiziellen Daten über die Zahl der Opfer des Bürgerkriegs und der Diktatur gibt.

5. Den Opfern des Franquismus wurden keine Mahnmale errichtet – bis auf ein einziges auf der Plaza de la Lealtad in Madrid, das jedoch dem Gedenken an alle Gefallenen des Bürgerkriegs gewidmet ist und dem kein symbolisches Gewicht beigemessen wird.

Der Putschversuch vom 23. Februar 1981

Der gescheiterte Staatsstreich von Anhängern der franquistischen Restauration im Jahr 1981 verdeutlicht, wie prekär damals das Gleichgewicht zwischen Staat und Gesellschaft war. Zugleich zeugt sein Verlauf auch von persönlichem Mut und echtem Patriotismus. Am 23. Februar stürmten Teile der Guardia Civil unter Führung von Oberstleutnant Antonio Tejero den Sitzungssaal des spanischen Parlaments, gaben Schüsse ab und befahlen allen Anwesenden, sich auf den Boden zu legen. Nur drei Personen kamen dieser Aufforderung nicht nach: Adolfo Suárez, der erste Premierminister der Post-Franco-Regierung, unter der Spanien den Weg der Demokratisierung beschritten hatte, sein erster Stellvertreter, General Manuel Gutiérrez Mellado, sowie Santiago Carrillo, der Generalsekretär der spanischen Kommunisten. Im Bürgerkrieg hatten Mellado und Carrillo auf entgegengesetzten Seiten gekämpft.

Mellado war unter Franco in der Armee aufgestiegen, hatte jedoch später liberale Auffassungen entwickelt. Nach Francos Tod übernahm er das Oberkommando über die spanischen Streitkräfte und ging daran, sie zu reformieren. Am 23. Februar weigerte sich Mellado nicht nur, sich auf den Boden zu legen: Er lief auf die bewaffneten Putschisten zu, forderte sie auf, die Waffen niederzulegen, und widersetzte sich ihren Versuchen, ihn zu Boden zu zwingen. Der Sturm auf das Parlament wurde von Fernsehkameras aufgezeichnet. Als die Bilder über den Sender liefen und das Land sah, wie sich der damals fast 70-jährige Mellado den Putschisten entgegenstellte, wurde der

Abb. 15. Manuel Mellado (Mitte) und Adolfo Suárez (links) stellen sich am 23. Februar 1981 den Putschisten entgegen

einstige franquistische General in der öffentlichen Wahrnehmung zum Nationalhelden und Verteidiger der Demokratie. Als König Juan Carlos einige Stunden später in der Uniform des Oberkommandierenden der Streitkräfte eine Fernsehansprache hielt, in der er sich entschlossen auf die Seite der Demokratie stellte, war der Staatsstreich endgültig gescheitert.

Javier Cercas, einer der wichtigsten Autoren der spanischen Erinnerungsliteratur, hat den Putschversuch vom 23. Februar 1981 in seinem Roman-Essay *Anatomie eines Augenblicks* literarisch verarbeitet.[32]

32 Cercas, Javier, *Anatomie eines Augenblicks. Die Nacht, in der Spaniens Demokratie gerettet wurde*, übersetzt von Peter Kultzen. Frankfurt/Main 2011.

Die katholische Kirche während und nach der Franco-Diktatur

Franco konnte sich nicht zuletzt deshalb an der Macht halten, weil er sich auf die katholische Kirche stützte. Sie fungierte während seiner gesamten Herrschaft als »geistige Klammer«: Sie half, den Staat zu stabilisieren, und sicherte die Unterstützung durch die Bevölkerung. Das Bündnis zwischen Franco und der Kirche wurde durch die scharf antikatholische Stoßrichtung der Republikaner erleichtert. Anarchosyndikalistische Arbeitermilizen erschossen Geistliche und Ordensleute, die in ihren Augen nicht nur ideologische, sondern auch politische Feinde waren. Allerdings hatten die Katholiken während des Bürgerkriegs auch in den Reihen der Nationalisten keinen leichten Stand. Das zeigt sich an der Geschichte des Jesuitenpriesters Fernando Polanco, die Paul Preston in seinem Buch *The Spanish Holocaust*, einem der besten Werke über den Spanischen Bürgerkrieg, erzählt:[33] Polanco hatte sich als Kaplan in den Dienst der Nationalisten gestellt. 1937 kam er unter Beschuss der »Roten« ums Leben. Zehn Jahre später leitete der Jesuitenorden ein Verfahren zu seiner Seligsprechung ein und untersuchte die Umstände seines Lebens und Sterbens. Dabei kam heraus, dass er sich aktiv gegen die Hinrichtung von Gefangenen ausgesprochen und sogar wütende Briefe an Franco geschrieben hatte. Er war wohl nicht, wie es in der offiziellen Version hieß, durch ein Schrapnell der »Roten« getötet, sondern hinterrücks von den eigenen Leuten erschossen worden, die genug von seinem Moralismus hatten. Preston zufolge stellte der Vatikan das Seligsprechungsverfahren daraufhin ein.

Das Einvernehmen von Kirche und Staat wurde mit der Zeit immer brüchiger. Ein Grund dafür war die Entwicklung des katholischen Syndikalismus. Die Kirche wollte auch in die Welt hineinwirken und weitete ihre Missionstätigkeit unter den Arbeitern aus, unter anderem, um dem wachsenden Einfluss marxistischer Strömungen

33 Preston, Paul, *The Spanish Holocaust. Inquisition and Extermination in Twentieth Century Spain*. London 2012, S. 337-340.

entgegenzutreten. Daraus entwickelten sich katholische Arbeiterbewegungen, die in Opposition zu der staatlich kontrollierten Einheitsgewerkschaft standen, insbesondere die HOAC (*Hermandad Obrera de Acción Católica*, Arbeiterbruderschaft der Katholischen Aktion). Auch die Stärkung des Nationalbewusstseins bei den katalanischen und baskischen Katholiken gab Anlass zu Differenzen. Anfang der Sechziger prangerten Priester das Franco-Regime immer vernehmlicher in Predigten und offenen Briefen an, und die Klöster Arantzazu im Baskenland und Montserrat in Katalonien entwickelten sich zu Symbolen eines nationalistischen antifranquistischen Katholizismus. Schließlich trug auch das Zweite Vatikanische Konzil von 1962 bis 1965 zu der Entfremdung bei: Zu einer Zeit, in der das Franco-Regime schwächelte, hob die Kirche Freiheit und Demokratie auf den Schild.

Am 18. April des Jahres 1975, das die Kirche unter dem Motto »Erneuerung und Versöhnung« zum Jubeljahr ausgerufen hatte und das mit dem Tod Francos ausklingen sollte, unterzeichneten die spanischen Prälaten einen gemeinsamen Hirtenbrief mit dem Titel »Versöhnung in Kirche und Gesellschaft«. Darin wurde eine Reihe ethischer Leitsätze dargelegt, die darauf zielten, die Spanier auf beiden Seiten der Barrikaden zusammenzubringen, was seit den Zeiten des Bürgerkriegs nicht gelungen war. Versöhnung, so hieß es, erfordere eine echte Demokratisierung und die volle Anerkennung der Bürgerrechte, insbesondere der »Rede-, Versammlungs- und Vereinigungsfreiheit«. Dies sei nötig, um »der Versuchung zu entgehen, politische Probleme durch Anwendung von Gewalt zu lösen«. Weitere wichtige Forderungen waren die rechtliche Anerkennung der regionalen Vielfalt Spaniens, das Recht auf Kritik als Grundwert der Demokratie und das Recht auf politischen Pluralismus, um gesellschaftliche Konflikte auf organische Weise lösen zu können.[34]

34 Sánchez, Santiago Martínez / Romero, Rafael Escobedo, »Ispanskaja katoličeskaja cerkov' i postfrankistskaja demokratizacija«. In: *Novoe literaturnoe obozrenie* 2009/6, S. 631-653, online unter https://magazines.gorky.media/nlo/2009/6/ispanskaya-katolicheskaya-czerkov-i-postfrankistskaya-demokratizacziya.html.

Die bewusst prodemokratische Haltung der Kirche führte dazu, dass sie bei den ersten demokratischen Wahlen 1977 Neutralität wahrte. Die Geistlichen riefen die Katholiken auf, keine konfessionellen Parteien zu gründen und bei Neugründungen politischer Vereinigungen auf das Wort »christlich« als Namensbestandteil zu verzichten. Sie befürchteten, dass dies bestehende Spaltungen nur weiter verschärfen und der Kirche die nötige Autorität nehmen würde, um zur Zusammenführung der Gesellschaft beizutragen. Diese Position wurde in der Verfassung von 1978 verankert, mit der sich Spanien als konfessionell neutraler Staat konstituierte. In den 1979 unterzeichneten Konkordatsverträgen zwischen Staat und Kirche wurde sie noch einmal bekräftigt.

Das spanische Beispiel ist hier insofern einzigartig, als die Initiative zur Trennung zwischen Kirche und Staat faktisch von der Kirche selbst ausging. Dank der Haltung des Episkopats kam es weder zur Gründung einer katholischen Partei noch zur Aufstellung einer katholischen politischen Doktrin.

Die gesellschaftliche Stimmung während der transición

Der Verzicht auf eine staatliche Wertung der während des Bürgerkriegs und der Diktatur verübten Verbrechen war nicht nur von oben verordnet. Er entsprach in vielerlei Hinsicht der Stimmungslage in der Gesellschaft, die mit der Diktatur unter Franco gleichzeitig auch Stabilität und wirtschaftlichen Wohlstand verband. Die Auseinandersetzung über die Vergangenheit barg schmerzliche Erfahrungen, die das mühsam erreichte Gleichgewicht der Kräfte zu zerstören drohten.

Zugleich zeigten Umfragen, dass die Erinnerung an die Vergangenheit keineswegs verschwunden war – sie trat im Gegenteil immer nachdrücklicher hervor. So glaubten im Jahr 2000 nur 42 Prozent der Spanier, dass die Spaltungen des Bürgerkriegs nun vergessen seien, und 67 Prozent meinten, dass die Gegenwart zutiefst durch die fran-

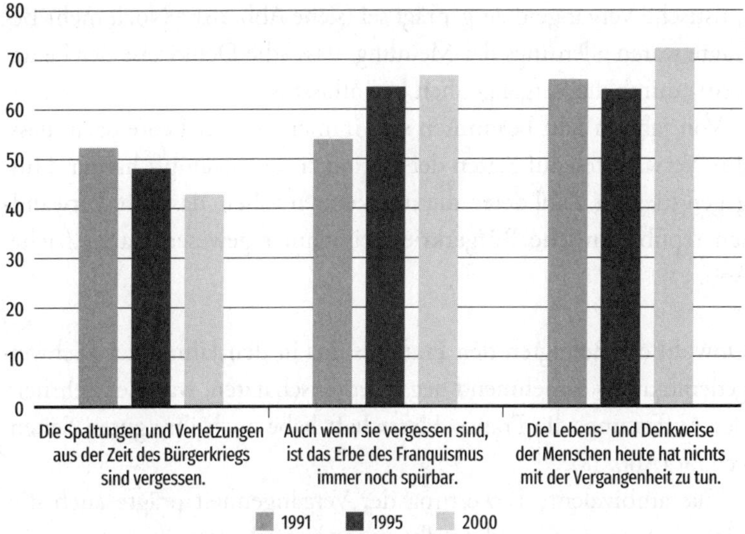

Abb. 16. Die Einstellung der Spanier zu den Spaltungen infolge des Bürgerkriegs

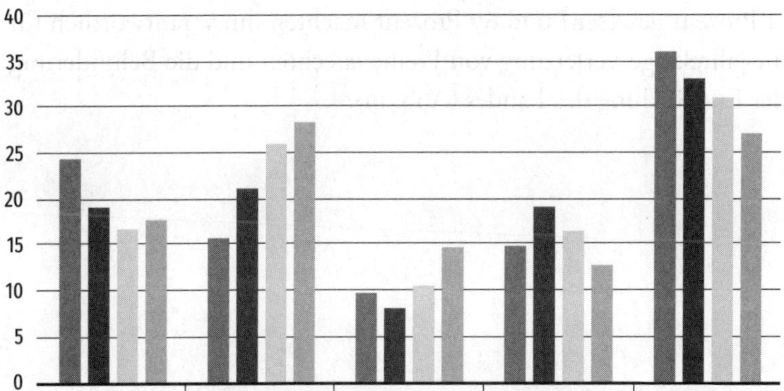

Abb. 17. Antworten auf die Frage: »Mit welcher Bürgerkriegspartei hat Ihre Familie eher sympathisiert?«

quistische Vergangenheit geprägt sei (siehe Abb. 16).[35] Noch mehr Befragte waren allerdings der Meinung, dass »die Denkweise der Leute wenig durch die Vergangenheit beeinflusst ist«.

Von Jahr zu Jahr bekannten sich immer weniger Leute dazu, dass ihre Verwandten auf Seiten der Nationalisten gekämpft hatten. Hingegen stieg die Zahl derer, die zu erkennen gaben, dass ihre Verwandten republikanische Bürgerkriegsteilnehmer gewesen waren (siehe Abb. 17).

Obwohl die Befragten den Franquismus in den Jahren der »Schweigedemokratie« zunehmend negativer einschätzten, war die Mehrheit der Auffassung, die Franco-Herrschaft habe auch ihre guten Seiten gehabt (Abb. 18).

Die ambivalente Bewertung der Vergangenheit prägte auch die Einstellung zum Caudillo selbst. 1995 bezeichneten ihn 48 Prozent der Spanier als Garanten des Friedens im Land und 28 Prozent rechneten ihm die Modernisierung der Wirtschaft als Verdienst an. Zugleich hielten 88 Prozent ihn für einen Diktator (1986 waren es nur 54 Prozent gewesen) und 67 Prozent machten ihn verantwortlich für die jahrelange Verletzung von Freiheitsrechten und die Behinderung der Entwicklung des Landes (Abb. 19).

35 Hier und im Folgenden sind 100 Prozent jeweils die Gesamtzahl aller Befragten, die der vorgelegten Aussage zustimmen, sie ablehnen oder antworten, dass sie sich nicht sicher sind. Die Daten stammen aus Studien des Centro de Investigaciones Sociológicas (Nr. 1984, 2201, 2401, 2760). Die Grafiken sind dem folgenden Text entnommen: Aguilar, Paloma / Ramírez-Barat, Clara, »Amnesty and Reparations Without Truth or Justice in Spain«. In: Wouters, Nico (Hg.), *Transitional Justice and Memory in Europe (1945-2013)*, Cambridge / Antwerpen / Portland, 2014, S. 242-244.

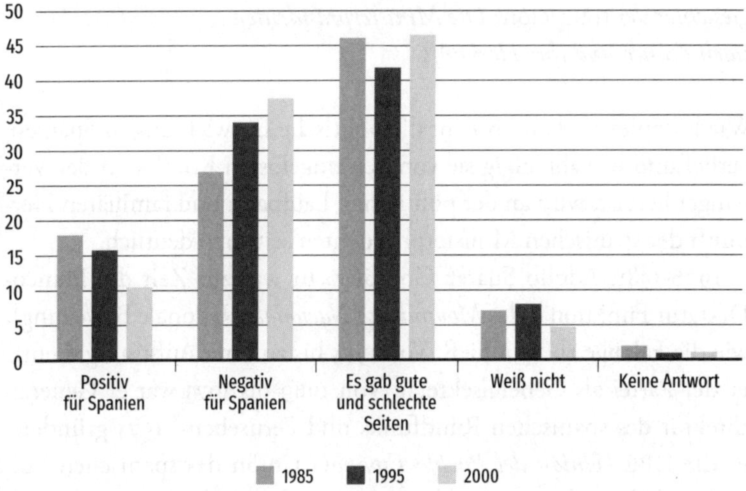

Abb. 18. Beurteilung der Franco-Ära

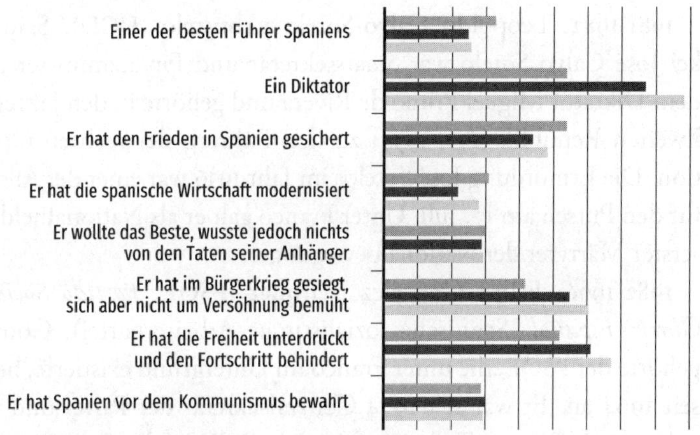

Abb. 19. Einstellung zu Franco

Gesichter der transición*: Die Ministerpräsidenten nach Franco und ihre Herkunft*

Wie komplex und ambivalent die politische Entwicklung in Spanien verlief und wie abhängig sie von den ungelösten Konflikten der Vergangenheit ist, wird an der politischen Laufbahn und familiären Herkunft der spanischen Ministerpräsidenten seit 1976 deutlich.

1976-1981: Adolfo Suárez González. Er war zur Zeit der Franco-Diktatur Funktionär des *Movimiento Nacional* (Nationale Bewegung), wie die Falange ab 1956 hieß. Von 1975 bis zu ihrer Auflösung diente er der Partei als Generalsekretär. Von 1969 bis 1973 war er Generaldirektor des spanischen Rundfunks und Fernsehens. 1975 gründete er die UPE (*Unión del Pueblo Español* / Union des spanischen Volkes) und übernahm 1978 auch den Vorsitz der Nachfolgeorganisation UCD (*Unión de Centro Democrático* / Union des Demokratischen Zentrums).

1981-1982: Leopoldo Calvo-Sotelo y Bustelo (UCD). Sein Onkel José Calvo Sotelo war Staatssekretär und Finanzminister unter dem Diktator Miguel Primo de Rivera und gehörte in den Jahren der Zweiten Republik (1931-1939) zu den Führern der rechten Opposition. Die Ermordung José Sotelos im Jahr 1936 war einer der Auslöser für den Putsch am 17. Juli. Unter Franco galt er als Nationalheld und »erster Märtyrer der Nationalbewegung«.

1982-1996: Felipe González Márquez (PSOE, *Partido Socialista Obrero Español* / Spanische sozialistische Arbeiterpartei). González gehörte der PSOE, die unter Franco im Untergrund existierte, bereits seit 1964 an. Er war seit 1974 Generalsekretär der Partei und übernahm nach Francos Tod eine führende Rolle in der Opposition. In seiner 14-jährigen Amtszeit als Ministerpräsident konnte er mit Unterstützung einer sehr großen Parlamentsmehrheit umfassende demokratische Reformen durchführen.

1996-2004: José María Aznar López (PP, *Partido Popular* / Volkspartei, gegründet 1976 von ehemaligen Mitgliedern des *Movimiento Nacional*). Aznars Vater leitete unter Franco die nationale Schule für

Rundfunk und Fernsehen. Sein Großvater Manuel Aznar Zubigaray war einer der wichtigsten »Medienmanager« des Franco-Regimes, der erste Biograf des Caudillo, Autor der offiziellen Geschichte des Bürgerkriegs, Gründer mehrerer führender spanischer Medien sowie Botschafter Spaniens in den USA und bei den Vereinten Nationen.

2004-2011: José Luis Rodríguez Zapatero (PSOE). Zapateros Großvater, ein Offizier der spanischen Armee, wurde 1936 von den Nationalisten erschossen, weil er sich weigerte, sich dem Aufstand anzuschließen.

2011-2018: Mariano Rajoy Brey (PP). Rajoys Großvater gehörte in den Jahren der Zweiten Republik zu den Autoren des galicischen Autonomiestatuts und wurde nach dem Putsch von 1936 bis Anfang der 1950er Jahre von der Lehrtätigkeit an der Universität von Santiago de Compostela suspendiert.

Seit 2018: Pedro Sánchez (PSOE), Jahrgang 1972, der Rajoy nach einer Regierungskrise als Ministerpräsident ablöste, gehört einer neuen Politikergeneration an. Er ist der erste Premierminister seit dem Übergang zur Demokratie, dessen biografischer oder familiärer Hintergrund nicht unmittelbar in Zusammenhang mit der Geschichte des Franco-Regimes steht.

Der Bruch des Schweigepakts: Exhumierungen und das Gesetz zur historischen Erinnerung

Die politische Entscheidung, die schwierige Vergangenheit ad acta zu legen, ohne die Probleme zu lösen, bewirkte nur, dass diese verschleppt wurden und irgendwann als »Erinnerungsdurchbrüche« zurückkehrten.[36] Ende der 1990er bis Anfang der 2000er Jahre betrat die

36 Der Begriff »Erinnerungsdurchbrüche« (*irruptions of memory*) wurde im Zusammenhang mit der Situation in Chile von dem amerikanischen Politikwissenschaftler Alexander Wilde geprägt. Siehe: Wilde, Alexander, »Irruptions of Memory. Expressive Politics in Chile's Transition to Democracy«. *Journal of Latin American Studies*. 1999, Ausgabe 31/2, S. 473-500.

Enkelgeneration der Bürgerkriegsveteranen, die in einer Demokratie aufgewachsen war, die gesellschaftliche und politische Bühne. Ihre Einstellung zur Vergangenheit war sehr viel mehr von Rechts- und Gerechtigkeitsvorstellungen geprägt als die ihrer Eltern und weniger stark von Ängsten und dem Wunsch bestimmt, »nicht im Vergangenen herumzuwühlen«. Auch Ascensión Mendietas Tochter Chon, die ihre Mutter überredete, bei der Regierung die Identifizierung der sterblichen Überreste ihres Vaters Timoteo zu erwirken, gehört dieser Generation an.

Der wichtigste Erinnerungsdurchbruch war das Aufkommen einer gesellschaftlichen Bewegung, die es sich zum Ziel gesetzt hatte, die Namen von Opfern der Franquisten zu ermitteln und sie aus den Massengräbern zu exhumieren. Besonders wichtig war hier die Gründung der ARMH (*Asociación para la Recuperación de la Memoria Histórica* / Vereinigung zur Wiederherstellung der historischen Erinnerung). Sie weckte mit ihren Aktivitäten innerhalb weniger Jahre buchstäblich das ganze Land auf.

Die ARMH verdankt ihre Entstehung einer Konstellation mehrerer Umstände. 1999 kündigte der Madrider Journalist Emilio Silva Barrera, dessen Großvater als Republikaner im Bürgerkrieg gestorben war, seine Stelle, um seine Familiengeschichte in einem Roman zu verarbeiten. Zu diesem Zweck befragte er Bürgerkriegsteilnehmer und ehemalige politische Gefangene aus der Franco-Ära. Einer erzählte ihm von einem Friedhof im Dorf Priaranza del Bierzo in der Provinz León, auf dem vermutlich Silvas Großvater beigesetzt war. Er hieß ebenfalls Emilio Silva und war 1936 zusammen mit zwölf anderen Republikanern von Franquisten exekutiert worden. Silva verfasste einen Artikel, der eine Kette von Suchaktionen in Gang setzte. Er berichtet:

> Im September 2000 publizierte ich in der Zeitung *La Cronica – El Mundo* einen Artikel mit dem Titel »Auch mein Großvater ist ein *Desaparecido*«. Ich wies darauf hin, dass die Verhaftung von Pinochet in Spanien begrüßt worden sei und Baltasar Garzón Prozesse in Argentinien und Chile

> angestoßen habe und das nun auch in Guatemala tue. Nur in unserem eigenen Land geschehe nichts Vergleichbares, obwohl wir unsere eigenen Verschwundenen hätten. Als ich das schrieb, hatte ich keine Vorstellung vom Ausmaß des Problems, ich ließ einfach nur meiner Empörung freien Lauf.[37]

Einen Monat später wurden in Priaranza del Bierzo die sterblichen Überreste der Hingerichteten exhumiert. Noch im Dezember desselben Jahres gründete Emilio Silva zusammen mit dem Bürgerrechtler Santiago Macías die ARMH und ließ sie beim Innenministerium als gemeinnützige Organisation registrieren. Von da an erhielten Silva und Macías Briefe aus ganz Spanien. Die meisten Menschen bekundeten einfach Solidarität mit ihrem Anliegen. Aber es gab auch solche, die selbst nach den Leichen vermisster Angehöriger suchten und um Rat und Hilfe baten. Dank des Engagements der Bürgerrechtsaktivisten wurden auch an anderen Grabstätten Bürgerkriegsopfer exhumiert. Die Aktivitäten der Organisation wurden immer bekannter, und die Familien der Opfer richteten unablässig neue Hilfeersuchen an Silva und Macías. Bis Ende 2005 wurden mehr als 60 Exhumierungen durchgeführt und die Überreste von mehr als 500 Menschen gefunden. Ende 2010 lag die Zahl der identifizierten Opfer bereits bei 3000.

> Dank der Aufmerksamkeit der Presse und zunehmender Internetaktivitäten schossen regionale Organisationen wie Pilze aus dem Boden. Einige davon zogen Experten hinzu – Historiker, die die Erinnerungen von Augenzeugen aufzeichnen, Archäologen, Anthropologen und Pathologen. Mithilfe von Freiwilligen wurden überall im Land Exhumierungen durchgeführt und die sterblichen Überreste von insgesamt etwa 3000 Menschen aufgefunden. Dies war ein radikaler Bruch mit der Erinnerungspolitik, die bis dahin in Spanien vorgeherrscht hatte. Fernández de

37 Renshaw, »Pravda vskryvaetsja«, a. a. O. Siehe auch: Silva, Emilio / Macías, Santiago, *Las fosas de Franco. Los republicanos que el dictador dejó en las cunetas*. Madrid 2003.

> Mata hat vom »Massengrabphänomen« gesprochen und damit auf den Punkt gebracht, wie entscheidend die Exhumierungen zu dieser Veränderung beitrugen.[38]

Bis Ende 2018 hat die ARMH an mehr als 740 der über 2500 heute bekannten Massengräber Ausgrabungen und Exhumierungen durchgeführt. Dabei wurden etwa 9000 Leichen exhumiert. Insgesamt wird die Zahl der dort begrabenen Menschen auf ungefähr 120 000 geschätzt.[39] Das Massengrabphänomen ist bis heute ein entscheidender Faktor für den Wandel der Einstellung zur Vergangenheit – nicht zuletzt wegen der starken psychologischen Wirkung, die die Exhumierungen auf alle Beteiligten ausüben.

Die Verfolgung republikanischer Bürgerkriegskämpfer zielte oft nicht allein auf die physische Vernichtung des Feindes, sondern auch darauf, das Opfer und seine Familie vor der Gemeinschaft zu entwürdigen – so wurden etwa Frauen entkleidet und kahl rasiert und anschließend in diesem Zustand durch ihre Heimatdörfer getrieben. Es hatte nicht nur politische, sondern auch psychologische Ursachen, dass die franquistischen Repressionen aus dem Gedächtnis verbannt wurden. Die Öffnung der Gräber vor zahlreichen Zuschauern und mit großem Medienecho förderte nicht nur die Überreste der Ermordeten, sondern auch tief verschüttete Erinnerungen an Entehrung und Schande zutage.

So wurde dieser zutiefst persönliche Akt zu einem öffentlichen Ritual der Wiederherstellung der Ehre, der Trauer und des würdigen Abschieds. Die Gesellschaft konnte nun nicht mehr anders, als »in der Vergangenheit herumzuwühlen«, doch was zuvor als qualvolle

38 Silva / Macías, *Las fosas de Franco*, a. a. O.

39 Zu den Daten über die Exhumierungen siehe: Ferrándiz, Francisco, »Unburials, Generals and Phantom Militarism«. In: *Current Anthropology* 2019, Bd. 60, Supplement 19, S. 67. Die Angabe zur Gesamtzahl der Gräber basiert auf Schätzungen des Justizministeriums. Siehe dazu: Sánchez, Rául, *Las víctimas en fosas del franquismo*. Teil der Website https://desmemoria.eldiario.es (Online-Projekt zum 40. Todestag Francos). https://desmemoria.eldiario.es/mapa-fosas/ (Abrufdatum 15. 02. 2022).

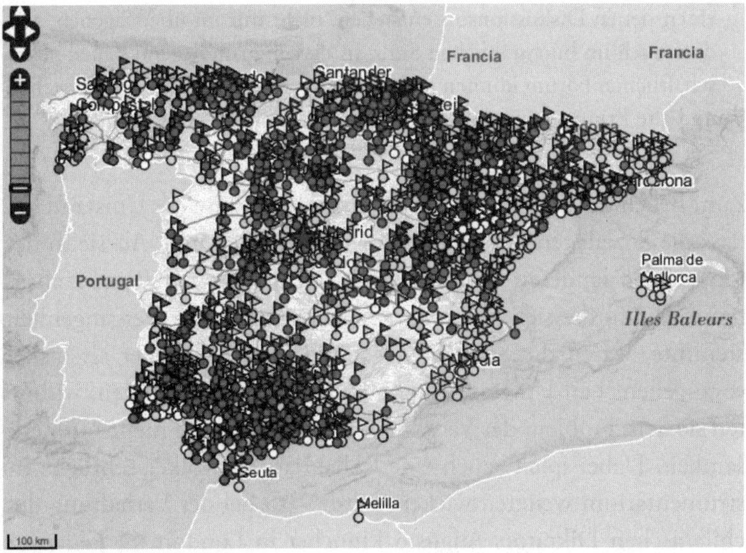

Abb. 20. Karte der Massengräber von der Website des spanischen Justizministeriums. Die Gräber sind wie folgt markiert: Dunkelgrau = noch nicht exhumiert; weiß = noch unentdeckt; hellgrau = von Franco in das Tal der Gefallenen überführt; schwarz = seit Anfang des Jahrhunderts ganz oder teilweise exhumiert

Prozedur erlebt wurde, verwandelte sich in eine für alle bedeutsame Handlung mit rituellem Charakter. Dies erklärt auch den zunächst seltsam anmutenden Wunsch der Angehörigen von Ermordeten, sich mit den Gebeinen ihrer Verwandten oder gar in deren Gräbern fotografieren zu lassen.

> Es ist vor allem der Anblick des geöffneten Grabes, der der Exhumierung kathartische Wirkung verleiht, insbesondere wenn die Medien darüber berichten und Bilder zeigen. In Spanien zeichnen sich Exhumierungen durch Offenheit und Öffentlichkeit aus: Vertreter verschiedener sozialer Schichten der Gemeinde kommen zusammen, die Angehörigen von Toten bringen Blumen, veranstalten eigene Mahnwachen und Gedenkfeiern. Die Formen der Kommunikation und Erinnerung, die sich unter den am Grab Versammelten auf organische Weise herausbilden, lassen

> einen neuen Diskussionsort entstehen, nicht nur im übertragenen, sondern auch im buchstäblichen Sinn. In diesem grundlegend neuen gesellschaftlichen Forum können neue Arten sozialer Interaktionen entstehen und alte Erinnerungstabus in die Vergangenheit verbannt werden.[40]

Zum Bruch des Schweigepakts trug paradoxerweise der Umstand bei, dass die Sozialisten ihre Parlamentsmehrheit verloren. Als sie in der Opposition landeten und die Macht an die *Partido Popular* abtreten mussten, die sich gegen eine Neubewertung der Vergangenheit stemmte, waren die Sozialisten genötigt, entschlossener als bisher vorzugehen. Um Unterstützung bei den Bürgern zu finden, widmeten sie dem Problem der Vergangenheitsaufarbeitung mehr Aufmerksamkeit. Dabei spielte auch eine Rolle, dass das völkerrechtliche Instrumentarium weiterentwickelt wurde – so bei der Verhaftung des chilenischen Diktators Augusto Pinochet in London im Jahr 1998 aufgrund von Baltasar Garzóns Klage – und Menschenrechtsorganisationen immer mehr politisches Gewicht erlangten. Die ARMH erreichte, dass die UN die Vermissten des spanischen Bürgerkriegs als Repressionsopfer anerkannten. Gemeinsam mit Amnesty International empfahlen sie der spanischen Regierung Maßnahmen, um auf die Tatbestände der politischen Repression in den Jahren des Bürgerkriegs und der Diktatur zu reagieren.

Der Bruch des Schweigens in Literatur und Film

Der »Schweigepakt« galt in der Politik und im öffentlichen Leben, erstreckte sich jedoch nicht auf die Kultur. Noch zu Lebzeiten Francos wurde das Trauma des Bürgerkriegs zu einem zentralen Motiv in der Literatur und im Film Spaniens. Die Kunstwerke jener Zeit bedienten sich allegorischer Ausdrucksmittel, so etwa die klassischen Filme *Der Geist des Bienenstocks* (1973) von Víctor Erice und *Züchte*

40 Renshaw, *Pravda vskryvaetsja*, a. a. O.

Raben ... (1976) von Carlos Saura. Heute wird das Thema direkt behandelt.

Auf dem Gebiet der Literatur vollzog sich dieser Umbruch zu Beginn der 2000er Jahre, gleichzeitig mit dem in der Gesellschaft. Ein wichtiges literarisches Werk, das die Erinnerung an den Bürgerkrieg thematisiert, ist Javier Cercas' Roman *Soldaten von Salamis* von 2001. Er wurde in Spanien vielfach ausgezeichnet, von Mario Vargas Llosa, J.M. Coetzee und Susan Sontag hochgeschätzt und in 20 Sprachen übersetzt. Im Zentrum steht das Schicksal zweier Männer: Einer von ihnen ist überzeugter Falangist und Mitarbeiter Primo de Riveras. Der andere, ein unbekannter Soldat der republikanischen Truppen und Mitglied eines Erschießungskommandos, rettet ihm am Ende des Bürgerkriegs das Leben.

Die Erinnerung an den Krieg hat um die Jahrtausendwende eine ganze Richtung der spanischen Literatur geprägt. Hier sind vor allem Manuel Rivas' Novelle *Der Bleistift des Zimmermanns* (1998) sowie die (bisher nicht ins Deutsche übersetzten) Romane *Un largo silencio* (Ein langes Schweigen, 2000) von Ángeles Caso, *La voz dormida* (Die schlafende Stimme, 2002) von Dulce Chacón, *Las trece rosas* (Die dreizehn Rosen, 2003) von Jesús Ferrero und *Fantasmas del invierno* (Gespenster des Winters, 2004) von Luis Mateo Díez zu nennen.

Das Kino steht nicht hinter der Literatur zurück. Im Jahr 2001 erschienen Montxo Armendáriz' Film über die Bürgerkriegsfolgen mit dem sprechenden Titel *Silencio roto* (Gebrochenes Schweigen) und Guillermo del Toros Film *The Devil's Backbone*. Del Toro drehte 2006 mit *Pans Labyrinth* einen weiteren Film über die Geister des Bürgerkriegs.

Das Gesetz zur historischen Erinnerung

Der Staat musste auf den wachsenden Druck aus der Gesellschaft und von Menschenrechtsorganisationen reagieren. 2002 verabschiedete die parlamentarische Verfassungskommission eine Erklärung, in der die Verfolgung politischer Gegner verurteilt wurde. 2003 fand im Parlament eine Gedenkveranstaltung für die Opfer der Diktatur statt; Mitglieder der regierenden PP verweigerten die Teilnahme. Bei den Wahlen 2004 konnten die Sozialdemokraten die Mehrheit zurückerobern und bildeten sofort eine Interministerielle Kommission unter Vorsitz der stellvertretenden Regierungschefin, die die Situation der Opfer des Bürgerkriegs und des Franquismus untersuchen sollte. Das Parlament erklärte das Jahr 2006 zum Jahr der historischen Erinnerung. In der Gesellschaft entwickelte sich ein »Krieg der Todesanzeigen«: Die Angehörigen von Opfern des Franquismus veröffentlichten Todesanzeigen in spanischen Zeitungen. Am 31. Oktober 2007 verabschiedete das Parlament schließlich nach einer erregten Debatte das »Gesetz zur historischen Erinnerung« *(Ley de Memoria Histórica).*

Offiziell bezog sich dieses Gesetz auf die Opfer beider Bürgerkriegsparteien; faktisch sollte es dazu dienen, Gerechtigkeit für die Opfer des Franco-Regimes herzustellen. Die Initiative zu seiner Verabschiedung ging von der Regierung der Sozialisten unter Führung José Luis Zapateros aus. Bei der konservativen PP stieß es hingegen auf Ablehnung, und ebenso bei der linken katalonischen ERC (*Esquerra Republicana de Catalunya*, Republikanische Linke Kataloniens). Während in den Augen der Ersteren mit der Gesetzesinitiative die Erinnerung an den Krieg zu Propagandazwecken missbraucht wurde, hielt die Letztere die vorgesehenen Maßnahmen für bloß oberflächlich und kosmetisch.

Das Gesetz umfasste unter anderem die folgenden Bestimmungen:

– Das Franco-Regime wurde verurteilt und die Opfer politischer, religiöser und ideologischer Gewalt, die es auf beiden Seiten während des Bürgerkriegs und der Diktatur gegeben hatte, wurden anerkannt;

– Die Gerichte, die während des Bürgerkriegs und der Jahre der Franco-Diktatur tätig waren, und die von ihnen gefällten Urteile wurden für illegitim erklärt;

– Franquistische Symbole sollten von öffentlichen Gebäuden und Anlagen entfernt werden und politische Veranstaltungen im Tal der Gefallenen wurden verboten;

– Opfer des Bürgerkriegs und des Franco-Regimes sowie deren Nachkommen sollten entschädigt werden; der Staat sagte seine Unterstützung bei der Suche nach Opfern franquistischer Repressionen und ihrer Exhumierung zu;
– Überlebenden Mitgliedern der Internationalen Brigaden wurde die spanische Staatsbürgerschaft gewährt, ohne dass sie ihre bestehende Staatsbürgerschaft aufgeben mussten, und auch Nachkommen von Personen, die zwischen 1936 und 1955 ins Exil gehen mussten, konnten die spanische Staatsbürgerschaft erhalten.

Das Gesetz zur historischen Erinnerung definierte den neuen Bezugsrahmen für die gesellschaftliche Auseinandersetzung mit der franquistischen Vergangenheit. Rechtsgerichtete Politiker schafften es zwar, seine Umsetzung jahrelang hinauszuschieben, spielten damit letztlich allerdings nur ihren Gegnern in die Hände. Das Thema der Verantwortung für die Verbrechen während der Diktatur ist seither aus der spanischen Politik nicht mehr wegzudenken.

Von Baltasar Garzón zu Ascensión Mendieta

Am 16. Oktober 2008 leitete Baltasar Garzón Real, Ermittlungsrichter an der Audiencia Nacional, der obersten Strafgerichtsinstanz Spaniens, ein Untersuchungsverfahren ein. Es ging um das Schicksal der während des Bürgerkriegs und der Franco-Diktatur verschollenen Personen. Das Datum war nicht zufällig gewählt: Auf den Tag genau zehn Jahre zuvor war der chilenische Diktator Augusto Pinochet in London aufgrund eines von Garzón erlassenen Haftbefehls festgenommen worden. Dieser Vorgang war das wohl aufsehenerregendste Beispiel dafür, dass die internationale Gerichtsbarkeit an ausländischen Gerichten wirksam zum Einsatz gebracht werden konnte, und trug zu der im vorigen Kapitel erwähnten »Kosmopolitisierung der Menschenrechte« bei. Garzón unterstützte die Klagen von 15 gesellschaftlichen Organisationen, in denen die Zahl der »Vermissten« auf insgesamt 114 000 Menschen geschätzt wurde, und warf erstmals die Frage nach der rechtlichen Einordnung der Verbrechen des Franco-Regimes auf.

Im April 2010 wurde Garzón im Zusammenhang mit der Untersuchung der franquistischen Verbrechen wegen Kompetenzüberschreitung angeklagt, da diese unter das Amnestiegesetz von 1977 fielen. Die Anklage löste in Spanien und anderen Ländern zahlreiche Proteste aus, auch solche von Menschenrechtsorganisationen. An einer Solidaritätskundgebung für Garzón am 24. April in Madrid nahmen etwa 100 000 Menschen teil. 2012 wurde er vom Vorwurf der Kompetenzüberschreitung entlastet, jedoch wegen illegaler Abhörmaßnahmen bei einer Ermittlung wegen Korruption unter Mitgliedern der *Partido Popular* schuldig gesprochen. Der Senat des obersten Gerichtshofs von Spanien verhängte einstimmig ein elfjähriges Berufsverbot über ihn.

Nach diesen Versuchen, die gerichtliche Verfolgung franquistischer Verbrechen in Spanien von staatlicher Seite zu unterbinden, griffen Menschenrechtsaktivisten auf internationale Rechtsmechanismen zurück. Im Jahr 2010 reichten mehrere spanische und argentinische Menschenrechtsorganisationen, darunter die legendären Mütter von der Plaza de Mayo, zusammen mit dem Friedensnobelpreisträger Adolfo Pérez Esquivel bei einem Gericht in Buenos Aires eine Klage ein, mit der die Untersuchung der vom Franco-Regime begangenen Verbrechen gegen die Menschlichkeit gefordert wurde. Dieser Straftatbestand unterliegt der Regel der universellen Gerichtsbarkeit: Ermittlungen wegen Verbrechen gegen die Menschlichkeit können weltweit eingeleitet werden, unabhängig davon, wo sie begangen wurden.

Argentinien forderte von Spanien mehrmals die Auslieferung von Personen, die an den Massenhinrichtungen beteiligt gewesen waren, doch Spanien wies die Gesuche immer wieder zurück. Als Ascensión Mendieta, die eigens dafür an ihrem 88. Geburtstag nach Argentinien geflogen war, sich der Klage anschloss, kam Bewegung in die Sache. 2016 gab ein Madrider Gericht im Rahmen eines Ermittlungsverfahrens ihrer Forderung statt und ordnete an, die sterblichen

Überreste von Timoteo Mendieta zu exhumieren. Die Identifikation gelang beim zweiten Anlauf, und im Juli 2017 konnte die nun 91-Jährige ihren Vater endlich ordnungsgemäß begraben.

Damit war ein äußerst wichtiger Präzedenzfall geschaffen. Bei der Suche nach Timoteo Mendietas Grabstätte wurden die Überreste mehrerer weiterer Personen identifiziert. Ihre Angehörigen und Tausende andere mit einer ähnlichen Geschichte haben jetzt ein ermutigendes Beispiel vor Augen. Die Geschichte von Ascensión Mendieta und anderen Nachfahren von Bürgerkriegsopfern ist auch Gegenstand von Amuldena Carracedos und Robert Bahars Dokumentarfilm *El silencio de otros* (Das Schweigen der Anderen), der 2018 mit dem Friedensfilmpreis der Berlinale ausgezeichnet wurde.

* * *

Ascensión Mendietas beharrlicher Einsatz dafür, ihrem Vater Gerechtigkeit widerfahren zu lassen, wurde zum Vorbild für ganz Spanien. Im Mai 2017 stimmte das Parlament mit einer Mehrheit der linken Opposition für eine unverbindliche Resolution, die forderte, Francos sterbliche Überreste aus der Basilika im Tal der Gefallenen zu entfernen. Im Sommer 2018 wurde die Regierung von Ministerpräsident Mariano Rajoy, die die Umsetzung des Gesetzes zur historischen Erinnerung faktisch blockiert hatte, infolge eines Korruptionsskandals, in den Rajoys *Partido Popular* verwickelt war, per Misstrauensvotum abgewählt. Die neue Regierung unter Führung des jungen sozialistischen Ministerpräsidenten Pedro Sánchez beschloss kurz nach ihrem Antritt eine Änderung des Gesetzes zur historischen Erinnerung. Sie sah vor, Francos Gebeine zu exhumieren und an einen anderen Ort umzubetten, dessen Auswahl seinen Angehörigen freigestellt wurde. »Spanien kann sich als gefestigte europäische Demokratie keine Symbole leisten, die die Gesellschaft spalten«, sagte Sánchez. Am 24. Oktober 2019 wurden die sterblichen Überreste Francos in Anwesenheit des spanischen Justizministers, des katholischen Klerus und der Nachkommen des Diktators aus dem Tal der Gefallenen überführt und auf dem Friedhof El Pardo in der Nähe von Madrid beigesetzt.

Trotzdem gibt es nach wie vor mehr Fragen als Antworten. Auch wenn das Mahnmal im Tal der Gefallenen nicht mehr die Ruhestätte Francos beherbergt, bleibt es weiter ein Denkmal für den Triumph der Diktatur und ihre Absegnung durch die Kirche. Beteiligte an Verbrechen des Franco-Regimes sind immer noch auf freiem Fuß – etwa der ehemalige Madrider Polizeiinspektor Antonio Pacheco, genannt Billy the Kid, der beschuldigt wird, Gefangene gefoltert zu haben. Die spanische Gesellschaft ist in Bezug auf die franquistische Vergangenheit weiterhin gespalten.

3. Südafrika. Vergebung statt Justiz

Am 24. Juni 1995 fand im Johannesburger Ellis-Park-Stadion das Finale der Rugby-Weltmeisterschaft statt. Das Sportereignis ging in die Geschichte ein – aber nicht etwa, weil die südafrikanischen Springboks über das objektiv stärkere Team aus Neuseeland siegten: Nelson Mandela, der ein Jahr zuvor zum Präsidenten des Landes gewählt worden war, zeigte sich bei diesem Anlass im grünen Trikot der Nationalmannschaft. Rugby war seit jeher der Sport der weißen Elite Südafrikas und gehörte genauso zu ihrem Selbstverständnis wie die Zugehörigkeit zur Niederländisch-reformierten Kirche. Entsprechend unbeliebt war daher das Spiel bei der schwarzen Mehrheit des Landes, die unter der Rassentrennung zu leiden hatte. Wenn eine internationale Meisterschaft anstand, war der kleine, für Schwarze reservierte Sektor regelmäßig ausverkauft, weil sie es als ihre Pflicht betrachteten, zu erscheinen und die gegnerische Mannschaft anzufeuern.

An diesem Tag jedoch erhoben sich beim Anblick Mandelas im Springboks-Dress alle Zuschauer von den Plätzen. Das fast durchgängig weiße Publikum – nur 1000 von 63 000 Zuschauern waren schwarz – skandierte: »Nelson! Nelson!« und »Madiba! Madiba!«, Mandelas traditionellen Clannamen. Als Nationalmannschaftskapitän Francois Pienaar nach dem Spiel gefragt wurde, wie es sei, die Unterstützung von 63 000 Menschen zu spüren, sagte er: »Wir haben heute gespürt, dass uns nicht nur 63 000, sondern 42 Millionen Menschen unterstützen.« Damit meinte er nicht nur die weiße Minderheit, sondern die gesamte Bevölkerung des Landes. Mandela überreichte ihm den Pokal und sagte: »Vielen Dank für das, was Sie für unser Land getan haben!« Pienaar erwiderte: »Herr Präsident, das ist nichts im Vergleich zu dem, was Sie für das Land geleistet haben.« Erzbischof Desmond Tutu, der Wegbereiter der südafrikanischen Versöhnung, bezeichnete die Ereignisse dieses Tages als »Kehrtwende eines Landes«: »Das war eine unglaubliche Verwandlung. Ganz

Abb. 21. Nelson Mandela überreicht Francois Pienaar den Siegerpokal der Rugby-Weltmeisterschaft 1995

außerordentlich. Wir hörten gleichsam: Ja, es ist tatsächlich möglich, dass wir zu einer Nation werden.«

Ob es gelungen ist, diese Möglichkeit zur Wirklichkeit zu machen, ist bis heute nicht vollständig klar. Doch der südafrikanische Ansatz ist sehr interessant und verdienstvoll. Gleich mehrere Gründe sprechen dafür, sich mit ihm zu befassen. Zuallererst ist er ein Beispiel dafür, dass eine extrem gespaltene Gesellschaft einen Versöhnungsprozess von innen her einleiten kann. Dies wurde erreicht, indem während der Übergangszeit auf ziemlich ungewöhnliche Weise Gebrauch von rechtlichen Instrumenten gemacht wurde. Die wichtigsten Hebel der gesellschaftlichen Einigung in Südafrika waren die Wahrheit und das Bemühen darum, die Verbrechen der Vergangenheit zu vergeben.

Die Wurzeln der Apartheid

Die Ideologie der Rassentrennung als Kernelement des Afrikaaner-Nationalismus[41] ist weit älter als die Apartheid und sogar die Republik Südafrika. Sie entstand aus einer in erster Linie nicht gegen die schwarze Bevölkerung gerichteten, sondern antibritischen Haltung heraus und ist untrennbar mit dem Unabhängigkeitsstreben der Nachkommen europäischer Emigranten verbunden.[42] Im 19. Jahrhundert formten sich diese Ideen zu einem politisch-religiösen System – zu einer Zeit heftiger Konflikte mit Großbritannien, das erst den Großen Treck – den Massenexodus der Buren aus der britisch kontrollierten Kapkolonie nach Osten – und später die Burenkriege provozierte. Die calvinistischen Buren betrachteten sich selbst als auserwähltes Volk und Südafrika als ihr gelobtes Land. Sie deuteten die eigene Geschichte nach dem Muster der biblischen Erzählungen. Der Große Treck entsprach für sie dem Auszug Israels aus Ägypten, die Schlacht am Blood River den Schlachten der Juden mit den Philistern und die englisch-burischen Kriege den Kriegen gegen die Römer.[43]

Der Rassentrennungsideologie liegt die Vorstellung zugrunde, die weißen Afrikaaner seien von Gott dazu ausersehen, Südafrika zu Wohlstand zu führen. Dazu mussten sie unabhängig sein (eine britische Vorherrschaft in Wirtschaft und Politik war mit der eigenen

41 »Afrikaaner« ist die Eigenbezeichnung der Nachkommen von Kolonisten deutscher, niederländischer und französischer Herkunft, die in Südafrika leben.

42 Eine gute Analyse der Wurzeln der Apartheid im Vergleich mit anderen rassistischen politischen Systemen findet sich in: Marx, Anthony W., *Making Race and Nation. A Comparison of South Africa, the United States, and Brazil.* Cambridge 1997.

43 Als Großer Treck wird die Migration der Nachkommen niederländischer Kolonisten (Buren) in die zentralen Regionen Südafrikas bezeichnet. Er dauerte von 1835 bis 1845 und führte zur Gründung der Republik Südafrika (Transvaal-Republik) und des Oranje-Freistaats. Die Schlacht am Blood River war ein Zusammenstoß zwischen den Streitkräften der Buren und den Zulu während des Großen Trecks am 16. Dezember 1838. Die Burenkriege waren militärische Konflikte im südlichen Afrika zwischen dem britischen Empire und mehreren Burenrepubliken in den Jahren 1880-1881 und 1899-1902, die mit der Niederlage der Buren endeten.

Vorbestimmung ebenso wenig vereinbar wie ein übermäßiger Einfluss der Schwarzen) und durften sich nicht mit den Einheimischen vermischen (die Praxis der Mischehe war unter den Buren der Kapprovinz weit verbreitet, wodurch die Bevölkerungsgruppe der »Coloureds« – Südafrikaner mit diverser ethnischer Herkunft – entstand). Alle Bevölkerungsgruppen sollten im Interesse des eigenen Wohlergehens geschlossen und voneinander abgesondert unter weißer Führung und Vorherrschaft existieren.

»Es gibt eine Kraft, die stark genug ist, um uns auf Südafrikas Schicksalsweg zu leiten«, erklärte der calvinistische Prediger Daniel François Malan, Vorsitzender der burisch-nationalistischen Partei NP und von 1948 bis 1954 Premierminister der Südafrikanischen Union, bei einer Kundgebung zum 100-jährigen Jahrestag des Großen Trecks vor 100 000 Teilnehmern. »Das ist die Kraft des Allmächtigen, die Nationen erschafft und ihr Schicksal bestimmt. Wenn ihr diese Kraft zielstrebig in einem gewaltigen Akt der Rettung vereint, wird die weiße Zivilisation bewahrt werden.«

Als sich die vier britischen Kolonien – die Kapkolonie, Natal, die Oranjefluss-Kolonie und Transvaal – 1910 zur Südafrikanischen Union zusammenschlossen und den Status eines Dominions erlangten, der ihnen Selbstverwaltung im Herrschaftsbereich des Britischen Empires zusicherte, waren es die Afrikaaner, die am konsequentesten für die Unabhängigkeit eintraten. Die 1915 gegründete Burenpartei NP (*Nasionale Party* / Nationale Partei) und ihr radikaler politisch-religiöser Flügel, der *Afrikaner Broederbund* (Afrikaaner-Brüderschaft), kämpften mit wechselndem Erfolg gegen die pro-britische *South African Party* um die Macht. Ein zentraler Streitpunkt war die Frage der Beteiligung Südafrikas am Zweiten Weltkrieg. Die burischen Nationalisten, die mit dem Dritten Reich sympathisierten, weigerten sich, auf der Seite Großbritanniens in den Krieg einzutreten. 1948 gewann die NP die Wahlen und machte sich daran, ihr politisches Programm umzusetzen. Damit begann die Errichtung des Apartheidsystems in Südafrika (das Wort »Apartheid« bedeutet auf Afrikaans so viel wie »Getrenntheit«).

1948-1993: Apartheid und militanter Widerstand

Die Apartheidpolitik stützte sich auf Maßnahmen gesetzlicher und institutioneller Art, die darauf abzielten, die Bevölkerung in Gruppen zu unterteilen und die Kontakte zwischen ihnen zu unterbinden. Dazu wurde ein System eingeführt, nach dem alle Bürgerinnen und Bürger Südafrikas einer von vier Rassenkategorien zugeordnet wurden und sich entsprechend registrieren lassen mussten. Diese Kategorien waren: Weiße, Schwarze (Eingeborene oder Bantu), Coloureds (historisch entstandene Gruppen von Personen gemischter Herkunft) und Asiaten (hauptsächlich ethnische Hindus). Nicht nur Mischehen waren gesetzlich verboten, sondern sogar sexuelle Kontakte zwischen Angehörigen verschiedener Rassen. Grundlage der Apartheid war der 1950 verabschiedete Group Areas Act. Er sah vor, dass die Schwarzen, die 80 Prozent der Bevölkerung stellten, in speziell ausgewiesene Reservate ziehen mussten, die nur 20 Prozent der Fläche des Landes ausmachten. Diese Gebiete wurden »Homelands« oder »Bantustans« genannt.

Offiziell ging es nicht um Diskriminierung, sondern um Segregation. Schwarzen wurden nicht die Bürgerrechte entzogen, sondern sie wurden zu Bürgern der Homelands erklärt, wo sie das Recht auf Bildung, Arbeit, Gesundheitsversorgung und sogar auf Selbstverwaltung hatten. Weiße waren in den Homelands ihrerseits »entrechtet«; so war es ihnen etwa verboten, sich dort aufzuhalten, und Schwarze durften keine Weißen anstellen. Faktisch wurden alle wichtigen Städte und wirtschaftlichen Zentren als »Weißes Südafrika« eingestuft und die Schwarzen in Gebiete abgedrängt, die keine guten Lebensbedingungen boten. Auch für ihre Bildung und Gesundheitsfürsorge wendete die Regierung ungleich weniger Mittel auf.

Die Verkündung der Apartheid als offizieller Regierungspolitik, die mit der Unterdrückung und Zwangsumsiedlung der nichtweißen Bevölkerung einherging, rief unweigerlich die politischen Bewegungen der Schwarzen auf den Plan. Die wichtigste dieser Organisationen war der ANC (*African National Congress*), der 1912 im Zuge des

Abb. 22. »Nur für Weiße«. Schild an einem Strand in einem Vorort von Kapstadt, 1985

Widerstands gegen die Diskriminierung schwarzer Bürger durch den Natives Land Act von 1913 gegründet worden war. Die bis dahin politisch gemäßigte Vereinigung begann nun, zu Streiks, Protestkundgebungen und Kampagnen des zivilen Ungehorsams aufzurufen. Zu den Organisatoren gehörte auch der junge Jurist Nelson Mandela.

Am 21. März 1960 erschoss die Polizei schwarze Demonstranten in der Stadt Sharpeville; 69 Menschen wurden getötet. Daraufhin gründete Mandela den militanten ANC-Flügel *Umkhonto we Sizwe* (Zulu für »Speer der Nation«), der den bewaffneten Kampf gegen die Regierung und das Apartheidregime aufnahm. Die Mitglieder verübten Sprengstoffanschläge auf Regierungsgebäude und Institutionen wie Passbehörden und Schiedsgerichte, die die Apartheidpolitik verkörperten. Dabei versuchten sie, möglichst keine Menschenleben zu gefährden.

Im August 1962 fiel Mandela in die Hände der Polizei. Zunächst wurde er wegen Anstiftung zum Streik und illegalen Grenzübertritts zu fünf Jahren Gefängnis verurteilt. Bald darauf folgten Anklagen wegen bewaffneter Rebellion zum Sturz der Regierung, die als Grundlage dienten, um das Urteil umzuwandeln und eine lebenslängliche Haftstrafe zu verhängen. So begann Mandelas Gefangenschaft. Sie sollte 27 Jahre dauern, von denen er 18 in Einzelhaft verbrachte, und ihn zum berühmtesten Häftling der Welt machen.

Von nun an geriet die südafrikanische Regierung international zunehmend unter Druck. 1962 verhängte die UNO Sanktionen gegen Südafrika, deren Auswirkungen immer deutlicher spürbar wurden. Wachsende Unruhen, der Krieg in Angola und ein Korruptionsskandal im Informationsministerium, der 1978 zum Rücktritt von Ministerpräsident Balthazar Johannes Vorster und den Leitern der Sicherheitskräfte führte, zwangen die Regierung schließlich, das Apartheidregime zu lockern. Vorsters Nachfolger Pieter Willem Botha setzte den harten Kurs gegen die Opposition fort, fand sich aber zugleich bereit, die empörendsten Apartheidregelungen zu mildern. Gemischtrassige Ehen wurden erlaubt, die Passpflicht für Schwarze und viele kleinere Einschränkungen im Alltag wurden aufgehoben. 1983 leitete Botha politische Reformen ein. Die neue Verfassung sah ein Dreikammerparlament vor, in dem neben den Weißen auch die Coloureds und die Asiaten repräsentiert waren, nicht jedoch die Schwarzen – sie erhielten stattdessen mehr Selbstverwaltungsrechte in den Homelands.

Dies genügte nicht, um die Lage zu stabilisieren. Eine Kampagne des ANC, die das Land unregierbar machen sollte, erreichte schließlich ihr Ziel. 1985 waren die Spannungen in Südafrika auf dem Höhepunkt. Die Situation glich immer mehr einem schwelenden Bürgerkrieg. Vor allem gegen Regierungsvertreter und Polizei wurde Gewalt angewendet. Zugleich brachen ab Mitte der 1980er Jahre bisher unterdrückte Konflikte zwischen den schwarzafrikanischen Bevölkerungsgruppen auf – wie sich später herausstellte, unter Mitwirkung der Regierung, die gezielt versuchte, die Gesellschaft zu spalten. Die *Inkatha Freedom Party* (IFP), die als Interessenvertretung der Xhosa galt, suchte die direkte bewaffnete Konfrontation mit dem

ANC.[44] Allein 1990 starben dabei mindestens 150 Menschen. In dieser Situation verhängte Botha, der mittlerweile Staatspräsident war, den Ausnahmezustand im Land und nahm Kontakt zu Mandela auf, um mit ihm über eine an Bedingungen geknüpfte Freilassung zu sprechen. Mandela ließ sich jedoch auf einen solchen Handel nicht ein.

1989-1995: Abbau der Apartheid

1989 musste Botha aus gesundheitlichen Gründen zurücktreten. Sein Nachfolger, der frühere Bildungsminister Frederick de Klerk, nahm auf inneren und internationalen Druck hin den Abbau des Apartheidsystems in Angriff. Die Betätigungsverbote für den ANC und den Panafrikanischen Kongress wurden aufgehoben. Im Rahmen einer umfassenden Amnestie kamen etwa 1000 politische Gefangene frei, darunter auch Mandela, und mehr als 6000 Menschen kehrten aus dem Exil zurück. Da diese Zugeständnisse jedoch nicht mit den längst überfälligen politischen Reformen einhergingen, verschärfte sich die Situation weiter. Immer öfter kam es zu Angriffen auf Weiße, die nun ihrerseits begannen, sich für den bewaffneten Kampf zu organisieren. Von 1991 bis 1993 befand sich das Land erneut an der Schwelle zum Bürgerkrieg. Der Regierung de Klerk blieb nur noch, freie Wahlen durchzuführen, an deren Vorbereitung Mandela ohne Einschränkungen mitwirken konnte. Bei diesen Wahlen, die 1994 stattfanden, erhielt der ANC 63 Prozent der Stimmen, die NP 21 Prozent und die IFP 10 Prozent. Neuer Präsident wurde Nelson Mandela.

Eine Besonderheit der Situation in Südafrika ist, dass durch die Apartheid weniger Menschen zu Tode kamen als durch die Gewaltexzesse, die ihr Ende begleiteten. Von den 1960ern bis in die 1990er

44 Die Xhosa und die Zulu sind die beiden größten schwarzen Volksgruppen in Südafrika. Die Feindschaft zwischen ihnen reicht bis zu der Herrschaft des Zulu-Königs Shaka Anfang des 19. Jahrhunderts zurück.

Abb. 23. Frederick de Klerk und Nelson Mandela. Kapstadt 1994

Jahre starben 5000 Menschen durch Polizeigewalt und über 2500 wurden in Gefängnissen hingerichtet. Bis zu 80 000 Personen wurden rechtswidrig verurteilt und Hunderttausende in die Bantustans deportiert. Zugleich fielen laut südafrikanischen Menschenrechtsorganisationen 8580 der 9325 Toten zwischen 1990 und 1993 Konflikten zwischen den Volksgruppen der schwarzen Mehrheit zum Opfer.[45]

Auch in den Jahren der Apartheid wurde Gewalt keinesfalls ausschließlich von Weißen gegen Schwarze verübt. Bei den bekanntesten Blutbädern der Apartheid-Ära – den Schüssen auf eine friedliche Demonstration in Sharpeville 1960 und der Niederschlagung des Aufstands in Soweto 1976 – kamen etwa 250 Menschen ums Leben. Gleichzeitig starben Tausende durch den Terror von *Umkhonto we Sizwe*. Allein in den Jahren 1984-1989 gab es insgesamt 5707 Opfer politisch motivierter Gewalt.

45 Coleman, Max (Hg.), *A Crime Against Humanity: Analysing the Repression of the Apartheid State. Eine Veröffentlichung des Human Rights Commitee of South Africa*, 1998.

Trotzdem wäre es falsch, daraus schließen zu wollen, der Abbau der Apartheid habe mehr Schaden als Nutzen gebracht. Auch wenn die Zahl der Apartheid-Opfer vergleichsweise gering ist: Sie sind Opfer einer legalisierten und institutionellen Gewalt aufgrund staatlicher Politik. Die Gewaltwelle in den 1980er und 1990er Jahren brach hingegen aus, weil der Staat – vor allem infolge der Politik der gesellschaftlichen Spaltung und der von der Regierung goutierten Gesetzlosigkeit – faktisch zusammengebrochen war.

1995-2002: Die Kommission für Wahrheit und Versöhnung

Mandela und de Klerk nahmen die Verhandlungen über die Beendigung der Apartheid in einer sehr schwierigen Ausgangssituation auf. Das Land stand am Rande des offenen Bürgerkriegs, und es gab keine Ansätze für Kompromisse zwischen den Beteiligten – jede Seite führte aus ihrer jeweiligen Sicht einen »heiligen Krieg«. Eine Machtübergabe nach argentinischem Muster – mit einem Verfahren gegen die Verbrecher, das ein Zeichen setzte, selbst wenn es eher formalen Charakter hatte – war hier nicht möglich: Verbrecher gab es auf beiden Seiten des Konflikts, und für eine Abmachung, die für beide hätte von Vorteil sein können, fehlte jede Grundlage.

Wahlen unter Beteiligung aller politischen Kräfte (Mandela konnte die IFP mit großer Mühe von einem Boykott abbringen) waren nur ein notwendiger Schritt zur Verbesserung der Lage. Darüber hinaus galt es, ein Modell zu finden, das den Eliten einen Kompromiss und der Gesellschaft eine Konsensbasis in Aussicht stellte. John C. Torpey hat dieses Modell im Einführungskapitel des von ihm herausgegebenen Standardwerks *Politics and the Past: On Repairing Historical Injustices* als »Erkaufen der Wahrheit auf Kosten des Rechts« (»trading justice for truth«) bezeichnet.[46] Es wurde zur Grundlage

46 Torpey, John C., *Politics and the Past: On Repairing Historical Injustices*. Lanham 2003, S. 9-10.

der Arbeit der südafrikanischen Wahrheits- und Versöhnungskommission (*Truth and Reconciliation Commission*, im Folgenden abgekürzt als TRC). Beim Sondieren des Modells half de Klerk niemand anders als Nelson Mandela, der einstige Anführer des militanten Flügels des ANC, der inzwischen bedingungslos freigelassen worden war. Wie bedeutsam diese präventive Suche nach Kompromissen war, zeigt nicht zuletzt der Umstand, dass de Klerk und Mandela 1993 – also ein Jahr vor den Wahlen – »für ihre Bemühungen um die friedliche Beendigung des Apartheidregimes und die Schaffung der Grundlagen für ein neues demokratisches Südafrika« mit dem Friedensnobelpreis ausgezeichnet wurden.

Die südafrikanische Wahrheits- und Versöhnungskommission gilt als eine der erfolgreichsten Kommissionen ihrer Art. Zugleich ist sie auch besonders heftig kritisiert worden, und zwar aus demselben Grund, aus dem ihr Lob zuteilwurde: Da die TRC nicht über ein hinlängliches rechtliches und politisches Instrumentarium verfügte, machte sie sich vor allem die moralische Bewältigung der Vergangenheit zur Aufgabe. Hier kam ihr die moralische Autorität Mandelas zugute, das Einzige, worüber er reichlich verfügte. Die Politologin Olga Malinova charakterisiert die südafrikanische Kommission als »eine Art öffentliche moralische Show, die sich nicht Bestrafung, sondern Wahrheitsfindung und kollektive Katharsis zum Ziel setzte«.[47]

Die Hauptaufgabe der TRC war es nicht, die Schuldigen zu bestrafen, sondern die Wahrheit über die Verbrechen zum Vorschein zu bringen, die Vergebung und Versöhnung überhaupt erst ermöglicht. Die Kommission hatte die gesetzliche Vollmacht, Einzelpersonen Amnestie zu gewähren, die Hintergründe von Verbrechen zu untersuchen und Beweise anzufordern, Zeugen vorzuladen und ihnen umfassenden Schutz zuzusichern. Die Opfer von zur Zeit der Apartheid begangenen Verbrechen und ihre Angehörigen hatten das Recht, sich

47 Malinova, Olga, »Zabyt' ne polučitsja. Kak Rossii osmyslit' diktaturu i repressii? Opyt Germanii, Ispanii i Latinskoj Ameriki v preodolenii kollektivnoj travmy«. In: *Republic*, 12. 12. 2016. https://republic.ru/posts/77246 (Abrufdatum 22. 02. 2022).

Abb. 24. Eine Sitzung der südafrikanischen Kommission für Wahrheit und Versöhnung

an die TRC zu wenden, um die Vorladung der mutmaßlichen Täter zu erwirken. Wer sich in diesen Jahren etwas hatte zuschulden kommen lassen, durfte ein Amnestiegesuch einreichen. Dazu mussten die Täter bereit sein, ihre Taten öffentlich zu bekennen und ihr gesamtes Wissen preiszugeben. Wenn die Kommission der Ansicht war, dass ihre Zeugenaussagen die Umstände des Geschehens erhellten und ihre Handlungen politisch motiviert und nicht von persönlichem Hass diktiert waren, wurde ihnen Straffreiheit gewährt. Damit wurde die Verantwortung von den Einzelnen auf das politische System der Apartheid verlagert.

Das löste gleich zwei entscheidende Probleme: Erstens konnten die Tatbestände festgestellt und untersucht werden und es wurde ihnen maximale Publizität zuteil. Das kam faktisch einer öffentlichen Verurteilung des Apartheidsystems gleich. Eben deshalb war es so wichtig zu zeigen, dass die Verbrechen aus der Zeit der Apartheid keine individuellen Übertretungen, sondern Ergebnis der staatlichen Politik waren. Zweitens wurde eine Art dritter Weg gefunden, ein Mittelweg zwischen dem Vergessen der Vergangenheit – wobei die Last der begangenen Verbrechen gleichwohl virulent geblieben wäre und die Gesellschaft am Fortkommen gehindert hätte – und einer umfassenden strafrechtlichen Verfolgung aller Verantwortlichen, die angesichts des Ausmaßes der Gewalt und der Anzahl der Täter auf beiden Seiten nicht möglich war. Dieser dritte Weg näherte die Konfliktparteien einander an und sorgte für ein Mindestmaß an gegenseitigem Vertrauen.

Die Leitung der Kommission übernahm die nach Mandela bekannteste und angesehenste Persönlichkeit Südafrikas: Desmond Tutu, erster schwarzer anglikanischer Erzbischof Südafrikas, Friedensnobelpreisträger und prominenter Kämpfer gegen die Apartheid. Die TRC hatte ein Budget von 42 Millionen US-Dollar (für einen Zeitraum von zweieinhalb Jahren), 300 Mitarbeiter und mehrere Niederlassungen im ganzen Land. In einer Erwiderung auf Kritiker begründete Tutu die auf Vergebung ausgerichtete Arbeit der Kommission wie folgt:

> Wir machen einen Fehler, wenn wir alle Spielarten der Justiz auf die Strafjustiz reduzieren: Es gibt auch eine ausgleichsorientierte Justiz (*restorative justice*). Darauf haben wir zurückgegriffen. Aber es handelt sich dabei gleichwohl um Justiz. Niemand lässt die Verbrecher ungestraft davonkommen. Sie müssen öffentlich, vor laufenden Kameras, die furchtbaren Taten bekennen, die sie begangen haben. Und das ist schwer, sehr schwer.[48]

Die grundlegenden Besonderheiten der Arbeit der TRC ergaben sich aus ihrer Konzeption als »moralische Show«. Sie verdankte ihre Wirksamkeit einer beispiellosen Publizität. Die Berichte über die An-

48 Zitat aus dem Dokumentarfilm *Long Night's Journey Into Day* (2000) von Deborah Hoffmann und Frances Reid (2000). Näheres zur Restorative Justice und ihrer Beziehung zu anderen Spielarten der Justiz im Fall Südafrikas siehe: Gibson, James L., *Overcoming Historical Injustices. Land Reconciliation in South Africa.* Cambridge 2009, S. 1-26.

Abb. 25. Desmond Tutu überreicht Nelson Mandela den Kommissionsbericht. Pretoria 1998

hörungen der TRC waren die Aufmacher der Radio- und Fernsehnachrichten und erschienen in der Presse. Das Radio übertrug die Anhörungen Tag für Tag fünf Stunden lang live. Die Sendung »Commission Report«, die am Samstagabend im südafrikanischen Fernsehen ausgestrahlt wurde, war bald die beliebteste Nachrichtensendung des Landes.

Die TRC prüfte die Zeugenaussagen von über 21 000 Opfern. 2000 von ihnen erschienen persönlich zur Anhörung. Mehr als 7000 Menschen ersuchten um Amnestie und die Kommission prüfte 2500 Gesuche. Letztlich gewährte sie 1167 Personen Amnestie und weiteren 145 eine Teilamnestie. Und auch wenn der Vorrang der Wahrheit vor der Rechtsprechung der Hauptkritikpunkt an der Arbeit der Kommission war – und die Vergebung zudem oft in Abwesenheit gewährt wurde, so bei 37 hochrangigen ANC-Mitgliedern –, erfüllten sogar die Amnestien ihren Zweck, zur Aufdeckung der Wahrheit beizutragen.

Ein Beleg für die relative Objektivität der TRC war, dass sowohl schwarze als auch weiße Eliten versuchten, die Publikation der Rechenschaftsberichte[49] zu behindern. Als 1998 die ersten fünf Bände erschienen, zeigten sich beide Seiten unzufrieden. Ex-Präsident de Klerk erwirkte ein Publikationsverbot für Informationen zu seiner Person und der ANC versuchte, die Veröffentlichung des Berichts auf Regierungsebene zu blockieren. Dies wurde, erst Stunden bevor die Bände an die Druckerei geschickt wurden, durch einen Gerichtsentscheid unterbunden. Während der parlamentarischen Debatte über den Bericht sagte der Vizepräsident (und ANC-Vorsitzende) Thabo Mbeki, die Enthüllungen der Kommission seien geeignet, »den Freiheitskampf unseres Volkes in erheblichem Maß zu delegitimieren oder kriminalisieren«. Die Bände 6 und 7 wurden erst 2002 fertiggestellt und 2003 publiziert. Grund für diese Verzögerung war eine weitere Klage gegen die Veröffentlichung, diesmal vonseiten der IFP und ihres Vorsitzenden, des damaligen Innenministers Mangosuthu Buthelezi.

Der politische Wille, die Entscheidungen der Kommission mitzutragen und in die staatliche Rechtspraxis eingehen zu lassen, war praktisch nicht vorhanden. Zwei Monate nachdem der letzte Band des Berichts publiziert worden war, gewährte der nunmehrige südafrikanische Präsident Mbeki 33 Mitgliedern des ANC und des Panafrikanischen Kongresses eine Amnestie, obwohl die Kommission sie nicht begnadigt hatte, und diskreditierte damit deren so hart erarbeitete Autorität.

49 *Truth and Reconciliation Commission of South Africa Report.* Bd. 1-5. Kapstadt 1998 (New York 1999); Bd. 6, 7. Kapstadt 2002, 2003 (New York 2002). Die Berichte der TRC und viele weitere Materialien sind online auf der Website des südafrikanischen Justizministeriums zugänglich: https://www.justice.gov.za/trc/ (Abrufdatum 22.02.2022).

Entschädigungen

Auf Grundlage der Arbeitsergebnisse der TRC wurde ein Programm zur finanziellen Entschädigung der Opfer erarbeitet, und im Jahr 2000 wurde ein Entschädigungsfonds des Präsidenten geschaffen. Die vorgesehenen Zuwendungen sind jedoch bis heute nicht in vollem Umfang erbracht worden. Die erste Phase der Zahlungen dauerte von 1998 bis 2001. In dieser Zeit wurden Entschädigungen in Höhe von insgesamt 44 Millionen Rand (etwa 6,7 Millionen Euro zum damaligen Wechselkurs) an etwa 14 000 Opfer geleistet. Sie erhielten zwischen 2000 und 5600 Rand (300-850 Euro) pro Person. Zum Vergleich: Das Jahreseinkommen einer fünfköpfigen Familie in Südafrika betrug 2001 etwa 22 000 Rand (3250 Euro) für Schwarze und 194 000 Rand (28 500 Euro) für Weiße.

In der zweiten Phase wurden 2003 Entschädigungsmittel in Höhe von insgesamt 571,5 Millionen Rand (60 Millionen Euro) ausgezahlt. Selbst dies waren jedoch weniger als ein Fünftel der ursprünglich von der TRC empfohlenen Leistungen. Laut dem südafrikanischen Juristen und ehemaligen TRC-Mitglied Dumisa Nzebeza sind bis Ende 2017 17 408 von 21 676 Antragstellern entschädigt worden. Insgesamt gibt es nach der Schätzung von Menschenrechtsorganisationen womöglich über 100 000 Anspruchsberechtigte. Die Schadensersatzklagen von Opfern und ihren Angehörigen gegen den Staat stehen bis heute auf der Tagesordnung südafrikanischer Bürgerrechtler und sind auch innenpolitisch ein Thema.

Ubuntu: Versöhnung als Institution

Die Initiatoren der Wahrheits- und Versöhnungskommission schlugen vor, die nationale Versöhnung und Einigung der südafrikanischen Nation auf das Ethos des *ubuntu* zu gründen. Der Ausdruck *ubuntu* ist eine Abkürzung des Xhosa-Sprichworts »Umuntu ngumuntu ngabuntu« (»Ein Mensch ist ein Mensch nur dank anderer

Menschen«). Die wechselseitige Verbundenheit aller Mitglieder der Gesellschaft untereinander – so der Grundgedanke dieser Philosophie – ist das, was Menschlichkeit eigentlich ausmacht. Laut Desmond Tutu ist »eine Person mit *ubuntu* [...] offen und zugänglich für andere, fühlt sich durch andere bestätigt und nicht bedroht, sondern weiß um die Fähigkeiten und die Güte anderer. Er oder sie besitzt ausgeprägte Selbstsicherheit, die von dem Wissen herrührt, dass er oder sie einem größeren Ganzen angehört. Sie fühlen sich beeinträchtigt, wenn andere gedemütigt oder gefoltert oder unterdrückt werden, oder wenn man sie so behandelt, als wären sie weniger wert.«[50]

Der *ubuntu*-Gedanke gewann in der Folge so große Popularität, dass der Ausdruck seit 2004 als Name für ein Betriebssystem dient, das nach den Grundsätzen der freien Software entwickelt wird, allen gleichberechtigt zur Verfügung steht und damit – wie es auf der Website des Anbieters heißt – »den Geist von *ubuntu* in die Welt der Computertechnologie bringt«. Der Geist des *ubuntu* trägt dazu bei, rassische, religiöse und wohlstandsbedingte Spaltungen zu überwinden, indem jede »andere« Person als zu einer einheitlichen Gemeinschaft gehörig behandelt wird.

Diese Philosophie wies eine Reihe von Merkmalen auf, die sie als geradezu ideal geeignet erschienen ließen, um die südafrikanische Gesellschaft zusammenzuführen. Erstens war sie der schwarzen Bevölkerung vertraut, die sich von der staatlichen Politik nichts mehr versprach. Zweitens war sie nicht mit einer bestimmten Religion verbunden, so dass Anhänger aller Religionen und Konfessionen sich auf sie berufen konnten. Und drittens betonte sie die Grundsätze des Humanismus und der Verbundenheit, die durch jahrelangen gegenseitigen Hass und Streit untergraben worden waren.

Die nationale Versöhnung war, wie es in der Übergangsverfassung Südafrikas von 1994-1997 hieß, Voraussetzung für die Einigung der Nation und den Aufbau einer Gesellschaft auf neuen Grundlagen (*reconstruction*). Dafür war es unabdingbar, auf »Verständnis statt Rache,

50 Tutu, Desmond, *Keine Zukunft ohne Versöhnung*. Düsseldorf 2001, S. 34.

Wiedergutmachung statt Vergeltung, *ubuntu* statt Viktimisierung« zu setzen.[51]

Wo gegenseitiger Hass und Feindschaft herrschen, werden nicht nur die Opfer von Gewalt und Missbrauch entmenschlicht, sondern auch die Täter. Das *ubuntu*-Prinzip der tiefen Verbundenheit aller Mitglieder einer Gemeinschaft sieht vor, dass Opfer wie Täter ihre Menschenwürde zurückerlangen. Nur so ist es möglich, in der Gesellschaft wieder Vertrauen aufzubauen und den Weg für sozialen Frieden zu bereiten. Sofern Opfer und Täter bereit sind, im jeweils anderen vor allem den Menschen zu sehen, können sie durch das Bitten um und Gewähren von Vergebung aufeinander zugehen. Das gehört unabdingbar zum Prozess der »Ermittlung der Wahrheit«.

Dieser Ansatz trug dazu bei, dass sich zur Zeit der Tätigkeit der TRC in Südafrika eine einzigartige Kultur (oder Ideologie) der Vergebung entwickelte. Vergebung als zentrales Instrument der Versöhnung wurde für die gesamte südafrikanische Gesellschaft zu einem wichtigen Thema, das die Nachrichten beherrschte. Über die Frage der Vergebung wurden Filme gedreht und Bücher geschrieben. Die wichtigsten Verkünder der Vergebungskultur waren Nelson Mandela und Desmond Tutu. Einen entscheidenden Beitrag zur Arbeit der TRC leistete Pumla Gobodo-Madikizela, Professorin für Klinische Psychologie und Menschenrechtsaktivistin. Aus der Beobachtung von Opfer-Täter-Beziehungen entwickelte sie das Konzept der »Vergebung des Nichtvergebbaren« (*forgiveness of the unforgivable*), ein grundlegend neues und noch kaum erforschtes Verfahren zur Überwindung von Traumata.

Gobodo-Madikizela stellt sich gegen Hannah Arendt, die das »radikal Böse« des Holocaust als etwas Inkommensurables betrachtet, das jede Möglichkeit der Vergebung und auch der Bestrafung über-

51 Vgl. die Übergangsverfassung der Republik Südafrika, 1993 (Abschnitt 15 »General and Transitional Provisions«, letzter Absatz: »National Unity and Reconciliation«). Online zugänglich unter https://www.gov.za/documents/constitution/constitution-republic-south-africa-act-200-1993#251%20Short%20title%20and%20commencement (Abrufdatum 23. 02. 2022).

steigt. Für Gobodo bedeutet Vergebung hingegen – ähnlich wie für Jacques Derrida und Paul Ricœur – immer schon, sich über Unmögliches hinwegzusetzen; sie ist immer Vergebung des Nichtvergebbaren. Der Unterschied zwischen der Situation in Südafrika und im Dritten Reich besteht nicht in der Dimension der Tragödie – solche Dinge lassen sich nicht auf quantitativer Ebene vergleichen –, sondern darin, dass sich in der damaligen Situation in Deutschland die Frage nach Vergebung und Versöhnung nicht stellte: Die jüdische Gemeinschaft in Deutschland war fast vollständig vernichtet worden. In Südafrika und auch in Ruanda ist diese Frage hingegen sehr präsent. Vergebung als Resultat der Begegnung mit dem Täter und seiner Reue ist laut Gobodo das einzige Mittel der Traumaverarbeitung, das sowohl den Einzelnen wie auch der gesamten traumatisierten Gesellschaft wirklich als Modell dienen kann.

Die Begegnung von Opfer und Täter

Gobodo-Madikizela entwickelte ihre Theorie nicht nur am Schreibtisch, sondern überprüfte sie auch empirisch. Nach dem Abschluss ihrer Tätigkeit in der Wahrheits- und Versöhnungskommission beschloss sie, sich im Gefängnis mit Eugene de Kock zu treffen, der wegen zahlreicher Entführungs-, Folter- und Mordtaten angeklagt war. In den 1980ern und frühen 1990ern hatte er eine Polizeieinheit zur Bekämpfung des bewaffneten Widerstands geleitet und sich persönlich an Folter und Morden beteiligt. Wegen seiner Grausamkeit hatte er den Spitznamen »Prime Evil« – etwa: »das Urböse« – erhalten (die Assoziation mit dem »radikal Bösen« bei Arendt und ihrem Buch über Eichmann drängt sich hier geradezu auf).

De Kock hatte vor der TRC ausgesagt und dabei mehrere südafrikanische Spitzenpolitiker beschuldigt, das Vorgehen der Todesschwadronen autorisiert zu haben. Er wurde für die meisten Fälle amnestiert, und sein Beitrag zur Versöhnung wurde sogar im Bericht der Kommission erwähnt. Doch allein die wenigen verbliebenen Fälle

Abb. 26. Szene aus einem Theaterstück nach Pumla Gobodo-Madikizelas Buch im Londoner Hampstead Theatre

genügten, um ihn mehrmals zu lebenslanger Haft zu verurteilen. Im Gefängnis äußerte er Reue und suchte sogar die Begegnung mit Angehörigen seiner Opfer. Das weckte Gobodo-Madikizelas Interesse. Nach über 40 Gesprächen mit de Kock, die die Grundlage ihres Buches *Das Erbe der Apartheid* (2003, dt. 2006)[52] bildeten, unterstützte sie dessen Gnadengesuch, das damals nicht bewilligt wurde. Das Buch wurde ein internationaler Bestseller und gewann renommierte Preise in Südafrika und den USA.

Ein weiteres wichtiges Dokument der Vergebungskultur ist der Dokumentarfilm *Long Night's Journey Into Day* (2000) von Deborah Hoffmann und Frances Reid. Er erzählt vier Geschichten, die von Vergebung handeln.

Die erste beginnt am 14. Juni 1986. An diesem Tag ging in der Bar »Why Not« in Durban, in der viele Polizisten verkehrten, eine Bombe hoch, die 3 Frauen tötete und 69 Menschen verletzte. Gelegt hatte sie Robert McBride, ein Mitglied von *Umkhonto we Sizwe*. Er wur-

52 Gobodo-Madikizela, Pumla, *Das Erbe der Apartheid. Trauma, Erinnerung, Versöhnung*. Opladen 2006.

de ein Jahr darauf zum Tode verurteilt. Das Urteil kam jedoch nicht gleich zur Vollstreckung und McBride erklärte später, er wolle vor der Wahrheits- und Versöhnungskommission aussagen. Als er die Schwester eines Explosionsopfers um Verzeihung bat, sagte er, sein Handeln sei politisch motiviert gewesen: Die Bar sei ein Treffpunkt für weiße Polizisten gewesen, er habe persönlich nichts gegen die Opfer gehabt. Die Kommission befand McBride »massiver Menschenrechtsverletzungen« für schuldig: Er habe wissen müssen, dass sein Sprengstoffanschlag eine große Anzahl unschuldiger Zivilisten treffen würde. Trotzdem wurde er begnadigt.

Am 27. Juni 1985 töteten südafrikanische Geheimdienstoffiziere vier Aktivisten aus der Stadt Cradock und versuchten, die Leichen zu verbrennen. An der Beerdigung der »Cradock Four« nahmen Tausende von Menschen aus dem ganzen Land teil. Sie war eines der Ereignisse, an denen sich deutlich zeigte, dass die Regierung die Situation im Land nicht mehr unter Kontrolle hatte. 1996 erklärten drei weiße Polizisten, sie wollten vor der Kommission aussagen, um eine Amnestie zu erhalten. Einer von ihnen, Eric Taylor, gab an, er sei durch Alan Parkers Film *Mississippi on Fire* (der von der Untersuchung des Mordes an drei schwarzen Bürgerrechtlern in den Vereinigten Staaten in den 1960er Jahren handelt) und die Lektüre von Mandelas Autobiografie dazu angeregt worden. Beides habe sein Weltbild radikal verändert. Die Witwe eines Opfers weigerte sich, den Mördern ihres Mannes zu vergeben. Die Witwe eines anderen erklärte sich zur Vergebung bereit, weil sie Böses nicht mit Bösem vergelten wolle. 1999 verweigerte die Kommission Taylor und seinen Komplizen eine Amnestie; sie blieben gleichwohl auf freiem Fuß.

Am 3. März 1986 erschoss die Polizei im Kapstadter Vorort Gugulethu sieben Menschen. Offiziell hieß es, sie seien bei einer Antiterroroperation getötet worden. Später stellte sich heraus, dass Polizeiagenten, die in eine Gruppe nichtprofessioneller Anti-Apartheid-Kämpfer eingeschleust worden waren, diese zu einer militanten Organisation aufgebaut und die Aktion eingefädelt hatten, um ihre Vorgesetzten zu beeindrucken. Die Beerdigung der »Gugulethu Seven«, an der 30 000

Abb. 27. Denkmal für die Gugulethu Seven

bis 40 000 Menschen teilnahmen, wurde zu einer der größten Protestkundgebungen gegen die Apartheid. Die Angehörigen der Opfer bemühten sich erfolglos um eine Untersuchung des Vorfalls. 1996 baten sie die Kommission, den Fall zu prüfen, und luden die Verantwortlichen des Polizeieinsatzes vor Gericht. Von den mehr als zehn Organisatoren der Operation nahmen nur zwei Mitarbeiter der zentralen Dienststellen das Angebot wahr, ein Amnestiegesuch zu stellen und im Gegenzug detailliert auszusagen. Der schwarze Polizist Thapelo Mbelo, der in die Gruppe eingeschleust worden war und dort als Provokateur gewirkt hatte, ersuchte um ein persönliches Treffen mit den Müttern der Getöteten, um sie um Vergebung zu bitten. »Junge«, sagt eine von ihnen in der eindrücklichsten Szene des Films, »du bist genauso alt wie mein Sohn Christopher. Und ich möchte dir heute sagen, dass ich dir als Christophers Mutter vergebe, Junge. Gehe in Frieden.« Das Treffen endet damit, dass Mbelo alle Mütter der Reihe nach umarmt, obwohl längst nicht alle bereit sind, diese Worte zu wiederholen. Rian Bellingan, der den Einsatz geleitet hatte, und Thapelo Mbelo wurden 2002 amnestiert.

Sieben Jahre nach der Erschießung der Guguletu Seven, am 25. August 1993, töteten vier junge Männer aus Guguletu die 26-jährige US-Amerikanerin Amy Biehl, eine Studentin der Universität Stanford, die nach Südafrika gekommen war, um den Kampf gegen die Apartheid wissenschaftlich zu erforschen und auch selbst an ihm teilzunehmen. Die Täter hatten am selben Tag ein Treffen des Ortsverbands der Panafrikanischen Studierendenorganisation (PASO) besucht, bei dem die Parole ausgegeben wurde, die Aktivisten müssten das Land unregierbar machen. Alle vier wurden vor Gericht gestellt und zu 18 bis 22 Jahren Gefängnis verurteilt. 1995 beantragten sie, vor der Wahrheits- und Versöhnungskommission auszusagen. Sie erklärten, sie hätten das Verbrechen aus politischen Gründen begangen und bereuten es zutiefst.

1997 kamen Amy Biehls Eltern nach Südafrika, um sich mit den Familien der Mörder zu treffen und ihnen ihre Vergebung auszusprechen. 1998 ersuchten sie die Kommission während einer Sitzung darum, die Mörder zu begnadigen. Dies gebiete die Achtung vor ihrer Tochter, die die Aussöhnung der südafrikanischen Gesellschaft als ihr Lebenswerk betrachtet habe:

> Amy zog es als Studentin nach Südafrika. Sie hat Mandelas Vision der »Regenbogennation« bewundert. Diese Vision der Vergebung und Versöhnung wollten wir würdigen. […] Das wichtigste Mittel der Versöhnung ist der offene und ehrliche Dialog. Und wir sind hier, um Versöhnung wegen eines Menschenlebens zu erlangen, das ausgelöscht wurde, ohne dass es eine Chance zum Dialog gab. Wenn wir das vollbracht haben, müssen wir Arm in Arm weitergehen.

Die »Ideologie der Vergebung« hat dazu beigetragen, Südafrika vor dem Abgleiten in bürgerkriegsähnliche Zustände zu bewahren, wie sie in vielen anderen Ländern Afrikas herrschten. Aber auch wenn sich mit dem »Erkaufen der Wahrheit auf Kosten des Rechts« Blutvergießen im großen Maßstab vermeiden ließ, hat es in vielen Fällen offene Wunden zurückgelassen. Robert McBride, der den Sprengstoffanschlag auf die Besucher der Bar »Why Not« verübt hatte, wurde

Abb. 28. Linda und Peter Biehl mit den Mördern ihrer Tochter

kurz nach seiner Haftentlassung von der Polizei eingestellt und stieg Ende 1990 in den Rang eines kommunalen Polizeichefs auf. Eugene de Kock wurde 2015 nach 20 Jahren Haft begnadigt und aus der Haft entlassen. Später wurde bekannt, dass er aus einem privaten Altersheim in Pretoria hatte ausziehen müssen, weil das Personal sich weigerte, ihn zu betreuen, nachdem es ihn erkannt hatte. Im März 2016 beging Gerhard Lotz, einer der Mörder der Cradock Four, im Alter von 54 Jahren Selbstmord. Angehörige der Opfer bekundeten offen ihre Genugtuung. »Man hat uns zur Vergebung aufgerufen, aber ich habe nicht vergeben«, sagte die Schwester eines Ermordeten gegenüber Reportern. »Ich werde das Grab meiner Mutter in Cradock aufsuchen und ihr sagen, dass sie jetzt in Frieden ruhen kann.«

Können öffentliche Reuebekundungen, die über die Massenmedien verbreitet werden und meist mit einer Amnestie enden, die Traumata der Vergangenheit heilen? Mit dieser Frage befasst sich die bekannte Soziologin Leigh Payne von der Universität Oxford in ihrem Buch *Unsettling Accounts*.[53] Viele Kritiker des südafrikanischen Mo-

53 Payne, Leigh A., *Unsettling Accounts. Neither Truth Nor Reconciliation in Confessions of State Violence*. Durham/London 2008, S. 35-40.

dells sind überzeugt, dass keine solche Heilung stattfinde: Es komme nicht zu einer Beruhigung, sondern es entzündeten sich immer wieder heftige Auseinandersetzungen. Nach Paynes Auffassung sind jedoch gerade diese Konflikte – ebenso wie die öffentlichen Geständnisse, auf die sie zurückgehen – das beste Mittel, um ein demokratisches Bewusstsein und Verfahren der Bürgerbeteiligung auszubilden und eine Kultur der freien Diskussion und des Wettbewerbs politischer Programme entstehen zu lassen.

Erfolg oder Misserfolg?

Angesichts der Situation im heutigen Südafrika lautet die zentrale Frage in Bezug auf das historische Gedächtnis: Sind die Bemühungen um die Versöhnung und Einigung der Gesellschaft erfolgreich gewesen? Je länger die Arbeit der Kommission zurückliegt, desto skeptischer werden ihre Ergebnisse beurteilt. Am größten ist diese Skepsis in Südafrika selbst.

Die Kritiker führen vor allem an, dass Kriminalität und Ungleichheit im Vergleich zu den Apartheidjahren stark zugenommen hätten und zahlreiche Weiße emigriert seien. In der Tat stieg die Zahl der Tötungsdelikte in den 1990ern drastisch an – von 25 bis 30 je 100 000 Menschen in den 1950er bis 1970er Jahren auf 70 bis 80. In den 2010er Jahren ging sie auf 35 zurück und erreichte damit fast den vorherigen Stand. Nach Schätzungen der UN ist die Zahl der Gewaltdelikte in den letzten zehn Jahren um 40 Prozent und die der Eigentumsdelikte um 24 Prozent gesunken. Die in Südafrika traditionell hohe Ungleichheit hat nach dem Ende der Apartheid weiter zugenommen, insbesondere nach 2011 (2018 führte Südafrika den Ungleichheitsindex der Weltbank an).[54] Diese wachsende Armut wird jedoch zu einem

54 Sulla, Victor / Zikhali, Precious, *Overcoming Poverty and Inequality in South Africa. An Assessment of Drivers, Constraints and Opportunities*. Washington, D. C.: World Bank Group, 2018. http://documents.worldbank.org/curated/en/53048152

großen Teil durch Chancenungleichheiten verursacht, die auf die Zeit der Apartheid zurückgehen. Andererseits hat die Bedeutung der Hautfarbe als armutsentscheidender Faktor in letzter Zeit abgenommen, während Bildung und Arbeitsmarktbedingungen eine größere Rolle spielen. Sehr viel eindeutiger ist die Statistik zum Zahlenverhältnis zwischen der schwarzen und weißen Bevölkerung Südafrikas: Während es 1986 etwa fünf zu eins betrug,[55] lag es 2015 bei zehn zu eins. Nach 1994 erlebte Südafrika einen regelrechten Exodus der weißen Bevölkerung. Doch auch diese Angaben müssen mit Blick auf die Situation in den Nachbarländern Angola, Mosambik und Simbabwe beurteilt werden, wo fast gar keine Weißen mehr leben.[56]

Wohl am eindringlichsten wird die skeptische Sicht auf Südafrika in John M. Coetzees 1999 erschienenem Roman *Schande* dargestellt. Der Autor erhielt dafür seinen zweiten Booker Prize und 2003 den Nobelpreis für sein Gesamtwerk. 2008 verfilmte Steve Jacobs das Buch mit John Malkovich in der Hauptrolle. Es handelt von den Missgeschicken des weißen Universitätsprofessors David Lurie, der in Kapstadt englische Literatur lehrt und Studentinnen zum Sex nötigt. Nachdem eine Studentin Beschwerde gegen ihn einlegt, verliert er seine Stellung und seine Reputation. Er verlässt Kapstadt und zieht auf die Farm seiner Tochter Lucy in einem früheren Bantustan-Gebiet. Die Farm wird von drei jungen Männern überfallen, die Lucy vergewaltigen, wodurch sie schwanger wird.

Ihr Vater drängt sie, die Polizei einzuschalten oder wie viele andere weiße Südafrikaner in die Niederlande auszuwandern. Sie lehnt das jedoch ab und beschließt, in ihrer Wahlheimat wohnen zu bleiben

1735906534/Overcoming-Poverty-and-Inequality-in-South-Africa-AnAssessment-of-Drivers-Constraints-and-Opportunities (Abrufdatum 26.02.2022).

55 *Survey of Race Relations-1986*, Johannesburg 1986. https://www.nelsonmandela.org/omalley/index.php/site/ q/03lv02424/04lv03370/05lv03389.htm (Abrufdatum 26.02.2022).

56 Von 1975 bis 2012 sank der Anteil der weißen Bevölkerung in Angola von 5,2 Prozent auf 1 Prozent, in Mosambik von 1,8 Prozent auf 0,3 Prozent und in Simbabwe von 8 Prozent auf 0,2 Prozent.

Abb. 29. Szene aus dem Film *Schande* (2008) von Steve Jacobs nach dem Roman von J. M. Coetzee

und das Kind zu behalten. Einer der Vergewaltiger, wohl der Vater des Kindes, entpuppt sich als Verwandter des Nachbarn. Dieser bietet Lucy seine Protektion an, wenn sie seine dritte Frau wird und ihm den Hof überschreibt. »Sie sagen, es ist schlecht, was geschehen ist«, sagt dieser Nachbar zu David und parodiert damit die Formel der südafrikanischen Kommission. »Ich sage auch, es ist schlecht. Es ist schlecht. Aber es ist erledigt.«[57] Das sind die Bedingungen der »Versöhnung«. Lurie, der sein Leben lang selbst anderen die Bedingungen diktiert hat, muss sich nun wohl oder übel in sie fügen. Coetzee selbst, in den Jahren der Apartheid einer der schärfsten Kritiker des Systems, wanderte 2002 nach Australien aus.

Und doch hat sich Desmond Tutus Grundthese, dass Wahrheit zur Versöhnung führe, für Südafrika trotz zahlreicher Vorbehalte bestätigt. Die Beziehungen innerhalb der Gesellschaft haben sich in dem Maße

57 Coetzee, John M., *Schande*, aus dem Englischen von Reinhild Böhnke. Frankfurt/Main 2001, S. 262.

zum Besseren verändert, in dem die Öffentlichkeit die von der Kommission aufgedeckten und veröffentlichten Fakten anerkannt hat.[58]

Wenn man den zu weit gefassten und vieldeutigen Begriff »Versöhnung« als gesellschaftspolitischen Prozess versteht, wird deutlich, dass es um einige sehr konkrete Voraussetzungen geht. Das »Lösen der Knoten« zwischen individuellen Opfern und Tätern ist nur eine dieser Voraussetzungen und aufgrund der vergleichsweise geringen Opferzahl nicht die bedeutsamste. Weit wichtiger ist es, die Abschottung der südafrikanischen Bevölkerungsgruppen gegeneinander zu überwinden, die in der Kolonialzeit wurzelt und durch die Apartheid verstärkt wurde. Der Umstand, dass jeweils nur Menschen der gleichen Hautfarbe als Teil der Gemeinschaft gelten, hindert die Einwohner Südafrikas faktisch daran, Verantwortung für das Land als Ganzes zu übernehmen und sich im vollen Sinne als seine Bürger zu betrachten.

Eine weitere entscheidende Voraussetzung für die »Versöhnung« besteht darin, eine Kultur der Toleranz gegenüber anderen politischen Ansichten, der Achtung demokratischer Institutionen und der Menschenrechte zu schaffen, denn Intoleranz war eine unmittelbare Folge der Segregationspolitik. Versöhnung, so heißt es im Abschlussbericht der Kommission, »erfordert, dass alle Südafrikaner moralische und politische Verantwortung für den Aufbau einer Kultur der Menschenrechte und der Demokratie übernehmen, in der soziale und wirtschaftliche Konflikte auf umsichtige und gewaltfreie Weise gelöst werden«.[59] Sie wäre demnach dann erreicht, wenn die nach dem Abbau der Apartheid geschaffenen politischen Institutionen von allen Bürgern Südafrikas anerkannt sind.

Wenn man berücksichtigt, dass in den 1980er Jahren die Entfremdung in der südafrikanischen Gesellschaft auf dem Höhepunkt angelangt war und Weiße wie Schwarze die bewaffnete Konfrontation als »gerechten Krieg« betrachteten, sollten selbst kleine Annäherun-

58 Siehe dazu Gibson, James L., *Overcoming Apartheid: Can Truth Reconcile a Divided Nation?* New York 2004.

59 *Truth and Reconciliation Commission of South Africa Report.* Bd. 5, S. 435.

gen als Erfolg gewertet werden. Das Land ist nicht in den Bürgerkrieg abgerutscht – im Gegenteil, ein erheblicher Teil der Gesellschaft hat einen beachtlichen Schritt hin zur gegenseitigen Verständigung vollzogen. Nach den von Gibson erhobenen Daten wurde die Apartheid bereits 2001 von 94 Prozent der schwarzen und 73 Prozent der weißen Bevölkerung Südafrikas als Verbrechen gegen die Menschlichkeit betrachtet. Der Aussage, dass sowohl im Rahmen des Apartheidsystems als auch im Zuge des Kampfes gegen die Apartheid Verbrechen begangen worden seien, stimmten 76 Prozent der Schwarzen und 74 Prozent der Weißen zu. 37 Prozent der Schwarzen und 57 Prozent der Weißen gaben an, frei von Misstrauen und Vorurteilen in Bezug auf die jeweils andere ethnische Gruppe zu sein. Obwohl nur 21 Prozent der Schwarzen und 35 Prozent der Weißen sich zu den Grundsätzen der politischen Toleranz bekannten, sagten 81 bzw. 62 Prozent, dass sie Vertrauen in die politischen Institutionen haben, und 45 bzw. 77 Prozent, dass sie die Prinzipien der Menschenrechte unterstützen.

Als Desmond Tutu 2006 ein Fazit der Präsidentschaft von Thabo Mbeki zog, schrieb er, die Demokratisierung in Südafrika müsse trotz all ihrer Mängel als wichtiger Sieg angesehen werden – insbesondere im Vergleich mit Ländern wie Ruanda, Sri Lanka, Burundi oder Sudan, die in Blutvergießen und innere Unruhen abgeglitten seien und die Spaltungen der Vergangenheit nicht überwunden hätten:

> Aus dem Demokratisierungsprozess in Südafrika können wir lernen, dass kein gespaltenes Land eine Zukunft hat, wenn es darauf beharrt, ohne Wahrheit und Vergebung voranzukommen. [...]
>
> Ein Verbrechen lässt sich nicht begraben. Politische Verbrechen verschwinden nicht aus dem Gedächtnis. Wir haben nicht vergessen, was ganz normalen schwarzen Menschen im Namen der Apartheid angetan worden ist. Dank der Wahrheits- und Versöhnungskommission wissen wir sogar viel mehr über die Schrecken dieser Zeit, als wenn wir versucht hätten, die Verantwortlichen strafrechtlich zu verfolgen oder einfach weiterzumachen, als sei nichts gewesen. Die Wahrheit hat uns die Freiheit verschafft, mit uns selbst ins Reine zu kommen. Erinnerung und Vergebung haben es uns erlaubt, unsere albtraumhaften Erinnerungen der Ver-

> gangenheit zu überantworten. Ich hoffe zutiefst, dass die Bürger des Irak und anderer Länder, die von ihrer Vergangenheit verfolgt werden, einen Weg finden, um friedlich und mit innerer Ruhe leben zu können.[60]

Zehn Jahre später kann man ihm nur zustimmen. Das heutige Südafrika ist mit all seinen Problemen und Widersprüchen ein Beispiel dafür, dass ein Land, dem jede Zukunft abhandenzukommen drohte, sich eine neue Zukunft gegeben hat.

60 In der im Zitat ausgelassenen Passage spricht Tutu von Russland. Auch wenn es sich hier nicht um die Einschätzung eines Experten handelt, ist die Äußerung als Sicht von außen auf den damaligen russischen Demokratisierungsprozess von Interesse. Deshalb sei sie hier zitiert: »Der Übergang zur Demokratie begann in Russland fast gleichzeitig wie bei uns. Die Berliner Mauer fiel im November 1989. Nelson Mandela wurde im Februar 1990 freigelassen. Aber im Vergleich zu dem, was heute in Russland geschieht – die allgegenwärtige organisierte Kriminalität, der Konflikt in Tschetschenien, Gewalteruptionen wie die Geiselnahme im Theater und die Tragödie in Beslan –, wirkt die südafrikanische Demokratisierung wie ein Sonntagsspaziergang. Weil die Russen sich der Wahrheit über die sowjetische Vergangenheit nicht stellen wollten, haben sie Probleme für die Zukunft angehäuft.« Tutu, Desmond, »The truth will set us free«. In: *The Guardian*, 4. 01. 2007. https://www.theguardian.com/commentisfree/2007/jan/04/thelessonsofsouthafrica (Abrufdatum 3. 03. 2022).

4. Polen. Die Bürde des Opfers

Am 17. September 1995, dem 56. Jahrestag des sowjetischen Überfalls auf Polen, wurde an der Kreuzung der Muranowska-Straße und der General-Anders-Straße in Warschau ein »Denkmal für die im Osten Gefallenen und Ermordeten« enthüllt. Es stellt einen Lastwaggon auf Schienen dar, der mit Kreuzen (und auch einigen muslimischen und jüdischen Symbolen) beladen ist. Auf den Schwellen der in die Ferne führenden Strecke heben sich Ortsnamen ab: Städte und Dörfer, deren Bewohner in die Sowjetunion deportiert oder erschossen wurden, Lager und Verbannungsstätten. Das Denkmal hinterlässt einen starken Eindruck. 1999 betete Papst Johannes Paul II. davor. Und nur eine kleine Gedenktafel auf der anderen Seite des Platzes erinnert daran, dass hier im April 1943 die wichtigste Schlacht des Aufstands im Warschauer Ghetto stattfand – die Verteidigung des Muranow-Platzes.

Das Gegenüber von überwältigendem Denkmal und kleiner Erinnerungstafel legt ein recht beredtes Zeugnis ab. Die Behauptung, ein Gedenken verdränge das andere und stelle es in den Schatten, wäre überzogen: 15 Minuten Fußweg sind es bis zum Denkmal für die Helden des Ghettos und zum Polin-Museum für die Geschichte des polnischen Judentums, das 2016 den *European Museum of the Year Award* erhielt – die angesehenste Auszeichnung in Museumskreisen. Doch Warschau ist nicht nur Heimstatt eines Museums von Weltrang, das die Schrecken des Holocaust eindringlich darstellt, sondern zugleich auch Hauptstadt eines Staates, in dem Antisemitismus weit verbreitet ist und Bürger zu Tausenden an nationalistischen Aufmärschen teilnehmen – nur wenige Häuserblocks entfernt von dem Ort, an dem sich einst das größte jüdische Ghetto Europas befand.

Das historische Gedächtnis ist in Polen allgegenwärtig. Der Titel, den Tina Rosenberg ihrem Buch über das postsowjetische Osteuropa gegeben hat – *The Haunted Land* –, trifft auf dieses Land zu wie auf kein anderes: Es wird von den Geistern der Vergangenheit verfolgt.[61] Doch die Erinnerungsstränge laufen beziehungslos nebeneinanderher; sie überlagern einander, vermischen sich aber nicht.

Die Befreiung von der Sowjetdiktatur im Jahr 1989 brachte es mit sich, dass die neuen Demokratien in Osteuropa ihre historischen Verwicklungen lösen und sich der Widersprüche auf der Ebene des historischen Gedächtnisses bewusstwerden mussten. Polens Adelsrepublik, die Rzeczpospolita, war drei Jahrhunderte lang ein multiethnischer Commonwealth, dessen Grenzen Gebiete der heutigen Staaten Polen, Litauen, Ukraine, Weißrussland und Russland einschloss. Ende des 18. Jahrhunderts verschwand dieser Staat von der europäischen Landkarte – sein zwischen dem Russischen Reich, Habsburg und Preußen aufgeteiltes Territorium wurde im Verlauf des 19. Jahrhunderts zum Schauplatz von nationalistischen Befreiungsbewegungen, die, wie im Falle der Ukrainer und Polen, miteinander konkurrierten und oftmals in Konflikt gerieten. Die Leidtragenden dieser Spannungen waren die Juden, die immer wieder zu Opfern von exzessiver Gewalt wurden. Auf die polnisch-deutschen, polnisch-russischen, polnisch-litauischen, polnisch-ukrainischen und polnisch-belarussischen Spannungen einzugehen, ist im Rahmen dieses kurzen Abrisses nicht möglich.[62] Deshalb beschränken wir uns bei der Beschreibung des polnischen Modells auf zwei Linien: die Bewältigung der sozialistischen Vergangenheit und die Mitverantwortung für die

61 Deutsche Ausgabe: Rosenberg, Tina, *Die Rache der Geschichte. Erkundungen im neuen Europa*. München 1997.

62 Siehe dazu: Kopp, Kristin / Niżyńska, Joanna (Hg.), *Germany, Poland and Postmemorial Relations*. New York 2012; Torkunov, Anatolij V. / Rotfel'd, Adam D. (Hg.), *Belye pjatna – černye pjatna. Složnye voprosy v rossijsko-pol'skich otnošenijach*. Moskau 2010; Kamusella, Tomasz, *The Un-Polish Poland, 1989 and the Illusion of Regained Historical Continuity*. Cham 2017; Zhruzhenko, Tatiana, »Memory Wars and Reconciliation in the Ukrainian-Polish Borderlands: Geopolitics of Memory from a Local Perspective«. In: Mink, Georges / Neumayer, Laure (Hg.), *History, Memory and Politics in Central and Eastern Europe*. Basingstoke 2013, S. 173-192; Lewis, Simon M., *Belarus – Alternative Visions: Nation, Memory and Cosmopolitanism*. Abingdon / Oxon / New York (NY) 2019.

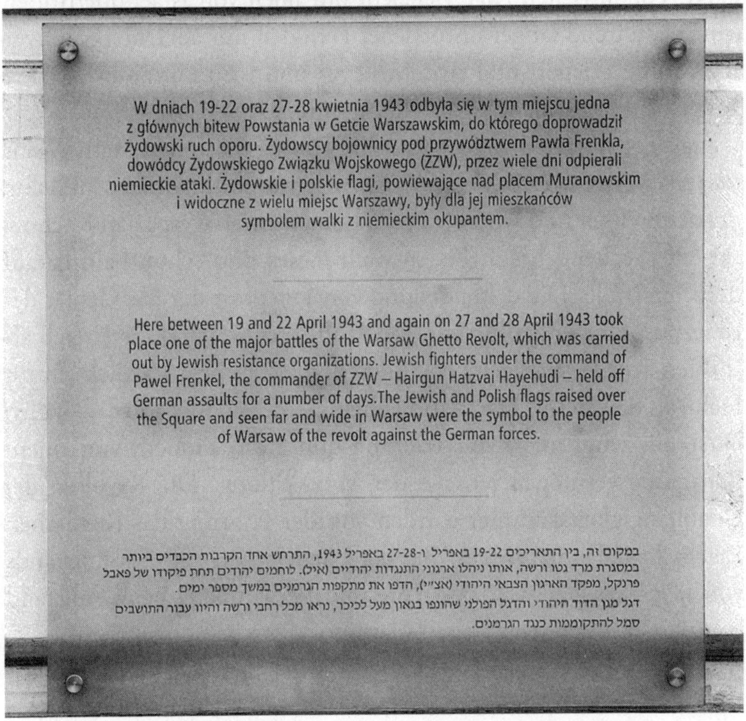

Abb. 30. Denkmal für die im Osten Gefallenen und Ermordeten / Gedenktafel zur Erinnerung an die Verteidigung des Muranow-Platzes

Verbrechen gegen polnische Juden – den wichtigsten und wundesten Punkt der schwierigen Vergangenheit Polens.

»Christus der Völker«: Die kollektive Opferidentität

Ein spezifisches Merkmal des Umgangs mit der Vergangenheit in Polen ist das durch die jahrhundertelange schwierige Geschichte der nachbarlichen Beziehungen geformte Selbstbild als Opfer äußerer Kräfte. Landesverrat gilt als das schlimmste aller Verbrechen und Souveränität als höchster Wert. Tina Rosenberg nennt sie »das zentrale Thema der Geschichte Polens, einer Nation, die in ihrer ungünstigen geopolitischen Lage vielleicht nur noch von Israel übertroffen wurde, während langer historischer Perioden nur als Untergrundverschwörung existiert und zwischen 1795 und 1989 nur zwanzig Jahre lang eine echte Unabhängigkeit gekannt hatte«.[63]

Galt Polen nach dem Sieg über die Türken vor den Mauern Wiens 1683 als Verteidiger des europäischen Christentums und Zufluchtsort der Freiheit und wurde vom Nationaldichter Wespazjan Kochowski entsprechend besungen, so wich dieses Bild schon bald darauf der Opferrolle. Die dritte Teilung von 1795, mit der das Gebiet der Rzeczpospolita endgültig von Russland, Preußen und Österreich absorbiert wurde, besiegelte das Ende der polnischen Staatlichkeit für mehr als 100 Jahre. Die Nationalhymne, deren Text 1797 in Italien entstand, zeugt nicht von Triumph und Stolz, sondern von einem Beharrungsvermögen jenseits der Verzweiflung. Die Revolten der Unabhängigkeitskämpfer wurden von der Führung des Russischen Reichs brutal unterdrückt. Bei der Niederschlagung des Aufstands von 1830-1831 gab es 40 000 Tote und Verwundete, beim Aufstand von 1863-1864 kamen 20 000 bis 30 000 Menschen ums Leben.

Weil die Polen über Jahrhunderte unter dem Diktat weit mächtigerer Nachbarn leben mussten, brauchten sie einen romantischen

63 Rosenberg, *Die Rache der Geschichte*, a. a. O. S. 163 f.

Abb. 31. Postkarte (ca. 1891). Polen wird als Jesus dargestellt, der von der Jungfrau Maria getröstet wird. Im Hintergrund ist das Schloss Wawel in Krakau zu sehen. Die Inschrift auf dem Tuch um das Kreuz lautet: »Die Zeit der Erlösung ist noch nicht gekommen«. Links unten im Bild sind die Jahreszahlen der drei Teilungen Polens (1772, 1793, 1795) aufgeführt, auf der Querlatte des Kreuzes das Jahr der Verfassung vom 3. Mai und sein 100. Jahrestag (1791 / 1891) und auf dem Gewand der Jungfrau Maria die Jahreszahlen der wichtigsten Aufstände

Mythos, der ihr Schicksal als erlösende und rettende Aufopferung deutete.[64] Das zentrale Bild dieses Mythos – Polen als »Christus der Völker« – geht auf eine Szene aus der dramatischen Dichtung *Dziady* (*Die Totenfeier*) von Adam Mickiewicz zurück, dem bekanntesten romantischen Dichter Polens. Das Werk entstand unter dem Eindruck der Niederschlagung des polnischen Aufstands von 1830-1831 durch Russland. Einer der Helden hat eine Vision: Er sieht das polnische Volk in Gestalt eines Mannes, der zur Hinrichtung geführt und gekreuzigt wird (»›Mich dürstet!‹ ruft er. / Mit Essig tränkt ihn der Rakuse, / Mit Galle tränkt ihn der Borusse, / Und am Fuße des Kreuzes steht / Mutter Freiheit in Tränen.«) – und nach der Auferstehung den europäischen Völkern Heil und Befreiung von der Tyrannei bringt

64 Zubžicki, Ženev'ev, »Polonia semper fidelis? Nacional'naja mifologija, religija i politika v Pol'še«. In: *Gosudarstvo, religija, cerkov' v Rossii i za rubežom.* 2016, Nr. 3, S. 44-78.

Abb. 32. Gefangene polnische Soldaten, bewacht von Soldaten der Roten Armee

(»Über Fürsten und Völker erhoben, / Stehet er da, – auf drei Kronen: / Er selber ohne Krone.«).[65]

Auf diesem durch jahrhundertelange Unfreiheit zementierten Mythos baut das kollektive Selbstbild der Polen auf. Seine Elemente sind 1) die Heroisierung der Leiden, denen messianische Bedeutung und eine kathartische Wirkung für andere zugeschrieben wird; 2) die Überhöhung des Treuebruchs (Nationalverrats) zum furchtbarsten und unverzeihlichsten Verbrechen; 3) die Exklusivität des polnischen Leids, in deren Folge andere Anwärter auf die Opferrolle als Rivalen wahrgenommen werden; 4) ein Grundmisstrauen gegenüber jeglichen äußeren Kräften, denen unterstellt wird, offen oder verdeckt an die Unabhängigkeit Polens rühren zu wollen; 5) die Assoziierung des Unabhängigkeitsgedankens mit Monoethnizität und der Orientierung auf den Aufbau eines freien, nationalstaatlichen Polens.

65 Zitiert nach: *Poetische Werke von Adam Mickiewicz.* Übersetzt von Siegfried Lipiner. Band 2. Todtenfeier (Dziady.) Leipzig 1887, S. 174/175.

Dieser Mythos liefert den Polen den Interpretationsrahmen für die dramatischen Ereignisse ihrer Geschichte im 20. Jahrhundert und bestärkt sie in ihrer Selbstidentifikation als Opfer. Der Zweite Weltkrieg wird in diesem Licht als »vierte Teilung Polens« gedeutet und die auf ihn folgende Sowjetisierung als die fünfte.

Die kurze Phase der Unabhängigkeit Polens vom November 1918 bis zum September 1939 spornte seine Nachbarn nur dazu an, neue Kräfte zu sammeln. Das Ausmaß der Repressionen, unter denen Polen im sowjetischen Herrschaftsbereich in den 1930er und 1940er Jahren zu leiden hatten, war in vieler Hinsicht durch die Erinnerung an die Niederlage im sowjetisch-polnischen Krieg von 1919-1921 bestimmt. Als Rechtfertigung für die Massendeportationen von mindestens 100 000 Polen, die Mitte der 1930er Jahre auf dem Territorium der Ukraine lebten, und die Polnische Operation des NKWD – eine der blutigsten Operationen des Großen Terrors von 1937-1938, bei der mindestens 85 000 Polen erschossen und etwa 30 000 in Lagern inhaftiert wurden – diente der Mythos einer polnischen Militärorganisation, die es in den Jahren des sowjetisch-polnischen Krieges wirklich gegeben hatte und die 1921 von der Tscheka zerschlagen worden war.[66] Einer der Gründe für das Massaker in Wolhynien, bei dem ukrainische Nationalisten 1943 70 000 Polen massakrierten, ist die Erinnerung an den polnisch-ukrainischen Krieg von 1918-1919.

Im September 1939 fielen die beiden aggressivsten Mächte der Welt, NS-Deutschland und die Sowjetunion, im Abstand von zwei Wochen mit all ihrer Gewalt über Polen her. Die dramatische Situation der von zwei Imperien auseinandergerissenen »Bloodlands« wird in der ersten Szene von Andrzej Wajdas Films *Katyn* dargestellt: Am 17. September 1939, dem Tag, an dem die Truppen der Roten Armee in Polen einmarschierten, trafen auf der Brücke, die das sowjetisch besetzte vom deutsch besetzten Gebiet trennte, polnische Flüchtlinge aus ent-

66 Snyder, Timothy, *Bloodlands. Europa zwischen Hitler und Stalin*. Aus dem Englischen von Martin Richter. München 2011, S. 107-133. Petrov, Nikita / Roginskij, Arsenij, »Pol'skaja operacija NKVD 1937-1938 gg«. In: *Repressii protiv poljakov i pol'skich graždan*. Moskau 1997, S. 22-43.

gegengesetzten Richtungen aufeinander – die einen flohen vor den Deutschen, die anderen vor den Russen. Der amerikanische Publizist und Historiker Timothy Snyder erwähnt in seinem Buch *Bloodlands* einen Vorfall von erschütternder Tragik: Am 22. Juni 1941 gerieten Züge mit deportierten polnischen Staatsbürgern, die sich bereits auf sowjetischem Gebiet befanden, unter deutsches Bombardement. Dabei kamen etwa 2000 Menschen ums Leben, die buchstäblich Opfer beider Regime wurden.

Seit Kriegsausbruch operierten auf der westlichen Seite der Molotow-Ribbentrop-Linie nationalsozialistische »Einsatzgruppen«, deren Aufgabe es war, die Zivilbevölkerung und »rassisch Minderwertige« zu massakrieren. Auf der östlichen Seite agierten die Rote Armee und der NKWD. Hier spielten sich in den Jahren 1939-1940 die Ereignisse ab, die später als Verbrechen von Katyń bekannt werden sollten.

Im Jahr 2009 schätzte das Polnische Institut für Nationales Gedenken (*Instytut Pamięci Narodowej*, IPN) die Zahl der polnischen Opfer im Zweiten Weltkrieg auf 5,6 bis 5,8 Millionen Menschen. Davon waren 2,7 Millionen ethnische Polen, die unter der deutschen Besatzung ums Leben kamen. 2,7 bis 2,9 Millionen waren jüdische Opfer des Holocaust und 150 000 Opfer sowjetischer Repressionen.

Unter denen, die aus den sowjetisch besetzten Gebieten Polens nach Osten deportiert wurden, befand sich auch der 17-jährige Wojciech Jaruzelski, der spätere General und starke Mann der Volksrepublik Polen. Auf dem Weg nach Sibirien, wohin er zusammen mit seiner Schwester und seiner Mutter gebracht wurde, dachte er daran, dass sein Großvater, der wegen Beteiligung am Aufstand von 1863 dorthin verbannt worden war, vielleicht einst dieselbe Strecke zurückgelegt hatte. 1942 begrub Jaruzelski in Bijsk seinen Vater, der kurz zuvor aus dem Lager entlassen worden war, und wurde dann in das polnische Korps der Roten Armee unter der Führung von General Zygmunt Berling eingezogen. Im September 1944 war er mit der 1. polnischen Armee in dem von der Roten Armee eingenommenen Warschauer Stadtteil Praga stationiert und beobachtete, wie wenige hundert Meter entfernt am anderen Weichselufer Wehrmachtseinheiten den Warschauer Aufstand niederschlugen – die größte Erhebung gegen die Nazis, die es während des Zweiten Weltkriegs gab.

»Zwei Politiker gerieten dort aneinander und Warschau fiel ihnen zum Opfer«, schreibt Jaruzelski in seinen Memoiren. Andrzej Wajda hat in der Schlussszene seines frühen Films *Der Kanal* (1957) ein Bild für die verzweifelte Ausweglosigkeit des Warschauer Aufstands gefunden: Als die letzten Widerstandshelden durch die Kanalisationstunnel vor den Nazis fliehen, stoßen sie auf einen Ausgang, der zur Weichsel führt, aber durch ein Gitter versperrt ist.

Polen nach dem Krieg: Von einem Übel ins nächste

Das Ende des Kriegs war für Polen keine Befreiung, die diesen Namen verdiente. Als sowjetische Truppen im Januar 1945 schließlich die Weichsel überquerten und Warschau einnahmen, waren dort nur noch wenige Gebäude erhalten, darunter die Bauten des Konzentrationslagers Warschau, das die Nazis auf dem Gelände des zerstörten Ghettos errichtet hatten. Das Lager ging in die Zuständigkeit des NKWD über, der es zum zweitgrößten Gefängnis (nach dem in Mokotów) machte und dort Untergrundaktivisten und Soldaten der Heimatarmee (*Armia Krajowa*, eine Untergrundmilitärorganisation, die gegen die deutsche Besatzung kämpfte und der polnischen Exilregierung unterstellt war) gefangen hielt und erschoss.

Auf die Teilung Polens zwischen Deutschland und der Sowjetunion folgte die nächste Teilung, diesmal unter aktiver Mitwirkung polnischer Repräsentanten – Władysław Gomułka, der Generalsekretär der Polnischen Arbeiterpartei, gehörte zu den eifrigsten Verfechtern der Sowjetisierungspolitik. In den Nachkriegsjahren war er als Minister für die »wiedergewonnenen Gebiete« zuständig. In die vormals deutschen Ostgebiete wurden Menschen aus den früheren Gebieten Ostpolens umgesiedelt, die 1939 von der Roten Armee erobert worden waren und von 1945 bis 1991 zur Sowjetunion gehörten.

Die Zerschlagung der Untergrundorganisationen als unversöhnlichem Teil der Opposition war ein zentrales innenpolitisches Ziel der neuen Volksrepublik Polen. Damit befassten sich nun nicht mehr Kräfte des NKWD, sondern die polnischen Ermittlungs- und Strafverfolgungsbehörden. Von 1944 bis 1956 wurden 6000 Untergrundaktivisten zum Tode verurteilt. Etwa 300 000 kamen in Haft und etwa 20 000 von ihnen starben dort.

Unter den zum Tode Verurteilten war auch Hauptmann Witold Pilecki, dessen Lebensschicksal wohl einzigartig ist. Pilecki war 1939 einer der Gründer der »geheimen polnischen Armee« (*Tajna Armia Polska*, TAP). 1940 ließ er sich absichtlich von den Deutschen gefangen nehmen und wurde in Auschwitz interniert. Er baute dort ein Untergrundnetz auf und verschickte drei Jahre lang Informationen, durch die die Außenwelt erstmals vom Holocaust erfuhr (sie dienten als Grundlage für einen der Berichte, die in den Westen geschickt wurden).[67] 1943 floh Pilecki aus Auschwitz, nahm am Warschauer Aufstand teil und geriet in deutsche Gefangenschaft. Nach dem Krieg kehrte er nach Polen zurück und betätigte sich im Untergrund. 1947 wurde er vom polnischen Geheimdienst festgenommen und gefoltert. Man warf ihm Spionage und die Vorbereitung eines Mordanschlags auf Staatssicherheitsbeamte vor. Józef Cyrankiewicz, der gemeinsam mit ihm den Widerstand in Auschwitz organisiert hatte, weigerte sich, im Prozess zu seinen Gunsten auszusagen. Pilecki wurde erschossen. Cyrankiewicz, der kurz zuvor Ministerpräsident der Volksrepublik Polen geworden war, blieb dies – mit einer kurzen Unterbrechung – bis 1970 und wurde damit zum am längsten amtierenden Regierungschef in der Geschichte des Landes.[68]

Die Helden des Warschauer Aufstands galten im Nachkriegspolen –

67 Pileckis Bericht aus Auschwitz ist als Buch veröffentlicht worden: Pilecki, Witold, *Freiwillig nach Auschwitz. Die geheimen Aufzeichnungen des Häftlings Witold Pilecki*. Zürich 2013.

68 Ausführlicher zu Pileckis Biografie siehe: Fairweather, Jack, *Der Freiwillige. Die wahre Geschichte des Widerstandskämpfers, der Auschwitz unterwanderte*. München 2022.

Abb. 33. Hauptmann Witold Pilecki vor Gericht. Ca. 1947/1948

wie alle Mitglieder bewaffneter antikommunistischer Bewegungen – als »verfluchte Soldaten« (*Żołnierze wyklęci*). Die Erinnerung an sie wurde sorgfältig verwischt. Ihren Platz nahmen die Helden des Aufstands im Warschauer Ghetto ein, die in der offiziellen Sprachregelung nicht als Vertreter der jüdischen Gemeinschaft, sondern nur als antifaschistische Widerstandskämpfer vorkamen. Das Denkmal der Helden des Ghettos wurde bereits 1946 enthüllt und erhielt 1948 eine neue Gestalt.

1956 kam es infolge der Entstalinisierungspolitik der sowjetischen Führung und sozialer Spannungen in der polnischen Gesellschaft zu Lockerungen. Von der kritischen Lage in diesem Jahr zeugt der Posener Aufstand gegen die kommunistische Politik, bei dessen Niederschlagung mehrere Dutzend Menschen starben und etwa 500 verletzt wurden. Władysław Gomułka, der seit 1948 in Acht und Bann gestanden hatte, kehrte an die Parteispitze zurück und die polnische Führung spielte die patriotisch-nationalistische Karte aus. Sie amnestierte 35000 ehemalige Soldaten der Heimatarmee und legitimierte nach und nach auch die Erinnerung an den Warschauer Aufstand. Bereits 1956 wurde die Errichtung eines Denkmals für die »Helden von Warschau« beschlossen, das jedoch erst 1964 eingeweiht wurde. Mitte der 1960er Jahre übernahm der damalige Innenminister Mieczysław Moczar, der nach den polnischen März-Unruhen 1968 die Verdrängung jüdischer Mitglieder aus der Parteiführung betrieb, den Vorsitz der Veteranenorganisation »Verband der Kämpfer für Freiheit und Demokratie« (*Związek Bojowników o Wolność i Demokrację*, ZBoWiD). Die Organisation nahm nun auch Veteranen der Heimatarmee auf und wurde rasch größer.

Die Instrumentalisierung nationalistischer Stimmungen erwies sich für die polnische Führung als zweckdienliche Strategie in Krisensituationen. Sie kam 1968 zum Einsatz, als angesichts einer Wirtschaftskrise und studentischer Unruhen Juden zu Feinden erklärt wurden. Und sie wurde auch 1981 angewendet, als Wojciech Jaruzelski auf die stark anwachsende Streikbewegung und die Gründung der Gewerkschaft *Solidarność* reagierte, indem er das Kriegsrecht verhängte – nicht als Vorsitzender der Polnischen Vereinigten Arbeiterpartei (*Polska Zjednoczona Partia Robotnicza*, PZPR), sondern im Namen eines »Militärrats der Nationalen Rettung«.

Die von Lech Wałęsa geführte Gewerkschaft *Solidarność* hatte sich während der Proteste auf der Danziger Lenin-Werft als Organ für Verhandlungen mit der Staatsführung formiert. Als sie im September 1980 registriert wurde, hatte sie bereits sieben Millionen Mitglieder, und an einem Streik im März 1981 beteiligten sich 13 Millionen von insgesamt 35,5 Millionen polnischen Bürgerinnen und Bürgern. Die Einführung des Kriegsrechts war der letzte Versuch der Regierung Jaruzelski, sich zu behaupten, ohne Verhandlungen anzubieten. Sie erfolgte auf Druck der Sowjetunion, die andernfalls mit einer militärischen Intervention drohte. Durch das Verbot von *Solidarność* und die Isolierung der Oppositionsführer gelang es, die Dynamik vorübergehend zu stoppen. Doch die Wirtschaftskrise vertiefte sich und wurde durch Sanktionen der USA gegen die Sowjetunion zusätzlich verschärft. 1983 fand die Opposition, die durch den Besuch des pol-

Abb. 34. Streik auf der Danziger Werft, August 1980

nischen Papstes Johannes Paul II. und die Verleihung des Friedensnobelpreises an Lech Wałęsa wieder Auftrieb erhielt, neue Kraft zum Widerstand.

Der Übergang von der kommunistischen Einparteiendiktatur zur liberalen Demokratie und zum Kapitalismus wurde durch die Entwicklungen in der Sowjetunion konstruktiv begleitet. Im Mai 1985, zwei Monate nach seiner Ernennung zum Generalsekretär des ZK der KPdSU, erklärte Michail Gorbatschow, dass »die Beziehungen zu den sozialistischen Bruderländern in eine neue historische Phase eingetreten sind […] man kann sie nicht im Laufgeschirr führen«. Er rief dazu auf, »die Souveränität und Würde der Verbündeten, auch der kleinen Länder, zu respektieren und die Illusion aufzugeben, dass wir alle belehren können«. Noch ein Jahr zuvor hatte sein Vorgänger Konstantin Tschernenko von Jaruzelski gefordert, »antisozialistische Elemente auszurotten«. Vier Jahre nach Gorbatschows Äußerung wurde die »Breschnew-Doktrin«, mit der sich die Sowjetunion die Einmischung in die inneren Angelegenheiten der verbündeten Ostblockstaaten vorbehielt, durch die »Sinatra-Doktrin«

ersetzt, die es diesen Staaten überließ, nach eigenem Ermessen zu handeln.

Die polnische Führung musste nun allein mit den Folgen des Kriegsrechts fertigwerden. Da sie nicht mehr wie bisher auf sowjetische Unterstützung rechnen konnte und angesichts einer massiven Wirtschaftskrise verheerende Popularitätseinbußen erlitt, leitete sie das Gespräch mit der Opposition ein. Als ersten Schritt erließ die Regierung im Sommer 1986 eine Amnestie für 1500 politische Gefangene. Im September 1988 wurden schließlich in Magdalenka bei Warschau inoffizielle Verhandlungen zwischen den Führern der PZPR und den Führern der *Solidarność* aufgenommen, und 1989 folgten die Gespräche am Runden Tisch. Dort wurde die Durchführung »teilweise freier« Wahlen beschlossen: *Solidarność* durfte sich zur Wahl stellen, aber der PZPR wurde die Mehrheit im neuen Parlament garantiert und Jaruzelski sollte fünf Jahre lang als Staatspräsident amtieren. Die Wahlen im Sommer 1989 warfen jedoch sämtliche Kalkulationen über den Haufen: *Solidarność* gewann alle Sitze im Sejm und fast alle im neu gebildeten Senat; der PZPR blieb nur noch die Selbstauflösung. Die freien Präsidentschaftswahlen 1990 gewann der *Solidarność*-Vorsitzende Lech Wałęsa.

Verantwortung für die sowjetische Vergangenheit

Wie die Vereinbarungen zwischen demokratischen Kräften und Militär in Argentinien und Spanien und die zwischen Mandela und de Klerk in Südafrika war auch der Runde Tisch in Polen eine klassische kompromissbasierte Übergangsregelung: Es ging dabei nicht um die Bewältigung der Vergangenheit und Bestrafung von Verbrechern, sondern um die Zukunft und die Lösung akuter Probleme. Die Verhandlungen dienten dazu, »nichtkonfrontative Wahlen« zu organisieren, um die Teilung der Macht zu legitimieren. Jeder Hinweis auf Verbrechen und Fehler, für die die andere Seite Verantwortung trug, hätte der Fortführung der Gespräche im Weg gestanden.

Abb. 35. Lech Wałęsa und Czesław Kiszczak, September 1988

Deshalb erklärte Tadeusz Mazowiecki, der erste postkommunistische Ministerpräsident Polens, in seiner programmatischen Antrittsrede vor dem Sejm, es müsse ein »dicker Strich« zwischen Gegenwart und Vergangenheit gezogen werden. In vieler Hinsicht erinnert das an den »Pakt des Vergessens« in Spanien und den *punto final* in Argentinien.

Mazowieckis »dicker Strich« war jedoch nicht gleichbedeutend mit einer vollständigen Amnestie. 1990 beschloss der Sejm, den SB (*Służba Bezpieczeństwa*, Sicherheitsdienst), die Geheimpolizei der Volksrepublik Polen, aufzulösen. Mitarbeiter, die in die Nachfolgeorganisationen übernommen werden wollten, mussten sich einem »Verifizierungsverfahren« unterziehen, bei dem überprüft wurde, ob sie sich an Menschenrechtsverletzungen beteiligt hatten. 14 500 von insgesamt 24 000 ehemaligen Mitarbeitern stellten sich dem Verfahren und 12 000 wurden übernommen.

Auch in anderen Behörden wurden Mitarbeiter überprüft. Allein im Jahr 1990 verloren beispielsweise 10 Prozent der polnischen Staatsanwälte und 33 Prozent der Mitarbeiter der Generalstaatsanwaltschaft ihre Posten.[69]

Dank des Übergangskompromisses behielten die kommunistischen Eliten ihren Rang und Einfluss. Es gab keine umfassenden Lustrationen, und die alte Führung wurde nicht vor Gericht gestellt. Da sie sich bequem aus Macht und Verantwortung zurückziehen konnte und es der *Solidarność* zufiel, das Land aus der wirtschaftlichen Katastrophe zu führen, waren es die Demokraten, die den ganzen Unmut der Gesellschaft auf sich zogen. Das eröffnete den Postkommunisten die Gelegenheit zur Revanche. 1989 befand sich Wojciech Jaruzelski, Staatspräsident der Volksrepublik Polen und Chef der PZPR, auf dem Tiefpunkt seiner Beliebtheit. Aber 1994 war er bereits doppelt so populär wie das nunmehrige Staatsoberhaupt Lech Wałęsa, und 71 Prozent der Polen meinten, die Einführung des Kriegsrechts sei gerechtfertigt gewesen. 1992 warf Innenminister Antoni Macierewicz, einer der Initiatoren des Lustrationsgesetzes, Wałęsa und zahlreichen weiteren hochgestellten Politikern in einer Rede vor dem Sejm vor, mit den kommunistischen Geheimdiensten zusammengearbeitet zu haben. Die meisten Abgeordneten sahen dies als Versuch, alte Rechnungen zu begleichen. Die Rede trug zusammen mit weiteren Gründen zum Rücktritt der Regierung bei, der kurz darauf erfolgte.

Die Polen sehnten sich nun vor allem nach Stabilität. 1993 wählten sie die Partei der ehemaligen Kommunisten zur stärksten Fraktion im Parlament, die SDL (*Sojusz Lewicy Demokratycznej* / Bund der Demokratischen Linken), die von Teilen der PZPR und Gewerkschaftsorganisationen gegründet worden war. 1995 wurde das ehemalige PZPR-Mitglied Aleksander Kwaśniewski polnischer Staatspräsident. In dieser Konstellation war eine ernsthafte Auseinandersetzung über die Verantwortung für die kommunistische Vergangenheit nicht möglich.

Das erste Lustrationsgesetz, das allgemein eher als Zugeständnis an die radikalen Antikommunisten galt, wurde erst 1997 verabschiedet,

69 Lëzina, Evgenija, »Ljustracija i otkrytie archivov v stranach Central'noj i Vostočnoj Evropy«. In: *Vestnik obščestvennogo mnenija. 2015*, Nr. 2 (120), S. 65.

nachdem die Rechten gestärkt aus den Wahlen hervorgegangen waren. Es trat 1999 in Kraft. Personen, die ein öffentliches Amt innehatten oder sich darum bewarben, mussten diesem Gesetz zufolge eine Erklärung darüber abgeben, ob sie jemals bei einem kommunistischen Sicherheitsdienst angestellt oder inoffiziell für ihn tätig gewesen waren. Wer die Mitarbeit verschwieg oder falsche Informationen angab, durfte für einen Zeitraum von zehn Jahren nicht im Staatsdienst tätig sein. Bestraft wurde nicht die Kooperation mit den Geheimdiensten selbst, sondern die Falschangabe.[70] Darüber, für welche Berufe ein solches Verfahren verbindlich sein sollte, wird bis heute diskutiert. Ein weiterer Erfolg der Rechten Ende der 1990er Jahre war die Eröffnung des Instituts für Nationales Gedenken (*Instytut Pamięci Narodowej*, IPN) im Jahr 1998. Es war als Entsprechung zur Gauck-Behörde in Deutschland gedacht, fasst im Unterschied zu dieser jedoch mehrere Aufgabenbereiche zusammen. Das IPN verfügt erstens über alle Archivbestände der Geheimdienste der ehemaligen Volksrepublik Polen und ist damit das größte einschlägige Archiv in Osteuropa. Zweitens ist die Hauptkommission zur Strafverfolgung von Verbrechen gegen das polnische Volk (*Główna Komisja Ścigania Zbrodni przeciwko Narodowi Polskiemu*) in das IPN integriert. 1998-2012 führte das Institut mehr als 9200 Ermittlungsverfahren durch (70 Prozent davon bezogen sich auf kommunistische Verbrechen, 20 Prozent auf NS-Verbrechen, der Rest auf Kriegsverbrechen). Über 400 Personen wurden vor Gericht gestellt und 148 für schuldig befunden.[71] Drittens veranstaltet das Institut Hunderte von Ausstellungen, entwickelt Bildungsprogramme und Schulungsmaterialien oder lädt zu öffentlichen Vorträgen und anderen Veranstaltungen ein. 2007 wurde das IPN zudem mit der verfahrenstechnischen Umsetzung eines neuen Lustrationsgesetzes beauftragt. In diesem Zusammenhang mussten die Beschäf-

70 Lëzina, »Ljustracija i otkrytie archivov v stranach Central'noj i Vostočnoj Evropy«, a. a. O. S. 66.

71 Stola, Dariusz, »Pol'skij INP stanovitsja ›Ministerstvom pamjati‹?« In: Miller / Lipman (Hgg.), *Istoričeskaja politika v XXI veke*, a. a. O. S. 103ff.

tigten des Instituts unter anderem Zehntausende von Lustrationserklärungen prüfen – insgesamt wurden bis 2012 etwa 150 000 solche Erklärungen abgegeben. Mit dem neuen Gesetz wurde die Liste der zu überprüfenden Berufe erweitert: Waren zuvor etwa 27 000 Personen betroffen gewesen, so stieg diese Zahl 2007 auf 700 000. Der Artikel, in dem dies festgelegt war, wurde unmittelbar nach der Verabschiedung der neuen Gesetzesfassung vom Verfassungsgericht aufgehoben, aber die Liste blieb auch danach recht umfassend.

Einzelne Sejm-Abgeordnete und später auch das IPN versuchten, die Personen, die für die Verhängung des Kriegsrechts und die damit verbundenen Menschenrechtsverletzungen verantwortlich waren, juristisch zur Rechenschaft zu ziehen. Diese Bemühungen hatten jedoch nicht viel Erfolg. Der Prozess gegen Wojciech Jaruzelski, Czesław Kiszczak (Innenminister 1981-1990), Stanisław Kania (Erster Sekretär des ZK der PZPR zur Zeit des Kriegsrechts) und andere zog sich mit Unterbrechungen von 2007 bis 2011 hin; für Kania endete er mit einem Freispruch.

Jaruzelskis Verteidigung stützte sich auf das Argument, mit der Verhängung des Kriegsrechts, das in Polen etwa hundert Menschen das Leben kostete, und den im osteuropäischen Vergleich eher moderaten Repressionen sei eine ausländische Invasion abgewendet worden, die das Land im günstigsten Fall vollends zu einem sowjetischen Lakaienstaat gemacht und schlimmstenfalls in Blut ertränkt hätte. Seine Ankläger versuchten hingegen, ihn als Landesverräter und sowjetische Marionette darzustellen. Die Auseinandersetzung über die Verantwortung der Führung der Volksrepublik Polen für die Verbrechen und Fehler der Sowjetzeit wurde so faktisch auf die Frage reduziert, ob sie das Land vor der sowjetischen Bedrohung bewahrt oder dieser den Weg gebahnt hatten.

In den 2000er Jahren verschob sich die politische Konfrontationslinie. Sie verlief nun nicht mehr zwischen Ex-Kommunisten und Antikommunisten, sondern zwischen dem liberalen, proeuropäischen Lager, repräsentiert durch die PO (*Platforma Obywatelska* / Bürgerplattform), und den euroskeptischen, nationalistischen Kräften, die durch die PiS (*Prawo i Sprawiedliwość* / Recht und Gerechtigkeit) vertreten wurden. Trotzdem spielte das Verhältnis zum kommunistischen Erbe als Gegenstand der politischen Auseinandersetzung weiterhin eine entscheidende Rolle. Den Kern der PiS bildeten radikale Antikommunisten, die 1989 die Verhandlungen in Magdalenka und am Runden Tisch nicht akzeptiert hatten und die *Solidarność*-Führung unter Wałęsa als Kollaborateure und Verräter betrachteten.

Zugleich hatte sich das Interesse der polnischen Gesellschaft am Thema Lustration Anfang der 2000er Jahre eher erschöpft; man zog es generell vor, »nicht in der Vergangenheit herumzuwühlen«. Von 1998 bis 2003 stieg die Zahl der Polen mit Hochschulbildung, die kein Interesse an der Vergangenheit zeigten, von 5,7 auf 23,3 Prozent. 2005 meinten 52 Prozent der Polen, die Lustration schade dem politischen Klima im Land. Der Sieg der PiS im Oktober 2015 kam deshalb für viele überraschend. Er erklärt sich aus der Abwehr gegen eine kritische Auseinandersetzung mit der eigenen Vergangenheit nach westeuropäischem Vorbild – eine Tendenz, die im Zuge von Polens Integration in die EU an Einfluss gewann. Der zentrale Mythos des nationalen kollektiven Gedächtnisses – Polen als Märtyrer und Opfer – verträgt sich ohne weiteres mit den Relikten der Sowjetvergangenheit. Die Frage nach der eigenen Schuld Polens bedroht diesen Mythos hingegen existenziell und löst eine heftige Defensivreaktion aus. Dies ist der Grund dafür, dass die neue Geschichtspolitik der PiS einem kritischen Umgang mit der Geschichte aktiv entgegentritt und ihn teils sogar kriminalisiert.

Daher sind die Diskussionen über den polnischen Antisemitismus, die sich in den 2000er und 2010er Jahren entfalteten, von zentraler Bedeutung für den Umgang mit dem historischen Gedenken in Polen.

Abb. 36. Rekonstruktion des Inneren der Synagoge in Gwoździec (heute Hwisdez/Ukraine). Zweite Hälfte des 17. Jahrhunderts, ständige Ausstellung des Museums der Geschichte der polnischen Juden POLIN, Warschau

Auswirkungen des Opferkomplexes: Polen und die Juden

Der Anteil der jüdischen Bevölkerung ist im heutigen Polen so gering wie fast nirgendwo sonst in Europa. Zugleich sind antisemitische Ressentiments dort jedoch besonders stark. Bei einer Studie, die das Pew-Forschungszentrum 2015 in sechs europäischen Staaten durchführte,[72] war Polen das Land, in dem die freundliche Haltung gegenüber jüdischen Menschen am wenigsten ausgeprägt war. Nur 59 Prozent der Befragten hatten eine positive Einstellung gegenüber Juden (der Durchschnitt in den sechs Ländern in Europa lag bei 78 Pro-

72 »Faith in European Project Reviving«. Pew Research Center, 2.06.2015, S. 22. https://www.pewresearch.org/wp-content/uploads/sites/2/2015/06/Pew-Research-Center-European-Union-Report-FINAL-June-2-20151.pdf (Abrufdatum 14.07.2022).

Abb. 37. Warschau 1926

zent). 28 Prozent waren negativ eingestellt.[73] Das Forschungszentrum für Vorurteile an der Universität Warschau[74] verzeichnet in den Jahren 2014-2016 eine Zunahme antisemitischer Stimmungen in der polnischen Gesellschaft. Die jüdische Gemeinschaft zählt heute maximal 10 000 Mitglieder (das sind 0,1 Prozent der insgesamt 38 Millionen Einwohner Polens), und 85 Prozent der Befragten räumen ein, noch niemals persönlich jüdischen Menschen begegnet zu sein. Trotzdem sinkt die Bereitschaft, diese im eigenen Umfeld zu tolerieren – sei es als Kollegen (15 Prozent Ablehnung im Jahr 2016 gegenüber 10 Prozent im Jahr 2014), Nachbarn (32 Prozent gegenüber 26 Prozent)

73 In einer breiteren Länderauswahl sind die antisemitischen Einstellungen in Armenien, Rumänien und Litauen stärker. Siehe: »Religious Belief and National Belonging in Central and Eastern Europe«. Pew Research Center, 10.05.2017, S. 162. https://assets.pewresearch.org/wp-content/uploads/sites/11/2017/05/15120244/CEUP-FULL-REPORT.pdf (Abrufdatum 14.07.2022).

74 Witkowska, Marta / Stefaniak Anna / Bilewicz Michał, »Stracone szanse? Wpływ polskiej edukacji o Zagładzie na postawy wobec Żydów«. In: *Psychologia Wychowawcza*, 2015, Nr. 5, S. 147-159.

oder Familienmitglieder (55 Prozent gegenüber 45 Prozent).[75] Dass in einem Land, das vor fast 80 Jahren zum Schauplatz der blutigsten Ereignisse des Holocaust wurde, solche Stimmungen herrschen, ist für die Gedächtnisforschung hochinteressant.

Die Erörterung dieses Themas erfordert einen kleinen historischen Exkurs.

DIE VORGESCHICHTE

Juden, die aus Mittel- und Westeuropa vertrieben wurden, fanden seit dem Ende des 13. Jahrhunderts, vor allem während der Regierungszeit Kasimirs III. des Großen, Zuflucht in Polen. Laut der Volkszählung von 1931 lebten damals 3 130 581 Juden im Land. 1939 wurde ihre Zahl bereits auf 3 474 000 geschätzt, das entsprach etwa 10 Prozent der Gesamtbevölkerung. In Warschau und Lodz, den beiden wichtigsten jüdischen Zentren Polens, machten Juden ein Drittel der Bevölkerung aus – Warschau hatte nach New York die zahlenmäßig zweitgrößte jüdische Bevölkerungsgruppe der Welt. In Lemberg und Wilna lag ihr Anteil bei über 40 Prozent.

Zugleich war die jüdische Gemeinschaft Polens die am wenigsten assimilierte. Juden konnten in Absonderung von den katholischen Polen leben und ihre Identität wahren: In der Zwischenkriegszeit ließen sich nur 10 Prozent der polnischen Juden als assimiliert einstufen, während 80 Prozent klar an allen charakteristischen Identitätsmerkmalen festhielten. 1931 nannten 79 Prozent der Juden Jiddisch als ihre Muttersprache, nur 12 Prozent Polnisch und weitere 9 Prozent Hebräisch. Zum Vergleich: In Deutschland hatte die überwiegende Mehrheit der zu dieser Zeit dort lebenden Juden Deutsch als Muttersprache. In 226 Grundschulen und 12 Gymnasien in Polen wurde der Unterricht auf Jiddisch oder Hebräisch abgehalten. Das YIVO (*Yidisher visnshaftlekher institut*, englisch *YIVO Institute for Je-*

75 Winiewski, Mikołaj / Hansen, Karolina / Bilewicz, Michał et al., *Mowa nienawiści, mowa pogardy. Raport z badania przemocy werbalnej wobec grup mniejszościowych.* Warschau 2017; Bulska, Dominika / Winiewski, Mikołaj, *Antisemitism in Poland. Results of Polish Prejudice Survey 3.* Warschau 2018.

wish Research), das sich der Erforschung der Kulturgeschichte des osteuropäischen Judentums widmet, hatte seinen Sitz im damals polnischen Wilna (heute Vilnius) und in Warschau, bevor es mit Beginn des Zweiten Weltkriegs nach New York verlegt wurde. Jüdische Parteien – von linksgerichteten, vor allem dem Jüdischen Arbeiterbund (kurz »Bund«), bis zu rechtsorientierten – waren im Sejm vertreten. Es gab in Polen 15 Theaterensembles, die in jiddischer Sprache spielten, und auch jüdische Sportvereine.

In der zweiten Hälfte der 1930er Jahre nahm die antisemitische Stimmung in Polen zu. Ursachen dafür waren der starke Anstieg des jüdischen Bevölkerungsanteils, Abschottung und fehlende Assimilationsbereitschaft, die Verdrängung des jüdischen Kleingewerbes infolge der Industrialisierung sowie der Tod des langjährigen De-facto-Regenten Józef Piłsudski, der den Antisemitismus auf staatlicher Ebene bekämpft hatte, im Jahr 1935. Die Nationaldemokratische Partei (*Endecja*) rief zum Boykott jüdischer Geschäfte auf, es formierte sich eine landesweite Bewegung gegen die koschere Schlachtung, in der katholischen Bevölkerung breitete sich der Glaube an die Ritualmordlegende wieder aus und an Universitäten wurden inoffizielle Quoten und Segregationsregeln eingeführt. All dies führte dazu, dass allein zwischen 1935 und 1937 in Polen 79 Juden getötet und 500 bei antijüdischen Vorfällen verwundet wurden. Waren 1928 noch 20,4 Prozent der polnischen Studenten Juden gewesen, so lag ihr Anteil 1937 nur noch bei 7,5 Prozent.[76]

DER ZWEITE WELTKRIEG UND DIE ERSTEN NACHKRIEGSJAHRE: MÖRDER UND GERECHTE

Im September 1939 fiel erst NS-Deutschland und wenige Wochen später auch die Sowjetunion in Polen ein. Damit begann der Zweite Weltkrieg und zugleich der Holocaust auf polnischem Territorium. Im deutschen Besatzungsgebiet wurden die Juden ausgelöscht, doch auch

76 Cooper, Leo, *In the Shadow of the Polish Eagle: The Poles, the Holocaust and Beyond*. New York 2000, S. 60.

in den sowjetisch besetzten Gebieten waren sie ihres Lebens nicht sicher. Jüdische Menschen, die sich weigerten, die sowjetische Staatsbürgerschaft anzunehmen, wurden ebenso wie polnische nach Sibirien und Kasachstan deportiert. Von 78339 Personen, die der NKWD im Juni 1940 aus Polen deportierte, waren etwa 84 Prozent jüdischer Herkunft.[77] Trotzdem hieß es nach dem Einmarsch der Deutschen in die ehemals sowjetisch besetzten Gebiete, die Juden hätten mit den Sowjets kollaboriert, was die antisemitischen Stimmungen der örtlichen Bevölkerung weiter verstärkte. Nach Angaben des Instituts für Nationales Gedenken gab es 1941 in den Gebieten Nordostpolens mindestens 30 Fälle von Massengewalt aus polnischen Bevölkerungskreisen gegen Juden, mit stillschweigendem Einverständnis oder offener Unterstützung der NS-Besatzer. In 22 Orten wurden Massaker und Massenmorde verübt. Tausende Juden, die in den Nachkriegsjahrzehnten als NS-Opfer galten, sind in Wirklichkeit von Polen umgebracht worden.[78] Der bekannteste und grausamste dieser Massenmorde war das Pogrom in der Stadt Jedwabne, deren Bewohner im Juli 1941, nach dem Abzug der sowjetischen Truppen und dem Einmarsch der Wehrmacht, Hunderte ihrer Nachbarn bei lebendigem Leibe verbrannten.

Die Geschichte des Zweiten Weltkriegs, in dem es Polen bestimmt war, zu dem Territorium zu werden, auf dem die europäischen Juden vernichtet wurden, kennt nicht nur Fälle, in denen die örtliche Bevölkerung dabei mitmachte. Immer wieder haben sich polnischstämmige Einwohner auch heldenhaft für die Rettung ihrer jüdischen Mitmenschen eingesetzt. Während der Kriegsjahre wurden in Polen 120000 Juden gerettet. Dazu haben bis zu 350000 Polen beigetragen, nach einigen Quellen sogar bis zu einer Million. Nach den Daten des kanadischen Historikers Gunnar S. Paulsson, der die Zeit der Besatzung in Warschau erforscht hat, ist die Zahl der Polen, die Juden ge-

77 Zu den Juden in den sowjetisch besetzten Gebieten siehe: Barkan, Elazar / Cole, Elizabeth A. / Struve, Kai (Hgg.), *Shared History – Divided Memory. Jews and Others in Soviet-Occupied Poland, 1939-1941*. Leipzig 2007.

78 Machcewicz, Paweł / Persak, Krzysztof (Hgg.), *Wokół Jedwabnego*, Bd. 1-2. Warschau 2002.

Abb. 38. Deutsche Soldaten zwingen in Anwesenheit von Ortsbewohnern einen Juden, einem anderen den Bart zu rasieren. Tomaszów Mazowiecki 1939

rettet haben, um ein Vielfaches höher als die der »Szmalcowniks« – so die Bezeichnung für Polen, die Juden an die Nazis auslieferten oder erpressten, indem sie ihnen mit Auslieferung drohten.[79] Für die Zeit der Besatzung Warschaus können 70 000-90 000 Menschen zur ersten und nur 3000-4000 zur zweiten Gruppe gezählt werden. Diese Zahlen sind umso eindrücklicher, weil Polen das einzige besetzte Land war, in dem nicht nur auf die Beherbergung von Juden die Todesstrafe stand, sondern auch darauf, sie unentgeltlich oder gegen Bezahlung mit Lebensmitteln zu versorgen. Während der Besatzungszeit wurden mindestens 5000 Polen erschossen, weil sie Juden geholfen hatten. Yad Vashem hat 6620 Polen als Gerechte unter den Völkern anerkannt – mehr als Bürger irgendeines anderen Landes.

1942 entsandte die Führung der Heimatarmee Jan Karski, einen im Widerstand tätigen polnischen Katholiken, nach London. Er sollte

79 Paulsson, Gunnar S., *Secret City: The Hidden Jews of Warsaw, 1940-1945*. New Haven (CN) 2003.

die internationale Gemeinschaft davon überzeugen, dass sie etwas zur Rettung der polnischen Juden unternehmen müsse. Vor seiner Mission hatte Karski, als deutscher Soldat getarnt, selbst das Warschauer Ghetto aufgesucht. Władysław Sikorski, der Ministerpräsident der polnischen Exilregierung, forderte Papst Pius XII. in einem Schreiben auf, sich für den Schutz der Polen und Juden einzusetzen, und sandte Karskis Bericht an die Regierungen Großbritanniens und der USA. Im folgenden Jahr traf Karski mit US-Präsident Franklin Roosevelt und anderen prominenten Politikern und Kulturschaffenden zusammen und berichtete ihnen vom Ausmaß des Holocaust. Er fand jedoch keinen Glauben.

Ebenfalls 1942 gründeten katholische Widerstandskämpfer unter Beteiligung jüdischer Aktivisten die Organisation *Żegota*, die Juden helfen sollte, sich vor der Verfolgung zu retten. Die *Żegota* stellte mehr als 60 000 gefälschte Personaldokumente her, mit denen Juden sich als Polen ausgeben konnten. Allein in Warschau wurden dank ihrer Aktivitäten zwischen 8500 und 28 000 Juden gerettet. Die NS-Besatzer richteten 700 *Żegota*-Mitglieder und etwa 2000 mit der Organisation verbundene Personen hin. Die bekannteste *Żegota*-Aktivistin ist die Sozialarbeiterin und Krankenschwester Irena Sendler, die persönlich 2500 Kinder aus dem Warschauer Ghetto holte. Ein weiteres Beispiel, das durch Niki Caros Film *Die Frau des Zoodirektors* (2017)[80] Verbreitung gefunden hat, ist die Geschichte von Jan Żabiński, dem Direktor des Warschauer Zoos, und seiner Frau Antonina, die während der Besatzung etwa 300 Juden in ihrem Haus auf dem Zoogelände versteckten.

Mit der Niederlage Deutschlands im Zweiten Weltkrieg war die Leidensgeschichte der polnischen Juden noch nicht zu Ende. Unmittelbar nach dem Krieg folgte eine weitere Welle antisemitischer Aktionen, weil die Juden der Kollaboration mit der neuen Regierung verdächtigt wurden und viele Polen ihnen enteignete Besitztümer nicht zurückgeben wollten. Von September 1944 bis September 1946

80 Der Film basiert auf dem gleichnamigen Buch von Diane Ackerman (2007).

Abb. 39. Versammlung im Lenin-Stahlwerk. Krakau 1968

wurden 130 Gewaltakte registriert, mindestens 327 Menschen wurden umgebracht. Nach Schätzung von Jan Tomasz Gross sind vom Zeitpunkt der Befreiung Polens an bis Ende 1947 zwischen 500 und 1500 Juden getötet worden.[81]

Der bekannteste Vorfall ist das Pogrom in Kielce (170 Kilometer südlich von Warschau) am 4. Juli 1946. Über 40 Juden und zwei Polen, die sich den Angreifern entgegengestellt hatten, wurden getötet. Trotz der raschen und harten Bestrafung der Täter (bereits am 11. Juli wurden zehn Personen zum Tode, eine zu lebenslänglicher Haft und zwei weitere zu langen Haftstrafen verurteilt) hatte das Pogrom von Kielce eine Massenauswanderung von Juden zur Folge. Allein im Juli und August 1946 verließen 54 000 Menschen das Land – vor dem Pogrom, im Mai und Juni desselben Jahres, waren es über den gleichen Zeitraum nur 11 500 gewesen. Insgesamt emigrierten zwischen 1945 und 1948 mehr als 100 000 Juden aus Polen.

81 Gross, Jan Tomasz, *Angst – Antisemitismus nach Auschwitz in Polen*. Berlin 2012.

DIE ANTISEMITISCHE KAMPAGNE VON 1968

Die letzte Welle des Antisemitismus wurde im Unterschied zu den vorhergehenden von der Staatsführung provoziert und äußerte sich in politischem und propagandistischem Druck auf die assimilierte jüdische Minderheit. 1968 beschloss die Regierung von Władysław Gomułka vor dem Hintergrund einer politischen Krise und studentischer Unruhen, die antisemitische Karte auszuspielen, um die Öffentlichkeit abzulenken und die Unzufriedenheit innerhalb der Gesellschaft zu kanalisieren. Sie beschuldigte »Zionisten«, die Unruhen angestiftet zu haben. Juden wurden aus der Partei ausgeschlossen und aus Lehrämtern an Schulen und Universitäten entfernt. Der politische, wirtschaftliche und polizeiliche Druck führte dazu, dass zwischen 1967 und 1971 über 14 000 Juden aus Polen ausreisten.[82]

VERSUCHE DER AUFARBEITUNG

Bis zum Beginn des 21. Jahrhunderts war die kritische Auseinandersetzung mit der Einstellung der Polen zu den Juden eher die Ausnahme. Eines der seltenen Beispiele dafür ist Czesław Miłosz' Gedicht *Campo di Fiori*, das 1943 entstand. Es schildert den Kontrast zwischen dem festlichen Treiben auf dem Marktplatz (der Höhepunkt des Aufstands im Ghetto fiel in die katholische Osterwoche) und der Erschießung der Ghettobewohner:

Der Schlager dämpfte die Salven
Hinter der Mauer des Ghettos
Und Paare flogen nach oben
Hinauf in den heiteren Himmel.
Der Wind trieb zuweilen schwarze
Drachen von brennenden Häusern

82 Stola, Dariusz, »Jewish emigration from communist Poland: the decline of Polish Jewry in the aftermath of the Holocaust«. In: *East European Jewish Affairs. 2017*, Band 47 (2-3), S. 169-188; Stola, Dariusz, »Anti-Zionism as a Multipurpose Policy Instrument: The Anti-Zionist Campaign in Poland, 1967-1968«. In: *Journal of Israeli History. 2006*, Ausgabe 25 (1), S. 175-201.

Die Schaukelnden fingen die Flocken.
Der Wind von den brennenden Häusern
Blies in die Kleider der Mädchen
Die fröhliche Menge lachte
Am schönen Warschauer Sonntag.

(Übersetzt von Karl Dedecius)[83]

Miłosz' Gedicht *Armer Christ sieht das Ghetto* von 1945 warf erstmals die Frage der Verantwortung für den Holocaust auf. Über 40 Jahre später, 1987, inspirierte es Jan Błoński zu einem Essay,[84] der in Polen die erste größere Auseinandersetzung mit dem Klischee vom polnischen Volk als unschuldigem Opfer der Geschichte anstieß.

Wie sich die Tragödie der polnischen Juden auf eine Art thematisieren lässt, die die Gesellschaft zusammenbringt, zeigt das Fotoprojekt *And I Still See Their Faces* der polnisch-jüdischen Schauspielerin Golda Tencer.[85] Es umfasst Fotografien, die Tencer zugeschickt wurden, nachdem sie einen Aufruf an jüdische Menschen in Polen und im Ausland gerichtet hatte, das Gedenken an die Vorkriegswelt der polnischen Juden zu bewahren. Darauf reagierten auch viele nichtjüdische Polen, die das Andenken an im Holocaust umgekommene oder später emigrierte jüdische Freunde und Verwandte wahrten.

Eine wirklich breite öffentliche Diskussion kam im Jahr 2000 in Gang, als das Buch *Nachbarn* des polnisch-amerikanischen Histori-

83 Dedecius, Karl / Deutsches Polen-Institut (Hgg.), *Panorama der polnischen Literatur des. 20. Jahrhunderts*. 1. Abteilung: Poesie, S. 636f.

84 Błoński, Jan, »Biedni Polacy patrzą na getto«. In: *Tygodnik Powszechny 1987*, deutsch: »Die armen Polen blicken aufs Ghetto«. In: Marek Klecel, *Polen zwischen Ost und West. Polnische Essays des 20. Jahrhunderts*. Berlin 1995, S. 76-93; siehe dazu auch Barbara Engelking / Helga Hirsch, *Unbequeme Wahrheiten. Polen und sein Verhältnis zu den Juden*. Frankfurt/Main 2008.

85 Tencer, Golda / Bikont, Anna, *And I Still See Their Faces. Images of Polish Jews*. Warschau 1996. Zu diesem Album siehe auch: Hirsch, Marianne, *The Generation of Postmemory*. New York 2012, S. 227-249.

kers Jan Tomasz Gross erschien[86] und Agnieszka Arnolds Dokumentarfilm *Gdzie mój starszy syn Kain* (Wo ist mein älterer Sohn Kain) im polnischen Fernsehen lief. Buch und Film belegen schlüssig, dass das Pogrom in Jedwabne nicht von Nazis, sondern von polnischen Ortsbewohnern begangen wurde.

Das Buch *Nachbarn* (auf das wenige Monate später die TV-Ausstrahlung eines weiteren Films von Arnold mit dem gleichnamigen Titel folgte) löste ein nie dagewesenes Echo aus. Allein im Jahr 2000 wurden in den polnischen Medien mehr als 130 Artikel zu Jedwabne veröffentlicht. Nach Berechnungen der Zeitung *Rzeczpospolita* wussten im März 2001 50 Prozent der polnischen Bevölkerung (und bis zu 81 Prozent der Menschen mit Hochschulabschluss) von dem dortigen Pogrom. Das IPN führte zu diesem Vorfall erstmals überhaupt eine Untersuchung im Auftrag des Sejms durch. Sie kam zu dem Befund, polnische Ortsbewohner hätten sich an dem Pogrom zwar »entscheidend beteiligt«, angestiftet hätten es jedoch die Deutschen, bei denen folglich auch ein Großteil der Verantwortung liege. Die von Gross angeführte Zahl von 1600 Toten schätzten die Experten des IPN als überhöht ein. Sie kamen ihrerseits auf Mindestzahlen von 340 Opfern und 40 unmittelbar beteiligten Tätern.[87] Im Jahr 2004 erschien im Verlag Princeton University Press ein Band, der die wichtigsten Publikationen der polnischen Debatte um Jedwabne dokumentiert.[88] Im Juli 2001, am 60. Jahrestag der Tragödie, wurde an dem Ort, wo die Opfer zu Tode gekommen waren, ein neuer Gedenkstein ent-

86 Gross, Jan Tomasz, *Nachbarn: der Mord an den Juden von Jedwabne*. München 2001.

87 Der Text der Entscheidung ist auf der Website des IPN zugänglich: https://ipn.gov.pl/ftp/pdf/jedwabne_postanowienie.pdf. Ein ausführlicherer Bericht über die Untersuchung wurde als zweibändiges Buch veröffentlicht: Machcewicz, Paweł / Persak, Krzysztof (Hgg.), *Wokół Jedwabnego*, Bd. 1-2. Warschau 2002.

88 Polonsky, Antony / Michlic, Joanna B. (Hgg.), *The Neighbours Respond. The Controversy over the Jedwabne Massacre in Poland*. Princeton 2003. Zur Diskussion um Jedwabne siehe auch: Janowski, Maciej, »Edvabne, 10 ijulja 1941 g.: diskussija o sobytijach odnogo dnja«. In: Miller / Lipman (Hgg.), *Istoričeskaja politika v XXI veke*, a. a. O. S. 124-159.

hüllt. Er trägt die Inschrift: »Zum Gedenken an die Juden von Jedwabne und Umgebung, Männer, Frauen und Kinder, Eigner dieses Landes, die am 10. Juli 1941 an diesem Ort getötet und lebendig verbrannt wurden«. (Auf dem 1961 aufgestellten Stein hatte gestanden: »Ort der Ermordung der jüdischen Bevölkerung. Hier haben die Gestapo und die deutsche Militärpolizei am 10. Juli 1941 1600 Menschen bei lebendigem Leib verbrannt.«) Der polnische Präsident Aleksander Kwaśniewski nahm an der Gedenkzeremonie teil. In seiner Rede bekannte er sich zur polnischen Verantwortung für den Mord und bat das jüdische Volk um Vergebung.

Kwaśniewskis Entschuldigung stieß bei den Polen auf ein geteiltes Echo. Laut Umfragen hießen 40 Prozent der polnischen Bürger sie gut und 35 Prozent lehnten sie ab. 44 Prozent hielten sie für mehr oder weniger notwendig, 35 Prozent waren nicht dieser Meinung.[89] Wenige Monate nach der Aufstellung des neuen Gedenksteins an der Stätte des Pogroms wurde im Ortskern von Jedwabne ein Denkmal für die nach Sibirien und Kasachstan deportierten und dort verstorbenen Polen errichtet. Es ist unterzeichnet mit »›Sibirer‹ und polnische Patrioten aus Jedwabne«. Fragwürdig ist dieses »Gegendenkmal« vor dem Hintergrund, dass polnische Apologeten der Judenpogrome oft der These anhängen, die Angriffe seien aus Rache für die Kollaboration der Juden mit den Sowjets verübt worden.

Die Jedwabne-Debatte wird für die nationale Identitätsfindung in Polen als ähnlich wichtig eingeschätzt, wie es die Dreyfus-Affäre für Frankreich um die Wende zum 20. Jahrhundert war. Sie hat deutlich gemacht, dass die politische Elite Polens, für die der Austausch mit der EU alltägliche Realität ist, sehr viel eher bereit ist, die Vergangenheit des Landes kritisch zu betrachten, als die Durchschnittsbürger. Am 70. Jahrestag des Pogroms im Juli 2011 bat auch der damalige Präsident Bronisław Komorowski um Vergebung. Einen Monat darauf

89 Umfrage des polnischen Meinungsforschungsinstituts CBOS vom 6. bis 9. April 2001 zu den Entschuldigungen des Präsidenten, die ein breites Medienecho fanden. Siehe hierzu auch: *The Neighbours Respond. The Controversy over the Jedwabne Massacre in Poland*, a. a. O. S. 40.

Abb. 40. Präsident Aleksander Kwaśniewski 2001 in Jedwabne

wurde das Denkmal verwüstet und mit der Parole beschmiert: »Ich entschuldige mich nicht für Jedwabne.«

Wenig später kamen zwei Filme in die Kinos, deren Handlung zum Teil auf der Geschichte des Pogroms von Jedwabne beruht: *Pokłosie* (deutsch »Nachlese«, englisch »Aftermath«, 2012) von Władysław Pasikowski und *Ida* (2013) von Paweł Pawlikowski. Sie fanden Anerkennung bei der einheimischen Filmkritik; ihre Regisseure erhielten anonyme Drohschreiben. Beide Filme wurden auch für einen Oscar in der Kategorie »Bester fremdsprachiger Film« nominiert und *Ida* erhielt ihn. 2013 eröffnete in Warschau das Polin-Museum für die Geschichte des polnischen Judentums. In der ständigen Ausstellung wird der polnische Antisemitismus umfassend thematisiert; dem Pogrom in Jedwabne ist ein eigener Bereich gewidmet. Besondere Aufmerksamkeit widmet die Ausstellung dem Antisemitismus im heutigen Polen: Am Ende sind interaktive Bildschirme aufgestellt. Sie zeigen Clips, in denen Persönlichkeiten aus Wissenschaft und Kultur »heikle Fragen« zu den polnisch-jüdischen Beziehungen beantworten.

Das gesellschaftliche Klima ist jedoch weit stärker vom politischen Tagesgespräch und der Instrumentalisierung konservativer und fremdenfeindlicher Ansichten geprägt als von solchen Aufklärungsbemühungen. Wie die Zunahme antisemitischer Einstellungen Mitte der 2010er Jahre zeigt, hat die jahrelange aktive Debatte über die polnische Mitverantwortung für die Ermordung von Juden eher Verärgerung und Überdruss innerhalb der Gesellschaft befördert, als dass sie zur echten Anerkennung dieser Verantwortung geführt hätte. Von dieser Stimmungslage konnte die PiS bei ihrem Wahlsieg von 2015 profitieren. Der spätere Präsident Andrzej Duda erklärte bei einer Wahlkampfdebatte, die Entschuldigung für das Pogrom von Jedwabne sei »ein Versuch, Polens guten Ruf zu zerstören«.

Mythen in Aktion: Der Abwehrkomplex des Opfers

Die Sorge um den »guten Ruf« des Landes wurde zu einem Leitsatz von Dudas Politik. Sie kam vor allem darin zum Ausdruck, dass seine Regierung konsequent ein »affirmativ-nationalistisches« Vergangenheitsbild förderte und sich dem kritischen Umgang mit der polnischen Geschichte entgegenstellte. Themen mit Bezug zur heroischen Seite der Vergangenheit traten immer deutlicher in den Vordergrund. Zum Gedenktag für die »verfluchten Soldaten« führte Duda groß angelegte Feierlichkeiten ein. 2016 wurde angekündigt, dass im ehemaligen Gefängnis Mokotów ein Museum für diese Soldaten eingerichtet werden soll. Dazu kamen Pläne zur Eröffnung des Museums der Geschichte Polens in Warschau und eines Józef-Piłsudski-Museums. Im Museum des Warschauer Aufstands sollte eine Erweiterung der Ausstellung dazu beitragen, den Aufstand als moralischen Sieg und Beispiel für den Verrat seitens der Sowjetunion zu präsentieren. Im März 2016 wurde im Dorf Markowa im Karpatenvorland ein Museum zum Andenken an die Polen eröffnet, die während des Zweiten Weltkriegs Juden gerettet hatten. Der stellvertretende Kulturminister Jarosław Sellin erklärte, es gebe keinen Grund, darin ein Beispiel für die tendenziöse Förderung einer bestimmten Geschichtspolitik zu sehen. Im Februar 2018 schlug er dann vor, eine Zweigstelle des Museums in Manhattan zu eröffnen, »wo weltweit die meisten Juden leben«.

Der Konflikt um das Museum des Zweiten Weltkriegs in Danzig, der 2018 ausbrach, ist ein besonders prägnantes Beispiel für das Aufeinanderprallen unterschiedlicher geschichtspolitischer Auffassungen. Das Museum sollte in der Stadt, in der einige der frühesten Kampfhandlungen stattfanden, eine universalistische Sicht auf die Geschichte des Krieges vermitteln und sie in einen gesamteuropäischen Kontext stellen, statt sie allein aus polnischer Perspektive darzustellen. Die Idee stammte von Donald Tusk, der von 2007 bis 2014 Ministerpräsident Polens war und für eine proeuropäische Politik stand. An der Entwicklung des Konzepts waren mit Timothy Snyder und Norman Davies zwei international bekannte Osteuropahistoriker beteiligt. Als das Museum 2017 unter der neuen Regierung eröffnet wurde, war es von Anfang an von Schließung bedroht. Auf Anordnung des PiS-Kulturministers wurde es mit dem noch in Planung befindlichen Westerplatte-Museum zusammengelegt, dessen Schwerpunkt auf dem heldenhaften polnischen Verteidigungskrieg von 1939 liegt. Dieses Vorgehen ermöglichte es, die bisherige Museumsleitung zu entlassen und durch »national orientierte Historiker« zu ersetzen. Der Grundstein für das neue Museum wurde erst im September 2019 gelegt.

Das Bild von Polen als zweifachem Opfer – erst des Zweiten Weltkriegs und dann der Sowjetdiktatur – galt nun als sakrosankt und Ansätze zu einer kritischen Vergangenheitsaufarbeitung entsprechend als Sakrileg. 2016 erhielt Jan Tomasz Gross eine Vorladung von der Staatsanwaltschaft, weil er in einem Beitrag für die Zeitung *Die Welt* geschrieben hatte, Polen hätten während des Zweiten Weltkriegs mehr Juden als Deutsche getötet. Gegen den Historiker wurde ein Verfahren wegen »öffentlicher Herabwürdigung der Nation oder der Republik Polen« eingeleitet. Die Kanzlei des Präsidenten ersuchte das Außenministerium, Gross den Verdienstorden zu ent-

Abb. 41. Präsident Andrzej Duda mit Familie bei der Eröffnung der Gedenkstätte in Markowa

ziehen, den er 1996 erhalten hatte. Timothy Snyder, der sich in seinen Publikationen ausführlich mit den Leiden des polnischen Volkes befasst hat, kündigte an, er werde seinen Verdienstorden in diesem Fall von sich aus zurückgeben. Der Fall wurde 2019 eingestellt, da keine genaue Zahl jüdischer und deutscher Opfer ermittelt werden konnte.

Als Paweł Pawlikowskis Film *Ida* im Februar 2016 im polnischen Fernsehen lief, stellte der Sender ihm eine Einführung durch offizielle Kommentatoren voran, die unter anderem erklärten, der Film gebe die jüdische Sicht wieder und der Regisseur habe jüdische Wurzeln. Im Dezember 2016 wurde die Leiterin des Polnischen Kulturinstituts in Berlin, Katarzyna Wielga-Skolimowska, fristlos entlassen. Der polnische Botschafter hatte dem Institut zuvor in einer Stellungnahme empfohlen, »es mit der Hervorhebung des polnisch-jüdischen Dialogs nicht zu übertreiben«. Zur gleichen Zeit entließ Jarosław Szarek, der neue Direktor des Instituts für Nationales Gedenken, seinen Mitarbeiter Krzysztof Persak. Szarek war bekannt dafür, dass er die Ergebnisse des 2002 erschienenen Untersuchungsberichts zum Pogrom in Jedwabne ablehnte, den Persak mit verfasst hatte.[90]

Ihren Höhepunkt erreichte diese Politik mit den im Februar 2018 verabschiedeten Änderungen zum Gesetz über das Institut des Nationalen Gedenkens von 1998. In den Medien erhielt diese Novelle den Namen »Holocaust-Gesetz«. Das IPN erhielt jetzt zusätzlich zur Durchführung von Lustrationsverfahren auch den Auftrag, »den guten Namen der Republik Polen und des polnischen Volkes zu schützen«. Zudem sollte künftig unter Strafe gestellt werden, der polnischen Nation oder dem polnischen Staat eine Mitverantwortung für NS-Verbrechen sowie für »andere Verbrechen gegen den Frieden, Verbrechen gegen die Menschlichkeit oder Kriegsverbrechen« zuzuschreiben. Im Sommer desselben Jahres wurden die entsprechenden Artikel nach massiver Kritik vonseiten der internationalen Gemeinschaft aus dem Gesetz entfernt.

Die Geschichtspolitik der PiS mit ihrer Kultivierung des Opferbilds kommt in einer Erklärung des bekannten polnischen Journalisten und Autors Marek Kochan sehr deutlich zum Ausdruck. Während der Debatte um die Gesetzesnovelle schlug er in einem Beitrag für die Zeitung *Rzeczpospolita* die Einrichtung eines »Polocaust-Museums« vor:

> Israel etabliert sehr erfolgreich ein Narrativ, das die Opfer des Krieges auf die Opfer des Holocaust reduziert. Jeder Staat hat das Recht auf seine Geschichtspolitik. Polocaust ist nicht Holocaust, aber auch hier geht es um die existenzielle Bedrohung einer ganzen Nation. Auch polnische Opfer haben ein Recht darauf, dass ihrer gedacht wird.[91]

90 Zur Tätigkeit des IPN unter der neuen Regierung siehe ausführlicher: Klich-Kluczewska, Barbara, »Goodbye Communism, Hello Remembrance: Historical Paradigms and the Institute of National Remembrance in Poland«. In: Apor, Péter / Horváth, Sándor / Mark, James (Hgg.), *Secret Agents and the Memory of Everyday Collaboration in Communist Eastern Europe*. London / New York 2017, S. 37-57.

91 Kochan, Marek, »Zbudujmy szybko Muzeum Polokaustu«. In: *Rzeczpospolita*, 19. 02. 2018. https://www.rp.pl/opinie-polityczno-spoleczne/art2109721-marek-kochan-zbudujmy-szybko-muzeum-polokaustu (Abrufdatum 28. 06. 2022).

Die Revolution der Schlafwandler: Verdrängte Verantwortung

Die schmerzhafte Erinnerung an die polnische Mitwirkung bei der Vernichtung der jüdischen Bevölkerung und die schmerzhafte Erinnerung an die sozialistische Vergangenheit, für die sich nicht ausschließlich die Sowjetunion verantwortlich machen lässt, hängen eng miteinander zusammen. Dass die beiden hier behandelten Themenkomplexe Teile eines größeren Ganzen sind, belegt unter anderem das Buch *Polen im Wachtraum* des polnischen Kulturwissenschaftlers und Psychotherapeuten Andrzej Leder, das in Polen auf große Resonanz gestoßen ist.[92]

Nach Leder vollzog sich in den Jahren 1939 bis 1956 infolge der Einwirkung äußerer Mächte eine grundlegende soziale Umwälzung in der polnischen Gesellschaft. Im Zweiten Weltkrieg wurde die jüdische Bevölkerung durch deutsche Truppen vernichtet. Nach Kriegsende verdrängte die sowjetische Armee die deutsche Bevölkerung aus dem Westen des Landes, einschließlich der Gebiete, die bis dahin zu Deutschland gehört hatten. Da sich das Kleinbürgertum bzw. der Mittelstand im damaligen Polen weitgehend aus Juden und Deutschen zusammensetzte, was noch auf die Zeit der klassischen Adelsrepublik zurückging, war dies gleichbedeutend mit der Erosion des Mittelstands. Anschließend zerstörten die Kommunisten die polnische Aristokratie – vor allem die Großgrundbesitzer –, erst mit Mitteln des Terrors und dann durch die Verstaatlichung des Bodens. Die letzte Stufe wird durch die Bodenreform und die Industrialisierung markiert, die nach Leder eng mit dem Terror verflochten ist. Die – vorwiegend polnischstämmige – Bauernschaft konnte eine freigewordene gesellschaftliche Nische besetzen, oft ganz buchstäblich, indem sie verlassene Häuser bezog und sich verwaiste Besitztümer aneignete. Das gab ihr einen ungeheuren sozialen Auftrieb. Der Sozialismus er-

92 Leder, Andrzej, *Polen im Wachtraum. Die Revolution 1939-1956 und ihre Folgen.* Osnabrück 2019. Siehe auch: Rutkowska, Patrycja, »Andrzej Leder, ›Prześniona Rewolucja‹«. In: *Historia i Polityka 2016*, Nr. 18 (25), S. 93-95 (Rezension).

schloss ihr Perspektiven, die ihr zuvor nicht offenstanden, und das Gesellschaftsgefüge war viel weniger hierarchisch als vor dem Krieg, vor allem im Westen, wo es sich von Grund auf neu bildete. Die Mittelschichtsgesellschaft, die um die Wende der 1980er und 1990er Jahre die *Solidarność* trug und zum Motor des Wandels wurde, war durch diese radikale Umwälzung geprägt – Leder spricht von Revolution.

Das Besondere dabei war – und hier weist Leder auf einen eher psychologischen als kulturwissenschaftlichen Aspekt hin, der gerade für Gedächtnisforscher interessant ist –, dass die polnische Mittelschicht die Erinnerung an ihre Genese verdrängt hatte. Das neuralgische Wissen über die tatsächlichen Umstände ihrer Entstehung wurde durch ein Selbstbild als Opfer äußerer Mächte ersetzt. Die beschriebene Transformation wurde in der Tat durch Einwirkung von außen verursacht, und die Nutznießer dieser Änderungen hatten praktisch keine Möglichkeit, selbstständig zu handeln. Deshalb wurde auch die Verantwortung für das Geschehene externalisiert. Nach Leder sperrt sich die polnische Mittelschicht gegen die bewusste Auseinandersetzung mit der Umwälzung, aus der sie hervorging, und das hindert sie daran, dieses Vermächtnis in vollem Umfang produktiv zu nutzen.

Die Kultivierung nationaler Mythen, die Fixierung auf das Wahren des guten Rufs und die Angst vor dem kritischen Umgang mit der Vergangenheit – all das zeugt davon, dass diese Vergangenheit als ernsthafte Bedrohung für die Gegenwart gesehen wird. Jan Tomasz Gross schreibt im Nachwort zu seinem Buch *Nachbarn*:

> Man kann [...] die Geschichte einer Gesellschaft als eine kollektive Biographie auffassen. [...] Und wenn irgendwo in dieser kollektiven Biographie eine große Lüge steckt, dann wird alles, was später kommt, unauthentisch und von Angst vor Entdeckung durchsetzt sein. Die Mitglieder einer solchen Gesellschaft werden, statt ihr eigenes Leben zu leben, sich ängstlich umschauen und zu ergründen versuchen, was andere über sie denken. Sie werden ständig bemüht sein, von den schändlichen Episoden der Vergangenheit abzulenken und unter allen Umständen den »guten Namen Polens zu verteidigen«. Hinter Misserfolgen und Schwierigkeiten werden sie feindliche Verschwörungen wittern. Polen ist in die-

ser Hinsicht keine Ausnahme in Europa. Und wenn es seine Vergangenheit zurückgewinnen will, wird Polen sie sich aufs Neue erzählen müssen, ähnlich wie einige andere Länder.[93]

Das zentrale Merkmal des polnischen Mythos, das einer nüchternen Erzählung im Weg steht, ist die Kultivierung der Opferidentität. Sie verwandelt die Politik der Dekommunisierung und überhaupt jede Diskussion über die Vergangenheit in eine Abwehr äußerer und innerer Feinde.[94]

Angesichts der polnischen Geschichte (und der aggressiven Politik Russlands in den letzten Jahren) ist die Fokussierung auf diesen Mythos sehr nachvollziehbar. Mit der Kultivierung des Opferkomplexes fügt Polen sich jedoch selbst schweren Schaden zu. Indem sie es großen Teilen der Gesellschaft ermöglicht, sich auf einfache Weise der eigenen Verantwortung für die Vergangenheit zu entziehen, behindert sie die Fortentwicklung des Landes und der Gesellschaft. Das ist es, was sie so gefährlich macht – und nicht etwa, dass sie der Umsetzung einer »richtigen« liberalen oder universalistischen Politik im Weg stünde.

93 Gross, *Nachbarn*, a. a. O. S. 121.

94 Wie ein solcher Ansatz in der Geschichtspolitik der baltischen Staaten funktioniert, wird beispielsweise hier dargelegt: Pettai, Eva-Clara / Pettai, Vello, *Transitional and Retrospective Justice in the Baltic States*. Cambridge 2015.

5. Deutschland. Von der Schuld zur Verantwortung

1984 ging eine Meldung um die Welt: In den Archiven des Imperial War Museum in London war ein bis dahin unbekannter Dokumentarfilm über den Holocaust entdeckt worden, der unter Beteiligung keines Geringeren als Alfred Hitchcock entstanden war. Produzent des Films, den das britische Informationsministerium in Auftrag gegeben hatte, war der Medienmogul Sidney Bernstein. Er hatte bereits seit 1933 deutsche Filmschaffende, die nicht mit den Nazis kooperieren wollten, bei der Emigration unterstützt und ihnen geholfen, Arbeit in Großbritannien und den USA zu finden. Mit Ausbruch des Zweiten Weltkriegs begann er, antifaschistische Filme zu produzieren.

1945 bot Bernstein Hitchcock, mit dem er sich während des Krieges angefreundet hatte, die Mitwirkung an einem Filmprojekt an. Der Film sollte Teil der britisch-amerikanischen Maßnahmen zur »Umerziehung« (Reeducation) der deutschen Bevölkerung sein. Die verwendeten Aufnahmen waren zum großen Teil im Frühjahr 1945 von britischen, amerikanischen und sowjetischen Kameraleuten gemacht worden, als die alliierten Truppen auf die Gelände der Konzentrationslager Bergen-Belsen und Auschwitz vordrangen.

Beim Filmen der Lagereinrichtungen drängte Hitchcock darauf, möglichst viele Totalen zu drehen, um zu zeigen, dass sich die unvorstellbare Realität der Lager mitten in den vertrauten Landschaften und in unmittelbarer Nachbarschaft zum Alltag der Bevölkerung abgespielt hatte. So entstanden eindringliche Bilder, die es zugleich unmöglich machten zu behaupten, es handle sich um inszenierte Studioaufnahmen. Der »Meister des Schreckens« war beim ersten Sichten des Filmmaterials so verstört, dass er die Arbeit eine Woche lang aussetzen musste, um seine Fassung wiederzufinden. Ähnlich ging es den Beamten des britischen Außenministeriums: Nachdem sie sich die Aufnahmen angesehen hatten, befanden sie sie für unnötig »provokativ« und der Film, der viel später unter dem Titel *Memory of the*

Abb. 42. Szene aus dem Film *Memory of the Camps* von 1945

Camps bekannt wurde, landete bereits 1945 im Regal, wo er jahrzehntelang lag.[95]

Die Geschichte der Vergangenheitsaufarbeitung in Deutschland gehört seit langem zu den zentralen Gründungsmythen der Nachkriegs-Weltordnung. Sie ist vielfältig mit den verschiedensten kulturellen Sphären verwoben und hat das intellektuelle Klima in Europa und weltweit stark verändert. Die Begriffe des Totalitarismus, des Staatsverbrechens und die verschiedenen Formen von Schuld und Verantwortung sind in diesem Zusammenhang ausgearbeitet worden, und die deutschen Termini »Vergangenheitsbewältigung« und »Vergangenheitsaufarbeitung« werden heute international gebraucht. Wie die Episode mit Hitchcocks Film zeigt, birgt diese Geschichte jedoch bis heute viel Unerzähltes, und ihr Nimbus wird, was bei Mythen nicht selten vorkommt, stark überzeichnet. Sie handelt zu weiten Teilen vom Scheitern – von gescheiterten Versuchen, eine besiegte Nation gewaltsam umzuerziehen und zwischen Sauberen und Schuldigen zu unterscheiden, und von wiederholten gescheiterten Anläufen, »einen Schlussstrich zu ziehen«, um das Thema hinter sich lassen zu

95 Michalczyk John J., *Filming the End of the Holocaust. Allied Documentaries, Nuremberg and the Liberation of the Concentration Camps.* London / New York 2014, S. 31-46.

können. Für alle, die am Beispiel Deutschlands lernen möchten, sind die Schwierigkeiten und Probleme bei der Auseinandersetzung mit der NS-Vergangenheit mindestens so lehrreich wie die Erfolge.

Nach Kriegsende: Externe Justiz und interne Debatten

DIE NÜRNBERGER PROZESSE

Die Nürnberger Prozesse waren entscheidend für die Wiederherstellung der Rechtlichkeit durch äußere Kräfte und sind ein Modellbeispiel für Übergangsjustiz.[96] Sie gelten einerseits zu Recht als Vorbild für den juristischen und moralischen Triumph von Wahrheit und Gerechtigkeit. Das schlechthin Böse des Nationalsozialismus wurde hier nicht nur militärisch besiegt, sondern auch für seine Verbrechen zur Rechenschaft gezogen. Die Täter landeten vor den Augen der gesamten zivilisierten Welt auf der Anklagebank und wurden gebührend bestraft. Andererseits besteht jedoch auch eine deutliche Kluft zwischen dem strahlenden »Mythos Nürnberg« einerseits und dem tatsächlichen Ertrag der Prozesse sowie ihrer zeitgenössischen Wahrnehmung andererseits.

Der Prozess gegen die »Hauptkriegsverbrecher und Führer des Dritten Reiches«, der von November 1945 bis Oktober 1946 im Nürnberger Justizpalast stattfand, war das erste von insgesamt 13 Gerichtsverfahren. 24 Personen mussten sich vor Gericht verantworten. Zwölf von ihnen wurden zum Tode verurteilt. Drei erhielten lebenslänglich, vier weitere Haftstrafen zwischen 10 und 20 Jahren. Drei Angeklagte wurden freigesprochen und in zwei Fällen kam es zur Einstellung des Verfahrens. In den zwölf nachfolgenden Prozessen wurden mehr als

96 In Russland spricht man in der Regel im Singular vom »Nürnberger Tribunal«, im Westen im Plural von den »Nürnberger Prozessen«. Beide Ausdrücke sind auf ihre Weise berechtigt: Das erste Verfahren war der Prozess gegen die höchsten NS-Führer, an dem Vertreter aller Siegermächte beteiligt waren. Alle 13 Prozesse basierten jedoch auf den Nürnberger Prinzipien, die von den Siegermächten gemeinsam erarbeitet wurden und aus rechtlicher Sicht die wichtigste Errungenschaft darstellen.

Abb. 43. Nürnberger Prozesse

5000 Menschen angeklagt, mehr als 800 Todesurteile verhängt und etwa 500 davon vollstreckt.

Die Nürnberger Prozesse stießen im In- und Ausland zunächst auf ein sehr geteiltes Echo. Einerseits triumphierte hier ganz offenkundig der Grundsatz der Verantwortlichkeit und Rechtsstaatlichkeit: Die Führer eines kriminellen Staates standen vor dem Gericht der Weltmächte. Andererseits entsprach das eindrückliche Bild in vieler Hinsicht nicht dem tatsächlichen Geschehen. Die Nürnberger Prozesse sind zum Paradigma für die »Siegerjustiz« geworden. Harlan F. Stone, Oberster Richter der Vereinigten Staaten von 1941 bis 1946, hat sie sogar als »Schwindel« bezeichnet: Man habe sich nicht an den Verhandlungsgrundsatz und das Rückwirkungsverbot gehalten, individuelle Verantwortung sei mit kollektiver vermengt worden und die Verbrechen der Alliierten (der Bombenangriff auf Dresden, die Plünderung und Vergewaltigung der Zivilbevölkerung) seien unberücksichtigt geblieben. Auch die Personen, die den Triumph der Gerechtigkeit verkörpern sollten, waren nicht immer die geeignetste Besetzung für diese Rolle: Die Hauptankläger der UdSSR, Iona Nikittschenko und

Roman Rudenko, hatten aktiv an den Schauprozessen des Großen Terrors mitgewirkt, und der US-Staatsanwalt Francis Biddle hatte als Justizminister die Errichtung von Internierungslagern für US-Staatsbürger japanischer Herkunft gebilligt.

Auch die eher willkürliche Auswahl der Angeklagten zeugte von der Voreingenommenheit der Nürnberger Justiz. Heinz Guderian, der legendäre Begründer der Panzerdivisionen des Dritten Reiches, der 1945 als Generalstabschef in amerikanische Gefangenschaft geriet, nahm als Zeuge am Prozess teil, wurde 1948 freigelassen und war in den 1950er Jahren Berater der Regierung Adenauer. Friedrich Paulus, der das »Unternehmen Barbarossa« maßgeblich ausgearbeitet hatte und als Kommandeur der bei Stalingrad vernichteten 6. Armee in sowjetische Kriegsgefangenschaft geraten war, trat im Prozess – zur Empörung der Angeklagten – als Zeuge der Anklage auf. Nachdem er viele Jahre als Ruheständler in der Sowjetunion verbracht hatte, konnte er nach Stalins Tod in die DDR ausreisen, wo er 1957 starb. Kurt Zeitler, Generalstabschef von 1942 bis 1944, der von den Briten gefangen genommen wurde und im Prozess gleichfalls als Zeuge aussagte, kam 1947 frei und starb 1963 eines natürlichen Todes.

Die Einstellung der damaligen Deutschen zu den Nürnberger Prozessen wird durch die Daten der von Richard L. Merritt publizierten Umfragen zur öffentlichen Meinung im Nachkriegsdeutschland erhellt.[97] Zwar billigte eine große Mehrheit von 79 Prozent der deutschen Bevölkerung die Prozesse. Die Leute sahen darin jedoch weniger einen Triumph der Gerechtigkeit als eine Ermahnung zu künftigem Wohlverhalten: Für 30 Prozent war die wichtigste Erkenntnis, dass man nie wieder einem Diktator Folge leisten dürfe, und für 26 Prozent, dass man nicht an einem Angriffskrieg teilnehmen dürfe. Nur drei Prozent der Befragten verbanden mit den Verfahren einen Sieg von Recht und Gesetz und nur zwei Prozent einen Sieg der Menschenrechte.

97 Merritt, Richard L., *Democracy Imposed: U.S. Occupation Policy and the German Public, 1945-1949*. New Haven (CN) 1995, S. 150-162.

Nach Auffassung des amerikanischen Soziologen Jeffrey K. Olick, der das kollektive Gedächtnis der Deutschen erforscht, haben die Nürnberger Prozesse tatsächlich nur in sehr bescheidenem Ausmaß zur Verdammung der Rassenpolitik des Dritten Reiches und der Verbrechen, die später als Holocaust bezeichnet wurden, beigetragen – anders als es der »Mythos Nürnberg« suggeriert. Selbst die Bedeutung der Verfahren für die Rechtstheorie der »Verbrechen gegen die Menschlichkeit« habe eher nominellen Charakter gehabt: Die Kategorie sei zwar ausgearbeitet, aber in der Praxis nicht sehr konsequent umgesetzt worden.[98]

Wirklich bahnbrechend war der Vorschlag des Anwalts Murray Bernays, der als Oberst der US-Armee den rechtlichen Rahmen für die Nürnberger Prozesse erarbeitete, die NS-Verbrecher wegen einer kriminellen Verschwörung (*conspiracy*) anzuklagen. Dieser Straftatbestand, der im amerikanischen Rechtssystem – anders als im europäischen – umfassend ausgeführt ist, ermöglichte es, eine große Anzahl von NS-Führern vor Gericht zu stellen, denen nicht immer eine unmittelbare Mitwirkung an Kriegsverbrechen nachgewiesen werden konnte. Damit war es möglich, ganze Organisationen als kriminell einzustufen und das Strafrecht auch bei NS-Verbrechen zum Einsatz zu bringen, die vor Kriegsbeginn gegen die eigene Zivilbevölkerung begangen wurden. Gerade darauf kam es Bernays an, der jüdischer Herkunft und in Russland geboren war. Denn diese Kategorie ließ sich auf die Verfolgung der deutschen Juden anwenden – als Kriegsverbrechen galt nur die Verfolgung von Juden in den besetzten Gebieten während der Kriegsjahre.[99]

Der Begriff der kriminellen Verschwörung fand jedoch während

98 Olick Jeffrey K., *In the House of the Hangman. The Agonies of German Defeat, 1943-1949*. Chicago 2005, S. 108.

99 Cassese, Antonio (Hg.), *The Oxford Companion to International Criminal Justice*. Oxford 2009, S. 255-256. Okoth, Juliet, *The Crime of Conspiracy in International Criminal Law*. Den Haag 2014, S. 81-93. Siehe auch: Kochavi, Arieh J., *Prelude to Nuremberg. Allied War Crimes Policy and the Question of Punishment*. Chapel Hill / London 1998.

der Prozesse nur eingeschränkt Anwendung. Die Nürnberger Richter befanden, die Verbrechen gegen deutsche Juden fielen nicht in ihre Zuständigkeit:

> Die vor dem Krieg von 1939 in Deutschland durchgeführte Politik der Verfolgung, der Unterdrückung und der Ermordung von Zivilisten, von denen eine gegen die Regierung gerichtete Einstellung zu vermuten war, wurde auf das erbarmungsloseste durchgeführt. Die in der gleichen Zeit vor sich gehende Verfolgung der Juden ist über allen Zweifel festgestellt. Um Verbrechen gegen die Menschlichkeit zu begründen, müssen die vor Ausbruch des Krieges begangenen Handlungen in Ausführung von oder in Verbindung mit einem der Zuständigkeit dieses Gerichtshofs unterliegenden Verbrechen begangen worden sein. Der Gerichtshof ist der Meinung, daß, so empörend und grauenhaft diese Verbrechen waren, doch nicht hinreichend nachgewiesen wurde, daß sie in Ausführung von oder in Verbindung mit einem derartigen Verbrechen verübt worden sind. *Der Gerichtshof kann deshalb keine allgemeine Erklärung dahingehend abgeben, daß die vor 1939 ausgeführten Handlungen im Sinne des Status Verbrechen gegen die Menschlichkeit waren* […][100]

Mit den Nürnberger Prozessen wurde die Gerechtigkeit von außen, durch externe Mächte, wiederhergestellt. Bei den Durchschnittsdeutschen leisteten sie der Auffassung Vorschub, die wirklich Schuldigen an den NS-Verbrechen seien ermittelt und bestraft worden. Die Frage nach der Verantwortung der deutschen Gesellschaft vor den Opfern stellte sich für die überwiegende Mehrheit der Bevölkerung nicht. Die gewöhnlichen Deutschen fühlten sich in erster Linie selbst als Opfer des Krieges. Die Politik der Entnazifizierung – der deutsche Historiker Jörg Friedrich hat sie mit einer zeitgenössischen Formulierung als »Nürnberg des kleinen Mannes« bezeichnet[101] – verstärkte dieses Gefühl nur.

100 Zitiert nach: Jasch, Hans-Christian / Kaiser, Wolf, *Der Holocaust vor deutschen Gerichten. Amnestieren, Verdrängen, Bestrafen.* Ditzingen 2017, S. 26.

101 Friedrich, Jörg, *Die kalte Amnestie. NS-Täter in der Bundesrepublik.* Frankfurt/Main 1984.

DIE ENTNAZIFIZIERUNG

Die Entnazifizierung in der amerikanischen, britischen und französischen Besatzungszone zielte offenbar vor allem darauf, möglichst schnell und effektiv die Schafe von den Böcken zu scheiden, die sich der NS-Kollaboration schuldig gemacht hatten. In der amerikanischen Zone wurden in einer Phase des Prozesses alle Bürger über 18 aufgefordert, in einem speziellen Formular Angaben zu ihrer Tätigkeit für NS-Organisationen zu machen, um das Recht auf Zuteilung von Lebensmittelmarken zu erhalten. Personen mit fragwürdiger Vergangenheit wurden von improvisierten Spruchkammern vorgeladen, die jeweils aus einem Anwalt und zwei Antifaschisten aus der Zivilbevölkerung bestanden. 4 der insgesamt 15 Millionen Bewohner der amerikanischen Besatzungszone durchliefen Verfahren vor diesen Kammern. Die Betreffenden wurden in eine von fünf Kategorien eingestuft – von Schwerverbrechern bis zu »Mitläufern« und Resozialisierten.

Dieses Vorgehen war zwangsläufig oberflächlich und schematisch und ließ sich leicht ausnutzen. Die Spruchkammern bescheinigten Tausenden von ehemals hochgestellten Nazis den Mitläuferstatus und wurden schließlich »Mitläuferfabriken« genannt. Pastor Martin Niemöller (von dem das berühmte Zitat stammt: »Als die Nazis die Kommunisten holten, habe ich geschwiegen; ich war ja kein Kommunist …«) rief die Christen auf, sich an dem Verfahren nicht zu beteiligen. Eine gängige Praxis war es, sich sogenannte Persilscheine zu beschaffen – Zeugnisse von unverdächtigen Personen wie Juden, Mitgliedern des antifaschistischen Untergrunds oder Geistlichen.

Bezeichnend für diese Einstellung zur Entnazifizierung ist eine Szene in dem Film *Europa* (1991), einem Frühwerk des dänischen Regisseurs Lars von Trier. Er selbst spielt darin einen Juden, der bestochen wurde, um falsche Aussagen zugunsten eines Nazi-Verbrechers namens Max Hartmann zu machen. Triers Protagonist umarmt ihn und sagt: »Max Hartmann ist mein Freund. Er hat mich bei sich im Keller versteckt und ernährt.« Diese Szene und Triers Haltung zur Nachkriegspolitik der Alliierten sind besser nachvollziehbar,

Abb. 44. Szene aus dem Film *Europa* (1991). In der Mitte ist im Hintergrund Lars von Trier zu sehen

wenn man berücksichtigt, dass der wirkliche Vater des Regisseurs den Nachnamen Hartmann trug. 1989 erfuhr er, dass nicht der dänische Jude und Kommunist Ulf Trier, sondern der deutschstämmige Katholik Fritz Michael Hartmann sein leiblicher Vater war. Hartmann hatte seinen unehelichen Sohn nie anerkannt.

Bald waren die Maßnahmen zur »Entseuchung« der Gesellschaft völlig diskreditiert. Der Begriff »Entnazifizierung« wurde zur Bezeichnung für die Reinwaschung der Schuldigen. Die Entnazifizierungspolitik endete, wie sie begonnen hatte – plötzlich und auf Initiative von außen. Als der Kalte Krieg heraufzog, wurde es für die USA dringlicher, Westdeutschland auf die eigene Seite zu holen, als die Bevölkerung zu säubern und umzuerziehen.

1949 kürzte Präsident Harry Truman die Mittel für die Nürnberger Prozesse. Im Januar 1951 hob John Jay McCloy, der Hohe Kommissar der USA in Deutschland und ein ideologischer Wegbereiter der Entnazifizierung, 10 von 15 Todesurteilen auf. Zudem verkürzte er die Haftzeit für 64 von 74 Personen, darunter sämtliche Industriellen. Alfried Krupp von Bohlen und Halbach, der wegen des Einsatzes von Zwangsarbeitern aus Konzentrationslagern zu 12 Jahren Haft verurteilt worden war, wurde nach 3 Jahren begnadigt und konnte seinen Industriekonzern behalten. 1957 erschien er als reichster Mann Europas auf dem Cover des *Time Magazine*.

In der sowjetischen Besatzungszone wurde die Entnazifizierung mit bolschewistischer Geradlinigkeit durchgeführt, ohne sich lange mit Umerziehungsversuchen aufzuhalten. Wer der Kollaboration mit der NSDAP und damit auch des Antikommunismus beschuldigt wurde, landete in Internierungslagern, die dem NKWD unterstellt waren. In den Jahren 1946-1950 befanden sich mehr als 120 000 Menschen in diesen Lagern. Verschiedenen Quellen zufolge starben zwischen 40 000 und 80 000 Gefangene infolge der schlechten Haftbedingungen. Diejenigen, die bis zur Auflösung der Lager 1950 überlebten, wurden auf dem Gebiet der DDR bald erneut vor Gericht gestellt.

VERANTWORTUNG: ABWEHR UND REFLEXION

Die Stimmungslage der deutschen Gesellschaft zeigte sich schon in der Reaktion auf den ersten Versuch, öffentlich über die Verantwortung der deutschen Bevölkerung zu sprechen. Der Rat der Evangelischen Kirche Deutschlands, dem überwiegend ehemalige Mitglieder der Bekennenden Kirche angehörten, die sich 1934 offen gegen die NS-Ideologie gewandt und von der deutschen Amtskirche losgesagt hatte,[102] veröffentlichte im Oktober 1946 das Stuttgarter Schuldbekenntnis. Die Kirche bekannte sich darin zu ihrer Mitverantwortung für die nationalsozialistischen Verbrechen. In der Erklärung hieß es:

> Mit großem Schmerz sagen wir: Durch uns ist unendliches Leid über viele Völker und Länder gebracht worden. Was wir unseren Gemeinden oft bezeugt haben, das sprechen wir jetzt im Namen der ganzen Kirche aus: Wohl haben wir lange Jahre hindurch im Namen Jesu Christi gegen den Geist gekämpft, der im nationalsozialistischen Gewaltregiment sei-

102 Zum Hintergrund siehe etwa: Barnett, Victoria, *For the Soul of the People. Protestant Protest Against Hitler*. Oxford 1998.

> nen furchtbaren Ausdruck gefunden hat; aber wir klagen uns an, daß wir nicht mutiger bekannt, nicht treuer gebetet, nicht fröhlicher geglaubt und nicht brennender geliebt haben.[103]

Diese Stellungnahme war ihrer Zeit deutlich voraus und stieß innerhalb und außerhalb der Kirche zunächst fast einhellig auf Ablehnung. Die Verfasser des Bekenntnisses erhielten eine große Anzahl zorniger Briefe. Das deutsche Volk sei ein Opfer und habe sich nichts vorzuwerfen, hieß es darin. Die Alliierten seien auch nicht besser als die Nazis, und die Kirche solle lieber den Geist des Hasses und der Spaltung beschwichtigen, als Leute zur Buße aufzurufen, die nichts zu bereuen hätten. Besonders bezeichnend ist ein Brief eines gewissen Herrn D. aus Hannover, den vor allem die Formulierung »Durch uns« erzürnte. Er führte die »Verbrechen von Versailles« als wahren Grund für die Machtübernahme der Nazis und ihre Gräueltaten an:

> Haben diese Schuldbekenner eigentlich völlig vergessen, was der Feind über das deutsche Volk an viel unendlicherem Leid gebracht hat, angefangen mit der Hungerblockade des [Ersten] Weltkrieges, den Deutschenverfolgungen in aller Welt, fortgesetzt mit dem Phosphorregen der Fliegerterrorangriffe (Dresden!!) den Millionenvertreibungen von Deutschen aus jahrhundertelang angestammter Heimat im Osten, der Zusammenpferchung auf einem Restgebiet, das die Millionen niemals ernähren kann […]?[104]

Auf der Formulierung »durch uns« hatte der schon erwähnte Martin Niemöller bestanden, einer der angesehensten Pfarrer Nachkriegsdeutschlands. Er hatte selbst sieben Jahre in NS-Lagern verbracht,

103 Zitiert nach der Website der Evangelischen Kirche in Deutschland: https://www.ekd.de/Stuttgarter-Schulderklaerung-11298.htm (Abrufdatum 15. 07. 2022).

104 Hockenos, Matthew D., *A Church Divided. German Protestants Confront the Nazi Past.* Bloomington 2004, S. 84; im deutschen Wortlaut zitiert nach: Evangelisches Zentralarchiv Berlin, Bestand 2/34,21, online unter https://ezab.de/digitalisate/0002/00034 (Abrufdatum 15. 07. 2022).

weil er offen Kritik an Hitler geübt hatte. Die ersten Nachkriegsjahre, die für den überwiegenden Teil der deutschen Gesellschaft eine Zeit der Erschütterung und primären Traumatisierung waren, standen zugleich im Zeichen der Diskussion über Schuld und Verantwortung, die sich in Intellektuellenkreisen rasch ausbreitete. Der amerikanische Soziologe Jeffrey K. Olick hat die Debatten, die zwischen 1945 und 1949 geführt wurden, in seinem Buch *In the House of the Hangman* analysiert. Es liest sich wie ein Kompendium der deutschen Intellektuellen der Nachkriegszeit:[105] Thomas und Heinrich Mann, Karl Jaspers und Bertolt Brecht, Theodor Adorno und Karl Barth, Martin Heidegger und Hannah Arendt sind nur die bekanntesten Protagonisten.

Der verbreitete Konsens, wonach die Deutschen, die erst unter der NS-Willkürherrschaft und dann unter den Bombenangriffen der Alliierten gelitten hätten, die eigentlichen Opfer des Krieges seien, stieß bereits seit den frühen 1940er Jahren auf den Widerspruch weniger, aber gewichtiger Stimmen von führenden deutschen Intellektuellen. Ein besonders hartes Verdikt über das damalige Deutschland legte Thomas Mann mit dem Roman *Doktor Faustus* vor, den er von 1943 bis 1946 schrieb. Er handelt von einem Pakt mit dem Teufel, der metaphorisch für die deutsche Kultur steht, die durch das Bündnis mit dem Bösen kontaminiert ist.

> Unterdessen läßt ein transatlantischer General die Bevölkerung von Weimar vor den Krematorien des dortigen Konzentrationslagers vorbeidefi-

105 Das Buch hat eine interessante Entstehungsgeschichte. Wie Olick im Vorwort erläutert, plante er ursprünglich eine Studie zum Historikerstreit von 1985/86. Dabei zeigte sich bald, dass die Debatte nur vor dem Hintergrund der gesellschaftlichen Einstellungen und auf staatlicher Ebene gebrauchten Formeln aus der Gründungszeit der Bundesrepublik um 1949 zu verstehen war. Dieser Kontext erforderte es wiederum, die Entwicklungen von der Kapitulation bis zum Ende der Besatzung zu beschreiben. Was ursprünglich als kurzer Prolog gedacht war, wuchs sich schließlich zu einem eigenen Buch aus, das hochinteressantes Material bietet. Die geplante Studie über den Historikerstreit wurde später in Form des Buches *The Sins of the Fathers* realisiert.

lieren und erklärt sie – soll man sagen: mit Unrecht? –, erklärt diese Bürger, die in scheinbaren Ehren ihren Geschäften nachgingen und nichts zu wissen versuchten, obgleich der Wind ihnen den Stank verbrannten Menschenfleisches von dorther an die Nasen blies, - erklärt sie für mitschuldig an den nun bloßgelegten Greueln, auf die er sie zwingt, die Augen zu richten. Mögen sie schauen - ich schaue mit ihnen, ich lasse mich schieben im Geiste von ihren stumpfen oder auch schaudernden Reihen. Der dickwandige Folterkeller, zu dem eine nichtswürdige, von Anbeginn dem Nichts verschworenen Herrschaft Deutschland gemacht hatte, ist aufgebrochen, und offen liegt unsere Schmach vor den Augen der Welt [...] Ich sage: unsere Schmach. Denn ist es bloße Hypochondrie, sich zu sagen, daß alles Deutschtum, auch der deutsche Geist, der deutsche Gedanke, das deutsche Wort von dieser entehrenden Bloßstellung mitbetroffen und in tiefe Fragwürdigkeit gestürzt worden ist? Ist es krankhafte Zerknirschung, die Frage sich vorzulegen, wie überhaupt noch in Zukunft Deutschland in irgendeiner seiner Erscheinungen es sich soll herausnehmen dürfen, in menschlichen Angelegenheiten den Mund aufzutun?

Man nenne es finstere Möglichkeiten der Menschennatur überhaupt, die hier zu Tage kommen – deutsche Menschen, Zehntausende, Hunderttausende, sind es nun einmal, die verübt haben, wovor die Menschheit schaudert, und was nur immer auf deutsch gelebt hat, steht da als ein Abscheu und als Beispiel des Bösen. Wie wird es sein, einem Volke anzugehören, dessen Geschichte dies gräßliche Mißlingen in sich trug, einem an sich selber irregewordenen, seelisch angebrannten Volk, das eingestandenermaßen daran verzweifelt, sich selbst zu regieren und es noch für das Beste hält, zur Kolonie fremder Mächte zu werden; einem Volk, das mit sich selbst eingeschlossen wird leben müssen wie die Juden des Ghetto, weil ein ringsum furchtbar aufgelaufener Haß ihm nicht erlauben wird, aus seinen Grenzen hervorzukommen, - ein Volk, das sich nicht sehen lassen kann?[106]

Als *Doktor Faustus* erschien, galt Thomas Mann, der 1933 in die Schweiz emigriert war, 1936 wegen Kritik an den Nationalsozialisten ausgebürgert wurde und seit 1938 in den USA lebte, längst als Reprä-

106 Mann Thomas, *Doktor Faustus*. Frankfurt/Main 1990, S. 634f.

sentant des »anderen Deutschlands«.[107] Als solcher hielt er im Mai 1945 in der Washingtoner Library of Congress die Rede »Deutschland und die Deutschen« in der er der Arbeit am kollektiven Gedächtnis in Deutschland weit vorausgriff und den Weg zu einer Auseinandersetzung der deutschen Gesellschaft mit sich selbst wies:

> [Es gibt] nicht zwei Deutschland [...], ein böses und ein gutes, sondern nur eines, dem sein Bestes durch Teufelslist zum Bösen ausschlug. Das böse Deutschland, das ist das fehlgegangene gute, das gute im Unglück, in Schuld und Untergang. Darum ist es für einen deutsch geborenen Geist auch so unmöglich, das böse, schuldbeladene Deutschland ganz zu verleugnen und zu erklären: »Ich bin das gute, das edle, das gerechte Deutschland im weißen Kleid, das böse überlasse ich euch zur Ausrottung.« Nichts von dem, was ich Ihnen über Deutschland zu sagen oder flüchtig anzudeuten versuchte, kam aus fremdem, kühlem, unbeteiligtem Wissen; ich habe es auch in mir, ich habe es alles am eigenen Leibe erfahren. [...] Was ich hier, gedrängt von der Zeit, zu geben versuchte, war ein Stück deutscher Selbstkritik – und wahrhaftig, ich hätte deutscher Tradition nicht treuer folgen können als eben hiermit. Der Hang zur Selbstkritik, der oft bis zum Selbstekel, zur Selbstverfluchung ging, ist kerndeutsch, aber ewig unbegreiflich wird bleiben, wie ein so zur Selbsterkenntnis angelegtes Volk zugleich den Gedanken der Weltherrschaft fassen konnte.[108]

Auch der Psychiater und Philosoph Karl Jaspers rief seine Landsleute öffentlich dazu auf, gemeinsam Verantwortung für die NS-Verbrechen zu übernehmen. Mit einer Jüdin verheiratet, war er 1937 als Universitätslehrer zwangsweise in den vorzeitigen Ruhestand versetzt

107 Im Kontext der Debatte um das »andere Deutschland« entstand auch der für die Sowjetunion und Russland so wichtige Begriff der »inneren Emigration«. Er wurde von dem deutschen Autor Frank Thiess eingeführt. Dieser erklärte 1945 in einem Disput mit Thomas Mann, wer sich für die innere (in der Regel stillschweigende) Opposition gegen das Naziregime entschieden habe, anstatt vor Hitler zu fliehen, dürfe mit mindestens gleichem Recht beanspruchen, die Würde des nicht an den NS-Verbrechen beteiligten Deutschlands gerettet zu haben.

108 Mann, Thomas, *Deutschland und die Deutschen.* Stockholm 1947, S. 37f.

worden. Er blieb bis Kriegsende isoliert und musste jederzeit mit seiner Verhaftung rechnen. 1945 nahm er seine Lehrtätigkeit an der Universität Heidelberg wieder auf. Eine seiner ersten Vorlesungen galt der Frage nach der Schuld und Verantwortung der Deutschen.

Jaspers grenzt zunächst gut philosophisch verschiedene Verständnisweisen des Schuldbegriffs voneinander ab: kriminelle, politische, moralische und metaphysische Schuld. Diese Unterscheidung »klärt den Sinn von Vorwürfen« der Weltgemeinschaft und des eigenen Gewissens:

> So bedeutet z. B. politische Schuld zwar Haftung aller Staatsbürger für die Folgen staatlicher Handlungen, nicht aber kriminelle und moralische Schuld jedes einzelnen Staatsbürgers in bezug auf Verbrechen, die im Namen des Staates begangen wurden. Über Verbrechen kann der Richter, über politische Haftung der Sieger entscheiden; über moralische Schuld kann wahrhaft nur in liebendem Kampfe unter sich solidarischer Menschen gesprochen werden. Über metaphysische Schuld ist vielleicht Offenbarung in konkreter Situation, im Werk der Dichtung und der Philosophie möglich, aber kaum persönliche Mitteilung.[109]

Jaspers bezeichnet den von äußeren Mächten durchgeführten Nürnberger Prozess als »nationale Schmach«. Dies sei jedoch »das Ergebnis der Tatsache, daß nicht wir uns von dem verbrecherischen Regime befreit haben, sondern daß wir durch die Alliierten von ihm befreit worden sind«. Mit der Bestrafung der Verbrecher in Nürnberg werde die Frage nach deren juristischer Schuld beantwortet. Dadurch werde jedoch nur umso dringlicher die Frage aufgeworfen, worin die Schuld aller Deutschen bestehe. Nach Jaspers geht es hier nicht um »Kollektivschuld«, sondern um Verantwortung: auf der politischen Ebene um die Verantwortung des Volkes und auf der moralischen und metaphysischen Ebene um die der Einzelnen. Hier führt der Weg zur Reinigung nur über das persönliche Eingeständnis der Schuld, das in einem freien und innerlich bewussten Prozess zustande kommen muss:

109 Jaspers, Karl, »Die Schuldfrage«. In: *Gesamtausgabe*, Bd. I/23. Berlin 2021, S. 36.

> Für uns Deutsche gilt hier die Alternative: Entweder wird das Übernehmen der Schuld, die die andere Welt nicht meint, die aber aus unserem Gewissen spricht, zu einem Grundzug unseres deutschen Selbstbewußtseins – und dann geht unsere Seele den Weg der Verwandlung. Oder wir sinken ab in die Durchschnittlichkeit des gleichgültigen bloßen Lebens [...] Ohne den Weg der Reinigung aus der Tiefe des Schuldbewußtseins ist keine Wahrheit für den Deutschen zu verwirklichen.[110]

Die innere Selbstreinigung, zu der Jaspers aufruft, hat keineswegs nur eine spirituelle und individuelle, sondern auch eine politische Dimension:

> Reinigung ist die Bedingung auch unserer politischen Freiheit. Denn erst aus dem Schuldbewußtsein entsteht das Bewußtsein der Solidarität und Mitverantwortung, ohne die die Freiheit nicht möglich ist.[111]

Jaspers legte in seinen Vorlesungen das Fundament für die Debatte über Schuld und Verantwortung, die später in der ganzen Bundesrepublik geführt werden sollte. Am Anfang stießen sie jedoch selbst bei den wenigen Anwesenden im Hörsaal der Universität auf Ablehnung. Nach dem Zeugnis eines Hörers verhielten sich die Studierenden so provokant, dass Jaspers seinen Vortrag unterbrechen musste.[112] Die deutsche Gesellschaft sah sich als Opfer äußerer Mächte oder bevorzugte es, über solche Dinge gar nicht erst nachzudenken.

110 Ebd. S. 93.

111 Ebd. S. 95.

112 Jaspers' Position wurde nicht nur von Studenten angefeindet. In einem Brief an Hannah Arendt schildert er seine Situation in diesen Jahren: »Aber unter der Hand werde ich beschimpft: Von Kommunisten als Schrittmacher des Nationalsozialismus, – von den Trotzigen als Landesverräter.« (Arendt, Hannah / Jaspers Karl, *Briefwechsel 1926-1969*. München 1985, S. 95.) Eine kritische Analyse, die Jaspers' Auffassung moralischer und metaphysischer Schuld als Ausweichen vor der Auseinandersetzung mit der strafrechtlichen und politischen Verantwortung einstuft, findet sich in: Rabinbach, Anson, »The German as Pariah. Karl Jaspers and the Question of German Guilt«. In: *Radical Philosophy* 1996, Ausgabe 75, S. 15-25.

Das erste Jahrzehnt: Gegenreaktionen und Schlussstrichpolitik

Im Mai 1949 verabschiedete der Parlamentarische Rat der elf westdeutschen Länder das Grundgesetz der Bundesrepublik Deutschland auf dem Gebiet der britischen, französischen und amerikanischen Besatzungszone und erklärte sich zum einzigen legitimen deutschen Staat. Die Politik der Regierung Adenauer zielte darauf, die Folgen des von den Besatzungsmächten ausgeübten Drucks auszugleichen und die gespaltene und demoralisierte deutsche Gesellschaft zusammenzuführen. Es gab praktisch nur zwei Dinge, über die zu dieser Zeit Einigkeit in der Bevölkerung herrschte: Zum einen fühlten sich die Deutschen als Opfer der NS-Diktatur, des Krieges und der Härte der Alliierten, zum anderen waren sie unzufrieden mit der Entnazifizierungspolitik, von der ein Viertel bis zwei Drittel der Westdeutschen direkt oder indirekt betroffen waren.

Nach seiner Wahl zum Bundespräsidenten am 12. September 1949 sprach der erste Bundespräsident der Bundesrepublik Deutschland, Theodor Heuss, in einer Rede von der Last des »Fertigwerdens mit den Vergangenheiten«. Laut einer Umfrage, die das Allensbacher Institut für Demoskopie im August 1949 durchführte, stand die Mehrheit der Deutschen dem NS-Regime neutral gegenüber – sie waren weder dafür noch dagegen. Die Deutschen mit höherer Bildung sprachen sich zu 60 Prozent dagegen aus. Die Befragten wussten über die Verfolgung (die »Vertreibungen« und das »Verschwindenlassen«) von Juden und Minderheiten Bescheid. Sie vermieden es jedoch, sie als Mord zu bezeichnen, und waren nicht der Ansicht, dass alle Deutschen Mitverantwortung für die Verbrechen des Dritten Reiches trügen. 54-60 Prozent erkannten die Notwendigkeit von Reparationsleistungen an Israel an, aber nur 40 Prozent meinten, die Verantwortlichen für diese Verbrechen sollten vor Gericht gestellt werden. Die meisten fanden, der Staat solle die Verantwortung tragen, nicht aber die Bürger. Das Problem war also nicht, dass die Verbrechen zu wenig bekannt gewesen wären; es fehlte vielmehr an Verständnis dafür, wie mit dieser Last umzugehen war.

Als eine ihrer ersten Maßnahmen brachte die neue Regierung ein Gesetz über die Gewährung von Straffreiheit auf den Weg, das im Dezember 1949 verabschiedet wurde. Damit mussten die etwa 800 000 früheren NSDAP-Mitglieder und Beamte, die sich keinem Entnazifizierungsverfahren unterzogen hatten, nicht mehr befürchten, nach den 1945 eingeführten Gesetzen strafrechtlich verfolgt zu werden. 1951 wurde das »Gesetz zur Regelung der Rechtsverhältnisse der unter Artikel 131 des Grundgesetzes fallenden Personen« erlassen. Es sah vor, dass Beamte, die während des Dritten Reiches tätig gewesen und danach ausgeschieden waren, einen Anspruch auf Wiedereinstellung entsprechend ihres alten Dienstgrades hatten, sofern sie nicht als Hauptschuldige, Belastete eingestuft oder originäre Angehörige der Gestapo waren. Die öffentliche Verwaltung war verpflichtet, mindestens 20 Prozent ihrer Stellen aus diesem Personenkreis zu besetzen. Ehemaligen Beamten, die in der NS-Zeit ihre Arbeit verloren hatten, wurde Anspruch auf Entschädigungs- und Rentenzahlungen zuerkannt (ähnliche Regelungen gab es nach 1975 auch in Spanien). Das Gesetz sollte die alten Eliten in den Aufbau des neuen demokratischen Staates »reintegrieren« und zugleich den Fachkräftemangel beheben. Als Folge waren in den 1950er Jahren je nach Ressort 20 bis 60 Prozent der Regierungsbeamten ehemalige Bedienstete des Dritten Reiches. Im Auswärtigen Amt lag der Anteil früherer NSDAP-Mitglieder bei 42,3 Prozent.[113] Hans Globke, Autor des offiziellen Kommentars zu den Nürnberger Rassegesetzen von 1935, und der ehemalige SA-Offizier Theodor Oberländer waren Mitglieder der Regierung Adenauer.

In öffentlichen Reden vermied es Adenauer, direkte Kritik an der Vergangenheit zu üben. Stattdessen verwies er oft auf den Druck, den die Westalliierten und die UdSSR auf Deutschland ausübten. Zugleich förderte er jedoch die Verbreitung von Informationen über die NS-Verbrechen. Ähnlich verfuhr der Kanzler auch bei der Opfer-

113 Conze, Eckart, *Das Auswärtige Amt: Vom Kaiserreich bis zur Gegenwart*. München 2013, S. 117.

entschädigung. Einerseits bildeten sich innerhalb Deutschlands Verbände, die Entschädigungsleistungen vom Staat forderten – etwa Zusammenschlüsse von Vertriebenen aus den Ostgebieten. Andererseits verfolgte die Regierung jedoch eine Politik der Reparationszahlungen an alle Länder, die unter dem Nationalsozialismus gelitten hatten.

In einer Regierungserklärung vom 27. September 1951 erkannte Adenauer auf Forderungen des ersten israelischen Staatspräsidenten David Ben-Gurion hin Deutschlands Verpflichtung an, für das Leid, das das Dritte Reich den Juden und anderen Völkern zugefügt hatte, moralisch und materiell Wiedergutmachung zu leisten. Die Regierung beschloss auf Drängen Adenauers ein Wiedergutmachungsabkommen. Deutschland verpflichtete sich, über einen Zeitraum von 14 Jahren Leistungen im Wert von 3,5 Milliarden Mark an Israel und 450 Millionen Mark an die Jewish Claims Conference zu erbringen. Diese Kompensationen, die bis 1965 geleistet wurden, trugen entscheidend zum wirtschaftlichen Aufbau in Israel bei. In Deutschland wurden sie von 11 Prozent der Bevölkerung gutgeheißen, während 44 Prozent sie für unverhältnismäßig hoch hielten. Infolge des Abkommens konnte die Bundesrepublik ihre Stellung in der internationalen Gemeinschaft – insbesondere im Vergleich zur DDR – erheblich verbessern, und die Demokratisierung der westdeutschen Gesellschaft schritt weiter voran.[114]

Adenauers Politik, im Inneren die von Krieg und Besatzung traumatisierte Gesellschaft zu konsolidieren und in der Beziehung zu ausländischen Partnern die NS-Verbrechen anzuerkennen, hatte eine Entsprechung im gesellschaftlichen und intellektuellen Leben. Das

114 Zu den Wiedergutmachungsleistungen Deutschlands siehe ausführlicher: Melamud, Aviv / Melamud, Mordechai, »›When Shall We Not Forgive?‹ The Israeli-German Reparations Agreement: The Interface Between Negotiation and Reconciliation«. In: Rosoux, Valérie-Barbara / Anstey, Mark (Hgg.), *Negotiating Reconciliation in Peacemaking*. Cham 2017, S. 257-275. Die Geschichte der deutsch-israelischen Nachkriegsbeziehungen ist Gegenstand des vierten Bandes der Monografie: Feldmann, Lily Gardner, *Germany's Foreign Policy of Reconciliation: From Enmity to Amity*. Lanham (MD) 2012, S. 133-199.

Abb. 45. David Ben-Gurion und Konrad Adenauer. New York 1960

kollektive Verhalten der deutschen Gesellschaft basierte auf dem »kommunikativen Beschweigen«, wie es der deutsche Philosoph Hermann Lübbe später nennen sollte[115] – der stillschweigenden Übereinkunft, die Vergangenheit hinter sich zu lassen, um weiterzukommen.

Das erinnert sehr an den spanischen »Pakt des Vergessens«, der unter ganz ähnlichen Umständen zur gesellschaftlichen Einigungsformel wurde. Eine Gesellschaft, die gerade eine Diktatur überstanden hat, ist nicht fähig, die Last der Vergangenheit vollständig zu bewältigen. Sie zieht es vor, einen Konsens zu bilden und nach vorn zu schauen. Erinnerungen an die Vergangenheit werden als spaltend empfunden und aus dem Gedächtnis und dem öffentlichen Leben verdrängt. Zugleich übten Intellektuelle seit den 1950er Jahren immer vernehmlicher Kritik an diesem Schweigen und der unausgesproche-

115 Lübbe, Hermann, »Der Nationalsozialismus im politischen Bewusstsein der Gegenwart«. In: Broszat, Martin / Dübber, Ulrich et al. (Hgg.), *Deutschlands Weg in die Diktatur: Internationale Konferenz zur nationalsozialistischen Machtübernahme im Reichstagsgebäude zu Berlin. Referate und Diskussionen. Ein Protokoll.* Berlin 1983.

nen Akzeptanz der Vergangenheit, die sich dahinter verbarg. Das bekannteste Zeugnis dafür ist Theodor W. Adornos Aufsatz »Was bedeutet: Aufarbeitung der Vergangenheit« (1959).[116] Adorno bringt in diesem Text die mangelnde Verankerung demokratischer Werte in Deutschland mit der Unfähigkeit der Deutschen in Verbindung, sich kritisch mit der eigenen Vergangenheit auseinanderzusetzen. Sie wollten sich – so sein Befund – der Verantwortung entziehen und vor Schuldgefühlen schützen.

Unmittelbarer Anlass für Adornos Überlegungen und die anschließende Debatte war eine Studie, die Soziologen der Frankfurter Schule kurz nach ihrer Rückkehr aus dem amerikanischen Exil nach Deutschland durchgeführt hatten.[117] Ende der 1940er Jahre stellten die Besatzungsmächte fest, dass zu wenig objektive Daten darüber vorlagen, was die Deutschen wirklich über die NS-Verbrechen, die Herrschaft der Alliierten und demokratische Werte dachten. Um diese Fragen zu beantworten, führten die Experten des Frankfurter Instituts für Sozialforschung um Friedrich Pollock, Max Horkheimer und Theodor W. Adorno ein »Gruppenexperiment« auf Basis demoskopischer Verfahren durch, die sie sich bei ihrer Tätigkeit in den USA angeeignet hatten.

Bei Gruppengesprächen in einer vertrauten Umgebung (etwa einer Gaststätte oder einem Vereinslokal) spielten die Forscher den Teilnehmern per Tonband einen Text vor, der als Brief eines amerikanischen Militärangehörigen ausgegeben wurde, welcher angeblich nach dem Krieg in Deutschland lebte. Er enthielt kritische Äußerungen zur Einstellung der Deutschen gegenüber den Juden und der Besatzung und ihrer Rechtfertigung der NS-Herrschaft. Anschließend wurden die Reaktionen, die der Brief bei den Anwesenden auslöste, auf Tonband festgehalten. Die Ergebnisse solcher »Messungen der

116 Adorno, Theodor W., »Was bedeutet: Aufarbeitung der Vergangenheit«. In: ders., *Gesammelte Schriften*, Bd. 10.2. Frankfurt/Main 1977, S. 555-572.

117 Pollock, Friedrich (Hg.), »Gruppenexperiment. Ein Studienbericht«. In: *Frankfurter Beiträge zur Soziologie*, Bd. 2. Frankfurt/Main 1955.

öffentlichen Meinung« fielen ganz anders aus als die Ergebnisse der klassischen Umfragen, die die Besatzungsmächte durchführten. Sie machten deutlich, wie stark in der deutschen Bevölkerung die Ressentiments gegen die Alliierten und der Wunsch nach Selbstrechtfertigung und Verteidigung der NS-Vergangenheit waren und wie sehr diese Stimmungen von den öffentlich geäußerten Meinungen abwichen. Die Ergebnisse wurden 1955 veröffentlicht. Sie lösten in Fachkreisen eine lebhafte Debatte aus, die sich bald Fragen allgemeinerer und weltanschaulicher Natur zuwandte und ein Gespräch über die »Aufarbeitung der Vergangenheit« in Gang setzte.[118]

Das zweite Jahrzehnt: Erwachen des Verantwortungsbewusstseins

In den ersten Jahren nach Gründung der Bundesrepublik Deutschland wurden dort keine Urteile gegen ehemalige Nazis gefällt. Das änderte sich, als Ende der 1950er neue Richter ins Amt gelangten. Ein Wendepunkt war der Prozess gegen das Einsatzkommando Tilsit, der 1958 in Ulm stattfand. Zehn ehemalige Gestapo-, SD- und Ordnungspolizei-Leute, die dem Kommando angehört hatten, wurden wegen der Ermordung von mehr als 5500 Juden an der deutsch-litauischen Grenze angeklagt. Das Gericht befand sie der Beihilfe zum gemeinschaftlichen Mord für schuldig; als Haupttäter sah es die NS-Führung an. Die Angeklagten wurden zu Haftstrafen zwischen 3 und 15 Jahren verurteilt. Eine Mehrheit der Deutschen hielt diese Strafen laut Umfragen für zu milde.

118 Trotz der Bedeutung der Diskussionen, die sie anstieß, ist die Studie selbst jahrelang nicht besonders beachtet und nicht einmal ins Englische übersetzt worden. Dies geschah erst 2011 im Rahmen eines Sammelbandes mit Forschungsergebnissen und Aufsätzen der Autoren der Frankfurter Schule, den die amerikanischen Soziologen Jeffrey Olick und Andrew Perrin herausbrachten: Perrin, Andrew J. / Olick, Jeffrey K. (Hgg.), *Group Experiment and Other Writings: The Frankfurt School on Public Opinion in Postwar Germany. By Friedrich Pollock, Theodor W. Adorno, and colleagues.* Cambridge (MA) 2011.

Immer häufiger wurde nun die Justiz öffentlich kritisiert und die Forderung erhoben, sich der Vergangenheit zu stellen. Im Juli 1958 erschien in der *Süddeutschen Zeitung* der Artikel »Noch sind die Mörder unter uns«, der eine kontroverse Debatte in breiten Teilen der Gesellschaft anstieß. Darin wurde der Vorwurf erhoben, die Amnestiegesetze für ehemalige Beamte des NS-Regimes würden Kriegsverbrecher schützen. Einige Monate später nahm in Ludwigsburg die Zentrale Stelle der Landesjustizverwaltungen zur Aufklärung nationalsozialistischer Verbrechen ihre Arbeit auf. 1961, nach dem Bau der Berliner Mauer, wurde auf Initiative Willy Brandts, damals Regierender Bürgermeister von West-Berlin, nach dem Vorbild dieser Behörde die Zentrale Erfassungsstelle für politische Verbrechen auf dem Gebiet der DDR eingerichtet.

Das Umschwenken der öffentlichen Meinung in Deutschland zugunsten einer uneingeschränkten strafrechtlichen Verfolgung ehemaliger NS-Täter wurde in ganz erheblichem Ausmaß durch den Prozess gegen Adolf Eichmann befördert, der 1961 in Jerusalem stattfand und weltweit ein großes Echo in den Medien fand. Dazu trug nicht zuletzt der später in Buchform veröffentlichte Bericht Hannah Arendts bei, die den Prozess als Korrespondentin für den *New Yorker* begleitete.[119]

119 Arendt, Hannah, *Eichmann in Jerusalem: Ein Bericht von der Banalität des Bösen.* München 2011. »Arendt hat keine historische Studie verfasst, sondern eine umfassende, in zahlreiche Fälle und Beispiele zergliederte Erörterung der – hauptsächlich politischen – Gründe, aus denen Menschen sich weigern, auf ihr Gewissen zu hören und der Realität ins Auge zu sehen. Die Helden ihres Buches werden nicht in Henker und Opfer eingeteilt, sondern danach, ob sie sich diese Fähigkeit bewahrten oder sie verloren. Der harte, oft sarkastische Tonfall des Buches, der Mangel an Pietät gegenüber den Opfern und die Schärfe der Urteile rufen bis heute bei vielen Empörung hervor. Arendt schreibt über die Deutschen: ›80 Millionen Deutsche [waren] gegen die Wirklichkeit und ihre Faktizität durch genau die gleichen Mittel abgeschirmt gewesen […], von denen Eichmanns Mentalität […] bestimmt war.‹ Doch ebenso schonungslos geht sie mit dem Selbstbetrug der Opfer um und vor allem mit denen, die diesem Selbstbetrug bei anderen aus ›humanen‹ oder sonstigen Gründen heraus Vorschub leisteten, wie es Teile der jüdischen Eliten taten.« Daševskij, Grigorij, »Primernoe predstavlenie o zle«. In: *Kommersant Weekend*, 3.10.2008. Eine interessante Weiterführung vieler bei Arendt erörterter Themen und eine Präzisierung des Kon-

Abb. 46. Fritz Bauer, 1960er Jahre

Zu den Menschen, die den israelischen Geheimdiensten halfen, Eichmann aufzuspüren, gehört der hessische Generalstaatsanwalt Fritz Bauer. Als Jude und Antifaschist war er in den 1930er Jahren aus Deutschland emigriert und hatte im Exil unter anderem mit Willy Brandt zusammengearbeitet. Nach 1945 kehrte er zurück, um am Wiederaufbau der demokratischen Institutionen mitzuwirken. Zusammen mit den Ludwigsburger Juristen brachte er als Hauptankläger die Prozesse gegen ehemalige Verwaltungsangestellte und Wachleute des Konzentrationslagers Auschwitz auf den Weg. Das erste Verfahren fand von 1963 bis 1965 in Frankfurt statt. 360 Zeugen aus 19 Ländern sagten vor Gericht aus, darunter 210 ehemalige Häftlinge. Jewgenija Ljosina, Expertin für Übergangsjustiz, schreibt:

> Wie schwierig es in der ersten Hälfte der 1960er Jahre war, der Gerechtigkeit zum Durchbruch zu verhelfen, zeigt sich an den Widerständen, mit denen der Richter und Staatsanwalt Bauer als Pionier der juristischen

texts im Fall Eichmann findet sich in: Stangneth, Bettina, *Eichmann vor Jerusalem. Das unbehelligte Leben eines Massenmörders.* Reinbek 2014.

> Vergangenheitsaufarbeitung zu kämpfen hatte. Er wurde sowohl im juristischen Kollegenkreis unter Druck gesetzt (»In der Justiz lebe ich wie im Exil«, bekannte er einmal) als auch vonseiten der Gesellschaft und der Regierung (»Wenn ich mein Zimmer verlasse, betrete ich feindliches Ausland«). In einer Fernsehtalkshow bemerkte Bauer 1964, bei der Gründung der Bundesrepublik seien zwar die demokratischen Grundlagen im Grundgesetz verankert und demokratische Staatsorgane geschaffen worden, aber »was Sie brauchen, sind die richtigen Menschen, die diese Dinge leben«.[120]

Das Dokumentardrama *Die Ermittlung* von Peter Weiss, das sich auf protokollarische Aufzeichnungen aus dem ersten Auschwitzprozess stützt, war in der Spielzeit 1965/66 das meistgespielte moderne Theaterstück in Deutschland und wurde in viele Sprachen übersetzt. 1967 hatte es unter der Regie von Pjotr Fomenko Premiere im Moskauer Taganka-Theater.[121]

Zeitgleich mit den Frankfurter Prozessen wurden Gerichtsverfahren gegen ehemalige Mitarbeiter der Konzentrationslager Bełżec (von 1963 bis 1965), Treblinka (1964-1970), Sobibór (1965-1966) und viel später auch des KZ Majdanek (1975-1981) eingeleitet.

Die Prozesse weckten Aufmerksamkeit für die Geschichte der Konzentrationslager. Dort, wo sie sich befunden hatten, wurden – teils auf Initiative ehemaliger Häftlinge – Gedenkstätten eingerichtet, so in Bergen-Belsen, Dachau[122] und Buchenwald. Unter dem Eindruck

120 Lëzina, Evgenija, »Pamjat', identičnost', političeskaja kul'tura i poslevoennaja germanskaja demokratija«. In: *Otečestvennye zapiski* 2013, Nr. 6 (57), S. 171-172. http://www.strana-oz.ru/2013/6/pamyat-identichnost-politicheskaya-kultura-i-poslevoenna ya-germanskaya-demokratiya (Abrufdatum 18. 03. 2022).

121 Michalëva, Èlla, »Peter Vajs na scene Teatra na Taganke«. http://www.vagant2003.narod.ru/2002152025.htm (Abrufdatum 18. 03. 2022).

122 Die mehrsprachige Inschrift »Nie wieder« ist Teil der 1968 eröffneten Gedenkstätte auf dem Gelände des Konzentrationslagers Dachau (das Museum auf dem Gelände des Lagers wurde 1965 eingerichtet). Siehe: Marcuse, Harold, »Das ehemalige Konzentrationslager Dachau. Der mühevolle Weg zur Gedenkstätte 1945-1968«. In: *Dachauer Hefte* 6, 1990, S. 182-205. Young, James E., *The Texture of Memory. Holocaust Memorials and Meaning*. New Haven (CN) 1993.

Abb. 47. Jugendliche aus Hannover arbeiten auf dem Gelände des ehemaligen KZ Majdanek bei Lublin. Polen 1970

des öffentlichen Stimmungswandels rief der Deutsche Bundestag andere Staaten auf, Beweise für NS-Verbrechen zur Aufklärung an das Justizministerium zu übermitteln. Frankreich, Belgien, Dänemark, Jugoslawien, Griechenland, Luxemburg, die Niederlande, Norwegen, Österreich, Polen, die Tschechoslowakei, die Sowjetunion, die USA und Israel folgten diesem Appell, nicht jedoch die DDR, Italien, Rumänien und Ungarn.

Die Diskussion um Schuld und Verantwortung erreichte nun eine neue Dimension. Jaspers' Buch *Die Schuldfrage*, das 1946 nur von Intellektuellen beachtet worden war, wurde 1962 in großer Auflage nachgedruckt und von der neuen Generation mit weit größerem Interesse gelesen. Die Denker der Frankfurter Schule fanden ein breiteres Publikum; sie wurden von Außenseitern zu Vordenkern einer kleinen, aber eng vernetzten progressiven Intelligenz. 1967 erschien das Buch *Die Unfähigkeit zu trauern* des Psychologenehepaars Alexander und Margarete Mitscherlich.[123] Sie konstatierten, die Deutschen hätten im Bemühen, die Erinnerung an die NS-Verbrechen zu verdrängen, die emotionale Verbindung zur Vergangenheit verloren und seien daher unfähig zur Trauer und zur Katharsis.

Auch die zunehmende Zahl neuer Bürgerinitiativen und Nichtregierungsorganisationen, die sich für die Rechte von NS-Verfolgten einsetzten oder Sühneaktivitäten koordinierten, war Ausdruck des allmählichen Wandels der öffentlichen Meinung und trieb ihn zugleich von unten voran. Eine solche Initiative war die kirchlich-gesellschaftliche Organisation »Aktion Sühnezeichen«. Ihr Gründer, der Jurist und Menschenrechtsaktivist Lothar Kreyssig, hatte sich 1933 geweigert, der NSDAP beizutreten. 1940 sprach er sich gegen das NS-Euthanasieprogramm zur Tötung geistig und körperlich behinderter Menschen aus und erstattete sogar Anzeige wegen Mordes gegen den dafür zuständigen Leiter der Kanzlei des Führers, Philipp Bouhler.

Dieses offene Vorgehen gegen illegale NS-Praktiken hatte für ihn lediglich die Zwangsbeurlaubung und – auf persönlichen Befehl Hitlers – die Versetzung in den Ruhestand zur Folge. Bis Kriegsende lebte er auf seinem eigenen Bauernhof, wo er mit seiner Familie und einigen Hilfskräften Landwirtschaft betrieb. Seit 1935 leitete Kreyssig die Sächsische Synode der Bekennenden Kirche als Präses.[124] »Aktion Sühnezeichen« nutzte kirchliche Kommunikationswege, um Kontakte zu den einst von NS-Deutschland besetzten Ländern herzustellen und deutsche Jugendliche dorthin zu entsenden, die aus Verantwortungsbewusstsein soziale Arbeit leisten wollten. Ab Ende der 1960er Jahre wurde die Aktion Sühnezeichen von Gesellschaft und Staat zunehmend unterstützt und entwickelte sich zu einem der wichtigsten Akteure und Multiplikatoren des Versöhnungsprozesses.

123 Mitscherlich, Alexander / Mitscherlich, Margarete, *Die Unfähigkeit zu trauern. Grundlagen kollektiven Verhaltens*. München 1967.

124 Gruchmann, Lothar, »Ein unbequemer Amtsrichter im Dritten Reich«. In: *Vierteljahrshefte für Zeitgeschichte*, 1984, Heft 3.

Abb. 48. Gedächtnisstätte bei Friedland

In den späten sechziger Jahren, die im Zeichen der Protestbewegung von 1968 standen, wirkte Adenauers Politik der »behutsamen Konsolidierung« bald wie aus der Zeit gefallen. Sinnbild dieser Politik ist die Gedächtnisstätte in Friedland bei Göttingen, wo sich nach dem Krieg ein Durchgangslager für Deutsche befand, die nach Gefangenschaft, Deportation und Zwangsarbeit aus der Sowjetunion heimkehrten. Das Ensemble aus vier riesigen Felsbrocken, das auch »Adenauers Stonehenge« genannt wird, soll die Erinnerung an deutsches Leid symbolisieren. Außer der Inschrift »MILLIONEN MENSCHEN LIESSEN AUF ALLEN KONTINENTEN UND MEEREN IHR LEBEN: GEFALLEN, GETÖTET, UMGEKOMMEN.« auf einer Gedenktafel deutet nichts darauf hin, dass der Krieg nicht nur den Deutschen Leid gebracht hat. Aleida Assmann resümierte 2018:

> Während Adenauers Flüchtlings- und Integrationspolitik und seine Bemühungen um die Rückholung kriegsgefangener Soldaten äußerst erfolgreich waren, galt dies nicht für sein Denkmal. Zum Zeitpunkt der Enthüllung 1967, die er selbst nicht mehr erlebte, war das Monument mit seinem Pathos, das keine Namen nannte, seinen vagen Formeln und der

> völligen Vermeidung jeglicher Fragen nach Ursache und Wirkung oder Schuld und Verantwortung bereits veraltet. Trotz seines monumentalen Ausmaßes ist es heute in Deutschland fast unbekannt.[125]

Die neue Zeit erforderte neue »Erinnerungsinstrumente«.

Das dritte Jahrzehnt: Umschwung der öffentlichen Meinung

Von den späten 1960ern an gewann das Erbe der Vergangenheit, das die Gesellschaft zuvor »kommunikativ beschwiegen« hatte, zunehmend an politischer Relevanz. 1968 versetzte die Journalistin und Antifaschistin Beate Klarsfeld dem damaligen Bundeskanzler Kurt Kiesinger öffentlich eine Ohrfeige und rief »Nazi! Nazi! Nazi!«. Kiesinger war seit 1933 Mitglied der NSDAP gewesen. Im Jahr darauf verlor er die Wahl. Sein Nachfolger Willy Brandt hatte sich in den Jahren der NS-Herrschaft im Untergrund antifaschistisch betätigt, und das Regime hatte ihn 1938 ausgebürgert.

Am 7. Dezember 1970 kniete Bundeskanzler Brandt bei einem Staatsbesuch in Warschau vor dem Mahnmal für die Opfer des Ghettoaufstands nieder. Durch diese Entschuldigungsgeste, für die es bis dahin kein Beispiel gab, verband er seine Politik ganz klar mit einer neuen Sicht auf die Vergangenheit. Das Ereignis setzte neue politische Maßstäbe und leitete eine Politik der Annäherung an Osteuropa und die Sowjetunion ein. Die Kehrtwende war so bedeutsam, dass Brandt im Jahr darauf als Anerkennung den Friedensnobelpreis erhielt. Sie war keineswegs nur oberflächliche Imagepflege: Der Umgang mit ehemaligen Nazis änderte sich nun merklich. Zwischen 1970 und 1989 wurden mehr als 6000 NS-Täter angeklagt; etwa 200 wurden zu Haftstrafen verurteilt.

125 Assmann, Aleida, »Memories of Nazi Germany in the Federal Republic of Germany«. In: Baranowski, Shelley / Nolzen, Armin / Szejnmann, Claus-Christian W. (Hgg.), *A Companion to Nazi Germany*. Chichester, 2018, S. 587.

Abb. 49. Willy Brandts Kniefall am Ehrenmal für die Helden des Warschauer Ghettos. 1970

1975 begann in Düsseldorf der Prozess gegen Angehörige der Wachmannschaften des KZ Majdanek, der bis 1981 andauerte. 16 NS-Täter standen vor Gericht, 8 von ihnen wurden verurteilt. Dieser Prozess – mit 474 Verhandlungstagen das langwierigste und auch kostspieligste von allen in Westdeutschland durchgeführten Verfahren – trug entscheidend dazu bei, das Wissen über die Verbrechen des Nationalsozialismus in der Gesellschaft zu fördern.

Unterdessen schlugen die demokratischen Werte Wurzeln und breiteten sich weiter aus: Hatten sich laut den Daten des Eurobarometers noch 1973 nur 39 Prozent der Befragten zufrieden und 55 Prozent unzufrieden mit der Entwicklung der Demokratie im Land gezeigt, so hatte sich dieses Verhältnis bereits sechs Jahre danach umgekehrt: 1979 waren 70 Prozent zufrieden und nur 10 Prozent unzufrieden.[126]

1973 wurde der Geschichtswettbewerb des Bundespräsidenten ins

126 Mihr, Anja, *Regime Consolidation and Transitional Justice.* A Comparative Study of Germany, Spain and Turkey. Cambridge 2018, S. 213.

Leben gerufen, der jungen Deutschen im ganzen Land die Möglichkeit bot, die Geschichte des Dritten Reiches vor Ort zu erforschen. Diese Initiative, für die der damalige Bundespräsident Gustav Heinemann die Schirmherrschaft übernahm, war eines der Vorbilder für den Schulaufsatzwettbewerb »Der Mensch in der Geschichte«, der von 1999 bis 2020 in Russland von der Menschenrechtsorganisation Memorial durchgeführt wurde (siehe S. 118 f.).

Der entscheidende Anstoß dafür, dass sich die Einstellung zur Vergangenheit auf breiter Ebene änderte, ging jedoch weder von Intellektuellendebatten noch von öffentlichkeitswirksamen Prozessen gegen Kriegsverbrecher aus, denen ein großer Teil der Gesellschaft gleichgültig gegenüberstand. Es war ein Produkt der amerikanischen Unterhaltungsindustrie, das sich – wie es Aleida Assmann, Kafka paraphrasierend, ausdrückt – als die Axt für das Eis in den Herzen der Deutschen erwies. Im Januar 1979 strahlte das westdeutsche Fernsehen die vierteilige Serie *Holocaust* aus, in der Meryl Streep eine der Hauptrollen spielte. Regisseur war Marvin J. Chomsky, ein Cousin des bekannten Sprachwissenschaftlers und Publizisten Noam Chomsky. Die Serie erzählt die Geschichte einer fiktiven deutsch-jüdischen Familie von Mitte der 1930er bis Mitte der 1940er Jahre. Sie zeigt die Novemberpogrome von 1938, die Aufstände im Warschauer Ghetto und im Lager Sobibór, das Euthanasieprogramm, Massendeportationen von Juden, Hinrichtungen und Vernichtungslager. Jede Folge wurde von einer Diskussion unter Mitwirkung von Historikern begleitet. Die Zuschauer konnten im Studio anrufen und Fragen zum historischen Hintergrund des Filmgeschehens stellen. 20 Millionen Menschen sahen die Serie – das waren 48 Prozent der erwachsenen Bevölkerung Westdeutschlands.[127] Im Studio riefen unablässig Zuschauer an, die sich empört darüber zeigten, wie so etwas hatte zugelassen werden können. Insgesamt wurden 23 000 Anrufe gezählt. Rechtsradikale versuchten, Sendemasten zu sprengen, um die Ausstrahlung zu verhindern.

127 Statistische Daten der ARD: http://web.ard.de/ard-chronik/index/2204?year=1979.

Abb. 50. Plakat zur TV-Serie *Holocaust*, 1978

Hatten bis dahin nur Interessierte und Betroffene Näheres über den Holocaust gewusst, so breitete sich dieses Wissen nun im ganzen Land aus. Die Gesellschaft für Deutsche Sprache erklärte das Wort »Holocaust« zum Wort des Jahres. Die Beschäftigung mit dem Genozid an den europäischen Juden ist seither fest im Schullehrplan und im politischen Diskurs verankert. 1979 schaffte das Parlament nach 20-jähriger Diskussion die Verjährungsfrist für Mord ab.

Das vierte Jahrzehnt: Bruch des Schweigens

Das Thema der NS-Vergangenheit war nun aus Wissenschaft, Kultur, Bildung und Politik nicht mehr wegzudenken und auch in den Medien präsent. Die Faktizität der Kriegsverbrechen wurde praktisch kaum noch ernsthaft bestritten. Es gab öffentliche Debatten zu ihrer Gewichtung; neue Opfergruppen gerieten in den Blick, etwa die Sinti und Roma, für die 1979 ein Gedenktag eingeführt wurde. 1982 übernahm der CDU-Vorsitzende und promovierte Historiker Helmut Kohl das Amt des Bundeskanzlers. Sein Versuch, wieder eine Schlussstrich-Politik zu verfolgen, scheiterte nicht nur, sondern trug letztlich dazu bei, dass das Schweigen über die Vergangenheit auf breiter Ebene gebrochen wurde.

Zu Beginn seiner Amtszeit erklärte Kohl, er sehe seine Aufgabe darin, den Fokus der Vergangenheitsaufarbeitung von Schuld auf Verantwortung zu verlagern und das Bewusstsein der Deutschen für die Errungenschaften der Nachkriegszeit zu schärfen. 1984 erinnerte er bei einer Rede in der israelischen Knesset an die besondere Verantwortung Deutschlands gegenüber Israel und verband dies mit dem Hinweis: »Ich rede vor Ihnen als einer, der in der Nazizeit nicht in Schuld geraten konnte, weil er die Gnade der späten Geburt [und das Glück eines besonderen Elternhauses] gehabt hat.«

Auch Kohls Initiative, in Bonn mit dem »Haus der Geschichte« ein Museum zur deutschen Zeitgeschichte nach 1945 zu errichten, zeugte von dem Bestreben, die NS-Vergangenheit hinter sich zu lassen.

Die markanteste Episode von Kohls Schlussstrichpolitik war jedoch der Besuch auf dem Soldatenfriedhof in Bitburg anlässlich des 40. Jahrestages des Kriegsendes in Europa, den er gemeinsam mit US-Präsident Ronald Reagan unternahm. Der Besuch der beiden Staatsoberhäupter sollte ein Zeugnis der Aussöhnung ihrer Nationen sein. Das Format schien bewährt: Zwei Jahre zuvor hatte Kohl mit dem französischen Präsidenten Mitterrand Friedhöfe aus der Zeit des Ersten Weltkriegs besucht. Wie sich herausstellen sollte, unterlag die Erinnerung an den Zweiten Weltkrieg anderen Gesetzen. Auf dem Friedhof in Bitburg waren auch Soldaten der Waffen-SS begraben, und der Besuch dieses Friedhofs wurde von der öffentlichen Meinung als Versuch wahrgenommen, die Augen vor den deutschen Kriegsverbrechen zu verschließen. Die »Bitburg-Kontroverse« löste nicht nur erregte Debatten in der europäischen und amerikanischen Presse aus, sondern führte auch zu einer symbolischen Grabungsaktion von Aktivisten auf dem Gelände des Gestapo-Hauptquartiers in Berlin-Mitte. Später entstand dort das Museum »Topographie des Terrors«.

Die gesellschaftliche Atmosphäre veränderte sich merklich. Das lag nicht zuletzt daran, dass die 68er-Generation von der Straße in die Parlamente wechselte. 1982-1983 zog mit Joschka Fischer ein ehemaliger Aktivist der Protestbewegung von 1968 für die Grünen in den Bundestag ein. 1984 wurden die Teilnehmer des gescheiterten Attentats auf Hitler am 20. Juli 1944 nach 40-jährigem Zaudern offiziell als Widerstandskämpfer gewürdigt. In einer Umfrage teilten 60 Prozent diese Einschätzung und nur 12 Prozent betrachteten sie als Verräter.

1985 hielt der damalige Bundespräsident Richard von Weizsäcker im Bundestag eine Rede zum 40. Jahrestag des 8. Mai 1945 und erklärte das Datum zum Tag der Befreiung Deutschlands vom Nationalsozialismus. 15 Jahre zuvor war die sozialliberale Koalition unter Willy Brandt mit dieser Auffassung noch auf erbitterten Widerstand bei der Opposition gestoßen. Jetzt wurde das Narrativ der Niederlage Deutschlands im Zweiten Weltkrieg endgültig durch das Narrativ der Befreiung ersetzt.

Mit dem Historikerstreit, der 1986 in der deutschen Presse ausgetragen wurde, erhielt die Debatte eine neue Dimension. Der Philosoph und Historiker Ernst Nolte, der den NS-Terror als Reaktion auf den »ursprünglicheren« bolschewistischen Terror auffasste, plädierte dafür, den Holocaust historisch einzuordnen, damit die Vergangenheit »zum Vergehen gebracht« und zugleich angeeignet werden könne. Der Philosoph Jürgen Habermas widersprach: Die Singularität und Überzeitlichkeit des Holocaust müsse ein stetiger Bezugspunkt sein: Dieses Geschehen lasse sich nicht »normalisieren« und »in der Vergangenheit belassen«. In dieser Auseinandersetzung, die Habermas als Debatte über das Selbstverständnis der Bundesrepublik bezeichnete, wurden viele der Fragen, die Jaspers und Adorno in den 1940ern und 1950ern aufgeworfen hatten, unter veränderten Bedingungen aufgegriffen und neu interpretiert. Die Diskussion, an der sich nicht nur führende deutsche Intellektuelle, sondern auch viele Politiker direkt oder indirekt beteiligten, brachte schließlich einen neuen öffentlichen Konsens zur Aufarbeitung der Vergangenheit hervor, wie die Politologin Jewgenija Ljosina schreibt:

Abb. 51. Jürgen Habermas / Ernst Nolte

> Als die Initiatoren des »Normalisierungsprogramms« Anfang der 1980er Jahre versuchten, die westdeutsche Gesellschaft von der »Last« der Nazi-Vergangenheit zu befreien, stießen sie ungewollt eine Reihe öffentlicher Debatten an, die das Verständnis der NS-Zeit in den Eliten und der ganzen Gesellschaft grundlegend veränderten und die politische Kultur Deutschlands nachhaltig prägten. Gegen die Absicht der Konservativen, die Verbrechen des Nationalsozialismus zu relativieren und zuzulassen, dass die NS-Vergangenheit aus dem öffentlichen Raum verschwindet, bestanden linke Intellektuelle auf der Notwendigkeit, die kritische Erinnerung an den Holocaust und andere Verbrechen des NS-Regimes zu bewahren. Die Position von Jürgen Habermas und seinen Mitstreitern wurde damals nicht nur von der Mehrheit der Medien und historischen Institutionen unterstützt, sondern auch von zahlreichen Repräsentanten verschiedener politischer Parteien. Ende der 1980er Jahre entstand in Deutschland schließlich ein gesellschaftlicher Konsens zugunsten einer kritischen Erinnerungskultur: Die Erinnerung an die NS-Verbrechen wird seither von praktisch allen Elitengruppen als bleibende politische Verpflichtung der Deutschen angesehen.[128]

Dem Befund der Politikwissenschaftlerin Anja Mihr zufolge wurde »der Begriff der Kollektivschuld im öffentlichen Raum nach und

128 Lëzina, »Pamjat', identičnost', političeskaja kul'tura i poslevoennaja germanskaja demokratija«, a. a. O. S. 175.

nach durch den Begriff der kollektiven Erinnerung, moralische Verantwortung und ein gemeinsames (nicht falsifiziertes) Narrativ ersetzt, das Kohl und von Weizsäcker vorweggenommen hatten«.[129]

Der Fall der Berliner Mauer 1989 und die Wiedervereinigung Deutschlands 1990 haben in der Kultur der Erinnerung an das Erbe des Dritten Reiches keinen grundlegenden Richtungswandel ausgelöst. Sie brachten es jedoch mit sich, dass die »Landschaft des Gedenkens« komplexer wurde. Zur Bewältigung der Folgen von 12 Jahren NS-Diktatur kam nun auch die Bewältigung der Folgen von 40 Jahren SED-Diktatur hinzu.

Erinnerung in der DDR

Die sowjetische Besatzungszone ging 1949 in die DDR (Deutsche Demokratische Republik) über. Der Darstellung ihrer Führung zufolge stand sie in der Nachfolge des heldenhaften kommunistischen Widerstands gegen den Faschismus. Die traumatische Erinnerung an die NS-Verbrechen wurde verdrängt und auf die Bundesrepublik projiziert, die man als »Erbin« des Dritten Reiches sah. Der Soziologe Rainer Lepsius hat dies als »Externalisierung« der Erinnerung an die schwierige Vergangenheit bezeichnet.[130] Auch in Westdeutschland selbst wurde die Erinnerung externalisiert und auf Hitler und seinen engeren Kreis projiziert.

Die Erinnerung an die NS-Vergangenheit galt in der DDR während der längsten Zeit ihres Bestehens nicht als Grund, über Schuld

129 Mihr, Anja, *Regime Consolidation and Transitional Justice. A Comparative Study of Germany, Spain and Turkey*. S. 225.

130 Lepsius, M. Rainer, »Das Erbe des Nationalsozialismus und die politische Kultur der Nachfolgestaaten des ›Großdeutschen Reiches‹«. In: Haller, Max / Hoffmann-Nowotny, Hans-Joachim / Zapf, Wolfgang (Hgg.), *Kultur und Gesellschaft: Verhandlungen des 24. Deutschen Soziologentags, des 11. Österreichischen Soziologentags und des 8. Kongresses der Schweizerischen Gesellschaft für Soziologie in Zürich 1988*. Frankfurt/Main / New York 1989, S. 247-262.

Abb. 52. Waldheimer Prozesse 1950

oder Verantwortung nachzudenken, sondern diente als Instrument innen- und außenpolitischer Manipulation. Nachdem der ostdeutsche Staat sich bei Entschädigungsleistungen an Israel schon aufgrund seiner geringen Wirtschaftskraft nicht mit der Bundesrepublik hätte messen können, erklärte die DDR-Führung, sie sehe keine Notwendigkeit, das Thema Reparationen mit nicht verbündeten Ländern zu erörtern, und ignorierte die Forderungen Israels bis 1990. Zugleich war sie ebenso wie die bundesdeutsche Regierung mit dem Fachkräftemangel konfrontiert. Deshalb war sie – entgegen der offiziellen Version, wonach das Land ausschließlich von altgedienten Antifaschisten geführt wurde – genötigt, auf die Dienste ehemaliger NSDAP-Mitglieder zurückzugreifen. Im Jahr 1950 stellten diese bis zu 12 Prozent der Beschäftigten in den staatlichen Behörden.

Um zu demonstrieren, dass auch auf dem Gebiet der DDR ehemalige Nazis vor Gericht gestellt wurden, brauchte die Staatsführung ein Pendant zu den Nürnberger Prozessen. Was dabei herauskam, waren die berüchtigten Waldheimer Prozesse von 1950. Auf der Anklagebank saßen überwiegend Personen, die bereits seit 1945 in sowjetischen Lagern inhaftiert waren.

Die Verfahren wurden in großer Eile durchgeführt – an manchen Tagen ergingen 100 Urteile – und waren reine Formsache. Insgesamt wurden 3400 Menschen verurteilt, davon 32 zum Tode, 146 zu lebenslanger Haft und 2000 zu 25 Jahren Gefängnis. Die übrigen erhielten Haftstrafen von bis zu 15 Jahren.

Beim Externalisieren der NS-Vergangenheitsaufarbeitung in der DDR half bewährtes osteuropäisches Knowhow: Der Begriff Faschismus wurde zum propagandistischen Klischee umfunktioniert und auf zeitgenössische Phänomene angewandt. Als im Juni 1953 Arbeiterproteste in Ost-Berlin zu landesweiten Streiks eskalierten und mit sowjetischen Panzern niedergeschlagen wurden, wobei mehr als 50 Menschen ums Leben kamen, bezeichnete die Staatsführung diese Proteste als »faschistische Provokation«. Und als sich die DDR-Regierung 1961 genötigt sah, ihr demokratisches Deckmäntelchen abzuwerfen und eine Mauer zwischen West- und Ost-Berlin zu errichten, weil innerhalb von zehn Jahren drei Millionen Menschen oder 15 Prozent der Bevölkerung das Land verlassen hatten, erklärte sie diese Mauer zum »antifaschistischen Schutzwall«.

Die Einteilung Deutschlands in »gut« und »böse«, von der Thomas Mann der aufgeklärten Menschheit in seiner Rede in der Library of Congress so eindringlich abgeraten hatte, wurde in der DDR zur Staatsideologie: Westdeutschland stand für den Faschismus, das eigene Land für den Antifaschismus. Das konnte gelegentlich kuriose Züge annehmen – etwa an der Gedenkstätte auf dem Gelände des ehemaligen KZ Sachsenhausen, wo unter den Flaggen von zwölf Ländern, die unter dem Nationalsozialismus gelitten hatten, auch das Banner der DDR wehte.

Sogar das Gedenken an die NS-Opfer wurde instrumentellen Zielen untergeordnet. So fanden sich für die Restaurierung von Deutschlands größter Synagoge in der Berliner Rykestraße, die 1938 in der »Kristallnacht« zerstört worden war, erst Ende der 1980er Jahre Mittel. Zu diesem Zeitpunkt war der Kalte Krieg beendet und die DDR-

Regierung dringend darauf angewiesen, Verhandlungen mit der internationalen Gemeinschaft, den USA und Israel aufzunehmen.[131]

Die 1990er Jahre: Aufarbeitung der »zweiten Diktatur«

Zum Fall der Berliner Mauer kam es vor allem, weil die ostdeutsche Wirtschaft zusammengebrochen war und die Sowjetunion das Honecker-Regime nicht mehr stützen konnte. Die massenhafte Unzufriedenheit und die Proteste der DDR-Bürger trugen erst in zweiter Linie dazu bei. Aber an der Spitze der »friedlichen Revolution« standen von Beginn an ostdeutsche Dissidenten und Menschenrechtler, und das prägte in vieler Hinsicht die Übergangsjustiz in den ersten Jahren nach der Wiedervereinigung.

Die verheerendsten Verbrechen des SED-Regimes, unter denen die Gesellschaft besonders gelitten hatte und die unverzüglich aufgearbeitet werden mussten, waren die totale Überwachung durch die Stasi – Mitarbeiter des Ministeriums für Staatssicherheit der DDR (MfS) – und die Tötung von Bürgern, die versucht hatten, über die deutsch-deutsche Grenze zu fliehen. Entsprechend befasste sich die Übergangsjustiz nach der Wiedervereinigung vor allem mit diesen beiden Themen. Die Frage nach der Verantwortung der DDR-Führung stand erst an dritter Stelle.

Das System der Massendenunziation, das sich auf ein umfassendes Netz offizieller und inoffizieller Stasi-Mitarbeiter stützte, war das Rückgrat des repressiven SED-Regimes gewesen. Die unglaublich hohe Zahl an Agenten war ein Spezifikum der ostdeutschen Diktatur. Nach wissenschaftlichen Erkenntnissen hatten von 1950 bis 1989 insgesamt 274 000 Informanten offiziell und 624 000 informell für die Stasi gearbeitet. Im letzten Jahr des Bestehens der DDR gab es

131 Die amerikanische Kulturwissenschaftlerin Susan Neiman zeichnet in einem kürzlich erschienenen Buch ein differenzierteres und verständnisvolleres Bild der Vergangenheitsaufarbeitung in Ostdeutschland. Siehe: Neiman, Susan, *Learning from the Germans: Race and the Memory of Evil*. New York 2019.

Abb. 53. Sperrzone vor der Berliner Mauer im August 1961

91 000 offizielle Agenten und 189 000 inoffizielle Mitarbeiter (IMs). Zusammengenommen waren 1989 1,7 Prozent der DDR-Bevölkerung für die Stasi tätig, und über 37,5 Prozent der Bevölkerung – mehr als sechs Millionen Menschen – wurden Stasi-Akten angelegt.[132] Das fand zwangsläufig auch kulturell seinen Niederschlag – etwa in dem Buch *Die Akte Romeo* des britischen Historikers Timothy Garton Ash, der die Lektüre seiner Stasi-Akte in tagebuchartigen Aufzeichnungen dokumentiert und dabei zugleich ein Bild der DDR-Diktatur zeichnet.[133] Und der Protagonist von Florian Henckel von Donnersmarcks in vieler Hinsicht signifikantem Film *Das Leben der Anderen* (2006) ist ein Stasi-Mitarbeiter, der solche Akten über die von ihm überwachten Personen anlegt.

Es überrascht daher nicht, dass die Menschen in den Städten der

132 Lëzina, Evgenija, »Otkrytie archivov Štazi i process ljustracii v ob"edinennoj Germanii«. In: *Uroki istorii*, 30.10.2013. https://urokiistorii.ru/article/51881 (Abrufdatum 21.03.2022.).

133 Ash, Timothy Garton, *Die Akte Romeo. Persönliche Geschichte*. München 1997.

Abb. 54. Die Stasi-Zentrale in Berlin nach der Besetzung am 15. Januar 1990

DDR im Dezember 1989 und Januar 1990 nicht die Regierungsgebäude, sondern das Stasi-Hauptquartier stürmten, das Sinnbild der Diktatur und den Aufbewahrungsort der Akten. Einer der populärsten Slogans der friedlichen Revolution von 1989-1990 lautete »Freiheit für meine Akte!«.

Eine wichtige Entscheidung der Regierung des vereinten Deutschlands war es, die Archivbestände des MfS an das Stasi-Unterlagen-Archiv zu übergeben. Es wurde nach seinem ersten Leiter, dem ehemaligen evangelischen Pfarrer und Dissidenten Joachim Gauck, kurz »Gauck-Behörde« genannt. Obwohl im Westen wie im Osten sehr viele dafür plädierten, die Stasi-Archive um des sozialen Friedens willen zu vernichten – unter anderem auch der damalige Bundeskanzler Kohl und der Innenminister Schäuble –, wurde auf Druck der ostdeutschen Öffentlichkeit das Stasi-Unterlagen-Gesetz verabschiedet. Es bildete die gesetzliche Grundlage für die Integrität der Archive und die politische Unabhängigkeit der Gauck-Behörde und regelte den Zugang zu den persönlichen Akten. Alle Bürger der ehemaligen DDR erhielten das Recht, sich zu erkundigen, ob eine Akte zu ihrer Person angelegt worden war, und gegebenenfalls Einsicht zu nehmen. Das Gesetz schützte die Rechte Dritter (Erwähnungen wurden geschwärzt oder gestrichen), legte besondere Zugangsrechte für Forscher und Journalisten fest und sah auch Sonderregelungen für die Publikation von Akten zu Persönlichkeiten des öffentlichen Lebens vor. Allein in den ersten zwei Jahren nach seiner Verabschiedung beantragten über zwei Millionen Menschen Einsicht in ihre Akte.

Die Stasi-Unterlagen wurden zur Grundlage für die umfassendste Aufgabe der Übergangsjustiz: die Überprüfung von Beamten auf eine etwaige Zusammenarbeit mit der Staatssicherheit. Nach dem Stasi-Unterlagen-Gesetz waren alle Mitarbeiter staatlicher Einrichtungen der ehemaligen DDR verpflichtet, sich auf ihre Stelle neu zu bewerben und dabei die Frage nach der Zusammenarbeit mit den Geheimdiensten zu beantworten. Arbeitgeber hatten das Recht, die Akte von Beschäftigten anzufordern, und konnten die Einstellung verweigern, wenn sie darin Belege für eine Kooperation mit der Stasi fanden. So blieb die Entscheidung dem Ermessen der Arbeitgeber überlassen. Am strengsten wurde die Personalüberprüfung von Institutionen gehandhabt, die besonderen Wert auf ihre Reputation legten und auf öffentliche Legitimation angewiesen waren – in erster Linie Universitäten, Schulen und Gerichte. Nichtöffentliche und ausgesprochen bürokratisch organisierte Institutionen legten die größte Zurückhaltung an den Tag. Die Kehrseite der Überprüfungen, die die Reputation der betroffenen Institution wahren sollten, bestand darin, dass praktisch alle leitenden Positionen mit Personen aus dem Westen besetzt wurden, insbesondere in Bildungseinrichtungen.

Nach Daten von 2014 gingen bei der Gauck-Behörde über 1,5 Millionen Anfragen von Arbeitgebern ein, und etwa 55 000 Menschen wurden wegen Kooperation mit der Stasi entlassen. Zugleich waren im Jahr 2000 zwölf Prozent aller im aktiven Polizeidienst der Bundesrepublik Deutschland tätigen Menschen – das sind 7300 Personen – ehemalige Mitarbeiter oder Informanten der Stasi, und noch 2009 waren 17 000 ehemalige Stasi-Mitarbeiter in den Landesverwaltungen beschäftigt.

Die Überprüfungen sollten vor allem das Vertrauen der Bürger in die Behörden wiederherstellen. Dieses Gesetz habe man dringend gebraucht, argumentierte Joachim Gauck später. Es sei widersinnig, dass Personen, die dem Unterdrückungsapparat gedient haben, weiterhin Vertrauensposten bekleiden. Man müsse die Leute davon überzeugen, dass sie jetzt frei sind. Dazu müsse ihr Zutrauen und Vertrauen in die öffentlichen Dienste gefördert werden.[134]

Gleichzeitig beschränkte sich die gerichtliche Verfolgung von Verbrechen der kommunistischen Diktatur vor allem auf Verfahren gegen Grenzsoldaten, die auf Flüchtende an der deutsch-deutschen Grenze geschossen hatten. Von 1957 bis 1989 waren unterschiedlichen Schätzungen zufolge zwischen 500 und 1100 Personen im Zusammenhang mit Grenzübertritten getötet worden, darunter 27 Grenzschutzbeamte.[135] 75 000 Menschen waren wegen versuchten Grenzübertritts und rund 50 000 weitere wegen Beihilfe zur Flucht zu Gefängnisstrafen verurteilt worden. Von 1992 bis 2004 wurden 267 Angeklagte verurteilt, zumeist Grenzschutzbeamte und ihre direkten Vorgesetzten.

Schonender verfuhren die Gerichte mit der Führung und dem Repressionsapparat der DDR. Im November 1992 begann ein Prozess gegen SED-Generalsekretär Erich Honecker, Stasi-Chef Erich Mielke, Ministerpräsident Willi Stoph sowie drei Mitglieder des Nationalen Verteidigungsrats – Heinz Kessler, Fritz Streletz und Hans Albrecht. Die Verfahren gegen Honecker, Mielke und Stoph wurden aus gesundheitlichen Gründen eingestellt. Mielke erhielt in einem anderen Prozess eine Gefängnisstrafe von sechs Jahren, aber nicht wegen Entführungen, Folterungen von Gefangenen und massiven Menschenrechtsverletzungen durch sein Ministerium, sondern wegen Mordes an zwei Polizisten, die 1931 eine Demonstration von Kommunisten

134 Gauck, Joachim, *Die Stasi-Akten. Das unheimliche Erbe der DDR*. Reinbek 1991, S. 91; Lëzina, Evgenija, »Ljustracija i otkrytie archivov v stranach Central'noj i Vostočnoj Evropy«. In: *Vestnik obščestvennogo mnenija*. 2015, Nr. 2 (120), S. 59.

135 Bemerkenswert ist, dass von 1961 bis 1989 rund 8000 DDR-Grenzsoldaten versuchten, in die Bundesrepublik zu fliehen. 2500 von ihnen gelang die Flucht und 5500 erhielten Gefängnisstrafen von bis zu fünf Jahren.

auseinandergetrieben hatten. Zwei Jahre später kam er auf Bewährung frei und lebte in Berlin. Kessler, Streletz und Albrecht erhielten Haftstrafen zwischen viereinhalb und siebeneinhalb Jahren.

1995-1997 gab es drei weitere Prozesse gegen sieben SED-Politbüromitglieder und 15 Generäle. Im ersten Verfahren wurden vier Personen verurteilt (und nach einem bis vier Jahren Gefängnis vorzeitig entlassen). Die Generäle erhielten Strafen von einem Jahr auf Bewährung bis zu sechseinhalb Jahren Haft. In der ersten Hälfte der 1990er Jahre gab es zudem etwa 200 Anklagen gegen ehemalige Angehörige der DDR-Justiz.

Insgesamt ermittelten die Justizbehörden in den Jahren nach der deutschen Wiedervereinigung gegen fast 100 000 Personen. 1400 von ihnen wurden vor Gericht gestellt und 756 – das sind 0,7 Prozent – verurteilt, in 92 Prozent der Fälle zu Geld- oder Bewährungsstrafen. Während im Zuge der Lustrationsmaßnahmen in einigen Bundesländern eine erhebliche Zahl von Schul- und Hochschullehrkräften und Richtern nicht weiterbeschäftigt wurden, schien die rechtliche Aufarbeitung weit dahinter zurückzubleiben. Die ostdeutsche Malerin und Menschenrechtsaktivistin Bärbel Bohley brachte die Unzufriedenheit der DDR-Bürgerrechtler und ehemaligen Dissidenten auf die Formel: »Wir wollten Gerechtigkeit und bekamen den Rechtsstaat«.

Um die Bewältigung der Folgen des totalitären DDR-Regimes voranzubringen, setzte der Deutsche Bundestag zwei Enquete-Kommissionen ein, die Materialien und Ideen sammeln, analysieren und Empfehlungen aussprechen sollten. Die Kommission »Aufarbeitung von Geschichte und Folgen der SED-Diktatur« nahm ihre Arbeit 1992 auf und schloss sie 1994 mit einem 9-bändigen Rechenschaftsbericht [in 18 Teilbänden] ab. Die Nachfolgekommission »Überwindung der Folgen der SED-Diktatur im Prozeß der deutschen Einheit« war von 1995 bis 1998 tätig und führte unter anderem zur Gründung der Bundesstiftung zur Aufarbeitung der SED-Diktatur. Darüber hinaus empfahlen die Kommissionen Maßnahmen, die von der Einführung von Feier- und Gedenktagen und Einrichtung von Museen über Entschädigungszahlungen an die Opfer bis zur Veröffentlichung von

Materialien über die Repressionen und Erarbeitung von Bildungsprogrammen reichten.[136]

Die Vereinigung zweier Gesellschaften, die sich mehrere Jahrzehnte lang getrennt entwickelt hatten, musste unweigerlich Schwierigkeiten und Enttäuschungen mit sich bringen. Die hochgespannten Erwartungen der früheren DDR-Bürger in Bezug auf Demokratie und Wohlstand wurden durch die Realität bald deutlich korrigiert. Hatten sich 1990 noch 77 Prozent der Deutschen zufrieden mit der Demokratie gezeigt, so waren es 1993 nur noch 47 Prozent, wobei es im Osten mehr Unzufriedene gab. Die fortdauernde innere Spaltung machte sich auch in der Politik der Vergangenheitsaufarbeitung bemerkbar: Die Bewältigung der NS-Vergangenheit blieb Sache der früheren Westler, während die Aufarbeitung der SED-Vergangenheit den ehemaligen Ostlern vorbehalten war.

Nach und nach wurde die Kluft jedoch schmaler. Zu Beginn der Nullerjahre erschienen Romane und Filme über die »zweite Diktatur«, die dazu beitrugen, eine gemeinsame Erinnerung an die Vergangenheit zu schaffen. Auch die zahlreichen Museen und Gedenkstätten leisteten das Ihre dazu – unter anderem das Stasi-Museum in der ehemaligen Zentrale des MfS in Berlin-Lichtenberg, das Berliner Mauermuseum am früheren Checkpoint Charlie und eine Ausstellung im einstigen Tränenpalast in der Friedrichstraße. Die Themen, für die die Gauck-Behörde stand – die Verantwortung des Staates gegenüber den Bürgern, das Vertrauen der Gesellschaft in die Regierung und das Engagement der Bürger für ihre Rechte –, erwiesen sich als so wichtig und populär, dass Joachim Gauck 2012 zum Bundespräsidenten der Bundesrepublik Deutschland gewählt wurde. 22 Jahre nach der Vereinigung des Landes vertrauten ihm 80 Prozent der Deutschen.

136 Enquete-Online – Die Enquete-Kommissionen zur Aufarbeitung der SED-Diktatur: https://enquete-online.de/; Website der Stiftung: https://www.bundesstiftung-aufarbeitung.de (Abrufdatum für beide 22. 03. 2022).

Die Herausbildung eines gesamtdeutschen Narrativs über die Vergangenheit

Wie vielschichtig die deutsche Erinnerungskultur ist, lässt sich an den öffentlichen Debatten um das Datum des Feiertags zur deutschen Einheit ablesen. Der Tag des Mauerfalls im Jahr 1989 – die Grenzöffnung zwischen Ost- und Westberlin – fiel auf den 9. November. Dieses Datum, das auch als »Schicksalstag« der Deutschen bezeichnet wird, war jedoch historisch belastet: Der 9. November 1938 ging als Tag der Novemberpogrome in die Geschichte ein. 1923 fand an diesem Datum der Bürgerbräu-Putsch statt, mit dem Adolf Hitler erstmals versuchte, die Macht im Staat an sich zu reißen. Auf den 9. November 1918 fällt der Sturz Kaiser Wilhelms II., und auf den gleichen Tag 70 Jahre davor, 1848, die Hinrichtung Robert Blums, eines Vorkämpfers der Revolution von 1848/49. Daher entschied man sich für einen Kompromiss: Offizieller Feiertag der deutschen Einheit wurde der 3. Oktober, das Datum der Unterzeichnung des Einigungsvertrags. Der 9. November wurde zum Tag des nationalen Gedenkens an die Ereignisse von 1938 und 1989 erklärt. Feierlichkeiten finden an diesem Datum nur an den Gedenkorten im Bereich der ehemaligen Mauer statt.

Obwohl Deutschland das komplexe Erbe zweier Diktaturen trug, bildete sich nun allmählich ein gemeinsames Narrativ der Vergangenheit heraus. Hier erwies sich einmal mehr das amerikanische Kino als Katalysator: Steven Spielbergs Film *Schindlers Liste* von 1993 wurde – anders als 1979 die Serie *Holocaust* – sowohl in Ost- als auch in Westdeutschland gesehen.

Ein Meilenstein der kritischen Aufarbeitung der Geschichte des Zweiten Weltkriegs im vereinigten Deutschland war die Ausstellung »Vernichtungskrieg: Verbrechen der Wehrmacht 1941-1944«, die 1995 in Hamburg eröffnet und in 33 Städten in Deutschland und Österreich gezeigt wurde. Die vom Hamburger Institut für Sozialforschung konzipierte Schau zeigte unter anderem Fotografien aus privaten Alben, die die Beteiligung von Wehrmachtssoldaten an Massakern gegen

Zivilisten dokumentierten. Die Ausstellung rief lebhafte Resonanz hervor, denn sie verstieß gegen die stillschweigende Übereinkunft, die Rolle der Wehrmacht im Krieg – im Unterschied zu den Taten der SS und der Einsatzgruppen – nicht zu thematisieren. Damit zerstörte sie den Mythos von der »sauberen Wehrmacht« und die sorgfältige Einteilung in »Verbrecher« und »ehrliche Soldaten, die ihre Pflicht erfüllt haben«. Die Unterscheidung zwischen »guten Deutschen« und »bösen Nazis« erwies sich einmal mehr als fragwürdig.

Die Wehrmachtsausstellung löste in vielen Städten Deutschlands und Österreichs massive Proteste aus und führte zu erregten Debatten in den Medien. Als sich herausstellte, dass einige der Fotografien in Wirklichkeit Soldaten des NKWD statt Wehrmachtssoldaten zeigten, wurde sie geschlossen und 2001-2004 in überarbeiteter Form neu eröffnet. Während viele Vertreter der älteren Generation die Botschaft der Ausstellung abwehrten, wurde sie von den Jüngeren akzeptiert und als Teil der deutschen Schuld begriffen.[137]

Gerade in den 1990er Jahren rückte die Erinnerung an den Holocaust immer mehr in den Vordergrund. Im Dezember 1992 verlegte der Künstler Gunter Demnig anlässlich des 50. Jahrestages von Himmlers Erlass zur Deportation von Juden in die Konzentrationslager den ersten »Stolperstein« im Gehwegpflaster vor dem Kölner Rathaus. Der Anblick der in den Bürgersteig eingelassenen, messingverkleideten Betonkuben soll Passanten gleichsam zum Stolpern bringen und die Erinnerung an die NS-Opfer wachrufen. Die Stolpersteine verbreiteten sich bald in ganz Deutschland und darüber hinaus – 2015 waren es bereits 50 000. Das Projekt war auch Inspirationsquelle für die Initiatoren des russischen Projekts »Poslednyj adres« (Letzte Adresse), das dem Gedenken an die Opfer des Gulag gewidmet ist.

137 Kauganov, Evgenij, »Vystavka ›Prestuplenija Vermachta‹ 1995-1999 gg. i ee vklad v nemeckuju kul'turu pamjati o nacistskom prošlom«. In: *Žurnal issledovanij social'noj politiki*. 2015, Bd. 13, Nr. 3, S. 421-436; Assmann, Aleida, »Memories of Nazi Germany in the Federal Republic of Germany«. In: *A Companion to Nazi Germany*, a. a. O. S. 592-593.

Abb. 55. Das Denkmal für die ermordeten Juden Europas in Berlin

1996 erklärte Bundespräsident Roman Herzog den 27. Januar, den Tag der Befreiung des Konzentrationslagers Auschwitz 1945, zum nationalen Gedenktag. Mitte der 1990er Jahre kam in der deutschen Gesellschaft eine Diskussion über ein nationales Mahnmal für die Opfer des Holocaust auf. Die Vorbereitungen zum Bau des von dem Architekten Peter Eisenman entworfenen Denkmals für die ermordeten Juden Europas begannen 2001; 2005 wurde es eingeweiht. Im Jahr 2001 eröffnete in Berlin auch das Jüdische Museum – das größte seiner Art in Europa und eines der meistbesuchten in Deutschland.

Aleida Assmann, eine maßgebliche Expertin für das kulturelle Gedächtnis in Deutschland, beschreibt die Besonderheit des deutschen Modells der Vergangenheitsaufarbeitung so:

> Der Fall Deutschlands, das das »negative Gedächtnis« angenommen, sich die Schuld an den historischen Verbrechen zueigen gemacht und die Verantwortung für das Vorgängerregime als historisches Erbe akzeptiert hat, ist nicht nur anders [als die Herstellung nationaler Einheit über die Erinnerung an eine heroische oder leidvolle Vergangenheit, *N. E.*], er ist *his-*

> *torisch ohne Beispiel.* Viele politische Analytiker haben sich skeptisch über diesen Ansatz geäußert, ihn als masochistisch bezeichnet und die Ansicht vertreten, dies sei kein gangbarer Weg. Andere haben es als »deutsches Modell« gepriesen, mit dem eine wichtige Wende in der Beurteilung und Konstruktion der Vergangenheit eingeleitet worden sei. Konstruktionen des nationalen Gedächtnisses sind bisher immer monologisch, selbstverherrlichend und eigennützig gewesen; jetzt gibt es ein neues Modell, das ein dialogischeres und selbstkritischeres Herangehen erlaubt. Ein Ausdruck dieser Wende von einer monologischen hin zu einer eher dialogischen Erinnerung ist die lange Liste der Staatsoberhäupter, die sich seit den 1990er Jahren öffentlich bei Opfern der Sklaverei, des Kolonialismus und des diktatorischen Staatsterrors für Verbrechen gegen die Menschlichkeit entschuldigt haben, die in der Vergangenheit in ihren Ländern begangen wurden.[138]

Als die deutsche Regierung während der Flüchtlingskrise 2015 die politische Entscheidung verteidigte, Migranten aufzunehmen, berief sie sich auf die Erinnerung an die zwölf Millionen Deutschen, die im Zusammenhang mit dem Zweiten Weltkrieg hatten fliehen müssen. Dabei zeigt die Entwicklung der letzten Jahre in Deutschland einmal mehr, dass es bei der Vergangenheitsaufarbeitung nicht so etwas wie ein erfolgreiches Ende gibt: Es handelt sich dabei immer um einen Prozess, der unablässiges Engagement erfordert. Seit 2017 wird zunehmend über Bekundungen eines islamischen Antisemitismus von Migranten berichtet, die keinen Zusammenhang zwischen ihrer feindseligen Einstellung gegenüber Israel und dem Holocaust sehen. Rechte und nationalistische Kräfte nutzen dies ihrerseits aktiv, um fremdenfeindliche Stimmungen gegen Migranten anzuheizen. Von den 1500 antisemitischen Straftaten, die 2017 in Deutschland erfasst wurden, gehen 90 Prozent auf Mitglieder rechtsradikaler und neonazistischer Vereinigungen zurück.

In den letzten Jahren ist auf dem Gebiet der Gedächtnisforschung oft von der Universalisierung des Holocaust-Gedenkens die Rede ge-

138 Ebd. S. 593.

Abb. 56. Pfarrer Manfred Deselaers

wesen. Das in diesem Zusammenhang entwickelte Vokabular wird heute weltweit verwendet, um über Menschenrechtsverletzungen zu diskutieren und auf sie zu reagieren. Die Biografie von Pfarrer Manfred Deselaers, der viele Jahre lang der einzige Deutsche unter den Mitarbeitern des Museums Auschwitz-Birkenau im polnischen Oświęcim war, ermöglicht es, das an einem persönlichen Beispiel nachzuvollziehen. Sein Lebensweg ist einzigartig und zugleich durchaus charakteristisch für Angehörige der 68er-Generation in Deutschland.

Deselaers begann Mitte der 1970er Jahre im Alter von 19 Jahren in Bonn Jura zu studieren. Nach dem ersten Semester ließ er das Studium ruhen, um als Freiwilliger der »Aktion Sühnezeichen« nach Israel zu fahren. Er lebte anderthalb Jahre in Jerusalem und arbeitete in einem Zentrum für körperbehinderte Kinder. Anschließend studierte er von 1976 bis 1981 Theologie in Tübingen und Chicago. 1983 wurde er Geistlicher und trat in die Gesellschaft für christlich-jüdische Zusammenarbeit ein.

Nach dem Fall der Berliner Mauer 1989 ging Deselaers nach Polen, das unter dem Nationalsozialismus besonders schwer zu leiden gehabt hatte. 1992 kam er als Mitarbeiter und Seelsorger an das katholische Zentrum für Dialog und Gebet in Oświęcim. 1996 wurde Deselaers mit einer zweibändigen Dissertation über Rudolf Höss, den Kommandanten des KZ Auschwitz, zum Doktor der Theologie promoviert.[139] Der erste Band ist die bis heute beste Biografie von Höss, der zweite unternimmt anhand der Materialien dieser Biografie eine theologische Deutung des Problems des Bösen, die auf der Ethik von Emmanuel Levinas aufbaut. Pfarrer Manfred Deselaers ist der einzige Deutsche, der fast 30 Jahre lang in Oświęcim gelebt hat. In dieser Zeit absolvierte er eine Ausbildung, um Führungen durch das Museum Auschwitz-Birkenau zu leiten, und wurde zum Dozenten der Schule für Holocauststudien an der Gedenkstätte Yad Vashem. Er widmete sein Leben der Erarbeitung eines Vokabulars, mit dem sich das Böse des Nationalsozialismus deuten und Zeugnis darüber ablegen ließ, und verwendete viel Zeit auf den Austausch mit Schülern und Studierenden, die Exkursionsfahrten in das Dialogzentrum und das Museum unternehmen.

In jüngster Zeit wirkt Pfarrer Deselaers an Aktionen, Seminaren und Tagungen in verschiedenen Ländern mit, wo er seine Erfahrungen mit dem Dialog über die Überwindung des nationalsozialistischen Erbes einbringt. Das Zentrum für Dialog und Gebet in Oświęcim wird zunehmend von Menschen verschiedener Nationalität – von Frankreich bis Japan – aufgesucht, die sich der schwierigen Vergangenheit des eigenen Landes annehmen wollen. Für Deselaers zeigt sich immer deutlicher, dass die Erfahrung der Vergangenheitsbewältigung über die Grenzen Deutschlands und die Grenzen des Gedenkens an die deutsche Erfahrung hinaus verbreitet werden sollte. In den letzten Jahren reiste er häufig nach Russland und nahm

139 Deselaers, Manfred, *»Und Sie hatten nie Gewissensbisse?« Die Biografie von Rudolf Höss, Kommandant von Auschwitz, und die Frage nach seiner Verantwortung vor Gott und den Menschen*. Leipzig 1997.

dort an Diskussionen über den Gulag, den »sowjetischen Holocaust«, teil. Im Herbst 2017 unternahm er gemeinsam mit einer Gruppe polnischer Pilger eine Versöhnungswallfahrt nach Russland und besuchte den Schießplatz Butowo, eine der wichtigsten Moskauer Gedenkstätten für die Gulag-Opfer.

6. Japan. Balanceakt der Erinnerung

> Als Kind war ich zutiefst überzeugt, dass Japan einen dummen Krieg geführt hat. Ich bekam mit, wie Leute voller Stolz über die schrecklichen Taten japanischer Soldaten in China sprachen. Gleichzeitig hörte ich, wie furchtbar die Japaner unter den Luftangriffen gelitten hatten. Ich habe Verschiedenes zu hören bekommen und danach einen regelrechten Hass auf Japan entwickelt. Mir schien, ich war in einem Land geboren worden, das Dummheiten begangen hat. […]
>
> Weil wir bis jetzt gelogen haben, sollen wir auch damit fortfahren. Die Traditionsbewussten möchten vielleicht daran festhalten, dass das Japan der Vorkriegszeit nicht im Unrecht war, aber es war im Unrecht. Wir müssen das eingestehen. Beim Thema der Trostfrauen geht es um ethnischen Stolz, also sollte sich Japan entschuldigen und Entschädigung leisten.[140]

Diese Äußerungen stammen von dem berühmten japanischen Trickfilmregisseur Hayao Miyazaki,[141] der das Zeichentrickstudio »Studio Ghibli« mitbegründet und so populäre Animé-Filme wie *Nausicaä aus dem Tal der Winde* oder *Mein Nachbar Totoro* geschaffen hat. Miyazaki hat sein Leben lang Geschichten mit märchenhaftem Charakter verfilmt, die den Geist des Pazifismus atmen, aber auf unmittelbare historische oder politische Bezüge verzichten. Persönlich hat er mit seiner zivilgesellschaftlichen Position nie hinter dem Berg gehalten. 2003 sagte er aus Protest gegen die US-Invasion im Irak seine Teilnahme an der Oscarverleihung für *Chihiros Reise ins Zauberland* ab.

Im Jahr 2013 brachte Miyazaki dann jedoch den Film *Wie der Wind sich hebt* heraus, der in romantisierender Form die Lebensgeschichte

140 Miyazaki, Hayao, »Constitutional Amendment is Out of the Question«. In: *The AsiaPacific Journal* 12 (2014), Nr. 36/1, S. 1.

141 Im Japanischen ist der Familienname dem persönlichen Namen vorangestellt (z. B. Miyazaki Hayao). Die Wiedergabe von Eigennamen in diesem Kapitel folgt der hiesigen Konvention, bei der der Familienname an zweiter Stelle steht. (A. d. Ü.)

Abb. 57. Szene aus Hayao Miyazakis Film *Wie der Wind sich hebt*

des Flugzeugkonstrukteurs Jirō Horikoshi erzählt. Horikoshi entwarf die Mitsubishi A6M Zero – das legendäre Jagdflugzeug aus dem Zweiten Weltkrieg, das der ganze Stolz der japanischen Rüstungsindustrie war. Im Film wird er als schmächtiger, bebrillter Träumer dargestellt, der den Himmel liebt, aber kein Pilot werden kann. Deshalb beschließt er, stattdessen Flugzeuge zu konstruieren. Horikoshis Liebe zum Himmel entwickelt sich gleichzeitig mit der Liebe zu seiner späteren Frau, einer Künstlerin. Beide Liebesgeschichten stehen unter tragischem Vorzeichen: Der junge Jirō und seine Braut Naoko beschließen zu heiraten, als sich zeigt, dass sie todkrank ist, und seine Leidenschaft für den Himmel und die Schönheit kann Jirō angesichts des heraufziehenden Krieges nur verwirklichen, indem er ein Kampfflugzeug entwirft, also eine Mordwaffe.[142]

Der Film rief zunächst Empörung bei japanischen Liberalen und Pazifisten hervor, die darin eine Verherrlichung des Militarismus erblickten. Um Missverständnisse auszuräumen, widmete »Studio

142 Dolin, Anton, »Černyj jaščik. ›Krepčaet veter‹, režisser Chajao Mijadzaki«. In: *Iskusstvo kino 2013*, Nr. 10. https://old.kinoart.ru/archive/2013/10/chernyj-yashchik (Abrufdatum 25.03.2022).

Ghibli« dem Thema der Verantwortung für den Zweiten Weltkrieg eine ganze Ausgabe seiner Zeitschrift, die ausführliche Interviews mit Miyazaki, seinem Kollegen Isao Takahata und Studiochef Toshio Suzuki enthielt.[143] Ihre Aussagen – darunter diejenige, die dieses Kapitel einleitet –, provozierten nunmehr den Ärger von Nationalisten und Konservativen, die ihnen mangelnden Patriotismus vorwarfen.

Die Kontroverse um den Film *Wie der Wind sich hebt* war mehr als nur ein Konflikt zwischen dem Lager der Patrioten, Militaristen und Revisionisten und den pazifistischen Kreisen, die ein Schuldbekenntnis forderten. Der Held von Miyazakis Film ist kein sanftmütiger Träumer, sondern der Konstrukteur der A6M Zero. Und sooft der Regisseur seine Protagonisten auch versichern lässt, die Tätigkeit für das Militär sei für sie nichts anderes als der einzige Weg, ihren Traum zu verwirklichen (»Wir sind keine Waffenhändler, wir wollen einfach nur schöne Flugzeuge bauen!«): Was aus diesem Traum letztlich entsteht, ist die Maschine, die Pearl Harbor zerstörte. Weit überzeugender wirkt Miyazaki, wenn er in einem Interview mit der *Asahi Shimbun*, der wichtigsten liberalen Zeitung Japans, sagt, er habe verhindern müssen, dass die Militaristen den Flugzeugkonstrukteur Horikoshi »für sich in Beschlag nehmen«:

> Der Großteil der Zero-Fanatiker im heutigen Japan leidet unter einem schweren Minderwertigkeitskomplex. Sie kompensieren ihr mangelndes Selbstwertgefühl, indem sie sich auf etwas fixieren, worauf sie stolz sein können. Ich möchte auf keinen Fall, dass diese Leute die Zero und Horikoshis überragendes Genie als Ventil benutzen, um ihren Patriotismus und ihren Minderwertigkeitskomplex auszuleben. Und ich hoffe, Horikoshi mit meinem Film vor ihnen in Sicherheit gebracht zu haben.[144]

143 *Neppū*. Sonderausgabe zur Verfassungsrevision, 18.07.2013. http://www.ghibli.jp/docs/0718kenpo.pdf (Abrufdatum 25.03.2022).

144 Interview mit der Zeitung *Asahi Shimbun*, 25.07.2013.

Beiden Seiten, Miyazaki wie seinen Gegnern, geht es darum, etwas zu finden, worauf sie stolz sein können. Sie streiten nicht darüber, ob der Jagdflieger A6M Zero als Teil der nationalen Identität gut oder schlecht ist, sondern darüber, in welcher Erzählung er die Heldenrolle spielen soll: in einer Geschichte über militärische Macht oder in einem romantischen Märchen.

Die erregten Debatten um Miyazakis Animé-Film zeigen, dass die Erinnerung an den Zweiten Weltkrieg und die Frage nach der Verantwortung für die begangenen Verbrechen in Japan auch nach 70 Jahren noch sehr lebendig ist. Die verbreitete Vorstellung, das Land entziehe sich der Verantwortung, indem es seine Entschuldigungen regelmäßig durch Ehrungen für Kriegsverbrecher desavouiere,[145] ist zumindest vereinfachend, wenn nicht sogar falsch. Die Besonderheit des Umgangs mit der Erinnerung in Japan liegt darin, dass die Schuld und der Preis, der für diese Schuld gezahlt wurde, in beispielloser Weise miteinander verflochten sind. Dadurch wird der Diskurs über Verantwortung extrem erschwert.

Japan bis 1945: Der militaristische Staat

Japans Niederlage im Zweiten Weltkrieg besiegelte das Ende einer Epoche, in der es zum Anwärter auf die Führungsrolle in Ostasien aufgestiegen war. Begonnen hatte sie mit der Restauration des Tennō-Systems nach dem Bürgerkrieg der 1860er Jahre. Die Siege in den Kriegen gegen China (1894-1895) und Russland (1904-1905) sicherten Japan die Vorherrschaft im Japanischen und im Gelben Meer und ermöglichten die Kolonialherrschaft über Taiwan (1895) und den Südteil von Sachalin (1905) sowie die Annexion von Korea (1910).

145 Es ist bezeichnend, dass Japan, immer wieder als »das Land, das nicht um Vergebung bitten kann«, charakterisiert worden ist, obwohl es mehr als 50 offizielle Entschuldigungen für die Verbrechen des Zweiten Weltkriegs vorgebracht hat. Eine englischsprachige Liste der von Japan geäußerten Entschuldigungen findet sich hier: https://en.wikipedia.org/wiki/List_of_war_apology_statements_issued_by_Japan.

Abb. 58. Opfer des Massakers von Nanking am Ufer des Flusses Qinhuai He, 1937

Am Ersten Weltkrieg beteiligte sich das Land ab 1914 an der Seite der Entente-Mächte. Es gewann an politischem Einfluss (1919 wurde es eines der vier ständigen Mitglieder des Völkerbundes) und dehnte sein Territorium auf die bis dahin von Deutschland kontrollierten pazifischen Gebiete aus. 1931 besetzte es die Mandschurei und errichtete dort den Marionettenstaat Mandschukuo. 1933 trat Japan gleichzeitig mit NS-Deutschland aus dem Völkerbund aus. 1936 unterzeichnete es den Anti-Komintern-Pakt mit Deutschland und 1940 den Dreimächtepakt mit Deutschland und Italien.

1937 drang Japan in weitere Teile Chinas vor und entfachte dadurch den Zweiten Chinesisch-Japanischen Krieg (1937-1945). Damit seine Flotte in Südostasien ungehindert agieren konnte, unternahm Japan am 7. Dezember 1941 einen Angriff auf die amerikanische Militärbasis in Pearl Harbor. Zeitgleich fiel es in Thailand, der britischen Kronkolonie Hongkong, der malaiischen Halbinsel (dem heutigen Malaysia) und den amerikanischen Philippinen ein. Damit weitete sich der Konflikt zwischen Japan und China zu einer Arena des Zweiten Weltkriegs aus.

In der heutigen japanischen Gesellschaft lassen sich die unterschiedlichen Einstellungen zu diesem Teil der eigenen Geschichte sogar am Wortgebrauch festmachen. Japanische Liberale sprechen lieber vom Pazifikkrieg, während Konservative und Nationalisten vom Großen Ostasiatischen Krieg reden, der Asien vom Bolschewismus und der weißen Vorherrschaft befreien sollte.

Nach Erkenntnissen des Politikwissenschaftlers Rudolph J. Rummel von der University of Hawaii fielen dem japanischen Militärregime zwischen 1937 und 1945 etwa sechs Millionen Menschen zum Opfer – in China, Indonesien, Korea, den Philippinen, Indochina sowie Kriegsgefangene aus westlichen Ländern.[146] Zu den blutigsten Episoden dieses Krieges gehören die Ereignisse, die als Massaker von Nanking und Manila in die Geschichte eingegangen sind. In der damaligen chinesischen Hauptstadt Nanking wurden im Dezember 1937 nach der Einnahme durch kaiserlich japanische Truppen je nach Schätzung 40 000 bis 300 000 Zivilisten und entwaffnete Soldaten ermordet. Und in der philippinischen Hauptstadt Manila brachte die japanische Armee im Februar bis März 1945 100 000 Menschen um.

Die Tokioter Prozesse

Nach der Kapitulation Deutschlands erklärte Japan, man sei bereit, bis zum Letzten zu kämpfen, und ziehe den Tod der Kapitulation vor. »Hundert Millionen Japanern bleibt jetzt nur noch, ihr Leben im Kampf gegen den Feind aufzuopfern und alles zu tun, um seine Moral zu untergraben«, schrieb die japanische Presse. Selbst die Atombombenabwürfe der US-Streitkräfte auf Hiroshima und Nagasaki

146 Rummel, Rudolph J., *Statistics of Democide. Genocide and Mass Murder since 1900*. Münster 1999. Siehe: Kapitel 3. Statistics of Japanese democide. Estimates, calculations, and sources. Online zugänglich unter https://hawaii.edu/powerkills/sod.chap3.htm (Abrufdatum 25. 03. 2022).

und die Kriegserklärung der Sowjetunion gaben nicht den Ausschlag dafür, dass Japan schließlich doch kapitulierte.[147] Entscheidend war vielmehr, dass mit der Besatzungsmacht USA Einvernehmen darüber erzielt werden konnte, die Institution der Tennō-Herrschaft vorerst weiter bestehen zu lassen.

Am 15. August 1945 hielt Kaiser Hirohito eine Radioansprache an die Nation, deren Botschaft weit entfernt von einer Reuebekundung oder einem Bekenntnis zu Verantwortung war:

> In der Tat erklärten Wir Amerika und Großbritannien den Krieg, da es Unser aufrichtiger Wunsch war, Japans Selbsterhaltung und die Stabilisierung Ostasiens zu gewährleisten, wobei es Uns sowohl fern lag, die Souveränität anderer Nationen zu verletzen, als auch, auf territoriale Vergrößerung zu drängen. Aber jetzt hat der Krieg fast vier Jahre gedauert. Trotz des Besten, das von allen geleistet wurde – des tapferen Kampfes der Land- und Seestreitkräfte, des Fleißes und der Emsigkeit Unserer Staatsdiener, und des hingebungsvollen Dienstes Unserer einhundert Millionen Menschen – hat sich die Kriegssituation nicht unbedingt zum Vorteil Japans entwickelt, während die allgemeinen Entwicklungen der Welt sich gegen sein Interesse gewandt haben.
>
> Darüber hinaus hat der Feind begonnen, eine neue und ungeheuer grausame Bombe einzusetzen, deren Zerstörungskraft wahrhaft unermesslich ist und viele unschuldige Leben fordert. Eine Fortsetzung des Kampfes würde nicht nur zum endgültigen Zusammenbruch und der Vernichtung der japanischen Nation führen, sondern auch zur vollständigen Auslöschung der menschlichen Zivilisation.
>
> Wie sollen Wir in dieser Lage Unsere Millionen von Untertanen retten oder Uns selbst vor den heiligen Geistern Unserer kaiserlichen Vorfahren verantworten? Dies ist der Grund, warum Wir angeordnet haben, die Bestimmungen der Gemeinsamen Erklärung der Mächte zu akzeptieren.

147 Davon berichtet unter anderem Bernard Röling, Teilnehmer des Tokioter Gerichtshofes und Verfasser einer Sondermeinung zu dessen Ergebnissen. Siehe: Cassese, Antonio / Röling, Bernard V., *The Tokio Trial and Beyond. Reflections of a Peacemonger*. Cambridge 2015, S. 40f. Siehe auch: Butow, Robert J. C., *Japan's Decision to Surrender*. Stanford 1968.

> Wir können nicht anders, als das tiefste Bedauern gegenüber den mit Uns verbündeten Nationen Ostasiens auszudrücken, die unablässig mit dem Kaiserreich für die Emanzipation Ostasiens zusammengearbeitet haben. Der Gedanke an diese Offiziere und Soldaten sowie andere, die auf den Schlachtfeldern gefallen sind, diejenigen, die auf ihren Posten der Pflicht gestorben sind, oder diejenigen, die einen frühen Tod gefunden haben, und ihre trauernden Familien schmerzt Unser Herz Tag und Nacht.[148]

Die USA verzichteten jedoch auch ihrerseits darauf, den Besiegten ein Schuldeingeständnis abzuverlangen. Das lag womöglich daran, dass sie Japan als Land sahen, in dem anders als im Westen keine »Kultur der Schuld«, sondern eine »Kultur der Scham« herrsche – eine Unterscheidung, die auf das 1946 erschienene Buch »Chrysantheme und Schwert«[149] der amerikanischen Anthropologin Ruth Benedict zurückgeht. Benedicts Studie war von der US-Regierung in Auftrag gegeben worden, und ihr Rat hatte zu der Entscheidung beigetragen, an der Tennō-Monarchie festzuhalten.

Die von den USA unter direkter Mitwirkung von General MacArthur entwickelte Versöhnungsstrategie setzte sich aus drei Elementen zusammen. Das erste war die am 1. Januar 1946 verkündete »Erklärung der Menschlichkeit« (Ningen-sengen), die im Westen als Verzicht des Tennō auf seine göttliche Würde gedeutet wurde. Tatsächlich ging es in der Rede eher um die Anerkennung der demokratischen Grundlagen der kaiserlichen Macht, und eine ihrer unmittelbaren Auswirkungen war, dass der Shintoismus den Status der Staatsreligion verlor.[150] Das zweite Element der Versöhnungsstrategie

148 Aus der Radioansprache, mit der Kaiser Hirohito die Bedingungen der Kapitulation Japans akzeptierte (bekannt als Gyokuon-hōsō, dt.: Übertragung der Kaiserlichen Stimme). Der deutsche Text folgt der Übersetzung auf der Website https://de.wikipedia.org/wiki/Gyokuon-h%C5%8Ds%C5%8D.

149 Benedict, Ruth, *Chrysantheme und Schwert. Formen der japanischen Kultur*. Frankfurt/Main 2015.

150 Eine exzellente Analyse der Erklärung und der internen Mechanismen ihrer Annahme findet sich in: Dower, John W., *Embracing Defeat. Japan in the Wake of World War II*. New York 1999.

war die Verabschiedung einer neuen Verfassung (im Mai 1947), in deren 9. Artikel Japan darauf verzichtete, Streitkräfte zu unterhalten und sich des Kriegs als Mittel zur Beilegung internationaler Streitigkeiten zu bedienen. Das dritte Element schließlich bestand darin, dass sich die oberste Militär- und Staatsführung des Landes, mit Ausnahme des Tennō, in einem Verfahren nach dem Vorbild der Nürnberger Prozesse für den militärischen Angriff verantworten musste.

Die Tokioter Prozesse dauerten von Mai 1946 bis November 1948 und wurden offiziell als »Internationaler Militärgerichtshof für den Fernen Osten« bezeichnet. Nach der Ansicht eines Angeklagten, der auch die Mehrheit der Juristen zuneigte, waren sie »nicht die Durchsetzung von Gerechtigkeit, sondern eine Fortführung des Krieges«. Unterdessen saß der Tennō nicht nur nicht auf der Anklagebank, er trat nicht einmal als Zeuge auf oder wurde auch nur erwähnt.[151] Hatten die Führungsstäbe der Wehrmacht die Schuld oft nur allzu bereitwillig auf Hitler abgewälzt, so zogen es das Militär und die Beamten Japans vor, den Tennō reinzuwaschen und alle Schuld auf sich zu nehmen.

Nicht nur dem Kaiser blieb eine Anklage erspart. Auch die Mitglieder der Einheit 731, die unter der Leitung des Mikrobiologen Shirō Ishii, des »japanischen Mengele«, in der Mandschurei biologische Waffen erforscht hatte, mussten sich nicht vor Gericht verantworten. Ihren grausamen Experimenten fielen verschiedenen Quellen zufolge 3000 bis 10 000 Menschen zum Opfer, hauptsächlich Chinesen und Russen. Ishii und seinen Mitarbeitern wurde im Austausch für die Daten zu ihrer Forschung Straffreiheit gewährt. Viele Mitglieder der Einheit 731 waren später in Japan und den USA als Ärzte tätig. Zwölf von ihnen wurden 1949 in der Sowjetunion beim Kriegsverbrecher-

151 Einer der Angeklagten, General Hideki Tōjō, erwiderte auf Fragen des Staatsanwalts, es könne »kein einziger japanischer Untertan gegen den Willen des Kaisers handeln«. Diese Äußerung lief der Strategie der »Außerhalbstellung« des Kaisers eindeutig zuwider. Bei der nächsten Anhörung korrigierte sich Tōjō entsprechend: »Der Kaiser stimmte, wenn auch widerstrebend, der Empfehlung des Oberkommandos zu, in den Krieg zu ziehen.«

Abb. 59. Kniende Menschen vor dem Kaiserpalast in Tokio hören die Ansprache des Kaisers an die Nation am 5. August 1945

prozess von Chabarowsk verurteilt, erhielten jedoch nur kurze Haftstrafen und kehrten bald in ihre Heimat zurück.

Die wichtigsten japanischen Kriegsverbrecher kamen – soweit sie nicht vom Internationalen Militärgerichtshof für den Fernen Osten zum Tode verurteilt und hingerichtet wurden oder in der Haft verstorben waren – bis 1956 aus dem Gefängnis frei. Einige von ihnen konnten sich im Nachkriegsjapan sogar erfolgreich politisch betätigen, etwa der ehemalige Außenminister Mamoru Shigemitsu.

Die Tokioter Prozesse hatten neben der juristischen Verfolgung der Kriegsverbrecher vor allem den Zweck, ein generelles Narrativ zum Pazifikkrieg zu etablieren. Es lastete die Schuld am Krieg dem »japanischen Militarismus« in Gestalt der obersten Militär- und Staatsführung an und sprach die gewöhnlichen Bürger von jeglicher Verantwortung los. Der Schwachpunkt dieses Konstrukts war die Frage der persönlichen Verantwortung Kaiser Hirohitos. Dieses Thema galt in der japanischen Gesellschaft jahrelang als tabu. Wie der Schriftsteller und Journalist Ian Buruma in einer vergleichenden Darstellung der Vergangenheitsaufarbeitung in Deutschland und Japan feststellt, lag die Blockade einer öffentlichen Debatte darüber nicht nur im Interesse der japanischen und amerikanischen Regierung, sondern kam auch dem überwiegenden Teil der japanischen Gesellschaft entgegen:

> [...] die Institution des Kaisers war bis zum Ende des Kriegs benutzt worden, um freie Meinungsäußerungen zu unterdrücken und die politische Verantwortung zu vertuschen. Ohne die Rolle und das Verhalten des Kaisers im Krieg zu untersuchen, konnte man das »System der Nichtverantwortlichkeiten« nicht wirklich aufdecken – und das hieß nichts anderes, als daß es aller Wahrscheinlichkeit nach in der einen oder anderen Form weiterbestehen würde. [...] Alle Japaner hatten Schwierigkeiten damit, offen über die Vergangenheit zu sprechen, solange der Kaiser noch lebte. Denn wenn er, obwohl er die formelle Verantwortung für alles, was geschehen war, getragen hatte, dafür nicht zur Rechenschaft gezogen wurde, konnte auch alle anderen keine Schuld treffen.[152]

Das auf seine Weise geschickte Modell, das es Japan erlaubte, die Frage nach der Verantwortung für den Krieg abzuwehren, hatte jedoch auch eine Kehrseite. Während in Deutschland auf die Nürnberger Prozesse – wenn auch erst nach einiger Zeit – weitere, auf gesellschaftlichen Druck hin eingeleitete Gerichtsverfahren folgten, war dies in Japan nie der Fall. Das hat damit zu tun, dass die japanische Militäraggression die Dimension »normaler« Kriegsverbrechen nicht in gleichem Maß überstieg wie der Holocaust. Hinzu kam, dass sich die Japaner durch die Atombombenangriffe und die internationalen Gerichtsverfahren als ausreichend bestraft ansahen. Der Hauptgrund dafür, dass Japan seine Verbrechen und Verbrecher nicht aus eigener Initiative verurteilen konnte, bestand jedoch darin, dass es durch die ausgeklügelte Besatzungspolitik MacArthurs und seiner Berater unmerklich seiner Souveränität beraubt war. Ein Land, das nicht selbständig ist, kann auch die Vergangenheit nicht selbständig aufarbeiten.

152 Buruma, Ian, *Erbschaft der Schuld. Vergangenheitsbewältigung in Deutschland und in Japan*. Reinbek 1996, S. 220.

Abb. 60. General Douglas MacArthur und Kaiser Hirohito. Tokio, 29. September 1945

Die Abwendung von der Vergangenheit und die begeisterte Akzeptanz der Besatzung in all ihren Erscheinungsweisen – von Affären mit amerikanischen Soldaten und der landesweiten Verehrung für General MacArthur bis zur Übernahme der Marktwirtschaft und des Rechts auf Privatsphäre – hat der US-Historiker John W. Dower auf die treffende Formel »Embracing Defeat« gebracht. So lautet der Titel seines Buchs über das Japan der Nachkriegszeit, einer der besten Publikationen zu diesem Thema.[153] Die Zeit unter der militärischen Oberhoheit der amerikanischen Besatzung erwies sich als sehr effektiv, um die strikt autoritären Institutionen der japanischen Gesellschaft zu zerstören und 100 Millionen Japanern Rechte und Freiheiten gleichsam aufzuzwingen. Menschen, die kurz zuvor noch bereit gewesen wären, auf Befehl des Tennō Selbstmord zu begehen, bauten jetzt mit Freude eine neue Gesellschaft auf, die auf den Werten »Frieden und Demokratie« basierte – eine Zusammenstellung, die bald zum ideologischen Klischee erstarren sollte.

153 Dower, *Embracing Defeat*, a. a. O.

Ende der Besatzung und wirtschaftlicher Aufschwung

In den Jahren 1947-1948, als die Kommunisten in China ihre Macht festigten und die Konfrontation mit der UdSSR in Korea sich verschärfte, revidierten die Vereinigten Staaten ihr Verhältnis zu Japan. War es aus US-Sicht bis dahin ein feindlicher Staat gewesen, den es zu bestrafen galt, so wurde das Land jetzt zu einem wichtigen militärischen und politischen Verbündeten Washingtons. Japans damaliger Premierminister Shigeru Yoshida bezeichnete den Koreakrieg als ein »Geschenk der Götter«. Die Maßnahmen zur Entmilitarisierung Japans wurden nach und nach rückgängig gemacht. Auf den Aufbau der Nationalen Sicherheitskräfte ab 1950 folgte 1954 deren Umwandlung in die Nationalen Selbstverteidigungsstreitkräfte. Zugleich galt von 1948 bis 1952 ein Verbot für Rituale zum Gedenken an gefallene Soldaten. Diese sogenannte Kurswechselpolitik kam 1952 mit der Unterzeichnung des Friedensvertrags von San Francisco zum Abschluss. Damit wurde Japan vom besetzten Staat zum Juniorpartner der Vereinigten Staaten. Die stillschweigende Übereinkunft zwischen beiden Ländern war, dass Japan als Gegenleistung für den Verzicht auf politische Ambitionen beim Aufbau seiner Wirtschaft unterstützt wurde. Es durfte zu einer ökonomischen, nicht aber zu einer politischen Macht aufsteigen.

> Japan, das als untergeordneter Partner in einem bilateralen Bündnis mit den USA gefangen war, konnte jahrzehntelang nicht auf eine ähnliche Annäherung an seine asiatischen Nachbarn rechnen, wie Deutschland sie innerhalb der Europäischen Union erreichte. Zudem war der Verzicht auf Ambitionen, die politische Führungsrolle in Asien zu übernehmen, ein Preis, den das Land bewusst für die Niederlage im Krieg zahlte. In Japan wie anderen Ländern Asiens sahen viele darin jahrzehntelang eine stillschweigende Anerkenntnis der Verantwortung des Landes für eine militärische Aggression, die entfesselt worden war, um die japanische Vision eines integrierten Ostasiens zu verwirklichen.[154]

154 Seraphim, Franziska, »A Japan that Cannot Say Sorry?« In: *Replicating Atonement: Foreign Models in the Commemoration of Atrocities.* Cham 2017, S. 30-31.

Der Friedensvertrag von San Francisco wurde 1960 als Vertrag über gegenseitige Kooperation und Sicherheit in modifizierter Form verlängert. Dabei erhielt Japan mehr Autonomie – unter anderem wurde eine Bestimmung aufgehoben, nach der die USA militärisch in innere Angelegenheiten des Landes eingreifen durften. Trotzdem war Japans Unabhängigkeit weiterhin die eines untergeordneten Staates. Davon zeugten auch die Bürgerproteste gegen die Vertragsverlängerung, die massivsten in der japanischen Geschichte. Die Öffnung zum Westen gab in Verbindung mit Wirtschaftsreformen und der Unterstützung durch die USA den Anstoß zum »japanischen Wirtschaftswunder«. Im Verlauf der 1960er und 1970er Jahre erholte sich Japan nicht nur vollständig von der Niederlage im Krieg, sondern zog an Frankreich, Italien, Kanada, Großbritannien, Deutschland und der UdSSR vorbei und erreichte ein Bruttoinlandsprodukt, das an zweiter Stelle hinter dem der USA stand. Die Position als zweitgrößte Volkswirtschaft der Welt konnte es von 1968 bis 2011 behaupten.

Die wirtschaftliche Erholung erleichterte auch die Normalisierung der Beziehungen zu den Nachbarländern. Bis Mitte der 1970er Jahre zahlte Japan die im Friedensvertrag von 1952 vereinbarten Reparationen in Höhe von einer Milliarde US-Dollar an die Philippinen, Indonesien, Burma und Vietnam. Nach den Bestimmungen eines entsprechenden Abkommens, das 1965 mit Korea geschlossen wurde, zahlte Japan zudem bis 1975 insgesamt 800 Millionen Dollar »Wirtschaftshilfe« an das Land. Ein Vertrag über die Zusammenarbeit mit China wurde erst 1972 unterzeichnet. China verzichtete darin auf Reparationsforderungen, wobei es von Japan in den 1980er Jahren durch zinsgünstige Kredite in Höhe von über 3 Milliarden US-Dollar unterstützt wurde.

Im Bestreben, sich von den Vereinigten Staaten zu emanzipieren, intensivierte Japan in den 1970er Jahren die Beziehungen zu seinen asiatischen Nachbarn. Bei den ehemaligen Opfern der japanischen Aggression waren die Verhältnisse jedoch völlig anders geartet als bei den Ländern, die im Zweiten Weltkrieg unter Deutschland gelitten hatten. Während diese Entschuldigungen und Reparationsleistungen forderten, herrschten in China und Korea bis in die zweite Hälfte der 1980er Jahre hinein autoritäre Regime, für die ausschließlich die eigenen Triumphe und Siege zählten. Die Geschichte aus der Opferperspektive zu betrachten, kam für sie einem Tabu gleich. Damit war die Frage der Verantwortung Japans für Kriegsverbrechen von beiden Seiten blockiert.

In Japan galt das allerdings nur für die Außenpolitik, während das Thema innenpolitisch durchaus eine Rolle spielte. Die linke Opposition kritisierte die konservative Regierung schon seit langem dafür, dass sie diese Diskussion nicht führen wollte. Und die Rechten warfen ihrerseits den Linken vor, sie würden vor dem Westen einknicken und nicht genügend Patriotismus zeigen. Diese Debatte hatte allerdings nichts mit Schuldanerkenntnis gegenüber konkreten Opfern zu tun und blieb weitgehend auf rhetorische Floskeln beschränkt.

Die Demokratisierung bei gleichzeitigem wirtschaftlichem Wachstum brachte es mit sich, dass die Erinnerung in der japanischen Gesellschaft immer häufiger durchbrach. So wurden nach und nach die Voraussetzungen für eine neue Sicht auf die Vergangenheit geschaffen. Wichtige Stationen auf diesem Weg waren etwa eine 1971 veröffentlichte Reportageserie des japanischen Journalisten Katsuichi Honda über das Massaker von Nanking, das ein Jahr darauf erschienene Buch *Nankin jiken* (Der Vorfall von Nanking) des Historikers Tomio Hora und mehrere Klagen seines Fachkollegen Saburō Ienaga, der wegen der Zensur eines von ihm verfassten Geschichtslehrbuchs gerichtlich gegen die japanische Regierung vorging. Die erste Klage reichte Ienaga 1965 ein, die letzte 1984. 1997 wurde die Zensur des Lehrbuchs für widerrechtlich erklärt und der Kläger entschädigt.

Der Yasukuni-Schrein

Um die Wandlungen in der Dynamik der japanischen Erinnerungsgeschichte nachvollziehen zu können, ist es wichtig, sich mit dem Phänomen des Yasukuni-Schreins zu befassen. Dieses Allerheiligste der japanischen Identität ist insofern besonders, als sowohl der Schrein selbst wie auch der Kult um ihn recht neue Erscheinungen sind. Der Yasukuni-Schrein ist jünger als die Sankt Petersburger Isaakskathedrale und als das Washingtoner Kapitol in seiner jetzigen Baugestalt. Er wurde nur 20 Jahre vor dem Eiffelturm, dem Symbol der radikalen Moderne, errichtet. Auch der Staats-Shintoismus, dessen zentrales Heiligtum er ist, wurde erst nach der Meiji-Restauration im Jahr 1868 aus der alten Volksreligion Shintō entwickelt und bewusst als Instrument im Prozess der modernen Nationenbildung eingesetzt. Der Yasukuni-Schrein ist dem Gedenken an die Militärangehörigen gewidmet, denen Kaiser Mutsuhito seinen Sieg über die Tokugawa-Dynastie verdankte. Der Japanologe Wladimir Grinjuk schreibt:

> Durch die späte »Entdeckung« Japans war die Herrschaftselite des Landes vor die Aufgabe gestellt, es in die moderne westliche Zivilisation zu integrieren und zugleich die nationale Identität zu wahren. Dabei ging sie davon aus, dass Japan nur dann seine Unabhängigkeit wahren und sich in der internationalen Arena behaupten würde, wenn es eine imperialistische Politik verfolgte. Der Druck des jungen japanischen Imperialismus brachte den Bedarf an einer nationalistischen Ideologie hervor.[155]

Die staatliche Neufassung des Shintoismus verband drei Grundideen: die Exklusivität des japanischen Volkes, das von göttlichen Vorfahren abstamme, die Göttlichkeit des Tennō als seinem Oberhaupt sowie die heilige Einheit von Nation und Tennō. Die Ideologie des japanischen Exzeptionalismus (kokutai) lehrte, dass es auch für andere Völker ein Segen sei, von Japan regiert zu werden. Um das System

155 Grinjuk, Vladimir, »Političeskie problemy chrama Jasukuni«. In: *Problemy Dal'nego Vostoka* 2010, Bd. 4, S. 39.

Abb. 61. Zeichnung aus Yoshinori Kobayashis Mangaserie *Gōmanism Sengen* (Manifest für einen neuen Stolz)

des Staats-Shintoismus zu zerstören, mussten die USA deshalb erreichen, dass der Tennō seiner göttlichen Würde entsagte. Aus dem gleichen Grund wurden nach seiner Erklärung von 1946 auch die Shintō-Schreine privatisiert.

Da keine Aussicht auf eine unmittelbare Wiedereinsetzung des Shintoismus als Staatsreligion bestand, verlegten sich die nationalistischen Kräfte auf die Forderung, der Zeremonie am Yasukuni-Schrein ihren offiziellen Status wieder zu verleihen. 1960 wurde dem Parlament eine entsprechende Petition mit fast drei Millionen Unterschriften vorgelegt. Seit Mitte der 1960er Jahre nahmen japanische Politiker und Militärs zunehmend »als Privatpersonen« an der Zeremonie teil. Die Forcierung dieses Themas provozierte eine Reaktion der demokratisch gesinnten Öffentlichkeit. Als die konservativ ausgerichtete Liberaldemokratische Partei 1969 versuchte, ein Gesetz durchzubringen, das dem Schrein den Status einer juristischen Person verlieh, rief das eine landesweite Protestwelle hervor. Fast vier Millionen Menschen unterzeichneten eine Petition gegen den Gesetzentwurf.

Abb. 62. Der Friedensgedenkpark Hiroshima

In den 1970er Jahren erreichten nationalistische Kräfte, dass in den Tokioter Prozessen zum Tode verurteilte und hingerichtete Kriegsverbrecher unter die Gefallenen aufgenommen wurden, derer im Schrein gedacht wird. Ab Mitte der 1970er Jahre wurden Besuche hochrangiger Politiker am Yasukuni-Schrein zu einem Faktor in der politischen Auseinandersetzung. Während die einen diese Besuche mit dem Kampf um die Wahrung der japanischen Identität verbanden, sahen die anderen darin eine Absage an demokratische Werte. Auf solche Vorwürfe reagierten die Teilnehmer der Zeremonie üblicherweise, indem sie am Yasukuni-Schrein um Frieden beteten. Dass das Heiligtum dem Frieden gewidmet sei und der Versöhnung der Nation diene, wird in allen offiziellen Beschreibungen hervorgehoben. Ian Buruma merkt dazu an:

> Eine seltsame Vorstellung von Frieden. Die blühenden Kirschbäume vor dem Schrein tragen auf weißen Schildchen die Namen der Regimenter der Kaiserlich-Japanischen Armee und von berühmten Kriegsschiffen. Hinter dem Schrein erhebt sich ein steinernes Monument in der Form eines Globus, ein Gedenkstein für die *Kempeitai*, das japanische Äquivalent der nazistischen SS. In der Nähe liegt eine mit Vertiefungen versehene lange Betonplatte; in den Vertiefungen liegen bun-

> te Steine von den Schlachtfeldern von Leyte, Guadalcanal, Guam und Wake Island.[156]

Um diese spezifisch japanische Vorstellung von Frieden zu erörtern, ist es notwendig, zunächst auf den einzigartigen Status von Hiroshima als Erinnerungskonstrukt einzugehen.

Hiroshima als Erinnerungskonstrukt

Mit der inneren Loslösung von den USA in den 1960ern und 1970ern bildete sich in Japan eine ganz eigene Haltung zum Zweiten Weltkrieg und Amerikas Rolle darin heraus. Die Ideologie von »Frieden und Demokratie« verwandelte sich immer deutlicher in eine Formel, die dazu diente, mit dem Krieg vor allem die USA zu verurteilen und das Bild des eigenen Landes als Aggressionsopfer aufrechtzuerhalten. Hiroshima wurde zum wichtigsten Instrument und Symbol dieses Narrativs.

Dass Hiroshima als Hauptopfer amerikanischer Bombenangriffe gilt, geht auf eine bewusste politische Entscheidung zurück und zeigt einmal mehr, dass Erinnerung keine »objektive Wahrheit über die Vergangenheit«, sondern weitgehend ein Konstrukt ist. Die verheerendste und tödlichste Bombenattacke auf Japan war die »Operation Meetinghouse II«, ein Luftangriff auf Tokio in der Nacht vom 9. auf den 10. März 1945, bei dem etwa 100 000 Menschen ums Leben kamen und eine Fläche von 42 Quadratkilometern zerstört wurde. Zum Symbol der Atombombenkatastrophe wurde Hiroshima nicht nur, weil dort die Zahl der Opfer höher und das Ausmaß der Zerstörung größer war als in Nagasaki, wo die umliegenden Berge die Auswirkungen der Detonation begrenzten. Hinzu kam, dass in Nagasaki vor allem militärische Einrichtungen zerstört wurden.

156 Buruma, *Erbschaft der Schuld*, a. a. O. S. 221. Buruma zählt in der zitierten Passage die bekanntesten Schlachten des Pazifikkrieges auf.

Abb. 63. Hiroshima-Auschwitz-Friedensmarsch, 1962

Der Konstruktcharakter der Erinnerung an Hiroshima zeigt sich auch daran, dass über die Rolle der Stadt im Zweiten Weltkrieg und über nichtjapanische Opfer beharrlich geschwiegen wird. 1952 wurde neben dem Friedensmuseum von Hiroshima ein Kenotaph errichtet. Die japanische Inschrift lautet: »Ruht in Frieden, denn der Fehler wird sich nicht wiederholen.« Die englische Inschrift liest sich konkreter: »Mögen alle Seelen in Frieden ruhen, denn wir werden das Böse nicht wiederholen.« 1983 wurde in beiden Sprachen die Klarstellung hinzugefügt, mit »wir« sei »die ganze Menschheit« gemeint. Unter den Opfern des Bombenabwurfs auf Hiroshima waren auch 20 000 bis 40 000 Koreaner, viele davon Zwangsarbeiter. Die Verwaltung der Stadt erlaubte es jedoch nicht, ein Denkmal für die koreanischen Opfer, das die koreanische Diaspora 1970 errichtete, im Friedenspark aufzustellen. Es wurde erst 1999 nach langen Diskussionen dorthin versetzt.

Anfang der 1960er Jahre, als infolge des Eichmann-Prozesses der Holocaust zunehmend in den Blick der internationalen Öffentlichkeit kam, wurden in Japan Stimmen laut, die Parallelen zu Hiroshima zogen. 1962 organisierten vier Japaner, darunter ein buddhistischer Mönch und ein Veteran der kaiserlichen japanischen Armee, den Hiroshima-Auschwitz-Friedensmarsch mit dem erklärten Ziel, »das Gedenken an die Opfer und Orte der Tragödien des Zweiten Weltkriegs zusammenzuführen«. Die Teilnehmer des Marschs legten innerhalb von zehn Monaten 3000 Kilometer zurück und betraten am 27. Januar 1963, dem Jahrestag der Befreiung des Lagers, feierlich das Gelände des Auschwitz-Museums. Dort übergaben ihnen polnische Politiker die Asche von Opfern, damit sie auf dem Gelände des Hiroshima-Museums beigesetzt werden sollte. Auf dem Höhepunkt des Kalten Krieges, kurz nach der Kubakrise, wollte die Stadtverwaltung jedoch eine solche Gabe eines kommunistischen Landes nicht annehmen, und die Asche wurde neben einem buddhistischen Heiligtum bestattet.

Die zentrale Botschaft des Museums und des Gedenkparks war bis in die 1990er Jahre die Verkündigung des »Geistes von Hiroshima« – eines quasireligiösen Pazifismuskults, der sich vom Kontext des Zweiten Weltkriegs löste und mit der Aggression als solcher, besonders jedoch mit Kriegen unter Beteiligung der USA, befasste. In der Museumsbroschüre, aus der Ian Buruma zitiert, heißt es: »Hiroshima ist nicht mehr nur eine japanische Stadt. Sie gilt weltweit als ein Mekka des Weltfriedens.«

Auch das Motiv der Rache an den Amerikanern trat seit Ende der 1950er im Zusammenhang mit der Reflexion über die Bombenopfer immer deutlicher hervor. Ein prägnantes Beispiel dafür sind Keiji Nakazawas äußerst populäre Manga-Comics *Unter dem schwarzen Regen* und *Der Lauf des schwarzen Flusses* aus den 1960ern, die sich mit dem Schicksal von Menschen befassen, die die Atombombenabwürfe überlebt haben. Der Held des ersten Mangas arbeitet als Auftragsmörder, der sich auf Ausländer, vor allem Amerikaner, spezialisiert hat. Die Heldin des zweiten muss den Lebensunterhalt für sich und ihr Kind durch Prostitution in der Nähe einer amerikanischen Militärbasis verdienen. Als sie erfährt, dass sie an den Folgen der radioaktiven Strahlung sterben wird, beschließt sie, vor ihrem Tod möglichst viele amerikanische Soldaten mit Syphilis zu infizieren.[157] Solche Ge-

157 Mason, Michele M., »Bodies of Anger: Atomic Survivors in Nakazawa Keiji's Black Series Manga«. In: Otmazgin, Nissim / Suter, Rebecca (Hgg.), *Rewriting History in Manga Stories for the Nation*. New York 2016, S. 77.

schichten wurden nicht als Widerspruch zum »Geist von Hiroshima« empfunden, sondern waren ohne weiteres damit vereinbar: In den 1970ern erlangte Nakazawa den Ruf eines anerkannten Klassikers auf dem Gebiet der Antikriegs-Mangas.

Das Erwachen der Erinnerung

Das Jahr 1989, in dem Kaiser Hirohito starb und der Kalte Krieg endete, ist auch das Jahr, in dem die Erinnerung in Japan zum Durchbruch kam, wie es 1979 in Deutschland und 2000 in Spanien geschehen war.[158] Dabei wirkten mehrere Faktoren zusammen. Die Entwicklung hatte bereits Mitte der 1980er Jahre eingesetzt.

Der Beginn von Deng Xiaopings Reform- und Öffnungspolitik in China und die Demokratisierung der Gesellschaft in Südkorea (wo 1987 erstmals demokratische Wahlen stattfanden) führten in beiden Ländern zu einer Abkehr von der allein auf Siege ausgerichteten Erinnerungskultur. Das historische Gedenken aus Sicht der Opfer erwies sich als förderlich, um die Nation zu einen und eine kontrollierte Demokratisierung einzuleiten. 1982 löste die Nachricht, aus einem japanischen Geschichtsbuch seien Informationen zur Invasion Japans in China und dem Massaker von Nanking getilgt worden, einen Skandal aus. Die chinesische Regierung bekundete offiziell ihre Missbilligung und präsentierte den Medien eine Auswahl alter Leute, die die Tragödie von Nanking überlebt hatten. Japan versicherte, es erkenne seine Verantwortung an und werde den Lehrbuchinhalten künftig mehr Aufmerksamkeit widmen. Bald stellte sich allerdings heraus, dass die Nachricht von der Manipulation des Lehrbuchtexts auf einen Fehler japanischer Journalisten zurückging. Doch der Schleier des Schweigens, der über diesem Ereignis gelegen hatte, war nun gelüftet.

1987 begann die Ritsumeikan-Universität Kyoto, Materialien für ein neues Museum für Militärgeschichte zu sammeln. Dabei stieß sie

158 Field, Norma, *In the Realm of a Dying Emperor*. New York 1993.

auf Shirō Azuma, der am Massaker von Nanking beteiligt gewesen war. Er sprach bereitwillig über seine Erlebnisse, ermunterte auch ehemalige Kriegskameraden dazu und erklärte sich damit einverstanden, dass seine Tagebücher veröffentlicht wurden. Das scheinbar längst begrabene Thema erwies sich mit einem Mal als äußerst lebendig.

In den Jahren 1986-1987 ersuchten Einwohner von Hiroshima und Osaka – beides Städte mit hohem koreanischem Bevölkerungsanteil – die Stadtverwaltung von Hiroshima, im Friedensmuseum eine »Aggressorenecke« einzurichten, einen Ausstellungsteil, der sich mit Japans Rolle im Krieg befasst. Das Büro des Bürgermeisters lehnte den Vorschlag nach langem Zögern ab. Eine Aggressorenecke, so erklärte es, könne Neuinterpretationen des Atombombenanschlags Vorschub leisten, die Gefahr liefen, den »Geist von Hiroshima« zu verzerren und das Andenken der Opfer zu verletzen.[159]

Im Dezember 1989, als der Tennō bereits schwer krank war, wurde die japanische Öffentlichkeit durch eine Aussage des Bürgermeisters von Nagasaki, Hitoshi Motoshima, aufgewühlt. Auf die Frage nach Hirohitos Verantwortung für den Krieg sagte er:

> Dreiundvierzig Jahre sind seit Kriegsende vergangen und ich denke, wir haben genug Gelegenheit gehabt, über den Charakter dieses Krieges nachzudenken. Nach der Lektüre verschiedener Darstellungen aus dem Ausland und weil ich selbst als Soldat in der Militärerziehung tätig war,

159 »Die Stadt Hiroshima ist verpflichtet, mögliche Reaktionen von Besuchern auf eine Ausstellung zum japanischen Angriff zu berücksichtigen. Was ist, wenn sie den Atombombenabwurf für die zwangsläufige Konsequenz dieses Angriffs halten? Eine solche Auffassung würde unserem Wunsch widersprechen, den Besuchern den Geist von Hiroshima zu vermitteln. Zudem fürchten wir, dass dies die Seelen der Opfer des Atombombenangriffs stören könnte. Hiroshima hat die Verantwortung, die ›Wahrheit über den Atombombenabwurf‹ mitzuteilen. Deshalb planen wir, die ›historischen Fakten‹ über Hiroshima als Hauptmilitärbasis und militärisches Ausbildungszentrum in einem neuen Museum zu präsentieren« (Mikyoung, Kim, »Pacifism or Peace Movement? Hiroshima Memory Debates and Political Compromises«. In: *Journal of International and Area Studies*, 2008, Bd. 15, Nr. 1, S. 61-78.

> glaube ich tatsächlich, dass der Kaiser die Verantwortung für den Krieg trug ...[160]

Die Verletzung der stillschweigenden Konvention, von der Verantwortung des Kaisers zu schweigen, noch dazu zu einem so unglücklichen Zeitpunkt – Hirohito starb einen Monat darauf –, rief eine nie dagewesene Empörungswelle hervor. Motoshima wurde mit Todesdrohungen gegen seine Person und seine Familie überhäuft, ein Mann versuchte mit einem Benzinkanister in sein Büro einzudringen. Die Liberaldemokratische Partei beendete die Zusammenarbeit mit ihm, und er wurde als Vorsitzender der patriotischen Vereinigung der Stadt entlassen. Doch das Tabu, über Verantwortung des Kaisers zu reden, wurde bereits von zu vielen als Last empfunden, und sie hatten lange darauf gewartet, dass jemand das Schweigen brechen würde. Nach zwei Wochen hatte Motoshima mehr als 10 000 Unterstützungsschreiben von Professoren und Studenten, Kriegsveteranen, Hausfrauen, Aktivisten, Angestellten und Vertretern der kreativen Intelligenz erhalten. Einige Monate später waren es bereits Hunderttausende von Briefen. Der Autor eines Leserbriefs an die liberale Zeitung *Asahi Shimbun* schrieb:

> Das Kaisersystem führte zur Herrschaft der Militärs über das Land und verursachte die schlimmste Tragödie der japanischen Geschichte. Die Konservativen in Regierung und Behörden wollen wieder zur traditionellen Monarchie zurück, um demokratische Grundrechte anzugreifen. [...] Es ist nun unsere Verantwortung vor der Geschichte, den Mechanismus wissenschaftlich zu analysieren, der seit dem Meiji-Zeitalter das Volksbewußtsein geprägt und zum Krieg geführt hat. [...] Erst dann kann die Frage der Kriegsverantwortung unserer Führer endgültig beantwortet werden, und zwar nicht mit der ›Gerechtigkeit der Sieger‹, sondern vom japanischen Volk selbst.[161]

160 Buruma, *Erbschaft der Schuld*, a. a. O. S. 310.

161 Ebd. S. 321.

Als Motoshima ein Jahr nach seiner Erklärung auf den Personenschutz verzichtete, der ihm zur Verfügung gestellt worden war, schoss ihm ein Vertreter einer rechtsradikalen Organisation in den Rücken und machte den Bürgermeister von Nagasaki damit endgültig zum Nationalhelden. Kurz darauf traf der neue Kaiser Akihito bei einem Besuch in Nagasaki persönlich mit ihm zusammen. In den Augen vieler kam dies einer offiziellen Aufhebung des Tabus gleich, mit dem die Erörterung der Verantwortung des Tennō belegt war.

1989 endete auch das »japanische Wirtschaftswunder«. Auf mehrere Jahrzehnte raschen wirtschaftlichen Wachstums folgte das sogenannte verlorene Jahrzehnt, das die japanische Politik erschütterte. Bei den Wahlen 1993 musste die Liberaldemokratische Partei nach 38 Jahren ungeteilter Herrschaft erstmals einer von den Sozialisten geführten Koalition weichen. Das »System 55«, die seit dem Jahr 1955 ununterbrochen andauernde Herrschaft der Liberaldemokratischen Partei, war an sein Ende gekommen. Kommentatoren beklagten den Verlust an Stabilität und sprachen von einem Triumph des Chaos. Japan, einst ein leuchtendes Vorbild für seine Nachbarländer, sei nun zu einer »Bananenrepublik« und »Karaoke-Demokratie« herabgesunken.

Im Zuge des politischen Umbruchs fielen nun auch die letzten Tabus in Bezug auf die Verantwortung für den Krieg. Im Februar 1989 stellte der bekannte japanische Regisseur und Aktivist Hitoshi Kai in der *Asahi Shimbun* die Legitimität der Parallelen zwischen den Atombombenabwürfen und dem Holocaust in Frage. »Wenn man sich die Geschichte ansieht, sind Nanking und Seoul dann nicht viel eher vergleichbar mit Auschwitz? Es gibt schließlich etwas, das bisher noch niemand gesagt hat: Hiroshima war auf Seiten des Aggressors.«[162] Ein paar Jahre später äußerte sich auch Motoshima in ähnlicher Weise. Diesmal jagte ihm niemand eine Kugel in den Rücken, und er erhielt einen Preis der Gesellschaft für japanisch-koreanische Freundschaft. Am 3. August 1993 wurde die berühmte »Kōno-Erklärung« verlesen:

162 *Asahi Shimbun*, 16.02.1990.

Abb. 64. Der frühere japanische Premierminister Tomiichi Murayama mit einer ehemaligen »Trostfrau«. Seoul 2014

Der Chefkabinettsekretär Yōhei Kōno erklärte unter Berufung auf den Abschlussbericht einer Regierungskommission öffentlich, dass die japanische Armee Frauen während der Kriegsjahre im Auftrag der Militärführung zur Prostitution in »Troststationen« gezwungen habe. In einer Rede am 15. August 1993 auf der jährlichen Gedenkfeier zum Ende des Zweiten Weltkriegs erkannte Premierminister Morihiro Hosokawa die Kriegshandlungen Japans erstmals als Aggression an. Die prominenteste dieser Erklärungen, die eine erhitzte Debatte auslöste, war jedoch ein Parlamentsbeschluss vom Juni 1995, der das Bedauern über »den Schmerz und das Leid, das Japan den Völkern anderer Länder, insbesondere in Asien, zugefügt hat«, zum Ausdruck brachte und auf den eine Entschuldigung des Premierministers Tomiichi Murayama folgte.

Es blieb nicht bei Erklärungen. 1995 wurde auf Anweisung Murayamas der Asian Women's Fund gegründet – eine Stiftung, die offiziell eine Nichtregierungsorganisation ist, aber in enger Verbindung zum Regierungsapparat steht. Nach seinem Ausscheiden aus der Politik übernahm Murayama als Privatperson den Vorsitz. In den zwölf

Jahren ihres Bestehens hat die Stiftung insgesamt 1,7 Milliarden Yen – etwa 12,5 Millionen Euro – an Opfer sexueller Ausbeutung und deren Angehörige auf den Philippinen, in Korea, Taiwan, Indonesien und den Niederlanden ausgezahlt. 600 Millionen Yen wurden von japanischen Bürgern gespendet, den Rest stellte die Regierung bereit.[163] Im Jahr 2007 beendete der Fonds seine Tätigkeit und stellte fest, er habe seine Verpflichtungen nun erfüllt. Seine Aktivitäten haben entscheidend dazu beigetragen, das Gespräch über die Verantwortung für den Krieg in Japan und über die Landesgrenzen hinaus in Gang zu bringen.[164]

Der Beginn der 1990er Jahre war auch im musealen Bereich von einem »Tauwetter« in der Gedenkstättenpolitik geprägt. 1991 wurde in Osaka, der Stadt mit der landesweit größten Zahl koreanischer Einwohner, das »International Peace Center« eröffnet, und 1992 wurde an der Ritsumeikan-Universität in Kyoto ein aus kommunalen Mitteln finanziertes Museum des Weltfriedens eingeweiht. Beide Museen halten sich zwar an das traditionelle Narrativ von »Frieden und Demokratie«, kehren dabei jedoch die Geschichte der japanischen Aggression und die Kriegsverbrechen der kaiserlichen Armee nicht unter den Tisch. 1994 wurde im Ostflügel des Friedensmuseums von Hiroshima schließlich eine Ausstellung eröffnet, die das aggressive Machtstreben Japans und das anderen Völkern zugefügte Leid thematisiert.

Ab den 1990er Jahren rückten die Debatten über die Kriegsschuld in die öffentliche Sphäre und beeinflussten zunehmend auch die Massenkultur. Entsprechend wurden die asiatischen »Erinnerungskriege« auch auf dem Feld der Mangas ausgetragen.

Im nationalistischen Milieu entstanden revisionistische, neonationalistische Mangas. Wichtigster Repräsentant dieser Richtung ist

163 Daten von der Website des japanischen Außenministeriums: https://www.mofa.go.jp/policy/q_a/faq16.html (Abrufdatum 31.03.2022).

164 Barkan, Elazar, *The Guilt of Nations. Restitution and Negotiating Historical Injustices*. New York 2000, S. 46-64.

Abb. 65. Cover der dem Thema »Trostfrauen« gewidmeten Sonderausgabe der Zeitschrift *Schaurige Geschichten* vom Oktober 2013

Yoshinori Kobayashi, der Autor der Serie *Shin Gōmanizumu Sengen* (Manifest für einen neuen Stolz). Er unternimmt den Versuch, drei Vorstellungen neonationalistisch zu reinterpretieren: das japanische Volk als übernatürliches Kollektivwesen unter Führung des Tennō, die Göttlichkeit des Tennō und den Yasukuni-Kult, dem er eine eigene Serie namens *Yasukuniron* widmet. Zwar hat Kaiser Hirohito dem Anspruch auf die göttliche Abkunft der kaiserlichen Dynastie im Rahmen der Kapitulationsvereinbarungen entsagt, doch der Streit darüber, wie diese Göttlichkeit, der Verzicht auf sie und die Möglichkeit eines solchen Verzichts zu verstehen sind, hält bis heute an.

Das Gegenlager wird vor allem durch koreanische Mangas repräsentiert, die den japanischen Militarismus anprangern und dessen koreanische Opfer betrauern. Diese Comics greifen insbesondere die Debatte über Japans Verantwortung für die Einrichtung von »Troststationen« aktiv auf. Zwischen beiden Polen liegt ein breites Spektrum populärer japanischer Mangas, die brisante Themen auf fiktive, sentimentale und erotische Weise gestalten. Ein klassischer Stoff sind

Abb. 66. Seite aus Miu Ichikawas Manga *Spuren des Hasses* über die Liebe zwischen einem japanischen Soldaten und einem »Trostmädchen«, 2013

hier Liebesgeschichten zwischen »Trostfrauen« und japanischen Soldaten – besonders Kamikaze-Piloten, deren Kultstatus ein Kulturphänomen für sich ist.[165]

Verantwortung als politisches Instrument

Anfang der 2010er Jahre konnten sich die Liberaldemokraten unter Führung von Shinzō Abe wieder dauerhaft an der Macht etablieren. Abe stand im Ruf, ein Nationalist und sogar Revisionist zu sein. Als Premierminister erklärte er wiederholt, das japanische Volk solle nicht

165 Shields, James, »Revisioning a Japanese Spiritual Recovery through Manga: Yasukuni and the Aesthetics and Ideology of Kobayashi Yoshinori's ›Gomanism‹«. In: *The Asia-Pacific Journal*, 22.11.2013, Bd. 11, Ausgabe 47, Nr. 7; Berndt, Jacqueline, »›Comfort Women‹ Comics, Multifaceted. Revisiting the 2014 Manhwa Exhibit in Angoulême from the Perspective of Manga Studies«. In: *Orientaliska Studier* 2016, 147, S. 143-169.

»dazu verdammt sein, sich auf alle Zeit für die Verbrechen des Zweiten Weltkriegs zu entschuldigen«, und die Regierung habe die »Trostfrauen« nicht zur Prostitution gezwungen. Die Debatten um die Abschaffung des 9. »pazifistischen« Artikels der japanischen Verfassung wurden mit unverminderter Heftigkeit fortgeführt, wie die Auseinandersetzung um Miyazakis Film *Wie der Wind sich hebt* zeigt, mit der dieses Kapitel eröffnet wurde.

Allerdings sollte Abes Politik nicht als Revisionismus im vollen Sinn des Wortes angesehen werden. Sie zielte nicht darauf, die Ergebnisse der Diskussionen in den drei Jahrzehnten davor zu revidieren, die im öffentlichen Leben des Landes fest verankert sind. Eher ging es darum, in diesen Diskussionen den Eindruck zu vermeiden, man laufe vorgegebenen Erwartungen hinterher und agiere defensiv. Shinzō Abe besuchte den Yasukuni-Schrein nicht häufiger, sondern seltener als die meisten seiner Vorgänger, und in seinen Entschuldigungen wiederholte er im Wesentlichen alles, was progressive Premierminister vor ihm gesagt hatten. Da er als Revisionist galt, wurde jedoch jede Nachricht darüber, dass er den Schrein nicht besuchen werde, von seinen innen- und außenpolitischen Gegnern als Zugeständnis an die Pazifisten interpretiert.

Japans Beziehung zu seiner Vergangenheit ist nach wie vor von einer grundsätzlichen Ambivalenz geprägt. Einerseits erfordert die Integration in die Weltwirtschaft, dass die Regeln des guten Tons eingehalten werden. Dazu gehört die Anerkenntnis der Schuld an den Angriffen auf China, Korea und Südostasien (was Japans westliche Partner dem Land immer wieder in Erinnerung rufen). Andererseits erlaubt es die fortbestehende Rivalität mit diesen Ländern jedoch nicht, die historisch bedingte Abwehrmentalität ganz aufzugeben und die Geschichte der Beziehungen zu ihnen von Grund auf neu zu interpretieren. Genau davon spricht letztlich auch Miyazaki in dem Interview, das dieses Kapitel einleitet. Er zitiert dort seinen Lieblingsschriftsteller Yoshie Hotta, der seit den frühen 1950er Jahren ausführlich über Japans Verantwortung für den Krieg geschrieben hat:

> Yoshie Hotta sagt, dass die Geschichte vor uns und die Zukunft hinter uns liegt. Was wir sehen können, ist also die Vergangenheit, die vor uns liegt. Ich verstehe, dass viele unsere militaristische Vergangenheit nicht sehen wollen. Aber wenn Sie in diesem Land Politiker sein wollen, müssen Sie darüber Bescheid wissen, Sie müssen versuchen, sich selbst darüber zu informieren. Sonst werden Sie von der Weltgesellschaft nicht akzeptiert.[166]

166 Miyazaki, *Constitutional Amendment is Out of the Question*, a. a. O. S. 3-4.

DRITTER TEIL – SYNTHESE

Einführung

Die in diesem Teil folgende Analyse beansprucht nicht, alle Verfahren der Vergangenheitsaufarbeitung aufzuführen, die für Russland in Frage kommen. Sie ist jedoch auch keine willkürliche Auswahl von Szenarien, die dem Autor gerade zufällig in den Sinn kamen. Am ehesten handelt es sich um den Versuch, eine Art Periodentafel der Mechanismen und Strategien zur Vergangenheitsbewältigung zu skizzieren – ein universelles Koordinatensystem zu entwerfen und die Grundelemente aufzulisten, ohne die sich die Bewältigung der Vergangenheit nicht projektieren lässt. Hierzu werden sowohl die im vorigen Teil beschriebenen Ansätze herangezogen wie auch andere, die bisher nicht betrachtet wurden.

Die kurzen einleitenden Szenen am Anfang jedes Kapitels dienen nicht nur zur Auflockerung. Sie sollen auch zeigen, dass die Arbeit mit der Vergangenheit sich nicht auf politische und gesellschaftliche Mechanismen reduzieren lässt. Zu einem großen Teil findet sie auch im Bereich der Kultur statt. Werke der bildenden Kunst und der Monumentalkunst, der Literatur und des Films sind keine Nebenprodukte der Vergangenheitsaufarbeitung, sondern gehören zu ihren wichtigsten Werkzeugen und Ausdrucksformen, ohne die sie nicht vollständig wäre. Nicht von ungefähr befasst sich mindestens die Hälfte der Studien zur individuellen und kollektiven Gedächtnisarbeit in irgendeiner Form mit der Rolle der Kunst.

1. Know your enemy

Im Juni 2017 lief im US-amerikanischen Kabel-TV-Sender *Showtime* und im russischen Staatssender *Pervyj kanal* (Erster Kanal) die Erstausstrahlung von Oliver Stones vierteiliger Serie *Die Putin-Interviews*. In der US-Fassung stand sie unter dem Motto »Know your enemy« – Lerne deinen Feind kennen. Auf die Frage, wie er zu Stalin stehe, erwiderte Wladimir Putin: »Die übertriebene Dämonisierung Stalins ist eine der Methoden, die Sowjetunion und Russland anzugreifen. Man will zeigen, dass das Russland von heute einige Muttermale des Stalinismus aufweist. Wir alle haben ein paar Muttermale, na und?«[1] Wie üblich bei Putin gingen diese Worte einher mit Bemerkungen über die »Schrecken des Stalinismus«, die »Vernichtung von Millionen Landsleuten« und dem Hinweis, dass »Russland sich grundlegend verändert« habe. Doch seine zentrale Botschaft war – darin stimmten alle Kommentatoren überein –, dass er die Dämonisierung Stalins in Zusammenhang mit einem Angriff auf die UdSSR und Russland brachte.

Der Führer eines autoritären Staates verteidigt einen seiner Vorgänger, der ein autoritäres Regierungssystem perfektioniert hat, gegen Angriffe von Verfechtern eines anderen politischen Systems, das erst nach der Demontage des Autoritarismus aufgebaut werden kann. Aus dieser Perspektive ist Stalin weder eine historische Figur noch ein Gegenstand moralischer oder rechtlicher Erwägungen. Er verkörpert das politische System, und ihn gegen Angriffe zu verteidigen dient ganz einfach dem Selbstschutz und der Selbstlegitimierung. Bezeichnend ist hier die Bemerkung über die Muttermale: Wenn man davon ausgeht, dass der Autoritarismus der russischen Staatlichkeit genetisch inhärent ist, dann ist der Stalinismus keine Pockennarbe auf dem Körper des Staates, nichts Äußerliches, das sich in das lebende

1 »Putin sčitaet, čto izlišnjaja demonizacija Stalina – odin iz putej ataki na Rossiju«. *TASS*, 16. 07. 2017. https://tass.ru/politika/4341427 (Abrufdatum 20. 07. 2022).

Gewebe hineinfrisst und es verletzt. Er ist dann in der Tat ein Muttermal, ein organischer Bestandteil dieses Gewebes.

Die Beispiele der im vorigen Teil beschriebenen Länder zeigen, dass die Veröffentlichung von Opfer- und Täternamen, das Errichten von Gedenkstätten und die Diskussion über die Übernahme der Verantwortung für Staatsterror in direktem Zusammenhang mit Veränderungen der gesellschaftlichen und politischen Realität stehen. Sie sind keineswegs auf den »museal-humanitären« Bereich beschränkt, wie es der Ausdruck »Vergangenheitsbewältigung« nahelegen könnte. Denn bei all diesen Bemühungen geht es ja letztlich darum, dass solche kriminellen Praktiken in der Gegenwart eingestellt werden und sich künftig nicht mehr wiederholen können. Es handelt sich nicht nur um Maßnahmen des kollektiven Gedenkens, sondern vor allem auch um Instrumente der Übergangsjustiz. Die Erinnerung an die »schwierige Vergangenheit« erfordert es, eine klare Haltung zu dieser Vergangenheit zu formulieren. Der Aufruf, sich zu erinnern, kommt hier der Aufforderung sehr nahe, den Feind von Angesicht zu Angesicht kennenzulernen *(to know your enemy)*, um ihn zu bekämpfen.

Bei der Vergangenheitsaufarbeitung geht es weniger darum, die Erinnerung an Vergangenes zu sortieren, als darum, den Übergang von einem politischen System zum anderen – vom Autoritarismus (Diktatur) zur Demokratie – zu institutionalisieren. Dieser Übergang kann verschiedene Formen annehmen: Das alte System bricht komplett zusammen und wird durch ein neues ersetzt (wie in Deutschland), es wandelt sich, wobei Elemente der alten Struktur erhalten bleiben (wie in Spanien, Argentinien oder Polen), oder Elemente des alten Systems werden in das neue integriert (wie in Japan). Die Besonderheit im Fall Russland liegt nicht in der Erfahrung mit dem Staatsterrorismus – sie ist in jedem Land auf ihre Weise einzigartig. Aber in Russland verbinden sich Elemente der verschiedenen Übergangsszenarien auf einmalige Weise. Wie in Deutschland kam es zu einem Zusammenbruch des früheren politischen Systems, allerdings nicht durch äußere Einflüsse, sondern durch natürliche Ursachen. Wie in Spanien geriet der Systemwandel auf halbem Wege ins

Stocken, und in einer neuen historischen Phase wurde versucht, das alte System wiederzubeleben. Und wie in Japan versuchten die alten Eliten, das alte System an die neuen Bedingungen anzupassen und dabei an der Macht zu bleiben.

Wenn wir die Aufarbeitung der Erinnerung an den sowjetischen Terror durch dieses Prisma betrachten, lässt sich die Haltung der derzeitigen russischen Staatsführung in vieler Hinsicht leichter nachvollziehen.

Regierung und Staatsmedien verbreiten seit Anfang der 2000er Jahre aktiv das Narrativ, der politische Systemwechsel 1991, der alle einschlägigen Initiativen und proto-institutionellen Prozesse in Gang setzte (den Abriss der verrufensten Denkmäler, die Öffnung der Archive, die Einrichtung von Datenbanken zu Repressionsopfern, die Ausweitung der Aktivitäten von Memorial usw.), sei keine Demokratisierung gewesen, sondern ein katastrophaler Zusammenbruch. In seiner Botschaft an die Föderalversammlung am 25. April 2005, die bekannt wurde, weil er den Untergang der Sowjetunion darin als »größte geopolitische Katastrophe des Jahrhunderts« bezeichnete, machte Wladimir Putin deutlich, dass Russland den demokratischen Weg als »Fortsetzung der russischen Staatlichkeit«, in Kontinuität zur Sowjetunion, beschreiten und sich nicht von ihrem Erbe verabschieden werde.[2] Die Ausführungen zu Freiheit und Demokratie dienten lediglich zur Beruhigung der Bürger und der westlichen Partner (bei denen nur der Ausdruck »Entwicklung der Demokratie« ankam). Das eigentlich Wichtige an dieser Rede und der Politik, die ihr zugrunde lag, war jedoch das Bestreben, zwischen dem heutigen Russland und der Sowjetunion Kontinuität herzustellen, so als hätte es nie einen Systembruch gegeben.

Die Entwicklung Russlands in den beiden vergangenen Jahrzehnten erinnert an den Kurs der Brigantine *Pilgrim* aus Jules Vernes Ro-

2 Botschaft an die Föderalversammlung der Russischen Föderation. Auf der offiziellen Website des Präsidenten der Russischen Föderation. 25.04.2005. kremlin.ru/events/president/transcripts/22931 (in russischer Sprache, Abrufdatum 21.07.2022).

man *Ein Kapitän von fünfzehn Jahren.* Die Besatzung und die Passagiere der *Pilgrim* glauben sich auf dem Weg von San Francisco nach Südamerika, landen jedoch in Afrika: Der als Schiffskoch getarnte Sklavenhändler Negoro hat heimlich den Kompass manipuliert, um das Schiff auf eine andere Route umzuleiten. Wenn der Kompass nicht funktioniert, kann man nur durch einen Blick auf die Sterne feststellen, welchen Kurs das Schiff wirklich nimmt. Wohin der gegenwärtige, den beharrlichen Beteuerungen seiner Führer zufolge demokratische Kurs des russischen Staates führt, lässt sich an den Praktiken des Gedenkens und dem Umgang der Staatsmacht mit ihnen ablesen.

In den Jahren 2015-2016, also etwa zu der Zeit, als Oliver Stone sein Interview mit Putin drehte, gab der Staat seine bisherige neutrale Haltung zur Beschäftigung mit der Geschichte der Repressionen auf. Der Punkt, ab dem diese Tätigkeit als politisch betrachtet wurde, ist symbolisch markiert durch die Einstufung von Memorial als »ausländischer Agent« und das Verfahren gegen Juri Dmitrijew. Dieser Kurswechsel vollzog sich zu einer Zeit, als das Regime in Russland nach den Protesten der Jahre 2011-2013, nach Putins Wiederwahl zum Präsidenten und dem Beginn der Krise in der Südostukraine endgültig autoritäre Gestalt annahm.

Dass die Aufarbeitung der Vergangenheit einer solchen historischen Rückwärtsbewegung tatsächlich gefährlich werden kann, spiegelt sich auch in der Reaktion der »Nationalpatrioten« wider. Zwar werden deren Vertreter wie Alexander Prochanow und Sergei Kurginjan in Fachkreisen mit gutem Grund nicht ernst genommen, doch lässt sich kaum abstreiten, dass ihre Intuitionen in Bezug auf die Erinnerung an die sowjetische Vergangenheit verlässlich funktionieren. Im August 2017 schickten Mitglieder des Isborsk-Klubs, eines von Prochanow geleiteten Verbands konservativer Aktivisten, einen Brief an den Gouverneur der Region Orjol, Wadim Potomski. Dieser war dafür bekannt, dass er eine Initiative zur Aufstellung eines Denkmals für Iwan den Schrecklichen auf den Weg gebracht hatte. Die Briefunterzeichner sprachen sich nun für ein Stalin-Denkmal in Orjol aus.

»Indem wir Josef Wissarionowitsch Stalin ein Denkmal errichten«, heißt es in dem Schreiben, »und damit seine großen Verdienste um das Vaterland würdigen, schließen wir die tragische historische Kluft, in der das gesamte große 20. Jahrhundert verschwindet – mit seinen Siegen, mit den unermesslichen, unter Qualen und großen Verlusten errungenen Leistungen unseres Volkes.«[3]

Lässt man das Barbarische der Idee, einem Staatsmann, der für die Vernichtung von Millionen Staatsbürgern verantwortlich ist, ein Denkmal setzen zu wollen, für einen kurzen Augenblick außer Acht, so ist der Gedankengang der Autoren konsequent und bemerkenswert: Stalin verkörpert das autoritäre Prinzip der Staatsführung; er symbolisiert den diktatorischen Kurs und den Vorrang nationaler Interessen vor den Menschenrechten. Wenn die Existenz des russischen Staates an einen solchen Kurs geknüpft wird, ist es überlebenswichtig, zwischen den gegenwärtigen Regierungsprinzipien und denen der Sowjet- und Stalinzeit Kontinuität herzustellen und die 1990er Jahre, die klar für entgegengesetzte Tendenzen stehen, als »tragische historische Kluft« zu bezeichnen.

Die Auftritte Alexander Prochanows charakterisieren mit all ihrer Hysterie und Aufschneiderei, dem Nebeneinander von visionärem Pathos und Zynismus, religiösen Bildern und körperlichen Anspielungen sehr genau den gesamten einschlägigen »Diskurs«: nervös, ständig ins Geschrei kippend, clownesk und manipulativ. Das Problem für diejenigen, die »zurück in die UdSSR« wollen, ist ja, dass sich das einstige Imperium nicht wiederherstellen lässt. Es ist nicht durch eine US-Intrige oder einen Umsturz von innen zusammengebrochen, sondern aufgrund historischer und wirtschaftlicher Gesetze. Die Sowjetunion war als System nicht lebensfähig. Der Versuch, ihr Leben zu verlängern, läuft darauf hinaus, einen Leichnam wiederbeleben zu wollen. Das Merkwürdige an dieser Situation, in der die Rehabilitierung des Stalinismus wie von selbst in Gang kommt, ohne

3 Prochanov, Aleksandr, »Slava Stalinu. Obraščenie gubernatoru Orlovskoj oblasti Potomskomu Vadimu Vladimiroviču«. *Zavtra*, 9.08.2017.

dass der Staat sie bewusst anstrebt, erklärt sich daraus, dass ohne den Aufbau echter – und nicht nur simulierter und kostümierter – demokratischer Institutionen kein anderes Regierungsmodell bleibt als das autoritäre.

Deshalb sollte man im Kopf behalten, dass es sich bei der »Aufarbeitung der Vergangenheit« nicht nur um Gedenken und Informieren handelt, sondern um eine politische Tätigkeit. Ihre Aufgabe besteht darin, zu gewährleisten, dass eine Rückkehr zu den verbrecherischen Praktiken nicht möglich ist. Es geht nicht darum, das Boot ins Schaukeln zu bringen, sondern darum, den Magnet unter dem Kompass zu beseitigen, damit es wieder den richtigen Kurs einschlägt. Um auf diesem Kurs voranzukommen, muss erstens die Mehrheit der Gesellschaft ihn billigen und zweitens müssen die entsprechenden Maßnahmen systemischer Art sein. Ohne einen Konsens über die Vergangenheit lässt sich auch keine Einigkeit über den Weg in die Zukunft erzielen. Die Polarisierung der russischen Bürger bei der Bewertung der politischen Rolle Stalins und der gesamten Sowjetzeit zeigt, dass es diesen Konsens in Russland gegenwärtig nicht gibt. Die Projekte zur gesellschaftlichen Versöhnung, die die Staatsführung anzubieten hat, sind, wie oben vorgeführt, auch nicht geeignet, ihn herzustellen.

Wie ein solcher Konsens erzielt werden kann und welche systemischen Mechanismen dieser Prozess beinhalten könnte, ist Gegenstand des nun folgenden dritten Teils.

2. Einen Strich ziehen: Das Abschließen mit der Vergangenheit

Im Frühjahr 2018 zeigte das Wiener Leopold Museum eine Ausstellung des slowenischen Malers Zoran Mušić (1909-2005).[4] Die Bilder dieses wenig bekannten Künstlers sind mindestens ebenso eindrücklich wie die im selben Museum präsentierten Werke der berühmten Wiener Gustav Klimt und Egon Schiele. Was sofort ins Auge fällt, ist die unglaubliche Vitalität und Plastizität der Einbildungskraft. Mušić lebte nacheinander in unterschiedlichen Ländern, und das gesamte Milieu, die künstlerischen Schulen und Stile, die er dort vorfand, spiegeln sich jeweils unmittelbar in seinem Werk wider. Bei einem mehrmonatigen Aufenthalt in Madrid entstand ein großes Gemälde im Stil von El Greco. Als er nach Venedig kam, begann er venezianische Landschaften zu malen. Im Oktober 1944, kurz nachdem er seine ersten Einzelausstellungen außerhalb Sloweniens hatte, wurde Mušić in Venedig wegen Zugehörigkeit zu einer antifaschistischen Untergrundorganisation verhaftet und nach Folterungen in das Konzentrationslager Dachau gebracht. Dort verbrachte er mehrere Monate, bis die Amerikaner das Lager im April 1945 befreiten.

In Dachau arbeitete Mušić in einem Betrieb und fertigte auf Seiten, die er dort aus den Geschäftsbüchern herausriss, fast 200 Bleistiftskizzen an. Sie zeigen die Konturen lebloser, ausgemergelter menschlicher Körper, die in unnatürlichen, zerklüfteten Posen liegen, einzeln und in Stapeln. Es sind kaum ausgearbeitete Umrisse, ein flüchtiges, ohnmächtiges Festhalten des Grauens, das ringsum herrscht. Sie wirken, als könne der Künstler nur mit Mühe den Bleistift halten, sei es aus körperlicher oder seelischer Erschöpfung. Mušić ist zu aufmerksam für die Eindrücke seiner Umgebung, seine Welt hängt zu sehr

4 *Zoran Mušič. Poesie der Stille*. Ausstellungskatalog. Wien 2018. https://www.leopoldmuseum.org/de/presse/presseunterlagen/972/ZORANMUSIC-Poesie-der-Stille (Abrufdatum 26. 07. 2022).

Abb. 67. Zoran Mušić: *Dachau* (1945)

von dem Visuellen um ihn herum ab, als dass er sich dem Gesehenen verschließen und davon absehen könnte, es festzuhalten, um es »abzuspiegeln« und innerlich aufzubewahren. In einem späteren Interview sagt er, sein Bedürfnis, in Dachau zu zeichnen – manchmal unter Lebensgefahr –, sei nicht durch den Wunsch motiviert gewesen, die Verbrechen zu dokumentieren. Es sei ein künstlerisches Bedürfnis gewesen, die Unfähigkeit, der eigenen Berufung zu widerstehen – bezeichnenderweise kann Mušić sich nicht enthalten, von der »tragischen Eleganz« dieser Körper zu sprechen.[5]

Mušić konnte 35 von insgesamt 180 Skizzen retten (er versteckte sie auf dem Betriebsgelände, und die meisten Zeichnungen gingen durch Bombenangriffe verloren). Nach der Befreiung aus Dachau kehrte er nach Slowenien zurück, floh aber sofort vor Titos Regime nach Italien und begann mit unglaublicher Energie, helle, üppige und lebendige Ansichten Venedigs zu malen. Es war gleichsam der

5 Bohm-Duchen, Monica (Hg.), *After Auschwitz: Responses to the Holocaust in Contemporary Art*. London 1995, S. 153.

Abb. 68. Zoran Mušić: *Motivo Dalmata* (1950)

Versuch, die Düsternis und das Grauen dessen, was er kurz vorher erlebt hatte, zu kompensieren. Mušić bereiste den Balkan, lebte in Italien und Frankreich, setzte sich immer wieder neuen Erfahrungen aus, ließ sich schnell auf neues Material ein und passte seinen Stil daran an. In den 1950er Jahren malte er die Serie *Cavalli*, die nichts mit seinem bisherigen Werk gemein hatte: Sie zeigt Pferde in den Landschaften seiner Heimat Dalmatien, ist voller balkanischem Kolorit, lässt afrikanische Nationalmotive anklingen und experimentiert mit Sticktechnik. In den 1960er Jahren wandte sich Mušić der Abstraktion zu: Die Farben und die Opulenz seines Nachkriegswerks wichen allmählich aus seinen Arbeiten. Sie wurden dunkler und düsterer und immer eindringlicher. Sein Spiel mit den Stilen gewann zusehends an Ausdruck und Originalität, er war bereits fraglos ein großer Künstler, aber hatte noch immer nicht sein eigenes Thema gefunden.

Dazu kam es erst in den frühen 1970er Jahren. 25 Jahre nach Dachau kramte Mušić seine alten Skizzen hervor und schuf auf ihrer

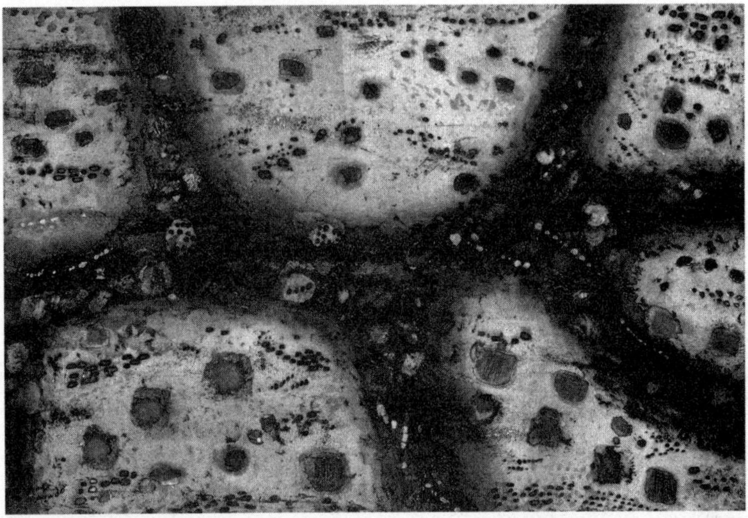

Abb. 69. Zoran Mušič: *Terre d'Istrie* (1959)

Grundlage Gemälde, in die seine gesamte Erfahrung, all sein erworbenes Können einflossen. Diese Serie trägt den Titel *Wir sind nicht die Letzten*: Trotz aller Schrecken der NS-Verbrechen hatte die Menschheit nichts gelernt. Auch nach 1945 gab es weiter Massaker an der Zivilbevölkerung, in Vietnam und Korea.

Auf den Bildern der Serie *Wir sind nicht die Letzten* sind dieselben menschlichen Körper in demselben düsteren beige-schwarzen Farbspektrum zu sehen, auf das sich Mušič in den späten 1950er Jahren wie von selbst zubewegt hatte. Ihre Schlichtheit, fast am Rande der Abstraktion, erinnert an die Erfahrungen des Künstlers in den 1960er Jahren. Indem Mušič dem Ausdruck verlieh, was jahrelang in seinem Bewusstsein verschlossen war, indem er seine Erfahrungen herausließ, die er mit farbenfrohen Venedig-Gemälden und ethnographisch-energischen Bildern der Balkansteppe zu »übermalen« versucht hatte, und sich der Abstraktion zuwandte, fand er schließlich zu sich selbst, und das verlieh seinen Bildern die unverwechselbare Aussagekraft, die einen großen Meister kennzeichnet.

Die Serie *Wir sind nicht die Letzten* verhalf Mušič zu einem wirk-

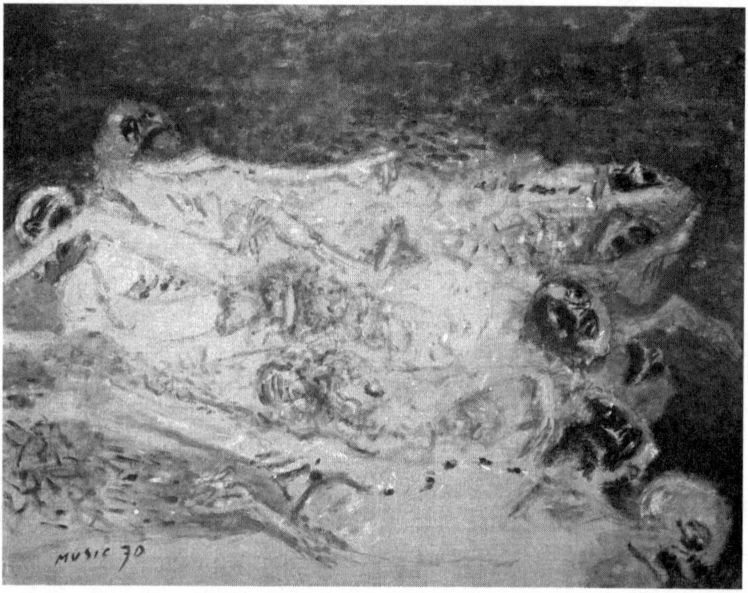

Abb. 70. Zoran Mušić: *Wir sind nicht die Letzten* (1970)

lich großen Erfolg und war der anerkannte Höhepunkt seines Werks, aber sie war nicht dessen Abschluss. Er setzte seinen Weg fort, und in der zweiten Hälfte der 1980er und 1990er Jahre begann eine neue, »philosophische« Phase seines Schaffens. Es entstanden Porträts oder Selbstporträts, die in der gleichen Technik angefertigt waren wie seine »Kadaver«- oder »KZ«-Bilder, jetzt aber das Leben und neue Themen zum Gegenstand hatten, die den Künstler beschäftigten. Diese dunklen, entweder im Gebet oder von Hinfälligkeit gebeugten Gestalten sind eine Betrachtung über das Alter, die Schwäche, die Stärke des Geistes, den Tod – aber einen Tod, der nicht mehr erschreckend und grauenerregend, sondern nah und »natürlich« erscheint; einen Tod, dem der Stachel genommen ist. Die Bilder sind auch eine Reise in die Tiefen des eigenen Ichs, denn in diesen Jahren begann Mušić zu erblinden, aber er hörte nicht auf zu malen. Seine langjährige, existenzielle und malerische, Arbeit mit der Finsternis erlaubte es ihm, aus der Erfahrung dieser Finsternis heraus Bilder zu schaffen. Die Überwindung des eigenen seelischen Traumas ermöglichte es ihm, sich selbst über körperliche Behinderungen hinwegzusetzen.

Mušićs Leben und Werk veranschaulichen, was Psychologen meinen, wenn sie sagen, dass es bei der Bewältigung eines Traumas nicht darum geht, es zu heilen und sich ein für alle Mal von seiner Last zu befreien. Denn das gelingt keineswegs immer. Der italienische Schriftsteller Primo Levi, der seine Lagererfahrungen ebenfalls nicht zuletzt deshalb beschrieb, weil er hoffte, dadurch ihre Folgen zu bewältigen,[6] konnte dies nicht und nahm sich das Leben. Ein Trauma ist nicht nur eine belastende Erinnerung, sondern eine Erfahrung, von der man nicht vollständig loskommen kann; es ist ein Ereignis aus der Vergangenheit, das sich nicht mehr ungeschehen machen lässt. Bei der Überwindung des Traumas geht es darum, mit dieser Erfahrung so umgehen zu können, dass sie das Leben nicht vergiftet, also ihre zerstörerischen Auswirkungen zu deaktivieren. Genau von dieser Art der Vergangenheitsbewältigung zeugen die Bilder von Zoran Mušić.[7]

Die im Folgenden beschriebenen Formen der Vergangenheitsbewältigung sind verschiedene Beispiele für die Art der Traumabearbeitung, die in Zoran Mušićs Geschichte so anschaulich zum Ausdruck kommt – einer Bearbeitung, die die schmerzhafte Erfahrung nicht auslöschen, aber ihr destruktives Potenzial blockieren soll, damit das Erlittene schließlich zum Teil eines gesunden, komplexen Ganzen werden kann.

6 Levi, Primo, »Ist das ein Mensch?« In: ders.: *Ist das ein Mensch? / Die Atempause*. München 2011; ders.: *Die Untergegangenen und die Geretteten*. München 1990.

7 Zu Mušić im weiteren Kontext der Post-Holocaust-Kunst siehe: Sujo, Glenn, *Legacies of Silence: The Visual Arts and Holocaust Memory*. London 2001.

Der Schlussstrich

Bei der Erörterung der Instrumente, die helfen, eine verbrecherische Vergangenheit zu verurteilen, sich von ihr loszusagen und zu einem neuen, von den bisherigen Praktiken freien Staatswesen überzugehen, erweist sich das Ziehen des Schlussstrichs als eine der wichtigsten Kategorien. Es wird ein Strich unter die Vergangenheit gezogen, um sie von dem, was jetzt kommt, zu trennen, um die Grenze zwischen dem Alten und dem Neuen zu markieren. Tadeusz Mazowiecki sprach in seiner ersten Rede als Ministerpräsident des neuen freien Polen 1989 von einem »dicken Strich«, der unter der Vergangenheit zu ziehen sei. Der russische Präsident Putin forderte bei der Eröffnung der Gedenkstätte für die Opfer der Repression 2017, 100 Jahre nach der Oktoberrevolution, man müsse »einen Schlussstrich unter die dramatischen Ereignisse ziehen, die das Land und das Volk gespalten haben«. Und das argentinische Gesetz von 1986, mit dem die Strafverfolgung von Verbrechen aus der Zeit der Junta verboten wurde, hieß *Ley de Punto Final* – das Schlusspunkt- oder Schlussstrichgesetz. Das berühmteste Bild für das Ziehen eines Schlussstrichs in der europäischen Nachkriegsgeschichte war jedoch das der »Stunde Null« in Deutschland.[8]

Der Schlussstrich, der Schlusspunkt, die Null, der Cordon sanitaire, das »Aufschlagen eines neuen Kapitels« – das sind Methoden, um im kontinuierlichen Fluss der Zeit eine Markierung zu setzen, die Vergangenheit, mit der man nichts mehr zu tun haben will, als vorüber zu kennzeichnen und sich auf eine Gegenwart zu beziehen, die bei null beginnt und frei ist vom Erbe der Vergangenheit. Diese muss vor allem deshalb »abgeschlossen« werden, weil ihre destruktiven Auswirkungen auf die Gegenwart zu schmerzhaft und zerstörerisch sind. In diesem Sinne bedeutet das Ziehen eines Schlussstrichs die Errichtung eines Cordon sanitaire, um die Kontamination einzugrenzen – sie soll sich nicht weiter ausbreiten können. Nicht umsonst findet sich das überzeugendste Bild eines solchen Sperrgürtels

8 Brockmann, Stephen, *German Literary Culture at the Zero Hour*. Rochester 2004.

in Albert Camus' Roman *Die Pest*, der 1947 erschien und den Faschismus als Seuche deutet, die wiederkehren kann.

Ein frühes Beispiel für die Verwendung des Begriffs ist der Titel von Roberto Rossellinis Film *Deutschland im Jahre Null* von 1948, in dem es um das Abschließen mit der Geschichte des Dritten Reichs geht. Der Held des Films, ein engelhafter Junge von zwölf Jahren (er ist so alt wie das Dritte Reich und verkörpert das unter den Nazis geborene Deutschland), irrt nach dem Krieg durch die Ruinen Berlins. Seine Mutter kam bei einem Bombenangriff ums Leben. Der Vater, ein Veteran des Ersten Weltkriegs, ist ans Bett gefesselt; er fürchtet, seinen Kindern zur Last zu fallen, und wünscht sich den Tod. Der ältere Bruder des Jungen, ein Wehrmachtssoldat, versteckt sich vor den Alliierten, während seine Schwester ihre Zeit in Bars verbringt, amerikanische Soldaten um Zigaretten anbettelt und kurz davor ist, auf den Strich zu gehen. In der Stadt trifft der Junge auf seinen Lehrer, der ihm einredet, die Schwachen müssten den Starken weichen und man könne ihnen zur Not auch dabei helfen. Daraufhin gibt er seinem Vater Gift. Er ist keineswegs bösartig – im Gegenteil, er möchte nur tun, was der Vater und der Lehrer von ihm wollen. Doch sein Bruder und seine Schwester sind untröstlich, der Lehrer ist entsetzt, und selbst die Kinder, denen er auf der Straße begegnet, lassen ihn aus irgendeinem Grund nicht mitspielen und laufen vor ihm weg wie vor einem Aussätzigen. In der Schlussszene, die als die schlimmste Szene des europäischen Nachkriegskinos bezeichnet wird, stürzt sich der Junge aus dem Fenster eines halb zerstörten Hauses. Für Rossellini ist das »Jahr Null« weniger ein Neuanfang als vielmehr eine »Nullstellung« der vorangegangenen historischen Periode. Denn selbst ihre ganz unschuldigen Abkömmlinge tragen das Mal des Bösen, das sich um sie herum ausgebreitet hat.

Einen Schlussstrich zu ziehen, ist nicht nur deshalb attraktiv, weil so die Ansteckung mit den kriminellen Praktiken der Vergangenheit gestoppt werden kann. Es bietet auch Gelegenheit, die Vergangenheit zu »entschärfen«, indem man sich von der Verantwortung für sie befreit. Das kann es erleichtern, Modelle zu einer kompromissbasierten

Demokratisierung zu erarbeiten, die sich für alle verhandelnden Parteien möglichst reibungslos gestalten soll. Es nützt aber auch denen, die revanchistische Ansätze verfolgen und mit wohlklingenden Worten bemänteln wollen, dass keine echte Demokratisierung stattfindet. Das argentinische »Schlusspunktgesetz« sollte mit der Vergangenheit abschließen, indem es verbot, Verbrechen, die zu dieser Zeit verübt wurden, strafrechtlich zu verfolgen. Diese Maßnahme wurde damit begründet, dass man nach vorn schauen und sich von der Last der Vergangenheit frei machen müsse. In Wirklichkeit diente sie jedoch nur den Interessen der Militärs, die während der Junta-Jahre Verbrechen begangen hatten. Mazowieckis »dicker Strich« stand formell für den Abschied von der kommunistischen Vergangenheit, sorgte aber faktisch dafür, dass Initiativen zur Lustration der kommunistischen Führung abgeblockt wurden. In beiden Fällen kam es zu einem Verzögerungseffekt: In Argentinien wurden 20 Jahre später wieder Prozesse gegen Militärs geführt, und in Polen wird die Lustration seit 2015 politisch instrumentalisiert.

Das Ziehen des Schlussstrichs hat immer etwas von einem Spiel, einer Projektion der Realität, einer Inszenierung, an der die Beteiligten mitwirken. In Japan markierte Kaiser Hirohitos Ansprache an die Nation am 15. August 1945 symbolisch einen Pakt zwischen den japanischen Eliten und den USA, demzufolge die Schuld für die Kriegsverbrechen der Kriegsführung (mit Ausnahme des Kaisers) auferlegt wurde und das japanische Volk als Opfer erschien, das aufrichtig an einer Demokratisierung des Landes nach amerikanischem Vorbild interessiert war. Carol Gluck, Expertin für japanische Geschichte des 20. Jahrhunderts an der Columbia University, schreibt dazu:

> Japans Version der deutschen »Stunde Null«, die absolute Zäsur zwischen der Kriegsvergangenheit und der Nachkriegsgegenwart, wurde selbst von denen sehr stark empfunden, die die Gründe für den abrupten Bruch mit der Geschichte nicht kannten. Schuljungen wurden von einem Tag auf den anderen aus einer patriotischen »Kriegsjugend« in eine begeisterte »demokratische Jugend« umgeformt. Das war eine aufrichtige und

scheinbar mühelose Verwandlung, an die sich die Mitglieder der Kriegsgeneration mit Erstaunen zurückerinnern. Für die älteren Japaner war es eher ein bewusster Bruch, ein individuelles und kollektives Bestreben, sich von der Vergangenheit zu befreien und das Leben neu zu beginnen. Bei einer relativen Kontinuität der Institutionen – dieselben Arbeitsplätze, dieselben Lehrer, dieselben Bürokraten – machten sich die Japaner den Glauben an den völligen Bruch zu eigen. Der Neuanfang wurde zum Gründungsmythos des »wiedergeborenen Japans«, wie es oft genannt wurde. Die Vorstellung von einer »Neugestaltung« Japans mit dem Bestreben, die beiden Ziele Frieden und Demokratie zu verfolgen, wurde über das gesamte politische Spektrum hinweg geteilt. So unterschiedlich ihre Auffassung von Frieden und Demokratie auch sein mochte, eine große Zahl von Japanern stimmte mit den amerikanischen Besatzern darin überein, dass die Hauptaufgabe darin bestand, ein »neues Japan« zu schaffen.[9]

Nullstellung

Das Bild der »Null« (*Stunde Null, Zero Hour, Punto Null*) als Ende und Beginn der neuen Zeitrechnung verdient eine eigene Betrachtung. Die schwierige Vergangenheit soll nicht nur isoliert, sondern vor allem »ausgelöscht«, inexistent gemacht werden. Darin muss man nicht unbedingt etwas Verwerfliches sehen. Über den größten Teil der Menschheitsgeschichte bis zum 20. Jahrhundert war das Gebot des Vergessens die Norm.[10] »Schon vergessen«, »Schwamm drüber« sagt man bei einer Versöhnung, um deutlich zu machen, dass der

9 Gluck, Carol, »The ›End‹ of the Postwar: Japan at the Turn of the Millennium«. In: Olick, Jeffrey K. (Hg.), *States of Memory: Continuities, Conflicts, and Transformations in National Retrospection*. New York 2003, S. 292.

10 Der bedeutende deutsche Althistoriker Christian Meier hat ein Buch geschrieben, in dem er die Geschichte der »Institution des Vergessens« von der Antike bis zur Gegenwart nachzeichnet: Meier, Christian, *Das Gebot zu vergessen und die Unabweisbarkeit des Erinnerns: Vom öffentlichen Umgang mit schlimmer Vergangenheit*. München 2010.

Konflikt beigelegt ist und dem weiteren Umgang nicht im Weg steht. Aber mit »Schon vergessen« lässt sich ein Konflikt nur beilegen, wenn die Wendung von der geschädigten Seite geäußert wird, nachdem die konfliktverursachende Partei ihre Schuld eingestanden und um Verzeihung gebeten hat. Und selbst dann ist das »Vergessen« eine Metapher: Das zugefügte Übel ist ja nicht wirklich vergessen. Es wirkt nicht mehr aktiv fort, es ist in den Status des Vergangenen und Abgeschlossenen überführt worden. In der politischen Praxis kommt das Ansinnen zu »vergessen« jedoch meist nicht vom Opfer, sondern vom Täter, und zwar genau dann, wenn dieser nicht bereit ist, Verantwortung für das Geschehene zu übernehmen und um Vergebung zu bitten. Durch eine solche Annullierung wird der Konflikt nicht geheilt, sondern übertüncht.

In der sowjetischen und postsowjetischen Kunst führt der 1984 gedrehte Film *Die Reue* von Tengis Abuladse besonders eindrücklich vor Augen, was geschieht, wenn Menschen die Vergangenheit vergessen wollen, ohne sie wirklich aufzuarbeiten. Das wichtigste Bild des Films ist die Leiche des Bürgermeisters Warlam Arawidse, der die eigene Bevölkerung unterdrückt hat. Die Protagonisten graben sie immer wieder aus. Einen Verbrecher zu begraben bedeutet, ihn zur Ruhe zu betten – den Schlussstrich zu ziehen und die Vergangenheit hinter sich zu lassen. Solange seine Verbrechen nicht verurteilt sind, ist das jedoch nicht hinnehmbar. Die Heldin, Tochter seiner Opfer, sieht es als ihre Pflicht an, zu verhindern, dass die Gerechtigkeit mit Füßen getreten wird. Wie bei Rossellini wird die jüngere Generation von dem nicht bewältigten Bösen heimgesucht: Als Warlams Enkel von den Untaten seines Großvaters erfährt, nimmt er sich das Leben. Daraufhin gräbt der Sohn, der seinen Vater zuvor verteidigt hatte, dessen Leiche selbst aus und wirft sie den Berg hinunter, damit sie von den Vögeln gefressen wird.

Über diese Szene wird bis heute gestritten. Hat es etwas mit Reue zu tun, wenn man die Leiche seines Vaters den Vögeln zum Fraß vorwirft? Ist es nicht vielmehr so, dass die »Liberalen« damit unter dem Deckmantel wohlklingender und korrekter Worte die eigene verhasste Vergangenheit in den Schmutz ziehen? Aber der Sinn dieses Bildes ist ein anderer. Solange Warlams Verbrechen nicht verurteilt worden sind, solange sein Sohn den Vater weiterhin exkulpiert, ist Warlam selbst nicht ganz tot; wie ein Vampir führt er eine geisterhafte posthume Existenz. Durch das Ruhen in der Erde wird diese Existenz aufrechterhalten. Die einzige Möglichkeit, sie zu beenden, besteht darin, seine Grabesruhe zu stören, ihm die Ehre zu nehmen, ihn den Vögeln zum Fraß vorzuwerfen und ihn *wirklich* sterben zu lassen. Das ist in der Tat keine Reue. Aber es ist ein Abschließen mit der Vergangenheit, das den Weg in die Zukunft öffnet. Das wird durch die Aussicht auf die moderne Stadt deutlich, die sich von dem Berg aus bietet, von dem Abel seinen Vater Warlam hinabwirft.

Die Gegenwart des Traumas

Die klassische Theorie des psychischen Traumas, die Sigmund Freud und Josef Breuer in ihrem Buch *Studien über Hysterie* (1895) dargelegt haben, besagt, dass eine schmerzhafte Erfahrung, vor allem wenn sie durch Gewalt verursacht wurde, schwerwiegende Folgen für die Psyche des Menschen hat, der sie durchlebt.[11] Die natürliche Reaktion der Psyche auf ein Trauma besteht darin, die Erinnerung an das traumatische Ereignis zu unterdrücken, es zu vergessen. Aber eine solche psychische Nullstellung ist der Heilung nicht förderlich. Im Gegenteil: Das ins Unterbewusstsein verdrängte Trauma arbeitet im Verborgenen weiter und äußert sich in psychischen Störungen, Neurosen oder psychosomatischen Symptomen. Bei der Traumatherapie geht es nicht darum, das traumatische Ereignis zu vergessen, sondern darum, es sich in Erinnerung zu rufen und zu verarbeiten. Dabei müssen die Abwehrmechanismen des Opfers überwunden werden, die sich zum Beispiel in einer Abneigung gegen das Thema äußern können.

11 Freud, Sigmund / Breuer Josef, *Studien über Hysterie*. Frankfurt/Main 1991.

Wichtig ist, dass das Ziel der Therapie aus der Sicht derjenigen, die mit Traumata arbeiten, nicht darin bestehen kann, das Trauma zu »heilen«. Ein Trauma ist ein Einschnitt, der das Leben eines Menschen radikal verändert. Es lässt sich nicht in dem Sinn »heilen«, dass das Ereignis ungeschehen gemacht oder der Zustand »davor« wiederhergestellt wird. In der Therapie geht es darum, das Trauma durchzuarbeiten – der betroffenen Person zu helfen, sich das Geschehene bewusst zu machen, zu trauern und das eigene Selbst nach dem traumatischen Geschehen sowie die neue, durch dieses Geschehen veränderte Welt anzunehmen. Darüber hinaus ist es eine der wichtigsten Voraussetzungen für eine erfolgreiche Traumatherapie, dass die traumatischen Wirkungen unterbunden werden und die betroffene Person von deren Quelle (z. B. dem Vergewaltiger) isoliert wird. Dieser Grundsatz gilt auch für die Arbeit mit einer traumatischen Vergangenheit auf Ebene der Gesellschaft.

Ein gesellschaftliches Trauma lässt sich ebenso wenig »auf null stellen« wie ein individuelles und dies kann auch nicht das Ziel der Therapie sein. Der Versuch, die schwierige Vergangenheit zu vergessen, nicht mehr darüber zu sprechen, lässt einen unkontrollierbaren Durchbruch nur umso wahrscheinlicher werden, ebenso wie es bei der Verdrängung eines persönlichen Traumas der Fall ist. Zugleich ist das Ziehen des Strichs – die Arbeit an der Erkenntnis, dass das Geschehene in der Vergangenheit liegt – eine wichtige Voraussetzung für die Heilung.

Das Wasser des Todes

Beim weiteren Verständnis der Vergangenheitsbewältigung können überraschenderweise die Folkloristik und die Ethnographie behilflich sein. Die Situation, dass der endgültige Tod die vollständige Restauration des Verstorbenen voraussetzt und der Held, um weiterleben zu können, erst einmal wirksam getötet werden muss, ist in russischen Volksmärchen nichts Ungewöhnliches.

Das Bild vom Wasser des Lebens und Wasser des Todes ist uns allen von Kindheit an zu vertraut, als dass wir seine Eigenartigkeit und Rätselhaftigkeit richtig würdigen könnten. Erinnern wir uns, wie es wirkt: Der im Kampf mit einem Drachen verletzte Held wird erst mit dem Wasser des Todes besprengt. Seine Wunden heilen, die abgetrennten Gliedmaßen wachsen wieder an. Er ist wieder wie neu, heil und unversehrt, nur eben tot. Nun muss er mit dem Wasser des Lebens besprengt werden, dann erst erwacht er zum Leben.

> Am dritten Tag kam [der Rabe] wieder zurück und brachte zwei kleine Fläschchen mit sich, in denen sich das Wasser des Lebens und das Wasser des Todes befand, und gab sie dem grauen Wolf.
>
> Der graue Wolf nahm die Fläschchen, riss den kleinen Raben in zwei Teile und bespritzte ihn mit dem Wasser des Todes und der junge Rabe wuchs sogleich zusammen.
>
> Danach besprengte er ihn mit dem Wasser des Lebens und der kleine Rabe richtete sich auf und flog wieder davon.
>
> Hierauf bespritzte der graue Wolf den Iwan Zarewitsch mit dem Wasser des Todes und sein Körper wuchs wieder zusammen, und als er ihn mit dem Wasser des Lebens bespritzte, stand Iwan Zarewitsch auf und sprach: – Ach, wie habe ich doch so lange geschlafen?[12]

Auf den ersten Blick scheint die Logik klar zu sein: Um jemanden zu beleben, muss man zunächst die Wunden heilen. Aber warum ist es das Wasser des Todes und nicht das Wasser des Lebens, das diese Wirkung hat? Warum steht ein Zaubermittel, das Wunden heilt, nicht mit dem Leben, sondern mit dem Tod in Verbindung? Die wohl beste Erklärung für dieses Rätsel lieferte der Philologe und Volkskundler Vladimir Propp in seinem Buch *Die historischen Wurzeln des Zaubermärchens*:

> Das Wasser des Todes versetzt ihm [dem Helden, *N.E.*] gleichsam den Todesstoß, es verwandelt ihn in einen endgültig Toten. Es ist dies eine Art

12 *Der russische Märchenschatz*. München 2014, S. 208.

> Begräbnisritus, der dem Bewerfen mit Erde entspricht. Erst jetzt ist er ein richtiger Toter und nicht ein Wesen im Schwebezustand zwischen zwei Welten, das als Vampir zurückkehren kann. Erst jetzt, nach der Besprengung mit dem Wasser des Todes, wird dieses Wasser des Lebens wirken.[13]

Das Wasser des Todes führt – in der für Mythen typischen zugespitzten Form – vor Augen, wie das Ziehen des Strichs unter die Vergangenheit funktioniert. Wer in die Zukunft fortschreitet, ohne mit der von Verbrechen geprägten Vergangenheit abzuschließen, gehört zwei Welten an. Doch in zwei gegensätzlichen Welten zu existieren heißt, keiner von beiden wirklich anzugehören, wie uns die Gestalt des Vampirs lehrt. Um lebendig zu werden, muss man erst ganz und gar sterben. Damit die Vergangenheit nicht mehr destruktiv für die Zukunft ist, muss sie als ganze ans Licht kommen und bewertet werden. Erst dann ist sie wirklich abgeschlossen.

Wie eine wirklich produktive Aufarbeitung des Traumas der Vergangenheit aussehen kann, bei der sie gleichsam mit beiden Wassern besprengt wird, zeigt ein Ereignis, das für unser Thema in vieler Hinsicht sehr wichtig ist: die Versöhnung zwischen Denis Karagodin, der Nachforschungen zur Hinrichtung seines Urgroßvaters anstellte, und der Enkelin eines Mannes, der an dieser Hinrichtung beteiligt war. Julija X schrieb an Karagodin, nachdem sie von seinen Recherchen gelesen hatte:

> Ich schlafe schon seit Tagen nicht mehr, ich kann einfach nicht … Ich habe alle Materialien studiert, alle Dokumente, die Sie auf Ihrer Website haben, ich habe über so vieles nachgedacht, mich rückblickend erinnert … Rational verstehe ich, dass ich an dem Geschehenen keine Schuld trage, aber das, was ich empfinde, lässt sich nicht in Worte fassen …
>
> Der Vater meiner Großmutter (mütterlicherseits), mein Urgroßvater, wurde in denselben Jahren wie Ihr Urgroßvater nach einer Denunziation von zu Hause abgeholt und kehrte nie mehr zurück. Er hinterließ vier

13 Propp, Vladimir, *Die historischen Wurzeln des Zaubermärchens*. München 1987, S. 247.

Töchter, meine Großmutter war die jüngste … Und jetzt stellt sich heraus, dass es in unserer Familie sowohl Opfer als auch Täter gibt … Es tut sehr weh, das zu erkennen … Aber ich werde nie versuchen, mich um meine Familiengeschichte zu drücken, wie auch immer sie aussieht. Das Wissen, dass weder ich noch jemand von den Verwandten, die ich kenne, an die ich mich erinnere und die ich liebe, irgendetwas mit den Gräueltaten jener Jahre zu tun hatte, wird mir helfen, das alles auszuhalten …

Das Leid, das solche Leute verursacht haben, ist nicht wiedergutzumachen … Die Aufgabe der nachfolgenden Generationen ist es ganz einfach, nicht zu schweigen, alle Dinge und Ereignisse müssen beim Namen genannt werden. Und mein Brief soll Ihnen nur sagen, dass ich diese schändliche Seite meiner Familiengeschichte jetzt kenne und voll und ganz auf Ihrer Seite bin.

Aber in unserer Gesellschaft wird sich nie etwas ändern, solange nicht die ganze Wahrheit ans Licht kommt. Nicht von ungefähr sind jetzt wieder Stalinisten und Stalin-Denkmäler aufgetaucht, es will einem einfach nicht in den Kopf, es ergibt keinerlei Sinn.

Ich möchte Ihnen noch vieles schreiben und erzählen, aber das Wichtigste habe ich gesagt – ich schäme mich sehr für alles, es bereitet mir körperlichen Schmerz. Und es ist bitter, dass ich nichts daran gutmachen kann, außer Ihnen meine Verwandtschaftsbeziehung zu Nikolai Syrjanow zu bekennen und Ihres Urgroßvaters in der Kirche zu gedenken.

Ich danke Ihnen für die enorme Arbeit, die Sie geleistet haben, für die Wahrheit, so schwer sie auch sein mag. Das lässt darauf hoffen, dass die Gesellschaft dank Menschen wie Ihnen endlich nüchtern wird. Nochmals vielen Dank, und Verzeihung!

Hier ist die Antwort von Denis Karagodin:

Julija,
Sie haben mir einen sehr aufrichtigen und tief empfundenen Brief geschrieben. Das ist ein äußerst mutiger Schritt. Ich bin Ihnen aufrichtig dankbar. Ich sehe, dass Sie ein großartiger Mensch sind! Das macht mich froh, und es erfüllt mich mit Stolz, dass ich Ihnen das geradeheraus schreiben kann, ohne mich seelisch zu verbiegen. Sie werden in mir keinen Feind oder Peiniger finden, nur einen Menschen, der dieses ganze endlose russische Blutbad ein für alle Mal annullieren will. Es muss für

> alle Zeiten Schluss damit sein. Und ich denke, es steht in meiner und Ihrer Macht, das zu erreichen.
>
> Ich reiche Ihnen die Hand zur Versöhnung, so schwer es mir (mit dem jetzigen Wissen und den Erinnerungen) auch fällt. Ich schlage Ihnen vor, das Ganze auf null zu stellen. Sie haben mit Ihrem Brief das Wichtigste getan – Sie waren aufrichtig, und das ist mehr als genug, für alles.
>
> Leben Sie mit ruhigem Gemüt und vor allem mit reinem Gewissen. Weder ich noch meine Familie oder Freunde werden Ihnen jemals die Schuld an irgendetwas geben. Sie sind ein großartiger Mensch, das sollten Sie wissen. Ich danke Ihnen von Herzen …[14]

Auch in diesem Austausch, der teilweise an eine psychologische Gruppensitzung erinnert, taucht die Kategorie der »Nullstellung« auf. Aber keine Seite versucht hier, das Verbrechen als nicht existent darzustellen. Im Gegenteil, beide sind sich einig, dass »alle Dinge und Ereignisse beim Namen genannt werden« müssen. Beide Gesprächspartner sind sich über zwei Dinge im Klaren. Erstens: Nur die Erinnerung an das Verbrechen und das Wissen, wie und warum es geschah und wer daran Schuld trug, sorgt dafür, dass es sich nicht wiederholen kann. Zweitens: Zivilgesellschaftliche Solidarität kann nur aufgebaut werden, indem man sich bemüht, die Wahrheit offenzulegen, das Geschehene einzuordnen und zu überwinden, und indem man sich bemüht, um Vergebung zu bitten und sie zu gewähren. Mit »auf null stellen« ist hier gemeint, das Trennende dieser Vergangenheit zu vergessen, das Leichengift aus ihr auszuleiten, ihr den Stachel zu ziehen.[15] Eine Möglichkeit, das zu tun, besteht darin, einen Strich zu ziehen, um die Kette der gegenseitigen Kränkungen und der Rache zu unterbrechen.

14 »Akt graždanskogo soglasija i primirenija«. *Rassledovanie v otnošenii sud'by Karagodina Stepana Ivanoviča*. 21. 11. 2016. https://karagodin.org/?p=11119 (Abrufdatum 2. 08. 2022).

15 Zum Vergessen als Mittel zur Bewahrung der Vergangenheit im Zusammenhang mit der Kategorie der Vergebung siehe: Ricœur, Paul, *Gedächtnis, Geschichte, Vergessen*. München 2004. Insbesondere S. 693 ff., siehe auch: Jampolskaja, Anna, *Iskusstvo fenomenologii*. Moskau 2018, S. 84 f.

Vergessen, um zu akzeptieren

Einen Strich ziehen heißt nicht, die Vergangenheit ungeschehen zu machen, sondern eine Beziehung zu ihr herzustellen, aber nur in ihrer neuen Beschaffenheit. Das Zitat von Carol Gluck über Japans bewussten Bruch mit seiner militärischen Vergangenheit, das wir ein paar Seiten weiter oben angeführt haben, geht so weiter:

> Japans mythistorische Nachkriegszeit begann in Abgrenzung zur Vergangenheit. Gleichzeitig war sie natürlich mit dieser verbunden, nicht nur durch gelebte Kontinuitäten, so sehr diese auch unterdrückt werden mochten, sondern auch, weil das mythische Beharren auf der Unverbundenheit die Vergangenheit unablässig ins Gedächtnis rief.[16]

Am besten lässt sich die Dynamik des Einstellungswandels am Beispiel Deutschlands veranschaulichen: Erst versuchte die Gesellschaft, die Vergangenheit zu vergessen, um voranzukommen, dann stellte sich heraus, dass die Vergangenheit sie nicht losließ. Später wurde akzeptiert, dass sie nicht zu entsorgen war, und schließlich wurde sie als Orientierungshilfe für die Zukunft in das nationale Narrativ integriert.

Wie Jeffrey Olick in seinem Buch *The Sins of the Fathers* darlegt, wurde unmittelbar nach dem Krieg unter Bundeskanzler Adenauer der Begriff »Schlussstrich« verwendet: Die Erinnerung an die NS-Vergangenheit sollte den Wiederaufbau des Landes nicht behindern und die Gesellschaft sollte geeint werden. Ab den 1970ern wurde in Deutschland zunehmend davon gesprochen, dass es schwierig sei, einen Schlussstrich zu ziehen, weil es nicht darum gehe, die Vergangenheit als nicht existent zu betrachten, sondern darum, Verantwortung für sie zu übernehmen. Ab den 1980ern, als sich in der deutschen Gesellschaft allmählich ein Konsens über die Anerkennung der Ver-

16 Gluck, »The ›End‹ of the Postwar: Japan at the Turn of the Millennium«, a. a. O. S. 292f.

antwortung für die nationalsozialistischen Verbrechen herausbildete, mehrten sich dann einerseits die Rufe, endlich einen Schlussstrich zu ziehen und sich nicht länger auf die Vergangenheit zu fixieren, und andererseits wuchs die Einsicht, dass sich die Aufarbeitung der Vergangenheit nicht abschließen lässt.[17]

In einer Rede zum 45. Jahrestag der Pogromnacht sagte der deutsche Justizminister Hans A. Engelhard 1983, es sei aus Gründen der »geistigen Hygiene« erforderlich, dass die verbrecherische Vergangenheit in den Köpfen künftiger Generationen lebendig bleibe.[18] Zwei Jahre später, am 8. Mai 1985, hielt Bundespräsident Richard von Weizsäcker seine berühmte Rede im Bundestag:

> Wir alle, ob schuldig oder nicht, ob alt oder jung, müssen die Vergangenheit annehmen. Wir alle sind von ihren Folgen betroffen und für sie in Haftung genommen … Es geht nicht darum, Vergangenheit zu bewältigen. Das kann man gar nicht. Sie läßt sich ja nicht nachträglich ändern oder ungeschehen machen. Wer aber vor der Vergangenheit die Augen verschließt, wird blind für die Gegenwart. Wer sich der Unmenschlichkeit nicht erinnern will, der wird wieder anfällig für neue Ansteckungsgefahren.[19]

Dem Gefühl einer nicht enden wollenden Vergangenheit, das viele deutsche Intellektuelle beunruhigte, verlieh der Philosoph und Historiker Ernst Nolte in einem Artikel Ausdruck, der im Juni 1986 in der *Frankfurter Allgemeinen Zeitung* unter dem vielsagenden Titel

17 Olick, Jeffrey K., *The Sins of the Fathers: Germany, Memory, Method.* Chicago 2016, S. 257, 264, 331, 362.

18 Zur Entwicklung der Bedeutung des Wortes »Vergangenheitsbewältigung« siehe: Peitsch, Helmut, »Changing Meanings of Mastering the Past«. In: Feldner, Heiko / Gorrara, Claire / Passmore, Kevin (Hgg.), *The Lost Decade? The 1950s in European History, Politics, Society and Culture.* Newcastle upon Tyne 2011, S. 134ff.

19 Weizsäcker, Richard von, *Ansprache des Bundespräsidenten am 8. Mai in der Gedenkstunde im Plenarsaal des Deutschen Bundestages zum 40. Jahrestag der Beendigung des Krieges in Europa und der nationalsozialistischen Gewaltherrschaft.* 8. Mai 1985. Zitiert nach: https://www.bundespraesident.de/SharedDocs/Reden/DE/Richard-von-Weizsaecker/Reden/1985/05/19850508_Rede.html (Abrufdatum 2.08.2022).

»Vergangenheit, die nicht vergehen will« erschien. Da eine jede Vergangenheit normalerweise vergehe, so Nolte, könne sie den Historikern überlassen werden. Mit der nationalsozialistischen Vergangenheit verhalte es sich allerdings anders:

> [Sie] unterliegt [...] diesem Hinschwinden, diesem Entkräftigungsvorgang nicht, sondern sie scheint immer noch lebendiger und kraftvoller zu werden, aber nicht als Vorbild, sondern als Schreckbild, als eine Vergangenheit, die sich geradezu als Gegenwart etabliert oder die wie ein Richtschwert über der Gegenwart aufgehängt ist.[20]

In einer Erwiderung auf Nolte in einer Juli-Ausgabe der Wochenzeitung *Die Zeit* bestritt Jürgen Habermas, dass die nicht vergehende Vergangenheit als Grundlage für ein negatives Selbstbild diene, nicht jedoch, dass durch das Festhalten an der Vergangenheit tatsächlich eine wachsende Spannung entsteht:

> Es gibt auch gute Gründe für eine historisierende Distanzierung von einer Vergangenheit, die nicht vergehen will. [...] Die behutsame Differenzierung zwischen dem Verstehen und dem Verurteilen einer schockierenden Vergangenheit könnte auch die hypnotische Lähmung lösen helfen. Allein, diese Art von Historisierung würde sich eben nicht [...] von dem Impuls leiten lassen, die Hypotheken einer glücklich entmoralisierten Vergangenheit *abzuschütteln*. [...] Die einen gehen davon aus, daß die Arbeit des distanzierenden Verstehens die Kraft einer reflexiven Erinnerung freisetzt und damit den Spielraum für einen autonomen Umgang mit ambivalenten Überlieferungen erweitert; die anderen möchten eine revisionistische Historie in Dienst nehmen für die nationalgeschichtliche Aufmöbelung einer kollektiven Identität.[21]

20 Nolte, Ernst, »Vergangenheit, die nicht vergehen will«. *Frankfurter Allgemeine Zeitung*, 6.6.1986. Zitiert nach: Piper, Ernst (Hg.), *Historikerstreit: die Dokumentation der Kontroverse um die Einzigartigkeit der nationalsozialistischen Judenvernichtung*. München 1987, S. 39.

21 Habermas, Jürgen, »Eine Art Schadensabwicklung. Die apologetischen Tendenzen in der deutschen Zeitgeschichtsschreibung«. *Die Zeit*, 11.06.1986. Zitiert nach: Piper (Hg.), *Historikerstreit*, a.a.O. S. 72f.

Dieser Austausch löste eine breite Debatte aus, die als »Historikerstreit« bekannt wurde und in der deutschen Öffentlichkeit die Wahrnehmung der NS-Vergangenheit als unaufhebbaren negativen Bezugspunkt festigte.

Fazit

Die hier angeführten Beispiele erinnern daran, dass das Ziehen eines Strichs unter die Vergangenheit grundsätzlich ambivalent ist. Es ist immer Ende und Anfang, Trennung und Verbindung zugleich. Erst wenn man beide Aspekte voneinander isoliert, wenn man ihre Unterschiede erfasst hat, kann man sie zusammenbringen. Erst wenn man das traumatische Ereignis verarbeitet und akzeptiert hat, kann man ohne Gefahr für die Psyche weiterleben. Diese Dialektik zieht sich durch alle Gespräche über die kollektive Erinnerung an eine schwierige Vergangenheit. Ernest Renan sagt in seiner klassischen Rede »Was ist eine Nation?«, dass eine Nation nicht nur durch die gemeinsame Erinnerung an das gemeinsam Erfahrene, sondern auch durch die gemeinsame Fähigkeit zum Vergessen gebildet wird.[22] Daran erinnert auch das Sprichwort, das Alexander Solschenizyn in der Einleitung zu *Der Archipel GULAG* zitiert: »An Vergangenes rühren – ein Auge verlieren. Vergangenes vergessen – beide Augen verlieren.«

Aleida Assmann schreibt in ihrem Aufsatz zur Geschichte der Vergangenheitsaufarbeitung in Deutschland:

> Diese Transformation der Erinnerungskultur [vom Wunsch, die Vergangenheit hinter sich zu lassen, zum Wunsch, sie zu bewahren – *N. E.*] impliziert eine weitere wichtige Verschiebung vom »Schlussstrich« zum »Trennungsstrich«. Der Schlussstrich lässt die Vergangenheit hinter sich, um damit abzuschließen. Durch Schweigen oder Vergessen soll sie ihre Bedeutung verlieren und wird einfach durch das Verstreichen der Zeit aufgelöst. Der »Trennungsstrich« folgt einer anderen Logik. Um die

22 Renan, *Was ist eine Nation?*, a. a. O.

> Gegenwart von der Vergangenheit zu distanzieren, muss letztere konfrontiert, diskutiert und durchgearbeitet werden. Nicht durch Vergessen, sondern durch Erinnern lässt sich ein gesellschaftlicher Wandel bewirken, der einer Wiederholung der Vergangenheit vorbeugt, indem man sich ihr stellt und diese Erfahrung als moralischen Kompass für die Zukunft annimmt.[23]

Die Aufgabe eines Staates und einer Gesellschaft, die durch eine schwierige Vergangenheit belastet sind, ist es nicht, sich dieser Last zu entledigen. Es geht vielmehr darum, eine Verbindung zu dieser Vergangenheit herzustellen und den Übergang vom Alten zum Neuen als Tatsache anzuerkennen. Hier können wir auf Zoran Mušić zurückkommen: Seine Erlebnisse in Dachau haben dazu beigetragen, dass er der tiefgründige und authentische Künstler wurde, als den wir ihn kennen – aber nur, weil er fähig war, eine Beziehung zu seiner persönlichen »schwierigen Vergangenheit« aufzubauen. In diesem Sinn ist das Abschließen mit der Vergangenheit eine unabdingbare Voraussetzung, um weiterzukommen. Die Vergangenheit ist eine äußerst wichtige Ressource für die Zukunft, ein unschätzbarer Fundus an historischen Lehren, positiven und negativen Beispielen, Vorbildern und Grundlagen für das individuelle und kollektive Selbstverständnis. Doch solange die Vergangenheit noch als Ressource für kriminelle Praktiken dient, ist sie wie ein unbegrabener Leichnam, der sein Leichengift an die Lebenden abgibt. Erst wenn die Leiche begraben ist, kann man beginnen, sich in Ruhe an den Verstorbenen zu erinnern; indem man den kriminellen Praktiken ein Ende setzt, kann man auf die Vergangenheit als etwas zurückkommen, ohne das die Zukunft nicht möglich ist.

In der Debatte über die Einstellung zur sowjetischen Vergangenheit in Russland muss vor allem geklärt werden, wie sich das Abschließen mit der Vergangenheit so gestalten und organisieren lässt, dass

23 Assmann, »Memories of Nazi Germany in the Federal Republic of Germany«, a. a. O. S. 595.

sich diese Akzeptanz einstellt, dass sich eine einzige Geschichte zusammenfügt und nicht ein Teil dieser Geschichte ausradiert wird, wodurch die klaffende Lücke im historischen und sozialen Gefüge nur noch größer wird. Es geht darum, die gesamte Gesellschaft in diesen Prozess einzubeziehen, diesen schmerzhaften Weg für ein möglichst breites Spektrum von Kräften nachvollziehbar und tragbar zu gestalten und in diesem Prozess eine Grundlage für ein positives Selbstverständnis zu finden.

3. Blutwäsche

Im Januar 2000 beendete der ungarische Schriftsteller Péter Esterházy seinen Roman *Harmonia Caelestis*.[24] Das Buch, das auf ganz eigene Weise eine Familiengeschichte als Geschichte eines Landes erzählt, war ein Ereignis in der ungarischen Literatur, und Esterházy wurde in der Folge sogar als Nobelpreiskandidat gehandelt.

Im Zentrum der Erzählung steht der Vater des Autors, ein Abkömmling der bedeutendsten ungarischen Adelsfamilie, die zu den mächtigsten in Europa zählte. Die reale Geschichte des Vaters und der Familie im kommunistischen Ungarn verbindet sich in dem Roman mit der phantastischen Geschichte des »Vaters« als Verkörperung des Adelsgeschlechts der Esterházy, ganz Ungarns, der gesamten europäischen Tradition und der Schöpfung selbst zu einer »himmlischen Harmonie« von Fiktion und Realität. Der Titel ist einem Kantatenzyklus entlehnt, der im 17. Jahrhundert von einem Mitglied der Familie Esterházy geschrieben wurde und den Grundstein zu einer ungarischen Musiktradition legte.

Wenige Tage nach Fertigstellung des Manuskripts erfuhr Péter Esterházy, dass sein Vater nach der Niederschlagung des ungarischen Aufstandes 1956 von der ungarischen Staatssicherheit rekrutiert worden war und ihr über 20 Jahre lang als inoffizieller Mitarbeiter gedient hatte. Der verfolgte, doch ungebrochene Aristokrat, der verarmte und alkoholkranke, aber immer noch würdevolle Held der Saga, dem der Schriftsteller fast zehn Jahre seines Lebens gewidmet hatte, entpuppte sich plötzlich als »mieser Spitzel«, der regelmäßig zu Treffen mit seinen Führungsoffizieren erschien, von ihnen Aufgaben erhielt und sie erst sehr widerwillig, dann aber mit zunehmendem Eifer ausführte.

Um mit diesem neuen Wissen umzugehen, suchte Esterházy regelmäßig die Archive der Staatssicherheit auf und fertigte Auszüge

24 Esterházy, Péter, *Harmonia Caelestis*. Aus dem Ungarischen übersetzt von Terézia Mora. Berlin 2001.

aus den Akten seines Vaters an. Auf Grundlage dieser Aufzeichnungen entstand das Buch *Verbesserte Ausgabe*, ein Nachtrag zum Roman *Harmonia Caelestis*. Auch hier steht der Vater im Zentrum, diesmal frei von jeglicher Idealisierung. Das eigentliche Thema des Buchs ist jedoch die Selbstbeobachtung des Autors, das Registrieren der eigenen Reaktionen und Erfahrungen: »Ich habe mich beobachtet, wie man ein Tier beobachtet: Wie ich mich in dieser Situation verhalten werde, was ich mache und was mit mir gemacht wird.«[25]

Esterházy beschreibt mit Schaudern, Verzweiflung und Abscheu, wie sich sein Vater nach und nach in die ihm zunächst fremde Rolle einlebt. Anfangs ist er passiv, seine Führungsoffiziere müssen ihn auf Trab bringen. Aber dann wird er aktiver, ergreift erstmals die Initiative, und begeistert sich in gewisser Weise sogar für die Arbeit. Wie in *Harmonia Caelestis* ist die Familiengeschichte auch hier eng mit der Geschichte des Landes verwoben. Die in dem Buch dokumentierten Spitzelberichte des Vaters werden einerseits mit den geschichtlichen Ereignissen grundiert, die zeitgleich im kommunistischen Ungarn stattfanden. Wir lesen von den Prozessen und Urteilen jener Zeit und begreifen, dass das Abfassen der Berichte in dieser Situation kein unverfängliches »Mitspielen« sein konnte. Andererseits legen sich diese Berichte auch über Esterházys Kindheitserinnerungen, lassen sie in neuem Licht erscheinen, zerstören sie oder kehren das Oberste zuunterst:

> Das nächste Treffen [des Vaters mit seinem Führungsoffizier, *N. E.*] fällt auf meinen Geburtstag, um ein Uhr am Westbahnhof. Und ich hatte mich beleidigt gewundert, warum er sich verspätet hatte oder so besoffen gewesen war, daß er wiehernd die Kerzen auf der Torte vor mir ausblies, alle neun auf einmal, und noch stolz darauf, siehst du, Junge, so muss man das machen.[26]

25 Esterházy, Péter, *Verbesserte Ausgabe*. Aus dem Ungarischen übersetzt von Hans Skirecki. München 2018, S. 15.

26 Ebd. S. 109.

Esterházy dokumentiert peinlich genau die eigenen Reaktionen – von Gedanken und Gefühlen bis zu unwillkürlichen Anfällen von Selbstmitleid und Tränen, die ihrer Häufigkeit wegen mit Kürzeln vermerkt werden: »S T«, »T«. Die Selbstbeobachtung ist nicht nur äußerst offen, sondern erstreckt sich auch über mehrere Zeitebenen: Der Autor überarbeitet die ursprünglichen Notizen zweimal und hält dabei seine Gefühle beim zweiten und dritten Lesen der Akte des Vaters fest. An ein oder zwei Stellen kann er auch über ein Jahr nach dem ersten Schock die Tränen nicht zurückhalten; im Schriftbild sieht das dann so aus: T [T] <T>.

Dieser innere Kampf zwischen der Verachtung für den Informanten und der Liebe zum Vater macht *Verbesserte Ausgabe* zu einem menschlichen Dokument von ungeheurer Kraft. Die Erzählung über den Verrat erweist sich letztlich als Geschichte über die tiefe Bindung eines Sohnes an seinen Vater. Während er sich mit äußerster Gewaltanstrengung losreißt, unterlaufen ihm immer wieder Liebeserklärungen:

> Meinem Vater können wir – wir, Menschen, die er verraten und die er nicht verraten hat – nicht verzeihen, da er sich vor uns zu seiner Tat nicht bekannt und sie nicht bereut hat; er hat nicht bereut, daß er von der dunkleren Hälfte seiner Seele besiegt wurde. So kann man ihn bemitleiden, ihn hassen und auch mißachten. Ausspucken nach ihm oder auf ihn pfeifen: Das ist das Schicksal meines Vaters.
>
> Über die gerade angebotenen (und von mir angenommenen) Möglichkeiten hinaus liebe ich ihn auch noch, diesen Mann, dessen erstgeborener Sohn ich bin. T [T] <T> <Jetzt würde ich ihn so gern, so gern retten, was wollt ihr denn von ihm, laßt ihn in Ruhe, laßt ihn in Ruhe, er »büßte hart genug / Schuld für alle Zeiten« … Kurze Pause, tränennasse Gesichter trocknen, Gleichmaß suchen, Disziplin.>

Indem Esterházy die Spitzelberichte sorgfältig abschreibt, um auf dieser Grundlage mit dem Gelesenen innerlich arbeiten zu können, setzt er das Sinnbild vom »Durcharbeiten« der Vergangenheit buchstäblich um. Dieses Durcharbeiten nimmt bei ihm sehr unterschiedliche Formen an. So hört er die Lobeshymnen über *Harmonia Caelestis* – dass dieses Buch Triumphe feiert, während der Autor sich der schwierigen Arbeit mit der Akte des Vaters aussetzt, macht die Situation noch dramatischer – und malt sich dabei aus, was diese Leute wohl sagen würden, wenn sie das wüssten, was er weiß. Oder er läuft sämtliche Cafés in Budapest ab, in denen sich sein Vater mit seinen Führungsoffizieren getroffen hat. Dann wieder treibt er seinen Vater durch alle abfälligen Bezeichnungen, die die Sprache kennt, und diese Aneinanderreihung von Wörtern wird zu einem ergreifenden und herzzerreißenden verbalen Abenteuer, das sich über gut acht dicht beschriebene Seiten erstreckt. Diese Liste mit Dutzenden von Schimpfwörtern und Schmähungen – »niederträchtig«, »verlogen«, »schamlos«, »falsch«, »Scheißkerl«, »Hundsfott« –, durch die plötzlich Reihen ganz anders gearteter Epitheta hindurchbrechen – »außerordentlich«, »verzweifelt«, »unerschütterlich« (»so langsam kommen nun die Wörter zusammen, in denen ich endlich meinen armen, guten Vater wiedererkenne«) –, ist eine der eindringlichsten Passagen des Buchs, eine Momentaufnahme der Arbeit des Bewusstseins, in dem der Wille zur Abstoßung mit der Liebe kämpft.

Diese unablässige Selbstbeobachtung wäre sinnlos, wenn Esterházy die neuen Erkenntnisse über seinen Vater einfach ablehnen, sich von ihm und dieser ganzen »schwierigen Vergangenheit« distanzieren oder sie im Gegenteil akzeptieren und verteidigen würde. Doch er entscheidet sich für den schwersten Weg: Er nimmt dieses Wissen in sich auf, er lässt den stinkenden Geist des Verrats in das eben neu errichtete Gebäude der »himmlischen Harmonie« Einzug halten. Wir alle, seine Leser in verschiedenen Sprachen, können uns glücklich schätzen. Er hatte in *Harmonia Caelestis* schon zu viel Kraft darauf verwandt, die Geschichte seines Landes mit der des Geschlechts der Esterházy und des Vaters als dessen mystischer und realer Verkörperung zu verbinden, um sich davon einfach wieder losmachen zu können. Sonst wäre vielleicht alles anders gekommen; es wäre eine persönliche Geschichte geblieben, auf die man keine Energie verschwenden möchte. Doch so blieb dem Autor keine andere Wahl, als die schmerzhafte Bearbeitung des Traumas in Angriff zu nehmen.

»Er distanziert sich nicht von seinem Vater, wie man glauben könnte. Er reißt ihn aus sich heraus, erbricht ihn fast und versucht dann, sich wieder mit ihm zu vereinigen, in den verzweifelten oder spöttischen Kommentaren an die Adresse des Vaters wie im Prozess des Umschreibens selbst«, wie es der Dichter und Literaturkritiker Grigori Daschewski in seiner Rezension formulierte.[27]

Der Autor zwingt sich, dort hinzusehen, wo er am liebsten wegschauen, zumachen, vergessen und sich nie wieder erinnern würde. Und genau diese Art von Vergangenheitsaufarbeitung erweist sich nicht nur für ihn selbst als heilsam, sondern für die ganze Gesellschaft. »Allein in Ungarn werden Hunderttausende dieses Buch lesen …«, schrieb ein ungarischer Rezensent. »Von dieser Geschichte kann man sich nicht freimachen … Es geht hier nicht um mich, den Autor oder seinen Vater, sondern um uns alle. Dieses Buch handelt von uns … Bei dem Versuch, seine denkbar persönlichste Angelegenheit zu bewältigen, eint Esterházy wie nebenbei die Nation.«[28]

Vergangenheitsarbeit als gesellschaftlich verbindendes Element

Im Oktober 2017 wurde in Moskau die »Mauer der Trauer« eingeweiht, ein Mahnmal für die Opfer politischer Repressionen, mit dem ein »Schlussstrich unter die Vergangenheit« gezogen werden sollte. In die Basis des Denkmals sind vier Worte eingemeißelt: »Erinnern«, »Wissen«, »Verurteilen«, »Vergeben«. Sie beziehen sich offenbar auf eine Formulierung von Alexander Solschenizyns Witwe Natalja: »Erinnern, wissen, verurteilen und dann erst vergeben«. Das Wort »vergeben« hat Diskussionen und nachvollziehbare Zweifel ausgelöst: Sollte uns hier wieder einmal angetragen werden, die Verbrechen

27 Daševskij, Grigorij, »Izgnanie otca«. *Kommersant"* 2/2009 (23.01.2009), S. 15. https://www.kommersant.ru/doc/1104603 (Abrufdatum 4.08.2022).

28 Iván Bächer in einer Rezension für die Zeitung *Népszabadság*. Zitiert nach dem Nachwort des Übersetzers Vjačeslav Sereda zur russischen Fassung von *Verbesserte Ausgabe*: Esterházy, Péter, *Ispravlennoe Izdanie*. Moskau 2008, S. 238.

nicht beim Namen zu nennen, sondern sie um der nationalen Versöhnung willen lieber zu vergessen und zu »vergeben«? Doch die zentrale Intention, die diese vier Worte in eben dieser Reihenfolge ausdrücken, ist völlig legitim. Das Aufarbeiten der Vergangenheit dient vor allem dazu, das zerbrochene historische Gefüge zu kitten, »die Nation zu einen«. Hierbei spielt die Verurteilung der Verbrechen und der Täter eine ganz entscheidende Rolle, aber als Voraussetzung dafür, dass dieses Hauptziel erreicht werden kann.

Um es noch einmal klarzustellen: Es geht keinesfalls darum, dass die Verbrechen nicht verurteilt werden sollten. Die Ausrichtung auf Einigung und Versöhnung ermöglicht es vielmehr, eine entscheidende Anstrengung zu vollziehen, nämlich *aus der Position des externen Beobachters, der Anklage erhebt, in die Position des Beteiligten zu wechseln, der Verantwortung übernimmt.* Der innere Ablauf dieses Wechsels und der Begriff der Verantwortung selbst bedürfen dabei der eingehenden Erläuterung.

Die Darstellung im vorigen Teil sollte deutlich gemacht haben, wie sehr sich die Erfahrung in Deutschland von der russischen Situation unterscheidet und wie deplatziert die in der russischen Debatte allgegenwärtigen Beschwörungen eines »neuen Nürnberger Prozesses« gegen die Sowjetunion (oder den NKWD) sind. Der springende Punkt ist dabei nicht einmal, dass das Modell für Russland nicht taugt: Wer Tribunale nach dem Vorbild der von den Besatzungsmächten organisierten Nürnberger Prozesse fordert, sieht sich selbst nicht in der Rolle der Bürger des damaligen Deutschland, sondern in der der Alliierten. Er schlägt für das eigene Land das Modell eines extern organisierten Verfahrens vor. Doch wie wir gesehen haben, war der Effekt der Nürnberger Prozesse ein durchaus zwiespältiger: Ihr unzweifelhafter Nutzen bestand darin, dass die Verbrechen verurteilt und die Geschehnisse juristisch eingestuft wurden. Andererseits haben die Prozesse die Entwicklung eines Verantwortungsbewusstseins für die NS-Verbrechen in der deutschen Gesellschaft jedoch in vieler Hinsicht erschwert.

An den Erfahrungen in den unterschiedlichen Ländern wird exemplarisch deutlich, dass eine solche gesellschaftliche Spaltung als Folgeerscheinung staatsterroristischer Diktaturen nicht selten ist. Aufgrund der verhängnisvollen Unterbrechungen der gesellschaftlichen Entwicklung steht die Vergangenheit nicht als Ressource für die Herausbildung einer gemeinsamen nationalen Identität zur Verfügung. Gesellschaft, Nation und Staat können auf diesen Teil der Geschichte hierfür nicht zurückgreifen. Weil die eigene Identität aber trotzdem aus der Vergangenheit hergeleitet werden muss, wird der blockierte Teil durch Mythen ersetzt – manipulative, pseudohistorische Konstruktionen.

Das »Akzeptieren der Vergangenheit« und die »Versöhnung in der Gegenwart« – das Kitten des historischen und des sozialen Gefüges – sind somit im Grunde zwei Seiten eines Prozesses. Die gesellschaftliche Spaltung lässt sich nur überwinden, wenn die Mechanismen der Übergangsjustiz greifen und die Vergangenheit »angenommen«, das heißt, aufgearbeitet wird. Das lässt sich nur freiwillig und selbständig durchführen, aus innerem Antrieb und ohne äußeren Zwang. Ein »Nürnberger Prozess« als unabhängige rechtsprechende Instanz kann diese Entwicklung anregen, aber nicht ersetzen. Und wenn die deutsche Erfahrung für Russland relevant ist, dann weniger wegen Nürnberg als aufgrund der Bereitschaft der Deutschen, ihrer Vergangenheit in all ihren Erscheinungsformen ins Auge zu blicken und sich aufrichtig Rechenschaft über sie abzulegen.

Die Auseinandersetzung mit dem Vater als Modell für die Aufarbeitung der Vergangenheit des Landes, wie sie Péter Esterházy in *Verbesserte Ausgabe* praktiziert, ist nicht bloß der geglückte Einfall eines postmodernen Schriftstellers; es liegt weit mehr darin. Dass in den Sozialwissenschaften für die Vergangenheitsarbeit immer wieder Metaphern bemüht werden, die sich ursprünglich auf das Innenleben von Personen beziehen – etwa »Trauma«, »Reue«, »Vergebung«, »Schizophrenie«, »Verdrängung« und »Erinnerung« –, legt nahe, dass wir individuellen Beispielen von Reue und Traumabewältigung besondere Aufmerksamkeit schenken sollten, wenn wir verstehen wollen, wie diese Mechanismen funktionieren.

Wenn wir von der gesellschaftspolitischen auf die individuelle Ebene wechseln, wird sofort klar, dass es nicht funktioniert, den Standpunkt des außenstehenden Beobachters einzunehmen – mit Großvaters Vergangenheit setzt man sich nicht auseinander, indem man einen Nürnberger Prozess gegen ihn fordert. Zugleich entpuppen sich einige scheinbar unüberwindliche Hindernisse für eine echte Aufarbeitung der Vergangenheit als Chimären, leere Abstraktionen oder bewusste Manipulationen.

Vergangenheitsarbeit im familiären Kontext

Die allermeisten Einwohner des heutigen Russland zählen sowohl Opfer des Staatsterrors zu ihrer Familie als auch Personen, die diesen Terror passiv oder aktiv mitgetragen haben. Fast jeder Mensch, der im postsowjetischen Raum lebt, ist auf irgendeine Weise Nachkomme und Erbe der einen wie der anderen. Das Verhältnis zu dieser Vergangenheit lässt sich vor allem durch zwei Begriffe charakterisieren: Erbe (im Sinn von Erbschaft und von Vererbung) und Verantwortung. Wer eine Erbschaft antritt, übernimmt sowohl die Vorrechte als auch die Verbindlichkeiten, die aus ihr erwachsen. Er erbt die Schätze, die die Vorfahren zusammengetragen haben, aber auch die von ihnen hinterlassenen Schulden. Das Gleiche gilt für das »Besitzrecht« an den großen Taten der Vorfahren: Wer es beanspruchen will, muss auch Verantwortung für ihre Verbrechen übernehmen.[29] Wenn ich mich als *Erben*

29 Vgl. hierzu die folgende interessante Antwort, die der Historiker und Philosoph Michail Gefter in dem oben (S. 122 f.) zitierten Interview auf die Frage nach dem Umgang mit der stalinistischen Vergangenheit gab: »Gehen wir kurz zurück in die 60er Jahre und erinnern uns an einen Menschen, der zweifellos eine zentrale Figur der geistigen Erneuerung war: Alexander Twardowski. Die Leichtigkeit, mit der das Erbe ausgeschlagen wurde, zu dem auch Gräber gehörten, die ihm teuer waren, stieß ihn nicht weniger ab als die Machenschaften und die Heuchelei der »Erben Stalins«. Er fühlte sich durch Stalin in seiner Ehre herausgefordert. Man stelle sich vor, was wir verloren hätten, wenn Twardowski diese Herausforderung nicht angenommen hätte. Es ist Zeit, die Türen zu öffnen und das eigene Haus in Besitz zu nehmen, das allen gehört, den Lebenden und den Toten.« Gefter, a. a. O. S. 302.

von Helden und von Übeltätern begreife, stehe ich in Verbindung mit den Verbrechen wie mit den Leiden. Doch was heißt es in dieser Situation, Verantwortung für die Vergangenheit zu übernehmen?

OPFERKINDER VS. TÄTERKINDER

In den Diskussionen über Familiengedächtnis und Staatsterror wird nur allzu oft vorausgesetzt, dass Täter- und Opferstatus gleichsam vererbt würden. Man geht davon aus, dass die »Täterkinder«, also die Nachkommen von NKWD-Mitarbeitern, ihre Angehörigen vorbehaltlos verteidigen, die politischen Repressionen ableugnen, alle Opfer für Verbrecher halten und sozusagen genetisch die gleiche moralische Disposition haben wie ihre Vorfahren. Den Nachkommen der Opfer wird hingegen qua Verwandtschaft das Recht zuerkannt, von den »Kindern der Täter« zunächst einmal ein Reuebekenntnis einzufordern. Der Versuch, die Gesellschaft nach Abstammung einzuteilen – in die einen, die bereuen müssen, und die anderen, die das Recht haben, diese Reue entgegenzunehmen –, ist jedoch sinnlos und von vornherein zum Scheitern verurteilt. Anders als in Deutschland haben in Russland sehr viele Menschen sowohl Vorfahren, die erschossen wurden, als auch solche, die geschossen haben – und später oft irgendwann selbst in die Mühlen der Vernichtungsmaschinerie gerieten. Noch wichtiger ist aber etwas anderes: Die Befürchtung, dass die Nachkommen von Verbrechern für die Taten ihrer Vorfahren büßen müssten, beruht auf der archaischen und rechtlich absurden Vorstellung einer kollektiven Verantwortung infolge von Blutsverwandtschaft.

Exemplarisch dafür ist eine Debatte, die im Herbst und Winter 2016 geführt wurde. Einige Zeit nachdem russische und ausländische Medien über Denis Karagodins Recherchen berichtet hatten,[30] ver-

30 Siehe z. B.: »Mne pomogajut rasstreljannye«. *Radio Svoboda*, 19. 11. 2016; »Potomok oficera NKVD izvinilsja za deda«. *Komsomolskaja pravda*, 25. 11. 2016; »Siberian man tracks down great-grandfather's executioners«. *bbc.com*, 30. 11. 2016; »In Putin's Russia, it just got easier to find the perpetrators of Stalin's purges«. *The Washington Post*, 5. 12. 2016.

öffentlichte Memorial eine Datenbank zur personellen Zusammensetzung der Organe der Staatssicherheit in der Sowjetunion von 1935 bis 1939. Sie enthielt Informationen zu 40 000 Mitarbeitern des NKWD.[31] In den staatlichen und staatsnahen Medien hieß es daraufhin prompt, Karagodins Recherche und andere ähnliche Fälle drohten die Gesellschaft in Opfer- und Täternachfahren zu spalten.[32] Es wurde sogar fälschlich berichtet, »Nachkommen von Tschekisten« hätten aus Angst vor Vergeltungsaktionen der Opfernachfahren gefordert, den freien Zugang zur Datenbank von Memorial zu unterbinden.[33]

Nachdem Memorial die Namen der NKWD-Mitarbeiter öffentlich gemacht hatte, publizierte die Online-Nachrichtenplattform Lenta.ru ausgewählte Reaktionen der Nachkommen von Geheimdienstlern.[34] Einige von ihnen forderten erwartungsgemäß, nicht in der Vergangenheit herumzuwühlen, und weigerten sich, die Verantwortung ihrer Vorfahren anzuerkennen. Der Enkel eines Mannes, der während des Krieges den NKWD-Truppen angehörte, erklärt:

> Ich finde, es braucht keine Debatte über die Leute, die für den NKWD gearbeitet haben. »An Vergangenes rühren – ein Auge verlieren«. In Russland gibt es jetzt viele Kräfte, die das Land mit solchen und anderen

31 Die Datenbank befindet sich unter der Webadresse https://nkvd.memo.ru (Abrufdatum 5.08.2022).

32 Siehe etwa Stešin, Dmitrij, »Ne budite v svoich predkach palačej i žertv. Inače 37-j god vernetsja«. *Komsomol'skaja pravda*, 4.12.2016; »Palači i žertvy. Raskol po istoričeskomu priznaku«. *Telekanall Zvezda*, 6.12.2016.

33 Siehe etwa: »Potomki čekistov prosjat Putina zakryt' dostup k baze ›Memoriala‹«. *NEWSru.com*, 27.11.2016. https://www.newsru.com/russia/27nov2016/memorial-out.html (Abrufdatum 4.12.2022). In der Zeitung *Komsomolskaja Prawda*, die den Artikel publizierte, auf den in vielen Meldungen als Quelle verwiesen wird (Uglanova, Ksenija, »V seti pojavilas' baza dannych sotrudnikov NKVD, rasstrelivavšich omičej. Potomki čekistov, rabotavšich v gody ›Bol'šogo terrora‹, trebujut zakryt' sajt«. *Komsomol'skaja pravda*, 27.11.2016. https://www.omsk.kp.ru/daily/26612.7/3629151/, Abrufdatum 4.12.2022), findet sich zum jetzigen Zeitpunkt keine Erwähnung eines offenen Briefs an Putin mit der Forderung, die Website zu schließen.

34 »›Po-drugomu bylo i nel'zja‹. Kak potomki sotrudnikov NKVD ocenivajut dejatel'nost' svoich rodstvennikov«. *Lenta.ru*, 2.12.2016.

> unnötigen Dingen aufwiegeln wollen. Wenn jemand von den Betroffenen die Wahrheit suchen will, soll er das doch selbst tun und vor Gericht gehen. Aber Schuldige wird man nicht finden, es gab sie auch nicht, schuld war das System. Und »Schuld« trifft es auch nicht, anders konnte das Land nicht bewahrt werden.

Anders als man vielleicht meinen könnte, gibt es jedoch durchaus nicht nur solche Reaktionen. Die Vorstellung, dass die Nachkommen von Verbrechern ihre Vorfahren schon der Abstammung wegen automatisch verteidigen müssen, ist eine Fehlannahme (die sich teilweise darauf stützt, dass es »Dynastien« von Wachleuten gibt, was ein eher lokales Phänomen ist). Es hat nichts Widersprüchliches, wenn Nachfahren von Tätern sich für die Öffnung der Archive und sogar für Beileidsbekundungen an die Nachfahren der Opfer einsetzen. So sagt der Enkel eines anderen NKWD-Mitarbeiters:

> Im 20. Jahrhundert sind in Russland Verbrechen am russischen Volk und an der Menschheit begangen worden. Einige Leute wollen nicht, dass das Volk die Wahrheit erfährt, dabei liegt das doch im Interesse des Volkes. Es hat ein Recht darauf, seine Geschichte zu kennen, und diese Informationen von ihm fernzuhalten, ist ein Verbrechen an ihm. […] Was eine Entschuldigung der Täternachfahren bei den Opfernachfahren betrifft, so halte ich das für eine äußerst positive und christliche Sache. Man muss nur die feinen Unterschiede zwischen Reue als Ausdruck von Umkehr und der Art von Reue beachten, bei der du dich für die Sünden eines anderen Menschen entschuldigst, als hättest du sie selbst begangen. Wahrscheinlich ist es besser, so etwas zu sagen wie »Ich spreche Ihnen mein Beileid aus«.

Entscheidend ist hier, dass selbst diejenigen, die ihre Vorfahren verteidigen – jedenfalls soweit sie bereit sind, sich öffentlich dazu zu äußern –, nicht die Verbrechen selbst rechtfertigen, sondern versuchen, ihre Angehörigen als Opfer des Systems, unwissende Gehilfen, bloße Befehlsempfänger darzustellen. Das heißt: Zumindest in der öffentlichen Sphäre gibt es zwischen den Nachkommen von Opfern und

Tätern einen verhaltenen Konsens über den verbrecherischen Charakter des Terrors. Auf diesen Konsens als gemeinsame Basis für den gesellschaftlichen Dialog kommen wir später noch zurück.

Im Oktober 2017 veröffentlichte das Online-Magazin *Sekret firmy* einen Beitrag über zwei Familien, zu deren Vorfahren sowohl Angehörige der Strafverfolgungsorgane als auch Verfolgte gehörten.[35] Die erste Geschichte ist besonders eindrücklich: Ein Großvater der Protagonistin, von Beruf Lokführer, war verhaftet und in der Folge erschossen worden. Ihr anderer Großvater hatte als örtlicher Verkehrsstaatsanwalt den Haftbefehl ausgestellt. Die Protagonistin und ihre Mutter, die Tochter des Opfers, erfuhren dies erst nach dem Tod des Staatsanwalts in den 1990er Jahren. Anschließend vermieden sie es, über dieses Thema zu sprechen. Heute erforscht die Enkelin als Universitätsprofessorin das Phänomen des Konformismus in der Sowjetunion. Am Ende des Berichts über ihren Fall heißt es:

> »Als ich eine wissenschaftliche Arbeit dazu schrieb, ertappte ich mich oft bei dem Gedanken, dass ich weder verurteilen noch rechtfertigen kann«, sagt Tatjana. Sie hat ihr ganzes Leben der Erforschung einer anderen Epoche gewidmet und glaubt, dass das Verständnis dieser Zeit den Schlüssel liefert, um mit den Handlungen ihres Großvaters und seiner Zeitgenossen fertigwerden zu können. Aber leider wollen viele bisher nicht einmal das Schloss zur Kenntnis nehmen, das den Raum mit der unruhigen Vergangenheit versperrt. Es muss geöffnet werden, damit wir weiterkommen und nicht wieder eine Situation schaffen, in der alle in zwei Lager eingeteilt werden.

Die Heldin der zweiten Geschichte, die Urenkelin eines hochrangigen NKWD-Offiziers und eines 1938 erschossenen Bankangestellten, lebt in Deutschland. Sie konnte sich in Berlin niederlassen, weil sie ihre Wohnung in Moskau verkauft hatte. Es gibt wohl kaum ein anschaulicheres Beispiel dafür, wie das Vererbungsprinzip Täter und

35 Čaročkina, Viktorija et al., »Palači i žertvy vnutri odnoj sem'i«. *Sekret firmy*, 17. 11. 2017. http://pamyat.secretmag.ru/ (Abrufdatum 7. 08. 2022).

Opfer zusammenführt: Die Familie hatte die Wohnung von Angehörigen des verfolgten Urgroßvaters geerbt, aber dass sie sie behalten konnte, verdankt sie der NKWD-Verwandtschaft. Die Protagonistin sagt:

> Nicht, dass ich auf die Wohnung verzichtet hätte – ich wüsste nicht einmal, zu wessen Gunsten. Aber es kann nicht schaden zu wissen, dass ich etwas mit dieser Geschichte zu tun habe und sogar meine Lebensumstände davon abhängen.

Sie vergleicht ihre Situation als Urenkelin eines NKWD-Mitarbeiters mit der eines deutschen Bekannten, dessen Großvater Nazi war: »Ein Unterschied ist, dass Russland nicht zur Aufarbeitung gezwungen wurde – es hatte ja nicht verloren, sondern gewonnen. Aber bei der Frage, wie ein Mensch mit seiner Familiengeschichte klarkommt, gibt es keinen Unterschied.« Die einzige praktische Erkenntnis, die sie aus ihrer Geschichte ziehen kann, ist, dass Schweigen nicht normal ist:

> Die Familie hat jahrzehntelang zusammengelebt. Und sie hat es fertiggebracht, in all dieser Zeit nicht über die wichtigsten Themen zu sprechen. [...] Es ist ganz normal, zu reden! Was nicht normal ist, ist Schweigen. Meine Familie hat 50 Jahre lang geschwiegen. Und jetzt braucht man nur etwas tiefer vorzudringen, und schon fällt einem das nächste Skelett entgegen.

Beide Geschichten handeln davon, wie die Vergangenheit bewusst beschwiegen und die Gegenwart durch eine undurchdringliche Trennwand von ihr abgeschirmt wurde. Und in beiden Fällen gelangte die dritte oder vierte Generation schließlich zu der Erkenntnis, dass dieses Schweigen und diese Abschottung nicht normal waren – dass sie damit brechen musste, um ein erfülltes Leben führen zu können, ohne die Angst, dass einem aus dem Familienschrank noch ein Skelett entgegenfällt. Anders gesagt, man muss gar nicht unbedingt verurteilen und bereuen. Nötig ist nur eines: nicht zu schweigen.

REUE: DER FALL WLADIMIR JAKOWLEW

Im September 2016 startete Wladimir Jakowlew, der Gründer des Zeitungsverlags Kommersant, das Online-Projekt *Swoi*.[36] Es sollte die Nachkommen von Opfern und Verursachern des sowjetischen Terrors dazu bewegen, über ihre Vorfahren und die schwere Vergangenheit ihrer eigenen Familie zu sprechen. Jakowlews erster Eintrag auf Facebook wirkt zunächst ähnlich dramatisch wie Péter Esterházys Geschichte:

> Meine schönsten Kindheitserinnerungen verbinde ich mit einer alten, geräumigen Wohnung in der Nowokusnetskaja-Straße, die der ganze Stolz der Familie war. Wie ich später erfuhr, ist diese Wohnung nicht durch Bau oder Kauf an uns gekommen. Sie wurde von einer wohlhabenden Kaufmannsfamilie aus [dem Moskauer Stadtteil, A. d. Ü.] Samoskworetschje requiriert, also gewaltsam enteignet.
>
> Ich erinnere mich noch an das alte, mit Schnitzereien verzierte Buffet, aus dem ich immer Marmelade genascht habe. An das große, gemütliche Sofa, auf dem ich mit Großmutter saß, in eine Decke gekuschelt, und mir Märchen vorlesen ließ. Und an die beiden riesigen Ledersessel, die gemäß der Familientradition nur bei sehr wichtigen Gesprächen benutzt wurden.
>
> Später fand ich heraus, dass meine Großmutter, die ich sehr liebte, den größten Teil ihres Lebens erfolgreich als Agent Provocateur, als professionelle Lockagentin, gearbeitet hatte. Sie nutzte ihre adelige Herkunft, um Kontakte zu knüpfen und ihre Bekannten zu offenherzigen Äußerungen zu verleiten. Über das, was sie bei diesen Gesprächen erfuhr, schrieb sie dann Berichte.
>
> Das Sofa, auf dem ich Märchen hörte, die Sessel, das Buffet und all die anderen Möbel in der Wohnung hatten meine Großeltern nicht gekauft. Sie hatten sich diese Sachen einfach in einem speziellen Lager ausgesucht, wohin das Hab und Gut aus den Wohnungen hingerichteter Moskauer gebracht wurde. Aus diesem Lager richteten sich die Geheimdienstmitarbeiter kostenlos ein.
>
> Unter der dünnen Folie des Nichtwissens sind meine glücklichen

36 Wörtlich »Die Eigenen«, gemeint ist hier die Familie [A. d. Ü].

> Kindheitserinnerungen getränkt mit dem Geist des Raubes, des Mordes, der Gewalt und des Verrats. Getränkt mit Blut.[37]

Damit enden jedoch die Ähnlichkeiten mit dem Buch *Verbesserte Ausgabe*. Esterházy arbeitet sich schmerzhaft an sich selbst und seinen Erinnerungen an den Vater ab, um den Spitzelvater »auszukotzen« und so von dem Bild des guten Vaters zu retten, was zu retten ist. Er muss das notgedrungen öffentlich exekutieren, da das frühere Buch, das nun »verbessert« werden muss, bereits öffentlich bekannt war. Jakowlew hat eine völlig andere Position und andere Ziele. In seinem Text finden sich weder die Liebe noch der Hass, die Esterházys Aufzeichnungen zu einem so ergreifenden menschlichen Dokument machen. Wenn Jakowlew die eigenen Großeltern als Verbrecher benennt, will er seine Erfahrung verallgemeinern und die Leser davon überzeugen, dass die schreckliche Vergangenheit Russlands ein gemeinsames Erbe ist, das bis heute das Bewusstsein (und Unterbewusstsein) aller prägt, deren Vorfahren die sowjetischen Gräuel überlebt haben:

> Geht es denn etwa nur mir so? Wir alle, die wir in Russland aufwuchsen, sind Enkel von Opfern und Tätern. Alle ohne Ausnahme. Es gab in Ihrer Familie keine Opfer? Dann gab es Täter. Es gab keine Täter? Dann gab es Opfer. Es gab weder Opfer noch Täter? Dann gibt es Geheimnisse. Daran kann gar kein Zweifel bestehen!

Die berechtigte Botschaft, dass die zerstörerischen Auswirkungen der schweren Vergangenheit nur durch Aufarbeitung zu bewältigen sind, bleibt im luftleeren Raum hängen. Es folgen weder Vorschläge, wie eine Befreiung von dieser Vergangenheit vor sich gehen könnte, noch werden Wege gewiesen, um sie zu verurteilen.

37 Jakovlev, Vladimir, »Menja nazvali v česť deda«, *Facebook*, 8.9. 2016, https://www.facebook.com/1206441856087060/photos/a.1214617398602839/1214765738588005 (Abrufdatum 7. 08. 2022).

Jakowlews Facebook-Posting wurde zehntausendfach mit »Gefällt mir« markiert und geteilt. Das Projekt *Swoi* startete zwei Monate später als Teil einer nicht besonders erfolgreichen Onlineplattform[38] – gelegentlich werden dort familiengeschichtliche Aufzeichnungen veröffentlicht. So hilfreich der Fall Jakowlew in pragmatischer Hinsicht ist, um die Verbreitung des Themas zu befördern, so sehr zeigt er auch, dass Reue als intellektuelle Mode mit echter Reue wenig gemein hat. Der englische Schriftsteller und Theologe C. S. Lewis hat 1940 in dem Artikel »The Dangers of National Repentance« (»Die Gefahren der nationalen Reue«) auf die Gefahren hingewiesen, die es mit sich bringt, wenn Reue zu einer Art Modephänomen wird:

> Die größte und fatalste Verlockung der nationalen Reue ist […], dass sie uns ermutigt, uns von der bitteren Aufgabe abzukehren, eigene Sünden zu bereuen, und der angenehmen Aufgabe zuzuwenden, das Betragen anderer zu beklagen, vor allem jedoch anzuprangern. Wenn der junge Büßer erkennen würde, dass es dies ist, was er eigentlich tut, würde er sich zweifellos an das Gebot der Nachsicht erinnern. Leider verschleiern die Begriffe, in denen ihm die nationale Reue nahegelegt wird, deren wahre Natur. Er bedient sich einer gefährlichen Redefigur und spricht von der Regierung nicht als »sie«, sondern als »wir«. Und da wir als Büßende weder Nachsicht gegenüber den eigenen Sünden zeigen noch die Dinge zu unseren Gunsten auslegen sollten, ist eine Regierung, die als »wir« bezeichnet wird, schon dadurch außerhalb des Bereichs, wo Nachsicht oder auch nur Gerechtigkeit angebracht wäre. Man kann über sie sagen, was man will. Man kann hemmungslos dem modernen Laster der Herabsetzung frönen und dabei die ganze Zeit das Gefühl haben, dass man sich in Zerknirschung übt. […]
>
> Sollte die Kirche also nicht zur nationalen Reue aufrufen? Ich denke doch. Aber diese Aufgabe kann – wie so viele andere – nur von denen mit Gewinn erfüllt werden, die dies mit Zurückhaltung tun. Wir wissen, dass ein Mensch manchmal um des Herrn willen seine Mutter ›hassen‹ muss.

38 »Èks-glavred AdMe i osnovatel' ›Kommersanta‹ zapustili izdanie ob ›otnošenijach obščestva‹«. *Splash*, 11. 11. 2016. https://vc.ru/flood/19907-splash (Abrufdatum 9. 08. 2022).

> Der Anblick eines Christen, der die eigene Mutter abweist, kann bei aller Tragik erhebend sein; aber nur, wenn wir uns ganz sicher sind, dass er ein guter Sohn gewesen ist und in seiner Zurückweisung der geistliche Eifer, nicht ohne inneren Kampf, über starke natürliche Zuneigung gesiegt hat. Sowie Anlass zu der Vermutung besteht, er *genieße* diese Zurückweisung, er glaube, sich über das Natürliche erhoben zu haben, während er in Wirklichkeit noch tiefer herabkriecht, in den Bereich des Unnatürlichen, ist das Schauspiel nur noch abgeschmackt.[39]

Zur ideologischen und politischen Instrumentalisierung der Reue hat sich der Philosoph und Kulturwissenschaftler Michail Jampolski 1991 in einem Essay in der *Literaturnaja gaseta* geäußert.[40] Er kritisierte darin schon kurz nach dem Ende der Perestroika, dass die Intelligenzija den Schuldbegriff betone und auf alle ausweite, anstatt über die persönliche Verantwortung der wirklich Schuldigen zu sprechen. Dies trage eher dazu bei, die totalitären Strukturen zu stabilisieren, als dazu, sie zu dekonstruieren.

KÜNSTLERISCHE AUFARBEITUNG: DER FALL SERGEJ LEBEDEW

Im Jahr 2011 veröffentlichte der Moskauer Geologe und Journalist Sergej Lebedew seinen Debütroman *Der Himmel auf ihren Schultern.*[41] Das Buch fand im Ausland weit mehr Resonanz als in Russland, wo eine Erzählung über ein solches Thema sozusagen keinen Ankerplatz findet.

Der Protagonist begibt sich auf eine Reise nach Norden in das Land der Lager, um den Schleier über der Vergangenheit seines »zweiten Großvaters« zu lüften – eines Mannes, mit dem er nicht verwandt ist, dem er jedoch sein Leben verdankt und der ihm sein Erbe und viele offene Fragen hinterlassen hat. Er findet heraus, dass es sich bei

39 Lewis C. S., »Dangers of National Repentance«. In: ders., *Essay Collection and Other Short Pieces*. London 2000, S. 294ff.

40 Jampolskij, Michail, *Iznasilovanie pokajaniem. Literaturnaja gazeta* 8/1991, S. 89ff.

41 Lebedew, Sergej, *Der Himmel auf ihren Schultern*. Frankfurt/Main 2013.

dem Verstorbenen um einen ehemaligen Lagerkommandanten handelt, der durch das Böse, das er getan hatte, innerlich ausgebrannt war, aber den Erzähler aufrichtig liebte, soweit er dazu in der Lage war. Diese Liebe ist das Einzige, wodurch der Erzähler ihm verpflichtet ist. Er reist in die Lagergegenden und taucht in die bis auf die Knochen vordringende Kälte ein, damit er die Verantwortung auf sich nehmen, das Erbe des »Großvaters« antreten und so sein Blut von dessen Schuld reinigen kann. Dies ist nicht nur für den Helden notwendig, sondern auch für den Autor selbst: Der Roman hat laut Lebedew einen autobiografischen Hintergrund. Er habe ihn sozusagen erzwungenermaßen geschrieben, weil dies für ihn die einzige Möglichkeit gewesen sei, die Vergangenheit »aus dem Versteck zu holen«, nachdem er erfahren hatte, dass sein Adoptivgroßvater Oberstleutnant der Staatssicherheitsorgane und eine Zeit lang auch Kommandant eines Lagers gewesen war:

> Ich hatte eigentlich gar nicht vor, Romane zu schreiben. Ich war Journalist und Essayist. Als ich das über meinen Großvater erfahren hatte, wollte ich irgendwo hingehen, etwas tun, Leute befragen. Natürlich bekam ich die Akte nicht, weil alle diese Akten unter Verschluss sind. Und dann begriff ich irgendwann, warum ich zu all diesen Lagern gefahren war, warum ich acht Jahre lang immer wieder gereist war, um mir das alles anzuschauen. Plötzlich fügte sich alles zusammen. Da mir niemand je etwas über ihn erzählen würde, musste ich auf eine Weise vorgehen, gegen die sie keine Vorkehrungen getroffen hatten. Ich konnte einen Roman schreiben und der Figur des Großvaters nachspüren. Ich konnte diese allgemeine, gesichtslose Figur aus ihrem Versteck holen, ihr ein Gesicht geben und sie in den Kontext einer Kultur stellen, in der es solche Gestalten nicht gibt.[42]

Der Himmel auf ihren Schultern beeindruckt, wie sich das für einen russischen Roman gehört, durch Bilder vom Triumph des absolut Bösen. Auf seiner Reise zum Rand der Erde und zum metaphysi-

42 »Druz'ja: Nikolaj V. Kononov – Sergei Lebedev«. *Colta.ru*, 21. 12. 2016. https://www.colta.ru/articles/society/13431 (Abrufdatum 10. 08. 2022).

schen Punkt der absoluten Finsternis, wo der Mensch aufhört, Mensch zu sein, taucht der Held immer tiefer hinein. Dieser metaphysische Punkt ist im Roman die Beschreibung einer Insel, auf der Deportierte ohne Nahrung ausgesetzt wurden und starben – die künstlerische Bearbeitung eines realen Vorbilds, der Tragödie von Nasino, die sich im Frühjahr 1933 am Fluss Ob abspielte.[43] Der Held stürzt in einen Erdtrichter und erkennt in dessen Wänden menschliche Körper, die im Permafrost konserviert sind und dem Fluss der Zeit entrissen wurden – sie sind nicht lebendig, aber auch nicht begraben (ein eindrucksvolles Bild für den nicht gezogenen Trennungsstrich). Die Körperwärme des Helden lässt den Trichtergrund tauen. Er entwindet einem Leichnam eine Axt aus den Händen und schlägt Stufen ins Eis, um sich herauszuarbeiten. Ganz unten angelangt, findet er die Kraft, zu entkommen und in die menschliche Welt und ein normales menschliches Leben zurückzukehren. Lebedew drückt das so aus:

> Das Buch muss dem Umstand Rechnung tragen, dass die Lektüre unangenehm ist, dass niemand Lust darauf hat, weil sie weh tut. Diese ganze Arbeit, die Auseinandersetzung mit der Vergangenheit, sollte so angelegt sein, dass du eingeladen und auf dem Weg sicher begleitet wirst. Man muss das Buch so gestalten, dass es bis zum Ende gelesen werden kann, zum Beispiel indem man es nach dem Muster eines Mythos aufbaut. Auch Odysseus steigt in die Unterwelt hinab, wo die Toten es auf sein Blut abgesehen haben. Man kann ihn dort lassen, aber besser konzipiert man das Buch so, dass der Held die Finsternis durchmisst – und der Leser zusammen mit ihm irgendwo herauskommt. Es geht nicht um die Frage, wie viel Düsteres ihm zugemutet werden kann, sondern darum, wie man den Weg durch diese massiven Schichten vorzeichnet.[44]

43 Im Mai 1933 wurden bei der sibirischen Stadt Nasino etwa 6100 Deportierte ohne Verpflegung und Unterkunft auf einer Insel im Fluss Ob ausgesetzt. Nachdem eine geplante Versorgung mit Mehl scheiterte, starben innerhalb von 13 Wochen zwei Drittel der Ausgesetzten durch Hunger und Krankheit, wobei auch Fälle von Kannibalismus auftraten. (A. d. Ü.)

44 »Druz'ja: Nikolaj V. Kononov – Sergei Lebedev«, a. a. O.

Die Arbeit mit der traumatischen Vergangenheit ist nur sinnvoll, wenn sie darauf abzielt, ans Licht zu gelangen, zu befreien, das Trauma zu verarbeiten – oder bildlich gesprochen: einen Tunnel zu graben anstatt eines Schachts, der nur immer weiter ins Erdreich hinabführt. Andernfalls ist sie nichts weiter als ziellose Selbstkasteiung oder Simulation, die anderen Zielen dient.

VERURTEILUNG: DER FALL NIKOLAI ANTONOW

Der wohl delikateste und wichtigste Aspekt, den die Familiengeschichten deutlich machen, ist die Fähigkeit, die Verurteilung des Bösen von der Liebe zu einem nahestehenden Menschen zu trennen. In Esterházys Buch findet sich nicht von ungefähr eine eindringliche Formulierung dafür: »Gestern in einem Interview auf die Frage, weshalb meine jetzige Arbeit so schwer sei: weil ich die Positionen skrupulös und unablässig auszumachen, das heißt Liebe und Verachtung zu trennen habe.«[45] Die Vorstellung, die Taten von Angehörigen seien einfacher zu rechtfertigen, verfehlt den Punkt, an dem die Arbeit am Vergangenen einsetzt. Sie kann nur begonnen werden, wenn die ethische Ungewissheit in Bezug auf die Vorfahren den Nachkommen keine Ruhe lässt, wenn sie den »guten Opa« vom »Verbrecher« (Täter, Feigling, Spitzel) unterscheiden möchten.

Im März 2018 veröffentlichte Radio Swoboda ein Interview mit dem Urenkel eines hochrangigen NKWD-Funktionärs.[46] Anlass war die Bemerkung einer Memorial-Mitarbeiterin, die Namen der Täter müssten veröffentlicht werden, »damit alle, die sich künftig an solchen Verbrechen beteiligen, wissen, dass ihre Enkel später den Leuten nicht offen ins Gesicht sehen können«.[47] Nikolai Antonow-Grizjuk war während des Großen Terrors Leiter des NKWD der Kabardi-

45 Esterházy, *Verbesserte Ausgabe*, a. a. O. S. 62.

46 Volček, Dmitrij, »›My tyčem palkoj v past' zverja‹. Razgovor s pravnukom čekista«. *Radio »Svoboda«*, 17. 03. 2018. https://www.svoboda.org/a/29101852.html (Abrufdatum 10. 08. 2022).

47 Fomina, Ekaterina / Račeva, Elena, »Ot šofera ›černogo voronka‹ do Stalina«. *Novaja gazeta*, 23. 11. 2016.

no-Balkarischen Autonomen Sozialistischen Sowjetrepublik, Vorsitzender des NKWD-Sondergerichts der Republik und Chef des Gefängnisreferats des NKWD der UdSSR. Er war unmittelbar an der Liquidierung des Gefängnislagers auf den Solowezki-Inseln beteiligt und wurde 1939 als Mitarbeiter des in Ungnade gefallenen NKWD-Chefs Nikolai Jeschow selbst erschossen. Später erreichte die Familie seine Rehabilitierung. Das Besondere an dem Interview mit Antonows Urenkel ist, dass er eine Beziehung zu seinem Urgroßvater aufbauen möchte, ohne ihn im Mindesten zu rechtfertigen:

> Unserer Familie kommt es nicht darauf an, Nikolai Iosifowitsch irgendwie zu rehabilitieren, denn kein juristischer Freispruch wird ihn von seiner persönlichen Verantwortung für die Verbrechen entbinden, die er begangen hat. Uns kommt es darauf an, seinen Lebensweg zu rekonstruieren, so tragisch und schrecklich er auch gewesen sein mag. Seine Biografie ist Teil unserer Familiengeschichte und eine äußerst wichtige Lektion für die nachfolgenden Generationen. Unsere Recherchen galten der Lebensgeschichte dieses konkreten Menschen und hatten nicht das Ziel, seine Verbrechen zu rechtfertigen.

Als der Interviewer zu bedenken gibt, im heutigen Russland müssten Nachkommen von Verbrechern keine Angst vor öffentlicher Ächtung haben (»es gibt bestenfalls halbherzige Empörung über das Verhalten von Leuten wie Wjatscheslaw Nikonow, der sich stolz zu seinem Großvater Molotow bekennt«[48]), erwidert Antonows Enkel:

> Die Erinnerung an die Vorfahren, die Ahnen, ist heilig, ob sie nun gut oder schlecht, liebevoll oder gleichgültig waren. Sie gehört zur Familiengeschichte. Aber es gibt auch die Lebensgeschichte des Menschen selbst, die aus seinen eigenen Taten erwächst. Niemand empört sich über die Geschichte der Familie von Wjatscheslaw Molotow. Aber die Fakten seiner Biografie, seine öffentlich geäußerten Ansichten, seine Positionen

48 Wjatscheslaw Nikonow (ein Enkel von Stalins Außenminister Wjatscheslaw Molotow) ist Historiker, Politikwissenschaftler, Mitglied der russischen Staatsduma und Vorsitzender des Dumaausschusses für Bildung und Wissenschaft.

> und seine Handlungen als Staatsmann, sollten in einer normalen Gesellschaft nicht nur »halbherzige Empörung«, sondern eine Welle von Gegenreaktionen hervorrufen. Man muss doch die Beziehung des Enkels zum Großvater von der Einstellung des Staatsmanns zu Verbrechen gegen die Menschlichkeit trennen.

Die Bereitschaft, die Vergangenheit und die Art, wie sie sich in der Gegenwart zeigt oder gerechtfertigt wird, konstruktiv zu verurteilen, steht in keiner Weise dem Bestreben entgegen, die Erinnerung an einen Vorfahren, der an Gräueltaten beteiligt war, zu bewahren. Das Wachhalten dieser Erinnerung gehört sogar unabweislich zur Verantwortung derer, die verwandtschaftliche Beziehungen zu den dunklen Seiten der Geschichte haben.

VERANTWORTUNG: DER FALL JENNIFER TEEGE

All diese Beispiele werfen auf jeweils eigene Weise die Frage auf, was es eigentlich heißt, Verantwortung für das Verbrechen eines Vorfahren zu übernehmen. Auch hier hilft es, die Arbeit in Augenschein zu nehmen, die in ähnlichen Fällen bereits anderswo geleistet wurde, etwa in Deutschland. Wir haben gesehen, wie der Philosoph Karl Jaspers nach dem Zweiten Weltkrieg verschiedene Formen der Schuld analysiert hat, um den Unterschied zwischen Verantwortung im juristischen Sinn (um die es bei den Nürnberger Prozessen gegen die NS-Täter ging) und Verantwortung im politischen, moralischen und, weiter gefasst, metaphysischen Sinn zu verdeutlichen. Jaspers wollte zeigen, dass es zwar falsch war, von einer deutschen Kollektivschuld zu sprechen, die Nürnberger Prozesse aber diejenigen, die keinen persönlichen Anteil an den Verbrechen gehabt hatten, nicht von einer eigenständigen Aufarbeitung der Vergangenheit entbanden. Sein Buch von 1946 markiert jedoch nur den Anfang einer langen Debatte.

In den 1960er Jahren befasste sich Hannah Arendt in zwei Vorträgen – *Was heißt persönliche Verantwortung in einer Diktatur* und *Kol-*

lektive Verantwortung[49] – mit einer komplexeren Fragestellung, die näher bei der hier erörterten Thematik liegt. Zu Anfang des Jahrzehnts wurde die Rede von der allgemeinen (oder nach Jaspers »metaphysischen«) Schuld in Deutschland zunehmend bemüht, um von der unerwünschten Diskussion über konkrete juristische Schuld abzulenken. Arendt schreibt dazu:

> [D]er Ausruf »Wir sind alle schuldig«, der beim ersten Hören so äußerst nobel und verführerisch klang, [diente] in Wirklichkeit nur dazu, diejenigen in einem erheblichen Maße zu entlasten, die tatsächlich schuldig waren. Wo alle schuldig sind, ist es keiner.[50]

In Russland hat Michail Jampolski in seinem oben erwähnten Essay ähnlich argumentiert. Die Mitglieder einer politischen Gemeinschaft – so Arendt – tragen unweigerlich Verantwortung für diese Gemeinschaft, selbst wenn sie durch ihre Zugehörigkeit zu ihr rein passiv an dem teilhaben, was in ihrem Namen getan wird. Diese Verantwortung spielt eine Schlüsselrolle bei der Bewältigung des Totalitarismus und seiner Folgen. Sie hat jedoch nichts mit Schuld zu tun, die nur eine persönliche sein kann.

»Verantwortung« ist den gängigen Definitionen zufolge die Verpflichtung, für etwas Geschehenes einzustehen. Dabei ist es ein Unterschied im Sinn und in der Sache, ob es um individuelle Verantwortung für die eigenen Taten oder um Verantwortung für die Taten von Vorfahren beziehungsweise einer Gemeinschaft geht. Die erstere Form der Verantwortung ist der Schuld verwandt. Sich verantworten bedeutet in diesem Sinn etwa, für ein Delikt verurteilt zu werden, das man begangen hat. Verantwortung im zweiten Sinn ist hingegen eine moralische Verpflichtung, die ein Individuum oder eine Gemein-

49 Arendt, Hannah, *Was heißt persönliche Verantwortung in einer Diktatur*. München 2003; dies., »Kollektive Verantwortung«. In: Heinrich-Böll-Stiftung (Hg.), *Politik und Moderne*, Band IV. Bremen 2003.

50 Arendt, »Kollektive Verantwortung«, a. a. O. S. 4.

schaft freiwillig anerkennt. Sie besteht in erster Linie darin, alles nur Mögliche zu tun, damit sich das Geschehene nicht wiederholt.

Dies ist gemeint, wenn von Deutschlands Verantwortung für die Verbrechen des Nationalsozialismus die Rede ist – und nicht umsonst hat die deutsche Gesellschaft mehr als drei Jahrzehnte gebraucht, bis sie in der Lage war, zwischen Schuld und Verantwortung zu unterscheiden. Wenn in russischen Debatten immer wieder empört gefragt wird, ob wir denn wirklich alle Schuld an den vergangenen Ereignissen trügen und bei einem »Nürnberger Prozess gegen den Kommunismus« abgeurteilt werden müssten, so zeigt das nur, dass der Prozess der Unterscheidung zwischen Schuld und Verantwortung in Russland noch nicht abgeschlossen ist. Das liegt unter anderem daran, dass die historische Verantwortung hier nie institutionalisiert wurde.

Der Unterschied zwischen Schuld und Verantwortung zeigt sich besonders deutlich am Beispiel von Jennifer Teege. Sie ist durch ihre familiäre Herkunft in eines der furchtbarsten Kapitel der Geschichte des 20. Jahrhunderts verwickelt. Obwohl sie nicht im Mindesten *schuldig* ist, hat sie sich entschieden, die *Verantwortung* auf sich zu nehmen, die aus dieser Herkunft erwächst.

»Was ist Familie? Das, was wir erben oder das, was wir miteinander teilen?« Mit dieser Frage beginnt das Schlusskapitel von Teeges 2013 erschienenem Buch *Mein Großvater hätte mich erschossen.*[51] Die Autorin, Tochter eines Nigerianers und einer Deutschen, erzählt darin ihre Geschichte: Sie litt unter Depressionen und stieß eines Tages in der Bibliothek auf ein Buch ihrer leiblichen Mutter, die sie als kleines Kind ins Kinderheim und dann in eine Ziehfamilie gegeben hatte. Daraus erfuhr sie zu ihrem Entsetzen, dass ihr Großvater Amon Göth war, der blutrünstige KZ-Kommandant im polnischen Płaszów, vor dem Oskar Schindler die Juden gerettet hatte. Schindler hatte Göth, mit dem er auf freundschaftlichem Fuß stand, auch mit Teeges Großmutter bekannt gemacht, die einst seine Sekretärin gewesen war.

51 Teege, Jennifer / Sellmair, Nikola, *Mein Großvater hätte mich erschossen*. Reinbek 2013, S. 246.

Teege hatte zu ihrer leiblichen Mutter nie eine besonders enge Beziehung gehabt. Als Tochter eines afrikanischen Vaters, die in ihrer Jugend mehrere Jahre in Israel lebte, ist sie so ziemlich die Letzte, auf die sich die Kategorie der Schuld an rassistischen Verbrechen anwenden ließe. Und doch stellt sie sich der Frage, was es heißt, über die eigene Herkunft in Beziehung zu einem Verbrechen zu stehen, und was das in ihrem eigenen Fall bedeutet. Ihr Buch beantwortet diese Frage mit der Erkenntnis, dass es zwar keine Erbschuld, aber sehr wohl eine Verantwortung für die Vergangenheit gibt. Gegen Ende berichtet Teege, wie sie mit einer Gruppe israelischer Schülerinnen und Schüler nach Polen reiste, um den Ort zu besuchen, wo sich das Konzentrationslager befand und wo ihr Großvater seine Verbrechen beging. Sie erzählte den Kindern – den Enkeln von Menschen, die in solchen Lagern umkamen – ihre Geschichte. Diese luden sie daraufhin ein, mit ihnen zusammen Blumen an der Gedenkstätte niederzulegen. »Meine Verantwortung besteht einzig darin, dass ich nicht aufhöre, darüber zu sprechen«, sagt sie.

Wenn Teege über die Gründe spricht, die sie veranlassten, ihre Geschichte zu erzählen, erwähnt sie auch, dass Nachkommen der Familie Göring sich sterilisieren ließen, um »nicht noch so ein Monster hervorzubringen«. Diese Einstellung vermittelt nach ihrer Überzeugung die falsche Botschaft: Es gibt kein Nazi-Gen und ebenso wenig eine genetische Schuld. Jeder Mensch entscheidet für sich, wer und was er sein möchte. Das ändert nichts an der Notwendigkeit, die schwere Vergangenheit aufzuarbeiten – die persönliche wie die familiäre. In einem Interview sagt Teege:

> Ich habe mein Leben einmal mit einem Puzzle verglichen. Es gab so viele Einzelteile, aber der Rahmen fehlte. Ich war unsicher, wo ich hinpasse und woher meine Depression kam. Heute kann ich die Teile in einen Rahmen einfügen – es ist nicht mehr ein einziges großes Durcheinander. [...] Auch wenn ich mich verändert habe, bin ich immer noch derselbe Mensch – und ich weiß, wer ich bin. Ich kann jetzt mit der Vergangenheit leben. Und auch meine Kinder können das. [...] Ich weiß jetzt, dass ich keine Schuld trage, und sie lastet nicht mehr auf mir. Dafür beschäftigt

> mich das Thema der Verantwortung heute sehr. Es liegt in der Verantwortung jedes Menschen, die eigene Umgebung zu bereichern. Ich trage nicht nur Verantwortung, weil ich Deutsche oder die Enkelin von Amon Göth bin, sondern einfach als Mensch.[52]

In dem oben erwähnten Artikel der Onlineplattform Lenta.ru, der schildert, wie die Veröffentlichung der Namensliste von NKWD-Mitarbeitern durch Memorial von den Nachfahren der Geheimdienstler aufgenommen wird, bringt ein konsequent antistalinistisch eingestellter Nachkomme eines NKWD-Offiziers Ähnliches auf etwas andere Weise zum Ausdruck. Er erzählt, wie er den Namen seines Vorfahren in der Memorial-Datenbank fand:

> Als ich meinen Ururgroßvater, der von 1935 bis 1939 die Ermittlungsabteilung des Moskauer NKWD leitete, in der von Memorial publizierten Datenbank fand, löste das bei mir ein sehr starkes, sehr eigenartiges Gefühl aus, das mit nichts anderem zu vergleichen war. Es war keine Scham – wofür hätte ich mich auch schämen sollen, ich bin nicht er und ich glaube nicht an kollektive Verantwortung. Es war auch weder Mitleid noch Bedauern noch Stolz. Wir alle hier sind einfach verbunden mit dem, was gewesen ist. Verbunden im wahrsten Sinne des Wortes, auf die denkbar stärkste Weise, durch die Verwandten – daran führt kein Weg vorbei. Und niemand trägt gegenüber anderen eine Schuld, niemand muss bereuen, aber alle müssen das einfach wissen und im Gedächtnis behalten.[53]

Alle in diesem Kapitel angeführten Zeugnisse zur Aufarbeitung der eigenen Familienvergangenheit, von Péter Esterházy bis Jennifer Teege, stimmen in einem zentralen Punkt überein. Es ist richtig, dass sich die Schuld der Vorfahren nicht auf die Nachkommen ausdehnt, Kriminalität nicht genetisch vererbt wird und selbst das persönliche

52 »Jennifer Teege Author Q&A and Book Trailer: My Grandfather Would Have Shot Me«. In: *The Experiment*, 6. 4. 2015.

53 Facebook-Eintrag vom 25. 11. 2016: https://www.facebook.com/100001691577456/posts/1315976915135348/ (Abrufdatum 11. 08. 2022).

Verantwortungsbewusstsein nicht als moralisch verpflichtend betrachtet werden kann. Aber diejenigen, die versucht haben, sich mit den schwierigen Seiten der Biografie ihrer Vorfahren ernsthaft auseinanderzusetzen, sind auf unterschiedliche Weise zu sehr ähnlichen Schlussfolgerungen gelangt: Das Wichtigste – und Schwerste – ist es, die Trennwand einzureißen, die mich heute gegen die schreckliche Wahrheit über die mir nahestehende Person abschirmt – die Mechanismen zu überwinden, die es erleichtern, sich vor dieser Wahrheit zu verstecken.

Das Abblocken dieses Wissens führt dazu, dass das begangene Böse selbst im Familiengedächtnis weiterwirken kann. Überwunden wird es nicht durch öffentliche Reue und nicht einmal durch die öffentliche Verdammung des Vorfahren, sondern eben indem wir »nicht aufhören, darüber zu sprechen« – indem wir, anstatt zu schweigen, auf die eine oder andere Weise von den begangenen bösen Taten erzählen: im Familienrat, in einem Interview, einem Buch oder bei einer Begegnung mit Menschen, die womöglich von diesem Bösen betroffen waren. Indem die Erzählung das Wissen um die bösen Taten aus der Dunkelheit ans Licht holt, erleichtert sie es, sich von ihrer zerstörerischen Wirkung zu befreien.

Wenn die Gesellschaft zusammenfinden soll, ist es unumgänglich, dass Verantwortung auf diese Weise wahrgenommen wird. Das Verbrechen blockiert die Verbindung zur Vergangenheit, es hemmt die freie Zirkulation der Säfte im Stamm der Geschichte. Das führt zur Aufspaltung der Gesellschaft in voneinander abgeschottete Fragmente, die jeweils ihre eigene Vergangenheit und ihre eigene Ethik haben. Verantwortung für die Vergangenheit zu übernehmen macht es möglich, diese aufgeteilten Zellen zu verbinden, die Trennwände zwischen den Nachkommen der verschiedenen Lager zu überwinden und auf der Grundlage der gemeinsamen ethischen Urteile nach einer gemeinsamen Sprache zu suchen. Verbrechen lassen sich nicht ungeschehen machen, aber man kann darauf hinarbeiten, dass sie die Erinnerung nicht blockieren. Und auch wenn sich die Erinnerung an die Vergangenheit im landesweiten Maßstab nicht so einfach ins Lot bringen lässt: Die Familiengeschichte eines jeden Menschen gehört nur ihm und seiner Familie. Die Blockaden in ihr zu lösen, um zumindest im Stamm des Familienbaums den freien Fluss der Säfte zu ermöglichen, steht in der Macht jedes Einzelnen.

Ausweitung auf die Gesellschaft

Lässt sich die Erfahrung der Vergangenheitsbewältigung von der individuellen und familiären Ebene auf die Gesellschaft als Ganzes ausweiten, ohne dass dabei gerade das verlorengeht, was sie so produktiv macht und zu so ermutigenden Ergebnissen führt? Um diese Frage zu bejahen, müssen wir uns nur darauf besinnen, wie wichtig die Filme von Carlos Saura für die Erinnerung an die Tragödie des Bürgerkriegs in Spanien waren und welche Bedeutung Luis Puenzos Film *Die offizielle Geschichte* für die Erinnerung an den »schmutzigen Krieg« in Argentinien hatte. Es gibt aber noch viel direktere Beispiele dafür, dass diese Erfahrung nicht nur einen gesellschaftlichen Bedarf erfüllt, sondern auch international ein Echo findet.

Mitte der 1980er Jahre konnte der israelische Psychologe und Psychotherapeut Dan Bar-On, der bis dahin auf die psychologische Betreuung von Holocaust-Überlebenden und deren Familien spezialisiert war, in Deutschland eine Reihe von Interviews mit Kindern von NS-Verbrechern führen. Von den fast 60 Personen, die Bar-On anfragte, sagten nur 9 ab. Aus diesen Gesprächen entstand das Buch *Die Last des Schweigens*,[54] in dessen Zentrum Interviews mit 13 Kindern oder Verwandten von Hitlers engsten Helfern, hochrangigen NSDAP-Mitgliedern, einem SS-General und KZ-Ärzten stehen.

Besonders eindrücklich ist das Interview mit der Tochter eines hochrangigen NS-Funktionärs, die sich gut an ihren Vater erinnert und ihn sehr liebt. Ihrer Meinung nach hatte ihr Vater zwar von der

54 Bar-On, Dan, *Die Last des Schweigens: Gespräche mit Kindern von NS-Tätern*. Hamburg 2004.

Judenverfolgung gewusst, jedoch nichts damit zu tun gehabt. Sie hatte dem Gespräch unter der Bedingung zugestimmt, dass sie den Namen des Vaters nicht preisgeben würde. Aber einige Zeit nach dem Gespräch wurde Bar-On klar, dass er mit der Tochter eines engen Weggefährten von Hitler gesprochen hatte. Er war mit Sicherheit an den schlimmsten Verbrechen beteiligt gewesen, und seine Tochter musste das wissen. Ein Jahr nach dem ersten Treffen fand ein weiteres statt. Diesmal nannte die Gesprächspartnerin Bar-On offen den Namen ihres Vaters und gab ihm einen Abschiedsbrief, den dieser geschrieben hatte, als er in Nürnberg vor Gericht stand. Er gestand darin ein, dass der Antisemitismus ein Irrtum gewesen sei, und rief das deutsche Volk um seiner Rettung willen zur Versöhnung mit dem jüdischen Volk auf. Bar-On begriff, dass sie Schwerstarbeit an sich selbst verrichtete, indem sie an der Liebe zu ihrem Vater festhielt und zugleich seine Beteiligung an den Verbrechen bezeugte:

> Ich bin erstaunt über Gerdas Verhalten: Sie hält an ihrer Bewunderung für ihren Vater fest, während sie mir ein Dokument überreicht, das seine letzten Überlegungen zur Judenfrage offenbart. Bittet sie um Vergebung – für die Anmaßung ihres Vaters und dafür, dass sie wegen ihrer Liebe zu ihm nicht in der Lage ist, sich mit diesem Zeugnis auseinander zu setzen?
>
> Ich meine nicht mehr, dass Gerda mich zu täuschen versucht hat, sondern dass sie versucht hat, mir gegenüber aufrichtig zu sein. Der Schutzwall, den sie um ihre Gefühle für ihren Vater aufgerichtet hat, gab ihr die Möglichkeit, ihren Vater weiterhin zu lieben und, vielleicht, andere Menschen zu lieben.
>
> Mir bleiben viele Fragen. Jedoch meine ich, dass Gerda eine Menge geleistet hat – indem sie zugestimmt hat, überhaupt mit mir zu sprechen; indem sie sich noch einmal mit mir getroffen hat und indem sie mir den Text ihres Vaters überlassen hat. Auf ihre Weise versucht sie sich damit auseinander zu setzen, wozu sie vorher nicht in der Lage war: dass ihr viel geliebter Vater eine Schlüsselposition hatte in einem der mörderischsten Regime, die jemals errichtet worden sind. Ich bin ihr dankbar dafür, miterleben zu können, was ein solcher Kampf bedeuten kann.[55]

55 Ebd. S. 139.

Bar-Ons Buch, das ins Deutsche und viele andere Sprachen übersetzt wurde, markiert einen Meilenstein der Vergangenheitsaufarbeitung in der deutschen Gesellschaft. In den 1990er Jahren organisierte Bar-On Begegnungen zwischen Kindern von NS-Tätern und Kindern von Holocaust-Opfern. Als sich diese Begegnungen für beide Seiten als sehr hilfreich erwiesen, begann er, auch in anderen Teilen der Welt Workshops für Menschen zu veranstalten, die entgegengesetzte Seiten eines Konflikts repräsentieren. Zu den Teilnehmern gehörten Schwarze und Weiße aus Südafrika, Katholiken und Protestanten aus Nordirland sowie Palästinenser und Israelis. Die Erfahrungen aus diesen Workshops hat Bar-On in seinem Buch *Den Abgrund überbrücken* beschrieben.[56]

2010 inszenierte der Journalist und Dramatiker Michail Kaluschski in Moskau ein Theaterstück, das auf dem Buch *Die Last des Schweigens* basiert. Es wurde in Moskau und weiteren russischen Städten aufgeführt. Die Begleitdiskussionen drehten sich weniger um die deutsche Vergangenheit als um die Last des Schweigens, die auf den Bürgern Russlands liegt.

Aus diesen Gesprächen entstand ein neues Theaterprojekt, das diesmal eine russische Vorlage hatte. Das 2012 uraufgeführte Stück *Enkel* basiert im Wesentlichen auf zehn Interviews, die Kaluschski und Alexandra Poliwanowa mit den Kindern, Enkeln und Urenkeln von Personen geführt haben, die persönlich für die Verbrechen des sowjetischen Staatsterrors verantwortlich waren. Zuschauer und Schauspieler, die sich durch nichts vom Publikum unterscheiden, sitzen im Kreis und erhalten jeweils eine bestimmte Nummer.

Auf einem Bildschirm leuchten Zahlen auf, und wer seine Nummer dort sieht, beginnt seine Familiengeschichte zu erzählen. In Wirklichkeit kommen zuerst die Schauspieler zu Wort. Sie geben Erinnerungen tatsächlicher Kinder von Verbrechern, die das Autorenteam aufgezeichnet hat, so wieder, als wären es ihre eigenen: Einige

56 Bar-On, Dan u. a. (Hg.), *Den Abgrund überbrücken: mit persönlicher Geschichte politischen Feindschaften begegnen*. Hamburg 2000.

verurteilen ihren Vorfahren, andere versuchen auszuweichen und wieder andere beschränken sich auf neutrale Kindheitserinnerungen.

Das Einzige, was nicht zu hören ist, sind Rechtfertigungen der Verbrechen; die Autoren haben bewusst keine Personen befragt, deren Position ihnen ethisch nicht tragbar erschien. Irgendwann leuchten auch die Nummern auf, die an die Zuschauenden verteilt wurden, und sie können sich selbst in das Gespräch einbringen. Einige lassen sich darauf ein, die meisten ziehen es vor, zu schweigen. Nach dem Zeugnis der Teilnehmer ist aber allein schon die Erwartung, möglicherweise an die Reihe zu kommen, für viele ein wichtiger Anstoß. Als »zweiter Akt« folgt die Reflexion, das Nachdenken, das nach der eigentlichen Tragödie einsetzt. Es reflektieren sowohl die Protagonisten des Stücks als auch die Zuschauer, die beim Verlassen des Saals über die Vergangenheit ihrer Familie und ihres Landes nachdenken.

Bar-Ons Buch basiert auf dreizehn Interviews, von denen zwei im Theaterstück *Die Last des Schweigens* verwendet werden; das Nachfolgestück *Enkel* stützt sich auf zehn Interviews. Das Archiv des 2013 vom Moskauer Museum der Geschichte des Gulag ins Leben gerufenen Projekts »Mein Gulag« umfasst demgegenüber bereits über 300 Gespräche – nicht nur mit Opfern und ihren Nachkommen, sondern auch mit Mitarbeitern des NKWD/KGB und deren Angehörigen.[57] Einer der Befragten ist Grizian Waskow. Er ist der Sohn von Rodion Waskow, der in leitenden Positionen beim NKWD und dem sowjetischen Ministerium für Staatssicherheit tätig war, die Lager auf den Solowezki-Inseln und in Kolyma aufbaute und 1953 wegen »Kompetenzüberschreitung« zu fünf Jahren Haft verurteilt wurde. Grizian Waskow, der in die Fußstapfen seines Vaters getreten ist und »Konterrevolutionäre« festgenommen und verhört hat, räumt ein, dass es

57 Website des Projekts »Moj GULAG« (»Mein Gulag«): https://mygulag.ru (Abrufdatum 12.08.2022). 2020 sind die 26 Interviews in ungekürzter Form als Buch erschienen; die Mittel für die Veröffentlichung wurden durch Crowdfunding aufgebracht: Poljanskaja, Tat'jana / Sadovnikova, Ljudmila (Hgg.), *Moj GULAG. Ličnaja istorija. Knižnaja serija videoproekta Muzeja istorii GULAGa*. Moskau 2020.

unter den Volksfeinden auch Unschuldige gegeben habe. Sein eigener Sohn verurteilt die Repressionen. In Waskows Erzählungen klingt kaum Bedauern über die Vergangenheit durch, eher Groll über das ungebührlich harte Urteil gegen den Vater. Beredter als viele Worte zum Thema Verantwortung ist jedoch eine Szene, in der er gefragt wird, wie es den an der Hinrichtung der Verfolgten beteiligten Menschen ging. Die Abwehrargumente »Sie haben Befehle ausgeführt« und »Feind ist Feind« greifen auf einmal nicht mehr und der 90-Jährige beginnt zu weinen.

> *Frage:* Hat es sich irgendwie auf ihn ausgewirkt, dass er Leute erschossen hat?
> *Antwort:* Schlecht … Aber mir war klar [fängt an zu weinen], dass er das gleiche machte wie ich. Im Krieg fragt keiner, wenn man auf den Feind schießt … Es ist der Feind, also schießt man. So war es bei uns auch: Es ist der Feind, man schießt, fertig … Nur dass er keinen Wodka bekam … Ja … Traurige Sache, das, traurig …

Diese Tränen sind ein beredtes Beispiel dafür, dass selbst diejenigen, die die Repressionen verbal verteidigen, sie ganz klar als Verbrechen erkennen. Auf dieser Basis lässt sich ein – wenn auch verhaltener – Konsens bei der Bewertung des sowjetischen Terrors herstellen. Je stärker breite Teile der Gesellschaft in die Auseinandersetzung mit der Vergangenheit einbezogen werden, desto eher wird die Erkenntnis, dass der Staatsterror kriminell war, zur gemeinsamen Basis für diese Auseinandersetzung – auch wenn die Beteiligten ansonsten ganz unterschiedliche Positionen vertreten und verschiedenen »Lagern« angehören.

Der Weg zur nationalen Verantwortung

Das Familiengedächtnis ist Modell, Schule, Feldversuch für den Übergang von der Kategorie der Schuld zur Kategorie der Verantwortung. Hier ist jedoch die Verfahrensweise des Übergangs von größter Bedeutung, denn auf diesem Weg wird die Auseinandersetzung über die historische Verantwortung für den sowjetischen Terror von der privaten auf die öffentliche Ebene verlagert. Und das ist ein unerlässlicher Schritt: Auch wenn sehr viele Menschen beginnen, sich mit der Vergangenheit ihrer Familie zu beschäftigen, wird die private Aufarbeitung allein dadurch noch nicht zu einer öffentlichen.

Die Arbeit des Eingestehens von Schuld und des Übernehmens von Verantwortung geht mit einem bezeichnenden Missverhältnis einher: Die Bereitschaft, Schuld zu bekennen und zu sühnen, ist in der Regel umgekehrt proportional zum Ausmaß dieser Schuld. Und auch Verantwortung nehmen vor allem diejenigen auf sich, die an den aufzuarbeitenden Taten der Gemeinschaft den kleinsten Anteil haben. Das ist nicht gerecht, aber naheliegend und liegt in der Natur der Sache. Gerecht wäre es, die Verantwortung vor allem denen mit dem höheren »Schuldenkonto« aufzubürden. Aber in Wirklichkeit verhält es sich umgekehrt: Die Gewissenhaften machen sich mehr Gedanken als die Gewissenlosen, die Arbeit der Verantwortung wird von denen begonnen, die damit mehr Erfahrung haben, und das ist nur folgerichtig.

Pastor Martin Niemöller, einer der Autoren des Stuttgarter Schuldbekenntnisses von 1946, wäre eher als die meisten anderen deutschen Kirchenvertreter berechtigt gewesen, sich für die NS-Verbrechen nicht verantwortlich zu fühlen. Er hatte wegen Kritik an der NS-Regierung sieben Jahre in den Konzentrationslagern Sachsenhausen und Dachau gesessen. Und doch war er es, der auf einer Formulierung bestand, mit der die Kirche sich als unmittelbar verantwortlich für das Geschehen bekannte (»Durch uns ist unendliches Leid über viele Völker und Länder gebracht worden«), was eine Flut von Vorwürfen nach sich zog, die von Kollaboration mit den Besatzern bis zum Verrat an Nation und Kirche reichten.

Im November 1965, im Vorfeld der Feierlichkeiten zum 1000-jährigen Jubiläum der Christianisierung Polens, unterzeichneten 34 polnische Bischöfe, darunter Primas Stefan Wyszyński und Karol Wojtyła, der spätere Papst Johannes Paul II., ein Schreiben an die Bischöfe in Deutschland. Es wurde den Adressaten auf dem Zweiten Vatikanischen Konzil überreicht und war überschrieben mit »Wir vergeben und bitten um Vergebung«.[58] Die polnischen Geistlichen erklärten darin, dass sie trotz des unermesslichen Leids, das Polen unter dem Nationalsozialismus erfahren hatte, ihren deutschen Glaubensbrüdern die Hand reichten und ihrerseits die Deutschen um Vergebung bäten, die 1945-1946 aus ihrer Heimat in Schlesien und Pommern vertrieben wurden. In Polen löste der Brief eine staatliche Kampagne gegen die Kirche aus. Die Bischöfe wurden des Verrats nationaler Interessen und des Hochverrats bezichtigt. Doch das Dokument war ein wichtiger Schritt zur Annäherung zwischen der polnischen und der deutschen Nachkriegsgesellschaft.

Der erste Akt, mit dem Deutschland auf Staatsebene offen Reue für die NS-Verbrechen bekundete, war Willy Brandts berühmter Kniefall in Warschau. Der Mann, der hier das polnische Volk im Namen des deutschen Volkes um Vergebung bat, hatte sich seit der Machtergreifung der Nationalsozialisten 1933 in der Opposition betätigt und im Untergrund antifaschistische Arbeit geleistet. 1938 war ihm die deutsche Staatsbürgerschaft aberkannt worden; er hatte sich aus dem Ausland weiterhin am Widerstand beteiligt und dabei das eigene Leben riskiert. 1958 wurde in Deutschland die »Aktion Sühnezeichen« gegründet, um junge Deutsche bei freiwilligen Einsätzen in Ländern zu unterstützen, die während des Krieges unter Deutschland gelitten hatten. Im Gründungsaufruf der Initiative ist dies so formuliert: »Des zum Zeichen bitten wir die Völker, die Gewalt von uns erlitten haben, dass sie uns erlauben, mit unseren Händen und mit unseren Mitteln in ihrem Land etwas Gutes zu tun«. Inspiriert wurde diese

58 Kerski, Basil / Kycia, Thomas / Żurek, Robert, *»Wir vergeben und bitten um Vergebung«: Der Briefwechsel der polnischen und deutschen Bischöfe 1965*. Osnabrück 2006.

Bewegung von dem Juristen Lothar Kreyssig, der sich nicht nur als einziger deutscher Richter offen gegen das NS-Euthanasieprogramm ausgesprochen, sondern auch (im Jahr 1940!) Mordanklage gegen den für das Programm verantwortlichen Leiter der Kanzlei des Führers erhoben hatte.

1975 veröffentlichte der litauische Dichter und Literaturwissenschaftler Tomas Venclova den Essay »Juden und Litauer«, der in Litauen selbst und im Ausland breite Beachtung fand. Venclova, der mit einer Jüdin verheiratet war und keinerlei persönliche Mitschuld an der Judenverfolgung trug, erklärte, niemand im Land könne sich von der Verantwortung für die von Litauern begangenen Morde an Juden lossprechen:

> Manche werden sagen: »Die Juden sind doch nicht von Litauern getötet worden, sondern von Drecksäcken (oder noch besser ›bürgerlichen Nationalisten‹), die nichts mit dem litauischen Volk zu tun hatten.« Ich habe früher selbst auch so geredet. Aber das stimmt nicht. Wenn man ein Volk als eine große Person betrachtet – und die unmittelbare Empfindung sagt, dass diese personalisierende Sicht in der moralischen Sphäre die einzig wertvolle und zutreffende ist –, dann haben alle Angehörigen des betreffenden Volkes Anteil an dieser Person, die Rechtschaffenen ebenso wie die Verbrecher. Jede begangene Sünde belastet das Gewissen des ganzen Volkes und das Gewissen jedes Einzelnen. Diese Schuld lässt sich nicht auf andere Völker abwälzen. Mit ihrer eigenen Schuld werden sie sich selbst auseinandersetzen. Und wir müssen uns mit unserer Schuld auseinandersetzen und bereuen. Das ist es eigentlich, was es bedeutet, einem Volk anzugehören.[59]

Adam Michnik schrieb nach der Publikation von Jan Tomasz Gross' Buch *Nachbarn* Ähnliches über die polnische Gesellschaft:

59 Venclova, Tomas, »Zydai ir Lietuviai«. In: Eidintas, Alfonsas (Hg.), *Lietuvos žydų žudynų byla. Dokument ų ir straipsnių rinkinys.* Vilnius 2001, S. 403ff., englische Übersetzung in ders., *Forms of Hope: Essays.* Riverdale-on-Hudson 1999.

> Beim Schreiben dieser Zeilen wäge ich sorgsam die Worte und halte es mit Montesquieus Ausspruch: »Mensch bin ich von Natur, Franzose durch Zufall.« Ich bin durch Zufall ein Pole mit jüdischen Wurzeln. Der Holocaust hat fast meine ganze Familie verschlungen. In Jedwabne hätten meine Angehörigen umkommen können. Einige von ihnen waren Kommunisten oder mit Kommunisten verwandt, andere waren Handwerker, Kaufleute, vielleicht Rabbiner. Aber sie alle waren Juden [...] Ich empfinde keine Schuld in Bezug auf die Morde, aber ich fühle mich verantwortlich. Nicht dafür, dass die Menschen ermordet wurden – das abzuwenden stand nicht in meiner Macht. Ich fühle mich schuldig daran, dass sie nach ihrem Tod noch einmal ermordet wurden – dass ihnen ein anständiges Begräbnis versagt blieb, dass sie nicht beweint werden konnten, dass die Wahrheit über dieses schändliche Verbrechen geleugnet wurde und jahrzehntelang eine Lüge wiederholt worden ist. Daran trage ich Schuld. Aus Mangel an Vorstellungskraft oder Zeit, aus Bequemlichkeit und geistiger Trägheit habe ich mir bestimmte Fragen nicht gestellt und nicht nach Antworten gesucht. [...]
>
> Während ich dies schreibe, empfinde ich eine eigenartige Schizophrenie: Ich bin Pole, und meine Scham über das Verbrechen in Jedwabne ist eine polnische Scham. Zugleich weiß ich, dass man mich als Juden umgebracht hätte, wenn ich damals in Jedwabne gewesen wäre.
>
> Wer also bin ich, der diese Worte schreibt? Ich bin Mensch von Natur und trage anderen Menschen gegenüber Verantwortung für das, was ich tue und nicht tue. Ich bin Pole durch Wahl und trage der Welt gegenüber Verantwortung für das Böse, das meine Landsleute getan haben. Ich trage sie aus freiem Willen, aus eigener Wahl und auf das Drängen aus den Tiefen meines Gewissens.[60]

Es ließen sich noch zahlreiche ähnliche Beispiele anführen, aber auch so wird deutlich: Dass in einer schwierigen Situation diejenigen Verantwortung übernehmen, die höhere moralische und ethische Ansprüche haben, und nicht die, die größere Schuld auf sich geladen haben, ist die Regel und nicht die Ausnahme.

60 Michnik, Adam, »Poles and Jews: How Deep the Guilt?« *The New York Times*, 11. 03. 2001. https://www.nytimes.com/2001/03/17/arts/poles-and-the-jews-how-deep-the-guilt.html (Abrufdatum 12. 08. 2022).

Zum Abschluss dieses Kapitels folgt ein weiteres langes Zitat aus Péter Esterházys Buch *Verbesserte Ausgabe*, in dem das Prinzip, nach dem sich die Verantwortung vom Familiengedächtnis auf das Gedächtnis der Gesellschaft und des Landes ausbreitet, sehr gut zum Ausdruck gebracht wird.

> Die in »Harmonia Caelestis« erzählte Geschichte ist genau, denn sie beschönigt nicht, sie stilisiert die Familie, den Vater nicht zu Opfern; sie beschönigt auch in Hinblick auf den Zweiten Weltkrieg nicht, denn die Figuren »benahmen sich gut« in jener unheilvollen Zeit, wir haben den Nuntius angehalten, die richtige Richtung einzuschlagen, wir haben Horthy[61] unsere Meinung gesagt, die Nazis haben Großvater sofort eingesperrt, und wir sind zu Recht stolz auf unseren entfernten Onkel János, der im slowakischen Parlament als einziger gegen das Judengesetz gestimmt hat. Nun erzählt aber das Buch nicht nur die Geschichte der Familie, sondern auch die des Landes. Das ist einleuchtend, denn es erzählt nicht die irgendeiner Familie, sondern durchaus einer »repräsentativen Familie«, einer sog. geschichtlichen Familie. So verwickeln wir uns in die Geschichte. [...]
>
> Aber hier geht es [... d]arum, daß die geschichtliche Verantwortung nicht abstrakt ist, sondern persönlich. Daß es also eine tapfere Sache ist, wenn wir uns seinerzeit tapfer verhalten haben, aber dennoch wurden sechshunderttausend Menschen ermordet, und dafür muß man die Verantwortung übernehmen. Mein Großvater war also nicht nur schwach oder skeptisch reserviert, wie es mehr oder weniger von »Harmonia« behauptet wird, sondern er war es auch, der die Morde des Holocaust geduldet hat. Dieser Satz ist für mich nicht mit meinen familiären Erinnerungen und Gefühlen in Übereinstimmung zu bringen, sein Fehlen jedoch nicht mit der Geschichte. Und er bedeutet jene Blindheit, ja sogar Gleichgültigkeit, die mit Menschlichkeit nicht vereinbar ist. Es kann schon sein, daß wir alles getan haben, was man tun konnte, wir haben die Juden gerettet und sind unseren Leuten ein guter Graf gewesen, aber irgendwie hat sich doch ein Fehler in die Rechnung geschlichen, nicht wahr?! Um es schnell oder von oben herab auszusprechen: ein Fehler von etwa 600 000.

61 Miklós Horthy war von 1920 bis 1944 das faktische Staatsoberhaupt des Königreichs Ungarn.

Müßten wir das nicht auf das entschiedenste festhalten, gemeinsam, als Nation, wo wir doch inzwischen so heftig unser nationales Selbstgefühl pflegen? Genauer, daß auch das zur Pflege und zum Selbstgefühl dazugehört. [...]

Noch einmal: Mein Großvater beispielsweise war ein tadellos rechtschaffener Mann, eindeutig ein Nazifeind, ihm lag das Geschick des Landes am Herzen, und im Rahmen seiner konkreten Möglichkeiten hat er vermutlich alles unternommen, was er unternehmen konnte. Könnte es sein, daß dabei »nur« herauskam, daß mein Großvater »die Schranken seiner Klasse nicht überschritten hatte«? Wäre es denn zu erwarten, daß jemand über seinen eigenen Schatten springt? Nein, das ist nicht zu erwarten, pflegen wir darauf selbstsicher zu antworten. Aber kehren wir das einmal um. Denn neben diesem Nein sind da gleichzeitig meine vielen ermordeten, gedemütigten, entehrten Mitmenschen, allesamt Geschöpfe Gottes, wozu ich doch wohl irgend etwas denken und sagen muß. Als Mensch, als Christ, als Ungar.

Und auch das Land muß dazu etwas denken. Es denkt aber nicht, es drückt sich, es schmiedet sich mit Teilwahrheiten ein Alibi zusammen, versucht mit seinem eigenen wirklichen Leid alles zuzudecken.

Wenn wir alles getan haben, und es ist geschehen, was geschehen ist, dann muß man dies »alles« neu definieren. Wenn der Mensch nicht über seinen eigenen Schatten springen kann, und es ist geschehen, was geschehen ist, dann muß man die Sonne neu definieren. Dieses »es ist geschehen, was geschehen ist« bedeutet nämlich: Während meine Familie »getan hat, was sie tun konnte«, hat sie auch etwas dazu getan(!), daß die Mitglieder anderer Familien nicht als Menschen angesehen wurden.[62]

Soweit sich von einem Mechanismus sprechen lässt, durch den der »Versuch, seine denkbar persönlichste Angelegenheit zu bewältigen«, »wie nebenbei die Nation eint«, helfen diese Zeilen vielleicht dabei, zu verstehen, wie er funktioniert. Wenn eine wirklich gewissenhafte, von ideologischem und äußerem Druck freie Aufarbeitung der Vergangenheit nur selbständig und freiwillig möglich ist, kann sie nur mit der persönlichen Anstrengung eines sehr selbständigen Charak-

62 Esterházy, *Verbesserte Ausgabe*, a. a. O. S. 353ff.

ters beginnen. Die Aufklärung der Umstände einer persönlichen Tragödie ist zu schmerzhaft, um sich ohne Zwang dazu zu entschließen. Und der einzige Zwang, der uns dazu bewegen kann, ohne in äußeren Druck umzuschlagen, ist die Pflicht gegenüber der Erinnerung an unsere Vorfahren, unsere Abkunft. Dieser Prozess kann sich weder leicht noch schnell noch auf breiter Basis vollziehen, aber er scheint der einzige Weg zu sein, auf dem sich eine wirkliche, innerliche »Blutwäsche« durchführen lässt.

Anhang zu Kapitel 3
Die Psychologie des Akzeptierens

Im Januar 2017 wurde ich eingeladen, auf einem internationalen Journalistenseminar einen Vortrag über das Annehmen der belasteten Vergangenheit zu halten. Das wichtigste Resultat dieses Vortrags und der anschließenden Diskussion war ein Brief, den eine der Seminarteilnehmerinnen an die Organisatoren schrieb: Natalja Rodikowa, die Chefredakteurin der Zeitschrift *Domaschnyj otschag* (»Der heimische Herd«). Ihr Text beeindruckt dadurch, wie er die Beschäftigung mit der Vergangenheit innerhalb der Familie mit der Vergangenheitsaufarbeitung auf landesweiter Ebene zusammenführt. Mit Einverständnis der Autorin führe ich ihn hier vollständig an; er ist zu wichtig, um einzelne Teile herauszugreifen.

> Seit einigen Jahren fällt mir auf, dass wir bei allen Diskussionen darüber, wie wir Russland erneuern sollten, die psychologische Seite vernachlässigen. Wir reden über Geschichte und Politik als Prozesse, in denen Ideen und soziale Gruppen interagieren und einander bekämpfen. Über das Alltagsleben und die Psychologie der Einzelnen sprechen wir gar nicht. Wir interessieren uns nicht für sie, wir untersuchen die tiefliegenden Beweggründe ihrer Handlungen nicht, wir kennen uns schlecht damit aus, wie die Persönlichkeit eines Menschen sich bildet und funktioniert, wie sie sich schützt, welche Überlebensmechanismen sie entwickelt und was für sie produktiv und was destruktiv ist. Wir verurteilen oder begrüßen Worte und Taten, ohne zu berücksichtigen, dass vielleicht gerade diese Taten in diesem Moment die einzig mögliche Art sind, die innere Integrität zu wahren, die einzige Form des Überlebens, so abstoßend sie von außen auch wirken mag. Einen Baum, der im Schatten eines anderen wächst, verurteilen wir nicht dafür, dass er eine seltsame Form annimmt, denn nur so kann er zum Licht gelangen. Aber sobald wir anfangen, über den Menschen als gesellschaftliches Wesen zu sprechen, sind wir nicht bereit, seine »natürliche« Seite – sein Unbewusstes – zu berücksichtigen. Wir haben für die Formen, die es annimmt, nichts als Verachtung übrig. Meiner Meinung nach lässt sich über die Prozesse und Perspektiven der heutigen

Gesellschaft nicht sprechen, ohne den Versuch zu unternehmen, sie psychologisch zu deuten, das heißt, die Psychologie des Individuums auf das Verhalten sozialer Gruppen zu extrapolieren. Vielleicht würden wir dann vieles aus einem neuen Blickwinkel betrachten, und das könnte zu einigen gezielten Veränderungen führen, zum Beispiel in der professionellen Arbeit mit kollektiven Traumata.

Ich habe bei diesem Seminar viel über eine Parallele nachgedacht, die mir immer häufiger in den Sinn kommt, wenn es um die breite Diskussion über das historische Gedächtnis, seine überraschenden Transformationen in unserer Gesellschaft und seine Rolle bei unserer möglichen Neubestimmung und Wiederbelebung als Nation geht. Mich interessiert dieses Thema auch deshalb so sehr, weil meine sibirischen Urgroßeltern die letzte Generation unserer Familie sind, über die ich Näheres weiß. Vielleicht hat die (äußerst brutale) Entkulakisierung sie so stark traumatisiert, dass die Erinnerung in der ganzen riesigen Sippe vollkommen ausgelöscht wurde. Manchmal tauchte in Erzählungen vage ein fernes St. Petersburg auf, eine Verbannung vor der Revolution. Aber wer von meinen Vorfahren nach Sibirien verbannt wurde und vor allem warum, ist nicht bekannt. In der Familie ging der Scherz um: Wir sollten mal in den Unterlagen nachforschen, vielleicht stellt sich ja heraus, dass uns das Winterpalais gehört. Oder lieber doch nicht, vielleicht kommt heraus, dass wir da mit dem Totschläger bewaffnet unter der Brücke gelauert haben. Ich finde es spannend, die offenen Fragen in Bezug auf mein Selbstbild anzusprechen, die in einem Augenblick als Probleme und im nächsten als Ressource erscheinen können. Manchmal spüre ich die »Kraft der Erde« und meine bäuerlichen Wurzeln, dann wieder empfinde ich sie als Fesseln, die einem »anderen« Selbst übergestreift werden.

Vor elf Jahren sind mein Mann und ich Adoptiveltern geworden. Seither habe ich viel über die Aufarbeitung von Traumata aus der Vergangenheit gelesen, die in einem Kind weiterleben, das in sehr frühem Alter adoptiert wurde. Heute gilt es als wichtig, mit Adoptionen (oder anderen Formen der Aufnahme von Kindern) offen und ohne Geheimnisse umzugehen. Dann kann man mit dem Kind über die Umstände seiner Vergangenheit sprechen und ihm helfen, zu erkennen, wie sie seine Persönlichkeit geprägt hat. Unser Sohn wusste von Anfang an, dass er adoptiert war, dass er ein Leben hatte, bevor er zu uns kam. Er hörte sehr gern Geschichten darüber, wie er als Baby war und mit welchem Vergnügen er sich im Kinderwagen umherfahren ließ. Aber irgendwann kam eine

Zeit, als er gar kein Interesse mehr an seinem »vorigen« Leben zeigte. Die paar Informationen, die wir manchmal vorsichtig einstreuten, nahm er schweigend auf, aber er stellte kaum eigene Fragen. In diesen Jahren habe ich gelernt, dass die erfolgreiche Auseinandersetzung mit der Lebensgeschichte eines Kindes und sein Bedürfnis, überhaupt darüber zu sprechen, von mehreren Faktoren beeinflusst werden. Das lässt sich gut auf die Arbeit mit dem kollektiven Gedächtnis übertragen.

Das Gespräch über die Vergangenheit muss in einer Umgebung stattfinden, in der sich das Kind völlig sicher fühlt. Die Umstände sollten seit langem relativ stabil sein, das Kind sollte nicht in einer Situation sein, in der es sich selbst behaupten oder eine Beziehung zu den neuen Erwachsenen in seinem Leben aufbauen muss. Wenn wir das auf die heutigen Versuche übertragen, mit dem historischen Gedächtnis zu arbeiten, stellt sich die Frage: Ist diese Bedingung erfüllt? Ist die Beziehung zwischen dem »Kind«, also dem Volk, und dem »Erwachsenen« (und hier fragt sich sofort, wer das eigentlich ist: Der Staat? Oder eine gesellschaftliche Gruppe, die Intelligenzija, die sich berechtigt fühlt, diese Arbeit zu beginnen?) vertrauensvoll genug? Fühlt sich das »Kind« jetzt gut genug aufgehoben, damit es – bildlich gesprochen – seine Wurzeln herausziehen und eine Zeit lang betrachten kann? Und dabei vielleicht erkennt, dass es gar keine Wurzeln gibt, oder ganz andere, oder dass es selbstzerstörerisch wäre, sich an ihnen festzuhalten? Was ist in einer Situation, in der man um Selbstbehauptung kämpft, sicherer: Sich mit der Gegenwart zu beschäftigen oder in der Vergangenheit zu wühlen? Für das Unbewusste ist die Antwort klar: Lieber in der Gegenwart bleiben. Denn sich in die Vergangenheit vorzuwagen ist emotional sehr aufwendig und potenziell gefährlich.

Das Kind braucht die Gewissheit, dass alles Schreckliche, was in seiner Vergangenheit aufgedeckt wird, alle furchtbaren Dinge, die sich in seiner biologischen Familie abgespielt haben mögen, nicht seine Schuld, sondern sein Unglück sind – selbst dann, wenn es bis zu einem gewissen Grad daran beteiligt war. Machen wir uns den Unterschied klar: Nicht Schuld, sondern Unglück. Die Vergangenheit prägt uns, sie ist Teil unserer Identität. Und im Hinblick auf das Weiterleben ist es unnötig und nicht konstruktiv, eine offenkundig schlechte, schadhafte Komponente in das Selbst zu integrieren. Damit das Kind diesen Teil der Vergangenheit trotz allem akzeptieren und verwinden kann, darf er sich nicht als Anklage gegen es kehren. Schauen wir uns den aktuellen Diskurs zur Vergangenheitsaufarbeitung einmal unter diesem Gesichtspunkt an. Wir reden immerzu von Schuld – eurer Schuld, unserer Schuld. Wir sind so darauf fixiert, anzuklagen und Reue einzufordern, dass völlig absehbar eine Gegendynamik in Gang kommt. Wenn neue Adoptiveltern die Kinder ständig mit negativem Unterton an ihre Vergangenheit erinnern, wenn sie die leiblichen Eltern beschuldigen und das oft auch auf die Kinder selbst übertragen (»Du bist gefährdet, weil deine Mama dies oder dein Papa das getan hat, ihr habt den Müll durchsucht, es gab nichts zu essen …«), dann reagieren die Kinder mit Abwehr und Leugnung: Stimmt gar nicht, uns ging es gut und wir hatten genug zu essen, und Papa hat nur am Wochenende getrunken, und wenn er nüchtern war, war er der beste Mensch auf der Welt. Hören wir nicht genau so etwas heute von denen, die die »Verbrechen der Vergangenheit« leugnen? Wundern wir uns nicht genau darüber, wenn wir lesen, in der Sowjetunion sei alles bestens gewesen, manchmal habe man Schlange gestanden, aber nicht immer? Stalin habe vielleicht ein paar Leute erschießen lassen, aber dafür … Dabei ist dieser Abwehrmechanismus ganz natürlich. Es ist eher das Erstaunen darüber, das Übergehen oder Lächerlichmachen, das nicht normal ist.

Ein Trauma lässt sich am effektivsten bewältigen, wenn nicht ein Adoptivelternteil, sondern eine dritte, möglichst wenig involvierte Person mit dem Kind daran arbeitet – ein Therapeut, Psychologe oder Traumaexperte. Die neuen Eltern haben zu viele Eigeninteressen: Sie wollen besser sein als die leiblichen Eltern, sie möchten, dass das Kind das Leben, das sie ihm ermöglichen, als eindeutig besser, richtiger und menschlicher anerkennt. Oft wünschen sie sich, dass das Kind sich von seinen Wurzeln ganz lossagt und nichts mehr damit zu tun haben will. Denn es soll ja jetzt mit Begeisterung Geige spielen, ins Theater gehen und die intellektuelle Tradition der Adoptivfamilie fortsetzen. Aber dem Kind tut es keineswegs immer gut, wenn es seine Wurzeln aufgibt und durch »richtigere« ersetzt. Jemand Drittes kann dies besser erkennen und effektiver und ruhiger damit arbeiten. Die Frage ist: Welche gesellschaftliche Instanz soll und kann diese Rolle übernehmen? Wer auch immer es ist, sollte sich nicht in den heutigen Gegensatz zwischen »Intelligenzija« und »Volk« hineinziehen lassen. Wenn die Intelligenzija eine Autorität für das Volk bleiben (oder werden) will, muss sie von der arroganten und anklagenden Haltung der »eindeutig guten Eltern« wegkommen. Sie kann Anteil an dem durch die Vergangenheit verursachten Schmerz und der Trauer über sie nehmen, aber sie kann nicht als Richter auftreten. So stellt es sich jedenfalls von der Parallele her dar, die ich hier ziehe.

Der Erfolg der Aufarbeitung bemisst sich nicht von ihrem Abschluss her. Aus eigener Erfahrung und dem, was ich in bekannten Adoptivfamilien mitbekommen habe, weiß ich: Es gibt unzählige Runden, und jedes Mal verläuft die Auseinandersetzung mit Vergangenheit anders. Es gibt Rückschritte, Fortschritte, erneut Rückschritte und dann wieder Fortschritte. Der Wert dieser Aufarbeitung liegt darin, dass sie überhaupt stattfinden kann. Wenn das der Fall ist, sprechen wir von einer konstruktiven Beziehung. Dies zu der Frage, ob die Arbeit mit der Kriegserinnerung in Deutschland als Erfolg gelten kann, wenn es dort heute Entwicklungen gibt, die ihre Ergebnisse praktisch vollkommen desavouieren. Eine solche Arbeit kann kaum je als abgeschlossen betrachtet werden. Wenn das Trauma wirklich schwerwiegend war, wenn die Zukunft in vieler Hinsicht davon bestimmt ist, dann wird diese Frage unter neuen historischen Bedingungen von neuen Generationen immer wieder gestellt und bearbeitet. Je ausführlicher das in der letzten Runde geschehen ist, desto mehr Instrumente stehen für die Auseinandersetzung in der neuen Runde zur Verfügung.

Und noch etwas: Das Gespräch über die Vergangenheit sollte, wie jedes andere Gespräch auch, kein Gewaltakt sein. Das heißt, beide Seiten müssen dazu bereit sein und sich auf das einstellen, was es dazu braucht: abwarten, zur Seite treten, neu beginnen, die Herangehensweise ändern, sich selbst ändern.

Vielleicht (und sogar wahrscheinlich) sind solche Parallelen zu direkt und zu schlicht. Aber sie erleichtern es, den Kontext zu wechseln und hinter der »Dummheit« und »Beschränktheit« des Volks noch etwas anderes wahrzunehmen. Wenn ich mit meinem Vater über die Entkulakisierung spreche, beobachte ich Folgendes: Wenn wir im Zusammenhang mit der gesamten sowjetischen Geschichte und dem stalinistischen Terror darüber reden, versteift er sich. Er gibt sich die Schuld für das, was geschehen ist, und verteidigt das Sowjetregime. Diese Schuld kann er nicht brauchen, er wehrt sie nur ab. Aber wenn das Gespräch bei der privaten Geschichte unserer Familie beginnt – damit, wie arbeitsam alle in dieser Familie waren und dass auch mein Vater ganz nach ihnen schlug, dass er aus dem Nichts einen Bauernhof aufbauen konnte, der wuchs und gedieh, weil alle ehrlich waren und keine Mühen scheuten, und dann kommt die Rede auf diesen furchtbaren Winterwald, in den sie die Frauen und Säuglinge gekarrt haben, ohne Kleidung, ohne Essen, ohne alles, mit zufällig gegriffenen Spaten und einer Axt, und alle Habe wurde ihnen genommen und die Männer Gott weiß wohin geschickt – sie haben bis heute Angst, zu wissen, wohin –, und die Kinder folgten ihren Müttern in die Schneewehen und bettelten um Essen, und viele überlebten nicht, und so weiter –, wenn ich in diesem Augenblick nicht pauschal das Regime anklage, sondern einfach nur seinen privaten Schmerz teile, nimmt die Unterhaltung einen ganz anderen Verlauf. Manchmal sehe ich, dass mein Vater seine Geschichte annimmt und ein umfassenderes Verständnis für die Geschichte des Landes entwickelt. Und dann versuche ich, Anklagen zu vermeiden, weil es mehr seine als meine Vergangenheit ist und ich es in solchen Momenten sehr wichtig finde, dass vor allem er für sich selbst darüber hinwegkommt. Damit die Abwehr- und Verteidigungsmechanismen nicht einsetzen, damit die innere Aufarbeitung ruhig stattfinden kann und er sieht, dass ich auf seiner Seite bin.

4. Die Arbeit des Akzeptierens

Eine Frau fährt im offenen Auto durch das regennasse, morgendliche Moskau. Vor ihr liegt das mit roten Bannern geschmückte Haus der Gewerkschaften, ein Bau aus dem 18. Jahrhundert, und direkt dahinter ragen die gerade erst fertiggestellten Gebäude des Hotels Moskwa und des Rats für Arbeit und Verteidigung auf. Die alte Zeit übergibt den Stab an die neue. Es ist das Jahr 1937.

Juri Pimenows Gemälde *Das neue Moskau* gilt als Klassiker des sozialistischen Realismus, einer aus der stalinistischen Ideologie hervorgegangenen Kunstrichtung,[63] die auf die »historisch konkrete Darstellung der Wirklichkeit in ihrer revolutionären Entwicklung« zielte. Das Entstehungsjahr verleiht dem Bild eine dramatische Wirkung. Beim Anblick der lebendigen, friedlichen Alltagsszene kann man nicht umhin, daran zu denken, dass die Sowjetunion gerade damals die schlimmste Terrorphase durchmachte und die junge, beschwingte Stadt, die auf der Leinwand zu sehen ist, in den beiden folgenden Jahren Zehntausende von Einwohnern verlieren sollte.

Aber wirft dieser Kontrast von »Text« und »Kontext« wirklich einen Schatten auf Pimenows Bild selbst? Das Werk ist von einer lyrischen Stimmung durchdrungen. Die Herolde der Diktatur haben sich solcher impressionistischen Regenkulisse bedient, um auf Bildern, die die Führungsfiguren verherrlichen, einen emotionalen, lyrischen Effekt zu erzielen – so etwa Alexander Gerassimow auf seinem bekannten Gemälde *Josef Stalin und Kliment Woroschilow im Kreml*, im Volksmund auch »Zwei Führer nach dem Regen« genannt. Doch wie verhält es sich damit bei Pimenow? Im Mittelpunkt von Gerassimows Werk, einem klassischen, repräsentativen Porträt, stehen die beiden Staatslenker, die auf den Kreml blicken, das Epizentrum der

63 El'ševskaja, Galina, »Socrealizm, Ot Dejneki do kartiny ›Opjat' dvojka‹: kakoj stil' živopisi sozdal Stalin«. *Projekt Arzamas*, 25.11.2016. https://arzamas.academy/materials/1204 (Abrufdatum 17.08.2022).

Abb. 71. Juri Pimenow: *Das neue Moskau* (1937)

imperialen Symbolik und Motivik. Im Mittelpunkt von Pimenows Werk steht eine junge Frau, die durch die Stadt fährt. Schon die Wahl des Bildausschnitts verweigert sich dem Porträthaften und lädt dazu ein, sich ins Geschehen hineinziehen zu lassen und die Stadt mit den Augen der Autofahrerin zu sehen.

Die totalitäre Kunst, vor allem die spätere, appelliert gern an den »Menschen« und die »Menschlichkeit«, doch sie tut dies im Modus der Aneignung, der Manipulation. Folgt daraus, dass alle Vertreter der offiziellen Kunst jener Jahre, denen Menschlichkeit nicht fremd war, der Unmenschlichkeit des Totalitarismus in die Hände spielten?

Juri Pimenow war Schüler des bedeutenden Grafikers Wladimir Faworski (der in den 1920ern ein Werk Pawel Florenskis illustrierte, in den 30ern von Mandelstam gelobt wurde und in den 60ern den Lenin-Preis erhielt). Seine ersten eigenständigen Arbeiten stammen aus den 1920er Jahren. Pimenows Frühwerk hat viel mit den deutschen Expressionisten gemeinsam. Sein Bild *Die Kriegsinvaliden* von 1926 ist unübersehbar von Edvard Munch und Otto Dix inspiriert; das ein Jahr später entstandene Gemälde *Schwerindustrie* und die aus der gleichen Zeit stammenden Tuschzeichnungen *Das Pferderennen* und *NÖP* erinnern teils an Chagall, teils an Pawel Filonow oder Kusma Petrow-Wodkin. Zu Beginn der 1930er wurde Pimenow Opfer der Kampagne gegen die Formalisten und erhielt keine Aufträge mehr. Er lebte zunächst vom Gehalt seiner Frau, einer Stenografin, dann verdiente er seinen Lebensunterhalt mit Gelegenheitsarbeiten als Zeichner von Theaterkulissen.

Ab Mitte der 1930er Jahre besserte sich seine Lage. Er arbeitete für das Theater und das Kino. Im Krieg ging er an die Front und gestaltete TASS-Fenster.[64] Nach Kriegsende wurde er für seine Theaterarbeit zweimal mit dem Stalin-Preis ausgezeichnet und entwickelte sich zu einem anerkannten Vertreter der offiziellen Kunst. Ab den 1960er Jahren reiste Pimenow viel ins Ausland. 1966 unterzeichnete er (zusammen mit Kornei Tschukowski und Andrei Sacharow) den »Brief der 25« gegen die Rehabilitierung Stalins. 1967 erhielt er den Lenin-Preis und 1970 wurde er mit dem Titel »Volkskünstler der UdSSR« ausgezeichnet.

Pimenow bekannte sich zu einer Weltsicht, die dem Konkreten zuneigte, die abstrakte Kunst war ihm fremd. Aber die Konkretheit ist selbst in seinen offiziösesten Arbeiten von einer lyrischen Atmosphäre durchdrungen. Dahinter steht bei Pimenow nicht der Wunsch, den Menschenhunger des sozialistischen Realismus zu stillen. Im Gegenteil, er schmuggelt im Lauf der Zeit immer mehr von seiner Eigenart in den offiziell sanktionierten Stil ein, indem er die ideologische Forderung nach lebendigem Gefühl auf seine eigene »lyrische« Weise umsetzt. Auf dem 1963 (in der Tauwetterzeit) entstandenen Bild *Schnell über die Straße* laufen drei Mädchen in bunten Kleidern vor einem Pulk von Autos über die Straße. Und auf dem Gemälde *Lyri-*

64 Eine Serie militärisch-patriotischer Plakate, die zwischen 1941 und 1946 produziert wurden.

Abb. 72. Juri Pimenow: *Lyrisches Einzugsfest* (1965)

sches Einzugsfest von 1965 küsst sich ein junges Paar in einer riesigen, leeren Wohnung, in der rasch ein paar Gegenstände abgelegt wurden. Die Außenwelt, die durch das große Fenster nur schemenhaft zu erkennen ist, wird in den Hintergrund gedrängt; dieses Bild ist geradezu eine Hymne an das Privatleben.

Ein wichtiges Motiv von Pimenows Werk ist die Architektur der Stalinzeit. Sie findet sich auf dem Gemälde *Das neue Moskau* und auf dem grässlichen Wandbild *Die Sportparade* von 1939. Beim reifen Pimenow der 1960er Jahre stellen Innenräume mit Fenster ein eigenes Thema dar. Oft handelt es sich dabei um das Innere von Häusern der Stalinzeit. Diese neue Architektur mit ihrem Überfluss an Licht und

Luft scheint mit seiner Weltanschauung zu harmonieren. Und gerade wegen dieses Lichts und des Übermaßes an Luft, die den Raum impressionistisch abfedern, sehen seine Innenräume überhaupt nicht sowjetisch aus: Sie haben nichts Eisernes und sehr viel Menschliches. Während der Mensch bei den ideologietreuen Meistern des Sozialistischen Realismus als Diener oder Rädchen des Imperiums erscheint, ist er in Pimenows lyrischen Arbeiten der Hauptdarsteller und »rettet« sowohl den Sozialistischen Realismus in seinen menschlichsten Erscheinungsformen als auch die gesamte Epoche für die Nachwelt.

Stalins Moskau, das Produkt des Generalplans von 1935, ist eine Ausgeburt des stalinistischen Systems, seiner Ästhetik und seiner Ideologie; insofern erzählt es eine Geschichte, die viel mit Verbrechen, Blut und Unmenschlichkeit zu tun hat. Das lässt sich unmöglich vergessen oder verdrängen. Aber ebenso unmöglich ist es, das Erbe dieser Zeit, das heißt hier, die materielle Kultur, auszuradieren und zu vernichten. Die stalinschen Wolkenkratzer können nicht einfach abgerissen werden, und nicht nur aus politisch-wirtschaftlichen Erwägungen: Trotz des konsequenten Antikommunismus im heutigen Polen und der Vorliebe polnischer Politiker für markige Statements ist nie ernsthaft davon die Rede gewesen, den Kultur- und Wissenschaftspalast abzureißen, den klassischen Wolkenkratzer der Stalin-Ära, der das Stadtbild des Zentrums von Warschau prägt.[65]

Die materielle Kultur dieser Zeit mit dem Regime gleichzusetzen, das damals herrschte (und sie mit hervorgebracht hat), würde darauf hinauslaufen, die Bedeutung dieses Regimes zu übersteigern und damit sein Leben zu verlängern. Der Stalinismus hat die Wirk-

65 Zwar gibt es gelegentlich entsprechende Äußerungen polnischer Politiker bis hin zur höchsten Ebene, aber dies geht nicht über die rhetorische Instrumentalisierung hinaus. Zum Warschauer Stalin-Hochhaus als Erbe der sowjetischen ideologischen Hegemonie vgl. ausführlicher: Zaborowska, Magdalena J., »The Height of (Architectural) Seduction: Reading the ›Changes‹ through Stalin's Palace in Warsaw, Poland«. *Journal of Architectural Education*, Bd. 54, Ausgabe 4/2001, S. 205 ff.; Ochkovskaya, Marina / Gerasimenko, Valentina, »Buildings from the Socialist Past as Part of a City's Brand Identity: The case of Warsaw«. *Bulletin of Geography. Socio-Economic Series*, Nr. 39/2018, S. 113 ff.

lichkeit in den sowjetischen Jahrzehnten nur teilweise bestimmt. Es gab daneben noch sehr viel anderes, was sich parallel zu ihm entwickelte oder ihm direkt entgegentrat und widersprach. Die materielle Kultur einer früheren Zeit kann wiederbelebt und mit neuen Inhalten gefüllt werden (das erste Konzert der Rolling Stones in den Ländern des sozialistischen Lagers fand 1967 nirgendwo anders als in jenem Warschauer Hochhaus statt), indem man sich auf die Aspekte der Vergangenheit stützt, die nicht vollständig vom Bösen absorbiert wurden. Bei dieser »Wiederaneignung« eines vom Bösen besudelten Erbes kann unter anderem das malerische Werk Juri Pimenows helfen.

Historische Begehrlichkeit

In der öffentlichen Debatte über die Aufarbeitung der sowjetischen Geschichte wird immer wieder vorgeschlagen, den Staatsterror öffentlich zu bereuen und die sowjetische Vergangenheit »nach deutschem Vorbild« zu verurteilen, das heißt, anzuerkennen, dass diese historische Periode in Bausch und Bogen verbrecherisch war und nichts als Verdammung verdient. Es ist schwer, solche Vorschläge ernst zu nehmen, und zwar hauptsächlich aus zwei Gründen: Sie beruhen erstens auf einer äußeren und einseitigen Sicht der damaligen Geschehnisse und zweitens auf mangelnder Kenntnis der Erfahrungen in Deutschland.

Im vorigen Kapitel ist ausführlich dargelegt worden, dass die innere Logik der Vergangenheitsaufarbeitung, wie sie an der Arbeit mit persönlichen und familiären Erinnerungen zu beobachten ist, niemals nur auf Verurteilung zielt. Das Gleiche gilt für das kollektive Gedächtnis und landes- und gesellschaftsweite Entwicklungen. Die Auseinandersetzung mit einer ganzen geschichtlichen Periode kann nicht ausschließlich im Modus der Reue geführt werden. Schließlich hatte diese Geschichte nicht nur verbrecherische, sondern auch viele helle Seiten, die es wert sind, in guter Erinnerung behalten zu werden. Das Ansinnen, diese Vergangenheit insgesamt für verbrecherisch zu erklären, würde bei einem Großteil der Gesellschaft zu Recht auf Ablehnung stoßen (was bereits geschieht) und sich (mit umgekehrten Vorzeichen) als ebenso ideologisch erweisen wie die Versuche, die sowjetische Geschichte zu erzählen, ohne auf den Terror und die anderen Merkmale des Totalitarismus einzugehen.

Selbst in Deutschland, wo nicht die Rede davon sein kann, dass irgendein Aspekt des Lebens im Dritten Reich gerechtfertigt würde, folgte die Auseinandersetzung mit der Vergangenheit nach dem Krieg zunehmend der Logik der Verantwortung und nicht der des Verurteilens und Bereuens. Hier ein Zitat aus dem Schreiben einer aus Russland stammenden Briefpartnerin, die in Deutschland Kulturwissenschaften studiert, an den Autor:

> Man kann sich nicht von der Vergangenheit abwenden, von der eigenen Geschichte lossagen, so blutig und unangenehm sie auch sein mag. Und man kann sich auch nicht vor schwierigen Themen und Verantwortung drücken. Die Deutschen sind ohnehin begehrlich, wenn es um ihre Geschichte geht. Sie büßen lieber für Hitler, als Denkmuster zuzulassen wie »Unser Staat ist erst 20 Jahre alt« oder »Das waren nicht wir, sondern die bösen Österreicher«. Sie bewahren positive wie negative Erfahrungen. Gerade an der deutschen Geschichte können wir sehen, wie wichtig es ist, Menschen nicht zu demütigen, indem man ihnen eine Verantwortung aufbürdet, die sie nicht tragen können, sondern ihnen Stück für Stück die verlorene Würde zurückzugeben. [...] Ich meine übrigens nicht, dass die Deutschen den einzig richtigen Weg gefunden und sich ihrer Vergangenheit ein für alle Mal entledigt hätten. Sie sind nach wie vor unterwegs und laufen immer wieder Gefahr, abzuirren. Aber mir scheint, wir können etwas von ihnen lernen. Und zwar nicht nur, wie man verurteilt, verbietet oder herabsetzt, sondern auch, wie man inspiriert, sein Leben verändert und nach einem so tiefen Sturz weiter existieren kann.[66]

Der Ausdruck »begehrlich« meint hier, dass ein Volk lieber für die Sünden der Vergangenheit büßt, als sie auszustreichen und bei null anzufangen. Um die kollektive Identität einer Nation zu bewahren,

66 Privater Brief, September 2016.

müssen sowohl positive als auch negative Erfahrungen bewahrt werden. Wer die Dinge von außen betrachtet und fordert, alles im selben Licht zu sehen, kann dies nicht wahrnehmen. Es ist wichtig, nicht nur politischen Willen zu bekunden, sondern auch die Menschen im Blick zu behalten und zu prüfen, ob sie die ihnen aufgebürdete Schuld oder Verantwortung tragen können.

In Russland mit seiner reichen Tradition von Annullierungen – der Abkehr von der vergangenen geschichtlichen Epoche am Anfang einer neuen – und dem Hinweggehen über die Meinung der Bürger bei dieser Abkehr ist das besonders wichtig. Nicht nur der Übergang vom Russischen Kaiserreich zur Sowjetunion war von dem Grundsatz geprägt: »Die alte Welt reißen wir nieder / Bis auf die Grundmauern und dann …«.[67] In ähnlicher Weise gehörte es im Russland der 1990er zum Selbstverständnis, sich von der sowjetischen Vergangenheit in all ihren Erscheinungsformen abzusetzen, und im Russland der 2000er und 2010er Jahre galt das Gleiche dann für die »wilden 90er«. Wenn man sich darauf besinnt, unter welchen Umständen die Rus unter Fürst Wladimir aus der Taufe gehoben und Russland unter Peter dem Großen verwestlicht wurde, wie regelmäßig über Jahrhunderte hinweg Reformen und Gegenreformen abwechselten, kann man zu dem Schluss kommen, dass der Bruch mit der Tradition in Russland mehr Tradition hat als deren Pflege.

Auch deshalb ist der Gedanke, dass positive wie negative Erfahrungen akzeptiert werden sollten, hierzulande schwer zu begreifen. Viel näher liegt es, bestimmte Themen und Motive aus der Vergangenheit zu beleuchten, die gerade Konjunktur haben, sich damit zu beschäftigen und alles andere zu vergessen, bis das Tagesgespräch wechselt.

Da es in Russland praktisch keine Verfahren und Traditionen der Vergangenheitsbewältigung gibt, ist es umso wichtiger, darüber zu reden, wie sie auf den Weg gebracht werden könnten.

67 Zitat aus der russischen Fassung der »Internationale«, das keine sinngemäße Entsprechung im deutschen Text hat. (A. d. Ü.)

Diese Überlegungen stützen sich zum einen auf die weiter oben erörterten Mechanismen des Akzeptierens der Vergangenheit im Kontext der Familie, zum anderen auf die reflektierte Analyse der spezifischen gesellschaftlichen Realität in Russland, insbesondere des schwierigen Verhältnisses zwischen Gesellschaft, Privatleben und Staat.

Akzeptanz oder Abwehr

In der Psychologie und der Gedächtnissoziologie ist mit dem »Akzeptieren der Vergangenheit« nicht gemeint, dass diese Vergangenheit gerechtfertigt und an ihr festgehalten wird. Akzeptanz meint hier die Bereitschaft, allen schwer anzunehmenden Tatsachen und Umständen ins Auge zu blicken. Das schließt keineswegs aus, dass Schlimmes und Verbrecherisches verurteilt wird – Verurteilen ist vielmehr gerade die *kritische Praxis* des Akzeptierens. Das Gegenteil von Akzeptanz der Vergangenheit ist nicht ihre Verurteilung, sondern ihre Abwehr. Sie verdammt die Einzelnen und die Gesellschaft zu einer Existenz, die, wie Jan Tomasz Gross es ausdrückt, »von Angst vor Entdeckung durchsetzt« ist. Die Abwehr kann in der Praxis verschiedene Formen annehmen – vom Beschönigen, also der Nichtanerkennung oder Rechtfertigung der Verbrechen, bis zur unkritischen und pauschalen Dämonisierung. Beides sind Spielarten einer ideologischen Geschichtsauffassung. Die tatsächliche Aufarbeitung zielt hingegen darauf, von Ideologisierung möglichst ganz abzusehen und sich um eine sachliche und konkrete Sicht auf die Ereignisse der Vergangenheit zu bemühen. Beide Formen der Vergangenheitsabwehr, Beschönigung und Dämonisierung, laufen letztlich auf die Weigerung hinaus, die eigentliche *Arbeit des Übernehmens von Verantwortung* zu leisten.

Es wäre allzu einfach, wenn nur der Teil der Gesellschaft, der zur Rechtfertigung der Verbrechen neigt, sich schwer damit täte, eine adäquate und nicht ideologisierte Sicht auf die Vergangenheit zu entwickeln. Eine wirklich schwierige Vergangenheit ist für alle Betroffenen auf unterschiedliche Weise schwierig, wie das Beispiel Israels zeigt, wo in den ersten Nachkriegsjahren die Erinnerung an den Holocaust abgewehrt wurde. Das Narrativ der Reue oder der Verantwortung für die Vergangenheit lässt sich gut als Waffe gegen politische Gegner einsetzen – das zeigen etwa die Auseinandersetzungen um die Kollaboration mit dem kommunistischen Regime, die es in den letzten Jahren in Polen gab. Hier wird ein Weltbild verbreitet, nach dem »sie« (»die Kommunisten«, »die KGBler«, »die Zuträger«) »uns« (die reinen und über jeden Verdacht erhabenen Dissidenten und Kämpfer gegen das Unrecht) immer schon unterdrückt haben – und wenn jemand kompromittiert wird, führt das nie zu einer Diskussion über die gemeinsame Verantwortung für die Vergangenheit, sondern die betreffende Person wird bloß aus »unserem« Lager in das der »anderen« verschoben.

Die Weigerung, die Vergangenheit umfassend zu akzeptieren, hat sehr oft noch eine weitere Auswirkung, die die französische Historikerin Diana Pinto im Gespräch mit dem Autor dieses Buches als »Blätterteig-Effekt« bezeichnet hat. Damit ist eine Situation gemeint, in der sich der verurteilende und der rechtfertigende Diskurs nicht zu einer Art kritischer Synthese verbinden, sondern eine Gemengelage von Verdammung und Rechtfertigung entsteht. Ein Kennzeichen dafür ist, dass die Gesellschaft Kritik nur kurze Zeit ertragen kann und sich rasch davon ermüdet zeigt.

So verhielt es sich etwa bei der Kritik am polnischen Antisemitismus: Anfang der 2000er Jahre war die polnische Gesellschaft bereit, die Auseinandersetzung darüber zu tolerieren, doch Mitte der 2010er Jahre machte sich zunehmend auch Überdruss bemerkbar, was sich in der verstärkten Unterstützung nationalistischer Kräfte und dem aufkommenden Diskurs über den Nationalstolz äußerte. Dasselbe war in Russland in Bezug auf die Kritik an der sowjetischen Vergangenheit zu beobachten: In den 1990er Jahren konnte darüber debattiert werden, aber bereits Anfang der 2000er Jahre zeigte sich die Gesellschaft ermüdet und wollte sich nicht mehr mit dem Thema befassen. Die ernsthafte Bereitschaft zur kritischen Auseinandersetzung hat – ebenso wie die ernsthafte Aufarbeitung eines Traumas – heilsame Wirkung und ruft weder Ermüdung noch Burnout hervor. Wenn der kritische Diskurs jedoch als etwas von außen (der Regierung, der EU usw.) Aufgezwungenes erlebt wird, kann er nur so lange geführt werden, bis die Geduld erschöpft ist, und hat später meist eine Gegenreaktion zur Folge.

Ein wichtiges Kriterium für ein echtes Aufarbeiten der Vergangenheit, das nicht nur dazu beiträgt, sie zu entgiften, sondern vor allem auch hilft, die von ihr erzeugten Spaltungen zu überwinden, ist also, dass sie ohne Ideologisierung und eine »Wir-gegen-sie«-Mentalität auskommt.

Damit diese Aufarbeitung in Angriff genommen werden kann, muss jedoch klar sein, wer als das Subjekt auftreten kann, das die Vergangenheit akzeptiert.

Das Subjekt der Akzeptanz

Um das Übernehmen von Verantwortung für die Vergangenheit ernsthaft zum Thema zu machen und in die Wege zu leiten, muss geklärt werden, welche gesellschaftlichen Kräfte diesen Prozess anstoßen und begleiten können. Ein verantwortungsbewusster Teil der Gesellschaft muss als Subjekt die Akzeptanzarbeit übernehmen. Dabei ist es wichtig, dass er der Realität ins Auge blickt und sie nicht durch Legenden ersetzt und dass er die Verantwortung auch nicht auf andere abwälzt, etwa Opponenten und politische Gegner.

Eine wirkliche Aufarbeitung der Vergangenheit ist nur in einer Situation gesellschaftlicher Demokratisierung möglich. In der Regel geht sie, wie bereits festgestellt, mit dem Übergang von der Diktatur zur Demokratie einher und dient dazu, sich gegen eine Rückwärtsentwicklung abzusichern. Eine wichtige Begleiterscheinung der Demokratisierung ist jedoch, dass gesellschaftliche Kräfte aktiv werden und beginnen, sich selbst zu organisieren. Wenn die Vergangenheitsaufarbeitung mehr sein soll als ein Zugeständnis an die Mode oder die politische Konjunktur, wenn sie wirklich umfassend durchgeführt werden soll, dann muss sie sich auf die Mitwirkung der Gesellschaft stützen, auf ihre Bereitschaft und ihren Willen, sich auf diesen Weg zu begeben. Wo eine solche Agenda von oben aufoktroyiert wird, wie im Fall der Entstalinisierung unter Chruschtschow oder der Wahrheits- und Versöhnungskommissionen im Tschad und in Uganda, dient sie nur der Legitimierung des neuen Regimes.

Damit die Aufarbeitung Erfolg haben kann, sollte in der Gesellschaft zunächst ein Konsens darüber hergestellt werden, dass die verbrecherische Vergangenheit sich nicht wiederholen darf. Das zeigen die Beispiele zahlreicher anderer Länder. In Westdeutschland unter Adenauer war die umfassende Debatte über die Verantwortung für die NS-Vergangenheit deshalb möglich, weil sich die Vertreter der unterschiedlichen Ideologien, sozialen und politischen Kräfte als vollwertige Bürger ihres Landes fühlen konnten. Spanien vermied jahrzehntelang Diskussionen über das Erbe des Bürgerkriegs, weil die Spaltung gefährlich stark schien, aber in der dritten Nachkriegsgeneration wurde die Debatte dann aktiv geführt und vorangetrieben. In Argentinien dauerte es zwanzig Jahre, bis das gesellschaftliche Bedürfnis nach einem wirklichen Prozess gegen die Juntamitglieder die Regierung zum Handeln bestimmte. Die japanische Gesellschaft vermied den Streit über die Vergangenheit und ging lieber abrupt zu einem neuen »Nachkriegsparadigma« über, bei dem Einigkeit in Bezug auf Grundsatzpositionen gewahrt wurde. So unterschiedlich diese Beispiele auch sind: Sie alle zeigen, dass die Gesellschaft nur dann vorankommen kann, wenn sie sich bei den grundlegend wichtigen Fragen einig ist. Eine zersplitterte Gesellschaft bietet immer Ansatzpunkte für Manipulationen und hemmt jede Bewegung bis auf die nach rückwärts.

Die Debatte über Konservatismus und Liberalismus, die in Russland entfacht wurde, als die Regierung Anfang der 2010er Jahre begann, eine konservative Agenda zu propagieren, hat einen bemerkenswerten Umstand zutage gefördert. Bei dem Versuch, sich diese Begriffe zu vergegenwärtigen, zeigte sich, dass ihr eigentlicher Sinngehalt entscheidend von ihrer Interpretation und Verwendung im öffentlichen Diskurs abweicht. Eigentlich ergänzen beide Weltanschauungen einander und sollten das Fundament der politischen Mitte eines vernünftigen politischen Systems bilden.[68] In der öffentlichen Debatte sind »liberal« und »konservativ« hingegen eher Etiketten, die Experten, Politologen und Online-Debattenteilnehmer einander anheften. Das liegt daran, dass die Vertreter der potenziellen Mitte in Russland keinen Ort haben, an dem sie als Beteiligte über Politik diskutieren und Einfluss auf die Geschicke ihres Landes nehmen können. Ihnen bleibt nur die Rolle von Beobachtern, die sich an der virtuellen Front gegenseitig stigmatisieren. Die Leere, die heute im öffentlichen Leben Russlands dort herrscht, wo sich das politische Zentrum befinden sollte, zeugt nicht nur von einer gespaltenen Gesellschaft, sondern auch von dem seit Sowjetzeiten eingeübten Bestreben, das vom Staat okkupierte Zentrum entweder zu meiden und an die Ränder des öffentlichen Lebens auszuweichen oder mit dem Staat zu verschmelzen.

DISTANZIERUNG VS. IDENTIFIKATION

Jede Diktatur führt zu einer wechselseitigen Aversion zwischen Bürgern und Staat. Der Staat betrachtet das Volk (die »Bevölkerung«) ausschließlich als Ressource für die eigenen Zwecke und tut alles, damit es sich nicht als eigenständige Macht wahrnimmt. Dies wird frappierend deutlich am Feiertag des 9. Mai, dem Tag des Sieges, zu dem die sowjetischen wie auch später die russischen Regierungen von Beginn an ein instrumentelles Verhältnis gepflegt haben: In den späten Jahren von Stalins Herrschaft verlor er den Status als offizieller Feiertag, weil Stalin seine Autorität nicht mit den Militärs und Veteranen teilen wollte und die Mobilisierung wichtiger war als die Anerkennung der Verdienste des sieghaften Volkes. Breschnew machte

68 Siehe etwa Trudoljubov, Maksim / Èpple, Nikolaj, »Ubeždenija: Kredo konservatora«. *Vedomosti*, 31. 1. 2013; dies., »Ubeždenija: Kredo liberala«. *Vedomosti*, 14. 1. 2014.

ihn wieder zum offiziellen Feiertag und betrieb einen Kult um ihn, weil er sich nach der Absetzung Chruschtschows die Unterstützung der Militärs und Veteranen sichern wollte, und in der Putin-Ära wird er zur patriotischen Mobilisierung genutzt. Die Interessen der Veteranen selbst waren dabei immer zweit- oder drittrangig.[69] Das Volk seinerseits versucht, sich vor dem allgegenwärtigen Blick des Staates zu verbergen und sich ins Privatleben zurückzuziehen – in die Küche, in kreative Betätigung, in die ruhigen Randgebiete. »Wird man schon in dem Imperium geboren / besser tief in der Provinz, am Meere leben«, heißt es in Joseph Brodskys Gedicht *Briefe an einen römischen Freund*,[70] in dem er das sowjetische Baltikum, wo das Joch der Staatsideologie weniger drückend war, mit den Provinzen des Römischen Reiches zur Zeit des römischen Dichters Martial vergleicht. Diese Form des Rückzugs ist keineswegs eine sowjetische Erfindung: Wie wir gesehen haben, ist der für die UdSSR so wichtige Begriff der »inneren Emigration« ursprünglich im Deutschland der 1940er Jahre entstanden und in Umlauf gekommen. Die sowjetische Diktatur war besonders erfolgreich darin, ihre Bürger die Kunst des Lebens im Untergrund zu lehren, vor allem wegen ihrer beispiellos langen Dauer.

Die spezifischen Formen der Distanzierung vom Staat, die in der Sowjetunion ausgebildet wurden, sind durch diese Langlebigkeit bedingt.[71] Während eine zwölfjährige Diktatur im Untergrund oder der inneren Emigration überstanden werden kann, ist unter einem Regime, dessen Lebensfähigkeit sich über Generationen erhält, die Be-

69 Zur Geschichte des Tages des Sieges und der Entwicklung seiner Rezeption in der sowjetischen und postsowjetischen Zeit siehe: Tumarkin, Nina, *The Living and the Dead: The Rise and Fall of the Cult of World War II in Russia*. New York 1994; Gabovič, Michail, »Pamjatnik i prazdnik: ėtnografija 9 maja«. *Neprikosnovennyj zapas*, 2015, Nr. 101.

70 Deutsche Übersetzung von Isolde Baumgärtner, https://www.mnemosina.de/briefe.html.

71 Zu den Praktiken der Entfremdung von der Macht in der Stalin-Ära siehe: Davies, Sarah, *Popular Opinion in Stalin's Russia, Terror, Propaganda and Dissent, 1934-1941*. Cambridge 1997, S. 124ff.

herrschung ausgeklügelter »Abkopplungsstrategien« erforderlich. In seinem Buch *Everything Was Forever, Until It Was No More* führt der Anthropologe Alexey Yurchak den von dem Literaturwissenschaftler und Philosophen Michail Bachtin geprägten Begriff des Außerhalbseins (russisch: *wnenachodimost*) ein, um diese Strategie zu beschreiben und sie von der »inneren Emigration« zu unterscheiden. »Das Subjekt befand *sich innerhalb des Systems* und funktionierte als sein Teil«, so Yurchak, »und zugleich war es *außerhalb des Systems*, an einem *anderen* Ort«.[72]

Die Sowjetunion gibt es bereits seit über einem Vierteljahrhundert nicht mehr. Doch die Praktiken, die daraus entstanden sind, dass es unmöglich war, sich als vollwertiger Bürger seines Landes zu fühlen und nicht nur in Worten, sondern auch in Taten Verantwortung dafür zu übernehmen, prägen in vieler Hinsicht nach wie vor die gesellschaftspolitische Realität. Im heutigen Russland sind dies die Praktiken der *Distanzierung* vom Staat und der *Identifikation* mit ihm. Welche dieser Strategien eine Person wählt, hängt davon ab, inwieweit sie ein Selbstverständnis ausbilden kann, das unabhängig vom Staat ist.[73]

Wer in der Lage ist, autonom und unabhängig vom Staat zu denken und zu empfinden – sei es, weil er finanziell unabhängig ist, die Geschichte und Kultur Russlands und anderer Länder gut kennt, Teil einer internationalen professionellen Gemeinschaft ist und/oder Freunde und Verwandte im Ausland hat –, verfügt über gut ent-

72 Yurchak, Alexey, *Everything Was Forever, Until It Was No More. The Last Soviet Generation*. Princeton 2006, S. 126ff. (über das Verhältnis dieses Begriffs zum Begriff der »inneren Emigration« siehe S. 132f.).

73 Eine interessante Analyse der Gründe, aus denen russische Bürger sich für die eine oder die andere Strategie entscheiden, findet sich in: Greene, Samuel A. / Robertson, Graeme B., *Putin v. the People: The Perilous Politics of a Divided Russia*. New Haven (CT) 2019, S. 147-158. Die Autoren stützen sich auf das Fünf-Faktoren-Modell, einen psychologischen Ansatz, bei dem die Persönlichkeit anhand einer Reihe von Selbstbeschreibungen charakterisiert wird. Sie zeigen, dass es unter den Regierungsanhängern in Russland einen hohen Prozentsatz von Personen gibt, für die ein konfliktfreies Zusammenleben mit dem sozialen Umfeld (Verträglichkeit) wichtig ist.

wickelte Praktiken, um sich vom Staat abzusondern. In seiner extremen Form zeigt sich das darin, dass solche Personen die gesamte sowjetische Vergangenheit und die unangenehmen Aspekte der heutigen Realität als »Sowjetmief« und Russland als »dieses Land« bezeichnen (was ihre Gegner längst als karikierendes Klischee nutzen).

Die Kehrseite der gleichen Unmöglichkeit, sich als Bürger zu fühlen, dessen Anliegen die Interessen des Staates beeinflussen, ist das Bestreben, sich mit dem Staat und seiner Sicht auf die Dinge zu identifizieren und seine Ziele und Belange unkritisch zu teilen. Diese Option wird von denen bevorzugt, die nicht über die erforderlichen Mittel und Motive verfügen, um ein anderes als ein »patriotisches« Selbstverständnis zu entwickeln.[74] Ein solches Verschmelzen mit dem Staat erweist sich für die Regierung in Krisensituationen oder bei einer wahrgenommenen Bedrohung von außen als wichtiger Unterstützungsfaktor.

Im Januar 2015 wurde Swetlana Dawydowa aus der Region Smolensk unter dem Vorwurf des Landesverrats festgenommen und inhaftiert. Sie hatte bemerkt, dass die in der Nähe ihrer Wohnung stationierte Militäreinheit abgezogen war, und ein Gespräch gehört, aus dem hervorging, dass das Militär in den Donbass geschickt worden war. Daraufhin hatte sie die ukrainische Botschaft verständigt. Die Mutter von vier Kindern, von denen das jüngste damals zwei Monate alt war, wurde in Untersuchungshaft genommen. Nachdem der Vorfall ein breites öffentliches Echo hervorgerufen hatte, kam Dawydowa Anfang Februar mit Aufenthaltsbeschränkung und unter Meldeauflagen frei, und wenig später wurde das Verfahren mangels Straftatbestands eingestellt.

Ende März veröffentlichte das staatliche Meinungsforschungsinstitut WZIOM eine Umfrage, nach der 48 Prozent der russischen Bürgerinnen und Bürger, die von dem Fall gehört hatten, meinten,

74 Umfragen zufolge ist der prozentuale Anteil der Menschen, die nicht glauben, dass sie sich selbst und ihre Familie finanziell unabhängig vom Staat unterhalten können, in Russland konstant hoch.

Dawydowa habe eine Strafe verdient.[75] Das liegt nicht daran, dass sie besonders grausam wären, sondern daran, dass sie sich »an die Macht anlehnen« möchten, weil ihnen die Grundlage für ein konstruktives, positives Selbstbild fehlt. Der russische Durchschnittsbürger hat angesichts eines Polizisten weder das Gefühl, sich gegen dessen Übergriffe wehren zu können, noch das Bewusstsein, dass dieser seine Interessen schützt. Was ihm bleibt, ist die Möglichkeit, sich seinerseits mit dem Polizisten zu identifizieren, wenn er einen Migranten, »Spion« oder »Oppositionellen« misshandelt. So kann er sich im Vergleich zu dem Opfer als Bürger erster Klasse fühlen und sich einreden, der Polizist, der noch schlechter geschützte Menschen schikaniert, verteidige seine Belange und nicht die des Staates. Es gibt zwar keinerlei Garantie dafür, dass er sich beim nächsten Mal nicht selbst in der Rolle des »Spions« oder »Verletzers der Gefühle von Gläubigen« wiederfindet, aber für diesmal kann er sich eins mit dem »großen Bruder« fühlen.

Die übermäßige Absonderung des Selbst vom Staat und die übermäßige Verschmelzung mit ihm sind ungeachtet der nachvollziehbaren Gründe, die es für beide Strategien gibt, keineswegs unausweichlich vorbestimmt. Unter den Bedingungen der Diktatur war es in der Tat praktisch unmöglich, unabhängig und losgelöst vom Staat zu existieren. Aber diese Distanzierungsmechanismen lassen sich überwinden, indem man sie als unnatürliche Exzesse erkennt und den Blick stattdessen auf Beispiele einer aktiven und unabhängigen zivilgesellschaftlichen Haltung richtet, die vielen als Vorbild dienen kann. Die Möglichkeit, sich mit der Gesellschaft und Kultur des eigenen Landes zu identifizieren, ist nicht deshalb wichtig, um den Bruch mit dem Staat offiziell zu vollziehen, sondern um das eigene Verhältnis zum Staat als Außenstehendem neu zu bestimmen.

75 »Svetlana Davydova: zrja otpustili?« In: *VCIOM* 2800 / 25. 03. 2015. https://wciom.ru/index.php?id=236&uid=577 (Abrufdatum 20. 08. 2022).

DER WARÄGERSTAAT

Das Problem, dass die Bewohner Russlands sich mit ihrem Land nicht identifizieren können, reicht weit über die sowjetische Vergangenheit hinaus.

Womöglich ist es ein besonderes historisches Kennzeichen der russischen Gesellschaftsordnung, dass die Bürger (oder »Einwohner«, wie sie die jetzige russische Führung bevorzugt nennt) die Staatsmacht nicht als eigene, sondern als fremd wahrnehmen. Auch ohne näher auf die »Normannentheorie« einzugehen, wonach das russische Staatswesen entstand, als ostslawische Stämme die skandinavischen Waräger aufforderten, »zu kommen und über uns zu herrschen«,[76] kann man sagen, dass sie die Struktur dieses Verhältnisses gut beschreibt. Die Obrigkeit in Russland (bzw. der Rus), die Leute, die mit Verwaltung und Regierung befasst sind, werden von Beginn an als externe Administratoren betrachtet und nicht als »welche von uns«, als Repräsentanten des Volkes, dem sie auch selbst angehören. Die Dispute um die Normannentheorie, die sich vom 18. bis ins 20. Jahrhundert hinzogen, zeugen davon, dass dieses Problem nicht an Aktualität verloren hat.

Das Gefühl, dass die russische Staatsmacht von einer metaphysischen Leere umgeben ist, dass diejenigen, die das Land regieren, in Wirklichkeit wenig mit diesem verbindet, wird in dem Essay »Die Macht Russlands« des russischen Philosophen Vladimir Bibichin treffend beschrieben. Er leitet die Geschichte des »Fortgangs« der Macht in den Untergrund symbolisch vom Martyrium der Fürsten Boris und Gleb her, den beiden Söhnen Wladimirs des Großen, die 1015 nach dem Tod ihres Vaters lieber den eigenen Tod in Kauf nahmen, als mit ihrem Bruder Swjatopolk um die Macht zu kämpfen.

76 »Und sie sagten untereinander: Lasset uns einen Fürsten suchen, der über uns herrsche und der anordne nach Recht! Und sie fuhren über das Meer zu den Warägern, zu der Rus' [und sagten]: ›Unser Land ist groß und hat Überfluß, aber es ist keine Ordnung in ihm. So kommt, Fürst zu sein und über uns zu herrschen!‹« Zitiert nach: Müller, Ludolf (Hg.), *Handbuch zur Nestorchronik*, Bd. IV. Reihe Forum Slavicum, Bd. 56. München 2001, S. 19f.

Mit ihrer Weigerung, sich auf den Kampf einzulassen und kopf- und prinzipienlos nach der Macht zu streben, hätten sie sich, so Bibichin, nicht nur als moralische Sieger, sondern in gewissem Sinne als die einzig legitimen Herrscher erwiesen. Swjatopolks moral- und rechtswidriger Griff nach der Macht habe diese diskreditiert und »räuberisch« werden lassen. Dies hafte ihr weiter an, während sie von einem Usurpator auf den nächsten übergehe:

> Die Gefolgschaft von Boris und Gleb forderte von ihnen die Mobilisierung, die Entscheidungsschlacht, den Sieg, die Einnahme der Stadt und die Vertreibung ihres verräterischen Bruders. Sie erwiderten, dass sie selbst bei Androhung des Todes nicht um die Macht kämpfen würden. Diese Tat der rechtmäßigen Erben von Fürst Wladimir im Jahr der Machtübergabe hat die gesamte weitere russische Geschichte bestimmt. Russland ein Reich des Bösen? Eher ist es ein eigenartiger Raum, in dem das Böse sich ausbreiten kann wie sonst nirgends, ohne auf ihm verständliche Gegner zu treffen, und deshalb hat es bis jetzt nicht bemerkt, dass seine Macht schon seit langem insgeheim abgeschafft ist. Das Land ist übervoll von der unsichtbaren Gegenwart der Umgekommenen, stumm Fortgegangenen. Sie sind längst unmerklich zu einem wichtigen Teil unserer selbst geworden.
>
> Die rechtmäßigen Erben des Herrschers, Boris und Gleb, die den Kampf um die Macht nicht aufnahmen, haben diese Macht niemand anderem geschenkt, anvertraut oder vererbt. Sie wurde ihnen auch nicht genommen, entrissen oder abgerungen, denn woran nicht festgehalten wird, das kann man nicht wegnehmen. Und so ergibt es sich, dass die Macht in Russland, auch wenn viele, die sie auf der Straße liegen sahen, gierig nach ihr gegriffen haben, in Wirklichkeit nur die Macht von Boris und Gleb ist. Sie hat sich nie von ihnen, die sie um keines Vorteils willen benötigen, entfernt; sie gehört dem Recht, der Wahrheit und der Idee Russlands nach ihnen allein. Die Macht Russlands ist so gesehen nicht verschwunden, nicht geschwächt und nicht erschüttert worden. Sie muss nicht geboren werden. Sie ist tausend Jahre alt.[77]

77 Bibichin, Vladimir, »Vlast' Rossii«. *Novaja Junost'* 1/1994. http://www.bibikhin.ru/vlast_rossii (Abrufdatum 20. 08. 2022).

Das ist kein politologisches Modell, sondern eine poetisch-philosophische Betrachtung. Aber gerade deshalb trifft sie genau das Gefühl, das sich einem strengeren Diskurs entzieht und das allen, die in Russland leben, vertraut ist: die Empfindung, dass die Macht hier »nicht echt« ist. Das spürt auch die Macht selbst, die überall versucht, sich durch Kontinuität zu legitimieren – einmal zu den Sowjetführern und dann wieder zu den Zaren und Großfürsten –, und nur das Beispiel von Boris und Gleb als etwas ihr deutlich Fremdes wahrnimmt. Das zeigt etwa Putins Bemerkung beim Besuch einer Ausstellung des Künstlers Ilja Glasunow: »Man muss für sich selbst, für das Land kämpfen, aber sie haben kampflos aufgegeben … das kann uns kein Vorbild sein, sie haben sich hingelegt und gewartet, bis man sie totschlägt«.[78]

Die russische Staatsmacht zeigt über die gesamte Geschichte hinweg eine auffällig distanzierte Haltung gegenüber ihren Untertanen. Sie erinnert eher an die Einstellung eines Eroberers zu den Stämmen, die er erobert hat und mit denen er sich weder blutsverwandt noch kulturell verbunden fühlt. Der Kulturwissenschaftler Alexander Etkind betrachtet die Geschichte Russlands in seinem Buch *Internal Colonization* als Geschichte »eines Landes, das kolonisiert wird«. Der Historiker Sergei Solowjow, der die Formel »innere Kolonisierung« zur Beschreibung der frühen russischen Geschichte geprägt hat, präzisiert:

> Das Land, um das es hier geht, war keine durch Ozeane vom Mutterland getrennte Kolonie: Das Zentrum des Staatslebens befand sich in diesem Land selbst; die Bedürfnisse des Staates wurden immer größer, die staatliche Verwaltung immer komplizierter, aber das Land hörte nicht auf, sich selbst zu kolonisieren.[79]

78 »Chudožnik Il'ja Glazunov popravit kartinu posle zamečanij Putina«. *RIA*, 10. 07. 2009. https://ria.ru/20090610/173984358.html (Abrufdatum 20. 08. 2022).

79 Solov'ev, Sergei, *Istorija Rossii s drevnejšich vremen*. Moskau 1988, Bd. 2, S. 631. Zitiert nach: Etkind, Alexander, *Internal Colonization, Russia's Imperial Experience*. Cambridge 2011, S. 63.

Die Logik der Kolonisierung erklärt die distanzierte Grausamkeit, mit der die russische Regierung (und ihre historischen Vorgänger) alle entscheidenden Projekte durchführten – von der Christianisierung Russlands und dem Kampf gegen Thronprätendenten mit Unterstützung tatarischer Armeen bis zur Erschließung Sibiriens, der Errichtung der Hauptstadt unter Einsatz von Zwangsarbeitern auf neu erobertem Territorium und schließlich den groß angelegten, beispiellos brutalen Projekten der Zwangskollektivierung und Modernisierung des Landes mit der Arbeitskraft von Gulag-Häftlingen. Etkind schreibt:

> Angesichts der langen Tradition der Gewalt und des Zwangs, die das russische Reich gegen die eigenen Bauern einsetzte, lassen sich Revolution und Totalitarismus als Bumerang begreifen, der sich gegen die städtischen Zentren und den Staat selbst kehrte. Später verinnerlichte auch der revolutionäre Staat die Praktiken und Erfahrungen, die das Kaiserreich so lange gegen die ihm unterworfenen Völker, einschließlich der Russen, angewandt hatte. Anders als der deutsche Bumerang, der, wie Hannah Arendt gezeigt hat, aus den Kolonien über die Ozeane in die deutschen Länder zurückkehrte, fegte der russische durch das Innere des Reichs.[80]

Der »Ruf nach den Warägern« und der »koloniale Bumerang-Effekt« (mit Übertragung kolonialer Methoden auf die Herrschaft im Mutterland) gehören nicht der Vergangenheit an; sie sind in der modernen russischen Politik vollumfänglich präsent. »Waräger«-Administratoren sind ein fester Bestandteil der heutigen politischen Realität; sie werden auf Gouverneursposten gesetzt, um die Macht des Präsidenten zu festigen.[81] Ein anschauliches Beispiel für den »kolonialen Bumerang« ist etwa die Entwicklung des administrativen Vorgehens der Moskauer Stadtverwaltung in den letzten Jahren.[82] Die

80 Etkind, *Internal Colonization*, a. a. O. S. 24.

81 Siehe etwa Kynev, Aleksandr, »Fenomen gubernatorov-›varjagov‹ kak indikator recentralizacii (opyt 1991-2018 gg.)«. In: *Politija* 2 (93) 2019, S. 125ff.

82 Belousov, Aleksandr, »Provincial'nost' stoličnogo mèra kak obratnaja storona vertikali vlasti«. In: *Vedomosti*, 18. 03. 2015.

»Waräger«-Metapher bleibt auch im heutigen Russland ein taugliches Erklärungsmodell für das Verhältnis zwischen Obrigkeit und Bürgern.

DAS AUFTRETEN DES SUBJEKTS

Dieser Exkurs über die jahrhundertelang eingeübte Gewohnheit der russischen Bevölkerung, sich der staatsbürgerlichen Verantwortung zu entziehen, soll nicht etwa zeigen, dass sie eine »Sklavenmentalität« habe und es aussichtlos sei, diese Verantwortung in ihr wecken zu wollen. Er hilft im Gegenteil, das Tempo, in dem sie sich entwickeln kann, nüchtern und realistisch einzuschätzen, ohne vorschnell zu verzweifeln und abwertende Schlüsse zu ziehen.

Als der polnische Sejm im Dezember 2016 beschloss, den Zugang zum Parlamentsgebäude für Journalisten einzuschränken, gingen Tausende von Menschen in Warschau und allen größeren Städten des Landes auf die Straße, um die Meinungsfreiheit zu verteidigen. Einige Tage darauf wurde der Beschluss zurückgenommen. So reagiert eine Gesellschaft, die sich der Bedeutung demokratischer Freiheiten bewusst ist und es sich zutraut, das Geschehen in ihrem Land zu beeinflussen. Als im Herbst 2017 in Argentinien ein Bürgerrechtler verschwand, gingen Zehntausende im ganzen Land auf die Straße, die Lehrer gingen im Unterricht darauf ein und erzählten von den Entführungen während der Herrschaft der Junta. Auch hier trat eine Gesellschaft in Erscheinung, die Erfahrung damit hatte, Verantwortung für die Vergangenheit und die Gegenwart zu übernehmen.

Wenn in Russland die Meinungsfreiheit angegriffen wird und selbst wenn Videos öffentlich werden, die Folterungen durch die Polizei zeigen, führt das bestenfalls zu einer Welle von Postings, die in den sozialen Medien geteilt werden, und wenn Truppen in der Ukraine und in Syrien eingesetzt werden und dort auch russische Bürger sterben, protestiert nur eine kritische Minderheit. Das liegt nicht daran, dass die Menschen in Russland eine grundsätzlich andere Vorstellung von Gut und Böse hätten als die Menschen in Polen oder Argentinien. Vielmehr haben diejenigen, die zur »loyalen Mehrheit« gehören, einfach keinen Grund, anzunehmen, dass ihre Meinung das

Verhalten des Staates irgendwie beeinflussen könnte. Eben davon zeugen die Umfragen, nach denen sich 93 Prozent der Russen für das verantwortlich fühlen, was in ihrer Familie geschieht, aber nur 11 Prozent für das, was sich in ihrem Land ereignet.[83] Wenn ein russischer Bürger die Foltervideos ansieht, denkt er nicht, dass diese Verhältnisse dringend geändert werden müssen, sondern fühlt sich in der Überzeugung bestätigt, dass man mit dem Staat möglichst wenig zu schaffen haben sollte.

Umso mehr Aufmerksamkeit verdienen die Beispiele, die dieses Muster durchbrechen. Als sich Bürger der großen Städte 2011 – erstmals seit vielen Jahren – für die Parlamentswahlen engagierten, war das ein Versuch, Verantwortung für das Geschehen im Land zu übernehmen. Nach einigen wirtschaftlich erfolgreichen Jahren hatte sich in Moskau und mehreren russischen Großstädten eine Gesellschaftsschicht herausgebildet, die man eher als aktive Bürger denn als Dissidenten bezeichnen könnte. Ihr Engagement bei der Kampagne gegen die Regierungspartei »Einiges Russland«, genannt die »Partei der Gauner und Diebe«, war der ernsthafte Versuch, sich in die Politik einzubringen. Deshalb löste der massive Betrug bei dieser Wahl eine Welle der Unzufriedenheit aus. Die Proteste im Winter 2011-2012, die im Zeichen des Mottos »Für faire Wahlen« standen, gewannen eine so große Bedeutung, weil sie weder moralisch noch wirtschaftlich oder sozial, sondern politisch motiviert waren. Hier gingen nicht unzufriedene »Einwohner« gegen die Streichung von Zuwendungen oder die ausbleibende Erfüllung sozialer Verpflichtungen auf die Straße, sondern Bürger, die sich des Rechts beraubt sahen, ihren politi-

83 »Otvetstvennost' i vlijanie«. Website des Levada-Zentrums, 13.07.2016. https://www.levada.ru/2016/07/13/otvetstvennost-i-vliyanie/ (Abrufdatum 21.08.2022). Einer anderen Umfrage zufolge sind 80 Prozent der Befragten nicht bereit, sich politisch zu engagieren, und nur 16 Prozent bekunden ausdrücklich ihre Bereitschaft dazu. 61 Prozent vermeiden Begegnungen mit der Staatsmacht und nur 9 Prozent trauen es sich zu, bei solchen Begegnungen ihr Anliegen beim Staat durchzusetzen (»Političeskoe učastie«. Website des Levada-Zentrums, 12.04.2017. https://www.levada.ru/2017/04/12/politicheskoe-uchastie/ (Abrufdatum 21.08.2022)).

schen Willen zu bekunden. Genau hier liegt die tiefe Ursache für den Schrecken, den diese Proteste bei der Regierung hervorriefen und der die Politik der »harten Hand« zur Folge hatte.

Damals bildete sich eine Protestrichtung heraus, die die Zusammenhänge zwischen Wirtschaft, Politik und Menschenrechten klar erkannte. Nicht von ungefähr waren unter den freiwilligen Aktivisten, die im Juli 2012 mit großem Einsatz Hilfsgüter sammelten und an die Opfer der Flutkatastrophe bei Krymsk in der Region Krasnodar lieferten, viele, die auch an den Protestkundgebungen teilgenommen und sich im März 2012 als Beobachter der Präsidentschaftswahlen engagiert hatten. Die Parallelen zu anderen Ländern, die Diktaturen überwunden haben, sind hier insofern interessant, als die wirklichen gesellschaftlichen Veränderungen mit dem Heranwachsen der ersten freien Generation zusammenfallen. In Deutschland machten die Kinder der Generation, die ihre Reifejahre unter den Nazis verbracht hatte, im Zuge der Studentenbewegung von 1968 auf sich aufmerksam. In Spanien begann die Exhumierungswelle zu dem Zeitpunkt, als die Enkelgeneration der Bürgerkriegsopfer heranwuchs, die Kinder der Menschen, die unter der Diktatur Francos gelebt hatten. In Argentinien fand die zweite Welle der Prozesse gegen die ehemalige Juntaführung zu der Zeit statt, als die Kinder der Opfer heranreiften.

In Russland wurde die erste freie Generation nach dem Zusammenbruch der UdSSR in den 2010er Jahren erwachsen und betrat die Bühne. Die Verschärfung der autoritären Tendenzen hat sie fast vollständig aus dem System der öffentlichen Politik verdrängt, aber das hat nicht dazu geführt, dass sie sozial passiv geworden wäre. Seit die Illusion verflogen ist, dass irgendeine Zusammenarbeit mit staatlichen Stellen möglich wäre, sind auf den Gebieten der Menschenrechts- und Rechtshilfe, der Freiwilligenarbeit und Wohltätigkeit, der zivilgesellschaftlichen Bildung, Erziehung, Kultur und Kunst immer mehr Projekte entstanden, die in keiner Weise abhängig vom Staat sind.

Die Praxis des Akzeptierens: Verurteilen und Danken

Die kulturwissenschaftliche Erinnerungsforschung (Memory Studies) untersucht mit interdisziplinären Mitteln die Präsenz der Geschichte im heutigen Alltag. Die unterschiedlichen Formen (Mechanismen, Praktiken, Institutionen), in denen Staat und Gesellschaft sich mit der Vergangenheit auseinandersetzen, werden als solche zum Gegenstand der wissenschaftlichen Forschung. Dabei wird deutlich, dass diese Auseinandersetzung sich nicht einfach von selbst ergibt: Es bedarf gezielter und systematischer Anstrengungen, um sie in Gang zu setzen und aufrechtzuerhalten. Das Forschungsfeld wurde vor allem im Hinblick auf das Holocaust-Gedenken entwickelt, bei dem es nicht nur darum geht, an das Geschehen zu erinnern, sondern vor allem auch darum, zu verhindern, dass es sich wiederholen kann.[84] In den 1990er Jahren erlebten die Memory Studies einen Boom, nicht zuletzt auch infolge des Zusammenbruchs der UdSSR und der Notwendigkeit, die Erinnerung an die Staatsverbrechen aufzuarbeiten, mit der sich die Gesellschaften im ehemaligen Ostblock konfrontiert sahen.

Aus der Perspektive der Memory Studies wird deutlich, dass Akzeptanz und Abwehr der Vergangenheit keine philosophischen Konzepte sind. Hinter diesen Einstellungen zur Vergangenheit steht immer eine *Praxis*, in der die Beziehung zwischen Vergangenheit und Gegenwart realisiert wird. Die abwehrende Haltung verweigert sich einer Beziehung zur Vergangenheit, aber auch das schließt eine entsprechende *Praxis* in Bezug auf die Ausgestaltung dieser Beziehung ein, nämlich deren Verneinung. *Die Praxis der Abwehr* ist das Vergessen: Die Erinnerung wird ausgelöscht oder durch Mythen, Fälschungen, falsche Erinnerungen substituiert. *Die Praxis der Akzeptanz*, des Bewahrens der Erinnerung an die Vergangenheit, hat zwei Ausprägungen, je nachdem, welcher Art von Ereignissen gedacht wird. Die Erinnerung

84 Siehe dazu: Alexander, Jeffrey C., »Culture trauma, morality and solidarity: The social construction of ›Holocaust‹ and other mass murders«. *Thesis Eleven* 132 (1), S. 3ff. (2016).

an Verbrechen hat die Form des Verurteilens, die Erinnerung an die rühmlichen Seiten der Vergangenheit besteht in Dankbarkeit.[85]

Was die Sowjetunion betrifft, erscheint die erste Art des Erinnerns fast selbstverständlich, die zweite jedoch neu und unerwartet. Die moralische Forderung, dass Verbrechen verurteilt werden müssen, können sowohl Politiker als auch die Gesellschaft nachvollziehen und unterstützen: Wenn die Verbrechen des Gulag nicht verurteilt werden, führt das offenkundig zur Relativierung von Rechtsgrundsätzen und zu sozialem Misstrauen. Deshalb wird die Verurteilung dieser Verbrechen mittels gesetzlicher und gerichtlicher Maßnahmen manifestiert, um zu verhindern, dass sie sich zukünftig wiederholen können. Die Forderung des Dankens hingegen leuchtet zwar menschlich sofort ein, aber ihre soziale und politische Relevanz bedarf näherer Ausführungen: Die dankbare Erinnerung etwa an den Ersten Volksdeputiertenkongress im Mai 1989, der faktisch den Beginn eines unumkehrbaren demokratischen Wandels in der gesamten Sowjetunion markierte, oder an die Legalisierung der Privatwirtschaft im Januar 1992, ohne die Russland eine Hungersnot gedroht hätte, ist eine notwendige Voraussetzung dafür, dass Vertrauen in demokratische Institutionen und die Marktwirtschaft aufgebaut werden kann. Dass Demokratie und Marktwirtschaft in den 2000er Jahren so effektiv diskreditiert werden konnten, liegt eben daran, dass zuvor keine gezielten Anstrengungen unternommen worden waren, um eine solche Erinnerung zu etablieren.

Bei der Aufarbeitung einer so komplexen Vergangenheit, wie es die sowjetische ist, stellt sich eine besondere Schwierigkeit: Es gilt, zum

85 Die Unterscheidung zwischen Abwehr und Verurteilung als gegensätzlichen Formen des Umgangs mit der Vergangenheit wirkt zunächst vielleicht ungewohnt und konstruiert. Sie lässt sich am besten an einem Beispiel aus einem anderen Zusammenhang erläutern: Die Weigerung, eine Erkrankung zur Kenntnis zu nehmen, steht offensichtlich im Gegensatz zu der Bereitschaft, sich einer medizinischen Untersuchung zu unterziehen und die Krankheit diagnostizieren zu lassen. Ebenso steht die Weigerung, die Realität eines Verbrechens anzuerkennen, im Gegensatz zu der Bereitschaft, das Verbrechen als real zu akzeptieren und zu verurteilen.

einen die Verantwortung für die Verbrechen anzuerkennen und zum anderen – was nicht weniger wichtig ist – Dankbarkeit für das Gute zu bekunden. Der Akt des Dankens ist hier die Kehrseite der Übernahme von Verantwortung. Durch ihn wird eine Beziehung zur Vergangenheit hergestellt und das Recht auf sie eingefordert und anerkannt.

Die Arbeit des Trennens

Das Erfassen einer komplexen Vergangenheit erscheint als eine unmögliche Aufgabe, solange sich uns die Geschichte als ein monströser Eisklumpen darstellt, in dem sich Erinnerungen an unmenschliche Grausamkeit und Ungerechtigkeit mit Erinnerungen an friedliches Schaffen und konstruktive Arbeit vermischen. Sobald man aber darangeht, das Gutartige vom Verbrecherischen *gedanklich zu trennen*, nimmt diese Aufgabe konkrete Konturen an. Der Arbeitsumfang bleibt zwar unüberschaubar, aber es wird so etwas wie ein Plan erkennbar. Diese Trennungsarbeit selbst, die ohne Kritik und akribisches Sichten der Vergangenheit nicht möglich ist, ist ein wichtiger Bestandteil der Praxis der Akzeptanz. Hier lässt sich einmal mehr auf Péter Esterházys Arbeit mit den Familienarchiven und den Archiven der Staatssicherheit verweisen.

Praktisch ließe sich diese gedankliche Trennung unter anderem umsetzen, indem man lernt, über die russische Geschichte als Geschichte einer Gesellschaft zu sprechen, die nicht auf die Staatsgeschichte reduzierbar ist. Die Geschichte der UdSSR ist weitgehend die des *sowjetischen Staates*. Sie usurpiert die Geschichte der Gesellschaft und der Bürger und nutzt sie als materielle Ressource. Diese Substitution ist das Ergebnis einer ganz bewussten Anstrengung des Staates, seine Legitimität zu sichern, als die bisherigen totalitären und autoritären Mechanismen nicht mehr griffen.[86]

86 Siehe dazu z. B.: Poljan, Pavel, »Sieg nach Plan. Das Organisationskomitee Pobeda und die Folgen«. Ramazašvili, Georgij, »Geschichtsreinigung als Beruf. Das Zen-

Gerade weil die Verflechtung von Regime und Gesellschaft bewusst herbeigeführt und etabliert wurde, ist die Fähigkeit, beide gedanklich voneinander zu *trennen*, unerlässlich für die Arbeit der Verantwortungsübernahme und erfordert ein besonderes Training. Das lässt sich schwer auf allgemeiner Ebene abhandeln, deshalb soll es hier an einem konkreten Beispiel verdeutlicht werden.

DER GROSSE VATERLÄNDISCHE KRIEG

Der Deutsch-Sowjetische Krieg von 1941-1945, in Russland als Großer Vaterländischer Krieg bekannt, ist das wichtigste Ereignis der sowjetischen Geschichte. An ihm zeigt sich besonders anschaulich, wie extreme Unmenschlichkeit und Führungswillkür, Ohnmacht der Untergebenen und Entwertung des menschlichen Lebens mit äußerstem Heldentum und Selbstlosigkeit und Bewährung der besten menschlichen Eigenschaften unter unmenschlichen Bedingungen einhergingen.

Der Krieg liefert nicht nur zahllose Beispiele von Heldenmut im Kampf gegen das unbestreitbar Böse des Nationalsozialismus. Er war eine Zeit, in der extreme Belastungsproben die menschliche Erfahrung bloßlegten, eine Zeit der »Humanisierung der Ideologie« (wie es der sowjetische Kulturforscher Jewgeni Dobrenko formuliert hat) und in gewissem Sinn auch eine Krise dieser Ideologie.[87] Davon hat unter anderem der Historiker Michail Gefter in einem Interview gesprochen, das zur Zeit der Perestroika auf breite Resonanz stieß:

> Der Mensch, der der Willkür des Schicksals anheimgefallen war, erlangte mit einem Mal, am Rande des Todes, die Freiheit, über sich selbst zu verfügen. Tatsächlich Freiheit! Als Zeitgenosse und Historiker kann ich

tralarchiv des Verteidigungsministeriums«. Beide Beiträge sind auf Deutsch erschienen in: Sapper, Manfred / Weichsel, Volker (Hgg.), *Kluften der Erinnerung. Russland und Deutschland 60 Jahre nach dem Krieg*. Berlin 2005 (Zeitschrift Osteuropa 4-6/2005).

87 Dobrenko, Evgenij, »Grammatika boja – jazyk batarej«. In: ders., *Metafori vlasti. Literatura stalinskoj epochi v istoričeskom osveščenii*. München 1993, S. 219.

> das bezeugen: In den Jahren 1941-1942 kam es in einer Vielzahl von Situationen und menschlichen Entscheidungen zu einer spontanen »Entstalinisierung«, die bis heute nicht als solche gewürdigt worden ist. Ja, das war unsere russische, sowjetische Welt, aber zugleich auch die Welt, die Menschheit, die damals Einzug in uns hielt.[88]

Da es in der Sowjetunion nicht möglich war, solche Stimmungen festzuhalten, finden sich die einzigen Zeugnisse für diese Veränderungen (abgesehen von Tagebüchern und Briefen) in der Literatur, vor allem der inoffiziellen und unzensierten, d. h. nicht zur Veröffentlichung bestimmten.[89] Beispiele dafür sind die Gedichte von Ion Degen, die in Abschriften weit verbreitet wurden, Wassili Grossmans Notizbücher (die erst 1989 auf Russisch veröffentlicht wurden, und selbst damals noch unter Auslassung der schärfsten Passagen), Lidia Ginsburgs *Aufzeichnungen eines Blockademenschen*[90] oder die folgenden Zeilen aus einem Gedicht des inoffiziellen Dichters Nikolai Glaskow vom 22. Juli 1941 (Glaskows erster offizieller Gedichtband erschien erst 1957):

Herr im Himmel, schütze doch das rote
Land der Sowjets vor der Herrenrasse.
Wir halten zwar nicht all Deine Gebote,
aber Hitler übertritt sie krasser.

Der Autor dieses Gedichts macht sich keine Illusionen über den Charakter der »Sowjets« und ihre Einhaltung der göttlichen »Gebote« (sein Vater wurde 1938 erschossen). Aber Hitler verstößt noch kras-

88 Gefter, Michail, »Nado li nas bojat'sja? Beseda s istorikom Michailom Gefterom«. In: *Vek XX i mir* 8/1987, S. 48.

89 Siehe dazu: Kukulin, Il'ja, »Schmerzregulierung. Zur Traumaverarbeitung in der sowjetischen Kriegsliteratur«. In: *Kluften der Erinnerung* (Zeitschrift Osteuropa 4-6 2005), a. a. O. S. 235ff.

90 Ginsburg, Lidia, *Aufzeichnungen eines Blockademenschen*. Aus dem Russischen von Christiane Körner. Berlin 2014.

ser dagegen, und in dieser Situation ist die Verteidigung der »Sowjets« das gemeinsame Ziel des Staates und des Einzelnen. Mit Ausbruch des Krieges machte sich auch in der offiziellen Literatur eine Lockerung der Zensur und Erweiterung der Grenzen des »Menschlichen« bemerkbar. Eine Reihe von Verboten wurde aufgehoben, so etwa die Darstellung von Liebeserlebnissen (Konstantin Simonow), »vorschriftswidrigen« Beziehungen (Alexander Twardowski), Rückzügen (Wassili Grossman), Familientrennungen aufgrund von Frontaffären (Andrei Platonow) und sogar persönlichen Tragödien, die die Freude über den Sieg überwogen (so in Michail Issakowskis Lied »Der Feind hat verbrannt die heimatliche Hütte«). Marietta Tschudakowa beschreibt diesen Wandel am Beispiel der Publikationsgeschichte von Simonows Gedicht *Warte auf mich*:

> Mit dem Beginn des Krieges, der alle Erwartungen und offiziellen Normen über den Haufen warf und das sowjetische System existenziell bedrohte, geriet neben vielen anderen Einschränkungen auch das Lyrikverbot ins Wanken. [...] In den Minuten, als der Chefredakteur der Prawda *Warte auf mich* zum ersten Mal aus dem Mund des Autors hörte [...], hatte die Lyrik gesiegt und man beschloss, sie dem kämpfenden, am Rand des Abgrunds stehenden Russland einzuschenken wie die berühmten hundert Gramm Wodka vor der Schlacht.[91]

Die Kluft zwischen der menschlichen Dimension des Krieges und der Staatsideologie, die in diesen Jahren zum Vorschein kam, ist ähnlich groß wie die zwischen der Parole »Für das Vaterland, für Stalin«, mit der die Soldaten angreifen sollten, und dem Ruf »Duraaaaak« (»Dummkopf«, maskiert als »Hurra«, wenn Kommissare in der Nähe waren) oder den verzweifelten Flüchen, mit denen sie nach zahlreichen Berichten von Frontsoldaten tatsächlich attackierten. Diese Freilegung existenzieller Emotionen durch Extremerfahrungen hat

91 Čudakova, Marietta, »›Voennoe‹ stichotvorenie Simonova ›Ždi menja‹ (ijul' 1941 g.) v literaturnom processe sovetskogo vremeni«. *Novoe literaturnoe obozrenie* Nr. 58/2002, S. 238f.

unter den Autoren der Kriegsgeneration am stärksten und eindrücklichsten Wassili Grossman in seinem Roman *Leben und Schicksal* zum Ausdruck gebracht, mit dem er der Kluft ein einzigartiges Denkmal gesetzt hat:

> Zusammenschlüsse von Menschen erhalten ihren Sinn nur durch ein einziges, in erster Linie angestrebtes Ziel – nämlich den Menschen das Recht auf eine unterschiedliche, individuelle, jedem Einzelnen angemessene Daseinsform zu erkämpfen, das Recht, individuell zu fühlen, zu denken, und die Erde zu bewohnen.
>
> Um sich dieses Recht zu erkämpfen, es zu behalten oder auszuweiten – dafür schließen sich die Menschen zusammen. Doch dann entsteht sofort wieder das schreckliche, aber mächtige Vorurteil, dass in solchen Zusammenschlüssen im Namen einer Rasse, Gottes, einer Partei oder eines Staates der Sinn des Lebens zu sehen sei, nicht aber ein Mittel zur Erreichung eines Zwecks. Nein, nein, nein! Der Mensch, seine bescheidene Individualität und sein Recht auf diese Individualität geben dem Kampf ums Leben den einzigen, wahrhaften und ewig gültigen Sinn.[92]

Während es beim Großen Vaterländischen Krieg für das Volk oder wenigstens einen bedeutenden Teil des Volkes um die Verteidigung des Vaterlandes gegen das absolute Übel des Nationalsozialismus, also ein moralisch ganz eindeutiges Anliegen, ging, trat der totalitäre und verbrecherische Charakter des sowjetischen Staates durch die staatliche Politik vor und während des Krieges unverhüllt zutage.

Im Folgenden führe ich kurz einige Punkte an, die die Feststellung zulassen, dass die Politik des sowjetischen Staates in diesen Jahren verbrecherisch war und nicht den Interessen der Bürger diente, sondern darauf abzielte, die Bürger für die zumeist unlauteren Interessen der Staatsmacht auszunutzen:

1. Die Sowjetunion war keineswegs ein unschuldiges Angriffsopfer. Kurz nach Ausbruch des Zweiten Weltkriegs bezeugte das Regime seinen aggressiven Charakter, indem es – ganz entgegen der Parole

92 Grossman, Wassili, *Leben und Schicksal*. Berlin 2008, S. 274.

»Wir wollen keinen Fußbreit fremdes Land« – Finnland angriff und den »schändlichsten Krieg in der Geschichte der russischen Streitmacht« begann.[93] (Dass sich Finnland in der Folge am deutschen Angriff auf die Sowjetunion beteiligte, hat nach Einschätzung einiger Forscher die Blockade Leningrads möglich gemacht, zu der es sonst vielleicht nicht gekommen wäre.)

2. Der Molotow-Ribbentrop-Pakt war einer der Faktoren, die der NS-Führung die Entscheidung für den Angriff auf Polen erleichterten, und trug damit zum Ausbruch des Zweiten Weltkriegs bei.[94]
3. Die »Großtat des Volkes« wurde weitgehend trotz des staatlichen Agierens vollbracht. Die Rote Armee war durch den Großen Terror entscheidend geschwächt (allein im Jahr 1937 fielen ihm 8 Prozent des Kommandeurskorps zum Opfer). Das wirkte sich zwangsläufig auf ihre Schlagkraft aus.
4. Die Repressionen selbst, also der Terror gegen das eigene Volk, das heldenhaft an der Front kämpfte und starb, nahmen nicht etwa ab, sondern noch zu: Während des Krieges wurden etwa 2,2 Millionen Sowjetbürger (Deutsche, Finnen, Völker des Nordkaukasus usw.) deportiert und etwa 2,25 Millionen Menschen durch »Kriegsdekrete« in Gefängnissen und Lagern interniert. Zu den neuen Formen des Terrors, die im Laufe des Krieges aufkamen, gehörten Verfolgungsmaßnahmen gegen Menschen, die aus Kesseln ausbrachen, aus der Gefangenschaft zurückkehrten oder Zwangsarbeit geleistet hatten.

93 Aptekar', Pavel, *Sovetsko-finskie vojny*. Moskau 2004, S. 5.

94 »Die Versuche, die Nazis durch verschiedene Abkommen und Pakte zu besänftigen, waren moralisch inakzeptabel und in praktisch-politischer Hinsicht sinnlos, schädlich und gefährlich«, sagte der damalige russische Ministerpräsident Wladimir Putin in einer Rede in Danzig anlässlich der Feierlichkeiten zum siebzigsten Jahrestag des Beginns des Zweiten Weltkriegs. »Es war die Gesamtheit all dieser Handlungen, die zur Tragödie geführt hat, zum Ausbruch des Zweiten Weltkriegs« (*Vesti.ru*, 1.9. 2009). Später hat die russische Führung ihre Beurteilung des Pakts erheblich verändert. Ein Überblick über die Bewertungen des Molotow-Ribbentrop-Pakts findet sich in: Narinskij, Michail / Dembskij, Slavomir (Hgg.), *Meždunarodnyj krizis 1939 goda v traktovkach rossijskich i pol'skich istorikov*. Moskau 2009.

5. Der Staat zeigte in einer kritischen Situation, dass er bereit war, keinerlei Rücksicht auf die Zahl der Opfer unter den eigenen Bürgern zu nehmen, und das nicht nur im Verteidigungskrieg auf dem eigenen Territorium, sondern auch bei der Offensive auf feindlichem Gebiet.[95]

Das Aufeinandertreffen dieser beiden Tendenzen – der äußersten Freilegung des rein Menschlichen, Existenziellen einerseits und dessen Zusammenstoß mit der Staatsmaschine andererseits – ließ ihre Unterschiedlichkeit sehr deutlich zutage treten. Beide waren im Kampf gegen den gemeinsamen Feind vereint, aber zugleich weit auseinanderliegende, sogar feindliche Prinzipien. Auch dies ist bei Grossman besonders eindrücklich formuliert:

> Der Stalingrader Triumph bestimmte den Ausgang des Krieges, aber der stumme Streit zwischen dem siegreichen Volk und dem siegreichen Staat setzte sich fort. Von diesem Streit hing das Schicksal des Menschen, hing seine Freiheit ab.[96]

95 In diesem Zusammenhang ist eine Aussage aufschlussreich, die die Autoren der Studie »Welche Vergangenheit braucht das Russland der Zukunft« zitieren. Sie stammt von einem Aktivisten, der sich mit der Suche nach den Gräbern von Soldaten des Zweiten Weltkriegs befasst: »Bei der Suche nach den Gräbern sieht man den ungeheuren Preis dieses Sieges. Wenn wir in diesem Wald arbeiten, sehen wir, wie die Schlachtfelder aussahen und wie die Toten behandelt wurden, man ließ sie einfach im Kampfgebiet zurück. Und das nicht nur im Tal des Todes [einem Ort bei dem Dorf Mjasnaja Bor in der Region Nowgorod, an dem von Ende 1941 bis Mitte 1942 erbittert gekämpft wurde – *N. E.*], sondern in ganz Russland, in der ganzen Sowjetunion und sogar im Fernen Osten. Unsere Sucher haben erzählt, dass sie am Ort der letzten Schlacht des Zweiten Weltkriegs an der japanischen Front tätig waren – auf einer Kurileninsel oder irgendwo da. Dort steht ein Denkmal, das zum Gedenken an den Sieg über Japan errichtet wurde. Und am Fuß dieses Denkmals liegen nicht bestattete Überreste von Soldaten. So ging man mit den Menschen um.« Judin, G. et al., *Analitičeskij otčet po sociologičeskomu issledovaniju v ramkach doklada Vol'nogo istoričeskogo obščestva »Kakoe prošloe nužno buduščemu Rossii«*. Moskau 2017, S. 61-62. https://komitetgi.ru/service/Социология_финал.pdf (Abrufdatum 10. 11. 2022).

96 Grossman, *Leben und Schicksal*, a. a. O. S. 797.

Dieser Streit, die Kluft zwischen Staat und Individuum, konnte nach Kriegsende nicht fortdauern: Das Fensterchen, durch das frische Luft hereinkam, wurde rasch wieder geschlossen. »Die Führung brauchte die ›Menschlichkeit‹ nur, soweit sich damit die Massen mobilisieren ließen«, so Dobrenko. Schon nach kurzer Zeit verliefen die Grenzen des Erlaubten wieder dort, wo sie sich vor dem Krieg befunden hatten.[97]

Um der Entideologisierung während der Kriegsjahre entgegenzuwirken, begann der Staat, einen »Sperrmythos um den Krieg« zu forcieren, wie es die Kulturwissenschaftlerin Dina Chapajewa genannt hat – eine Erzählung, die den unkontrollierten Charakter der totalitären Macht, den Preis der militärischen Übermobilisierung, den Hunger, die Armut und die Repressionen rückwirkend legitimieren sollte. Chapajewa schreibt dazu:

> Im »Schmelztiegel« des Kriegsmythos sollte die vom Terror zerrissene Gesellschaft gegen den gemeinsamen Feind geeint werden und auf dem Fundament der vertuschten Verbrechen sollte eine »neue Gemeinschaft von Menschen« entstehen – das »Sowjetvolk«. Die feindliche Invasion trug zur Legitimierung des Terrors bei, denn unter Verweis auf den realen äußeren Feind ließen sich die Repressionen nachträglich rechtfertigen, indem sie als Präventivkampf gegen die Aggression dargestellt wurden.[98]

Bezeichnenderweise wurde der Abstand zwischen dem totalitären Kriegsmythos und der Kriegswirklichkeit je nachdem kleiner oder größer, ob die autoritären Tendenzen im Staat nachließen oder zunahmen.

Während der Tauwetterzeit erlebte die sogenannte »Leutnantsprosa« ihre Hochphase, die mit Viktor Nekrassows 1946 erschienenem Roman *In den Schützengräben von Stalingrad* begann und so bedeutende Namen wie Wassil Bykau, Juri Bondarew, Wladimir

97 Dobrenko, »Grammatika boja – jazyk batarej«, a. a. O. S. 285.

98 Chapaeva, Dina, *Gotičeskoe obščestvo: morfologija košmara*. Moskau 2008, S. 87.

Bogomolow, Grigori Baklanow, Jewgeni Worobjow und Bulat Okudschawa hervorbrachte.[99]

In den 1970ern zog die Staatsführung die Daumenschrauben wieder stärker an. So wurde Nekrassows Prosa mit einem inoffiziellen Verbot belegt, und seine Bücher verschwanden aus den Bibliotheken. Zur Zeit der Perestroika und im ersten Jahrzehnt nach dem Zusammenbruch der Sowjetunion hatte die kritische Literatur über den Krieg dann erneut Konjunktur. 1988 konnte Grossmans *Leben und Schicksal* erstmals erscheinen. Weitere wichtige literarische Ereignisse dieser Zeit waren die Romane *Verdammt und getötet* von Viktor Astafjew (1993-1995) und *Der General und seine Armee* von Georgi Wladimow (1994).

Auffällig ist, wie sich in den 2010er Jahren der Umgang mit dem Thema des Zweiten Weltkriegs änderte. Als sich die autoritären Tendenzen verschärften, verschwand es zunehmend aus der Literatur, einer eher intimen Kunstform. Umso präsenter war es hingegen im Film, wo es in den 1990ern und 2000ern kaum vorgekommen war – und wenn, dann betont neutral, wie in Timofei Lewtschuks und Grigori Kochans Serie *Wojna na sapadnom naprawlenii* (Krieg in westliche Richtung) von 1989/1990. Nun wurden betont – manchmal bis ins Groteske übersteigert – patriotische Monumentalfilme über den Heldenmut und die Größe der Ruhmestat des Sowjetvolks produziert, etwa *Brestskaja Krepost* (Festung Brest) von Alexander Kott (2010) oder *Stalingrad* von Fjodor Bondartschuk (2013). Hinzu kamen gezielte Versuche, die kritische Perspektive der 1990er Jahre zu instrumentalisieren und in den Dienst eines Narrativs der Einheit von Volk und Staat gegenüber der Bedrohung von außen zu stellen. In Nikita Michalkows Dilogie *Der Exodus* (2010) und *Die Zitadelle* (2011) geht es vor allem um Heroismus und die Rechtfertigung von Russlands Größe vor dem Hintergrund von Unterdrü-

99 Ščerbakova, Irina, »Pamjat' o vojne: propagandistskij mif protiv ›okopnoj pravdy‹«. *Proekt Arzamas*, 5.4.2018. https://arzamas.academy/materials/1551 (Abrufdatum 23.08.2022).

ckung, Schlagstöcken, Sperrtrupps, Nacktszenen und brutalem Naturalismus.

Private Aktivitäten zum Kriegsgedenken werden zunehmend verstaatlicht – so etwa die Kampagne *Das unsterbliche Regiment*, die 2011 als Bürgerinitiative in Tomsk entstand, aber bereits 2015 auf dem Höhepunkt ihrer überraschenden Popularität vom Staat übernommen wurde.

Einer der Initiatoren, der Tomsker Journalist Sergei Lapenkow, kommentierte das in einem Interview im Jahr 2015 so:

> Was heute mit dem *Unsterblichen Regiment* geschieht, zeigt, dass der Staat die Leute als Ressource betrachtet, die von oben gesteuert werden muss. Sie darf nicht sich selbst überlassen werden. So wie Öl und Gas dem Staat gehören, soll das auch für die Menschen und ihr Gedächtnis gelten. Mir gefällt das gar nicht, weil ich lieber selbst über mein Gedächtnis verfüge.[100]

Menschen als staatliche Ressource zu betrachten ist ein Schlüsselmerkmal des Totalitarismus, das gerade in den Kriegsjahren bis zum Extrem hervortrat. Es ist bezeichnend, dass die Staatsmacht in ihrem Bestreben, sich über das Gedenken an den Krieg zu legitimieren, auch heute auf Methoden zurückgreift, die an die totalitäre Vergangenheit erinnern. Die Kluft zwischen privatem und staatlich manipuliertem Kriegsgedenken wird durch die Form, in der die Aktion *Das unsterbliche Regiment* im Land verbreitet wird – mit bürokratischem Beiwerk, bestellten Teilnehmern usw. –, lediglich erweitert.[101]

Die Gewohnheit, Gesellschaft und Staat zu vermengen, ist tief in der sowjetischen Geschichte verwurzelt und wirkt bis heute fort.

100 »Začem ponadobilsja ešče odin ›Bessmertnyj polk‹?« *NDN.info*, 22.07.2015.

101 Eine nuanciertere Analyse des Phänomens »Unsterbliches Regiment« (und anderer Praktiken des Kriegsgedenkens von unten) im Kontext der simulierten Basisbewegungen im jetzigen Russland findet sich in: Gabowitsch, Mischa, »Are Copycats Subversive? Strategy-31, the Russian Runs, the Immortal Regiment, and the Transformative Potential of Non-Hierarchical Movements«. *Problems of Post-Communism*. 2018, Bd. 65, Nr. 5, S. 306ff.

Dafür soll hier stellvertretend nur ein Beispiel angeführt werden: Im Sommer 2018 entflammten in den Medien und sozialen Netzwerken Diskussionen darüber, wie man sich zum Erfolg der russischen Nationalmannschaft bei der FIFA-Weltmeisterschaft verhalten sollte. In vielen Kommentaren wurde er als Erfolg der Staatmacht und des »Putin-Regimes« gewertet. Entsprechend betrachteten oppositionell eingestellte Kommentatoren jede Äußerung von Freude über die Leistung der Nationalmannschaft als Ausdruck der Unterstützung für das Regime.[102] Die Arbeit des Unterscheidens, die Fähigkeit, das eine vom anderen gedanklich zu trennen, ist also nicht nur für die großen historischen Phänomene relevant, sondern in gleichem Maß auch für die Alltagserfahrung.

Eine solche gedankliche Trennung ist nicht nur möglich. Sie ist, wie bereits gesagt, der einzige Weg, um von der aufgezwungenen und verfehlten Einteilung in »Liberale«, »Staatsfeinde«, »Opposition« einerseits und »Patrioten«, »Konservative« andererseits wegzukommen. Die Geschichte Russlands muss vor allem als Geschichte seiner Bürger, seiner Gesellschaft, seiner konkreten Menschen begriffen werden und erst dann als Staats- und »Macht«-Geschichte. Nur so ist es möglich, die Bürger von der politischen Peripherie wieder ins Zentrum zu holen. Und nur so lässt sich die Idee des Staats als gemeinsame Sache (*res publica*) rehabilitieren – eines Gemeinwesens, das die Bürgerrechte garantiert, anstatt sie zu expropriieren, und das nicht als fremd und fern, sondern als das eigene angesehen wird. Die Prinzipien, die als Richtschnur für den Versuch dienen können, das »Eigene« in der Geschichte des Landes zu finden, sind im folgenden Abschnitt dargelegt.

102 Aptekar', Pavel / Železnova, Marija, »Čej segodnja prazdnik«. *Vedomosti*, 3.6. 2018 (siehe auch: Pljuščev, Aleksandr, »Uspech Rossii na ČM-2018 – dostojanie naroda, a ne vlastej«. *Deutsche Welle*, 2.6.2018).

Territorien der Freiheit

Die hier betrachteten Beispiele machen deutlich, dass die gesuchte Unterscheidung entlang der Trennlinie zwischen individuell-gesellschaftlicher und totalitär-staatlicher Sphäre vorgenommen werden muss. Diese Trennung ist aus Sowjetzeiten wohlbekannt, denn Kultur und Bildung boten Freiräume, um sich der allgegenwärtigen ideologischen Fuchtel zu entziehen. Die hier vorgeschlagene Unterscheidung zielt jedoch nicht darauf ab, den »antisowjetischen« Diskurs zu reproduzieren und damit lediglich die Einteilung in »Liberale« und »Patrioten« zu konservieren. Es geht vielmehr darum, in der sowjetischen Vergangenheit Bereiche aufzuspüren, die von den Verbrechen losgelöst sind und an die sich alle Menschen, unabhängig von ihrer politischen Orientierung, dankbar erinnern können.

Erscheinungen mit ausgeprägt politischem und ideologischem Charakter wie die Kampagne zur »Bekämpfung von Relikten der Vergangenheit« in den 1920er Jahren, der proletarische Internationalismus der 1930er Jahre oder Stalins Plan zum Wiederaufbau Moskaus werden bei allen, die die kommunistische Ideologie nicht teilen, Aversion hervorrufen. Werke wie der Roman *Die zwölf Stühle* von Ilf und Petrow, Grigori Alexandrows Film *Zirkus* und Juri Pimenows Bild *Das neue Moskau* sind hingegen geeignet, freundliche Gefühle auszulösen, egal in welchem Lager man sich verortet. Das hat einen einfachen Grund: Es handelt sich um Kulturphänomene, die sich von einem politischen Regime nicht ohne weiteres vereinnahmen lassen.

Im Folgenden sollen einige Beispiele für solche Territorien der Freiheit in der sowjetischen Geschichte angeführt werden. Auch wenn es nicht möglich ist, auf alle einzugehen, soll die Auswahl verdeutlichen, wie breit und vielfältig das Spektrum ist.

KULTUR

Die erste und offenkundigste Differenzierungslinie verläuft im Bereich der Kultur. Von größtem Interesse ist hier der Streit um die russische Kultur, der durch die ganze Geschichte der UdSSR hindurch zwischen Staat und Gesellschaft ausgetragen wurde. Die klassische russische Literatur blieb während der gesamten Sowjetzeit einer der wenigen Bereiche, in denen ein gemeinsames kulturelles Erbe Menschen jeglicher ideologischer Ausrichtung auf beiden Seiten des Eisernen Vorhangs verband. Das liegt nicht zuletzt daran, dass Literatur seit jeher eine »Privatangelegenheit« ist, für die, anders als etwa im Film, weder Ressourcen noch Menschen benötigt werden. Sie ist deshalb weitgehend unabhängig vom Staat und das befähigt sie, sich der herrschenden Staatsideologie zu widersetzen. Erinnern wir uns an Ossip Mandelstam, der dem Konformismus der Schriftstellergemeinschaften und der »erlaubten Literatur« in seinem Text *Vierte Prosa* ein eindringliches Bekenntnis zur freien sprachlichen Kreativität als ausschließlich privater Angelegenheit entgegensetzt:

> Ich habe keine Manuskripte, keine Notizbücher, keine Archive. Ich habe keine Handschrift, weil ich niemals schreibe. Ganz allein in Russland arbeite ich nach meiner Stimme, doch ringsum schreibt das dickfellige Pack. Was zum Teufel bin ich für ein Schriftsteller! Raus mit euch, ihr Dummköpfe![103]

Der Kampf um die russische Literatur als Erbe, das die Staatsmacht sich aneignen und in den Dienst der Ideologie stellen will, wird etwa am Umgang mit Alexander Herzen deutlich. Sein Status als eine Art Schutzpatron der russischen Intelligenzija klingt ebenfalls bereits in Mandelstams Text an: »Sie haben geruht ins Ausland zu fahren? Hier ist in der Zwischenzeit eine unangenehme Sache vorgefallen … Alexander Iwanowitsch! Werter Herr! Was soll ich nur tun?! Es gibt absolut keinen, an den ich mich wenden könnte!«[104] Herzen wurde von der Staatsideologie als ein Wegbereiter der Revolution auf den Schild gehoben, und so wurde sein Vermächtnis in der Sowjetunion legi-

103 Mandelstam, Ossip, *Das Rauschen der Zeit.* Übersetzt und herausgegeben von Ralph Dutli. Zürich 1985, S. 258.

104 Ebd. S. 264.

timiert. Als Gegner der Diktatur war er jedoch auch für Intellektuelle und Dissidenten wichtig – so galt er etwa im Kreis von Lidija Tschukowskaja als maßgebliche geistige Autorität. Herzens Autobiografie *Mein Leben: Memoiren und Reflexionen* diente mehreren Generationen sowjetischer Dissidenten von Kornei Tschukowski bis zu Ljudmila Alexejewa als Richtschnur zur Orientierung in Zeit und Raum.[105]

Auch die Filme der 1970er Jahre vermitteln einen ideologiefreien Blick auf den Alltag der Menschen und der Gesellschaft in einer Zeit, in der die Umklammerung des Staates langsam schwächer wurde. Nachdem die in der Tauwetterzeit gewachsenen Hoffnungen auf einen Staat mit menschlichem Antlitz Ende der 1960er endgültig zunichtegemacht worden waren, kündigten diejenigen, die sich mit dieser Entwicklung nicht abfinden wollten, ihre Loyalität zum sowjetischen Projekt innerlich auf. Der Filmhistoriker Jewgeni Margolit schreibt:

> Das »Pathos der revolutionären Idee« wurde schließlich verschleudert und von der Bürokratie in einen Witz verwandelt. Der Glaube war gestorben. Die Versuche des sowjetischen Films, ein »Wir« auszumachen, das sich in das offizielle Staatsideal einfügte, mussten angesichts der neuen gesellschaftlichen Situation fruchtlos bleiben. Diese Erkenntnis trieb den sowjetischen Staat und das Kino endgültig in verschiedene Richtungen. Jetzt zeigte sich, dass sie nicht nur verschiedene Ziele verfolgten, sondern auch unterschiedliche Themen hatten. Deshalb lässt sich das Filmschaffen in der UdSSR seit spätestens Mitte der 1970er Jahre als nicht mehr sowjetisch, sondern postsowjetisch betrachten.[106]

Damals entstand eine ganze Reihe von Filmen, deren Handlung im sowjetischen Alltag wurzelte. Sie befassten sich weder mit abstrakten

105 Paperno, Irina, »Sovetskij opyt, avtobiografičeskoe pis'mo i istoričeskoe soznanie: Ginzburg, Gercen, Gegel'«. *Novoe literaturnoe obozrenie*, Nr. 68/2004.

106 Margolit, Evgenij, *Živoe i mertvye. Zametki k istorii sovetskogo kino 1920-ch – 1960-ch godov*. Sankt Petersburg 2012, S. 18.

»ewigen« Themen noch waren sie ideologisch aufgeladen. Der Blick des Autors wahrte Distanz gegenüber der Ideologie. Zu den Regisseuren dieser Welle gehören unter anderem Leonid Gaidai (*Der Brillantenarm*, 1968), Otar Iosseliani (*Es war einmal eine Singdrossel*, 1970), Alexei German (*Straßenkontrolle*, 1971, *Zwanzig Tage ohne Krieg*, 1976), Georgi Danelija (*Mimino*, 1974, *Marathon im Herbst*, 1978), Wassili Schukschin (*Kalina krassnaja – Roter Holunder*, 1974) und Eldar Rjasanow (*Liebe im Büro*, 1977, *Die Garage*, 1979). Diese Filme brachten der überwältigenden Mehrheit der Bevölkerung des noch ganz und gar sowjetischen Staates eine Lebenserfahrung näher, die frei von der staatlichen und ideologischen Umklammerung war. Wie Juri Lewada bemerkt, gingen in den späten 1970er Jahren viele Leute nur deshalb ins Kino, um mit eigenen Ohren zu hören, wie ein Protagonist in Lana Gogoberidses Film *Einige Interviews zu persönlichen Fragen* (1978) sagt: »Gibt es wirklich schon Leute, die aufgehört haben, sich zu fürchten?«[107]

Ein nicht besonders augenfälliges, aber umso interessanteres Territorium der Freiheit in der sowjetischen Kultur ist das kulturelle Erbe des russischen Nordens mit seiner charakteristischen Holzarchitektur, Holzskulptur, Ikonenmalerei und Folklore. Der russische Norden wurde kulturell stark von Nowgorod geprägt, das als Hansestadt viel freier als Moskau war. Hinzu kam der Einfluss der Altgläubigen, die sich im 17. Jahrhundert zahlreich in den dünn besiedelten Gebieten niederließen. Die Geschichte des russischen Nordens steht im Zeichen von Selbstverwaltung und Bauernerhebungen – vom Aufstand von Kischi Pogost (dessen Opfern das Volk mit der im Sommer 2018 bei einem Brandunglück zerstörten Mariä-Himmelfahrts-Kirche in Kondopoga ein Denkmal errichtete) bis zum Widerstand gegen die Bolschewiki während des Bürgerkriegs.[108] Das Interesse an der Kultur

107 Levada, Jurij: »Rubeži i ramki semidesjatych. Razmyšlenija součastnika«. In: *Neprikosnovenny zapas* 2/1998.

108 Novikova, Ljudmila, *Provincial'naja »kontrrevoljucija«: Beloe dviženie i Graždanskaja vojna na russkom Severe, 1917-1920*. Moskau 2011.

des Nordens beförderte in der spätsowjetischen Zeit die Entstehung einer Kunsthistoriker- und Restauratorenszene.[109]

PROTEST

Die zweite Linie, anhand derer sich die freiheitliche Tradition in der Geschichte Russlands und der UdSSR verfolgen lässt, sind die verschiedenen Erfahrungen des Widerstands gegen den Staat. Eine Klarstellung vorab: Die folgenden Ausführungen sind nicht als pauschale Rechtfertigung oder Verherrlichung beliebiger Proteste gegen den Staat als solchen zu verstehen. Oft sind sie eine sinn- und erbarmungslose Elementargewalt.[110] Hier geht es vielmehr darum, zu zeigen, dass die Geschichte des russischen Staates keine Geschichte der unangefochtenen Willkürherrschaft über ein vollkommen passives Volk ist. Die Geschichte des Widerstands gegen staatliche Willkür ist wichtig, weil sie eine der Grundlagen des gesellschaftlichen Selbstbewusstseins darstellt.

Ebenso wie die Tradition der staatlichen Gewalt reicht auch die Erfahrung des Widerstands gegen sie mehrere Jahrhunderte vor die Gründung der Sowjetunion zurück. In der UdSSR waren jedoch Sujets rund um den Pugatschow-Aufstand aus denselben Gründen gefragt, aus denen schon Puschkin sich so sehr für den Stoff interessiert hatte. Juri Ljubimows Inszenierung von Jessenins dramatischer Dichtung *Pugatschow* mit Wladimir Wyssozki in der Hauptrolle (1967) war Ausdruck einer wichtigen Zeitströmung. Wassili Schukschin arbeitete seit Ende der 1960er Jahre intensiv an einem Drehbuch über

109 Ein interessantes Beispiel für die Darstellung eines Themas aus der Geschichte des russischen Nordens, das die beiden weder vermischten noch vollständig voneinander getrennten Linien schöpferischer Initiative und staatlicher Gewalt verbindet, ist die historisch-publizistische Studie des Fotografen und Lokalhistorikers Juri Brodski zur Geschichte der Solowezki-Inseln: Brodskij, Jurij, *Solovki. Labirint preobraženii*. Moskau 2017.

110 Anspielung auf ein Zitat aus Alexander Puschkins Roman *Die Hauptmannstochter*, der zur Zeit des Pugatschow-Aufstands spielt: »Gott bewahre uns vor einem russischen Aufruhr, der sinnlos und erbarmungslos ist.« Puschkin, Alexander, *Die Hauptmannstochter*. Aus dem Russischen von Artur Luther. Berlin 2014, S. 172 (A. d. Ü.).

Stepan Rasin. 1972 erschien sein Roman *Ich bin gekommen, um euch Freiheit zu bringen*; die Realisierung des geplanten Films wurde 1974 durch Schukschins Tod verhindert. Zur gleichen Zeit befasste sich Bulat Okudschawa künstlerisch mit dem Dekabristenaufstand: 1966 erschien sein Theaterstück *Ein Schluck Freiheit*, 1971 der gleichnamige Roman. Dmitri Bykow schreibt in seiner Okudschawa-Biografie:

> Okudschawas Beschäftigung mit dem Thema der Dekabristen – nicht nur dem Aufstand, sondern auch den Ermittlungen – hat offensichtlich damit zu tun, dass erneut gegen die russische Literatur ermittelt wurde. 1964 wurde er selbst zu Iljin[III] vorgeladen, 1965 wurden Sinjawski und Daniel verhaftet, 1966 folgten der Prozess gegen sie, eine Unterschriftenkampagne zu ihrer Verteidigung und Repressalien gegen die Unterzeichner. Das Theaterstück *Ein Schluck Freiheit*, das auch dem später erschienenen Roman seinen Namen gab, handelt streng genommen nicht von den Dekabristen, sondern von der Strafaktion gegen sie. Daher auch der Titel: Die Freiheit erwies sich als kurz, kürzer als ein Schluck. Man muss sich für eine Strategie entscheiden. Der Dekabrismus als solcher wird weder im Stück noch im Roman analysiert. Beide Werke befassen sich mit der Beziehung zwischen intellektueller Elite und repressivem Staat. Man kann darüber streiten, ob die Dekabristen recht hatten oder nicht, aber diejenigen, die ihnen jede Möglichkeit des Dialogs mit dem Staat abschnitten und nur den Weg des Aufstands ließen, waren eindeutig im Unrecht.[112]

Die Tradition des Widerstands gegen den Totalitarismus blieb in der sowjetischen Geschichte nicht auf das Interesse an historischen Aufständen beschränkt. Die Geschichte des Protests in der UdSSR verdient umso mehr Aufmerksamkeit, als sie über den gesamten Zeitraum der Existenz des Landes hinweg mit allen Mitteln unterdrückt worden ist. Zu den wenigen, aber eindrücklichen Beispielen gehören der Bauernaufstand von Tambow von 1920-1921 mit bis zu 50 000 Be-

III Viktor Nikolajewitsch Iljin, Generalleutnant des KGB und Sekretär der Moskauer Sektion des Schriftstellerverbands der UdSSR (A. d. Ü.).

112 Bykov, Dmitrij, *Bulat Okudžava*. Moskau 2009, S. 486.

teiligten, die Gulag-Aufstände nach Stalins Tod 1953-1954 in Norilsk, Kengir und Workuta,[113] die Unruhen zu Beginn der 1960er in Alexandrow, Murom, Noworossijsk, Beslan und anderen Orten sowie der Massenstreik der Arbeiter in Nowotscherkassk 1962. Von größter Bedeutung sind schließlich die gesellschaftlichen Aktivitäten und Kundgebungen in Moskau in den Jahren 1989-1990, die den Weg für den Zusammenbruch der UdSSR ebneten, und die Massendemonstrationen der Moskauer zur Verteidigung des Regierungsgebäudes im August 1991.

PRIVATES UNTERNEHMERTUM

Die sowjetische Wirtschaft war selbst in den Hochzeiten des Stalinismus nicht, wie gemeinhin angenommen, ein vollständig vom Staat kontrollierter Monolith, sondern stützte sich in merklichem Umfang auf Elemente eines privaten Unternehmertums. Selbst in den Jahren des brutalsten Terrors spielte die inoffizielle Schattenwirtschaft eine wichtige Rolle.[114] Obwohl die Politik der sowjetischen Führung darauf zielte, nichtstaatliche Wirtschaftszweige entweder zu eliminieren oder streng zu regulieren, mussten die Behörden auf privatwirtschaftliche Ressourcen und Marktmechanismen zurückgreifen (oder diese stillschweigend tolerieren), um die Versorgung der Bevölkerung in Krisenzeiten sicherzustellen. Der Historiker Oleg Chlewnjuk schreibt in einem Artikel über das Privatunternehmertum in der stalinistischen UdSSR:

113 Zum Widerstand in der Stalin-Ära vgl. etwa: *Istorija stalinskogo GULAGa*. Bd. 6, *Vosstanija, bunty i zabastovki zaključennych*. Moskau 2004; Vert, Nikolai, *Terror i besporjadok*. Moskau 2010, S. 336ff.; Viola, Lynne, *Peasant rebels under Stalin. Collectivization and the culture of peasant resistance*. Oxford 1996; Škarovskij, Michail / Anaškin, Dmitrij, *Pravoslavnoe cerkovnoe soprotivlenie v SSSR. Biografičeskij spravočnik. 1927-1988*. Moskau 2013.

114 Die bisher umfangreichste Studie über Korruption und »systemfremde« Faktoren in der Wirtschaft der spätstalinistischen UdSSR findet sich in: Heinzen, James, *The Art of the Bribe: Corruption Under Stalin, 1943-1953*. New Haven (CT) / London 2016.

> Das sowjetische Wirtschaftssystem umfasste selbst unter Stalin, als die Zentralisierung am strengsten und der Zwangscharakter am ausgeprägtesten war, zahlreiche marktwirtschaftliche (oder quasi marktwirtschaftliche) Elemente und privates Unternehmertum. Man könnte diese Elemente als »systemfremd« bezeichnen, da sie im Widerspruch zur Logik des Systems standen, das auf maximale Verstaatlichung und die Ersetzung von Waren- und Geldbeziehungen durch direkten Tauschhandel abzielte. Mit gleichem Recht können sie jedoch auch als systemisch betrachtet werden, da sie ein integraler Bestandteil der sowjetischen Wirtschaft waren und ihnen eine wichtige Funktion darin zukam.[115]

Die Diskrepanz zwischen Realität und Mythos der stalinistischen »Ordnung« wird am besten durch den Fall Nikolai Pawlenkos veranschaulicht, dem es gelang, unter den Bedingungen eines totalitären Staates einen privaten Baukonzern zu gründen. Pawlenko war von 1948 bis 1952 Inhaber und Leiter einer illegalen Baufirma mit mehreren hundert Mitarbeitern, die in dieser Zeit 64 Projekte in Russland und anderen Sowjetrepubliken realisierte und dabei (nach Schätzungen der Ermittler) insgesamt 38 Millionen Rubel verdiente. Wie Chlewnjuk hervorhebt, war dieser Fall trotz seiner einzigartigen Dimension durchaus nicht das einzige Beispiel für illegale wirtschaftliche Aktivitäten zu dieser Zeit.

Ende der 1950er Jahre wurden im Rahmen von Chruschtschows Politik zur »Erhöhung des Volkswohlstands« Anstrengungen unternommen, um die Einkommen der Menschen zu erhöhen, »indem die Niedriglohnschichten künstlich zum durchschnittlichen Lohnniveau ›hochgezogen‹ wurden«.[116] Der Kaufkraftzuwachs überstieg die Produktion von Konsumgütern, deren Qualität extrem niedrig blieb. Deshalb stieg die Nachfrage nach importierten Gütern, und es entwickelte sich rasch eine Sekundärwirtschaft mit einem Devisen-

115 Chlevnjuk, Oleg, »The Pavlenko Construction Corporation. Large-scale Private Entrepreneurialism in Stalin's USSR«. *Europe-Asia Studies*, 2019, Bd. 71, Nr. 6, S. 892ff.

116 Sokolov, Andrej / Tyjažel'nikova, Viktorija, *Kurs sovetskoj istorii, 1941-1999*. Moskau 1999, S. 299.

markt. Gleichzeitig entstand eine ganze Kultur des Konsums »ausländischer« Produkte. Bereits 1961 war dieses Phänomen so verbreitet, dass Chruschtschow im Zuge seiner Bekämpfung persönlich den Befehl zu einer Schauexekution zweier Personen – Jan Rokotow und Wladislaw Fajbischenko – erteilte. Ende der 1980er Jahre, als sich die Produktion in einer Krise befand, waren die sogenannten Farzowschiki – Schwarzhändler, die Waren importierten und illegal weiterverkauften – eine äußerst wichtige Ressource für den Konsum. In Moskau kauften 63 Prozent der Bevölkerung Schuhe und Kleidung bei ihnen.[117] Die Farzowschiki trugen maßgeblich zur Unterminierung der sowjetischen Wirtschaft und der sowjetischen Lebensweise bei, weshalb sie auch als »ökonomische Dissidenten« bezeichnet wurden.[118]

Die Sekundärwirtschaft hat Art und Tempo der wirtschaftlichen Entwicklung Russlands in der postsowjetischen Zeit erheblich geprägt und zur Herausbildung entsprechender Einstellungen und Denkweisen beigetragen – einschließlich der Neigung, Gesetze nicht als gesellschaftlich geboten, sondern als unumgängliches Hindernis zu betrachten.[119]

LOKALE THEMEN UND PRIVATER RAUM

Es empfiehlt sich, die Geschichte des Landes Sowjetunion von der Geschichte des Staates, der traditionell ihr wichtigster Autor, Erzähler und Hüter ist, gedanklich zu trennen und zu versuchen, sie als Gesamtheit der vom Staat angeeigneten privaten Geschichten zu betrachten. Im soziologischen Teil des Berichts »Welche Vergangenheit braucht das Russland der Zukunft« gelangen die Autoren zu der wichtigen Erkenntnis, dass das historische Bewusstsein in Russland

117 Ulybin, Konstantin, *Tenevaja èkonomika*. Moskau 1991, S. 18.

118 Romanov, Pavel / Jarskaja-Smirnova, Elena, »Farca: Podpol'e sovetskogo obščestva potreblenija«. *Neprikosnovennyj zapas* 5 (43) 2005.

119 Der bisher wohl beste Überblick über die Praktiken der Schattenwirtschaft in der Sowjetunion und ihre Auswirkungen auf die postsowjetische Wirtschaft findet sich in: Ledeneva, Alena, *Russia's Economy of Favours. Blat, Networking and Informal Exchange*. Cambridge 1998.

zweigeteilt ist und zwei verschiedene Erinnerungen in ihm wirken. Das vom Staat propagierte Modell der Erinnerung an eine triumphale Vergangenheit Russlands, die die gesamte Geschichte des Landes prägt, ist ein idealisiertes Bild, in dem sich ganze soziale und nationale Gruppen nicht wiederfinden können und viele wichtige historische Tatsachen und Narrative nicht vorkommen.

Das zweite Erinnerungsmodell ist lokal, frei von Ideologie und resistent gegen sie. Es ist die Erinnerung konkreter Personen an die Geschichte ihrer Familie, ihrer Region, ihrer sozialen oder nationalen Gemeinschaft. Diese Erinnerung wird nicht vom Staat vereinnahmt und durch sie kann ein persönliches Selbstverständnis aufgebaut werden. Die Autoren des Berichts zitieren einen Lokalhistoriker aus einer Kleinstadt in Russland: Im Gegensatz zur »großen Geschichte«, die der Schule von oben vorgegeben werde und mit längst bekannten Fakten arbeite, mit denen die Schüler wenig verbindet, hätten sie zur lokalen Geschichte und zur Geschichte ihrer Familie einen direkten Bezug. Das gebe ihnen das Gefühl, selbst ein Teil der Geschichte zu sein. Deshalb eigne sich die lokale Geschichte viel besser als Ausgangspunkt für eine »nationale Idee« als die großen und universalistischen Erzählungen:

> [Ein Mensch, der etwas über seine Vorfahren oder die Vergangenheit seiner Stadt erfährt – *N. E.*] beginnt, sich als Teil von etwas Größerem zu sehen. Auf einmal gibt es da eine Sippe, andere Regionen, wo die Vorfahren einer Beschäftigung nachgegangen sind, wo sich eine eigene Geschichte abgespielt hat. Er fängt an, sich selbst im Zusammenhang eines umfassenderen Prozesses zu sehen, der direkt mit ihm in Verbindung steht, als wichtiges Glied einer Kette, die sich ohne ihn nicht fortsetzt.[120]

Die »große«, staatliche oder nationale Geschichte ist auf lokaler Ebene oft nur in zwei Kontexten von Interesse: erstens, insoweit sie die Verständigung mit der Staatsmacht erleichtert – so lässt sich etwa oft Aufmerksamkeit auf lokale historische Akteure lenken, indem ein

120 Judin et al., *Analitičeskij otčet* …, a. a. O. S. 80.

Bezug zu staatlichen Gedenkanlässen hergestellt wird, dem einzigen »Code«, für den die Behörden empfänglich sind –, und zweitens, insoweit sie die Lokalgeschichte erfasst hat, also beispielsweise Ortsbewohner im Krieg gefallen sind oder unter Stalin verfolgt wurden. Im Gedenken an solche Ereignisse auf Staatsebene wird die Diskrepanz zwischen Geschichte von oben und Geschichte von unten besonders deutlich. So sagt ein Lehrer aus einer Stadt im Norden Russlands zum Thema des sowjetischen Kriegs in Afghanistan:

> Wissen Sie, ich behandle das schon so lange im Unterricht und mir kommen dabei immer die Tränen. [...] Dieser Krieg war ja nicht zu begreifen. [...] Worum wurde denn gekämpft? Wofür? Im Großen Vaterländischen Krieg haben wir das Land verteidigt. Die Menschen sind für ihr Land gestorben, wissen Sie. [...] Genau. Und hier ist nicht klar, für wen sie gestorben sind. [...] Und das sage ich auch so. Der Krieg wurde auf Befehl begonnen und fertig. Man kann das nicht laut sagen, aber bei sich denkt man, dass die Leute als Kanonenfutter dorthin geschickt worden sind. Denn bei uns in G. gibt es sehr viele, die dort durch den afghanischen Fleischwolf gedreht wurden.[121]

Dass sich das Geschehen den Schülern nicht verständlich vermitteln lässt, sondern nur der Verweis auf den »Befehl von oben« bleibt, zeugt klar von der inneren Leere der »rein staatlichen« Geschichte. Dies ist ein guter Anlass, um noch einmal zu betonen, dass Land und Regime, Volk und Partei, Bürger und Staatsmacht nicht einfach identisch sind. Diese Gleichsetzung ist das Ergebnis anhaltender und erheblicher Propagandaanstrengungen, auf das gezielt hingearbeitet wird. Sie liegt im Interesse von Regime, Partei und Staatsmacht, deren Simulationscharakter sonst allzu deutlich erkennbar würde.

Dies ist auch der Grund dafür, dass der Staat die Ressource des lokalen Engagements für sich instrumentalisieren und aktive Bürgerinitiativen auf Linie bringen will – durch Einverleibung, wie bei der Aktion *Unsterbliches Regiment*, oder indem er parallele Strukturen und

121 Ebd. S. 78.

Einrichtungen schafft. Ein Beispiel dafür ist die Brandkatastrophe im Einkaufszentrum »Simnaja Wischnja« in Kemerowo im März 2018: Nachdem es dank Bürgeraktionen und Posts in den sozialen Medien landesweit zu spontanen Trauerkundgebungen kam, wurde tags darauf die offizielle Staatstrauer verhängt.

UdSSR-NOSTALGIE

Wie der Staat die »emotionale Agenda« an sich reißt, die Gefühle und Meinungen der Bürger manipuliert und sie als Ressource für die Selbstlegitimierung nutzt, zeigt sich besonders beim Thema der UdSSR-Nostalgie – genauer gesagt, dem Wandel in der Einstellung zur Sowjetunion, der sich in den letzten Jahren in der russischen Gesellschaft oder zumindest im medialen Raum vollzogen hat.

Ein geopolitisches Gebilde vom Ausmaß der UdSSR konnte nicht verschwinden, ohne dass dies in der Gesellschaft auf breiter Ebene emotionale Reaktionen auslöst, und das umso mehr, als darauf eine schwierige Übergangsphase folgte. Die vor allem seit Mitte der 2000er Jahre weithin propagierte Vorstellung, in der russischen Gesellschaft dominiere vor allem der Gram über die »größte geopolitische Katastrophe des 20. Jahrhunderts«, die Idealisierung der sowjetischen Vergangenheit und das Bestreben, den Zusammenbruch der UdSSR als Werk äußerer und innerer Feinde hinzustellen, ist jedoch zu einem erheblichen Teil auf Manipulation zurückzuführen.

Da kein klarer Trennungsstrich unter die sowjetische Vergangenheit gezogen wurde, gibt es auch keine eindeutigen und allgemein akzeptierten Interpretationen dieser Vergangenheit. Eine echte Akzeptanzarbeit, bei der für das Gute gedankt wird und zugleich die Verbrechen verurteilt werden, hat nicht stattgefunden. Ansätze dazu gab es Mitte der 1980er Jahre in Form einer öffentlichen Debatte, in die auch Kunstwerke einbezogen wurden, etwa die Filme *Die Reue* von Tengis Abuladse (1984) und *Das asthenische Syndrom* von Kira Muratowa (1986) oder das Album *Wsjo idjot po planu* (»Alles läuft nach Plan«) der Punkband Graschdanskaja Oborona (1988). Doch diese Diskussion brach wieder ab, ohne dass sie je das ganze Land erreicht hätte. In den 1990ern entlud sich die Frustration der letzten sowjetischen Generation, die die Diskreditierung ihrer Ziele und Ideale erleben musste (soweit diese überhaupt von vielen geteilt wurden), in der Verbitterung über den »Ausverkauf des Landes«.

Die Zeitfilme *So kann man nicht leben* von Stanislaw Goworuchin (1990), *Das verheißene Paradies* (1991) und *Starye klači* (»Die alten Schachteln«, 2000) von Eldar Rjasanow und *Grus 200* (»Cargo 200«, 2007) von Alexei Balabanow lenkten die Aufmerksamkeit auf die inneren Ursachen des Scheiterns des sowjetischen Projekts und versuchten auf unterschiedliche Weise, das postsowjetische Ressentiment zu verarbeiten. Doch mit dem zu Beginn der 2000er eingeleiteten Kurswechsel gegenüber der Vergangenheit nahm diese Frustration unter dem Einfluss der konsequenten staatlichen Propagandaanstrengungen eine andere Form an. Hatte es bisher geheißen »Wir haben unser Land in den Dreck geritten«, wurde jetzt ein anderes Narrativ verbreitet: »Die Oligarchen, Drecksdemokraten und Amerikaner haben uns das Land gestohlen«.[122] Es ist wichtig, sich klarzumachen, dass dieses Narrativ nicht die tatsächliche, aufrichtige Selbstwahrnehmung der Gesellschaft zum Ausdruck bringt, sondern auf das manipulative Vorgehen des Staates zurückgeht, der sich die Unzufriedenheit mit

122 Dieses Narrativ kommt etwa in dem folgenden Zitat aus einer Biografie über Wladimir Krjutschkow, einen der 1991 am Putsch gegen Gorbatschow beteiligten Politiker, auf prägnante Weise zum Ausdruck: »Wenn man sich vor Augen führt, wie bei den ›Farbrevolutionen‹ nationale Probleme ausgenutzt wurden, ist leicht zu sehen, dass es für die abrupte Verschärfung der interethnischen Konflikte in der Sowjetunion, die Verstärkung der zentrifugalen Tendenzen inmitten einer zunehmend antirussischen und antirussländischen Stimmung in einer Reihe von Republiken und die darauf folgende ›Parade der Unabhängigkeitserklärungen‹ keine ernsthaften und objektiven Voraussetzungen gab. Die meisten dieser Vorgänge wurden von den lokalen ›Eliten‹ provoziert, mit aktiver Unterstützung aus dem Ausland und Duldung durch Gorbatschow und sein direktes Umfeld. Die Sowjetunion ist bewusst und gezielt auseinandergerissen worden. Da können diejenigen, die diese große Tragödie zu ihrem Feiertag gemacht haben, uns noch so oft versichern, der Zusammenbruch sei ausschließlich das Resultat interner, unlösbarer systemischer Probleme und Widersprüche gewesen.« Žitnuchin, Anatolij, *Vladimir Krjučkov. Vrem'ja rassudit*. Moskau 2016.

der Vergangenheit zu eigen macht und den Pfeil auf ein anderes Ziel umlenkt, statt die Vergangenheitsaufarbeitung wirklich in Angriff zu nehmen.

Die Arbeit des Dankens

Wenn man sich die hier beschriebene Technik des Trennens aneignet und lernt, die Geschichte des Regimes und die Geschichte des Landes, der Gesellschaft und der Bürger als verschiedene Prozesse zu sehen, die sich manchmal überschneiden, manchmal ganz abgesondert voneinander verlaufen und manchmal direkt oder indirekt im Gegensatz zueinander stehen, dann stellt sich die Arbeit des Akzeptierens der sowjetischen Vergangenheit anders dar. Sie erinnert nicht mehr an das Einnehmen einer bitteren Medizin. Auch die Aufgabe, das Danken für Vergangenes vom Verurteilen des Vergangenen zu unterscheiden, erscheint viel nachvollziehbarer, wenn wir nicht ein allumfassendes Vergangenheitsmassiv, sondern diese beiden Linien vor Augen haben.

Danken ermöglicht es, eine Beziehung zu etwas Vergangenem aufzubauen, das nicht beschämend ist und keine Reue oder Verurteilung erfordert. Man kann auch von »positiver Erinnerung« oder »Gründen zum Stolz auf die Vergangenheit« sprechen, aber der Begriff »Danken« hat den Vorteil, dass er auf ein aktives Handeln in Beziehung auf die Vergangenheit verweist. »Stolz auf die Vergangenheit« als Form der Erinnerung an rühmliche Ereignisse impliziert, dass die Person, die diesen Stolz empfindet, selbst Anteil an diesem Erbe hat. »Dankbarkeit« meint hingegen, dass wir den an dem Ereignis Beteiligten Achtung erweisen, ohne uns selbst zu Trägern oder gar Hütern der rühmlichen Vergangenheit zu ernennen. Dankbarkeit ist die persönliche Arbeit derer, die sie erweisen. Stolz ist hingegen das passive Übertragen der Ergebnisse fremder Arbeit auf die eigene Person. Deshalb lässt er sich bequem als ideologische Ressource ausnutzen. Dankbarkeit kann keinen verpflichtenden Charakter haben. Sie ist ihrem Wesen nach freiwillig, wohingegen sich Stolz sehr gut in verpflichtende

Konstruktionen einbetten lässt. Deshalb kann die Arbeit des Dankens nicht einer Struktur, einer Organisation oder dem »Land, das dich ernährt hat«, gelten. Sie kann nicht durch Pflichtbewusstsein motiviert sein und lässt sich nicht auf Anforderung oder Befehl durchführen.[123]

Das Sankt-Georgs-Band wurde als Ausdruck des Gedenkens an die Gefallenen und Kämpfer des Großen Vaterländischen Krieges und des Dankes an sie geschaffen. Doch nachdem man begann, es zu Propagandazwecken zu nutzen, wurde es schnell zu einem Symbol des Nationalstolzes und verkam dann zu einem Mittel der Unterscheidung zwischen »uns« und den »Fremden«, wobei der Bezug zum Gedenken an die Veteranen oft völlig verlorengeht. Das wohl einzige Beispiel für den Appell an die Dankbarkeit im hier erläuterten Sinn, das es im postsowjetischen Raum auf staatlicher Ebene gibt, ist der Tag der Dankbarkeit in Kasachstan, der dort 2016 als gesetzlicher Feiertag eingeführt wurde. Die Bevölkerung des heutigen Kasachstan geht zu einem großen Teil auf die Migrationswellen zurück, die durch die Stolypin-Reformen Anfang des 20. Jahrhunderts und später durch die Deportationen unter Stalin ausgelöst wurden. Die Einführung dieses Feiertags ist ein Versuch, in dieser schwierigen Geschichte eine Basis für ein positives Selbstverständnis als Nation zu finden – eine Nation, die entstehen konnte, weil sich die ursprünglichen Einwohner als gastfreundlich erwiesen und die Zwangsumgesiedelten am neuen Ort heimisch wurden.[124]

123 Hier liegt das Problem mit dem Begriff der »Liebe zum Vaterland«: Er umfasst etwa die Dankbarkeit gegenüber den Eltern, den Lehrern, dem Haus und dem Hof, wo man aufgewachsen ist. Doch sobald das zum Begriff der Vaterlandsliebe verallgemeinert wird, geht das Persönliche verloren und es bleibt eine ideologische Kategorie, die der Staat zu Propaganda- und Manipulationszwecken nutzen kann.

124 »An diesem Tag können alle ethnischen Gruppen des Landes einander und dem kasachischen Volk für die Gastfreundschaft und Freundschaft in den Jahren der Deportation danken. Damals wurden Hunderttausende von Menschen in Waggons ins Land gebracht und sich selbst überlassen. Doch die Einheimischen nahmen alle auf und gaben ihnen Unterkunft und Verpflegung. Viele Familien haben sich nach den Jahren der Verfolgung in Kasachstan niedergelassen.« *Chabar 24*, 1. 3. 2018. http://24.kz/ru/news/top-news/item/224492-kazakhstan-otmechaetden-blagodarnosti.

Die Arbeit des Dankens bewegt sich immer auf dem sehr schmalen Grat zwischen dem rein Privaten (persönliche Dankbarkeit, die unter vier Augen ohne Beteiligung der Öffentlichkeit ausgedrückt wird) und dem explizit Öffentlichen (wo sie schnell ins Phrasenhafte oder in ideologische Routine abgleiten kann). Dies führt einerseits dazu, dass sie sehr spärlich praktiziert wird (es finden sich wenige und umso wertvollere Beispiele dafür), und trägt andererseits dazu bei, dass sie außerhalb der staatlichen Einflusssphäre verbleiben kann.

Eine umfassende Analyse der Praxis des Dankens würde den Rahmen des Buches sprengen. Stattdessen soll anhand einiger exemplarischer Fälle verdeutlicht werden, worum es dabei geht und wie sie funktionieren kann.

MEMOIREN UND LITERATUR

Im Jahr 2000 veröffentlichte die Zeitschrift *Snamja* den Roman *Loschitsja mgla na staryje stupenija* (Es legt sich Dunkelheit auf alte Stufen) von Alexander Tschudakow. Ein Jahr darauf kam er als Buch heraus. Der Roman Tschudakows, der Literaturwissenschaftler ist und bis dahin vor allem für seine Forschung zum Werk Anton Tschechows bekannt war, hat autobiografischen Charakter. Der Autor erzählt von seiner Kindheit in einer kleinen Stadt an der Grenze zu Kasachstan, in der zahlreiche Zwangsumgesiedelte lebten. Seine eigenen Vorfahren hatten sich allein dorthin aufgemacht, ohne erst die Umsiedlung abzuwarten. Die Erzählung handelt von einem schwierigen Alltag inmitten der tragischen Geschichte des Landes. Dennoch ist sie als »Romanidylle« bezeichnet worden, und beides steht nicht im Widerspruch zueinander. Die Kritik nannte den Roman die »Robinsoniade einer verbannten Familie«: Der Großvater des Erzählers lehrt seine Angehörigen, wie man Kartoffeln pflanzt und zu Kartoffelmehl verarbeitet, Kerzen umschmilzt, Seife siedet und Leder bearbeitet. Er lässt unter extremen Bedingungen das einstige Russland mit gebleichten Hemdbrüsten und Kirchenkerzen wieder erstehen. Es handelt sich aber auch um eine Robinsoniade im geistigen Sinn, denn der Großvater gibt die Vorstellungen von Gut und Böse an seinen Enkel weiter, die in der neuen Umgebung ebenso verlorengegangen sind wie das Wissen und die praktischen Kenntnisse. Durch seine Fähigkeit, diese Begriffe wiederzubeleben, schließt er die Kluft zwischen dem Russland vor und nach der Tragödie und ist auch unter Bedingungen, die aus historischer Sicht grauenhaft erscheinen, in der Lage, einen Sinn für Tradition und Qualität zu bewahren.[125]

> Das geschichtliche Dasein des Menschen ist das Leben in seiner ganzen Fülle. Die Geschichtswissenschaft hingegen ist seit langem aufgeteilt in die Geschichten der einzelnen Regentschaften, Gesellschaftsformationen und Revolutionen, philosophischen Lehren und der materiellen Kultur. Keine wissenschaftliche Abhandlung rückt den Menschen am Schnittpunkt all dieser Geschichten ins Zentrum, und doch befindet er sich dort in jedem Augenblick seiner Existenz. Und durch dieses Visier sieht ihn nur der Schriftsteller.[126]

Tschudakows Buch hat viele Menschen berührt und im Lauf der Zeit immer mehr Aufmerksamkeit gefunden. Man erkannte hinter der Idylle eine Art und Weise, über die Vergangenheit als etwas Wertvolles zu sprechen, die sich selten findet und die schwer zu verwirklichen ist. 2011, zehn Jahre nach Erscheinen des Buchs, wählte die Jury des russischen Booker-Preises es zum besten russischen Roman des Jahrzehnts. Der Autor war zu diesem Zeitpunkt bereits verstorben.

In ihrer Bilanz der Kulturereignisse für das Jahr 2009 nannten der Kritiker Grigori Daschewski und die Kritikerin Anna Narinskaja unter den gelungenen Werken zwei Bücher, die das individuelle Leben vor dem Hintergrund der Geschichte Russlands schildern: Oleg Dormans *Podstrotschnik* (»Dem Wort nach«) – die schriftliche Fassung

125 Die Witwe des Autors, Marietta Tschudakowa, hat die Frage nach der wichtigsten Erkenntnis des Buchs so beantwortet: »Wir müssen uns bewusstwerden, dass Russland unser Land ist. Für mich liegt der Sinn des Buchs vor allem darin.« »Mariètta Čudakova o muže i avtore romana ›Ložitsja mgla na starye stupeni‹«. *Tat'janin den'*, 20.03.2012. http://www.taday.ru/text/1539262.html (Abrufdatum 29.08.2022).

126 Čudakov, Aleksandr, *Ložitsja mgla na starye stupeni*. Moskau 2012, S. 51.

des Lebensberichts der Übersetzerin Lilianna Lungina, den er auch als 15-teilige Serie von Videofilmen herausbrachte – und Maxim Ossipows Erzählungsband *Grech schalowatsja* (»Ich kann nicht klagen«). Daschewski und Narinskaja schreiben dazu:

> Lunginas Monolog – ob im Fernsehen oder in Druckform – hat nichts Sensationsheischendes, keine »Geheimnisse und Rätsel der Geschichte«. Da sind nur ein gewöhnliches menschliches Gesicht und die Stimme, die ganz unheroisch, aber absolut glaubwürdig klingt. So ist es auch bei Maxim Ossipows Buch *Grech schalowatsja*: Durch seine Skizzen aus dem Leben in einem Provinzkrankenhaus lernen wir den Autor gleichsam persönlich kennen – und deshalb vertrauen wir seinen Betrachtungen über das Leben und die Menschen im Allgemeinen. Und plötzlich stellen wir fest, dass wir genau das am nötigsten brauchen: einen Menschen zu sehen, der das Leben nicht durch eine rosarote Brille betrachtet und nichts schönredet, der mit dem Leben, das er geführt hat oder führt, für seine Worte einsteht und der uns etwas zu sagen hat: entweder, wie Lungina, dass man selbst in sehr schlimmen Situationen auf eine unverhoffte Wendung zum Besseren hoffen und daran glauben soll, oder, wie Ossipow, dass alles gar nicht so schlimm ist und wir nicht jammern, sondern arbeiten sollten. Kurz: dass wir es brauchen, einen Menschen zu sehen, der es uns erlaubt, nicht zu verzweifeln.[127]

Ossipows Lebenseinstellung im postsowjetischen Tarussa ähnelt der von Lungina in der Sowjetunion: Es geht nicht darum, zu überleben, sondern darum zu leben, man selbst zu sein und mit Freude an sein Werk zu gehen:

> Um sich zu freuen, um zu leben, muss man *sein*. Es geht nicht um den Doktortitel, sondern darum, Wissenschaftler zu sein. Es geht nicht darum, Preise zu gewinnen, sondern darum, gut Geige zu spielen. Um zu *sein*, muss man dienen. Das ist eine Ideologie, die ausschließlich zur inneren Anwendung bestimmt ist. Der Dienst an der Gesellschaft ist nicht

127 »Očevidnye utraty, somnitel'nye i nesomnennye priobretenija«. *Kommersant" Weekend*, 18. 12. 2009. https://www.kommersant.ru/doc/1294305 (Abrufdatum 29. 08. 2022).

> um des abstrakten Volkes willen notwendig, sondern um unserer selbst willen (»wir sind nur Ärzte, die einfach ihre Arbeitsbedingungen verbessern möchten«). Er ist nur dann wirksam, wenn es sich um eine Frage der inneren Hygiene handelt. Ein Rezept für den Kampf gegen die Leere. Eine ärztliche Verschreibung, damit man nicht mit fünfundfünfzig Jahren sterben möchte.[128]

Prägnanter lässt sich kaum beschreiben, wie die Haltung der Dankbarkeit wirkt.

SERIEN

Seit Mitte der 2000er Jahre, als sich nach der Übergangszeit allmählich das Gefühl der lang ersehnten »Stabilität« einstellte, strahlen die landesweiten russischen Sender Fernsehserien aus, in denen die Geschichte der Sowjetunion nicht plakativ oder kämpferisch, sondern serientypisch in Form anheimelnder menschlicher Geschichten erzählt wird. Man könnte den Eindruck gewinnen, sie seien Teil eines bewusst konzipierten Programms, aber das ist nicht der Fall. Es sind gut gemachte Produktionen, bei denen Angehörige der postsowjetischen Generation Regie führen. Sie wurden für staatliche Sender gedreht, sind jedoch nicht propagandistisch eingefärbt und folgen nicht der offiziellen Darstellung der sowjetischen Geschichte, sondern erzählen eine Parallel- oder Alternativgeschichte, die von der ersten nachrevolutionären Generation bis zu den Helden der spätsowjetischen »Gegenkultur« reicht.

Zu nennen sind hier etwa Dmitri Barschtschewski mit den Serien *Eine Moskauer Saga* (2004) nach Wassili Aksjonows Romantrilogie und *Schwerer Sand* (2006) nach dem Roman von Anatoli Rybakow, Juri Grymow mit *Der Fall Kukozki* nach Ljudmila Ulitzkajas Roman *Reise in den siebenten Himmel* (2006), Sergei Ursuljak mit *Die Liquidierung* (2007), Waleri Todorowski mit *Die Stiljagi* (2008)

128 Babickaja, Varvara, »Maxim Osipov. Grech žalovat'sja: Recenzija«. *Colta.ru*, 6. 10. 2009. http://os.colta.ru/literature/events/details/12752 (Abrufdatum 29. 08. 2022).

und *Tauwetter* (2013), Wlad Furman mit *Geheime Leidenschaft* (2016), Alexei Popogrebski mit *Die Optimisten* (2017) sowie Kirill Serebrennikows Spielfilm *Leto* (2018). In diesen Arbeiten wird der Geist der Epoche anspruchsvoll und mit Liebe zur dargestellten Zeit rekonstruiert, ohne sie beschönigen oder dämonisieren zu wollen. Sie sind eine Art Enzyklopädie des sowjetischen Lebens, die der neuen Generation die Auseinandersetzung mit der Vergangenheit erleichtert und den »schwierigen« Themen nicht ausweicht.

BILDUNGSPROJEKTE

Um die Mitte der 2010er Jahre erkannte die russische Gesellschaft, dass sie ihre Probleme – auch Fragen der Bildung und des Selbstverständnisses – besser unabhängig vom Staat lösen und diesem dabei möglichst aus dem Weg gehen sollte. Damals entstanden Projekte, die sich liebevoll, aber ohne Ideologisierung, Stolz oder Sentimentalität mit Aspekten der sowjetischen Vergangenheit befassen. Auffällig ist, dass sich Leute, die in den 2000er Jahren im Stadtjournalismus oder Unterhaltungsjournalismus tätig gewesen waren, nun Bildungsthemen zuwendeten.

So wurde das 2015 ins Leben gerufene Online-Bildungsprojekt *Arsamas* von einem Team aus Philologen und Journalisten um den früheren Chefredakteur des Stadtmagazins *Bolschoj gorod*, Filipp Dsjadko, gegründet. Die Plattform veröffentlicht neben Inhalten zur Weltkultur, der Kultur Altrusslands und des Russischen Kaiserreichs auch zahlreiche Materialien zur sowjetischen Kultur – unter anderem zum sozialistischen Realismus und zur sowjetischen Kinderliteratur – und stellt ausgewählte Bücher und Zeichentrickfilme aus dieser Zeit vor. Im Frühjahr 2018 startete sie in Kooperation mit dem Sender TV3 das Projekt »Kinoteatr Arsamas«, bei dem Filme gezeigt wurden, die wichtig für das Verständnis der Sowjetzeit sind. In begleitenden Gesprächen wurden die Themen vertieft, die den Hintergrund dieser Filme bildeten, wie die stalinistische Kulturpolitik, die Tauwetterzeit und die spätsowjetischen Praktiken des Umgangs mit dem Staat: »koexistieren« und ausweichen.

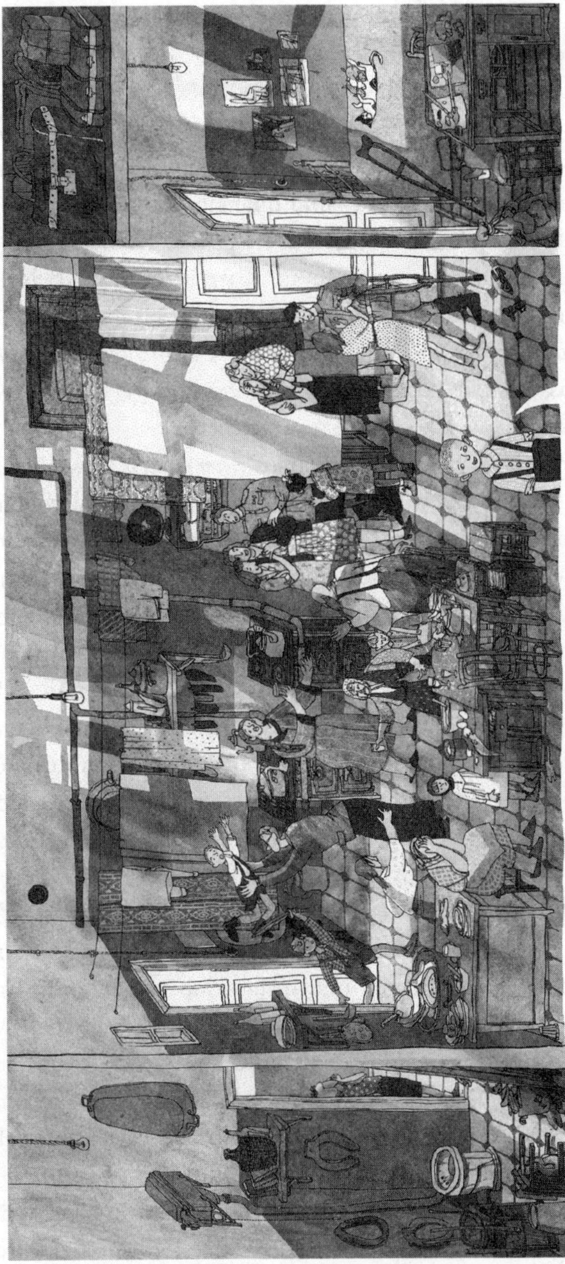

Abb. 73. Anna Desnitskaya: Illustration aus dem Buch *In einem alten Haus in Moskau* (2017)

Ebenfalls 2015 startete der Verleger und Herausgeber Ilja Bernstein die Buchreihe *Ruslit. Literaturdenkmäler des 20. Jahrhunderts.* Sie ist in gewisser Weise vergleichbar mit der klassischen Reihe *Literarische Denkmäler*, mit dem Unterschied, dass hier nicht die gesamte Geschichte der Welt- und russischen Literatur in ihren herausragendsten Erscheinungsformen sorgfältig und qualitativ hochwertig gewürdigt wird, sondern speziell die sowjetische Epoche. In dieser Reihe sind unter anderem gut kommentierte Ausgaben von Grigori Belychs und Leonid Pantelejews Roman *Republik der Strolche*, Lew Kassils Kinderbuch *Schwambranien*, Viktor Dragunskis *Geschichten von Denis*, Andrei Nekrassows *Die Abenteuer des Kapitäns Wrungel* und Juri Kowals Geschichten um Wassja Kurolessow erschienen.

Im Jahr 2017 erschien das Buch *In einem alten Haus in Moskau* von der Illustratorin Anna Desnitskaya und der Kinderbuchredakteurin Alexandra Litwina. Es erzählt spannend und bewegend vom Leben einer Familie, das sich über mehrere Generationen hinweg in einer großen Wohnung in einer alten Moskauer Gasse abspielt. Auch hier wird die Geschichte des 20. Jahrhunderts vermittelt durch die Geschichten einzelner Menschen sehr liebevoll und aufmerksam dargestellt. Die schwierigen Themen werden nicht übergangen, aber auch nicht ideologisiert – die Bewohner der Wohnung bleiben weder von Krieg noch von Repressionen verschont und später hängen an ihren Zimmerwänden Porträts von Sacharow und Solschenizyn.

In einem alten Haus in Moskau hat die Geschichte dieser Zeit so gut erfasst, dass es nicht nur ein Bucherfolg wurde, sondern auch als Grundlage für Ausstellungen und Installationen diente, die mit großem Erfolg in Moskau (in der »Wohnung« der Gesellschaft Memorial), Petersburg (im Fontänenhaus) und Twer gezeigt wurden. 2019 veröffentlichten Desnitskaya und Litwina das Buch *Von Moskau nach Wladiwostok*, in dem es um die Transsibirische Eisenbahn geht. Es erzählt, wiederum vermittelt durch die Geschichten einzelner Personen und lebendig eingefangene Alltagsdetails, von einer Reise auf der wichtigsten Eisenbahnstrecke Russlands. Der Ansatz, durch die

Brille menschlicher Geschichten vom Land zu erzählen, erwies sich als Glücksgriff: Beide Bücher wurden zu Bestsellern.

Im Mai 2017 startete das Bildungsportal *InLiberty* unter der Leitung des Verlegers und Kulturvermittlers Andrei Kurilkin das Projekt »Sieben Daten«. Es bietet laut der Beschreibung auf der Website eine Sicht auf die russische Geschichte, in der »nicht nur Siege über äußere und innere Feinde, territoriale Expansion und die Überwindung von Wirren vorkommen, sondern auch Erfolgserlebnisse bei der Wahrung individueller Rechte und Freiheiten«. Die sieben Daten, um die sich das Projekt dreht, sind: die Abschaffung der Leibeigenschaft (19. Februar 1861), die Veröffentlichung des Oktobermanifests (Beginn des Parlamentarismus in Russland, 17. Oktober 1905), der Häftlingsaufstand im Arbeitslager Norilsk (26. Mai 1953), die Demonstration gegen den Einmarsch sowjetischer Truppen in Prag auf dem Roten Platz (25. August 1968), die Eröffnung des Ersten Volksdeputiertenkongresses der UdSSR (25. Mai 1989), die Abwendung des Augustputschs (21. August 1991) und das Dekret über den Freihandel (Beginn der Marktwirtschaft, 29. Januar 1992). Der historische Hintergrund zu jedem Datum wird ausführlich erläutert. Nach Absicht der Autoren sollen diese Daten, ähnlich wie die jetzigen Staatsfeiertage, als Anlässe für die Konstruktion eines gesellschaftlich-staatlichen Narrativs dienen, das jedoch nicht die Größe des Staates, sondern die Stärke der Gesellschaft und der Bürgerinnen und Bürger ins Zentrum rückt.

Im Frühjahr 2018 rief ein Team von Journalisten und Philologen unter der Leitung von Juri Scharypkin, dem ehemaligen Chefredakteur der Zeitschrift *Afischa*, das Projekt »Polka« ins Leben, das sich den »wichtigsten Werken der russischen Literatur« widmet. Es setzt sich unter anderem das Ziel, einen Kanon der russischen Literatur aus heutiger Sicht zu erstellen, dessen Schwerpunkt sich vom 19. auf das 20. Jahrhundert verlagert, also auf die Literatur der Sowjetzeit. Zu den Hauptwerken dieses Kanons gehören *Die Baugrube* von Andrej Platonow, *Von Moskau nach Petuschki* von Wenedikt Jerofejew, *Der Archipel GULAG* von Alexander Solschenizyn und *Die Schule der Dummen* von Sascha Sokolow.

Ein weiteres Beispiel für eine »dankbare« oder »für Dankbarkeit offene« Darstellung der Vergangenheit ist das Projekt *Proschito* (»Durchlebt«), das 2015 unter der Leitung des Moskauer Historikers Michail Melnitschenko ins Leben gerufen wurde (seit 2019 existiert es unter gleichem Namen als Forschungszentrum für Ego-Dokumente der Europäischen Universität in St. Petersburg). Die Projektbeteiligten sammeln Tagebücher aus der vorrevolutionären, sowjetischen und postsowjetischen Zeit, transkribieren sie und veröffentlichen sie auf ihrer Website. So entsteht ein faszinierendes Porträt der Zeit, das sich allein aus den Geschichten der betreffenden Menschen zusammensetzt: Die Mitwirkenden kommentieren die Texte bewusst nicht und geben keine Einführungen oder Nachbemerkungen. Aus dieser sehr einfachen und nicht einmal besonders originellen Idee entstand ein äußerst populäres, weithin beachtetes Projekt. Offenbar gibt es ein sehr starkes Bedürfnis nach einer solchen Darstellung der sowjetischen Vergangenheit, die alles Furchtbare und Schöne einbezieht und dabei ruhig, warmherzig und von Akzeptanz getragen ist.

JUGENDKULTUR

Um 2017/2018 kam in der populären Jugendkultur Russlands ein ganz neuer Trend auf, der in gewissem Sinn die hier beschriebenen, in den tieferen Kulturschichten längst im Gang befindlichen Prozesse nachvollzog. War es bisher in Musik, bildender Kunst und Architektur vor allem darum gegangen, westliche Standards zu reproduzieren, um aus dem kulturellen Ghetto auszubrechen und Anschluss an den Westen zu finden, so wendete sich das Interesse nun der eigenen Kultur zu. Es kam die Vorstellung auf, dass man sich von den kulturellen Erzeugnissen der sowjetischen und postsowjetischen Zeit nicht nur absetzen und distanzieren muss, sondern sie auch als einzigartiges kulturelles Reservoir und Teil der eigenen Identität betrachten kann. Juri Saprykin beschreibt diesen Wandel anhand der Einstellung zu den sowjetischen Hochhäusern:

> Die Generation der 2000er Jahre sagte: Die Hochhäuser sind grauenhaft. Wir sollten sie abreißen und durch einen neuen, von Herzog & de Meuron entworfenen Wohnblock ersetzen. Oder sie mit trendigen Graffiti verzieren. Oder zumindest Fahrradwege um sie herumbauen und in den Erdgeschossen Cafés aufmachen. Die sowjetischen Hochhäuser sind das, was wir überwinden müssen, wir müssen auf ihnen eine Art himmlisches London errichten. Die Generation der 2010er sagt: Wow, Hochhäuser, wie toll! Das ist großartig und sieht brutal aus; es ist tough und stark, voller Drama und sogar Poesie, es ist unser Gedächtnis, das, woraus wir gemacht sind – und überhaupt sind es diese Hochhäuser wert, dass wir sie als Teil unserer Identität anerkennen. Wir können sogar stolz darauf sein: Das sind doch Hochhäuser, wie es sie nirgendwo sonst gibt. Sie sind auf ihre Art schön – ihre Schönheit kommt aus der Schwere, der Tragödie, dem Trauma, der eingewurzelten Unwirtlichkeit und Verkehrtheit dieses Orts. Und gerade wegen seiner Schwere und Verkehrtheit verdient dieser Ort unsere – sprechen wir es ruhig aus – Liebe.[129]

Die Ästhetik von Hochhäusern und Wohnsiedlungen erweckt zunehmend das Interesse zeitgenössischer Künstlerinnen und Künstler. Die Landschaftsgemälde von Pawel Otdelnow, der vor allem durch die Serie *Das innere Degunino* von 2014 bekannt wurde, sind gerade deshalb interessant, weil sie keine eindeutige Emotion vermitteln. Der Blick des Künstlers auf die Hochhäuser und Industriegebiete drückt weder Bewunderung noch Missbilligung aus. Er ist aufmerksam und forschend; er hilft, das Vertraute aus einer neuen Distanz zu betrachten (und das erinnert daran, was weiter oben zum Abschließen mit der Vergangenheit gesagt wurde). Überraschenderweise verleiht diese Distanz den Wohnsiedlungen einen romantischen Anstrich: Otdelnow selbst vergleicht seine Einstellung zur Ästhetik der Hochhäuser mit dem Blick der Romantiker auf die Kunst der Antike.[130] Der Stil,

129 Saprykin, Juri, »Neprivyčnaja Rossija. Molodost' v mnogoėtažkach«. In: *Seans* 68/2018.

130 »Chudožnik Pavel Otdel'nov o serii svoich rabot ›Vnutrennee Degunino‹«. *Oily-Oil*, 22.02.2015. https://oilyoil.com/ru/blog/artist-paul-otdelnov-about-his-works-internal-degunino (Abrufdatum 30.08.2022).

dessen Geburt Juri Pimenow in seiner Serie *Die neuen Viertel* feierte, wird in einer zyklischen Bewegung bei Otdelnow zur »modernen Antike«. So sieht die Arbeit des Akzeptierens aus.

Die Fähigkeit, das, wofür wir dankbar sein können, von dem zu trennen, was wir verurteilen müssen, und die Erfahrung der Arbeit des Dankens lassen die Aufgabe, die Vergangenheit zu akzeptieren, leichter lösbar erscheinen. Erstens ist das, was verurteilt werden soll – die Staatsverbrechen der Sowjetzeit –, freigelegt und aus allem herausgelöst worden, was es »kompliziert« machte, eine Haltung dazu zu finden. Es ist nur noch der Terror übrig, zu dem man klar Stellung beziehen kann, ohne sich durch den Gedanken ablenken zu lassen, dass es in der Sowjetunion »doch auch Gutes gab«. Zweitens erlaubt die Erfahrung des Dankens, eine positive Identität auszubilden, damit die Gesellschaft sich als Gemeinschaft fühlen kann und die Verurteilung von Verbrechen aus der Vergangenheit möglichst keine schmerzlichen Konflikte und Spaltungen mehr auslöst, sondern zur Basis eines nationalen Versöhnungsprogramms wird.

5. Das Aushandeln der Wahrheit

Am 26. April 2018 wurde unweit des Stadtzentrums von Montgomery, der Hauptstadt des US-Bundesstaates Alabama, ein Bauwerk von eindrucksvollen Ausmaßen für den Besuchsverkehr freigegeben. Die riesige Konstruktion, die einer Kunstinstallation gleicht, scheint von 800 Pfeilern aus rostigem Cortenstahl gestützt zu werden. Im Inneren des Gebäudes erkennt man jedoch, dass die scheinbar so solide und stabile Struktur keine Basis hat: Die massiven Stützen hängen in der Luft, direkt über den Köpfen der Besucher. Dieser Anblick wirkt umso phantastischer, als die Hunderte quaderförmiger Stützen stark an die mysteriösen außerirdischen Monolithen aus Stanley Kubricks Film *2001: Odyssee im Weltraum* erinnern.

Dieser erstaunliche Bau ist weder das Werk von Außerirdischen noch eine Kunstinstallation, sondern ein Mahnmal für die Opfer der Lynchmorde, die zwischen 1877 und 1950 in den 12 Südstaaten der USA stattfanden. Die Quader aus Cortenstahl symbolisieren die Körper der Gehängten. Das Mahnmal wurde von der Nichtregierungsorganisation »Equal Justice Initiative« mit privaten Spendenmitteln errichtet. 1994 von dem in Montgomery ansässigen Anwalt und Menschenrechtsaktivisten Brian Stevenson gegründet, sammelt die Initiative seit 2010 Informationen über Lynchopfer und hat auf Grundlage dieser Daten 2015 einen Bericht zu Lynchmorden in den USA veröffentlicht.[131] Zudem wurde ein Gedenkmuseum zur Geschichte der Sklaverei und der Verfolgung von Schwarzen eingerichtet. Es liegt in Laufweite von dem Ort, an dem sich einst der bekannteste Sklavenhandelsplatz der USA befand.[132]

131 Equal Justice Initiative (Hg.), *Lynching in America: Confronting the Legacy of Racial Terror*. Montgomery 2017 (3. Aufl.). https://lynchinginamerica.eji.org/report/ (Abrufdatum 3.09.2022).

132 Die Website des Museums und der Gedenkstätte ist zu finden unter: https://museumandmemorial.eji.org. Die Website der Equal Justice Initiative: https://eji.org (Abrufdatum für beide 3.09.2022).

Abb. 74. Das National Memorial for Peace and Justice in Montgomery (Alabama, USA)

Und doch ist die Assoziation mit einem zeitgenössischen Kunstwerk nicht ganz falsch. Die Gedenkstätte in Montgomery ist in vieler Hinsicht genauso angelegt. Ihre emotionale Wirkung entfaltet sich im Rahmen eines strengen auktorialen Konzepts, und jedes Detail der Konstruktion hat eine klar festgelegte Bedeutung. Die 800 Quader entsprechen der Anzahl der Bezirke, in denen die Massaker stattfanden. Auf den Blöcken sind die Namen der bis jetzt bekannten Opfer eingraviert, die in dem betreffenden Bezirk ermordet wurden, insgesamt etwa 4400. Der vielleicht interessanteste Teil der Gedenkstätte befindet sich jedoch außerhalb des zentralen Bauwerks. Duplikate der 800 Quader im Inneren des Baus liegen entlang den Außengrenzen des Geländes verteilt. Die Bezirke, deren Namen darin eingraviert sind, sollen sie vor Ort aufstellen, so dass überall im amerikanischen Süden Denkmäler für die Opfer von Lynchmorden entstehen. In einer Situation, in der die Diskussion über die Folgen der Sklaverei durch Entwicklungen wie die wachsende Polizeibrutalität gegen Afroameri-

Abb. 75. Das Mahnmal in Montgomery

kaner oder die Kampagne zum Abriss von Bürgerkriegsdenkmälern der Konföderierten neu entfacht worden ist und die Gedenkstätte in Montgomery weltweit Aufmerksamkeit in den Medien findet, rücken sich die Bezirksadministrationen in ein schlechtes Licht, wenn sie dieses Ansinnen ignorieren. Hingegen können sie sich positiv von ihrer Umgebung abheben, indem sie der Errichtung eines solchen Denkmals zustimmen.[133] Das Mahnmal erinnert also nicht statisch an vergangene Ereignisse, sondern legt Zeugnis vom heutigen Umgang mit den damaligen Verbrechen ab, es zeigt, welche Bezirke diese Verbrechen anerkennen und welche sich gegen das Gedenken daran sträuben. So reflektiert es nicht nur die Vergangenheit, sondern prägt auf gewisse Weise auch die Zukunft, indem es im gesamten Süden der USA eine Welle des Gedenkens an das Erbe der Sklaverei in Gang bringt.

133 (Einer ähnlichen Dynamik folgt das Wetteifern um nationale Mahnmale, das der Historiker Juri Dmitrijew in der Gedenkstätte Sandarmoch initiiert hat; siehe Teil I, Kapitel 5, S. 116 f.)

Die Gedenkstätte in Montgomery überzeugt nicht nur konzeptionell und architektonisch – sie nutzt die Erinnerung an eine schwierige Vergangenheit geschickt als Instrument, um die Moderne zu beeinflussen. Darin kommt eine veränderte Auffassung der Funktion von Gedenkstätten zum Ausdruck: Sie sollen nicht mehr, wie über weite Strecken des 20. Jahrhunderts, in erster Linie eine bestimmte (in der Regel staatlich sanktionierte) Haltung kanonisieren, sondern Gesellschaft und Staat dazu bringen, sich mit den Folgen dieser Vergangenheit auseinanderzusetzen.

Die Wahrheits- und Versöhnungskommission als Modell für Russland

Die vorangegangenen Ausführungen über das Akzeptieren der Vergangenheit, die Absage an das »Nürnberger Modell« und der Wechsel aus der Beobachter- in die Beteiligtenperspektive machen das Faktum der Verbrechen nicht ungeschehen. Ohne dass diese verurteilt werden, ist eine echte Aufarbeitung der Vergangenheit nicht möglich. Das Beispiel Denis Karagodins ist vor allem deshalb so wichtig, weil er in einer Situation, in der es weder eine rechtliche Aufarbeitung noch auch nur die Aussicht darauf gab, das tat, was getan werden musste: Er veröffentlichte die Dokumente, die die Verbrechen belegten, und nannte Opfer und Täter beim Namen. In der rationalen Abfolge des Schemas Erfassen / Durcharbeiten / Versöhnen ist dies ein notwendiger Schritt: Hier sind die Ermordeten und dort die Mörder, dies ist der Tatbestand und hier sind die Belege – schauen wir uns das zusammen an und tun dann etwas.

Den gleichen Zweck erfüllen auch die Veröffentlichung von Fakten und Belegen zum Staatsterror, das Aufspüren von Erschießungsstätten, das Anbringen von Gedenktafeln und ähnliche Tätigkeiten.

Ein Modell für das Abschließen mit der Vergangenheit und deren Aufarbeitung, welches der spezifischen Situation in Russland Rechnung trägt, muss folgende Bedingungen erfüllen:

1. Dieser Prozess sollte nicht nach dem »Nürnberger Modell« von außen, sondern aus einer Innenperspektive heraus in Angriff genommen werden.
2. Die Diskussion sollte sich in erster Linie nicht um die Verurteilung der Täter drehen (weil diese schlicht nicht mehr leben), sondern um die Übernahme von Verantwortung.
3. Es sollten möglichst viele verschiedene gesellschaftliche und politische Kräfte in diesen Prozess einbezogen werden. Deshalb muss er für diese Kräfte von Vorteil sein und es ihnen ermöglichen, eine einheitliche Verhandlungsposition in Bezug auf die Vergangenheit auszuarbeiten.
4. Im Rahmen des Prozesses sollten so viele Informationen wie irgend möglich über die Verbrechen der Vergangenheit öffentlich werden.

Das Modell, das all diese Bedingungen erfüllt, ist die Einrichtung einer Art Wahrheits- und Versöhnungskommission – der Institution der Übergangsjustiz, die vor allem durch das Beispiel Südafrikas bekannt geworden ist. Im Fall Russlands muss das gar nicht unbedingt eine Einheitsinitiative sein. Von allen Ansätzen, die es heute weltweit gibt, eignet sich das Modell der Wahrheitskommission am besten, um die Probleme zu lösen, mit denen wir es in Russland zu tun haben. Betrachten wir also den Komplex der Praktiken, die sich in irgendeiner Weise an den Prinzipien der Wahrheitskommissionen orientieren, die gewonnenen Erfahrungen sowie die Vorgehensweisen und Ansätze. Es handelt sich um gesellschaftlich-staatliche Initiativen und Projekte (also solche, an denen der Staat beteiligt ist, ohne die Federführung zu haben), die es sich zum Ziel gesetzt haben, Fakten, Namen und Umstände der Verbrechen zu veröffentlichen und zu verbreiten und zum Gegenstand des Gedenkens zu machen.

Nach der klassischen Definition von Priscilla Hayner, einer führenden Expertin für Wahrheitskommissionen und Mitbegründerin des International Centre for Transitional Justice, weist eine Wahrheitskommission folgende Merkmale auf:

1) Sie befasst sich mit der Vergangenheit und nicht mit aktuellen Ereignissen.
2) Sie untersucht nicht ein konkretes Ereignis, sondern eine Reihe von Ereignissen, die innerhalb eines bestimmten Zeitraums stattgefunden haben.
3) Sie ist eine zeitlich befristete Einrichtung, die das Ziel verfolgt, auf Grundlage ihrer Untersuchungen einen Abschlussbericht zu erstellen.
4) Sie wird von der Führung des Staates, den sie überprüft, offiziell unterstützt und beauftragt.[134]

Kommissionen dieser Art wurden erstmals in Lateinamerika in den 1970er Jahren gebildet und fanden nach dem vielbeachteten Bericht der Kommission in El Salvador 1993 weite Verbreitung (etwa zur selben Zeit wurde auch der Begriff »Wahrheits- und Versöhnungskommission« geprägt).[135] Die beiden bekanntesten Beispiele sind die CONADEP in Argentinien (aktiv von 1983 bis 1984) und die TRC in Südafrika (1994-2002).[136] Hayners klassische Studie über Wahrheitskommissionen beschreibt in der ersten, 2001 erschienenen Auflage die 20 Kommissionen, die zu diesem Zeitpunkt bekannt waren. Die zweite Auflage von 2010 führt bereits 40 Kommissionen auf. Zurzeit sind mehr als 50 Kommissionen bekannt, und die Zahl steigt weiter an. Im Dezember 2017 setzte die Nationalversammlung von Gambia eine Kommission für Wahrheit, Versöhnung und Wiedergutmachung ein, um Menschenrechtsverletzungen während der Präsidentschaft von Yaya Jammeh (1996-2017) zu untersuchen. Und im

134 Hayner, Priscilla B., *Unspeakable Truths: Transitional Justice and the Challenge of Truth Commissions.* 2. Aufl., London / New York 2010, S. 10-12.

135 Der Abschlussbericht der Kommission: *From Madness to Hope: The 12-Year War in El Salvador: Report of the Commission on the Truth for El Salvador.* 1993, S/25500, S. 5ff. Sämtliche Materialien der Kommission sind hier veröffentlicht: https://www.usip.org/ publications/1992/07/truth-commission-el-salvador (Abrufdatum 3.09.2022).

136 Näheres hierzu findet sich im zweiten Teil dieses Buchs auf S. 151ff. und S. 290ff.

Juli 2018 gab die neue spanische Regierung ihr Vorhaben bekannt, eine Wahrheitskommission zur Untersuchung der Massenrepressionen während der Franco-Diktatur einzurichten.

FALLSTUDIE: DIE ATHENER KOMMISSION VON 403 V.CHR.

Auch wenn Wahrheits- und Versöhnungskommissionen erst in der zweiten Hälfte des 20. Jahrhunderts aufkamen, sind die grundlegenden Prinzipien derartiger Übergangsmechanismen bereits in der Entwicklung der Demokratie selbst angelegt. Der erste dokumentierte Fall eines solchen Kompromissabkommens ist der Vertrag, der nach dem Sturz der Dreißig Tyrannen in Athen 404-403 v. Chr. zwischen diesen und ihren demokratischen Nachfolgern geschlossen wurde.[137] Die Dreißig Tyrannen hatten nach der Niederlage Athens im Peloponnesischen Krieg eine oligarchische, pro-spartanische Diktatur in Athen errichtet und Terror gegen politische Gegner und wohlhabende Athener walten lassen.

Laut Xenophon[138] wurden während der neun Monate andauernden Tyrannenherrschaft 1500 attische Bürger getötet – das waren mehr als in den zehn Jahren des Peloponnesischen Krieges; Tausende wurden ihres Eigentums beraubt. Der Terror der Dreißig nahm Formen an, die aus heutiger Sicht einem klassischen Muster folgen: Es gab Säuberungen in den eigenen Reihen (einige Monate nach der Errichtung der Diktatur wurde der ursprüngliche Anführer der Dreißig, Theramenes, hingerichtet), Gerichtsverfahren glichen einer

137 Lanni, Adriaan M., »Transitional Justice in Ancient Athens: A Case Study«. *Journal of International Law*, Bd. 551, 2010. Der Althistoriker Christian Meier geht in seinem Buch *Das Gebot zu vergessen und die Unabweisbarkeit des Erinnerns* (siehe Anmerkung auf S. 371) auf das Abkommen von 404/403 ein. Dieses Buch hat nicht die Antike zum Gegenstand, sondern die »Institution des Vergessens« der schlimmen Vergangenheit, und das Abkommen ist nur einer von mehreren abgehandelten Fällen.

138 Xenophon, *Hellenika. Griechisch und Deutsch*. 3. Auflage, Düsseldorf / Zürich 2000.

Farce, und die Athener wurden aufgestachelt, Mitbürger zu denunzieren und sich an Massakern zu beteiligen. Die demokratische Opposition stürzte das Regime der Dreißig in einer bewaffneten Konfrontation. Die Tyrannen ersuchten Sparta um Hilfe, doch der spartanische Regent Pausanias forderte die Parteien auf, ein für beide Seiten vorteilhaftes Abkommen auszuhandeln.

Diese Vereinbarung wendete den Bürgerkrieg ab und sicherte die Stabilität der Demokratie, die in Athen bis zum Verlust der Unabhängigkeit erhalten blieb. Den Dreißig und ihren Anhängern wurde das Recht eingeräumt, in das nahegelegene Eleusis umzuziehen und dort eine unabhängige Siedlung zu gründen. Führende Vertreter der Tyrannei, die nicht umsiedeln wollten, konnten Amnestie erhalten, indem sie sich einem Bürgergericht stellten. Allen anderen wurde für während der Herrschaft der Dreißig begangene Verbrechen Straferlass gewährt. In der Aristoteles zugeschriebenen Schrift *Der Staat der Athener* wird das Abkommen so dargestellt:

> Die Versöhnung kam [...] nach folgender Vereinbarung zustande: »Von den Athenern, die in der Stadt geblieben sind, sollen sich diejenigen, welche auswandern wollen, in Eleusis niederlassen, mit vollem Bürgerrecht, Selbstbestimmungsrecht und der Erlaubnis, ihr Eigentum zu genießen. Das Heiligtum (der Demeter) soll beiden Parteien gemeinsam gehören, und die Keryken und die Eumolpiden sollen (es) gemäß dem altüberkommenen Brauch betreuen. Es soll aber weder den Bewohnern von Eleusis erlaubt sein, in die Stadt zu kommen, noch den Stadtbewohnern, nach Eleusis zu fahren, außer daß jede Partei (dies) während der Mysterien (tun darf). Sie (die Bewohner von Eleusis) sollen von ihren Einkünften Beiträge in die Bundeskasse zahlen genau wie die anderen Athener. Diejenigen der Ausgewanderten, die ein Haus in Eleusis erwerben wollen, müssen sich (darüber) mit dem (bisherigen) Besitzer einigen; aber wenn sie sich untereinander nicht einigen können, soll jeder drei Taxatoren wählen, und (der Besitzer) soll den Preis, den diese festsetzen, anerkennen. Diejenigen Eleusinier, welche sie (die neuen Besitzer) selbst (aufzunehmen) wünschen, sollen bei ihnen wohnen dürfen. [...] In bezug auf die Vergangenheit soll allgemeine Amnestie gelten, außer für die Dreißig, die Zehn, die Elf und die ehemaligen Verwalter des Piräus;

> und auch diese dürfen nicht verfolgt werden, sofern sie Rechenschaft ablegen. Rechenschaft ablegen sollen die Verwalter des Piräus vor denjenigen, die steuerpflichtigen Besitz in Piräus nachweisen können, und diejenigen, welche ein Amt in der Stadt innehatten, vor den steuerpflichtigen Bürgern in der Stadt. Dann dürfen diejenigen, die es wollen, unter diesen Bedingungen auswandern. Jede Partei soll das Geld, das sie für den Krieg geliehen hat, getrennt zurückzahlen.«[139]

Auch die in solchen Fällen üblichen Vorkehrungen zur Durchsetzung der Vereinbarungen wurden getroffen. Aristoteles berichtet, dass ein attischer Bürger, der Vergeltung für vergangenes Unrecht forderte, ohne Prozess hingerichtet wurde:

> [...N]achdem er getötet worden war, erhob niemand jemals wieder eine rückwirkende Anklage. Vielmehr wurden die Athener nach allgemeiner Auffassung mit ihren früheren Schwierigkeiten auf die anständigste und politisch beste Weise fertig, in privaten sowie in öffentlichen Angelegenheiten. Denn sie wischten nicht nur die Anschuldigungen, die vergangene Ereignisse betrafen, aus, sondern zahlten auch den Spartanern das Geld, das die Dreißig für den Krieg geliehen hatten, gemeinsam zurück, obwohl der Vertrag bestimmte, jede Partei, die aus der Stadt sowie die aus Piräus, solle (ihre Schulden) getrennt zurückzahlen; denn sie glaubten, daß dies der erste Schritt zur (politischen) Einigung sein müsse.[140]

Diese Episode aus der Geschichte des antiken Athen ist deshalb so interessant, weil hier bereits die meisten grundlegenden Merkmale vorliegen, die charakteristisch für die Arbeit der Kommissionen und generell das Aushandeln des Übergangs sind: Das Abkommen kam nicht ganz freiwillig, sondern unter militärischem Druck zustande; zu seinen Kernelementen gehörte eine Amnestie für die Täter; Verantwortliche konnten Straffreiheit erlangen, wenn sie bereit waren, über

139 Flashar, Hellmut (Hg.), *Aristoteles, Werke in deutscher Übersetzung*, Bd. 10, Teil I: Staat der Athener. Berlin 1990, S. 43 f.

140 Ebd. S. 45.

die Umstände ihrer Taten freiwillig Rechenschaft abzulegen; ein Konsens unter den Bürgern (»politische Einigung«) war Voraussetzung für Erfolg und Bestand der Vereinbarung; und schließlich erwiesen sich all diese Maßnahmen als sehr begrenzt wirksam – zwei Jahre später waren alle Tyrannen umgebracht worden, die nicht hatten fliehen können, und Eleusis gehörte wieder zu Athen.

GRUNDMERKMALE DES MODELLS

Das Modell der Wahrheitskommission ist eine institutionelle, aber nicht gerichtliche Form der Vergangenheitsbewältigung. Es zielt darauf, »nicht nur bestimmte Tatbestände zu klären, sondern in der Gesellschaft das Verständnis und die Akzeptanz der Vergangenheit des Landes zu befördern«.[141] Genau dieses Merkmal macht das Modell für die spezifischen Gegebenheiten in Russland so interessant.

> Die meisten Wahrheitskommissionen greifen in die Aufgaben der Gerichtsbarkeit weder ein noch reproduzieren sie diese. Doch trotz ihrer weit begrenzteren rechtlichen Befugnisse können die Kommissionen aufgrund ihres umfassenderen Mandats, das sich auf die Muster, Ursachen und Folgen politischer Gewalt konzentriert, bei ihren Ermittlungen und Schlussfolgerungen viel weiter gehen, als es vor Gericht normalerweise möglich (oder auch nur angebracht) ist. Das breite Aufgabenfeld und die Flexibilität von Wahrheitskommissionen macht ihre Stärke aus. So können sie in der Regel die Verantwortung des Staates und der verschiedenen staatlichen Institutionen, die repressive Maßnahmen durchgeführt oder hingenommen haben, in vollem Umfang sichtbar machen, nicht nur im Militär- und Polizeiapparat, sondern auch im Justizsystem selbst. Die Wahrheitskommissionen konzentrieren sich auf die Opfer. Sie sammeln meist Tausende von Zeugenaussagen und publizieren sie in einem öffentlichen und offiziell sanktionierten Bericht. Viele Menschen machen so erstmals die Erfahrung, dass eine staatliche Stelle ihre Aussagen als glaubwürdig anerkennt und den Unrechtscharakter der Gräueltaten bestätigt.[142]

141 Hayner, *Unspeakable Truths*, a. a. O. S. 11.

142 Ebd. S. 13.

Aus den Erfahrungen mit der Arbeit von Wahrheitskommissionen in allen Teilen der Welt lassen sich einige wichtige Merkmale dieses Modells ableiten:

1. Wahrheits- und Versöhnungskommissionen bringen fast nie grundlegend neue und der Gesellschaft bisher nicht bekannte Erkenntnisse ans Licht. Ihre Aufgabe besteht vielmehr darin, die breite Anerkennung der Faktizität der Verbrechen auf eine rechtliche Grundlage zu stellen. »Wissen, das durch offizielle Bestätigung Teil des ›öffentlichen Bilds der Realität‹ wird, nimmt auf rätselhafte Weise eine neue Qualität an, die es nicht hatte, als es einfach nur ›die Wahrheit‹ war«, schrieb Juan Méndez, der Leiter der Menschenrechtsorganisation Human Rights Watch für die Region Mittelamerika, Anfang der 1990er Jahre. »Mit der offiziellen Anerkennung kann die Heilung der Wunden zumindest beginnen.«[143] Dies ist zugleich die Erwiderung auf die Behauptung, eine öffentliche Debatte über die kriminelle Natur der sowjetischen Repressionen sei nicht angebracht. Zwar kann eine solche Diskussion angesichts der Offenkundigkeit der Verbrechen in der Tat unnötig erscheinen (und sollte das irgendwann auch werden). Doch die Erfahrung zahlreicher Länder zeigt, dass gezielte und professionelle Aufklärung betrieben werden muss, um Sachverhalte für alle nachvollziehbar zu machen, sogar wenn sie intuitiv klar zu sein scheinen.
2. Wahrheitskommissionen bieten keine Garantie für Versöhnung und nicht einmal dafür, dass sich die untersuchten Verbrechen künftig nicht wiederholen werden. Mehr noch, sie lassen sich instrumentalisieren, um die Gesellschaft zu manipulieren, das neue Regime reinzuwaschen oder das vorherige Regime bewusst schlechtzureden, wie es beispielsweise im Tschad und in Uganda der Fall war.

143 Méndez, Juan E., »A Miracle, A Universe: Settling Accounts with Torturers. By Lawrence Weschler« [Rezension]. *NYLS Journal of Human Rights*, Bd. 8, Ausgabe 2, Artikel 10, 1991, S. 583f.

3. Die Tätigkeit der Kommissionen führt in der Regel nicht dazu, dass alle Personen, die Menschenrechtsverletzungen zu verantworten haben, vor Gericht gestellt werden. Oft wird sogar entschieden, die Ergebnisse unter Verschluss zu halten (was die Wahrscheinlichkeit erhöht, dass sie an die Medien gelangen).
4. Auch wenn ein Mandat der Regierung als wesentliche Voraussetzung für den Erfolg von Wahrheitskommissionen gilt, gibt es Fälle, in denen private Akteure mit Unterstützung von Nichtregierungsorganisationen und prominenten Persönlichkeiten des öffentlichen Lebens inoffizielle Ermittlungen zu den Verbrechen eines diktatorischen Regimes durchgeführt haben, deren Ergebnisse breite Aufmerksamkeit fanden.

Das bekannteste Beispiel für den letzten Punkt sind die inoffiziell und im Geheimen durchgeführten Ermittlungen brasilianischer Menschenrechtsaktivisten zu Folterungen im Land. 1979 erließ die brasilianische Militärdiktatur, die von 1964 bis 1985 an der Macht war, ein Amnestiegesetz, das den Menschenrechtlern den Vorwand lieferte, um sich Zugang zu nichtöffentlichen Gerichtsakten aus den Jahren 1964 bis 1979 zu verschaffen. Unter der Leitung des Erzbischofs von São Paulo, Paulo Evaristo Arns, des presbyterianischen Pastors Jaime Wright und des Rabbiners Henry Sobel und mit Unterstützung des Ökumenischen Rates der Kirchen nutzten 35 Aktivisten dieses Schlupfloch, um innerhalb von drei Jahren, von 1979 bis 1982, 2700 Seiten mit Beweisen für Folterungen abzufotografieren und 17 000 Opfer zu identifizieren. Die Daten wurden an den Sitz des Ökumenischen Rates der Kirchen in Genf weitergeleitet. 1985, nach dem Amtsantritt des ersten zivilen Präsidenten Brasiliens, erschien der Bericht *Brasil: Nunca Mais.*[144] Erst zehn Jahre später gestand das Militär

144 *Brasil: Nunca Mais.* Rio de Janeiro 1985; engl. Ausgabe: *Torture in Brazil: A Shocking Report on the Pervasive Use of Torture by Brazilian Military Governments, 1964-1979.* Austin 1998. Eine eindrückliche Schilderung dieser Ereignisse findet sich in: Weschler, Lawrence, *A Miracle, A Universe: Settling Accounts with Torturers.* New York 1990; Reprint mit Nachwort Chicago 1998. Ein interessantes Detail: Da das Ermitt-

die Massenfolterungen öffentlich ein, und die Regierung verabschiedete ein Entschädigungsprogramm in Höhe von 1,5 Milliarden US-Dollar für die Familien der Opfer. 2012 nahm eine offizielle Wahrheitskommission ihre Arbeit auf, deren Bericht 2014 veröffentlicht wurde.

Ein weiteres Beispiel für eine solche inoffizielle Initiative mit breiter öffentlicher Resonanz ist der von der Menschenrechtsorganisation SEPRAJ erstellte Bericht *Uruguay: Nunca Más*, der sehr viel substanzieller war als die zuvor durchgeführte parlamentarische Untersuchung.[145] 1998 publizierte das Menschenrechtsbüro des Erzbischofs von Guatemala, Juan Gerardi, einen vierbändigen Bericht über eine mehrjährige Ermittlung zu den Menschenrechtsverletzungen während des Bürgerkriegs in Guatemala.[146] Zwei Tage nach der Veröffentlichung wurde Erzbischof Gerardi brutal ermordet. Diese Ereignisse führten dazu, dass die guatemaltekische »Kommission zur Aufklärung der Geschichte« (*Comisión para el Esclarecimiento Histórico*) ihre Tätigkeit intensivierte. Der Prozess gegen Gerardis Mörder im Jahr 2001 war ein Präzedenzfall, bei dem erstmals in Guatemala Armeeoffiziere von einem regulären Strafgericht verurteilt wurden.

Diese Beispiele sind nicht nur von historischem oder ethnographischem Interesse. Wie Memorial und ähnliche Bürger- und Menschenrechtsinitiativen es in Russland tun, so arbeiten auch inoffizielle Initiativen in anderen Ländern darauf hin, Verbrechen der Vergan-

lungsprojekt in Brasilien im Geheimen durchgeführt wurde, war die Unterstützung der katholischen Kirche nicht nur finanziell wichtig, sondern verlieh auch dem publizierten Bericht Legitimation.

145 *Uruguay: Nunca Más: Informe Sobre la Violación a Los Derechos Humanos (1972-1985)*. 2. Aufl., Montevideo 1989. Die parlamentarische Kommission war nur befugt, das Verschwinden von Menschen zu untersuchen, so dass der größte Teil der in Guatemala begangenen Verbrechen nicht in ihren Zuständigkeitsbereich fiel, insbesondere illegale Inhaftierungen und Folter.

146 *Guatemala: Nunca Más*, 4 Bd. Guatemala City 1998. Gekürzte englische Fassung: *Guatemala: Never Again!* Maryknoll (NY, USA) / London 1999.

Abb. 76. Paulo Evaristo Arns und Henry Sobel bei einer Gedenkfeier für Vladimir Herzog, einen von der brasilianischen Polizei gefolterten Journalisten, 1976

genheit zu ermitteln und offenzulegen *(Truth-Telling Inquiries)*. Ihre Erfolge – etwa bei der Publikation von Gedenkbüchern, der Entdeckung von Massengräbern und der Identifizierung von Opfern – sind ebenso in diesem Kontext zu sehen wie ihre Misserfolge bei den Bemühungen, eine offizielle Anerkennung der Ergebnisse zu erwirken und sie der breiten Öffentlichkeit zu vermitteln.

RACHE ODER VERGEBUNG

Die Debatte um die Wahrheitskommissionen, die bereits seit zwei Jahrzehnten geführt wird, gibt einen klärenden Bezugsrahmen vor, etwa um dem in Russland heute immer wieder vorgebrachten Einwand zu begegnen, durch die Beschäftigung mit den Tätern und Umständen der Verbrechen werde die Anklage statt der Versöhnung in den Vordergrund gerückt. Am deutlichsten kommt dieser Einwand in den Reaktionen auf die Nachforschungen Denis Karagodins zum Ausdruck, dem »Vergeltungswahn« vorgeworfen wird – so die Überschrift eines Artikels der russisch-orthodoxen Autorin Jelena Trostnikowa. Ihrer Meinung nach zeugt Karagodins Bestreben, die Namen der Täter zu ermitteln, von der Bereitschaft, »sich in den Strudel der Hassverbreitung zu begeben und auf eine geistige Ebene mit den Tätern zu stellen«:

> Wenn jemand Gerechtigkeit fordert und zuerst einmal nach den Tätern sucht, kommt mir das merkwürdig vor. Ich finde, es gibt Wichtigeres, als die Täter ausfindig zu machen und möglichst noch Fahrer, Sekretärinnen und Putzfrauen des NKWD und alle irgendwie Beteiligten dazu zu zählen. Wir müssen die Erinnerung an die wiederherstellen, die gelitten und Qualen erduldet haben – an die, deren Erbe wir fortsetzen müssen. […]
>
> Mir scheint, dass die Wiederherstellung der historischen Wahrheit eben darin besteht, im Erinnern. Damit das Andenken an die, die unschuldig gelitten haben, an das Edle ihres Geistes, nicht spurlos verschwindet. Rache hingegen ist ja genau das, was wir 1937-38 erlebt haben. Sie ist eine endlose Reihe von Morden, ein Teufelskreis, der nicht durchbrochen werden kann. Wollen wir das wirklich?[147]

Solche Befürchtungen lassen tief blicken. Wer sie vorbringt, weiß ja sehr gut: Gerade wenn ein Verbrechen nicht verurteilt wird, erscheint Rache durch Angehörige des Opfers als ein möglicher Weg, sich trotzdem Gerechtigkeit zu verschaffen. Das ist genau besehen ein sehr wichtiger Punkt: Der versöhnliche Ratschlag, »nicht im Vergangenen herumzuwühlen«, rührt eigentlich von dem Bewusstsein her, dass der Konflikt nicht gelöst ist und es an legitimen Mitteln zu seiner Lösung fehlt. Doch das einzige legitime Instrument zum Schutz vor Rache ist eine funktionierende und unabhängige Rechtsprechung, wie der französische Kulturhistoriker René Girard in seiner klassischen Studie *Das Heilige und die Gewalt* erläutert:

147 »Kak ne pomešat'sja na vozmezdii«. *Miloserdie.ru*, 11.07.2017. https:// www.miloserdie.ru/article/kak-nam-vosstanovit-istoricheskuyu-spravedlivost/.

> Das Gerichtswesen wendet die von der Rache ausgehende Bedrohung ab. Es hebt die Rache nicht auf; vielmehr begrenzt es sie auf eine einzige Vergeltungsmaßnahme, die von einer auf ihrem Gebiet souveränen und kompetenten Instanz ausgeübt wird. Die Entscheide der gerichtlichen Autorität behaupten sich immer als das *letzte Wort* der Rache.[148]

Dem anfangs zitierten Einwand lässt sich das wichtigste Prinzip der Wahrheitskommissionen entgegenstellen: Wenn Gerechtigkeit nicht durch Rechtsprechung erlangt werden kann, dann bleibt nur ein Weg, um sie wiederherzustellen und für diejenigen einzustehen, die besonders darauf angewiesen sind, nämlich die Opfer und das Andenken an sie: Die Umstände der Verbrechen, die Namen der Verantwortlichen und die Schwere ihrer Schuld müssen so umfassend wie möglich aufgeklärt werden.

Die Frage, ob die Namen von Personen publik gemacht werden sollten, die für die Verbrechen eines autoritären Regimes verantwortlich sind, ist in der wissenschaftlichen Diskussion um die Wahrheitskommissionen gut bekannt. Gegen die Veröffentlichung der Namen wird oft der Umstand ins Feld geführt, dass die Kommission kein Justizorgan ist und ihre Ermittlungen meist nicht zu regulären Strafverfahren führen. Die namentliche Nennung der Täter trete somit an die Stelle einer formalen Anklage, ohne dass sie die Möglichkeit hätten, sich zu rechtfertigen, oder gerichtliche Verteidigung in Anspruch nehmen könnten. So wurden etwa in Ruanda zwei von drei Stadtkommandanten, die die Kommission für schuldig befand, Gewaltverbrechen verübt zu haben, wenige Monate später ermordet. Deshalb haben bis 1994 nur 4 der 15 Kommissionen die Namen der Täter veröffentlicht. Seit dem Bericht der Wahrheitskommission in El Salvador, der für spätere Kommissionen in vieler Hinsicht zum Vorbild wurde, ist die Veröffentlichung von Namen jedoch gängige Praxis. In dem Bericht heißt es:

148 Girard, René, *Das Heilige und die Gewalt*. Ostfildern 2012, S. 29.

> Es ließe sich einwenden, dass die Namen der Personen, die nach Ansicht der Kommission an den festgestellten Gewalttaten beteiligt waren, im Bericht nicht genannt werden sollten, da die Ermittlungsmethoden nicht den Anforderungen eines formellen Strafverfahrens entsprechen. Die Kommission ist jedoch überzeugt, dass sie keine andere Möglichkeit hat.
>
> Mit Unterzeichnung der Friedensverträge haben die Parteien bekundet, dass »die ganze Wahrheit bekannt gemacht werden muss«, und eben dies ist die Aufgabe der Kommission. Aber die ganze Wahrheit lässt sich nicht sagen, ohne Namen zu nennen. Die Kommission wurde schließlich nicht damit beauftragt, einen wissenschaftlichen Bericht über die Ereignisse in El Salvador zu verfassen. Sie sollte vielmehr die äußerst wichtigen Fakten der Gewaltausübung beschreiben und Maßnahmen vorschlagen, damit sich so etwas künftig nicht wiederholen kann. Diese Aufgabe lässt sich nicht abstrakt und unter Zurückhaltung eines Teils der Informationen erfüllen, […] wenn gesicherte Zeugnisse vorliegen – vor allem dort, wo die identifizierten Personen Führungspositionen innehaben und offizielle Funktionen wahrnehmen, die in direktem Zusammenhang mit den Verbrechen oder ihrer Vertuschung stehen. Die Namen nicht zu nennen würde bedeuten, der Straflosigkeit den Weg zu bahnen, der die Kommission im Auftrag der Vertragsparteien ein Ende setzen soll.[149]

Es hat nie einen Prozess gegen die Personen gegeben, die den sowjetischen Terror organisiert oder sich daran beteiligt haben. Das hat nicht nur zur Folge, dass die Verbrechen niemals offiziell verurteilt worden sind, was Teilen der Gesellschaft dazu dient, sie zu rechtfertigen. Es gibt noch einen weiteren negativen Effekt, der nicht weniger zur gesellschaftlichen Spaltung beiträgt, aber seltener thematisiert wird: Mangels konkreter Urteile, in denen Namen genannt werden, lastet ein anderer Teil der Gesellschaft die Schuld an den Verbrechen einer unbestimmten Gruppe von Menschen an, der pauschal alle »Mitarbeiter des NKWD, MGB und KGB« zugerechnet werden.

149 *From Madness to Hope: The 12-Year War in El Salvador: Report of the Commission on the Truth for El Salvador.* UN-Sicherheitsrat 1993, S/25500, S. 25.

Wer darauf beharrt, dass der sowjetische Terror vor Gericht aufgearbeitet werden muss, verweist oft auf die Nürnberger Prozesse als Vorbild. Hierzu ist anzumerken, dass es in allen 13 Nürnberger Prozessen insgesamt nur 5000 Angeklagte gab und selbst in Deutschland viele ehemalige Nationalsozialisten freigesprochen wurden. Es ist wichtig, zu sehen, dass Denis Karagodins Bemühungen, alle an der Ermordung seines Urgroßvaters beteiligten Personen zu ermitteln und beim Namen zu nennen, gerade nicht den Kreislauf der Vergeltung in Gang setzen, sondern im Gegenteil aus dem Rachediskurs hinausführen. Denn das Reden von Rache wird ja eben durch die Ungewissheit über das tragische Geschehen genährt. Ihr lässt sich entkommen, indem die Umstände des Verbrechens und die konkrete Schuld der Beteiligten so umfassend wie möglich ermittelt werden (die Sekretärin, die die Todesurteile getippt hat, der Fahrer des Gefängniswagens, die Person, die die Urteile gefällt oder vollstreckt hat). Die Ungewissheit beeinträchtigt nicht nur die Erinnerung an die Opfer, sondern auch die Erinnerung an die Sekretärin, die die Erschießungsurteile lediglich abgetippt hat, da sie ohne Rücksicht auf die Schwere der Schuld zu den »Verbrechern« gezählt wird, auf denen das Blut von Millionen Menschen lastet.

In Kreisen orthodoxer Christen wird die Forderung, man müsse dem Teufelskreis der Rache entkommen, oft in den Appell gekleidet, den Tätern christliche Vergebung zuteilwerden zu lassen.[150] Das Christentum gilt in der heutigen russischen Gesellschaft als traditionelle Weltanschauung, und die christliche Ethik, nach der man seinen Feinden vergeben sollte, ist eine gute Basis für die Versöhnung. Hier gibt es gewisse Parallelen zu der Berufung auf die traditionelle »Ubuntu«-Ethik der Mehrheitsbevölkerung im nationalen Versöhnungsprozess Südafrikas, bei dem es ebenfalls um die Vergebung begangener Gräueltaten ging.

Vergebung ist in der Tat ein gutes Szenario für die gesellschaftliche

150 Eine beispielhafte Ausführung dieses Ansatzes findet sich in: Archipova, Marina / Michajlova, Marina, *Proščenie. Kak primirit'sja s soboj i drugimi*. Moskau 2018.

Versöhnung. Sie ist jedoch nur möglich, wenn die Täter – oder diejenigen, die statt ihrer die Verantwortung für die Taten übernehmen – ihre Schuld bekennen und um Vergebung bitten. Genau darauf zielte der Versöhnungsprozess in Südafrika, wenn oft auch nur auf der offiziell-ideologischer Ebene. Das Böse wird festgehalten und offengelegt, und dadurch wird es möglich, Frieden zu schließen. Vergebung zu gewähren, ohne dass darum gebeten werden muss, wäre das Gegenteil und würde nicht dem Frieden dienen, sondern die Spaltung aufrechterhalten. Denn das Böse wird dadurch nicht gehemmt: Es wurde nicht um Vergebung gebeten, der Täter hat die Tat nicht eingestanden oder bereut, er sitzt nach wie vor unversehrt im Sattel. In dieser Situation Vergebung zu gewähren heißt, die Wunde zuzudecken, das Böse zu dulden und den Täter zu ermutigen. Christliche Vergebung fordert nicht, Böses nicht zu verurteilen oder Sünden zu bemänteln. Sie lehrt vielmehr, dass sich bei aufrichtiger und tätiger Reue die Möglichkeit auftut, von den Folgen böser Taten auf mystische Weise freizukommen. Dies ist der Sinn der Rede von der Liebe zu Feinden und Sündern: Sie gilt Menschen, die über das Potenzial zur Umkehr verfügen.

Vergebung kann die Verurteilung der Verbrechen nicht ersetzen. Sie ist Teil eines umfassenderen Prozesses zur Überwindung ihrer Folgen, nach der Formel »Erinnern, wissen, verurteilen und dann erst vergeben«. Bei Karagodins Nachforschungen und ähnlichen Initiativen geht es gerade darum, zu verhindern, dass die Taten in Vergessenheit geraten und eine Versöhnung damit endgültig unmöglich wird. Am fasslichsten und tiefreichendsten sind auch hier die Zeugnisse der persönlichen und familiären Erinnerung an begangenes Übel. Péter Esterházy betont, dass er als Nachkomme eines Schuldigen das gleiche Interesse an der Anerkennung des begangenen Übels habe wie alle anderen. Wie die Gesellschaft insgesamt, die durch die Folgen des einst begangenen Bösen vergiftet ist, braucht er nicht Vergebung, sondern das Wahren der Erinnerung:

> Ich arbeite gegen das Vergessen. Ich möchte nicht, daß die Sache meines Vaters vergessen wird, sondern daß man sie im Gedächtnis behält. Ich will auch keine Vergebung. (Wenn nötig, würde ich sie auf den Knien erflehen. Wenn das die Lösung wäre.) Aber was dann? Nun ... daß irgendwie alles sichtbar sein soll. Daß das ist, was ist, und daß es so ist, es sich herausstellte, daß es so ist.[151]

Die Erfahrung aus anderen Ländern lehrt, dass es nicht nur im Interesse der Gesellschaft, sondern auch im Interesse der Täter-Nachfahren ist, die Informationen über die Verbrechen der sowjetischen Terror-Ära möglichst umfassend und detailliert der Öffentlichkeit zugänglich zu machen.

PROZESS ODER AUFDECKUNG

Diejenigen, die für eine möglichst harte Abrechnung mit der verbrecherischen Vergangenheit eintreten, bringen einen anderen Einwand gegen die kompromissbasierte Vergangenheitsaufarbeitung vor. Ihrer Meinung nach dienen solche Ansätze dazu, die Erben und Nachfolger des Sowjetregimes vor ernsthafter Verantwortung zu bewahren; sie sind deshalb nur ein unbefriedigendes Surrogat für einen echten Bruch mit der Vergangenheit.

Im Kontext der Diskussion über die Wahrheitskommissionen betrifft dieser Einwand die Frage nach dem Verhältnis zwischen Wahrheit und Gerechtigkeit, die im Südafrika-Kapitel des zweiten Teils thematisiert wird. Als das Modell sich ausbreitete, waren die Kommissionen oft Teil eines bewussten Deals, den die Repräsentanten der scheidenden Diktatur eingingen. Zudem nutzten auch neu an die Macht gekommene Regime solche Abmachungen, um sich selbst zu legitimieren (und gehen damit ähnlich vor, wie es Chruschtschow mit der Rede »Über den Personenkult und seine Folgen« tat). Dies war etwa bei den Kommissionen in Uganda (1986-1995), Chile (1990-1991), Guatemala (1997-1999), Sierra Leone (1999), Kongo (2002)

151 Esterházy, *Verbesserte Ausgabe*, a. a. O. S. 93.

und Liberia (2003) der Fall. Im Lauf der Zeit ist jedoch deutlich geworden, dass die Kommissionen in Wirklichkeit keineswegs vor allem als Sprungpolster für geschwächte Diktatoren fungieren, was immer die Organisatoren auch ursprünglich beabsichtigt haben mögen. Im Gegenteil, ihre Arbeit erhöht meist die Wahrscheinlichkeit, dass die Verbrecher vor Gericht gestellt werden.[152]

Der erste Grund hierfür ist, dass alle nachfolgenden juristischen Ermittlungen sich in der Regel auf die Tatsachen stützen, die durch die Arbeit der Kommission aufgedeckt wurden. So wurden etwa in Argentinien die Prozesse gegen Militärangehörige, zu denen es gegen Ende der 2000er Jahre in großer Zahl kam, aufgrund der Beweise eingeleitet, die die Wahrheitskommission in den Jahren 1983-1984 gesichert hatte. Ähnliche Entwicklungen gab es auch im Tschad und in Peru. Als im Tschad Anklage gegen den früheren Diktator Hissène Habré erhoben wurde, lieferte der acht Jahre zuvor, nämlich 1992 erschienene Abschlussbericht der Wahrheitskommission die wichtigste Grundlage. Habré wurde 2013 von Somalia ausgeliefert und 2016 zu einer lebenslangen Freiheitsstrafe verurteilt. In Peru übergab die Kommission ihr gesamtes Material unmittelbar nach Veröffentlichung des Berichts im Jahr 2004 an die peruanische Staatsanwaltschaft. Darauf folgten zahlreiche Prozesse, in denen die meisten Angeklagten allerdings freigesprochen wurden.

Zweitens: Selbst dort, wo nicht die Möglichkeit besteht, Juristen mit Materialien zur Anklageerhebung zu versorgen, kann allein schon die Einrichtung einer solchen Kommission dazu beitragen, bei der Staatsführung und in der Gesellschaft den Gedanken zu verbreiten, dass sie sich für ihr Handeln zu verantworten haben. Jose Miguel Vivanco, der ehemalige Leiter des Bereichs Amerika der Menschenrechtsorganisation Human Rights Watch, hält es in Situationen, in denen eine Strafverfolgung aus politischen Gründen nicht möglich ist, für »eine der strategisch klügsten Optionen, mit einer Wahrheitskommission zu beginnen. Dadurch werden in der Regel Vorausset-

152 Hayner, *Unspeakable Truths*, a. a. O. S. 91ff.

zungen geschaffen, die es ermöglichen, die Schuldigen zur Verantwortung zu ziehen.« Wenn ein vertrauenswürdiges Gremium öffentlich Beweise für Verbrechen vorlege, sei »die nächste Frage, die sich jeder normale Mensch stellt: Und was machen wir nun? Man sagt nicht einfach ›Damit wäre das abgehakt‹, sondern fragt: ›Haben wir genug getan? Wo sind all diese verschwundenen Menschen? Sind sie am Leben? Kann man etwas tun, um Gerechtigkeit herzustellen? Sind die Täter immer noch bei der Polizei oder beim Militär?‹«[153]

In einer Situation, in der eine volle rechtliche Verurteilung der Verbrechen politisch nicht möglich ist (so wie heute in Russland), ist die Aufdeckung der Wahrheit mithilfe einer Kommission ein guter Weg, um die breitere Gesellschaft in die Auseinandersetzung mit der schwierigen Vergangenheit einzubeziehen und darüber hinaus den ersten Schritt zu einer juristischen Aufarbeitung zu tun.

Der Aufbau einer Meta-Wahrheitskommission für Russland

Wenn das Modell der Wahrheitskommission als Kontext für den Prozess der Vergangenheitsbewältigung in Russland dienen soll, müssen wir uns ansehen, welche grundlegenden Bedingungen erforderlich sind, damit es funktionieren kann. Zu diesem Zweck sollen zunächst die Verhandlungssituation bestimmt und im Anschluss daran kurze Thesen für die Diskussion auf nationaler Ebene formuliert werden.

DIE VERHANDLUNGSSITUATION

Das Kompromiss- oder Vertragsmodell der Vergangenheitsaufarbeitung setzt voraus, dass es Verhandlungsparteien gibt. Wenn wir im Hinblick auf Russland vom »Aushandeln der Wahrheit« sprechen, sollten wir wissen, welche Parteien an diesem Prozess beteiligt sind.

153 Ebd. S. 92.

Erst wenn klar ist, wer sich mit wem versöhnen will, kann festgelegt werden, was der Gegenstand der Verhandlungen ist und in welchem Format sie durchgeführt werden.

James Gibson, der in seinem Buch *Overcoming Apartheid* genau diese Frage in Bezug auf Südafrika stellt, unterscheidet zwei Bedeutungen der Kategorie »Versöhnung«: die Versöhnung auf der Mikroebene, das heißt, die persönliche Vergebung, die die Opfer oder ihre Angehörigen den Tätern gewähren, und die Versöhnung auf der Makroebene. Hier geht es darum, Praktiken des Zusammenlebens zwischen den ethnischen Gruppen zu begründen und zu entwickeln, wechselseitige Vorurteile zu überwinden, soziale Mechanismen zur Überwindung von Ungleichheiten aufgrund ethnischer Unterschiede zu etablieren – kurz, mehrere nationale Gemeinschaften zu einer Gesellschaft zusammenzuführen.

In Russland ist eine Versöhnung auf der Mikroebene wegen des großen zeitlichen Abstands zur Hochphase des Staatsterrors praktisch nicht möglich. Von denen, die damals Urteile vollstreckt oder sich an der Gewalt gegen die Gefangenen beteiligt haben, ist heute kaum noch jemand am Leben. Wer 1953 (im letzten Jahr der stalinschen Repressionen) volljährig war, also für Beteiligung am Terror zur Verantwortung gezogen werden könnte, hat 2020 das 85. Lebensjahr vollendet. Der ehemalige NKWD-Mitarbeiter Grizian Waskow, der im Rahmen des Projekts »Mein Gulag« unter Tränen erzählte, wie sein Kollege Gefangene exekutierte, war 2018 94 Jahre alt. Es gibt sehr wenige damals Beteiligte, die ein so hohes Alter erreicht haben. Wenn sie nicht selbst Opfer der Repressionen wurden, starben sie größtenteils relativ früh an natürlichen Ursachen oder chronischem Alkoholismus, einer in diesem Milieu sehr verbreiteten »Berufskrankheit«.

Doch selbst dort, wo man tatsächlich von einem persönlichen Zusammenkommen individueller Opfer und Mitarbeiter des Gulag-Systems sprechen kann, zeigt sich oft, dass die private Versöhnung keine große Schwierigkeit darstellt. Das hat vor allem mit der spezifischen Struktur des Gulag und seines Nachfolgesystems (GUIN –

FSIN)[154] zu tun. Die Lager waren oft »stadtbildende Unternehmen«, um die herum das Alltagsleben und die Wirtschaft organisiert wurden. So leben in den Regionen Magadan, Murmansk, Krasnojarsk, Komi und Jakutien ehemalige Häftlinge und ihre Kinder Seite an Seite mit ehemaligen Gulag-Mitarbeitern und deren Kindern, und man begegnet sich in den örtlichen Läden oder den Warteschlangen für die Rentenauszahlung.

Ein eindrückliches Beispiel für diese Koexistenz ist die Siedlung Tugatsch, die rund 200 Kilometer von Krasnojarsk entfernt liegt. Zwischen 1938 und 1956 wurde dort im Rahmen des Gulag-Systems das Besserungsarbeitslager Tugatsch betrieben. Heute leben in dem 532 Einwohner zählenden Ort Nachkommen von Häftlingen und von Wärtern. Ein ehemaliger Häftling heiratete die Witwe eines an der Front gefallenen Lageraufsehers und zog dessen Kinder auf, die heute das Museum der Siedlung betreuen.[155] Vor einigen Jahren begann eine Geschichtslehrerin der örtlichen Schule, die Tochter eines Aufsehers, mit ihren Schülerinnen und Schülern Zeugnisse des Lagers zu sammeln. Dabei zeigte sich, dass die Beschäftigung mit dieser Zeit unter den Ortsbewohnern keinen Zwist hervorrief, sondern Anlass gab, die gemeinsame Erinnerung zu wecken und zusammenzufinden. Im Jahr 2011 wurde ein Sammelband mit dem Titel *Von Sibirien nach Sibirien*[156] veröffentlicht; er präsentiert das im Rahmen des Schulprojekts zusammengetragene Material und ist der Geschichte der Häft-

154 1960 wurde die Hauptverwaltung Lager (russ. Glavnoe upravlenie lagerej, abgekürzt GULAG) aufgelöst. Ihre Funktionen übernahm teilweise die Hauptverwaltung Strafvollzug (Glavnoe upravlenie ispolnenija nakazanii, abgekürzt GUIN), die dem sowjetischen Innenministerium unterstellt war. Nach der Auflösung der UdSSR wurde sie vom Innenministerium der Russischen Föderation übernommen und 1998 an das Justizministerium übergeben. Nach verschiedenen Umstrukturierungsmaßnahmen nimmt der Bundesstrafvollzugsdienst (Federal'naja služba ispolnenii nakazanii, abgekürzt FSIN) dieselben Aufgaben wahr. (A. d. Ü.)

155 Chustik, Svetlana, »Skovannye odnoj cep'ju«. *Takie dela*, 31. 07. 2018. https://takiedela.ru/2018/07/skovannye-odnoy-cepyu/ (Abrufdatum 7. 09. 2022).

156 Gomer, A. et al. (Hgg.), *Iz Sibiri v Sibir'. Sbornik pamjati sajancev, postradavšich v gody političeskich repressij*. Teil 1 und 2. Aginskoje 2011/2012.

linge gewidmet. 2017 richtete eine Gruppe von Dorfbewohnern ein örtliches Freilichtmuseum zur Geschichte des Lagers ein:

> Es stellte sich heraus, dass alle davon gehört hatten, davon wussten und dass viele sich sehr gut an das erinnerten, was hier geschehen war. Sie hatten einfach geschwiegen. Und nun brach es förmlich aus ihnen heraus. Die Menschen sprachen miteinander, atmeten durch, entspannten sich, brachten Haushaltsgegenstände und andere Objekte, die einzelnen Geschichten flossen zu einem Strom zusammen. Die Engagiertesten im Dorf bildeten eine Initiativgruppe, die das Sammeln der Informationen koordinierte. Lydia Gerassimowna trat ihr als eine der Ersten bei. [...] Plötzlich bot jemand, dem gerade noch alles gleichgültig gewesen war, seinen Traktor an, um die Straße zu pflastern. Jemand entsann sich, dass es auch in seiner Familie ehemalige Häftlinge gab und es auch um das Gedenken an sie ging. Der Werklehrer der Schule baut schon seit fast einem Jahr an einem Modell des Lagers: »Für mich ist das nicht schwer, mein Onkel war dort Wachmann, ich weiß so in etwa, was wo lag«.

Die Geschichte, wie sich die Einwohner von Tugatsch ihrer Vergangenheit zuwenden, macht deutlich, dass das Erinnern keineswegs zu einer Spaltung zwischen den Nachkommen der Häftlinge und denen der Wachleute führen muss. Das Erinnern kann im Gegenteil sogar helfen, eine gemeinsame Sprache für die Vergangenheit zu finden, und die Zusammenarbeit zwischen administrativen Stellen und gesellschaftlichen Initiativen fördern. Das Museum wird von den Dorf- und Bezirksverwaltungen und dem Memorial-Ortsverband Krasnojarsk gemeinsam betrieben und von örtlichen Unternehmen und lokalen Medien unterstützt.[157]

157 Zum Museum in Tugatsch vgl. auch den Film *Soveršenno sekretno – Tugačinskij KrasLAG* von Elena Kozlova und Ivan Totskij: https://www.youtube.com/watch?v=VIDzOQlNVDE; die Seite des Projekts auf der Website des Wettbewerbs »Kul'turnaja mozaika malych gorodov i sel«: http://cultmosaic.ru/winners/sovershennosekretno-tugachinskiy-kraslag/?sphrase_id=2475; die Gedenkseite auf der Website des »Virtuellen GULAG-Museums«: http://www.gulagmuseum.org/showObject.do?object=55121154&language=1.

Die dringlichste Aufgabe in Russland ist nicht die Versöhnung auf der Mikroebene, sondern die auf der Makroebene, um auf Gibsons Unterscheidung zurückzukommen. Die Versöhnung zwischen Einzelpersonen geht etwas anders vonstatten als die Versöhnung innerhalb einer gespaltenen Gesellschaft oder zwischen Gesellschaft und Staat.

Hier ist an das zu erinnern, was im Kapitel über Südafrika gesagt wurde: Zum Prozess der Versöhnung gehört wesentlich, dass Bürger und Staat eine Kultur aufbauen, in der die Menschenrechte geachtet werden und Toleranz gegenüber dem »Anderen« herrscht, also Vertreter anderer Gruppen und Ideologien akzeptiert werden. »Kultur« ist hier der Schlüsselbegriff: Es geht darum, gezielt öffentliche Aufmerksamkeit für Versöhnungsaktivitäten zu schaffen – auch auf staatlicher Ebene –, Geschichten zu diesem Thema zu verbreiten und Filme und Artikel darüber zu publizieren. Beispiele hierfür sind etwa das Versöhnungstreffen zwischen den Nachkommen von Anatoli Pepeljajew, einem General der Weißen Armee im russischen Bürgerkrieg, und den Nachfahren Iwan Strods, eines Kommandanten der Roten Armee,[158] oder der bereits mehrfach erwähnte Brief von Denis Karagodin an die Enkelin des Mörders seines Urgroßvaters.

VORTEILE FÜR DIE VERHANDLUNGSPARTEIEN

Die Diskussion über die Vergangenheitsbewältigung bewegt sich gewöhnlich in rein moralischen Kategorien. Eine »instrumentelle« Herangehensweise an diese Thematik scheint zynisch und unwürdig. Dabei vollzieht sich ein Einstellungswandel in Bezug auf diese Fragen fast nie allein deshalb, weil die Politik plötzlich erkennt, dass Sklaverei, Unterdrückung und Völkermord unmoralisch sind. In den

158 »Potomki Stroda i Pepeljaeva primirilis' v Jakutii!« *SakhaLife*, 3.9. 2018. https://sakhalife.ru/potomki-stroda-i-pepelyaeva-primirilis-v-yakutii/ (Abrufdatum 8.09. 2022). »Jakutsk: potomki komandira Stroda i generala Pepeljaeva vstretilis' v Amge«. *Sibir'. Realij*, 29.08.2018. https://www.sibreal.org/a/29459023.html (Abrufdatum 8.09.2022).

allermeisten Fällen gelingt er nur dann, wenn es im Interesse politischer Kräfte liegt, das Thema für sich zu nutzen.

Der amerikanische Historiker und Politikwissenschaftler Elazar Barkan hat sich in seinem Buch *Völker klagen an* eingehend mit dieser Problematik auseinandergesetzt. Für ihn sind Entschädigungsverhandlungen ein Instrument, das es den Opfern historischer Tragödien ermöglicht, sich als Gruppe mit gemeinsamen Zielen zu begreifen.

Barkan untersucht eine Reihe von Verhandlungen über Reparationszahlungen: von Deutschland an die Opfer des Holocaust, von den USA an die ehemaligen Insassen von Internierungslagern, von Japan an die Opfer sexueller Sklaverei (die »Trostfrauen«) und von ehemaligen Mutterländern an indigene Völker in ihren früheren Kolonien (Nordamerika, Hawaii, Australien und Neuseeland). Er zeigt auf, dass die Opfer sich oft gerade durch die *Verhandlungen* ihrer Gemeinsamkeiten bewusst werden und anfangen, ihre Interessen zu formulieren und für sie zu kämpfen.

Die Diskussion über eine so konkrete und pragmatische Frage wie finanzielle Kompensationen – so Barkan – ermöglicht es Opfern und Tätern, in Verhandlungen einzutreten, die sonst aus vielen Gründen unmöglich wären. Besonders wichtig ist hier, dass auch die Rechtsnachfolger der Staaten, die die Verbrechen verübt haben, ein unmittelbares Interesse an diesen Verhandlungen haben. Indem sie den Opfern oder deren Nachfahren entgegenkommen, stärken sie ihre Legitimität im eigenen Land und im Ausland. Zudem wird in solchen Verhandlungen eine Interpretation der Vergangenheit formuliert, die beiden Seiten gerecht wird:

> [D]as Neuartige an dem Druck, das Unrecht der Vergangenheit zu korrigieren, [besteht] darin, daß man sich der Geschichte in dem Bemühen zuwendet, eine Interpretation der Vergangenheit zu finden, der beide Parteien zustimmen können. Dieser Ansatz bietet eine Grundlage, auf der über Identitäten verhandelt werden kann, und fungiert als Mechanismus, um zwischen den verschiedenen nationalen Geschichtsbildern zu vermitteln. Es findet ein Diskurs über Nationalismus statt, und es wird darüber verhandelt, wessen Version der nationalen Geschichte legitimiert werden

> kann – nicht nur von deren Vertretern, sondern auch von den Gegnern und »unparteiischen« Dritten. Der Holocaust an den Juden ging zum Beispiel 1945 zu Ende, aber er übt bis heute einen Einfluß auf das Leben der Opfer aus und trägt sicher dazu bei, die jüdische, die deutsche und auch andere Identitäten zu formen. Die Sklaverei wurde abgeschafft, aber ihre Folgen bestimmen noch immer die Beziehungen zwischen den Rassen.[159]

Die Verhandlungen zwischen Deutschland und Israel im Vorfeld des Luxemburger Abkommens, die zunächst in beiden Ländern auf Ablehnung stießen, ebneten schließlich nicht nur den Weg für eine öffentliche Debatte über die Verantwortung für die nationalsozialistischen Verbrechen, sondern erleichterten es auch den Holocaust-Opfern in Israel und im Ausland, eine eigene Haltung zu formulieren. Die Verhandlungen haben das heutige Verständnis des Holocaust entscheidend mitgeprägt. Als in den späten 1980ern Verhandlungen über Entschädigungszahlungen an die koreanischen, philippinischen und chinesischen Frauen aufgenommen wurden, die während des Zweiten Weltkriegs in den japanischen »Trostlagern« interniert waren, hatten nur wenige Betroffene den Mut, über ihre Erfahrungen zu sprechen. Aus diesen Anfängen entstand bis Ende der 1990er eine große Frauenrechtsbewegung, die Hunderte Opfer von Trostlagern aus mehreren asiatischen Ländern zusammenführte. Die japanische Regierung, die sich anfänglich geweigert hatte, die Verantwortung für diese Verbrechen anzuerkennen und allenfalls zu inoffiziellen Entschuldigungen und Zahlungen im Namen nichtstaatlicher Stiftungen bereit war, beschloss, eine Entschuldigung durch den Premier und im Namen des Parlaments auszusprechen und offizielle Entschädigungen zu zahlen.

Interessant ist, dass die Opfer auch lange nach dem Ende des traumatischen Geschehens zu einer gemeinsamen Identität finden

159 Barkan, Elazar, *Völker klagen an. Eine neue internationale Moral.* Düsseldorf 2002, S. 18.

können. So ist etwa das Selbstverständnis der heutigen Afroamerikaner in erheblichem Maß durch die Diskussion über die Sklaverei und ihre Folgen geprägt.

Die Aktivitäten zahlreicher gesellschaftlicher Gruppen, die für ihre Rechte eintreten, gestalten Politik und Öffentlichkeit heute entscheidend mit und prägen das politische Leben – so verhält es sich zumindest in demokratischen Ländern. Die Diskussion um die Verantwortung für historische Verbrechen, insbesondere den Holocaust in Europa und die Sklaverei in den USA, war eine entscheidende Ressource für die Entstehung dieser Politik neuen Typs. Das zeigt unter anderem das Mahnmal in Montgomery.

Auch der Staatsterror der Sowjet-Ära ist ein Verbrechen, das die ganze Welt angeht und unermesslich tragische Folgen hatte. Zugleich stellt er heute in Russland sowohl für die Staatsmacht als auch für die Gesellschaft ein schwieriges Thema dar. Er wird entweder gar nicht erwähnt oder – gerade, weil es so schmerzlich ist – manipulativ instrumentalisiert. Die Erfahrung der meisten Länder mit schwieriger Vergangenheit zeigt jedoch, dass diese Auseinandersetzung unumgehbar ist; sie steht irgendwann wieder auf dem Plan. Deshalb sollte man darüber nachdenken, wie sie sich so führen lässt, dass alle Beteiligten den größtmöglichen Nutzen daraus ziehen. Wenn die Erinnerung an den sowjetischen Terror jedoch als Ressource für das Verhandeln über die Vergangenheit begriffen wird, kann sie sich als wichtige identitätsfördernde Maßnahme erweisen – nicht nur für die Nachkommen der Opfer, sondern auch für die Staatsführung, sofern sie denn daran interessiert ist, sich durch reale Geschichte zu legitimieren anstatt durch Fälschungen und propagandistische Manipulationen.

Umso bemerkenswerter ist, dass es im Laufe der nun schon sechs Jahrzehnte währenden Geschichte der verschiedenen »Entstalinisierungen« in der Sowjetunion und in Russland zwar vieles gab, aber keine Verhandlungen zwischen den Opfern und den Erben (Rechtsnachfolgern) der Täter. Der »Kampf gegen den Personenkult« in den 1950er Jahren diente in erster Linie der Legitimation des Machtwechsels. Die damit verbundenen Rehabilitierungsmaßnahmen waren weitgehend kosmetisch, und der beste Beweis dafür ist – ganz nach Barkan –, dass sie keine Entschädigung vorsahen. Die Angehörigen der deportierten Völker hatten keinen Rechtsanspruch auf das Land, das ihnen genommen worden war, und mussten sogar die Kosten für ihre Rückkehr selbst tragen.

Im Gesetz von 1991 über die Rehabilitierung von Opfern politischer Repressionen wurde dann eine Entschädigung »in Höhe von 75 Rubel für jeden Monat der Inhaftierung [...], jedoch nicht mehr als 10 000 Rubel« festgelegt.[160] Es kam jedoch nicht auf Druck von Repressionsopfern oder deren Angehörigen zustande, sondern weil den Vertretern der damaligen Regierung und des Verfassungsgerichts bewusst war, dass zumindest eine symbolische Entschädigung erforderlich war.[161] Mit dem 2004 verabschiedeten Gesetz über die Monetarisierung von Leistungen wurde das Rehabilitationsgesetz geändert: Die Haftung des Staates für moralische Schäden wurde aufgehoben, der Kreis der entschädigungsberechtigten Personen eingeschränkt und der erforderliche Mindestzahlungsbetrag gestrichen. Dieses Gesetz löste breite Proteste aus, die dazu beitrugen, dass die Begünstigten eine Entschädigung erhielten. Unter den Demonstranten befanden sich jedoch keine Repressionsopfer oder Angehörigen. Die Aktionen der Organisation Memorial, die sich für die Rechte der Unterdrückten einsetzte, wurden vor diesem Hintergrund kaum wahrgenommen.

Dass die Auseinandersetzung nie geführt wurde, ist umso erstaunlicher, als sie ganz offensichtlich eine ungeheure Anzahl von Menschen betrifft. Mindestens 15 Millionen Personen waren direkte Opfer des sowjetischen Terrors. Wenn man die Opfer der »Arbeitsdekrete« und der von der Regierung verursachten Hungersnot hinzuzählt,

160 Siehe den Regierungsbeschluss Nr. 160 vom 16. März 1992 über das Verfahren für die Zahlung von Geldentschädigungen und die Gewährung von Leistungen an Personen, die gemäß dem Gesetz über die Rehabilitierung von Opfern politischer Repressionen rehabilitiert wurden.

161 »Gosudarstvo dolžno bylo izvinit'sja«. *Meduza*, 18. 10. 2016. https://meduza.io/feature/2016/10/18/gosudarstvo-dolzhno-bylo-izvinitsya (Abrufdatum 8. 9. 2022).

kommt man auf mindestens 30 Millionen (Einzelheiten zu den Schätzungen folgen weiter unten in diesem Kapitel). Umgerechnet auf die Zahl der Angehörigen bedeutet dies, dass ein erheblicher Prozentsatz der heutigen russischen Bevölkerung heute Anspruch auf verschiedene Entschädigungsleistungen hätte – eine Gruppe, die allemal in der Lage wäre, ihre Rechte gesellschaftlich und politisch geltend zu machen. Dass dies nicht geschieht, schadet sowohl der Gesellschaft als auch der Staatsführung. Das traumatische Thema wird ins Unterbewusste abgedrängt, was letztlich Misstrauen gegenüber politischen und staatsbürgerlichen Institutionen, politische und staatsbürgerliche Apathie und weitere höchst unangenehme Folgen nach sich zieht.

Wenn der sowjetische Terror ethisch, rechtlich und gedenkpolitisch ähnlich gestellt wäre wie die Sklaverei in den USA oder der Holocaust, könnte das die rechtliche und politische Kultur in Russland und im postsowjetischen Raum sehr positiv beeinflussen. Es würde den Terroropfern helfen, eine Gruppenidentität aufzubauen, und eine solche Gruppe könnte gerade aufgrund des ernsten Hintergrunds ihrer Werte- und Rechtsbasis zur führenden Kraft einer eigenständigen und verantwortungsvollen Zivilgesellschaft werden. Als wichtige strukturbildende Zentren bei der Organisation des Gedenkens und der Ausbildung eines gruppenspezifischen Rechtsbewusstseins könnten etwa die regionalen Gulag-Museen dienen, deren Zahl heute sehr gering ist, die verstreut sind und denen eine gemeinsame Erzählung fehlt.

Auch der Staat hat ein unmittelbares Interesse daran, ein Narrativ über die Vergangenheit zu schaffen, das nicht dazu beiträgt, das Thema ins »gesellschaftliche Unbewusste« abzudrängen, Gewalt und juristischen Nihilismus zu legitimieren und eine erhebliche Zahl von Staatsbürgern von der Diskussion über die Geschichte des Landes auszuschließen, sondern es ihnen erlaubt, sich als vollwertige und gleichberechtigte Bürger zu fühlen. Dem Staat ist bewusst, dass es nicht möglich ist, über den sowjetischen Terror zu schweigen – dies zeigen Maßnahmen wie die Eröffnung der Gedenkstätte für die

Opfer der Repressionen in Moskau, die staatliche Unterstützung des Neumärtyrer-Kults und die Einrichtung des Museums »Russland – Meine Geschichte«. Der Entwicklung der Diskussion ist es jedoch nicht zuträglich, wenn die Staatsführung sie nur in einem Umfeld zu führen bereit ist, das sie vollständig kontrolliert, und dabei – wie im ersten Teil dieses Buchs gezeigt – möglichst alle unabhängigen Gesprächspartner und Akteure ausschalten will.

Zudem mangelt es der heutigen russischen Regierung offenkundig an Ideen, wie sie ihr außenpolitisches Ansehen verbessern kann. Das Image des »Landes, das Europa vor dem Nationalsozialismus rettete«, hat sich verbraucht, weil es zu oft und in Verbindung mit aggressiven und offen antidemokratischen Maßnahmen bemüht worden ist. Die Strategie des »gefährlichen Idioten« ist nicht mehr neu und der Versuch, durch Einmischung in Konflikte wie den in Syrien Einfluss zu demonstrieren, zu kostspielig. Die Erfahrung in Deutschland unter Adenauer zeigt demgegenüber sehr deutlich, dass eine maßvolle und dosierte Politik des Anerkennens von Verantwortung für die Vergangenheit (die Entscheidung, Reparationszahlungen an Israel zu leisten) ein wirksames und relativ kostengünstiges Mittel ist, um das Vertrauen der außenpolitischen Partner zu gewinnen. Hier hätte der Umgang mit dem Thema des sowjetischen Terrors dazu beitragen können, sich ohne grundsätzliche Änderung des derzeitigen politischen Kurses den Ruf eines verantwortungsvollen Staates zu erwerben. Und im postsowjetischen Raum, in dem Russland so hoffnungslos an Einfluss verloren hat, wäre das Anstoßen einer Diskussion über die Verantwortung für die Deportationen und nationalen Umsiedlungen eine gute Möglichkeit gewesen, sich im Kreis der Nachbarn auf dem Feld der Erinnerungspolitik als ernsthafter Gesprächspartner zu zeigen.

Versöhnung konstruieren: Wege zu einem Minimalkonsens

Durch das Abgrenzen des Verhandlungsgegenstands und Finden einer für die beteiligten Parteien annehmbaren »Konsensformel« soll nicht nur ein möglichst weitgehendes Einvernehmen zwischen diesen hergestellt werden. Es geht auch darum, die erzielten Übereinkünfte für die Allgemeinheit akzeptabel zu machen. Je einfacher, klarer und kohärenter diese Formel ist, desto besser wird sie von der breiten Gesellschaft verstanden. Die Erfahrung der Wahrheits- und Versöhnungskommissionen zeigt, dass ihre Aufgabe zu einem Großteil im Bereich der Öffentlichkeitsarbeit liegt. Es geht darum, eine gespaltene Gesellschaft auf Grundlage der Wahrheit *wieder zusammenzufügen*. Dazu muss diese Wahrheit nicht nur zutreffend und umfassend dargestellt werden, sondern vor allem einfach und klar formuliert sein.

Viele Kommissionen haben die Erfahrung gemacht, dass sie zugunsten der Nachvollziehbarkeit des Gesamtbilds Kompromisse bei der Vollständigkeit der Analyse eingehen mussten. In diesem Sinne könnte man sagen, dass die Arbeit der Kommission von der politischen Konjunktur bestimmt ist. Aber darin besteht gerade der Unterschied zwischen dem Modell der Wahrheitskommission und der Strafverfolgung: Die Kommission ist ein politisches Instrument. Dass sie politische Konstellationen berücksichtigt, ist kein Manko, sondern ein konstitutives Merkmal.[162]

Aus dieser Sicht sind die auf Zugeständnissen basierenden Konsensformeln, die oft durch Kommissionen oder ähnliche Kompromissverfahren zustande kommen, bei aller Kritik der einzige Weg, um zu einer Einigung zu gelangen. Die Wendungen »Erkaufen der Wahrheit um den Preis der Gerechtigkeit« – so der Einwand gegen das süd-

162 Zu dem Konflikt zwischen Rechtsprechung und Versöhnung, der in den Kompromissmodellen der Vergangenheitsaufarbeitung von Anfang an angelegt ist, vgl. Rotberg, Robert I. / Thompson, Dennis, *Truth v. Justice: The Morality of Truth Commissions*. Princeton 2000.

afrikanische Modell – und »Rechtsstaat statt Gerechtigkeit« – so der Vorwurf nach dem Ende der DDR[163] – stehen für ein alles in allem gelungenes Aushandeln der Wahrheit.

Am erfolgreichsten waren hier die Kommissionen, die sich am stärksten an der politischen Konjunktur orientierten, indem sie sich auf bestimmte Aspekte der Vergangenheit beschränkten und Zugeständnisse bei der Vollständigkeit und Tiefe der Analyse machten. Die *ganze Wahrheit* darzulegen, die Verantwortung aller Schuldigen zu bestimmen und alle mit allen zu versöhnen, ist eine Aufgabe, die sich in einer endlichen Realität mit begrenzten Kräften, Mitteln, Zeitressourcen und Kompromissmöglichkeiten nicht bewältigen lässt. Die argentinische Kommission setzte sich vor allem das Ziel, die breite Gesellschaft glaubwürdig über die begangenen Verbrechen zu informieren und nach Möglichkeit ihrer Legitimierung vorzubeugen. Dies wirkte sich in zweierlei Hinsicht auf ihren Bericht aus. Zum einen wurden Angaben zur politischen Orientierung der Opfer ausgeklammert, um keinen Anlass für politische Spekulationen zu liefern, die auf eine Rechtfertigung der Verbrechen abzielten. Zum anderen wurden Zeugnisse für besonders brutale Vorfälle nicht berücksichtigt, »damit das Vertrauen in den Bericht nicht darunter leidet«. Die südafrikanische Kommission befasste sich mit »Tötungen, Entführungen und besonderen Grausamkeiten«, also längst nicht mit der gesamten Praxis der Apartheid. So wurden etwa die Zwangsumsiedlungen in die Bantustans, von denen Millionen Menschen betroffen waren, nicht berücksichtigt, weil eine so große Menge an Material in einem überschaubaren Zeitraum nicht zu bearbeiten war.

Das bewusste Einschränken und Vereinfachen der Aufgabenstellung erleichtert es, das erklärte Ziel zu erreichen: Versöhnung. Sie ist keine abstrakte und unüberschaubare Kategorie mehr, sondern hat einen konkreten Gehalt, weil es um die Lösung von Konflikten zu

163 Mihr, Anja, *Regime Consolidation and Transitional Justice. A comparative case study of Germany, Spain and Turkey*. Cambridge 2018, S. 246.

ganz bestimmten Themen geht. Die Konkretion der behandelten Kategorien ist einer der Vorzüge von James Gibsons Buch *Overcoming Apartheid*:

> Vielleicht ist »Wahrheit« ein noch problematischerer Begriff als »Versöhnung«, zumal schon die Andeutung, es gebe so etwas wie »die (offizielle) Wahrheit«, viele von uns stutzen lässt (oder das zumindest sollte). Doch ganz gleich, wie man dazu steht: Ein erklärtes Ziel der Versöhnungs- und Wahrheitskommission bestand darin, ein kollektives Gedächtnis für Südafrika zu schaffen. Es ging nicht nur darum, chronologisch zu erfassen, wer wem was angetan hatte, sondern um eine maßgebende Beschreibung und Analyse der Geschichte des Landes. War die Apartheid ein Verbrechen gegen die Menschlichkeit? War der verbrecherische Charakter der Apartheid auf das Fehlverhalten einiger zügelloser Einzelner zurückzuführen oder war sie ihrer Ideologie nach und durch ihre Institutionen kriminell? Dies sind die Fragen, auf die die Kommission eindeutige und im Rahmen ihrer Aufgabenstellung abschließende Antworten gegeben hat. Es geht mir nicht darum, die historische Richtigkeit dieser Behauptungen zu bewerten, sondern darum, festzustellen, inwieweit die gewöhnlichen Bürgerinnen und Bürger die von der TRC verkündete Wahrheit – das »kollektive Gedächtnis« Südafrikas – akzeptieren. Wenn ich die Hypothese »Wahrheit führt zur Versöhnung« untersuche, bezieht sich das immer auf die Hypothese, dass *die Südafrikaner, die die von der TRC dokumentierte Wahrheit akzeptieren, sich eher versöhnen lassen.* […] »Wahrheit« bedeutet hier so viel wie die Wahrheit der TRC, nicht mehr.[164]

Um den Grad der »Versöhntheit« zu messen, erarbeitete Gibson eine Reihe von Aussagen, deren Bejahung oder Ablehnung zeigt, in welchem Maß sich die Befragten die Wahrheit über die Apartheidvergangenheit zu eigen gemacht haben. Er sieht diese Aussagen aus mehreren Gründen als besonders geeignet an: Sie sind einfach, sie stehen in engem Bezug zu den Ergebnissen der Kommission, sie sind unter den führenden Beteiligten am Versöhnungsprozess nicht strittig, sie

164 Gibson, *Overcoming Apartheid*, a. a. O. S. 7-8.

hängen eng miteinander zusammen und werden zumindest in der internationalen Gemeinschaft weithin akzeptiert. Es handelt sich um folgende Thesen:

1. Die Apartheid war ein Verbrechen gegen die Menschlichkeit. (Wahr)
2. Der Kampf um die Aufrechterhaltung der Apartheid war ein gerechter Kampf. (Falsch)
3. In der Zeit des Apartheidsystems gab es sicher Übergriffe, aber die Ideen, auf denen die Apartheid beruhte, waren im Prinzip gut. (Falsch)
4. Die Übergriffe während der Apartheid wurden vor allem von böswilligen Einzeltätern verübt und nicht von den staatlichen Institutionen als solchen. (Falsch)
5. Sowohl die, die das alte Apartheidsystem verteidigten, als auch die, die es bekämpften, haben Menschen Unverzeihliches angetan. (Wahr)[165]

Diese Liste und der ihr zugrunde liegende Ansatz zielen darauf, einige knappe, verständliche und aus einem Prozess der bewussten Kompromissfindung resultierende Thesen zu formulieren, die als Grundlage für einen nationalen Konsens dienen können. Ein solcher Ansatz ist als Modell für Russland äußerst interessant. Natürlich sind Gibsons Thesen nicht das einzige Beispiel dafür. Einem vergleichbaren Ansatz folgt etwa auch die von der International Holocaust Remembrance Alliance entwickelte Arbeitsdefinition von Antisemitismus.[166]

In Russland finden sich solche Thesenlisten unter anderem in der Erklärung der Partei Jabloko zur »Überwindung von Stalinismus und Bolschewismus als Voraussetzung für die Modernisierung Russlands

165 Ebd. S. 77.

166 Der Text der Definition ist auf der Website der Organisation zu finden: https://www.holocaustremembrance.com/de/resources/working-definitions-charters/arbeitsdefinition-von-antisemitismus (Abrufdatum 8.09.2022).

im 21. Jahrhundert« (28. Februar 2009)[167] und dem »Maßnahmenpaket zur Umsetzung einer historischen Erinnerungspolitik« der Partei PARNAS (2. Juni 2018).[168] Die Formulierung eines Thesenkatalogs, der die Haltung zur sowjetischen Vergangenheit beschreibt, ist keine triviale Aufgabe. Die Thesen sollten in engem Zusammenhang miteinander stehen, um ein organisches Ganzes zu bilden, nichts grundlegend Wichtiges auslassen, aber auch nicht redundant sein.

DIE THESEN

Die nachfolgend aufgestellten Thesen sollen nur exemplarisch verdeutlichen, wie es möglich ist, durch eine konkrete Zusammenstellung von Aussagen Akzente in den gesellschaftlichen und staatlichen Diskussionen zu setzen und Vorgaben für eine Politik der Erinnerung an die sowjetische Vergangenheit und den Ton der Auseinandersetzung darüber zu liefern.

Die hier unterbreiteten Thesen unterscheiden sich von denen Gibsons und ähnlichen Ansätzen vor allem dadurch, dass sie sich nicht ausschließlich auf moralische Postulate beschränken. Gibsons Thesen richten sich an eine Gesellschaft, die die Apartheid gerade hinter sich gelassen hat, und befassen sich direkt mit ihrem Erbe. Die heutige russische Gesellschaft muss nicht nur das Erbe des sowjetischen Terrors selbst überwinden, sondern auch die lange Tradition seiner Legitimierung, unter anderem mithilfe von Mythen über die »Effektivität« des stalinistischen Systems und die Allgegenwärtigkeit von Denunziationen.

167 »Preodolenie stalinizma i bol'ševizma kak uslovie modernizacii Rossii v XXI veke«. Offizielle Website der Partei Jabloko, 11. 03. 2009. https://www.yabloko.ru/resheniya_politkomiteta/2009/03/11 (Abrufdatum 8. 09. 2022). Siehe auch: *Preodolenie stalinizma*. Moskau 2009. https://www.yavlinsky.ru/stalinizm.pdf.

168 »Kompleks mer po realizacii Politiki istoričeskoj pamjati«. Offizielle Website der Partei PARNAS, 09. 07. 2018. https://parnasparty.ru/news/460 (Abrufdatum 8. 09. 2022).

Das Minimalprogramm:
Thesen über den sowjetischen Staatsterror

1. Zwischen 1918 und 1953 sind mindestens 19,8 Millionen Menschen unverschuldet Opfer rechtswidriger staatlicher Verfolgungsmaßnahmen geworden. Mindestens 2,3 Millionen von ihnen wurden gezielt getötet oder vorzeitig zu Tode gebracht.
2. Bei den politischen Repressionen handelte es sich nicht um vereinzelte Übergriffe, sondern um staatlichen Terror gegen die eigene Bevölkerung, der der politischen Ordnung der Sowjetunion inhärent war.
3. Die sowjetische Führung sowie Lenin und Stalin persönlich sind für die Repressionen in vollem Umfang verantwortlich. Das Denunziationssystem war nicht die Ursache, sondern eine Folge der Terrorkampagnen.
4. Das Wirtschaftssystem der Stalinzeit – Industrialisierung durch Mobilisierung und Abhängigkeit von billiger Zwangsarbeit – war ineffizient und führte letztlich zum Zusammenbruch der Sowjetunion.

Das Maximalprogramm:
Thesen über das gesamte politische System der Sowjetunion

1. Die sowjetische Diktatur war ein menschenverachtendes Staatsgebilde. Der staatliche Terror gegen die eigene Bevölkerung war ihr inhärent; er war nicht Ausnahme oder Ergebnis vereinzelter Übergriffe, sondern eine konsequente und bewusste Politik des Staates.
   - 1.1. Die sowjetische Führung sowie Lenin und Stalin persönlich sind für die Repressionen in vollem Umfang verantwortlich. Das Denunziationssystem war nicht die Ursache, sondern eine Folge der Terrorkampagnen.
   - 1.2. Zwischen 1918 und 1953 sind mindestens 19,8 Millionen Menschen unverschuldet Opfer rechtswidriger staatlicher Verfolgungsmaßnahmen geworden. Mindestens 2,3 Millionen von ihnen wurden gezielt getötet oder vorzeitig zu Tode gebracht.

   1.3. Der Terror war wesentliches Instrument einer gezielten Politik der Zersetzung der Gesellschaft. Die Folgen dieser Politik waren die Zerstörung horizontaler Bindungen, allgegenwärtiges Misstrauen, die Unterdrückung jeglicher Initiative und Angst davor, die eigene Meinung zu äußern.
2. Das Wirtschaftsmodell der UdSSR, einer mobilisierungs-, administrations- und kommandobasierten Planwirtschaft mit Abschaffung des Privateigentums, war ineffizient. Der Zusammenbruch der UdSSR war eine zwangsläufige Folge dieses Modells und nicht das Ergebnis von Machenschaften äußerer oder innerer Feinde.
   2.1. Durch die Industrialisierung von 1929 bis 1941 wurde zwar die Produktion stimuliert und die UdSSR von einem Agrar- in ein Industrieland verwandelt. Doch die Bevölkerung hat dafür einen ungeheuren Preis gezahlt, was schließlich zu einem Rückgang der Arbeitsproduktivität und des gesellschaftlichen Wohlstands führte.
   2.2. Der massive und systematische Einsatz von Zwangsarbeit (Gulag-Einrichtungen, Kolchosen, zahlreiche »Notstandsgesetze« usw.) wirkte sich auf die Wirtschaft insgesamt negativ aus, führte zum Niedergang ganzer Sektoren und begünstigte auf allen Führungsebenen Willkür und Selbstherrlichkeit.
3. Die Ideologie der sowjetischen Diktatur, nach der die Interessen des Staates wichtiger sind als das Leben des einzelnen Menschen, ist verbrecherisch und kann nicht die ideologische Grundlage eines modernen zivilisierten Staates sein.
4. Die sowjetische Realität basierte in allen Bereichen auf Lügen und Doppeldenk, die zum System erhoben wurden. Offiziell wurden die Grundsätze der Volksherrschaft, Rechtsstaatlichkeit, Chancengleichheit, Rede-, Religions- und Versammlungsfreiheit verkündet, in Wirklichkeit wurden sie für alle durchschaubar vorgetäuscht. Dies führte zu Passivität und Verantwortungslosigkeit auf allen Ebenen, Zynismus und Misstrauen der Bürger gegenüber dem Staat und untereinander.

5. Im Kampf gegen den Nationalsozialismus zur Zeit des Großen Vaterländischen Krieges fielen die Interessen, Gefühle und Bestrebungen von Volk und Staat ausnahmsweise zusammen. Das Land – und Gebiete anderer Länder – wurden heldenhaft gegen eine unbestreitbar böse Macht verteidigt. Aber dieser Krieg wurde von einem Staat geführt, der das Leben seiner Bürger nicht achtete und deshalb Maßnahmen ergriff, die oft verbrecherisch gegenüber den eigenen Bürgern, gegenüber den eigenen Soldaten und gegenüber der Zivilbevölkerung anderer Länder waren.
6. Der Sieg der Sowjetunion in diesem Krieg hat Europa zwar vom Nationalsozialismus befreit, aber die Länder Ost- und Mitteleuropas zu jahrzehntelangen kommunistischen Diktaturen verdammt, die Massenmord, Verletzungen der Menschen- und Freiheitsrechte sowie irreparable menschliche, kulturelle und wirtschaftliche Verluste mit sich brachten.
7. Mit dem Zusammenbruch des verbrecherischen und ineffizienten Systems der Sowjetunion haben die gesellschaftlichen Kräfte und Einzelpersonen historisch Recht behalten und gesiegt, die sich dem Staat widersetzten und Strategien des Rückzugs aus ihm entwickelten. Obgleich durch Jahrzehnte des Terrors und der Unfreiheit geschwächt, haben sie sich als effektiver und zukunftsfähiger erwiesen als die Staatsmaschinerie.

Die Aufstellung eines solchen Thesenkatalogs erfordert erstens eine öffentliche Debatte und zweitens das Einbeziehen historischer, soziologischer und weiterer Studien. Die Thesen können Schwerpunkte vorgeben, die etwa beim Erarbeiten der Konzeption für die staatlichen Museen und Gedenkstätten zur Geschichte des Gulag gesetzt werden sollten. Es ist ein grundlegender Unterschied, ob das Gulag-System als Exzess oder tragische Episode der nationalen Geschichte dargestellt wird oder als exemplarische Konsequenz aus den Prinzipien, auf denen der ganze Staat aufgebaut war.

ENTFALTUNG DER THESEN

Jede These sollte als Ausgangspunkt für entsprechende Ermittlungs- und Verbreitungsmaßnahmen dienen. Im Folgenden wird das am Beispiel der »kurzen Liste« veranschaulicht:

These 1. Zwischen 1918 und 1953 sind mindestens 19,8 Millionen Menschen unverschuldet Opfer rechtswidriger staatlicher Verfolgungsmaßnahmen geworden. Mindestens 2,3 Millionen von ihnen wurden gezielt getötet oder vorzeitig zu Tode gebracht.

Das Erfassen und Veröffentlichen solcher Daten gehört zu den wichtigsten Aufgaben einer Wahrheitskommission.[169] In Russland gibt es keine offiziell anerkannte und in der Gesellschaft allgemein bekannte Angabe zur Zahl der Opfer des Staatsterrors. Das ist ein wichtiger Indikator dafür, dass die Aufarbeitung der sowjetischen Vergangenheit blockiert ist. Nach Angaben des Historikers Jan Ratschinski, der als Vorsitzender der Organisation Memorial auch ein Projekt zur Erstellung einer möglichst umfassenden Datenbank der Repressionsopfer leitet, war ursprünglich vorgesehen, die Datenbank im Rahmen der »Konzeption einer staatlichen Politik zur Wahrung des Gedenkens an die Opfer politischer Unterdrückung« (vgl. S. 87) auf gesamtstaatlicher Ebene einzurichten. Die Hoffnungen auf den Staat hätten sich jedoch »als illusorisch erwiesen, und wir mussten ein anderes Verfahren entwickeln, das sich auf öffentlich zugängliche Quellen konzentriert«.[170] In Russland führt heute jede Diskussion über die Zahl der Opfer sofort zu einem ideologischen Streit zwischen denen, die die Repressionen »normalisieren« wollen, und denen, die beweisen wol-

169 »Die zentrale Aufgabe der Wahrheitskommission ist nicht therapeutischer Art. Sie besteht darin, möglichst genaue Informationen zu möglichst vielen Opfern zu sammeln, um eine zutreffende Analyse der Übergriffe während des betreffenden Zeitraums zu ermöglichen« (Hayner, *Unspeakable Truths*, a. a. O. S. 151).

170 Šešenin, Semën, »Novaja baza dannych žertv repressij. Interv'ju s Janom Račinskim«. *Uroki istorii*, 5. 12. 2017. http://www.urokiistorii.ru/article/54312 (Abrufdatum 9. 09. 2022).

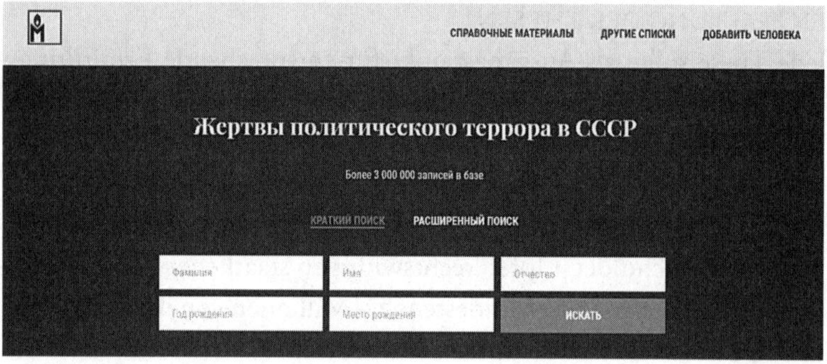

Abb. 77. Die Online-Datenbank »Opfer des politischen Terrors in der UdSSR«

len, dass die Verbrechen des Stalinismus mit denen des Nationalsozialismus vergleichbar seien oder diese sogar überträfen.

Dabei lässt sich im Hinblick auf Zahlen viel leichter ein Konsens erreichen als in anderen Fragen. Gerade hier funktioniert das Prinzip der Wahrheitskommissionen am besten – es ist einfacher, sich auf Tatsachen (»Wahrheiten«) zu einigen als auf deren Bewertung. Und die Diskussion über die Zahl der Opfer kann anhand konkreter Faktoren geführt werden – der Klassifizierung der Opfer, der Berechnungsmethode und der Zahlen.

Auch wenn die Bemühungen um eine genaue Ermittlung der Opferzahlen durch die Nichtbeteiligung des Staates erschwert werden, gibt es bereits eine Basis dafür, die es ermöglicht, die Mindestzahl der bekannten Opfer zu nennen, und die von Fachleuten nicht in Zweifel gezogen wird. Die jahrelange Forschungsarbeit von Arseni Roginski, einem der führenden Experten auf diesem Gebiet, harrt noch der wissenschaftlichen Publikation. Derzeit sind die wichtigsten Quellen zur Zahl der Opfer die siebenbändige Geschichte des stalinistischen Gulag[171] sowie die Berechnungen von Viktor Semskow,[172]

171 *Istorija stalinskogo GULAGa. Konec 1920-ch – pervaja polovina 1950-ch gg.* Dokumentsammlung in 7 Bänden. Moskau 2004.

172 Siehe vor allem: Zemskov, Viktor, »GULAG: istoriko-sociologičeskij aspekt«. In: *Sociologičeskie issledovanija.* 1991, 6-7.

Alexander Kokurin,[173] Oleg Chlewnjuk[174] und Anatoli Wischnewski.[175] Kurze Zusammenfassungen hierzu finden sich unter anderem im Vorwort zur bisher umfassendsten Datenbank über die Opfer des politischen Terrors in der UdSSR,[176] in Elena Žemkovas Materialsammlung »Masštaby sovetskogo terrora« auf der Website von Memorial,[177] in den Arbeiten von Nikolai Koposow[178] und Nikita Ochotin/Arseni Roginski[179] zur Einschätzung des Ausmaßes der Repressionen sowie in einem Übersichtsartikel von Jelena Kriwen und Oleg Naumow.[180]

Auch wenn die endgültige Zahl der Opfer noch nicht feststeht, besteht in Fachkreisen heute also Einigkeit über die Mindestzahl. Sie liegt, wie oben angegeben, bei 19,8 Millionen unrechtmäßig Verfolgten, darunter 2,3 Millionen Tote. Diese Zahlen setzen sich wie folgt zusammen: Mindestens 4 Millionen Menschen wurden aufgrund politischer Paragraphen inhaftiert und zu Gefängnisstrafen verurteilt (und mindestens 1,1 Millionen von ihnen erschossen); insgesamt mindestens 6,3 Millionen wurden bei Entkulakisierungskampagnen (4 Millionen), der Vertreibung »bestrafter Völker« und anderen Aktionen deportiert (von ihnen starben mindestens 1,2 Millionen); mindestens 9,5 Millionen wurden wegen Verstößen gegen die Erlasse zur

173 Kokurin, Aleksandr / Morukov, Jurij, »GULAG: Struktura i kadry«. In: *Svobodnaja mysl'*, 2000, Nr. 7-12; 2001, Nr. 1, 3-7, 9-12; 2002, Nr. 2.

174 Khlevniuk, Oleg, *The History of the Gulag: From Collectivization to the Great Terror*. New Haven (CT) / London 2004, S. 287ff.

175 Višnevskij, Anatolij, »Demografičeskie poteri ot političeskich repressij«. In: ders., *Izbrannye demografičeskie trudy*, Bd. 1-2. Moskau 2005, S. 261f.

176 Datenbank: https://base.memo.ru/, Vorwort: http://lists.memo.ru/ (Abrufdatum 9.09.2022).

177 https://www.memo.ru/media/uploads/2017/08/22/masshtaby-sovetskogo-politicheskogo-terrora.pdf (Abrufdatum 9.09.2022).

178 Koposov, Nikolaj, »K ocenke masštaba stalinskich repressii«. *Polit.ru*, 11.12.2007. https://polit.ru/article/2007/12/11/repressii/ (Abrufdatum 9.09.2022).

179 Ochotin, Nikita / Roginskij, Arsenij, »O masštabe političeskich repressij v SSSR pri Staline: 1921-1953«. *Demoskop Weekly*, Nr. 313-314, 10.-31.12.2007.

180 Kriven', Elena / Naumov, Oleg, »Stalinskie repressiii: čto èto bylo?« Offizielle Website der Partei Jabloko. https://www.yabloko.ru/lp/repr/?1.

Einführung des »Systems der staatlichen Arbeitsreserven« ab 1940 verurteilt. Nicht einbezogen in diese Schätzung sind mindestens 6 Millionen Menschen, die der vom Staat verursachten Hungersnot von 1932-1933 zum Opfer fielen.

Bei diesen Zahlen handelt es sich um die unzweifelhaft und zuverlässig dokumentierte Untergrenze; die tatsächliche Zahl der unverschuldet Verfolgten ist weit höher. Erstens sind in diesen Angaben die Opfer des revolutionären Terrors und der Bauernaufstände der Jahre 1918-1920 nicht berücksichtigt, da statistische Informationen zu ihnen schwer zu ermitteln sind. Zweitens werden folgende Gruppen von der genauen Statistik nicht erfasst: 1) Personen, die aufgrund von Strafrechtsartikeln (einschließlich der Dekrete vom 4. Juni 1947) gesetzwidrig oder ungerechtfertigt zu schweren Strafen verurteilt wurden; 2) Familienangehörige der Verurteilten, einschließlich der in der Verbannung und in Sondersiedlungen geborenen Kinder; 3) »Entrechtete«, d. h. Personen, denen in den Jahren 1918-1936 das Wahlrecht entzogen wurde; 4) Opfer irrtümlicher oder vorübergehender Festnahmen und Inhaftierungen, die nicht gerichtlich verurteilt wurden. Zu den Todesopfern sollten auch die Menschen gerechnet werden, die in den Lagern gestorben sind. Ihre Gesamtzahl – einschließlich verurteilter Straftäter und Personen, die eines natürlichen Todes starben – liegt bei mindestens 1,7 Millionen Menschen. Insgesamt durchliefen in den Jahren des Gulag-Systems 20 Millionen Menschen die Lager, Strafkolonien und Gefängnisse.

These 2. Bei den politischen Repressionen handelte es sich nicht um vereinzelte Übergriffe, sondern um staatlichen Terror gegen die eigene Bevölkerung, der der politischen Ordnung der Sowjetunion inhärent war.

Um abzustreiten, dass es sich bei den Repressionen um Staatsverbrechen handelte, wird oft angeführt, die Staatsführung und Stalin persönlich hätten den Terror nicht zu verantworten. Die Repressionen werden als Exzesse der Personen hingestellt, die sie direkt umsetzten.

Damit soll nicht nur der Mythos vom »effektiven Führer« Stalin geschützt werden, sondern auch die Prinzipien der staatlichen Politik, die im Grunde richtig gewesen, aber verfehlt umgesetzt worden seien. In eine ähnliche Richtung geht das Argument, der Kampf gegen die politische Opposition habe zwar stattgefunden, die massive Unterdrückung unschuldiger Menschen sei jedoch auf eigenmächtiges Handeln vor Ort, menschliches Versagen und die Eigendynamik der außer Kontrolle geratenen Terrormaschinerie zurückzuführen.

Dabei kann als erwiesen gelten, dass die Repressionen in erster Linie nicht der Bekämpfung von Dissens, Opposition, Sabotage, Korruption oder ausländischen Spionen dienten, sondern einzig und allein der Konsolidierung von Stalins Macht. Ein Effekt dieser Konsolidierung war, dass Stalins persönliche Fixierung auf den Terror dem Ziel im Weg stand, die Diktatur auf lokaler Ebene zu stärken, wie Oleg Chlewnjuk hervorhebt:

> Stalins persönliche Eigenschaften, sein Misstrauen, seine Rücksichtslosigkeit und sein Hang zu Extremen, trugen entscheidend dazu bei, dass der Staatsterror, der ein Wesensmerkmal totalitärer Regime ist, ein so großes Ausmaß und eine solche Brutalität erreichte. Der unmäßige und exzessive Terror war selbst aus dem Blickwinkel der Diktatur und ihrer Interessen überzogen und hat sie deshalb nicht gestärkt, sondern im Gegenteil noch geschwächt.[181]

Die »politischen Repressionen« waren somit nichts anderes als blanker Terror, der vom Staat konsequent und bewusst gegen die eigenen Bürger eingesetzt wurde.

These 3. Die sowjetische Führung sowie Lenin und Stalin persönlich sind für die Repressionen in vollem Umfang verantwortlich. Das Denunziationssystem war nicht die Ursache, sondern eine Folge der Terrorkampagnen.

181 Chlevnjuk, Oleg, *Stalin. Žizn' odnogo voždja*. Moskau 2005, S. 448.

Eine weitere bekannte Strategie, um von der Verantwortung der sowjetischen Führung für den Terror abzulenken, ist der Verweis auf die »vier Millionen Denunziationen«. Damit werden die Bürgerinnen und Bürger sozusagen gemeinschaftlich in Haftung genommen, und die Diskussion verschiebt sich von der Kriminalität eines konkreten Regimes hin zur allgemeinen Verderbtheit der menschlichen Natur. Deshalb gehört zu den Thesen, über die ein Konsens zu erzielen ist, ganz wesentlich die Feststellung, dass die Denunziationen nicht die Ursache der Terrorkampagnen waren. Auch dies kann als historisch gesichert gelten. Oleg Chlewnjuk schreibt in einem Aufsatz zu den Ursachen des Großen Terrors:

> Die belastenden Materialien, die in den Ermittlungsverfahren eingesetzt wurden, gingen vor allem auf Geständnisse zurück, die im Zuge der Ermittlungen erlangt wurden. Dabei werden in den Akten nur sehr selten Aussagen und Denunziationen als Beleg für die Schuld der verhafteten Person angeführt. […] Die wie am Fließband durchgeführten Dauerverhöre mit Folterungen versorgten die Tschekisten reichlich mit »Feinden« und sie waren auf Hinweise von Zuträgern nicht angewiesen. […] Die Denunziationen nahmen mit dem Ausmaß des Terrors zu, und eine gewisse Anzahl von Verhaftungen ging fraglos auf sie zurück. Der eigentliche Grund für die Eskalation des Terrors, die mit ihm verfolgten Ziele und die Richtungen, die er nahm, waren jedoch keineswegs Aktivitäten aus der Gesellschaft, sondern die Pläne und Befehle der obersten Führung des Landes und die Tätigkeit der Strafverfolgungsorgane, die darauf programmiert waren, Ermittlungen gegen fiktive umfassende und weitverzweigte konterrevolutionäre Organisationen zu fabrizieren.[182]

Alle Bürger des heutigen Russland sollten Verantwortung für die sowjetische Vergangenheit übernehmen. Es ist sehr wichtig, darüber zu sprechen, aber es handelt sich dabei um etwas grundlegend anderes

182 Chlevnjuk, Oleg, »Pričiny ›bol'šogo terrora‹«. *Vedomosti*, 6.06.2017. https://www.vedomosti.ru/opinion/articles/2017/07/06/712528-bolshogo-terrora (Abrufdatum 9.09.2022).

als den Versuch, Verantwortung von Schuldigen auf Unschuldige zu verlagern und sie zu verwässern.

These 4. Das Wirtschaftssystem der Stalinzeit – Industrialisierung durch Mobilisierung und Abhängigkeit von billiger Zwangsarbeit – war ineffizient und führte letztlich zum Zusammenbruch der Sowjetunion.

Die Frage, wie effizient die Wirtschaft und speziell die Industrialisierung unter Stalin waren, ist für Fachleute und die breite Öffentlichkeit deshalb besonders interessant, weil die repressive Politik der Sowjetunion oft mit dem Verweis auf die wirtschaftlichen Erfolge gerechtfertigt wird. Sie ist umso bedeutsamer, weil die Anwendung repressiver Strategien – wie Zwangsarbeit, allgemeine Mobilisierung und die Priorisierung politischer Erwägungen gegenüber wirtschaftlicher Effizienz – im wirtschaftlichen Bereich es ermöglichen, diesen als Modell für das stalinistische Führungssystem insgesamt zu nehmen und dessen verbrecherischen Charakter und Ineffizienz zu demonstrieren.

Auch wenn einzelne Fragen in Fachkreisen weiter diskutiert werden, ist die Ineffizienz des stalinistischen Wirtschaftssystems grundsätzlich erwiesen.[183] Der beste Beweis dafür ist die Eile, mit der das Gulag-System unmittelbar nach Stalins Tod von der bisherigen Lei-

183 Auch die oberste Führung der Sowjetunion wurde in den letzten Jahren der Stalin-Ära von Zweifeln an der Effizienz des Wirtschaftssystems heimgesucht: »Am 9. Oktober 1950 übergab Kruglow [Sergei Kruglow, Leiter des Innenministeriums der UdSSR, *N. E.*] Beria auf dessen Ersuchen hin eine Aktennotiz, die die Kosten der Bautätigkeit des Innenministeriums im Vergleich mit der Bautätigkeit anderer Behörden aufschlüsselte. Dieser Notiz konnte Beria unter anderem entnehmen, dass die Betriebskosten für den Betrieb der Lager die Häftlingsarbeit erheblich verteuerten und die Aufwendungen für den Unterhalt eines Häftlings den Durchschnittslohn eines freien Arbeiters erheblich überstiegen. Beim Bau des Wolga-Don-Kanals im Jahr 1949 betrugen sie beispielsweise 470 Rubel pro Monat, während der Lohnsatz bei 388 Rubeln lag.« Chlevnjuk / Gorlickij, *Cholodnyj mir*, a. a. O. S. 161.

tung zurückgefahren wurde.[184] Ausgangspunkt für die neuere Forschung zur stalinistischen Industrialisierung ist das Buch *Faulty Foundations: Soviet Economic Policies, 1928-1940* von Holland Hunter und Janusz Szyrmer,[185] das auch ein Vierteljahrhundert nach seinem Erscheinen eine wertvolle Quelle darstellt. Einer der jüngsten ernsthaften und unvoreingenommenen Versuche, die Geschichte der sowjetischen Industrialisierung als Erfolgsgeschichte darzustellen, war das Buch *Farm to Factory* des amerikanischen Wirtschaftshistorikers Robert C. Allen.[186] Die Argumentation und die Schlussfolgerungen seiner Studie konnten jedoch in Fachkreisen nicht überzeugen.[187]

In jüngster Zeit ist es gelungen, die Kosten der Kollektivierung und das Wirtschaftswachstum unter Stalin mit den Methoden der modernen Wirtschaftswissenschaft zu berechnen. Die Wirtschaftshistoriker Andrei Markevich (Russland) und Mark Harrison (Großbritannien) ermittelten in einer 2011 erschienenen Studie die BIP-Daten für Russland und die UdSSR von 1913 bis 1928.[188] Durch Auswertung umfassender Datenbestände konnten sie das Muster des BIP-Wachstums im Russischen Kaiserreich in Bezug zu den entsprechenden Zahlen für die Sowjetunion ab den späten 1920er Jahren setzen. Daran ließ sich aufzeigen, dass das während der stalinschen Industrialisierung erzielte Wirtschaftswachstum, von dem sich Beobachter über Jahrzehnte hin-

184 Ebd. S. 150ff.; siehe auch: Tikhonov, Alexey, »The End of the GULAG«. In: Gregory, Paul / Lazarev, Valery (Hgg.), *The Economics of Forced Labor. The Soviet Gulag.* Stanford 2003, S. 68ff.

185 Hunter, Holland / Szyrmer, Janusz M., *Faulty Foundations: Soviet Economic Policies, 1928-1940.* Princeton 1992.

186 Allen, Robert C., *Farm to Factory: A Reinterpretation of the Soviet Industrial Revolution.* Princeton 2003.

187 Siehe: Ellman, Michael, »Soviet Industrialization: A Remarkable Success?« *Slavic Review* 63 (4) 2004, S. 841ff. Goland U., »Allen R., Ot fermy k fabrike. Novaja interpretacija sovetskoj promyšlennoj revoljucii« [Rezension]. *Voprosy ekonomiki* 2014, Nr. 6, S. 155f.; Harrison, Mark, »A review on Allen, Robert C. From Farm to Factory …« *The Russian Review* 63 (4) 2004, S. 715ff.

188 Markevich, Andrei / Harrison, Mark, »Great War, Civil War, and Recovery: Russia's National Income, 1913 to 1928«. *Journal of Economic History* 71 (3) 2011, S. 672ff.

weg tief beeindruckt zeigten und das von der Propaganda als Beweis für den Erfolg des sowjetischen Modells herangezogen wurde, nicht über das Wachstumsniveau der russischen Wirtschaft vor der Revolution hinausging.

Im nächsten Schritt berechneten die Ökonomen Mikhail Golosov, Sergei Guriev, Anton Cheremushkin und Oleg Tsyvinsky 2013 die Effektivität von Stalins Industrialisierung.[189] Mithilfe moderner makroökonomischer Modellierungsverfahren verglichen sie das tatsächliche Wirtschaftswachstum in den Jahren der Industrialisierung (1928-1940) mit dem hypothetischen Wachstum unter Bedingungen, wie sie vor der Revolution oder zur Zeit der Neuen Ökonomischen Politik (NÖP) Mitte der 1920er Jahre herrschten. In beiden Szenarien schneidet die wirtschaftliche Entwicklung unter Stalin eindeutig schlechter ab. Von besonderem Interesse in dieser Studie ist ein Vergleich der Industrialisierung in Russland mit der in Japan. Die japanische Wirtschaft stand vor dem Ersten Weltkrieg ungefähr auf dem gleichen Niveau wie die russische und entwickelte sich etwa gleich schnell. »Japan ist es im Gegensatz zur Sowjetunion […] gelungen, sich ohne Repressionen und ohne Zerstörung der Landwirtschaft zu industrialisieren und dabei ein höheres Produktivitätsniveau und mehr Wohlstand für seine Bürger zu erreichen.«[190]

Die Autoren kommen zu dem Schluss, dass es in der Zeit von 1928 bis 1940 nicht nur in der Landwirtschaft, sondern auch in der Industrie zu einem Produktivitätsabfall kam – bedingt durch die Kollektivierung, inkompetente Planung, Gigantomanie und den enormen Zustrom schlecht ausgebildeter Arbeitskräfte. Die Produktivität in der Landwirtschaft konnte erst Ende der 1930er Jahre wieder an die Entwicklung vor der Revolution anknüpfen, während die Produkti-

189 Cheremukhin, Anton et al., »Was Stalin Necessary for Russia's Economic Development?« NBER Working Paper Nr. 19425, 2013. https://www.nber.org/papers/w19425.pdf (Abrufdatum 9.09.2022).

190 Golosov, Michail et al., »Byl li nužen Stalin dlja ėkonomičeskogo razvitija Rossii?« *Slon.ru,* 17.10.2013. https://republic.ru/economics/byl_li_nuzhen_stalin_dlya_ekonomicheskogo_razvitiya_rossii-1006101. xhtml (Abrufdatum 12.09.2022).

vität in der Industrie zur gleichen Zeit noch dahinter zurücklag (und um das Anderthalbfache niedriger war als 1928). Zudem ging das Pro-Kopf-Vermögen der Einwohner der UdSSR im untersuchten Zeitraum um 24 Prozent zurück. Um die Frage zu beantworten, ob die langfristige Entwicklung diese Opfer hätte rechtfertigen können, berechneten die Autoren, welche Auswirkungen die Industrialisierung unter den günstigsten Bedingungen – ohne die Beeinträchtigungen durch den Zweiten Weltkrieg – hätte haben können. Dabei zeigte sich, dass der Lebensstandard durch die konjunkturellen Vorteile auf lange Sicht bestenfalls um 16 Prozent gestiegen wäre, was den vorherigen Rückgang nicht einmal ausgeglichen hätte. Die Autoren resümieren:

> Am Anfang dieser Studie stand die Frage: »War Stalin notwendig für die industrielle Entwicklung Russlands?« Kurz gefasst ist unsere Antwort ein klares Nein. Selbst wenn man die tragischen Folgen von Hunger, Unterdrückung und Terror außer Acht lässt, selbst wenn man nur die wirtschaftlichen Kosten und Nutzen betrachtet – und selbst wenn man alle möglichen Annahmen zu Stalins Gunsten macht –, erhält man Ergebnisse, die deutlich zeigen, dass Stalins Wirtschaftspolitik nicht zu positiven Ergebnissen geführt hat. Unserer Meinung nach sollte die Industrialisierung unter Stalin nicht als wirtschaftliche Erfolgsgeschichte dargestellt werden. Sie zeigt vielmehr exemplarisch, wie erzwungene Umverteilung zu erheblichen Einbußen bei der Produktivität und dem gesellschaftlichen Wohlstand geführt hat.

Diese Explikation der oben aufgeführten Minimalthesen ist nur ein Beispiel dafür, wie die Grundlage für ein Programm zur Verbreitung dieser Thesen aussehen könnte. Eine gesellschaftlich initiierte Quasi-Wahrheitskommission sollte die einschlägige Literatur im Rahmen ihrer Tätigkeit der breiten Öffentlichkeit zugänglich machen, und aufgrund der darin dargelegten Fakten und Zahlen sollten Bildungsprogramme, populärwissenschaftliche Bücher, Interviews und öffentliche Vorträge, Filme und Infografiken erstellt werden. Ein Beispiel dafür, wie eine solche Popularisierung aussehen könnte, ist der 15-mi-

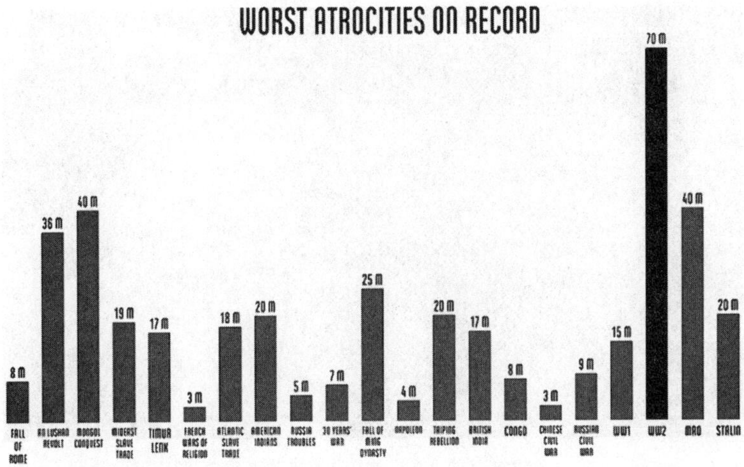

Abb. 78. Grafik aus Neil Hallorans Dokumentarfilm *The Fallen of World War II*

nützige interaktive Dokumentarfilm *The Fallen of World War II* des Datenvisualisierungsspezialisten Neil Halloran.[191]

Solche Projekte gibt es auch in Russland bereits, etwa die Website »Landkarte der Erinnerung: Nekropole des Terrors und des Gulag«,[192] die die Iofe-Stiftung auf Grundlage der Daten von Memorial erstellt hat. 2017 präsentierte das Staatliche Gulag-Museum ein virtuelles Projekt mit dem Titel »Interaktive Karte des Gulag«.[193] Es handelt sich um die visuelle Aufbereitung einer kontinuierlich ergänzten Datenbank über die Geschichte und Geografie der Strafarbeitslager, die in der Sowjetunion von 1918 bis 1960 betrieben wurden. Das (mit staatlichen Mitteln finanzierte) Projekt wurde von Memorial-Vertretern, unabhängigen Forschern und Mitarbeitern der staatlichen Archive und Museen entwickelt. Als Datenquelle für die Karte dienten vor allem die Datenbanken von Memorial. Dieses Projekt ist somit ein

191 Website des Projekts: http://de.fallen.io/ww2/ (Abrufdatum 11. 09. 2022).

192 Website: https://iofe.center/necropol (Abrufdatum 21. 12. 2022).

193 Website: https://gulagmap.ru (Abrufdatum 21. 12. 2022).

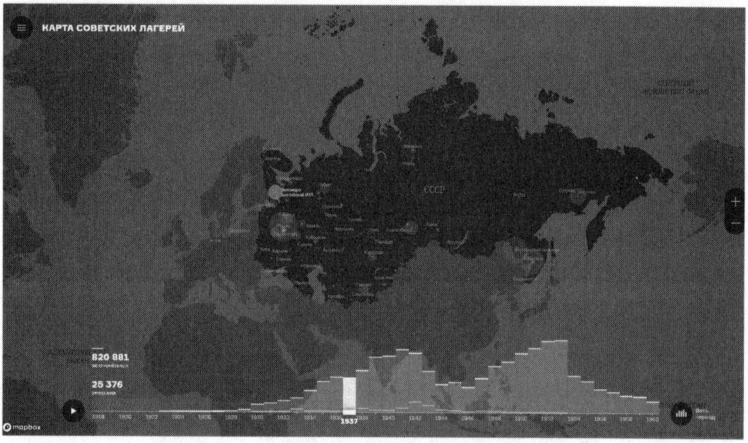

Abb. 79. Startseite der Website »Interaktive Karte des Gulag«

interessantes Beispiel für die gemeinsamen Bemühungen aller gesellschaftlichen Kräfte um das Gedenken an den Staatsterror und kann als ein Modell für Versöhnungsarbeit dienen.

Die Frage, wie die Arbeit des Verbreitens der Wahrheit über den sowjetischen Staatsterror organisiert werden sollte, ist Gegenstand des nächsten Kapitels, mit dem dieses Buch abschließt.

6. Die Infrastruktur des Erinnerungsdurchbruchs

Die bekannte russische Atomphysikerin Xenija Rasumowa trug sich jahrelang mit dem Gedanken, die Memoiren ihrer Tante Olga Lodyschenskaja zu veröffentlichen.

Olga und ihre Schwester – Rasumowas Mutter – stammten aus einer verarmten Adelsfamilie und hatten kurz vor der Revolution das kleine Anwesen ihres Urgroßvaters in der Nähe von Moschaisk geerbt. Olga schildert den Alltag in diesem einst florierenden Hausstand, ihr unbeschwertes Leben als Kind und später als junges Mädchen. Sie zeichnet ein Bild des vorrevolutionären Moschaisk und die Gepflogenheiten am Moskauer Institut für adlige Mädchen, das die Schwestern besuchten. Doch unmittelbar nach der Revolution mussten die Lodyschenskis das Gut aufgeben, um nicht als Repräsentanten der Ausbeuterklasse verfolgt zu werden. Anfangs zog die Familie von einer Mietwohnung in die nächste und lebte von den spärlichen Einkünften der beiden Schwestern. Als der Bürgerkrieg ausbrach, ging sie in die Ukraine, um dort die Hungersnot zu überstehen. Bald darauf kehrte sie nach Moschaisk zurück und ging schließlich nach Moskau, wo sie Ende der 1920er Jahre zu so etwas wie einem geordneten Leben fand. Die Memoiren sind in einer wunderbaren Sprache verfasst und reich an Details, lebendigen Dialogen und anschaulichen Alltagsskizzen. Sie brechen im Jahr 1927 ab, als die kurze Phase des relativen Wohlergehens endete und ein Leidensweg begann, der selbst für das heitere Gemüt der Erzählerin nicht mehr zu bewältigen war: die Verhaftung und der Tod ihrer Mutter, der Tod des Ehemanns ihrer geliebten Schwester nach qualvollen Verhören in der Lubjanka und weitere Heimsuchungen.

Die Erinnerungen wurden jahrelang als praller Stapel maschinenbeschriebener Seiten aufbewahrt. Dann tippte die Nichte der Autorin sie auf einem Computer ab und veröffentlichte sie auf eigene Kosten in zwei Bänden mit einer Auflage von 100 Exemplaren, die sie an Freunde und Bekannte abgab. Mitte der 2010er Jahre, als das

Interesse an familiärer Erinnerungsliteratur auf dem Höhepunkt war, interessierte sich ein Moskauer Verlag für die Memoiren. Sie wurden in höherer Auflage publiziert und kamen in den Buchhandel.[194] Ein Exemplar des Buchs fand den Weg zu einem Mitglied des Heimatkundevereins von Moschaisk. Und nun geschah etwas Erstaunliches.

Für den sehr engagierten und aktiven Verein erwiesen sich diese privaten Familienerinnerungen als unschätzbare Quelle zur Moschaisker Geschichte. Mehr noch: Sie füllten eine entscheidende Lücke. Das Gut der Lodyschenskis war den Heimatkundlern zwar wohlbekannt, aber es gab keine zusammenhängende Darstellung seiner Geschichte in den letzten Jahren vor der Revolution. Olga Lodyschenskajas Erinnerungen waren die Erzählung, die viele vereinzelte Fakten, Fotos, Legenden und Informationsfetzen zu einem Ganzen verband.

Der Moschaisker Heimatkundeverein war begeistert. Mehrere Lokalmedien berichteten über Lodyschenskajas Buch, und die Vereinsmitglieder luden Xenija Rasumowa mit ihren Enkelinnen und einem Urenkel ein und organisierten eine Führung zu den Orten, die in den Memoiren erwähnt sind. Einige der bei diesem Zusammentreffen anwesenden Moschaisker hatten in dem Buch Hinweise auf längst vergessene Vorfahren ihrer Familie entdeckt, die sogar für sie als Nachkommen erst dank dieser Erinnerungen wieder aus dem Nichts auftauchten. Die Familienerzählung, die den Ablauf der Ereignisse sprachlich luzide, kohärent und nachvollziehbar schildert, stellte den narrativen Rahmen bereit, in dem die verstreuten Daten, Objekte und Orte ihren Platz fanden. Sie veranschaulichten eine Geschichte, die sich endlich zu einem Ganzen rundete. Die von den Moschaisker Heimatkundeforschern sorgfältig aufgebaute Erinnerungsinfrastruktur hatte nur noch den Auslöser gebraucht, der das schon vorbereitete Netz in Betrieb setzte und den Strom fließen ließ.

194 Lodyženskaja, Ol'ga, *Rovesnicy trudnogo veka*. Moskau 2016.

Die Infrastruktur für eine russische Metakommission für Wahrheit und Versöhnung

Der österreichische Historiker, Politologe und Bürgerrechtler Andreas Maislinger hat in seinem kurzen Aufsatz »Coming to Terms with the Past« ein klassisches Abfolgeschema der Vergangenheitsbewältigung aufgestellt.[195] In diesem Zusammenhang ist auch der biografische Hintergrund des Autors erwähnenswert. 1992 rief Maislinger den österreichischen Gedenkdienst ins Leben, der sich an der »Aktion Sühnezeichen« orientiert und dazu beitragen soll, in Österreich das Bewusstsein für die Mitschuld an den NS-Verbrechen zu fördern. Die Organisation ermöglicht es jungen Menschen, als Alternative zum Militärdienst freiwillige Arbeit an Holocaust-Gedenkstätten in 23 Ländern der Welt zu leisten.

Der Ablauf der Vergangenheitsbewältigung stellt sich nach Maislingers Schema so dar: Zunächst muss den Verbrechen ein Ende gesetzt werden. Dann folgt die Demokratisierung und Wiederherstellung des Rechtsstaats. Erst wenn diese Bedingungen erfüllt sind, ist die Voraussetzung für die nächste Phase erfüllt, die Wiedergutmachung. Dieser Begriff steht im engen Sinn für Reparationen und weiter gefasst für eine Reihe von Maßnahmen zur Kompensation des entstandenen Schadens. In einem ersten Schritt müssen die Verbrechen juristisch klassifiziert und die Täter bestraft werden. Der zweite Schritt ist die finanzielle Entschädigung der Opfer. Drittens schließlich geht es um das, was der deutsche Begriff »Trauerarbeit« umfasst: die aktive Wahrung des Andenkens, die Entwicklung von Narrativen zur Vergangenheit im Rahmen von Lehrplänen, die Thematisierung in den Medien, die Einführung von Gedenktagen und ihre offizielle Ausgestaltung und schließlich die Einrichtung von Gedenkstätten.[196]

195 Maislinger, Andreas, »Coming to Terms with the Past: An International Comparison«. In: Farnen, Russell F. (Hg.), *Nationalism, Ethnicity, and Identity*. New Brunswick / London 2004.

196 Ein weiteres Schema der Abfolge staatlicher Narrative zum Umgang mit einer schwierigen Vergangenheit stammt von der amerikanischen Politikwissenschaftlerin

So schön und wohlgegliedert dieses Schema auch ist: Schon diese Darstellung zeigt, dass Russland dort nicht hineinpasst. Und wie an den wenigen in diesem Buch vorgestellten Beispielen deutlich wird, gilt dies auch für die meisten anderen Länder, die auf die eine oder andere Weise eine schwierige Vergangenheit hinter sich gebracht haben. Russland ist einer von zahlreichen Fällen, in denen die Vergangenheitsbewältigung nicht dem klassischen Ablauf folgt. Das heißt keinesfalls, dass sie hierzulande nicht möglich wäre oder dazu verdammt ist, für alle Zeiten auf der Stelle zu treten. Es bedeutet nur, dass die »klassische« Abfolge der Bedingungen nicht eingehalten wird – was nichts daran ändert, dass sie alle irgendwann erfüllt werden müssen und werden.

Die Fälle, in denen die Verurteilung des staatlichen Terrors von der Basis ausgeht und der Staat zum Gedenken genötigt wird – wie dies in Argentinien oder Spanien der Fall war –, scheinen auf den ersten Blick eher Ausnahmen zu sein. Tatsächlich sind sie jedoch viel verbreiteter als das deutsche Modell. In Russland gibt es schon jetzt viele Projekte und Initiativen, die diese Funktion teilweise wahrnehmen. Ein erster Schritt zur Vorbereitung der Tätigkeit einer russischen »Meta-Wahrheitskommission« könnte darin bestehen, eine Bestandsaufnahme dieser Projekte zu machen, sie zu unterstützen und Informationen über sie zu verbreiten. Es besteht keine Notwendigkeit, etwas völlig Neues zu schaffen. Die Aufarbeitung der sowjetischen Vergangenheit kann sich auf das gründen, was bereits da ist.

MAHNMALE

Dass die Entwicklung in Russland nicht dem klassischen Schema folgt, lässt sich am besten am Beispiel des Denkmals für die Opfer politischer Repressionen zeigen, das im Oktober 2017 in Moskau

Jennifer Dixon (Dixon, Jennifer M., *Dark Pasts: Changing the State's Story in Turkey and Japan*. Ithaca (NY) 2018, S. 16): 1) Leugnen oder Verschweigen, 2) Legendenbildung oder Relativierung, 3) Anerkennung, 4) Anerkennung des Leids und Reuebekundung, 5) Eingestehen der Verantwortung, 6) Entschuldigung, 7) Entschädigungsangebot, 8) Gedenken.

eingeweiht wurde. Mit der Errichtung dieses Mahnmals erkannte der Staat den verbrecherischen Charakter der politischen Repressionen an und erklärte sich bereit, sicherzustellen, dass sie sich künftig nicht wiederholen würden. Es wurde an einer Allee aufgestellt, die nach dem berühmtesten sowjetischen Dissidenten benannt ist, und bei der Enthüllung waren das Staatsoberhaupt, das Oberhaupt der vom Terror am stärksten betroffenen Kirche und die Witwe des Mannes anwesend, der das bekannteste Buch über den Gulag geschrieben hatte. Auf den ersten Blick scheint es, als ob eine solche Eröffnungsfeier ganz ähnlich auch in Deutschland stattfinden könnte – aber beim näheren Hinsehen fallen die Unterschiede ins Auge: Zur selben Zeit, als am Sacharow-Prospekt die »Mauer der Trauer« enthüllt wurde, wartete Juri Dmitrijew, einer derjenigen, die sich in den letzten 20 Jahren besonders um die Wahrung des Andenkens an die Terroropfer verdient gemacht hat, im Untersuchungsgefängnis der Stadt Petrosawodsk auf sein Urteil. (Unter denen, die sich öffentlich für ihn einsetzten, war nicht nur Natalja Solschenizyna, die oben erwähnte Schriftstellerwitwe, sondern auch Georgi Franguljan, der Bildhauer, der das Denkmal schuf.) Die Zahl der Strafverfahren gegen Dissidenten nahm stetig zu, und die Hälfte der Bürgerinnen und Bürger Russlands bekannte sich zu einer positiven Einstellung zu Stalin.

Bei der Debatte im Vorfeld der Denkmalsenthüllung äußerten Kritiker der Initiative, vor allem aus Dissidentenkreisen, dass die Aufstellung dieses Mahnmals der endgültigen Vereinnahmung des Andenkens an die Repressionen durch den Geheimdienst gleichkomme. Sie forderten Historiker und Menschenrechtsaktivisten auf, sich von dem Projekt zu distanzieren. Zur Begründung verwiesen sie mit einiger Berechtigung auf die Auswahl des Standorts, der bewusst fernab des Zentrums liegt, und auf die skulpturale Gestaltung, die die Opfer ohne Gesicht darstellt und keine persönliche Form des Gedenkens aufkommen lässt.

In Ländern, für die das klassische Modell der Vergangenheitsbewältigung gilt, befinden sich solche Gedenkstätten oder Museen in der Regel im Zentrum der Hauptstadt, wie das Holocaust-Mahnmal in Berlin am Brandenburger Tor oder das Museum of African American History and Culture an der National Mall in Washington. Wenn sich im Stadtzentrum kein geeigneter Platz findet (was in Städten mit reicher historischer Tradition durchaus nachvollziehbar ist), werden zumindest symbolträchtige Orte für die Gedenkstätten und Museen ausgewählt, um den exzeptionellen Charakter des Ereignisses zu unterstreichen, an das erinnert wird. Die Gedenkstätte Yad Vashem in Jerusalem befindet sich auf dem Herzlberg, unweit der Grabstätte von Israels Gründervater Theodor Herzl, dem Nationalfriedhof und den wichtigsten Museen. Das Denkmal für die Opfer des Völkermords in der armenischen Hauptstadt Jerewan wurde auf dem Hügel Zizernakaberd errichtet und erhebt sich symbolisch über die Stadt. Auch die Gedenkstätte für die Opfer des Holodomor in Kiew und das Mahnmal »Neun Türme« für die Opfer sowjetischer Repressionen gegen Inguschen und Tschetschenen in Nasran überragen symbolisch die Stadt. Bei Letzterem wird die Bedeutung, die die Repressionen im nationalen Gedächtnis einnehmen, noch dadurch hervorgehoben, dass die Neun Türme symbolisch den gesamten Denkmalkomplex überragen, der feierlichen und tragischen Ereignissen in der Geschichte der Föderationsrepublik Inguschetien gewidmet ist. Das »Tal der Gefallenen« schließlich, das Franco nach dem Bürgerkrieg als Symbol für die Versöhnung der spanischen Nation errichten ließ, liegt zwar 58 Kilometer von Madrid entfernt, ist aber mit einer Fläche von 1350 Hektar sehr groß und beeindruckt allein schon durch seine Ausmaße.

Eine weitere Möglichkeit, einer außerordentlichen Botschaft zusätzliches Gewicht zu verleihen, besteht darin, sie an einem Ort unterzubringen, der historische Bedeutung hat, auch wenn er nicht zentral oder exponiert gelegen ist. Oft besteht dabei eine Verbindung zwischen diesem symbolträchtigen Ort und den Verbrechen, an die erinnert wird. Dies ist etwa bei dem Berliner Ausstellungszentrum »Topographie des Terrors« der Fall, das auf dem Gelände des Gestapo-Hauptquartiers errichtet wurde. Das Holocaust-Mahnmal in Wien befindet sich in einem mittelalterlichen jüdischen Viertel über den Ruinen einer im 15. Jahrhundert niedergebrannten Synagoge. Und in Argentinien gibt es eine Gedenkstätte in einem der Hauptgefängnisse der Junta in Buenos Aires sowie einen Gedenkpark auf dem Gelände des Militärflugplatzes, von dem aus die berüchtigten »Todesflüge« starteten.

Im klassischen Schema der Vergangenheitsbewältigung würde das Mahnmal für die Opfer des sowjetischen Staatsterrors auf dem Roten Platz oder im Lubjanka-Gebäude stehen – solche Entwürfe wurden bereits 1988-1989 in einem von Memorial ausgeschriebenen Wettbewerb eingereicht. Außerdem wären zuvor die für die Verbrechen Verantwortlichen verurteilt und alle daran Beteiligten durchleuchtet worden, und anschließend hätte eine Demokratisierung und der Aufbau eines Rechtsstaats stattgefunden. In Russland hingegen kann es noch Jahrzehnte dauern, bis die Rechtsstaatlichkeit hergestellt ist, die der Errichtung einer Gedenkstätte für die Opfer des Staatsterrors vorausgehen müsste. Beachtenswert ist, dass sich der damalige Leiter von Memorial, Arseni Roginski, und sein späterer Nachfolger, Jan Ratschinski, 2015 für die Errichtung des Denkmals ausgesprochen haben. Auf den Einwand, die Regierung Russlands sei nicht legitimiert, Denkmäler für die Repressionsopfer aufzustellen, und ein von ihr errichtetes Mahnmal sei eine Beleidigung für deren Andenken, erwiderte Ratschinski:

> Genauso gut könnte man fragen, ob Chruschtschow legitimiert war, Solschenizyns Erzählung *Ein Tag im Leben des Iwan Denissowitsch* publizieren zu lassen – und ob es richtig war, dass Solschenizyn sich um eine Veröffentlichung bemühte, obwohl er wusste, dass auch Chruschtschows Hände nicht ganz sauber waren und das Regime sich zwar verändert hatte, aber nicht wirklich radikal. Und die nächste Frage, die damit zusammenhängt, lautet: Was wird denn besser dadurch, dass keine Denkmäler errichtet werden? Und wann werden sie dann aufgestellt? Und welchen Anlass hätte das Regime dann noch, sich auch nur im Mindesten zu ändern? [...] Ich denke, wenn [...] auf einmal ein wirklich aussagekräftiges Denkmal da steht, wird es auch eine Wirkung entfalten. Und zwar

> unabhängig davon, ob das Regime glaubt, dass die politischen Repressionen fortgesetzt werden oder nicht. Hier geht es ganz allgemein um das Verhältnis zwischen dem Einzelnen und dem Staat. [...]
>
> Wenn wir es unterlassen zu handeln, weshalb sollte sich dann etwas ändern? Mir scheint, wenn 1956 ein Mahnmal errichtet worden wäre, wie kommunistisch und abstoßend es auch ausgesehen hätte, dann hätte das etwas bewirkt und zu gewissen Veränderungen geführt. Und auch heute gibt der Staat, wenn auch wider Willen, zu verstehen, dass es diese Dinge gegeben hat und dass sie in gewisser Weise verurteilt werden. Allein das trägt schon zu einer atmosphärischen Veränderung bei.[197]

Die »Mauer der Trauer«, die ein abschließendes Statement der Staatsführung zu Russlands schwieriger Vergangenheit kommunizieren sollte, ist in Wirklichkeit in einen umfassenderen Gedenkprozess einbezogen, an dem sich mehr als eine Seite beteiligt. Die Enthüllung des Denkmals am 30. Oktober 2017 war zwar vielleicht die zu jenem Zeitpunkt wichtigste und öffentlichkeitswirksamste Zeremonie zur Erinnerung an den Großen Terror achtzig Jahre zuvor, aber längst nicht die einzige. Besonders bedeutsam sind die Aktionen »Rückgabe der Namen« und »Gedenkgebet«. Das eigentliche nationale Mahnmal für die Opfer des sowjetischen Terrors ist die Gesamtheit der öffentlichen Gedenkveranstaltungen. Die Welle der Erinnerung in Russland schwillt bereits an. Es ist nur eine Frage der Zeit, bis das Thema der Repressionen von den Rändern des kollektiven Gedächtnisses näher ins Zentrum rückt. Wenn sich die »Mauer der Trauer« in diesen Prozess integrieren lässt, ist das umso besser. Und wenn nicht, wird das Erwachen der Erinnerung dadurch nicht aufgehalten.

197 »Pamjatnik repressirovannym« [Diskussion in der Zentrale der Gesellschaft Memorial, 16.03.2015]. *Radio Svoboda*, 22.03.2015. https://www.svoboda.org/a/26912032.html (Abrufdatum 12.09.2022).

ARCHIVE

Von Denis Karagodin und seinen Nachforschungen ist in diesem Buch schon wiederholt die Rede gewesen. Sein Beispiel ist aus verschiedenen Gründen so wichtig. Es zeigt, wie sich das Vakuum füllen lässt, das entsteht, weil das Erbe des sowjetischen Terrors nicht juristisch aufgearbeitet wird. Karagodins Vorgehen ist ein Modell dafür, wie die Versöhnung in der Zivilgesellschaft vonstattengehen könnte. Zunächst aber führt es vor, wie aus der Suche nach Archivdokumenten eine öffentliche Aktion wird. Am Anfang dieser Geschichte steht Karagodins Entscheidung, seinen privaten Blog, wo er Aufzeichnungen zu seiner Suche nach Informationen über seinen erschossenen Urgroßvater veröffentlichte, als Rechercheinstrument zu nutzen. Als der örtliche FSB sich weigerte, ihm einen Auszug aus der Hinrichtungsurkunde seines Urgroßvaters auszuhändigen, beschloss er, andere Wege zu gehen. In einem Interview mit der *Deutschen Welle* sagte er:

> Wenn man mit bürokratischen Systemen (Institutionen, Einrichtungen, Archiven) arbeitet, muss man begreifen, wie sie funktionieren, wie die Leute dort arbeiten. Man muss ihre Psychologie und die Verwaltungsabläufe verstehen. Das war bei mir der Fall. Ich verstand sie nicht nur, ich besaß auch theoretische und methodische Kenntnisse.
>
> Am Abend des 4. Juni 2016 beschloss ich, meinen Blog, den ich bisher nur als Online-Tagebuch genutzt hatte, als Werkzeug einzusetzen. Ich begann, Informationen bei den Lesern zu sammeln, nachdem der FSB der Region Tomsk sich geweigert hatte, mir einen Auszug aus der Hinrichtungsakte meines Urgroßvaters zur Verfügung zu stellen. Das war ein Verstoß gegen das Gesetz, demzufolge der Zugang zu Dokumenten nicht länger als 75 Jahre eingeschränkt werden darf. Der Geheimdienst behauptete, diese Dokumente seien in schlechtem Zustand, obwohl sie in den Kopien der Akte, die ich angefordert hatte, enthalten waren. Ich wollte anhand der Originale herausfinden, wo die Erschießungsakte selbst aufbewahrt wurde. Diese Information wurde mir verweigert, also beschloss ich, eine neue Methode anzuwenden. Und das hat funktioniert.[198]

198 »Denis Karagodin: Prjamo na vašich glazach ja vyjavil očerednogo ubijcu!« *Deutsche Welle*, 23. 11. 2016.

Karagodins Projekt erinnert uns daran, dass jedes bürokratische System seine eigene Logik, seinen eigenen »Code« hat, der geknackt werden kann. Als es Karagodin schließlich doch gelang, eine Kopie der Hinrichtungsurkunde zu erhalten und die gesamte Täterkette von den direkten Vollstreckern des Urteils bis zu Stalin als Initiator des Terrors zu rekonstruieren, war die Resonanz vor allem deshalb so groß, weil sich zeigte, dass ein einzelner Mensch aufgrund seiner Kenntnis des »Codes« in das riesige, geschlossene System eindringen und aus seinem Innersten Beweise zutage fördern kann. Und das hieß, dass diese Beweise in gewissem Sinn unzerstörbar waren. Was bei Karagodin so beeindruckt, ist der Übergang vom trockenen dokumentarischen zum existenziellen Diskurs. In einem Kommentar zu einem Bericht vom Sommer 2018, in dem es um die Vernichtung von Akten und Archivkarten von Gulag-Häftlingen in russischen Archiven geht und der damals breite Resonanz fand, schreibt er:

> Offenbar gibt es etwas, das nicht zerstört werden kann. Wie viele Menschen auch heimlich ermordet wurden, wie viele Archivdokumente auch wegen Ablauf der Aufbewahrungsfristen verbrannt wurden – irgendetwas wird immer bleiben und das Geschehen bezeugen.
>
> Mich fasziniert dieses Problem der Retention (Aufbewahrung erworbener Informationen), wenn etwas festgehalten, in einem Dokument fixiert wird. Was wird da aufgezeichnet? Warum? Und auf welche Weise? Wenn ich mit biografischen Dokumenten und großen Datenmengen arbeite, geschehen oft völlig unglaubliche Dinge, die ich nur schwer erklären kann. Offenbar kommen in diesen Momenten so etwas wie Quantengesetze der Existenz ins Spiel.[199]

199 Karagodin, Denis, »Bezotčetnoe uničtoženie. Čto proischodit s archivnymi dannymi o stalinskom terrore?« *Republic.ru*, 09.06.2018. https://republic.ru/posts/91157 (Abrufdatum 13.09.2022). Eine dieser unglaublichen Geschichten ist die Entdeckung, dass sich unter den Personen, die zusammen mit Karagodins Urgroßvater hingerichtet wurden, Verwandte des Priesters Nikolai Simo befanden, der 1931 in Kronstadt erschossen und 2006 als Neumärtyrer heiliggesprochen wurde.

Es gibt mehrere ähnliche Fälle wie den Karagodins, auch wenn sie in der Regel nur in Historiker- und Archivarkreisen bekannt sind. Der Forscher Sergei Prudowski, der im August 2017 entdeckte, dass Erfassungskarten von Häftlingen vernichtet worden waren, begann seine Archivrecherche ebenfalls, um Beweise für den Tod seines Großvaters zu finden, und bemüht sich seit Jahren auf gerichtlichem Weg um die Freigabe illegal eingestufter Dokumente.[200] Alexei Babi, Vorsitzender von Memorial Krasnojarsk und Herausgeber des Gedenkbuchs für die Repressionsopfer in der Region, digitalisiert schon seit Jahren fast im Alleingang die Opferakten aus den lokalen Archiven.[201] In dieser Zeit hat er nicht nur die Website der Gedenkstätte Krasnojarsk zu einer einzigartigen Datenbank ausgebaut, sondern auch eine ganze Philosophie für die effektive Nutzung des Internets als Werkzeug formuliert.[202] Im Mai 2017 wurde unter der Leitung des Historikers Viktor Kirillow, der auch Ko-Vorsitzender von Memorial in Nischni Tagil ist, das »Gedenkbuch für die deutschen Angehörigen der Arbeitsarmee aus dem Nordural-Straflager (SewUralLag)« erstellt. Es ist Teil eines umfassenden Projekts, an dem bereits seit Jahrzehnten gearbeitet wird.[203] Obwohl sich der Zugang zu den Archiven äußerst schwierig gestaltet und trotz der Versuche, Memorial wie auch die Erforschung der Geschichte des sowjetischen Terrors zu kriminalisieren, ist die Arbeit, die Anfang der 1990er Jahre in ganz Russland begonnen wurde, nicht zum Stillstand gekommen, sondern hat in vielen Fällen neuen Schwung erhalten.

200 Fomina, Ekaterina, »Spisok deduška Stepana«. *Novaya Gazeta*, 17.02.2016. https://novayagazeta.ru/articles/2016/02/17/67479-spisok-dedushki-stepana; Volček, Dmitrij, »Tajnye bumagi palačej«. *Radio Svoboda*, 18.11.2017. https://www.svoboda.org/a/28859360.html (Abrufdatum 13.09.2022).

201 *Kniga pamjati žertv političeskich repressij Krasnojarskogo kraja.* Bd. 1-14. Krasnojarsk 2004-2016, http://memorial.krsk.ru (Abrufdatum 13.09.2022).

202 Babij, Aleksej, *Internet kak Instrument obščestvennych organizacii.* Krasnojarsk 2012.

203 Kirillov, Viktor et al. (Hgg.), *Kniga pamjati nemcev-trudarmejcev Sevurallaga NKVD/MVD 1942-1946* [Elektronische Ausgabe]. Nischni Tagil 2018. Siehe auch: https://gedenkbuch.rusdeutsch.ru/.

Der Eklat um die Vernichtung der Erfassungskarten hat gezeigt, dass es Mittel gibt, um Einfluss auf die Praxis zu nehmen, wenn ein Thema im Zentrum der Aufmerksamkeit steht. Dabei können neben Bürgerinitiativen auch staatliche Einrichtungen tätig werden. Im Jahr 2018 unterbreiteten das Staatliche Gulag-Museum und die Stiftung für Erinnerung[204] dem Innenministerium das Angebot, an der Digitalisierung der Akten von Repressionsopfern mitzuwirken, die sich in den Behördenarchiven befinden.[205]

Der Fall Karagodin hat dafür gesorgt, dass die Suche nach Informationen über politisch verfolgte Angehörige und das Anfordern solcher Informationen eine bisher nie gekannte Aufmerksamkeit erfahren. Seit 2018 können Anfragen an die Archive des FSB und des Innenministeriums bequem von zu Hause aus über das Internet-Portal für staatliche Dienstleistungen (Gosuslugi) gestellt werden. Wenn das Verfahren zum Einreichen solcher Anfragen – möglicherweise auch in Form von Klagen – automatisiert wird, sind die Behörden gezwungen, die Grenzen des Verbotenen zu verschieben, auch wenn sie dabei teils zu Manipulationen und Vorspiegelungen greifen. So richtete das Team um Alexej Nawalny 2011 verschiedene Onlinedienste ein, die es erleichterten, Beschwerden über die Tätigkeit städtischer Beamten einzureichen.[206] Einige Jahre darauf übernahmen staatliche

204 Die »Stiftung für Erinnerung« (Fond pamjati) wurde 2016 im Rahmen der »Konzeption einer staatlichen Politik zur Wahrung des Gedenkens an die Opfer politischer Unterdrückung« gegründet. (A. d. Ü.)

205 Anfang 2020 wird dies bereits auf der Ebene des Menschenrechtsrats beim Präsidenten der Russischen Föderation erörtert. Siehe: Romanov, Roman, »Process sozdanija edinoj bazy žertv politrepressij dolžen načat'sja s ob"edinenija razroznennych resursov«. Offizielle Website des Menschenrechtsrats beim Präsidenten der Russischen Föderation, 4. 03. 2020. http://www.president-sovet.ru/presscenter/news/roman_romanov_protsess_sozdaniya_edinoy_bazy_zhertv_politrepressiy_dolzhen_nachatsya_s_obedineniya_r/ (Abrufdatum 23. 11. 2022).

206 Über die Website RosJama konnten Straßenschäden an die Behörden gemeldet werden, die Plattform RosPil sammelte Hinweise auf Korruption in der staatlichen Beschaffung und über das Portal RosSchKCh konnten Bürger auf Missstände in den Kommunen hinweisen. Alle drei Dienste sind inzwischen auf Bestreben der russischen Regierung stillgelegt worden. (A. d. Ü.)

Strukturen und Pseudo-Oppositionsbewegungen wie die »Gesamtrussische Volksfront« diesen Ansatz, um die Initiative in der Krise an sich zu bringen. Damit etablierten sie jedoch zugleich die Möglichkeit, sich über Beamte praktisch in Echtzeit zu beschweren, als neue Norm, und die Staatsdiener mussten sich auf die neuen Spielregeln einstellen. Im Archivbereich könnten etwa Projekte für Gedenkmaßnahmen, die Rehabilitierung politisch Verfolgter oder die Ermittlung von Tätern eine ähnliche Wirkung entfalten.

In welche Richtungen weiter gehandelt werden sollte, ist recht deutlich. Erstens kommt es darauf an, Gesetzesinitiativen zu erwirken, die den Zugang zu den Archiven erleichtern, und die rechtswidrige Praxis zu stoppen, dass der Zugang zu Dokumenten mit abgelaufener Geheimhaltungsfrist verweigert wird. Zweitens sollten Anleitungen veröffentlicht und verbreitet werden, die zeigen, wie sich Blockaden seitens der Behörden nach dem Vorbild von Leuten wie Karagodin oder Prudowski umgehen lassen – auch mithilfe der Kompetenz und Erfahrung von Juristen und Menschenrechtsaktivisten. So wurden etwa Prudowskis Nachforschungen ab 2017 von der Rechtshilfeorganisation »Team 29« unterstützt.

Zum ersten Punkt: Das Engagement von Juristen hat vor dem Hintergrund des steigenden Interesses an den Repressionen bereits zu einem Ergebnis geführt. Im Sommer 2019 nahm das Verfassungsgericht der Russischen Föderation eine Beschwerde dreier Töchter von Repressionsopfern an, die in die Stadt zurückkehren wollten, in der ihre Eltern vor der Verbannung gewohnt hatten.[207] Nach dem Rehabilitationsgesetz von 1991 steht ihnen dieses Recht zu, aber praktisch besteht keine Möglichkeit, es auch wahrzunehmen. Die Beschwerde wurde von Juristen des unabhängigen Instituts für Recht und öffentliche Politik unterstützt. Im Dezember 2019 gab das Verfassungsgericht ihr statt und forderte eine Gesetzesänderung, um sicherzustellen, dass Kinder von Repressionsopfern für die ihnen

207 Puškarskaja, Anna, »Ssylka po vtorom pokolenii«. *Mediazona*, 3.06.2019. https://zona.media/article/2019/07/04/repression (Abrufdatum 13.09.2022).

zugefügten Benachteiligungen in größtmöglichem Umfang entschädigt werden.[208] Die Debatte über das Recht auf Rückkehr war als solche nicht weniger wichtig als dieses Urteil. Sie hat auf dieses Problem aufmerksam gemacht und die Frage auf die Tagesordnung gesetzt, wie man dysfunktionale Gesetze ändern und die Menschen für das Thema sensibilisieren kann.

Die Aufklärungsarbeit ist nicht weniger wichtig. Seit einigen Jahren sind in den Medien zunehmend Anleitungen zu finden, wie man nach Informationen über Angehörige recherchieren kann, die von den Repressionen betroffen waren. 2018 veröffentlichten mehrere überregionale Publikationen anlässlich des Gedenktags für die Repressionsopfer Erläuterungen von führenden Historikern, Archivaren und Mitarbeitern des Gulag-Museums zu diesem Thema.

Die Frage, ob eine russische »Metakommission« darauf hinarbeiten sollte, so etwas wie ein Pendant zur Gauck-Behörde aufzubauen, stellt sich derzeit nicht – solche Einrichtungen werden nicht von unten, sondern von oben geschaffen. In der jetzigen Phase ist es viel wichtiger, das Thema insgesamt in den Blickpunkt der Öffentlichkeit zu rücken. Dazu müssen zunächst das Programm für eine Reform des Zugangs zu den Archiven und die Bedeutung dieser Archive im Allgemeinen klar dargelegt werden (in Entsprechung zu den im vorigen Kapitel formulierten Thesen). Zweitens muss dieses Programm in die Plattformen der Parteien und politischen Bewegungen aufgenommen werden.

HISTORISCHE STUDIEN

Die Studie »Welche Vergangenheit braucht das Russland der Zukunft?« hat gezeigt, wie groß das Interesse an Basisinitiativen im Bereich des lokalen Gedenkens ist. Lokale Behörden und Aktivisten können die entsprechenden Ressourcen aufbauen und darauf verweisen, dass sie auch in Moskau im Kommen sind.

208 Černych, Alexey, »Repressirovannym pomogli s žil'ëm«. *Kommersant*, 18.12.2009. https://www.kommersant.ru/doc/1294305 (Abrufdatum 23.11.2022).

Noch vor einiger Zeit entstanden solche Gedenkzentren spontan durch private Initiativen und konnten weder auf finanzielle Unterstützung noch auf Zusammenarbeit bei der Informationsbeschaffung rechnen. In den Regionen der Russischen Föderation gibt es einige Dutzend ständige Ausstellungen, die sich auf die eine oder andere Weise mit der Geschichte des sowjetischen Terrors beschäftigen. Sie werden überwiegend in Heimatmuseen (wie dem oben erwähnten Museum in Tugatsch) oder allgemeinbildenden Schulen gezeigt, aber nicht selten auch in rein privat betriebenen Museen. Das Museum des Touristenklubs »Leader«, das von Iwan Igoschin im jakutischen Dorf Chandyga gegründet wurde, verfügt derzeit nicht über ein Gebäude und existiert virtuell im Internet,[209] das Museum im Dorf Jagodnoje im Gebiet Magadan ist in der Wohnung seines Gründers Iwan Panikarow untergebracht,[210] das Museum der Repressionen in Sussuman, dessen Ausstellung von Michail Schibisty zusammengestellt wurde, befindet sich im Einkaufszentrum der Stadt.[211] Seit einiger Zeit ändert sich die Lage jedoch. Auf Initiative des Moskauer Gulag-Museums schlossen sich diese Museen 2015 in der Vereinigung der Gedenkmuseen zusammen,[212] um Erfahrungen auszutauschen, gemeinsame Konferenzen abzuhalten, sich gemeinsam um Fördermittel zu bemühen und Experten und Medien in ihre Arbeit einzubeziehen.

Einige Museen bieten genug Arbeit für ganze Forschungszentren. So befindet sich etwa an der ehemaligen Erschießungsstätte in Butowo bei Moskau ein Gedenkzentrum, das eine Reihe von Aufgaben wahrnimmt. Unter anderem soll es die Voraussetzungen für die

209 Chodulova, J., »Muzej GULAGa – poka tol'ko virtual'nyj«. *Jakutija* (Onlinezeitung), 25.05.2017. http://gazetayakutia.ru/muzej-gulaga-poka-tolko-virtualnyj/.

210 Starikova, N., »Ivan Aleksandrovič Panikarov: K 60-letiju so dnja roždenija«. In: *Vremja i sobytija. Kalendar'-spravočnik po Dal'nevostočnomu federal'nomu okrugu na 2015 god.* Chabarowsk 2014, S. 297ff.

211 Oseneva, Sascha, »Ne zabludit'sja v nastojaščem«. *Moja rodina – Magadan* [undatiert]. http://www.kolymastory.ru/glavnaya/eho-dalstroya/ne-zabluditsya-v-nastoyashhem/ (Abrufdatum 2.12.2022).

212 Website des Verbands: http://memorymuseums.ru/ (Abrufdatum 13.08.2022).

Einrichtung eines voll ausgestatteten Museums und das Anlegen einer vollständigen Opferdatenbank schaffen, ein Archiv der Erinnerungen an die Christenverfolgung während der Sowjetzeit aufbauen und internationale Erfahrungen mit Gedenkstätten auswerten. Butowo ist auch ein Beispiel dafür, dass sich an einer Gedenkstätte eine Kultur des Gedenkens bilden kann, die von den Angehörigen der Opfer gepflegt wird. Viele von ihnen suchen den Ort regelmäßig auf.

Solche lokalen Museen und Zentren können die Identität der Einwohner und der lokalen Gemeinschaft stärken und gehören zugleich zu der Infrastruktur, die es braucht, um die Erinnerung an den Staatsterror auf nationaler und gesellschaftlicher Ebene wieder zu vergegenwärtigen. Beides sind unerlässliche Voraussetzungen dafür, dass eine russische »Metakommission« ihre Arbeit aufnehmen kann.

WISSENSVERBREITUNG

Im Oktober 2018 zeigte der Fernsehkanal TV2 den Dokumentarfilm »Die Schlucht«, in dem es um die Geschichte der Schlucht von Kolpaschewo geht.[213] 1979 wurde in Kolpaschewo bei Tomsk das Steilufer des Ob weggespült und dabei ein Massengrab aus der Zeit des Großen Terrors freigelegt. Die Einwohner der Stadt, unter denen sich viele Verbannte befanden, mussten auf Anweisung der Behörden die Leichen vernichten und die Spuren der 40 Jahre zuvor begangenen Verbrechen verwischen (vgl. S. 123). Dieser Film ist die erste Folge einer Dokumentarfilmreihe unter dem Titel »Anthropologie des Terrors«.[214] TV2 ist einer der ersten nichtstaatlichen Fernsehsender in Russland und hat den regulären Sendebetrieb 2015 eingestellt. Seither betreibt er ein Onlineprogramm und eine Nachrichtenagentur; das Geld für die Produktion der Dokumentarfilme wird durch Crowdfunding aufgebracht.

213 Der Film ist auf YouTube verfügbar: https://youtu.be/oeZDl54n4qI (Abrufdatum 23. 11. 2022).

214 Die YouTube-Playlist mit allen Filmen der Reihe findet sich unter https://youtu.be/4hy53BZ7PPs (Abrufdatum 23. 11. 2022).

Im Oktober 2017 fand im Moskauer Büro von Memorial ein sogenannter Mediahackathon statt, bei dem Journalisten populärer Moskauer Medien und die Fachleute von Memorial gemeinsam Ideen zur Verbreitung von Informationen über die Repressionen sammelten. Daraus entstanden ca. 15 Veröffentlichungen, in denen das Thema aufbereitet wurde – von einer Enzyklopädie für Kinder über Tests in Quizform und »Karten« mit Antworten auf die grundlegendsten Fragen bis zu wichtigen Interviews und vertiefenden Reportagen. Dabei wurde deutlich, dass die Geschichte des sowjetischen Staatsterrors kein Nischen- oder Randthema ist, mit dem sich nur ein enger Personenkreis befasst, sondern Menschen jeden Alters und mit unterschiedlichstem Hintergrund interessiert.

Wie auch die Erfahrung aus anderen Ländern zeigt, spielen Literatur und Film eine große Rolle beim Verbreiten des Andenkens an die schwierige Vergangenheit. In der aktuellen russischen Literatur gibt es viele Bücher, die den sowjetischen Staatsterror thematisieren. *Der Himmel auf ihren Schultern* von Sergej Lebedew (2010), *Obitel'* (Heimstatt) von Sachar Prilepin (2014), *Luftgänger* von Jewgeni Wodolaskin, *Suleika öffnet die Augen* (2015) und *Wolgakinder* (2018) von Gusel Jachina und *Vosstanie* (Der Aufstand) von Nikolai Kononow (2018) sind nur einige vielbeachtete Romane aus jüngster Zeit, die sich damit befassen. Wenn es eine große Zahl solcher Texte gibt und das Interesse an dem Thema sich nachhaltig etabliert, werden auch Verfilmungen entstehen, die ein Millionenpublikum erreichen können.

Die Beispiele Deutschlands, Spaniens und Japans zeigen, dass das Thema der schwierigen Vergangenheit auch die Massengenres – vom Comic bis zum Krimi – erreichen muss, damit sich das geistige Klima in der breiten Gesellschaft wirklich ändert. Heute finden sich in diesen Genres vor allem Bücher und Filme über Stalins tapfere Mitstreiter, nicht jedoch über seine Opfer. Es gibt auch einige Gegenbeispiele – etwa Kinderbücher wie *Zuckerkind* von Olga Gromowa, *Stalinski nos* (Stalins Nase) von Jewgeni Jeltschin und *Deti worona* (Die Kinder des Raben) von Julia Jakowlewa oder Fälle, in denen das Thema Eingang in die Popkultur findet, so beim Rapper Oxxxymiron in der

Zeile »Ich bin der Gulag und du Warlam Schalamow« oder in dem schon erwähnten Film *Kolyma – Heimat unserer Angst* von Juri Dud, einem der wichtigsten Medienereignisse des Frühjahrs 2019. Bislang ist ihre Zahl jedoch überschaubar.

Den Durchbruch vorbereiten

Die hier aufgeführten Beispiele bilden das Grundgerüst für die Infrastruktur der Erinnerung, die Leitungen, durch die der Strom fließen soll. So paradox es klingen mag: Die Entfernung der sterblichen Überreste Lenins und Stalins vom Roten Platz und die Errichtung eines Denkmals für die Repressionsopfer dort, ein gesetzliches Verbot der Rechtfertigung des sowjetischen Staatsterrors, die Lösung des Problems der symbolischen und materiellen Entschädigungsleistungen an die Opfer und eine staatliche Entschuldigung bei den Opfern und ihren Angehörigen in Russland und im Ausland – all dies sind notwendige Bedingungen, um mit der Vergangenheit abrechnen und eine stabile demokratische Ordnung herstellen zu können. Im Vergleich zu der Aufgabe, einen gesellschaftlichen Konsens über die sowjetische Vergangenheit herzustellen, handelt es sich dabei jedoch nur um technische Fragen.

Der einzige Weg, um diesen Konsens herbeizuführen, besteht darin, die besagte Infrastruktur aufzubauen und zu festigen, um die Identität derer zu stärken, die diese Erinnerung unmittelbar angeht, und sie unter allen anderen zu verbreiten. Der »Strom in den Leitungen«, die Welle, die das ganze Land ergreift, kann nur spontan entstehen, nicht durch lange Berechnungen und sorgsam abgestimmte Bemühungen. Emilio Silvas Artikel »Auch mein Großvater ist ein *Desaparecido*«, der in Spanien eine Welle der Exhumierung von Massengräbern auslöste, und die TV-Serie *Holocaust*, die in Deutschland ähnliche Breitenwirkung hatte, waren nicht auf diesen Effekt hin kalkuliert. Wenn die Infrastruktur schon vorhanden ist, dann können solche Ereignisse den Prozess in Gang setzen, sie sind dann gleichsam der Tropfen, der das Fass der Geduld zum Überlaufen bringt. Das Erarbeiten dieser Infrastruktur mit den hier beschriebenen Merkmalen ist heute die wichtigste Aufgabe derer, die daran interessiert sind, dass die Bewusstseinsarbeit in Russland Erfolg hat und eine russische Metakommission für Wahrheit und Versöhnung ihre Tätigkeit aufnehmen kann.

Epilog

Am Ende dieses Buchs kommen wir auf den kurzen Exkurs über die Formel »Nie wieder« zurück, mit dem es begann. Die Art und Weise, wie diese Formel mit Bedeutungen und Akzenten spielt, von der ethischen Maxime zur Handlungsaufforderung, vom juristischen Grundsatz zum pazifistischen Meme wird, ist charakteristisch für die Erinnerungsarbeit insgesamt. Die Forderung, dass sich die Verbrechen der Vergangenheit nicht wiederholen dürfen, ist in den verschiedenen semantischen Kraftfeldern ständig präsent. Vereinfacht gesagt lassen sich zwei einander entgegengesetzte Bedeutungspole ausmachen. Für Historiker, Menschenrechtsaktivisten, Traumapsychologen und Anthropologen, die sich mit den Zeugnissen der Überlebenden befassen, liegt der Schwerpunkt auf dem Singulären, in seiner ganzen Tragik letztlich Unbeschreibbaren des erlittenen Geschehens. Das Gebot, »die Wunden offen zu halten«, ist aus dieser Sicht von elementarer Bedeutung, weil jede Einordnung und jeder Versuch, den Schmerz zu lindern, zur »Normalisierung« beiträgt und damit die Wahrscheinlichkeit einer Wiederholung erhöht. Für Juristen, Politiker, Mitglieder von Wahrheits- und Versöhnungskommissionen und diejenigen, die die Arbeit dieser Kommissionen erforschen, ist es dagegen wichtig, die Erfahrung zu Unrecht erlittener Gewalt zu verallgemeinern und zu universalisieren, um Rezepte für ihre »Bewältigung« zu finden. Das Offenlegen der Wahrheit, der Fakten zu den Verbrechen, hat seinen Wert aus ihrer Sicht nicht in sich selbst, sondern soll einen pragmatischen Prozess in Gang setzen, der eine »demokratische Zukunft« befördert, eine Zukunft, in der die früheren Opfer und Täter oder deren Nachkommen miteinander leben müssen.

Die Balance zwischen dem Gebot der Erinnerung und dem Gebot der Versöhnung ist immer prekär und instabil. Sie erfordert permanente Arbeit, so wie die scheinbar mühelosen Bewegungen eines Seiltänzers unablässige Konzentration und Anstrengung verlangen.

Auch die wichtigste Schlussfolgerung aus den Erfahrungen verschiedener Länder mit der Aufarbeitung ihrer Vergangenheit, die im zweiten Teil dieses Buchs betrachtet werden, führt zum Schnittpunkt der beiden Perspektiven. Die tragische Erfahrung des Staatsterrors ist in jedem betroffenen Staat einzigartig. Die Szenarien für den Umgang mit ihr und die Mechanismen, die eine Wiederholung ausschließen sollen, lassen sich hingegen verallgemeinern und haben Standards gesetzt. Auch der Fall Russlands ist trotz der unermesslichen Dimensionen und der besonderen Umstände des tragischen Geschehens im internationalen Kontext nicht einmalig.

Die Erfahrung anderer Länder erlaubt es, die wichtigsten Voraussetzungen für die erfolgreiche Aufarbeitung der schwierigen Vergangenheit zu benennen. Zunächst: Jeder Versuch, die Erinnerung an eine schwierige Vergangenheit, wie den Massenterror gegen die eigenen Bürger, zu unterdrücken, zu verdrängen und zum Schweigen zu bringen, ist zum Scheitern verurteilt. Wie oft sich Staat oder Gesellschaft auch immer bemühen mögen, einen »Pakt des Schweigens« über die schwierige Vergangenheit zu schließen, wie oft sie auch versuchen, einen »Schlussstrich« im Sinne des Abschneidens und Vergessens zu ziehen: Trauma und Schmerz werden dadurch nur in den Untergrund gedrängt, wo sie unmerklich ihr Zerstörungswerk verrichten. Früher oder später bricht dieser Eiterherd auf, und je heftiger man versucht, sich der Vergangenheit zu verschließen, desto unkontrollierbarer und zerstörerischer wird der Durchbruch erfolgen. Eingefrorene Erinnerungskonflikte bergen nicht weniger Gefahrenpotenzial als eingefrorene Konflikte in den internationalen Beziehungen. Indem Russland sich weigert, sich mit seiner Vergangenheit wirklich auseinanderzusetzen, macht es sich umso mehr zu einer Geisel dieser Vergangenheit und reißt bei sich selbst und seinen Nachbarn historische Wunden auf. Um Abschied von einer schwierigen Vergangenheit nehmen zu können, muss man sie nach dem Vorbild der Traumatherapie akzeptieren.

Die Arbeit der Akzeptanz lässt sich nur sinnvoll und effektiv leisten, wenn man aus der Position des externen Beobachters, der Anklage erhebt, in die Position des Beteiligten wechselt, der Verantwortung übernimmt. Statt sich am »Nürnberger Modell« zu orientieren, sollte man einen Ansatz verfolgen, der deutlich macht, dass die Verurteilung der Verbrechen und die Benennung der Täter im Sinne einer wirklichen nationalen Versöhnung notwendig sind.

Den Schwerpunkt von der Schuld der Einzelnen hin zur gesellschaftlichen Verantwortung zu verlagern, sollte der ethische Impetus dieses Prozesses sein. Die Klärung der Kategorien Schuld und Verantwortung sollte in der Auseinandersetzung mit dem Familiengedächtnis stattfinden, das die Aufarbeitung der schwierigen Vergangenheit auf individueller Ebene anregt. Als Instrument für die Versöhnung könnte eine der Situation in Russland angepasste Wahrheits- und Versöhnungskommission dienen. Ihr Programm sollte im Wesentlichen darin bestehen, Informationen über den sowjetischen Staatsterror zu publizieren und die Forschung und die öffentliche Debatte zu diesem Thema anzuregen. Alle diese Maßnahmen dienen dazu, die Gesellschaft auf die Notwendigkeit eines neuen Konsenses über die sowjetische Vergangenheit vorzubereiten.

Es fällt ungeheuer schwer, die Wahrheit über sich selbst zu sagen. Aber die Anstrengung lohnt sich, weil man dadurch ein moralisches und letztlich auch politisches Kapital erwirbt, das nicht entwertet werden kann. Denn wenn sich die Identität einer Nation auf Lügen und Verschweigen stützt, dann muss diese Nation – um Jan Tomasz Gross zu zitieren –, »statt ihr eigenes Leben zu leben, sich ängstlich umschauen und zu ergründen versuchen, was andere über sie denken. Sie [wird] ständig bemüht sein, von den schändlichen Episoden der Vergangenheit abzulenken und unter allen Umständen [ihren] ›guten Namen [...] zu verteidigen‹. Hinter Misserfolgen und Schwierigkeiten [wird] sie feindliche Verschwörungen wittern.« Angst und Unsicherheit vergiften den Stolz auf die Vergangenheit selbst dort, wo Grund dazu bestünde. Die Erinnerung an die rühmlichen Seiten der Vergangenheit wird vergällt, wenn diese mit den schändlichen Seiten vermengt sind und die Wahrheit über Letztere im Verborgenen bleibt.

Wenn eine Nation beginnt, über die eigene Verantwortung zu sprechen, befreit sie sich nicht nur von der ständigen Angst, überführt zu werden, sondern nimmt auch ihren Kritikern den Wind aus den Segeln und erwirbt sich ein nachhaltiges Kapital. Einer der häufigsten Einwände gegen die Aufarbeitung der Geschichte ist, dass die Erinnerung an solche Themen dem positiven Selbstverständnis der Bürger Russlands schaden und sie daran hindern würde, stolz auf ihr Land und ihre Vergangenheit zu sein. Viel schädlicher für ein positives Selbstbild ist jedoch die ständige Angst, beim Lügen ertappt zu werden, die zwangsläufig mit der Weigerung einhergeht, diese Themen wirklich durchzuarbeiten. Das Übernehmen der Verantwortung für die Vergangenheit wäre hingegen in der Tat ein Grund, stolz zu sein. Laut den Besuchern der Gedenkstätte für Lynchopfer in Montgomery und des Museums für afroamerikanische Geschichte und Kultur in Washington DC ist das stärkste Gefühl, das man von dort mitnimmt, der Stolz auf die Größe des amerikanischen Volkes, das in der Lage ist, eine solche Arbeit an sich selbst zu leisten. Das ist es, was die russische Gesellschaft heute dringend benötigt: Grund zu einem solchen echten und gutartigen Stolz.

Die schwierige Vergangenheit Russlands ist nicht nur eine gemeinsame, schmerzvolle Erinnerung – sie bietet denen, die sich entschließen, ihre Aufarbeitung ernsthaft in Angriff zu nehmen, auch enorme Chancen.

Danksagung

So abgegriffen das Bild vom Zwerg, der auf den Schultern von Riesen steht, auch sein mag: Es veranschaulicht wie kein anderes die Weitergabe von Wissen. Dieses Buch stützt sich auf die einschlägige Forschung und bezieht auch benachbarte Forschungsrichtungen ein. Ohne die Menschen, die diese wissenschaftliche Arbeit leisten und damit ihr jeweiliges Feld weiterentwickeln, hätte es nicht geschrieben werden können. Ihnen verdankt es seine Vorzüge, während Mängel, Fehler und Ungenauigkeiten allein mir anzulasten sind. Zugleich zeugt das Buch von der Dankbarkeit, die ich ihnen gegenüber empfinde. Ganz besonders gilt dies für Arseni Roginski, der die Gewissenhaftigkeit des Historikers mit dem Mut des Bürgeraktivisten und menschlicher Wärme verband. Leider kann er das fertige Werk nicht mehr in Händen halten, aber es bedeutet mir viel, dass er ihm noch seinen Segen erteilen konnte.

Als Erstes möchte ich mich bei den Personen und Institutionen bedanken, die es mir durch ihre finanzielle Unterstützung ermöglicht haben, mich auf die Arbeit an diesem Buch zu konzentrieren.

Das Moskauer Büro der Heinrich-Böll-Stiftung hat mir zu diesem Zweck ein Stipendium zur Verfügung gestellt. Ich bin ihm dafür zutiefst verbunden, insbesondere dem früheren Leiter Jens Siegert und seinem Nachfolger Johannes Voswinkel sowie der Koordinatorin der Programmlinie Demokratie, Nuria Fatychowa. Heinrich Böll ist ein wahrhafter Freund Russlands gewesen und die nach ihm benannte Stiftung unterstützt seit vielen Jahren Projekte zur Vergangenheitsaufarbeitung. Ich empfinde es als Ehre, dass das vorliegende Buch diese ehrwürdige Tradition fortsetzt.

Ivan Krastev und das Institut für die Wissenschaften vom Menschen haben mir und meiner Familie einen wunderbaren Frühling in Wien beschert, wo das Buch seine endgültige Gestalt annahm. Auch Gleb Pawlowski, der diesen Studienaufenthalt ermöglicht hat, bin ich zu Dank verpflichtet.

Die Fertigstellung wurde durch ein Stipendium des Deutschen Historischen Instituts in Moskau ermöglicht. Ich bin der Institutsleitung und Andrei Doronin persönlich dankbar für ihre Hilfe und ihren guten Rat.

Die Arbeit an dem Projekt ist jedoch nicht nur durch Stipendien gefördert worden, sondern auch durch die Gelegenheit, die dargelegten Gedanken in Diskussionsforen und auf Publikationsplattformen vorzustellen und auf ihre Tragfähigkeit zu prüfen.

Ich danke Oksana Dowgopolowa, die mich 2015 zu einem Seminar über die Kultur der Versöhnung nach Odessa einlud, für das ich meine Gedanken zu diesem Thema erstmals ausformuliert habe, und Jewgenija Ljosina, deren Arbeiten zur Übergangsjustiz mir geholfen haben, den Blick zu fokussieren.

Ich danke Andrei Kurilkin, der die Idee zu dem Buch als Erster befürwortet hat und mir die Möglichkeit gab, die ersten Skizzen und Ansätze auf der Website InLiberty zu veröffentlichen. Er hat die Anfänge meiner Arbeit an diesem Thema unterstützend begleitet.

Ganz herzlichen Dank auch an die Gründer und Leiter der Moskauer Schule für gesellschaftliche Bildung, Jelena Nemirowskaja und Juri Senokosow, sowie die Programmkoordinatorin Inna Berjoskina für die Gelegenheit, wichtige Ideen für das Buch bei den dortigen Seminaren vorzustellen und zu spüren, dass ich nicht der Einzige bin, den dieses Thema interessiert.

Oleg Chlewnjuk, Michail Gabowitsch, Irina Scherbakowa, Igor Garkawyj und Roman Romanow haben sich freundlicherweise bereiterklärt, die ersten Versionen des Manuskripts zu lesen. Ich danke ihnen sehr für ihre Zeit und Aufmerksamkeit und ihre wichtigen Kommentare und Ergänzungen. Ihre Unterstützung war mir nicht nur Ansporn, den ursprünglichen Text ernsthaft zu überarbeiten, sondern auch eine große Ehre.

Weiterhin danke ich allen, die die Publikation dieses Buchs möglich gemacht haben:

Irina Prochorowa für ihr Interesse am Thema und die persönliche Teilnahme;

Boris Grosowski für sein stimulierendes und zugleich ernüchterndes Lektorat;

dem Museum der Geschichte des Gulag, der Stiftung für Erinnerung und Roman Romanow persönlich für die Hilfe beim Erwerb von Fotografien und die Unterstützung der Publikation des Buchs;

Andrei Ditzel für seine engagierte und professionelle Arbeit als Fotoredakteur.

Zudem bedanke ich mich bei folgenden Personen und Institutionen für die Erlaubnis, Bilder zu verwenden, an denen sie die Rechte besitzen: Bei der Galerie Magnet in Wien, der Slowenischen Nationalgalerie und der Lah Contemporary Art Foundation für Reproduktionen von Gemälden Zoran Mušićs, bei den Erben von Juri Pimenow, der Staatlichen Tretjakow-Galerie in Moskau und der Staatlichen Alexander-Deineka-Kunstgalerie in Kursk für Reproduktionen von Pimenows Gemälden, bei Anna Desnitskaya und dem Samokat Verlag für die Illustration aus dem Buch *In einem alten Haus in Moskau* sowie bei Sergei Ginsburg für das Foto auf dem Cover der russischen Ausgabe.

Sehr gern komme ich der Pflicht nach, denen zu danken, die mir etwas beigebracht oder mich durch ihre Freundschaft unterstützt haben:

Ich danke Maxim Trudoljubow dafür, dass er an mich geglaubt, mich in die Lehre genommen und geduldig redigiert hat und beiseitegetreten ist, als ich auf eigenen Füßen stehen konnte; für die Schule des Denkens, für Gasparow und Chodassewitsch, Acemoğlu und Robinson, Nord und Anthony von Sourozh – und für seine Freundschaft, die mir sehr viel bedeutet.

Ich danke den Freunden und Kollegen der Zeitung *Wedomosti*, Andrei Sinizin, Pawel Aptekar, Marija Schelesnowa und noch einmal Boris Grosowski für ihre unbezahlbaren Lektionen im Schreiben und in gesellschaftspolitischer Analyse, ihre unnachsichtigen Redigate, ihre wissenschaftliche Kompetenz und ihre Geduld.

Ich danke Nikolai Kononow für das Wachhalten des Sportsgeistes, Jadwiga Rogoża für das anhaltende und fordernde Interesse an meiner

Arbeit und für Warschau sowie Juri Michailin für Akribie und Penetranz, Sandarmoch und das achte Tor.

Für Auskünfte und bibliografische Unterstützung, Rat und Gastfreundschaft, Zuspruch und in jeder Hinsicht »nahrhafte« Gespräche danke ich außerdem Jegor Agafonow, Paloma Aguilar Fernández, Sofja Andschaparidse und Dmitri Kurajew, Alexandra Astachowa, Alejandro Baer, Anton Barbaschin, Michal Bilewitsch, Boris Chlebnikow, Marta Carletti Dell'Asta und Adriano Dell'Asta, Pater Manfred Deselaers, Jelena Dorman, Filipp Dsjadko, Mark Eli, Samuel Fernández Pichel, Paco Ferrandis, Irina Flige, Klaus und Lika Gestwa, Sam Greene, Christina Hammerstein, Dolores Ibárruri-Sergeiewa, Olga Irisowa, Zhanna Iwanowa de Mendoza, Swetlana Jablonskaja und Anna Jampolskaja. Alexander Jewsejew, Boris Kajatschew, Jewgeni Kalkajew, Michail Kaluschski, Alexei Kamenski, Denis Karagodin, Boris Kolonizki, Alexandra Kononowa, Viktor Kott, Martin Krohs, Stanislaw Kuwaldin, Sergej Lebedew, Walentina Letunowa, Olga Lewinskaja, Xenija Lutschenko, Olga Manzura, Swetlana Panitsch, Giovanna Parravicini, Katarzyna Pełczyńska-Nałęcz, Pater Wjatscheslaw Perewesenzew, Alexandra Poliwanowa, Elena Racheva, Anna Ratafijewa, Nina Roschanowskaja, Andrei Sacharow, Jeremy Sarkin, Ljubow Summ, Izabella Tabarovsky, Kylie Thomas, Sergei Tschapnin, Michail Tschernjak, Alexandra Turkeltaub, Ingrid Schierle, Elena Zhemkova, Anna Wassiljewa, Tatiana Woroscheikina, Alexandra Zaj, Tatjana Zhurzhenko und Klaus Nellen.

Literaturverzeichnis

Allgemein zum Thema

Applebaum, Anne, *Der Gulag*. Aus dem Englischen von Frank Wolf. Berlin 2003.

Barnes, Steven A., *Death and Redemption. The Gulag and the Shaping of Soviet Society*. Princeton 2011.

Borodkin, Leonid / Chlevnjuk, Oleg / Gregory, Paul R. (Hgg.), *GULAG: Ėkonomika prinuditel'nogo truda*. Moskau 2008.

Cadiot, Julie / Elie, Marc, *Histoire du Goulag*. Paris 2017.

Chlewnjuk, Oleg, *Stalin. Eine Biographie*. Aus dem Englischen von Helmut Dierlamm. München 2015.

Conquest, Robert, *The Great Terror: A Reassessment: 40th Anniversary Edition*. Oxford 2007.

Courtois, Stéphane / Werth, Nicolas / Panné, Jean-Louis et al., *Das Schwarzbuch des Kommunismus: Unterdrückung, Verbrechen und Terror*. Aus dem Französischen von Irmela Arnsperger et al. München 1998.

David-Fox, Michael (Hg.), *The Soviet Gulag: Evidence, Interpretation, and Comparison*. Pittsburgh (PA) 2016.

Gregory, Paul R. / Lazarev, Valery (Hgg.), *The Economics of Forced Labor. The Soviet Gulag*. Stanford 2003.

Istorija stalinskogo GULAGa. *Konec 1920-ch – pervaja polovina 1950-ch gg.* Dokumentsammlung in 7 Bänden, Moskau 2004 [Bd. 1. Massovye repressii v SSSR; Bd. 2. Karatelvnaja sistema. Struktura i kadry; Bd. 3. Ėkonomika GULAGa; Bd. 4. Naselenie GULAGa: čislennost' i uslovija soderžanija; Bd. 5. Specpereselency v SSSR; Bd. 6. Vosstanija, bunty i zabastovki zaključennych; Bd. 7. Sovetskaja repressivno-karatel'naja politika i penitenciarnaja sistema. Annotirovannyj ukazatel' del GA RF].

Ivanova, Galina, *Istorija GULAGa, 1918-1958: social'no-ėkonomičeskij i politiko-pravovoj aspekty*. Moskau 2006.

Jakobson, Michael, *Origins of the Gulag, the Soviet Prison Camp System, 1917-1934*. Lexington 1993.

Kokurin, Aleksandr / Petrov, Nikita (Hgg.), *GULAG: Glavnoe upravlenie lagerej. 1918-1960: Dokumenty*. Moskau 2000.

Landau, Julia / Scherbakowa, Irina (Hgg.), *GULAG. Texte und Dokumente 1929-1956*. Göttingen 2014.

Shearer, David R. / Khaustov, Vladimir, *Stalin and the Lubianka. A Documentary History of the Political Police and Security Organs in the Soviet Union. 1922-1953*. New Haven (CT) / London 2015.

Shearer, David R., *Policing Stalin's socialism: Repression and Social Order in the Soviet Union, 1924-1953*. New Haven (CT) 2009.

Solschenizyn, Alexander, *Der Archipel GULAG*: Vom Verfasser autorisierte überarbeitete und gekürzte Ausgabe in einem Band. Übersetzt von Anna Peturnig und Ernst Walter. Frankfurt/Main 2012.

Werth, Nicolas, *La terreur et le désarroi. Staline et son système*. Paris 2007.

Bürgerkrieg und Roter Terror

Buldakov, Vladimir, *Krasnaja smuta: priroda i posledstvija revoljucionnogo nasilija*. Moskau 2010.

Bullock, David, *The Russian Civil War 1918-1922*. Oxford 2008.

Graziosi, Andrea, *The Great Soviet Peasant War: Bolsheviks and Peasants 1917-1933*. Cambridge (MA) 2008.

Kondrašin, Viktor, *Krest'janstvo v Rossii v Graždanskoj vojne: k voprosu ob istokach stalinizma*. Moskau 2009.

Litvin, Aleksej, *Krasnyj i belyj terror v Rossii. 1918-1922 gg.* Moskau 2004.

Ryan, James, *Lenin's Terror: The Ideological Origins of Early Soviet State Violence*. London 2012.

Kollektivierung und Großer Terror

Berelovič, Aleksis / Danilov, Viktor (Hgg.), *Sovetskaja derevnja glazami VČK – OGPU – NKVD. 1918-1939. Dokumenty i materialy.* In vier Bänden, Moskau 1998-2012.

Binner, Rolf / Bonwetsch, Bernd / Junge, Marc (Hgg.), *Stalinismus in der sowjetischen Provinz 1937-1938. Die Massenaktion aufgrund des operativen Befehls № 00447*. Berlin 2010.

Conquest, Robert, *Ernte des Todes: Stalins Holocaust in der Ukraine 1929-1933*. Aus dem Englischen von Enno v. Löwenstern. München 1988.

Danilov, Viktor / Manning, R. / Viola, Lynne (Hgg.), *Tragedija sovetskoj de-*

revni. Kollektivizacija i raskulačivanie. Dokumenty i materialy. 1927-1939. In fünf Bänden, Moskau 1999-2006.
Fitzpatrick, Sheila, *Stalin's Peasants: Resistance and Survival in the Russian Village after Collectivization.* New York / Oxford 1994.
Hagenloh, Paul, *Stalin's Police: Public Order and Mass Repression in the USSR, 1926-1941.* Washington, D. C. / Baltimore (MD) 2009.
Khaustov, Vladimir / Samuelson, Lennart, *Stalin, NKVD i repressii, 1936-1938 gg.* Moskau 2009.
Khlevniuk, Oleg, *The History of the GULAG: From Collectivization to the Great Terror.* New Haven (CT) 2004.
Viola, Lynne, *Peasant rebels under Stalin. Collectivization and the culture of peasant resistance.* New York / Oxford 1996.
Werth, Nicolas / Berelowitch, Alexis, *L'État soviétique contre les paysans. Rapports secrets de la police politique (Tcheka, GPU, NKVD), 1918-1939.* Paris 2011.

Zweiter Weltkrieg / Deutsch-Sowjetischer Krieg

Bell, Wilson T., *Stalin's Gulag at War: Forced Labour, Mass Death, and Soviet Victory in the Second World War.* Toronto / Buffalo / London 2019.
Budnickij, Oleg / Novikova, Ljudmila (Hgg.), *Garvardskij proekt: rassekrečennye svidetel'stva o Velikoj Otečestvennoj vojne.* Moskau 2019.
Budnickij, Oleg / Novikova, Ljudmila (Hgg.), *Okkupacija. Cholokost. Stalinizm.* Moskau 2014.
Chaustov, Vladimir et al. (Hgg.), *Lubjanka. Stalin i NKVD – NKGB – GUKR »Smerš«. 1939-1946.* Moskau 2006.
Snyder, Timothy, *Bloodlands. Europa zwischen Hitler und Stalin.* Aus dem Englischen von Martin Richter. München 2011.

Nachkriegsjahre

Applebaum, Anne, *Der Eiserne Vorhang: Die Unterdrückung Osteuropas 1944-1956.* Aus dem amerikanischen Englisch von Martin Richter. Moskau 2015.
Chlevnjuk, Oleg / Gorlickij, Joram, *Cholodnyj mir. Stalin und i zaveršenie staliniskoj diktatury.* Moskau 2011.

Dobrenko, Evgenij, *Pozdnij stalinizm. Ėstetika politiki*. In 2 Bänden, Bd. 1, 2. Moskau 2020.

Filtzer, Donald, *Soviet workers and Late Stalinism. Labour and the Restoration of the Stalinist System after World War II*. Cambridge (MA) 2009.

Petrov, Nikita, *Po scenariju Stalina: rol' organov NKVD-MGB SSSR v sovetizacii stran Central'noj i Vostočnoj Evropy. 1945-1953 gg*. Moskau 2011.

Vertiefend zu einzelnen Themen

Davis, R. W. / Wheatcroft, Stephen G., *The Years of Hunger: Soviet Agriculture, 1931-1933*. Basingstoke / New York 2004.

Golod v SSSR. 1929-1934. Drei Bände. Moskau 2011-2013.

Kokurin, Aleksandr / Morukov, Jurij, *Stalinskie strojki GULAGa: 1930-1953*. Moskau 2005.

Kokurin, Aleksandr / Vilenskij, Semen et al. (Hgg.), *Deti GULAGa: 1918-1956*. Moskau 1998.

Kozlova, Alena / Michailov, Nikolaj / Ostrovskaja, Irina / Ščerbakova, Irina, *Znak ne sotretsja. Sud'by ostarbajterov v pis'mach, vospominanijach i ustnych rasskazach*. Moskau 2016.

Poljan, Pavel, *Ne po svoej vole: istorija i geografija prinuditel'nych migracij*. Moskau 2001.

Poljan, Pavel, *Žertvy dvuch diktatur: Žizn', trud, uniženie i smert' sovetskich voennoplennych i ostarbajterov na čužbine i na rodine*. 2., überarbeitete und ergänzte Auflage, Moskau 2002.

Viola, Lynne, *The unknown Gulag. The lost world of Stalin's special settlements*. Moskau 2010.

Zemskov, Viktor, *Specposelency v SSSR. 1930-1960*. Moskau 2005.

Zu Argentinien (Teil II, Kapitel 1)

Amador, Carlos M., *Ethics and Literature in Chile, Argentina, and Paraguay, 1970-2000*. New York 2016.

Anderson, Leslie E., *Democratization by Institutions: Argentina's Transition Years in Comparative Perspective*. Ann Arbor (MI) 2016.

Baer, Alejandro / Sznaider, Natan, *Memory and Forgetting in the Post-Holocaust Era. The Ethics of Never Again*. London / New York 2017.

Bonner, Michelle D., *Sustaining Human Rights. Women and Argentine Human Rights Organizations*. University Park (PA) 2007.

Delgado, Andres, *Memory and Truth in Human Rights: The Argentina Case. The Issue of Truth and Memory in the Aftermath of Gross Human Rights Violations in Argentina*. Dissertation, Tampa (FL) 2013.

Feitlowitz, Marguerite, *A Lexicon of Terror: Argentina and the Legacies of Torture*. Oxford 1998.

Jelin, Elizabeth, *State Repression and the Labors of Memory*. Minneapolis 2003.

Maguire, Geoffrey, *The Politics of Postmemory Violence and Victimhood in Contemporary Argentine Culture*. Cham 2017.

Payne, Leigh A., Confession of Torturers: Reflections from Argentina. Vortrag bei der Konferenz »TRC: Commissioning the Past« der University of the Witwatersrand, Südafrika 11.-14.06.1999 (Organisatoren: Center for the Study of Violence and Reconciliation und der History Workshop der gastgebenden Universität).

Sutton, Barbara, Collective Memory and the Language of Human Rights Attitudes toward Torture in *Contemporary Argentina. Latin American Perspectives*. Nr. 42 (3), S. 73ff.

Sutton, Barbara, *Surviving State Terror: Women's Testimonies of Repression and Resistance in Argentina*. New York 2018.

Verbitsky, Horacio, *Der Flug. Wie die argentinische Militärdiktatur ihre Gegner im Meer verschwinden ließ*. Aus dem Spanischen von Sandra Schmidt. Wien 2016.

Zu Spanien (Teil II, Kapitel 2)

Internet-Ressourcen

Karte der Begräbnisstätten der Opfer des Bürgerkriegs und der Franco-Diktatur: https://desmemoria.eldiario.es/mapa-fosas.

Spanish Civil War Memory Project: Archiv mit audiovisuellen Materialien zu den Repressionen während der Franco-Diktatur (Projekt der University of California San Diego in Zusammenarbeit mit spanischen Bürgerrechtsinitiativen wie der ARMH [Asociación para la Recuperación de la Memoria Histórica], der Asociación de Ex-presos y Represaliados Políticos und der Federación Estatal de Foros por la Memoria: http://libraries.ucsd.edu/speccoll/scwmemory/about-eng.html.

Website des Online-Projekts »40 Años de desmemoria« des unabhängigen spanischen Onlinemediums elDiario.es anlässlich des 40. Todestages von Francisco Franco: https://desmemoria.eldiario.es.

Literatur

Aguilar, Paloma / Payne, Leigh A., *Revealing New Truths about Spain's Violent Past. Perpetrators' Confessions and Victim Exhumations*. London 2016.

Aguilar, Paloma / Ramírez-Barat, Clara, Amnesty and Reparations Without Truth or Justice in Spain. In: Wouters, Nico (Hg.), *Transitional Justice and Memory in Europe (1945-2013)*. Cambridge / Antwerpen / Portland 2014.

Aguilar, Paloma, *Memory and Amnesia: The Role of the Spanish Civil War in the Transition to Democracy*. Oxford 2002.

Armengou, Montse / Belis, Ricard, *Las fosas del silencio: ¿Hay un Holocausto español?* Barcelona 2004.

Baer, Alejandro / Sznaider, Natan, *Memory and Forgetting in the Post-Holocaust Era: The Ethics of Never Again*. London / New York 2017.

Capdepón, Ulrike, Der öffentliche Umgang mit der Franco-Diktatur. Bundeszentrale für politische Bildung. *Aus Politik und Zeitgeschichte*. 2010. Bd. 36-37. S. 33ff.

Colmeiro, José F., *Memoria histórica e identidad cultural: De la postguerra a la postmodernidad*. Barcelona 2005.

Fedorov, Andrej, Repressivnaja politika v chode i posle graždanskoj vojny v Ispanii: istorija i polemika. Istoričeskaja ėkspertiza 2016, Nr. 4, S. 45ff.

Ferrándiz, Francisco, The Return of Civil War Ghosts: The Ethnography of Exhumations in *Contemporary Spain. Anthropology Today* 22 (3) 2006, S. 7-12.

Ferrándiz, Francisco, Unburials, Generals and Phantom Militarism. *Current Anthropology* 2019, Bd. 60. Supplement 19 (Februar).

Jerez-Farrán, Carlos / Amago, Samuel (Hgg.), *Unearthing Franco's Legacy: Mass Graves and the Recovery of Historical Memory in Spain*. Notre Dame (IN) 2010.

Preston, Paul, *The Spanish Civil War: Reaction, Revolution and Revenge*. London 2006.

Preston, Paul, *The Spanish Holocaust. Inquisition and Extermination in Twentieth Century Spain*. London 2012.

Renshaw, Layla, Pravda vskryvaetsja: kak pomenjalis' mestami razoblačenija i utaivanie v »politike pamjati« v Ispanii. *Novoe literaturnoe obozrenie* 2009, Nr. 100, S. 475 ff.

Silva, Emilio / Macías, Santiago, *Las Fosas de Franco: Los Republicanos que el Dictador dejó en las Cunetas*. Madrid 2003.

Zu Südafrika (Teil II, Kapitel 3)

Colvin, Christopher J., Overview of the Reparations Program in South Africa. In: de Greiff, Pablo (Hg.), *The Handbook of Reparations*. Oxford 2006, S. 176 ff.

Fernandez, Lovell, Reparations Policy in South Africa for the Victims of Apartheid. *Law, Democracy & Development* 1999, Bd. 3, 2, S. 209 ff.

Fox, Graham, Remembering Ubuntu: Memory, Sovereignty and Reconciliation in Post-Apartheid South Africa. *Platforum* 12/2011., S. 100 ff.

Gibson, James L., *Overcoming Apartheid: Can Truth Reconcile a Divided Nation?* New York 2004.

Gibson, James L., *Overcoming Historical Injustices: Land Reconciliation in South Africa*. Cambridge 2009.

Gibson, James L., *Overcoming Intolerance in South Africa: Experiments in Democratic Persuasion*. Cambridge 2002.

Gobodo-Madikizela, Pumla, *Das Erbe der Apartheid. Trauma, Erinnerung, Versöhnung*. Opladen 2006.

Gobodo-Madikizela, Pumla, Trauma, Forgiveness and the Witnessing Dance: Making Public Spaces Intimate. *Journal of Analytical Psychology* 53/2008, S. 169 ff.

Grunebaum, Heidi P., *Memorializing the Past: Everyday Life in South Africa after the Truth and Reconciliation Commission*. Piscataway (NJ) 2011.

Payne, Leigh A., *Unsettling Accounts: Neither Truth Nor Reconciliation in Confessions of State Violence*. Durham 2008.

Robins, Steven, ›Can't forget, can't remember‹: Reflections on the Cultural Afterlife of the TRC. *South-North Cultural and Media Studies* 2007, Bd. 21, 1.

Sarkin, Jeremy, *Carrots and Sticks: The TRC and the South African Amnesty Process*. Antwerpen 2004.

Sarkin, Jeremy, Understanding the Journey to Reconciliation in Transitional

Societies: Using the Metaphor of a Motor Vehicle Road Trip to Understand South Africa's Path (Process) to Political Reconciliation. *International Journal of African Renaissance Studies*, Bd. 10, 2/2015, S. 87ff.

Stein, Dan J. et al., The Impact of the Truth and Reconciliation Commission on Psychological Distress and Forgiveness in South Africa. *Social Psychiatry and Psychiatric Epidemiology* 43/2008, S. 462ff.

Zu Polen (Teil II, Kapitel 4)

Archiwum Ringelbluma. Konspiracyjne Archiwum Getta Warszawy. T. 1-38. Warszawa: Żydowski Instytut Historyczny, 1997-2018.

Bachmann, Klaus, The Polish Paradox: Transition from and to Democracy. In: Wouters, Nico (Hg.), *Transitional Justice and Memory in Europe (1945-2013)*. Antwerpen / Cambridge 2014, S. 327ff.

Barkan, Elazar / Cole, Elizabeth A. / Struve, Kai (Hgg.), *Shared History – Divided Memory. Jews and Others in Soviet-Occupied Poland, 1939-1941*. Leipzig 2007.

Błoński, Jan, Biedni Polacy patrzą na getto. In: *Tygodnik Powszechny* 1987, deutsch: Die armen Polen blicken aufs Ghetto. In: Marek Klecel, *Polen zwischen Ost und West. Polnische Essays des 20. Jahrhunderts*. Berlin 1995, S. 76ff.

Dąbrowski, Franciszek / Peterman, Radosław, The Polish Experience. In: *Memory of Nations: Democratic Transition Guide. The Czech / Egyptian / Estonian / German / Polish / Romanian / Russian Experience*. Praha 2017.

Davies, Norman, *God's Playground: A History of Poland*. Bd. 1: The Origins to 1795; Bd. 2: 1795 to the Present. New York 1982.

Gross, Jan Tomasz / Grudzińska-Gross, Irena, *Golden Harvest*. New York 2012.

Gross, Jan Tomasz, *Nachbarn: Der Mord an den Juden von Jedwabne*. Aus dem Englischen von Friedrich Griese. München 2001.

Gross, Jan Tomasz, *Angst. Antisemitismus nach Auschwitz in Polen*. Aus dem Polnischen von Friedrich Griese unter Mitarbeit von Ulrich Heiße. Berlin 2012.

Holc, Janine, *The Politics of Trauma and Memory Activism: Polish-Jewish Relations Today*. Cham 2018.

Janowski, Maciej, Edvabne, 10 ijulja 1941 g.: diskussija o sobytijach odnogo dnja. In: Miller, Aleksej / Lipman, Marija (Hg.), *Istoričeskaja politika v XXI veke*. Moskau 2012, S. 124ff.

Leder, Andrzej, *Polen im Wachtraum. Die Revolution 1939-1956 und ihre Folgen*. Aus dem Polnischen von Sandra Ewers. Osnabrück 2019.

Misztal, Barbara, The Banalization and the Contestation of Memory in Postcommunist Poland. In: Anico, Marta / Paralte, Elsa (Hg.), *Heritage and Identity. Engagement and Demission in the Contemporary World*. London / New York 2009, S. 117ff.

Ochman, Ewa, *Post-Communist Poland – Contested Pasts and Future Identities*. London / New York 2013.

Ringelblum, Emmanuel, *Polish-Jewish Relations During the Second World War*. Evanston 1992.

Rosenberg, Tina, *Die Rache der Geschichte. Erkundungen im neuen Europa*. Aus dem Amerikanischen von Udo Rennert. München 1997.

Snyder, Timothy, *Bloodlands. Europa zwischen Hitler und Stalin*. Aus dem Englischen von Martin Richter. München 2011.

Stola, Dariusz, Pol'skij INP stanovitsja ‚Ministerstvom pamjati'? In: Miller, Aleksej / Lipman, Marija (Hg.), *Istoričeskaja politika v XXI veke*. Moskau 2012, S. 103ff.

Traba, Robert, Pol'skie spory ob istorii v XXI veke. *Pro et Contra* 13 / 2009, S. 43ff.

Uffelmann, Dirk, Theory as Memory Practice: The Divided Discourse on Poland's Postcoloniality. In: Blacker, Uilleam / Etkind, Alexander / Fedor, Julie (Hg.), *Memory and Theory in Eastern Europe*. New York 2013, S. 103ff.

Vollhard, Johanna R. / Bilewicz, Michał / Olechowski, Mateusz, Victims under Siege: Lessons for Polish-Jewish Relations and Beyond. In: Halperin, Eran / Sharvit, Keren (Hg.), *The Social Psychology of Intractable Conflicts*. New York 2015, S. 75ff.

Zubrzycki, Genevieve, History and the National Sensorium: Making Sense of Polish Mythology. *Qualitative Sociology* 34 / 2011, S. 21ff.

Zubžicki, Ženev'ev (d. i. Zubrzycki, Genevieve), Polonia semper fidelis? Nacional'naja mifologija, religija i politika v Pol'še. In: *Gosudarstvo, religija, cerkov' v Rossii i za rubežom* 2016, Nr. 3, S. 44ff.

Zu Deutschland (Teil II, Kapitel 5)

Adorno, Theodor W., Was bedeutet: Aufarbeitung der Vergangenheit. In: ders., *Gesammelte Schriften*, Bd. 10.2. Frankfurt/Main 1977, S. 555ff.

Altendorf, Hans et al., The German Experience. In: *Memory of Nations: Democratic Transition Guide. The Czech / Egyptian / Estonian / German / Polish / Romanian / Russian Experience*. Prag 2017.

Assmann, Aleida, Memories of Nazi Germany in the Federal Republic of Germany. In: Baranowski, Shelley / Nolzen, Armin / Szejnmann, Claus-Christian W. (Hg.), *A Companion to Nazi Germany*. New York 2018, S. 583ff.

Barkan, Elazar, *Völker klagen an. Eine neue internationale Moral*. Aus dem Amerikanischen von Axel Monte. Düsseldorf 2002.

Boroznjak, Aleksandr, Problema preodolenija totalitarnogo prošlogo v Germanii i Rossii. In: *Germanija i Rossija v XX veke: dve totalitarnye diktatury, dva puti k demokratii. Materialy meždunarodnoj naučnoj konferencii, posvjaščennoj 10-letiju ob"edinenija Germanii*. Kemerowo 2001.

Boroznjak, Aleksandr, Uroki Germanii v Rossii ešče ne vostrebovany. Preodolenie prošlogo i novye orientiry ego pereosmyslenija. Opyt Rossii i Germanii na rubeže vekov. Meždunarodnaja konferencija. Moskau 2002.

Feldmann, Lily Gardner, *Germany's Foreign Policy of Reconciliation: From Enmity to Amity*. Lanham (MD) 2012.

Frei, Norbert, *Vergangenheitspolitik: Die Anfänge der Bundesrepublik und die NS-Vergangenheit*. München 1996.

Gabowitsch, Mischa, Foils and Mirrors: The Soviet Intelligentsia and German Atonement. In: ders. (Hg.), *Replicating Atonement: Foreign Models in the Commemoration of Atrocities*. Cham 2017, S. 267ff.

Hammerstein, Katrin, *Gemeinsame Vergangenheit – getrennte Erinnerung? Der Nationalsozialismus in Gedächtnisdiskursen und Identitätskonstruktionen von Bundesrepublik Deutschland, DDR und Österreich*. Göttingen 2017.

Hayner, Priscilla B., *Unspeakable Truths: Transitional Justice and the Challenge of Truth Commissions*. 2nd Edition, London / New York 2011.

Jaspers, Karl, *Die Schuldfrage*. In: *Gesamtausgabe*, Bd. I/23. Berlin 2021.

König, Helmut, *Die Zukunft der Vergangenheit. Der Nationalsozialismus im politischen Bewußtsein der Bundesrepublik*. Frankfurt/Main 2003.

Krouford, Klaudija (d. i. Crawford, Claudia) / Smolina, Anna (Hgg.), *Otnošenie k prošlomu. Osmyslenie Germaniej dvuch ee diktatur*. Moskau 2018.

Lëzina, Evgenija, Istočniki izmenenija oficial'noj kollektivnoj pamjati (na primere poslevoennoj FRG). *Vestnik obščestvennogo mnenija* 3/2011 (109), S. 17ff.

Lëzina, Evgenija, Juridičesko-pravovaja prorabotka prošlogo GDR v ob"edinennoj Germanii. *Vestnik obščestvennogo mnenija* 2/2015 (115), S. 67ff.

Lëzina, Evgenija, Pamjat', identičnost', političeskaja kul'tura i poslevoennaja germanskaja demokratija. In: *Otečestvennye zapiski* 6/2013 (57), S. 162ff.

Mihr, Anja, *Regime Consolidation and Transitional Justice. A Comparative Study of Germany, Spain and Turkey*. Cambridge 2018.

Olick, Jeffrey K., *The Sins of the Fathers: Germany, Memory, Method*. Chicago 2016.

Olick, Jeffrey K., What Does It Mean to Normalize the Past? Official Memory in German Politics since 1989. *Memory and the Nation* 22, 4/1998, S. 547ff.

Olick, Jeffrey K., *In the House of the Hangman: The Agonies of German Defeat, 1943-1949*. Chicago 2005.

Olick, Jeffrey K., *The Politics of Regret: On Collective Memory and Historical Responsibility*. Wien 2007.

Rabinbach, Anson, *In the Shadow of Catastrophe: German Intellectuals between Apocalypse and Enlightenment*. Berkeley 1997.

Rotberg, Robert I. / Thompson, Dennis, *Truth v. Justice: The Morality of Truth Commissions*. Princeton 2000.

Salomon, Ernst von, *Der Fragebogen*. Hamburg 1951.

Šerer, Jutta (d. i. Scherrer, Jutta), Germanija i Francija: prorabotka prošlogo. *Pro et contra* 3-4/2009 (46), S. 89ff.

Weinke, Annette, West Germany: A Case of Transitional Justice *avant la lettre*? In: Wouters, Nico (Hg.), *Transitional Justice and Memory in Europe (1945-2013)*. Antwerpen / Cambridge 2014, S. 25ff.

Zu Japan (Teil II, Kapitel 6)

Buruma, Ian, *Erbschaft der Schuld: Vergangenheitsbewältigung in Deutschland und in Japan*. Aus dem Englischen von Klaus Binder und Jeremy Gaines. Reinbek 1996.

Cassese, Antonio / Röling, Bernard V., *The Tokio Trial and Beyond. Reflections of a Peacemonger*. Cambridge 2015.

Chang, Iris, *Die Vergewaltigung von Nanking. Das Massaker in der chinesischen Hauptstadt am Vorabend des Zweiten Weltkriegs*. Zürich 1999.

Dixon, Jennifer M., Dark Pasts: *Changing the State's Story in Turkey and Japan*. Ithaca (NY) 2018.

Dower, John W., *Embracing Defeat. Japan in the Wake of World War II*. 1. Aufl., New York 1999.

Dower, John W., *War without Mercy. Race and Power in the Pacific War*. New York 1987.

Dudden, Alexis, *Troubled Apologies among Japan, Korea, and the United States*. New York 2008.

Gluck, Carol, The »End« of the Postwar: Japan at the Turn of the Millennium. In: Olick, Jeffrey K. (Hg.), *States of Memory: Continuities, Conflicts, and Transformations in National Retrospection*. Durham 2003, S. 289ff.

Grinjuk, Vladimir, Političeskie problemy chrama Jasukuni. *Problemy Dal'nego Vostoka 2010*, Bd. 4, S. 38ff.

He, Yinan, *The Search for Reconciliation: Sino-Japanese and German-Polish Relations since World War II*. Cambridge 2008.

Kushner, Barak, *Men to Devils, Devils to Men: Japanese War Crimes and Chinese Justice*. Cambridge (MA) 2015.

Rose, Caroline, *Interpreting History in Sino-Japanese Relations: A Case Study in Political Decision-Making*. New York 1998.

Seraphim, Franziska, A Japan that Cannot Say Sorry? In: *Replicating Atonement: Foreign Models in the Commemoration of Atrocities*. Cham 2017, S. 25ff.

Seraphim, Franziska, *War Memory and Social Politics in Japan, 1945-2005*. Harvard East Asian Monographs 278. Cambridge (MA) 2006.

Totani, Yuma, *The Tokyo War Crimes Trial: The Pursuit of Justice in the Wake of World War II*. Cambridge (MA) 2008.

Zwingenberg, Ran, Hiroshima: *The Origins of Global Memory Culture*. Cambridge (MA) 2014.

Liste der Abbildungen

Namensregister